Verbrechen erinnern

Die Auseinandersetzung mit Holocaust und Völkermord

Verbrechen erinnern

Die Auseinandersetzung mit Holocaust und Völkermord

Herausgegeben von
Volkhard Knigge und Norbert Frei

unter Mitarbeit von
Anett Schweitzer

Verlag C.H. Beck

Mit 15 Abbildungen im Text

Die Deutsche Bibliothek – CIP-Einheitsaufnahme

Verbrechen erinnern
Die Auseinandersetzung mit Holocaust und Völkermord
hrsg. von Volkhard Knigge und Norbert Frei
unter Mitarb. von Anett Schweitzer.
München : Beck, 2002
ISBN 3 406 48204 X

Satz: Fotosatz Janß, Pfungstadt
Druck- und Bindearbeiten: Kösel, Kempten
Gedruckt auf säurefreiem, alterungsbeständigem Papier
(hergestellt aus chlorfrei gebleichtem Zellstoff)
Printed in Germany
ISBN 3 406 4 8204 X

www.beck.de

Inhalt

IV. Tendenzen der Gedenkkultur. Sondierungen

V. Die Zukunft der Erinnerung. Geschichtswissenschaft, Gedenkstätten, Medien

Anhang

Einleitung

Im Rückblick stellt sich das zwanzigste Jahrhundert nicht nur als ein Jahrhundert aufs äußerste entgrenzter Kriegsführung, mörderischer politisch-weltanschaulicher Auseinandersetzungen, massenhafter Ausplünderungen, Vertreibungen und von Völkermorden in bis dahin unbekanntem Ausmaß dar. Es ist – gerade in seiner zweiten Hälfte – auch von Versuchen gekennzeichnet, derartige Verbrechen öffentlich anzuprangern und dauerhaft so zu erinnern, daß sie künftig unmöglich werden. Zunächst historisch neu, steht dafür heute prototypisch die Erinnerung an die nationalsozialistischen Verbrechen. Sie hat seit Ende der achtziger, Anfang der neunziger Jahre nicht nur in Deutschland breiten Raum gewonnen. Gewiß besagt die Quantität dieser Thematisierung wenig über deren Qualität, und völlig offen ist, wie sich diese selbstkritische Auseinandersetzung mit der Vergangenheit in Zukunft entwickeln, welche Wirkungen sie entfalten wird.

Sicher ist nur zweierlei: erstens, daß diese neue Form der öffentlichen Erinnerung zunehmend – etwa in Gestalt von Denkmalen, von Gedenkstätten, von Holocaust-Museen oder neu etablierten Gedenktagen – zum normativen Bestandteil der Politik vieler Staaten wird, und zweitens, daß von den ursprünglichen Trägern dieser Erinnerung, insbesondere den Überlebenden der nationalsozialistischen Konzentrations- und Vernichtungslager, in absehbarer Zeit niemand mehr leben wird. Zugleich täuscht der Erinnerungsboom des vergangenen Jahrzehnts leicht darüber hinweg, daß eine nicht nur moralische, sondern auch kontinuierliche, praxisinformierte curriculare, geschichtsdidaktisch-pädagogische, medientheoretische, museologische und ästhetische Debatte hinsichtlich der Gestaltung dieser Erinnerung weitgehend fehlt. Die hochfrequente politische Beschwörung der Erinnerung oder das augenblicksbezogene Aufschäumen von Diskussionen stehen geradezu im Gegensatz zu den Möglichkeiten, solche Fragen sorgfältig, bedacht und interdisziplinär zu behandeln und Antworten über Institutionengrenzen hinweg zu erproben. Das liegt nicht allein daran, daß die politisch-emblematische Funktion der Gedenkstätten, Denkmale usw. für breite Teile von Politik und Öffentlichkeit ganz offensichtlich im Vordergrund steht und nicht die tatsächlichen, alltäglichen Probleme der

Vermittlung und Auseinandersetzung; es liegt auch nicht nur daran, daß – gemessen an durchschnittlichen Museumsstandards – einigermaßen professionell ausgestattete und arbeitsfähige Gedenkstätten etwa in der Bundesrepublik überhaupt erst nach 1990 durch Übernahme und Neukonzeption der großen Nationalen Mahn- und Gedenkstätten der DDR entstanden sind; und es liegt schließlich auch nicht nur daran, daß die Zahl der praktisch erfahrenen Fachleute – selbst international gesehen – nicht sonderlich groß ist. Vielmehr ist diese Unterthematisierung auch eine Folge falscher Selbstgenügsamkeit der Erinnerungsarbeiter. So wird zum Beispiel der Vorschlag zum Gespräch mit Fachleuten aus anderen Museen mitunter vorschnell als Verrat an der vermeintlichen Lebendigkeit und Unmittelbarkeit von Erinnerung, als Erledigung des mit ihr verbundenen moralischen Imperativs durch Musealisierung (miß-)verstanden, und die Auseinandersetzung um neue pädagogische Methoden erscheint schnell als obsolet, wenn sie nicht unmittelbar mit apriorischen (politischen) Sinngebungen kompatibel ist, oder sie gilt durch den bloßen Verweis auf den Einsatz der neuen Medien als beantwortet.

Um so erfreulicher war es, daß der Deutsche Museumsbund unter seinem Vorsitzenden Martin Roth 1998 in und mit der Gedenkstätte Buchenwald ein Kolloquium veranstaltet hat, in dessen Rahmen nicht nur nach den Unterschieden, sondern ausdrücklich auch nach den Gemeinsamkeiten von Museums- und Gedenkstättenarbeit gefragt worden ist: auf der Ebene des Umgang mit Realien, der Erschließung von Geländen oder Gebäuden als Denkmale, auf der Ebene des Sammelns, Deponierens, Restaurierens und natürlich auch des Ausstellens und der Museumspädagogik. Nicht zuletzt vor dem Hintergrund der Frage, ob und inwieweit es legitim sei, Gedenkstätten um ihrer Wirkung (im Medienzeitalter) willen zu profanieren, entstand die Idee, Fragen zukünftiger Symbolisierung und Repräsentation der nationalsozialistischen Menschheitsverbrechen ausführlicher im Kreis internationaler Experten zu diskutieren. Dabei zeichnete sich schon ab, daß fortan keine Form der Repräsentation – und sei sie noch so inhaltsleer, trivial, sensationsheischend oder sentimentalisch – ausgeschlossen werden kann: Nicht nur, weil der massenmedialen Vernutzung des Themas ganz offenbar keine Grenzen gesetzt sind, sondern auch, weil die Erfahrung zeigt, daß kaum eine Form der Vergegenwärtigung per se ausgeschlossen werden kann. So zeigt sich in den Gedenkstätten, daß diese einem Teil der Besucher nicht zwingend als Mahnstätten oder Orte der Trauer und der kritischen Auseinandersetzung gelten, sondern nur mehr als gewöhnliche touristische Sehenswürdigkeiten, ja als Disneylands des Horrors – und manchem als positive Erinnerung des Nationalsozialismus.

Vor dem Hintergrund solcher Erfahrungen und Überlegungen entstand der Gedanke, ein historisch informiertes internationales Expertengespräch zur «Zukunft der Erinnerung» zu veranstalten. Nach den ersten Planungen sollte es sich vor allem Fragen der Symbolisierung und Repräsentation der NS-Vergangenheit vor dem Hintergrund des Verlusts der Zeitzeugen und der unvermeidlich voranschreitenden «Historisierung» widmen, wie sie allein schon durch den zunehmenden zeitlichen Abstand und die Abkoppelung von historischer Primärerfahrung entsteht. In diesem Zusammenhang sollte aber nicht nur die Angemessenheit überlieferter oder neu entstehender Formen der Darstellung diskutiert werden; vielmehr sollte es auch um Wertorientierungen, Deutungen und Sinnstiftungen gehen, die mit diesen Darstellungsformen explizit oder implizit verbunden sind.

Aus zwei Gründen hat sich die inhaltliche Ausrichtung des Kolloquiums verschoben. Zum einen ergab die Vorbereitung, daß sich die Fragen der Repräsentation kaum von der – politischen, gesellschaftlichen, kulturellen – Geschichte der Gedächtnisbildung abkoppeln lassen. Zum anderen erwies es sich als äußerst schwierig, Gesprächspartner aus der Welt der Kunst, der (Massen-)Medien und der traditionellen Museen zu gewinnen, die bereit gewesen wären, ihr eigenes Handeln in diesem Feld kritischer Erörterung auszusetzen. Der erste Punkt berührt ein heuristisches Problem. Der vorliegende Band trägt ihm insofern Rechnung, als er exemplarisch international vergleichend die Geschichte und Gegenwart der Erinnerung an Nationalsozialismus und Zweiten Weltkrieg in West und Ost vorstellt und zusammenfaßt. Der zweite Punkt verweist indirekt auf gegenwärtige Entwicklungen der Produktion von Erinnerung: diese ist zum großen, wahrscheinlich überwiegenden Teil nicht Sache der Geschichtswissenschaft oder des Geschichtsunterrichts, sondern Sache der Medien, der Kunst und der Architektur. Gerade in diesen Bereichen ist man mit dem Thema Nationalsozialismus und Holocaust erst seit den achtziger Jahren, ausgelöst durch den Erfolg der Fernsehserie «Holocaust», durch Denkmalsinitiativen und – in deren Folge – durch ein bis dahin nicht gekanntes Maß an öffentlichen Aufträgen, breiter in Berührung gekommen und sperrt sich nun zu einem nicht geringen Teil gegen kritische Selbstreflektion: Die Medien vermutlich deshalb, weil kritische Selbstreflektion und Vermarktung sich tendenziell konterkarieren; Kunst und Architektur, weil kritische Selbstreflektion den dort vielfach anzutreffenden Omnipotenzphantasien in Bezug auf die kognitiven und emotionalen, gleichsam kathartischen Wirkungspotentiale ihrer Hervorbringungen entgegensteht und sich dem mit solchen Vorstellungen in der Regel verbundenen Willen zur Sinnstiftung widersetzt. Gewiß gibt es prominente Ausnahmen von den hier angedeuteten Tendenzen, aber nicht nur diese hätten mit ihren Schöpfern diskutiert werden sollen, sondern gerade auch der breitenwirksame Mainstream.

Wie gesagt, steht im Mittelpunkt des vorliegenden Bandes die Rekonstruktion der Erinnerungsgeschichte an Nationalsozialismus und Zweiten Weltkrieg in international vergleichender Perspektive. Bei aller Unterschiedlichkeit der Einzelgeschichten wird deutlich, daß die geläufige Gegenüberstellung von vermeintlich authentischer, unmittelbarer Erinnerung und konstruierter, vermittelter Historie (beziehungsweise deren Umsetzung in Geschichtsbewußtsein) nicht den Kern der Sache trifft. Das angeblich Authentische erweist sich als in vielfacher Hinsicht gezeichnet: von politischen Interessen, weltanschaulichen Einflußnahmen, kulturellen Kontexten. Dieser Befund wird den Historiker kaum überraschen; seine oft übersehene Bedeutung liegt in der Perforierung jener Authentizitätsqualität, die der Erinnerung gemeinhin zugeschriebenen wird. Deshalb besteht ein Hauptanliegen des Bandes darin, diese Authentizitätsbehauptung selbst der historisch informierten Kritik – die unmittelbare Folgen auch auf Ausstellungskonzepte und Geschichtsvermittlung haben muß – wieder zugänglich zu machen. Die in der Praxis häufig anzutreffende Setzung, Erinnerung sei die moralisch und sachlich höhere Form der historischen Wahrheit, wird dadurch explizit in Frage gestellt – sie muß in Frage gestellt werden, wenn Erinnerung aus wie gut auch immer gemeinten Gründen nicht eine neue Form historischen Glaubens (um nicht zu sagen: der Religion) werden soll.

Der Rekonstruktion der Erinnerungsgeschichten an Nationalsozialismus und Zweiten Weltkrieg sind in diesem Band andere Beispiele der Erinnerung an Gesellschaftsverbrechen und Krieg aus dem zwanzigsten Jahrhundert vorangestellt: vor allem deshalb, um auf diesem Weg das historisch Neue und Besondere *negativer* Erinnerung vor Augen zu führen, die definiert werden kann als die Erinnerung und Auseinandersetzung mit *begangenen* beziehungsweise zu *verantwortenden*, nicht mit *erlittenen* Verbrechen. Dabei wird auch deutlich, daß negative Erinnerung trotz aller inzwischen erkennbaren Konventionalisierung der Holocaust-Erinnerung nicht die Regel, sondern nach wie vor eher die Ausnahme ist: eine gegen vielfältige Widerstände durchgesetzte und immer wieder durchzusetzende Nebenform gesellschaftlicher Gedächtnisbildung, die davon ausgeht, daß Erinnerung nur dann substantiell humanisierend und demokratisierend wirkt, wenn sie auch die – schmerzhafte, beschämende, verunsichernde – Erinnerung an eigene zu verantwortende oder mitzuverantwortende Unrechts- und Verbrechensgeschichte einschließt.

Den Schlußteil des Buches bilden einerseits Überlegungen zur Repräsentation und Symbolisierung von Nationalsozialismus und Zweitem Weltkrieg im Bereich der Geschichtswissenschaft, Gedenkstätten, Kunst, Medien und im biographischen Gedächtnis, andererseits Sondierungen zur weiteren Entwicklung des Gedächtnisdiskurses und zu dessen Folgen. Während erstere nicht zuletzt auch die Praxis anzuregen bzw. einen Beitrag zu deren historischem und methodischem Selbstbewußtsein zu leisten suchen, lassen letztere den Band gleichsam offen enden: Die Zukunft der Erinnerung läßt sich bedenken, kaum aber festschreiben.

Wir haben vielen zu danken. Die Idee zu der in der Gedenkstätte Buchenwald im September 2000 durchgeführten Konferenz, die diesem Band zugrunde liegt («Die Zukunft der Erinnerung. Wie werden die nationalsozialistischen Menschheitsverbrechen in den nächsten fünfzig Jahren erinnert werden? Narrative – Repräsentationen – Sinnbildungen»), ist in intensiven Gesprächen mit Dr. Martin Roth und Dr. Gerhard Weiberg entstanden. Erste konzeptionelle Vorstellungen konnten im Rahmen eines Kolloquiums am Kulturwissenschaftlichen Institut des Wissenschaftszentrums Nordrhein-Westfalen in Essen erörtert werden. Daran beteiligt waren über die beiden Genannten hinaus Dr. Christian Geulen, Prof. Dr. Agnes Heller, Prof. Dr. Detlef Hoffmann, Dr. Wulf Kansteiner und Prof. Dr. Jörn Rüsen, der Präsident des Instituts. Ihnen allen danken wir herzlich für weiterführende Kritik und vielfältige Anregungen. Dank gilt insbesondere der Expo 2000 Hannover GmbH, ohne deren grundsätzliche Offenheit für das Vorhaben und ohne deren großzügige finanzielle Förderung die Konferenz nicht hätte durchgeführt und dieser Band nicht hätte fertiggestellt werden können.

Ignatz Bubis, damals Vorsitzender des Zentralrates der Juden in Deutschland und Mitglied des Stiftungsrates der Stiftung Gedenkstätten Buchenwald und Mittelbau-Dora, hat das Gespräch zwischen der Expo 2000 Hannover GmbH und der Stiftung Gedenkstätten Buchenwald und Mittelbau-Dora befördert. *Ignatz Bubis' Andenken war die Konferenz – und ist dieser Band – gewidmet.*

Die Konferenz fand statt unter der Schirmherrschaft des Bundespräsidenten der Bundesrepublik Deutschland, Dr. h. c. Johannes Rau. Eingeleitet worden ist sie durch Grußworte des Präsidenten des Deutschen Bundestages, Wolfgang Thierse, des Ministerpräsidenten des Freistaates Thüringen, Dr. Bernhard Vogel, und des Vorsitzenden des Zentralrates der Juden in Deutschland, Paul Spiegel. Ihnen allen danken wir für die Wertschätzung unseres Vorhabens und ihr nachhaltiges Engagement für die kritische Auseinandersetzung mit der nationalsozialistischen Vergangenheit. Den an der Konferenz Beteiligten, darunter auch Prof. Dr. Ulrich Borsdorf, Prof. Dr. Ulrich Herbert, Prof. Dr. Lutz Niethammer und Dr. Martin Roth, danken wir für die Mühe, die sie auf sich genommen, und die Inspiration, die sie gegeben haben. Den Autoren dieses Bandes danken wir für die Überarbeitung ihrer Beiträge für den Druck und das Einverständnis, die komplexeren Titel ihrer Beiträge um der leichteren Orientierung willen auf Chiffren der jeweiligen nationalen Erinnerungsgeschichten bzw. von Repräsentationsformen zu komprimieren. Anett Schweitzer hat nicht nur die Vorbereitung und Durchführung der Konferenz mit größtem Engagement betreut, sondern sie hat in der ihr eigenen Mischung aus Kompetenz, Freundlichkeit und Nachdruck auch wesentlichen Anteil am praktischen Zustandekommen dieses Bandes.

Volkhard Knigge
Norbert Frei

Die Macht der Erinnerung, die Ohnmacht der Worte

Ivan Ivanji

Vor einem Jahr habe ich in Hannover aus ähnlichem Anlaß eine Rede gehalten und möchte hier auf einige damals schon geäußerte Gedanken zurückkommen. Ich sagte gleich am Anfang, mir sei die Ehre erwiesen worden, sprechen zu dürfen, weil ich vor 55 Jahren dem Tod von der Schaufel gefallen sei. Das war natürlich kein Verdienst, sondern Zufall, ist aber inzwischen zu einer unheimlichen Verpflichtung geworden. Es ist nicht so, daß ich Angst hätte, mich zu erinnern, es ist mir nur lästig geworden. Ich glaube meinen Teil der Last, daß ich, wie das oberflächlich heißt, «Opfer» war, abgetragen zu haben. Aber heute und in den nächsten Tagen geht es nicht vor allem darum, was vor 55 Jahren war und heute ist, sondern was in einem halben Jahrhundert werden wird und soll.

Bin ich dafür zuständig? Wir sind keine Propheten, Sie nicht, und ich schon gar nicht. Die Zukunft entzieht sich unserer Vorstellungskraft. Aber vielleicht können, sollen, müssen wir sogar unsere schwachen Kräfte einsetzen, um sie mitzugestalten. Das kann schiefgehen. Deshalb muß man sehr behutsam sein.

Ich komme aus dem Bereich der Literatur und immer wieder in Versuchung, mich mit Beispielen aus diesem Bereich zu behelfen. Als Paul Celan die *Todesfuge* schrieb, hat er sicher nicht daran gedacht, wie man seine Verse später begreifen könnte. «Der Tod ist ein Meister aus Deutschland». Wesentlich für mich ist schon, daß dieser Satz unübersetzbar in andere Sprachen ist. Das Wort «Meister» hat nirgendwo diese mehrschichtige Bedeutung. Wird der Zusammenhang zwischen Meister und Tod in fünfzig Jahren wenigstens auf deutsch noch verstanden werden? So, wie er heute in unseren Ohren klingt? Pardon, in *unseren* Ohren, oder nur in *meinen*? Klingt das, meine Damen und Herren, auch für sie, wie für mich, wenn ich sage «Der Tod ist ein Meister aus Deutschland»?

Generationsmäßig gehöre ich zu den letzten, die Auschwitz, Buchenwald und andere Konzentrationslager nicht nur überlebt haben, sondern noch von diesem Planeten Erde aus in das neue Jahrtausend eintreten. Ich habe jedoch keineswegs das Gefühl, daß es mein Problem ist, wie sich Deutschland an eine der übelsten Epochen seiner Geschichte erinnern will, jetzt oder meinetwegen in fünfzig Jahren, welche Gedenkstätten und Denkmäler erhalten oder neu errichtet werden sollen, was für Stiftungen zu welchem Zweck auf Grund welcher Gesetze entstehen, und, was gewiß viel wichtiger ist, was deutschen Kindern in welchem Alter und welchem Umfang in Schulen beigebracht wird. Natürlich interessiert mich, wie das die Deutschen machen werden, aber es ist nicht meine Sache, meine eigene Erinnerung ist davon nicht beeinflußbar. Ich wende mich dem Problem zu, was sozusagen ab morgen meine Landsleute in Serbien mit ihrer jüngsten Vergangenheit und immer noch Gegenwart anfangen sollen.

Wenn ich trotzdem hierher eingeladen worden bin, dann vermutlich, um mir Fragen zu stellen, und ich möchte mich bemühen, so gut ich kann, einige Antworten und Vorschläge anzubieten.

Vor allem bin ich von der Sorge erfüllt, wie weit man gehen darf oder sogar muß, wenn man die Verbrechen des Hitlerregimes mit anderen Ereignissen der Geschichte vergleichen will. Ich verstehe, wenn junge Deutsche sagen, es handele sich um das Problem ihrer Großeltern und Urgroßeltern. Ich habe mir sagen lassen, bei primitiven Völkern sei eine jede Zahl über fünf viel. Sechs ist viel, sechshundert ebenso viel wie sechs Millionen. Wie viele Jahre, Jahrzehnte oder gar Jahrhunderte müssen vergehen, daß eine Generation endlich sagen kann, «... das war vor langer, langer Zeit, das geht mich nichts mehr an?» Oder ist Vergeßlichkeit, vergessen wollen und vergessen können, immer nur ein Alibi, das man braucht, um sich von Verbrechen zu distanzieren, um Schuld und Verantwortung nicht anzuerkennen?

So weit ich sie kenne, stellen sich alle Weltreligionen die Frage nach dem, was das Christentum mit Erbsünde bezeichnet. Der seltsame Rabbiner Ovadia Josef hat uns gerade auf seine, für mich ziemlich schreckliche Weise daran erinnert.

Wenn ich richtig verstanden habe, hat der alte Herr behauptet, meine Eltern seien ermordet worden und ich sei im Konzentrationslager gewesen, weil wir in früheren Zeiten in einer anderen Gestalt gesündigt haben. Vielleicht bin ich insbesondere in Theologie zu ungebildet, wenn ich glaube, die mir auferlegte Sühne hat ihren Zweck verfehlt, falls ich sie nicht mit meiner Schuld in Verbindung zu bringen weiß. Ich kann mich aber beim besten Willen an Sünden in irgendeinem früheren Dasein, die eine solche furchtbare Strafe verdienten, nicht erinnern. An andere schon, aber die habe ich in diesem Leben und meist nach der schlimmen Zeit, von der wir reden, begangen. Und wenn ich das zu Ende zu denken versuche, waren in Rabbi Josefs Augen Hitler und sein Gefolge, auch die konkreten Mörder meiner Eltern, Werkzeuge des Herrn. Damit kann ich mich nicht abfinden, denn das sagt nicht irgendein Neonazi oder hergelaufener Möchtegernphilosoph, sondern eine der höchsten geistlichen Autoritäten des heutigen Judentums fünfundfünfzig Jahre nach dem Geschehen, das wir Shoah nennen. Wie wird man in einem halben Jahrhundert dazu stehen? Wird das vielleicht dann die allgemeine Lehre sein?

In seinem bedeutenden Buch *Masse und Macht* zählt Elias Canetti als Beispiele viele Kapitel der Geschichte der Menschheit auf, die wir heute Völkermord, Genozid, nennen würden. Ich möchte hier zwei für mich charakteristische zitieren.

Das erste Beispiel betrifft einen Ausrottungskampf zwischen zwei Indianerstämmen in Südamerika:

«Der lange Widerstand, den die unter einem tapferen Führer vereinigten Cabres den Caraiben geleistet, hatte jenen nach dem Jahre 1720 zum Verderben gereicht. Sie hatten ihre Feinde an der Mündung des Flusses geschlagen; eine Menge Caraiben wurden auf ihrer eigenen Flucht zwischen Stromschnellen und einer Insel getötet. Die Gefangenen wurden verzehrt ...»

Das andere Beispiel behandelt einen Vorfall in Indien im 14. Jahrhundert:

«Durch Abfall von Delhi bildete sich ein anderes islamisches Reich im Dekan. Ein Sultan der neuen Dynastie, Muhammad Schach, stand während seiner ganzen Regierung im heftigsten Kampfe gegen die benachbarten Hindukönige. Eines Tages gelang den Hindus die Eroberung der wichtigen Stadt Mukdal. Alle ihre Bewohner, Männer, Frauen und Kinder, wurden umgebracht ...»

Die Geschichte der Menschheit, angefangen mit der Legende über Kain und Abel, besteht aus Erinnerungen an Verbrechen. Von ihnen handeln viele der wichtigsten Bücher des Menschengeschlechtes, allen voran das Alte Testament. Trotzdem nehme ich an, daß die meisten Massenmorde vergessen wurden. Andere haben sich in Sagen verwandelt, in grausliche Märchen, oder werden in wenigen Zeilen in Sammelbänden und gescheiten Untersuchungen abgehandelt, wie bei Canetti.

Könnte in einem Lexikon in einem halben Jahrhundert etwa folgender Absatz stehen:

«... und 1933 gelangte in Deutschland ein österreichischer Anstreicher, namens Adolf Hitler, an die Macht. Er brach einen Weltkrieg vom Zaun. In sogenannten Konzentrationslagern ließ er Millionen von Juden, Zigeunern und anderen vermeintlichen Feinden umbringen, wobei auch Gaskammern angewendet wurden, Einrichtungen, in denen mittels Giftgas die Menschen dem Tode zugeführt wurden. Obwohl er von einem tausendjährigen Reich sprach, das er gegründet habe, dauerte seine Herrschaft nur zwölf Jahre lang und endete mit der totalen Niederlage Deutschlands ...»?

Ich fühle mich mit Ihnen einig, daß wir diese zwölf Jahre nicht so abhandeln sollten. Auch nicht wie Rabbiner Josef es lehrt. Aber die Gesamtheit des Geschehens und der Geschichte dürfen wir, meiner Meinung nach, nie aus den Augen verlieren, und das zwingt uns mitunter zu simplifizierenden Beschreibungen. Auch in unserem sich für fortschrittlich haltenden und von den Medien, vor allem Fernsehen und Internet, täglich und stündlich alle Winkel der Erde ausleuchtenden Zeitalter geschehen Massenmorde und die Vernichtung ganzer Völker, von denen wir manchmal wenig wissen. Was, zum Beispiel, Pol Poth seinem eigenen Volk in Kambodscha angetan hat, ist zumindest mir noch immer im einzelnen unbekannt, von dem, was in Ruanda geschehen ist, weiß ich noch weniger. Nachdem ich wegen der falschen und irreführend vereinfachenden Berichte über das Geschehen in meiner Heimat in den letzten zehn Jahren empfindlich und mißtrauisch geworden bin, hätte ich, zum Beispiel, den Berichterstattern über Ost-Timor oder den Kaukasus tausend und eine Frage zu stellen, für die ich in den sich eifrig überstürzenden Reportagen keine Antwort finde. Aber eines glaube ich zu wissen: Der letzte Schrei eines indischen Kindes in Mukdal vor sechshundert oder einer Indianermutter aus dem Stamme der Caraiben, bevor sie mit ihren Kindern ermordet und verzehrt wurde, vor zweihundertfünfzig Jahren kann sich in seiner Verzweiflung nicht vom Todesröcheln in der Gaskammer in Auschwitz unterschieden haben.

Darf ich einen Unterschied zwischen der Ermordung eines Indianerkindes und eines Judenkindes, das ich war, machen? War, weil es relativ schnell gegangen ist, das Sterben in dem in einer deutschen

Fabrik verfertigten Gas furchtbarer oder sogar «gnädiger», als erschlagen und «verzehrt» zu werden?

Über Völker und Völkermord können wir erzählen, der eigene gewaltsame Tod bleibt jedoch ein persönliches ... Ein persönliches was? Fast hätte ich gesagt, ein persönliches Erlebnis, aber das geht nicht, seinen eigenen Tod kann man nicht erleben, wer berichtet, wie ich, hat ja überlebt. Darf ich ein neues Wort bilden und Ersterbnis sagen? Erfahrung kann man ja in dieser Hinsicht auch nicht gebrauchen, denn nach dem Tod ist von einer Erfahrung zu sprechen nicht mehr möglich. Kant sagte, Erfahrung sei eine Erkenntnis der Objekte durch Wahrnehmungen. Das setzt einen Nutzen durch Erfahrung voraus – der aber ist durch den Tod endgültig und unwiederbringlich verloren gegangen.

Natürlich haben wir das Recht, uns vor allem mit Geschehnissen zu beschäftigen, die uns, unsere Gemeinschaft und unsere Zeit, besonders angehen. Wir sollten nur nie vergessen, daß es auch anderswo und seit jeher Grauenhaftes gegeben hat, auch wenn wir uns auf konkrete und uns näher stehende Orte, Taten und Jahre konzentrieren möchten. Wichtig ist dabei, daß nur einzeln und auf vorstellbare Personen bezogene Zeiten nicht nur den Verstand des oft gleichgültigen Zeitgenossen ansprechen, sondern ihn auch emotionell bewegen, aufregen und zum Nachdenken und Mitgefühl anregen können. Auf einem Kongreß des P.E.N. Clubs in Hamburg haben mir chinesische Autoren, die ein japanischer Kollege mit seiner Rede verärgert hatte, über Greueltaten der Japaner gegen Chinesen und Koreaner berichtet, die jenen der Hitlerzeit in Europa um nichts nachstehen, nur habe ich vorher davon nichts gewußt, konnte das mir neu zur Kenntnis gebrachte genauso wenig überprüfen, wie ein heute siebzehnjähriger Deutscher, dem ich von meinen Erinnerungen – darf ich dieses Wort hier so überhaupt gebrauchen – lassen sie mich Atem holen und wiederholen – *Erinnerungen* an Auschwitz und Buchenwald erzähle.

Mich persönlich hat die amerikanische Fernsehserie *Holocaust* nicht bewegt, ich fand sie naiv, oberflächlich, teilweise unerträglich, muß aber zugeben, daß sie in Deutschland mehr Richtiges bewegt hat als die meisten seriösen Sachbücher. Besser wirkte auf mich *Schindlers Liste*, die ehrlich gemachte Hausaufgabe eines großen Filmemachers über ein partielles Ereignis, aber vermutlich hat er bei den Zuschauermassen weniger erreicht, obwohl er von Fachkritikern mehr Beifall erhalten hat. Künstlerisch ambitionierte Gestaltungen von Einzelschicksalen haben viele Zuschauer, auch viele junge Deutsche, gezwungen, über dieses Thema nachzudenken. Erst indem sie sich in direkt betroffene Figuren einleben und sich wiedererkennen konnten, fragten sie sich, wieso Menschen solche Dinge anderen Menschen antun. Wird jemand diese Filme in fünfzig Jahren noch kennen? Sehen wollen? Sie anders verstehen, als wir heute einen Film, sagen wir, über Dschingis Khan und seine Horden? Gehört Dschingis zu unserem Thema?

Was ich sagen will, ist natürlich nicht, daß vertrauenswürdige und ernsthafte Untersuchungen der Zeit zwischen 1933 und 1945 in Deutschland und den von Deutschen beherrschten Teilen Europas – um es einmal so kühl und ohne Bewertung zu bezeichnen – weniger wichtig sind als Versuche künstlerischer Bearbeitung. Im Gegenteil! Meine Zeitgenossen, die gefolterten oder umgebrachten europäischen Juden, Zigeuner, Bibelforscher und Kommunisten, sind leichter und realistischer zu begreifen, weil sie nicht so «exotisch» sind wie Caraiben-Indianer. Wird es, soll es in einem halben Jahrhundert anders sein?

Im historischen Sinne noch vor kurzer Zeit, als Voltaire die Gedanken der als Öffentlichkeit existenten Europäer mitbestimmen konnte, bestand die relevante «öffentliche Meinung» aus relativ wenigen lesenden und gebildeten Menschen. Der Mehrzahl der Europäer war unbekannt, daß es diesen Franzosen gab, der einen privaten Umgang mit dem preußischen Friedrich dem Großen pflegte und eine russische Zarin beeinflußte. Damals wirkten Dichter stark auf jene Persönlichkeiten ein, die die Macht hatten, Entscheidungen von entscheidendem Ausmaß zu treffen, insofern besaßen sie selbst eine gewisse Macht. Das Gewissen der Menschheit wurde von wenigen vertreten. Das Böse ebenfalls. Wenn wir von der Rechtfertigung des Verbrechens im Namen der Staatsräson sprechen, einer von ethischen Normen losgelösten Machtpolitik, nennen wir das nach einem Autor, Niccolo Machiavelli, Machiavellismus, nicht nach den Geschlechtern der Medici oder Borgia.

Das ist heute anders. Ich bezweifle, daß Sadam Hussein, Fidel Castro oder Slobodan Milošević Machiavelli studiert haben. Dafür beherrschen sie das Fernsehen und benützen es für sich. Wie demokratische Staatsmänner übrigens im Prinzip ja auch. Schlicht gesagt, besteht heutzutage die «öffentliche Meinung» nicht mehr nur aus seltenen, gebildeten Menschen, sondern sie ist *jedermann*. Jedermann ist ein mitbestimmender Teil der alles entscheidenden Masse. Nicht nur in Deutschland und den westlichen Demokratien. In Diktaturen erst recht. In Gesellschaften, in denen viele nur schlecht und manche gar nicht schreiben und lesen können, ist die Macht des Rundfunks größer als in Westeuropa und Nordamerika. Moderne Diktaturen sind ohne elektronische Medien kaum noch vorstellbar. Wenn Gedanken gefangen werden, dann muß man die Menschen vielleicht gar nicht einsperren.

Die Verbrechen der Nazizeit, die vor fünfeinhalb Jahrzehnten zu Ende gegangen sind, unterscheiden sich auch deshalb von allen früheren in der Geschichte, weil sie dank moderner Medien so vielen Menschen bekannt gemacht werden konnten. Zumindest nachträglich.

Das Radio hatte für Hitler und seinen Goebbels eine wesentliche Bedeutung. Darüber sagt allein schon der Begriff «Volksempfänger» einiges aus. Der Diktator braucht die Masse, weiß, wie extrem beeinflußbar sie ist, und nützt das für sich und seine Ideen aus. Auch für den Kampf gegen Hitler war das Radio wichtig. Ein Thomas Mann konnte gegen ihn nicht mit Romanen wirken, wohl aber mit Ansprachen im Radio.

Einen Propagandakrieg hat es schon dank dem Radio gegeben, aber mit den Möglichkeiten des Fernsehens und Internets ist das kaum vergleichbar. Schon heute ist das Internet auch eine Angelegenheit der Massen und wird es erst recht in der Zukunft sein. Meine Enkel handhaben diese Teufelsdinge mit einer Selbstverständlichkeit, die mir, der sich den Umgang mit ihnen mühsam erobern mußte, kaum nachvollziehbar ist. In dieser Hinsicht sollte man den Verstand der Bevölkerung in weniger hochentwickelten Gesellschaften nicht unterschätzen. Das erkennt soeben Deutschland, das, obwohl oder weil ein so hochtechnisiertes Land, die Entwicklung verschlafen hat und jetzt Computerexperten aus sonst verachteten Ländern importieren muß.

Der NATO-Krieg gegen Jugoslawien spielte sich nicht nur in den Computern der angreifenden Luftgeschwader und der Luftabwehr ab, sondern auch auf Bildschirmen privater PCs. Begabte serbische Hacker sind bei schweizerischen Providern, die kosovo-albanische Nachrichten vermittelten, eingefallen und haben Wirrwarr gestiftet. Die Meldungen zahlloser Internet-Teilnehmer über die Bewegungen der Flugzeuge über Italien, Slowenien, Kroatien, Ungarn, Mazedonien usw. habe ich verfolgt, die jugoslawische Armee natürlich auch. Die Menschen vor Ort lieferten sofort und viel schneller Meldungen über tatsächliche oder vermeintliche Treffer als die Satelliten im Weltraum. Da gab es mehr Daten – natürlich auch falsche, auf Irrtümern begründete oder absichtlich irreführen wollende –, die wichtiger waren als die Meldungen mächtiger Spionageorganisationen. Ich sage das, weil die Bedeutung des Fernsehens und der Angaben in den großen Suchmaschinen noch weniger unterschätzt werden dürfen als der Unterricht in Schulen, als Lexika oder sogar orthographische Fachbücher. Ich meine damit sogar den guten alten Duden. Bitte verstehen sie auch folgendes, sehr persönliches Erlebnis, nur als Beispiel.

Vor kurzem wurde eine meiner Nachbarwohnungen in Wien, wie es heutzutage so häßlich heißt, entsorgt. Meine Frau wurde darauf aufmerksam gemacht, daß sich in den Abfallbehältern für Altpapier auch Bücher befänden, und ihr Mann sei ja doch, bitte, so einer, der sich mit Büchern beschäftige, nicht wahr, Gnädigste? ... Sie schaute hinein, fand obenauf einen Duden aus dem Jahr 1942 und brachte ihn zu uns herauf. Längst besaß ich einen ebensolchen, aber verlegt im Jahr 1956. Also begann ich zu vergleichen. Als erstes suchte ich das Wort Konzentrationslager. Im Duden aus der Nazizeit fand ich es sofort. Obwohl der Duden ja ein Handbuch für Rechtschreibung ist und Erklärungen der Wörter selten für notwendig hält, stand hier in Klammern unmißverständlich: «Sammellager für Zivilgefangene, Volksschädlinge». Im Duden aus den fünfziger Jahren gab es den Begriff Konzentrationslager nicht. Überhaupt nicht! Als hätten Deutsche so ein Wort nie benützt. Als hätte es Konzentrationslager in Deutschland nie gegeben. Aber im neuesten Duden, den ich besitze, auf CD-ROM aus dem Jahr 1998, steht das Wort Konzentrationslager brav so da, wie es geschrieben wird, freilich ohne Erläuterung, was das sein soll, das gehört ja auch nicht dorthin, sondern in ein Konversationslexikon. Während ich das schreibe, erfahre ich, eine neue Ausgabe des Duden erscheint soeben, Ende August, Anfang September. Sobald ich ihn mir verschaffe, werde ich nicht zuerst nachschlagen, welche Wörter aus der Computersprache aufgenommen worden sind und mit vielen ‹t› Balletttänzerin geschrieben werden soll, sondern ob das Wort Konzentrationslager vorkommt.

Es war aufschlußreich, drei Duden-Ausgaben miteinander zu vergleichen. Im Duden aus der Nazi-Zeit gab es zu SS eine Reihe von Begriffen, angefangen von «Schutzstaffel der NSDAP» über «SS.-Abschnitt», «SS.-Mann», «SS.-Standarte» bis zu «SS.-Totenkopfverband» und «SS.-Verfügungstruppe» mit einer Fußnote, die den Gebrauch der «doppelten Sigrune» erläutert. Da erfuhr ich auch, daß man SS.-Mann mit SS, Punkt, Strich, Mann schreibt, und die Duden-Gelehrten der Nazi-Zeit müssen ja gewußt haben, wie man ihre Kameraden in der SS richtig schrieb, also habe ich bis dahin immer falsch, nämlich nur SS, Strich, Mann geschrieben, ohne den Punkt, aber ich habe dafür eine Entschuldigung, im von mir oft gebrauchten Duden aus den fünfziger Jahren gibt es für SS nur einen Begriff, nämlich *sancte salvi.* Wenn Sie mir nicht glauben, schlagen Sie doch zu Hause nach, SS auf deutsch stand damals einzig und allein für *sancte salvi*! Im Duden auf CD-ROM gibt es über Hitlers und Himmlers SS auch nichts, aber nach dem anscheinend unvermeidlichen *sancte salvi* steht etwas neueres, und zwar *SS-20*, erläutert als «sowjetische Kurzstreckenrakete». Wie ich auf Grund der neuen deutschen Rechtschreibung, die ich, diesen Vortrag schreibend, noch nicht zu benützen wagte, SS-Mann schreiben soll, mit oder ohne jenen Punkt nach dem zweiten S, bleibt zumindest von der Duden-Redaktion unbeantwortet. Oder will mir die Redaktion sagen, so einen hat es nie gegeben, also hast du gefälligst auch das Schreiben über ihn zu unterlassen?

Scherz beiseite! Man denke sich einen Suchenden, der natürlich nicht verschiedene Duden-Ausgaben miteinander vergleicht, sondern sich auf jene verläßt, die er gerade zur Hand hat, und sich auf diese Weise nebenbei über Konzentrationslager und SS-Männer unterrichtet. Niemand wird anhand des Duden den Nationalsozialismus studieren wollen, aber gerade deshalb wird im Unbewußten, was er so erfährt, länger und eindringlicher wirken als ein historisch korrekter und mit bester politischer und pädagogischer Absicht verfaßter, eventuell preisgekrönter Dokumentarfilm im Fernsehen, der von vielen als zu langweilig empfunden und deshalb abgeschaltet wird.

Ich hatte verständlicherweise keine Zeit, für diese Gelegenheit verschiedene Lexika und die wichtigsten Suchmaschinen im Internet nach Begriffen zum Holocaust und der Nazi-Herrschaft ernsthaft zu durchforsten. Dafür müßten Lehraufträge an Universitäten ausgeschrieben werden, was ich hier mit allem Nachdruck empfehlen möchte. Vielleicht gehört das sogar zu den Aufgaben der Stiftung «Erinnerung, Verantwortung und Zukunft», die der Deutsche Bundestag gegründet hat.

Was ich in der Geschwindigkeit fand, war nicht weniger erschreckend, als das, was im Duden steht. Bei Yahoo, der größten mir bekannten Suchmaschine, gab es vor etwas mehr als einem Jahr zum Stichwort *Hitler* fünf Sites und fünf, so steht es wirklich, «5 Nachrichten für Hitler». Für Hitler! Es geht um folgende Texte: «Interview mit Jaques Sémelin, der das Buch *Ohne Waffen gegen Hitler* veröffentlicht hat»; um ein Buch *Widerstand im Dritten Reich*, um einen Vortrag «Jehovas Zeugen verweigerten sich Hitlers Krieg», um «Kujau, Konrad: VW-Käfer mit Lichtenstein-Nachempfindungen vom Fälscher der Hitler-Tagebücher» und noch einmal derselbe Text «Standhaft trotz Verfolgung» über die Zeugen Jehovas. Als «Nachrichten für Hitler» werden angeführt: eine «bisher umfassendste Biographie des Hitler-Gegners Georg Elser», weiterhin ein Protest der polnischen Regierung gegen eine russische Erklärung zum Thema Zweiter Weltkrieg, ein Text «Ehemaliger Soldat gesteht Mitwirkung an Skandal-Video», ein Bericht «Prozeß gegen Ex-Soldaten wegen Gewaltvideos begonnen – Rechtsradikale Tendenzen bei Bundeswehr verdeutlicht» und noch einmal über dieses Video «Gewaltvideos in der Dienstzeit gedreht – Früherer Zeitsoldat wegen Volksverhetzung angeklagt ...». Das war damals alles, was ich, vielleicht oberflächlich suchend, fand.

Ein Jahr später war es schon etwas anders. Die oben genannten Angaben waren noch da, es gab einige neue, aber die wimmelten meist auch nur so von Verallgemeinerungen und Klischees. Am ausführlichsten wurde unter dem Titel «NS-Zwangsarbeit – Wissenswertes und Hintergründe zu den Lohnforderungen der Hitler-Diktatur und zum Thema Zwangsarbeit» berichtet. An erster Stelle hier also *Lohnforderungen*. Wie goutieren Sie das? Da kommen Leute und stellen Forderungen. Das ist das erste, was zu Hitler einfallen soll. In Österreich hat im Juli ein gewisser Herr Johann Asamer, Bürgermeister des oberösterreichischen Ohlsdorf, also ein kleiner Würdenträger, freundlich gewarnt: «Die Juden treiben's noch so weit, bis sie wieder eine auf den Deckel kriegen!» Der Herr Asamer ist ansonsten Schottergrubenbesitzer, und aufgestellt hat ihn die ÖVP, die österreichische Christdemokratie, nicht etwa Haiders Freiheitliche. Der erschreckt mich mehr, als wenn mich glatzköpfige, dumme Jungen verprügeln wollen.

Zurück zu Hitler bei Yahoo. Ich habe natürlich nicht alles durchgelesen. Nichts von dem, was ich fand, war ganz unkorrekt, aber der Zungenschlag behagte mir nicht, und die Frage, die ich stellen möchte, lautet: Wer schreibt solche Texte, wer bestimmt, daß sie ins Internet kommen?

Eine, wie das so heißt, «web-weite Suche» führt 17700 Dokumente an, in denen das Stichwort Hitler vorkommt. Das müsste man einmal untersuchen.

Ich fürchte, falsche Darstellungen in «gutgemeinten» Texten können größeren Schaden anrichten als offene Nazipropaganda, die sofort als solche erkannt wird. Und nicht genug zu betonen ist, man schenkt der elektronischen Datenverarbeitung, weil sie so neu und modern ist, oft mehr Vertrauen als verstaubten Büchern, erkennt ihre Zufälligkeit nicht. Ich erlaube mir, zu bedenken zu geben, daß man sich nicht darauf beschränken dürfte, offen nationalsozialistische, haßerfüllte, rassistische Texte aus dem Internet zu beseitigen. Das wird ohnehin nicht gelingen. Statt dessen wäre es vielleicht sinnvoll, darüber nachzudenken, wie man Wissen, das man vermitteln will, zur Verfügung stellt und aus taktischen Gründen immer wieder in den Vordergrund rückt, damit es nicht von anderem überwuchert wird.

Man stelle sich bitte vor, CNN habe es schon Anfang der vierziger Jahre gegeben. Was hätten seine Redakteure und Reporter nicht alles versucht, um einen Blick in ein Konzentrationslager, womöglich in Auschwitz in die Gaskammer im Laufe der Vergasung, zu werfen? Hätte man versucht, SS-Personal zu bestechen, um das zu tun? Die SS war ja dummerweise eifrig bemüht, Fotos über ihre Greueltaten zu knipsen. Oder hätte CNN in seiner Verzweiflung, keine Originalfilme drehen zu können, die Sache vielleicht möglichst wahrheitsgetreu im Studio nachgestellt?

Wer sich damit beschäftigt hat, weiß, daß ein oft nachgedrucktes Foto aus Bosnien einen schrecklich ausgemergelten, halbnackten Mann vor einem Stacheldraht zeigt. Das Bild soll einen Blick in ein von Serben für Moslems organisiertes Konzentrationslager schildern. Später wurde bewiesen, dieses Bild war gestellt. Der Mann war ein kranker, sehr magerer Serbe vor einem zufälligen Zaun.

Das bedeutet aber keineswegs, daß es keine von Serben für Moslems eingerichtete Konzentrationslager gab. Es gab sie. Das Bild zeigt etwas anderes, nämlich, daß gefälschte Dokumente das Gegenteil von dem erreichen, was sie vorgeben zu wollen. Diese Dummheit hat ausgerechnet die serbische nationalistische Propaganda ausgeschlachtet. Auf Grund einer bewiesenen Fälschung nannte sie alle Berichte über Greueltaten Fälschungen.

Ein Kollege, der moslemische Kinderbuchautor Muhidin Šarić, der selbst das Konzentrationslager Keraterm in der Nähe von Banja Luke in Bosnien überlebte, hat ein auch auf deutsch veröffentlichtes Buch, *Erinnerungen aus einem serbischen Lager*, geschrieben. Auf der Frankfurter Buchmesse sagte er mir: «Ich wollte nie Bücher über Konzentrationslager lesen, weil sie für mich zu entsetzlich waren. Und als ich dann selber in einem Lager war und nicht wußte, ob ich es überleben würde, dachte ich, das ist die Strafe dafür!»

Ich glaube, es ist von enormer Bedeutung, was die Öffentlichkeit – um bei diesem etwas irreführenden Begriff zu bleiben, weil mir kein besserer einfällt – heute über die Ereignisse von gestern nicht nur erfährt, sondern sich auch merkt, denn nur dadurch kann man eine der Wahrheit möglichst nahe Erinnerung erhalten.

Habe ich Wahrheit gesagt? Ich spreche nur von «möglichst nahe an der Wahrheit». Das angelsächsische Recht fordert den Schwur, den wir aus Tausenden von Filmen und Serien so gut kennen, «die Wahrheit, nichts als die Wahrheit und die ganze Wahrheit» zu sagen. Die Wahrheit? Das ist natürlich in Ordnung. «Nichts als die Wahrheit»? Das ist sehr schwierig. Wer schmückt bewußt oder unbewußt *seine* Wahrheit nicht aus? Wer erinnert sich später perfekt an das, was er erlebt oder gesehen hat, wer erfindet nicht auch etwas dazu oder vergißt, was für ihn peinlich war?

Das gilt selbstverständlich auch für meine persönliche Erinnerung an das Konzentrationslager, um so mehr, als ich als Literat in Romanen in Versuchung war, etwas *dazuzu*dichten. Ich habe manchmal Genugtuung gefühlt, wenn ich das eine oder andere, was ich so beschrieben, wie ich mich daran erinnert habe, anhand von Dokumenten später beweisbar fand.

Die *ganze* Wahrheit zu sagen, ist für Menschen ohnehin schlicht unmöglich. Der Gläubige dürfte sagen, die kennt nur Gott allein.

Die *ganze Wahrheit* über die Konzentrationslager und alle Morde, Massenhinrichtungen, Verhöre und Folterungen durch Menschen in deutschen Uniformen wäre weit mehr als die Summe aller Erinnerungen nicht nur der hingerichteten, gefolterten, vertriebenen oder bedrohten Menschen, sondern selbstverständlich auch aller ihrer Bewacher, der Administratoren der Verfolgungen, des Zugpersonals der Transporte in die Lager, der Zuschauer und jener, die weggesehen haben, mit einem Wort, der Erfahrung einer ganzen Generation. Machen wir uns nichts vor, die *ganze Wahrheit* ist für uns so unerreichbar, als gäbe es sie gar nicht, und das wird in fünfzig oder hundert Jahren noch extremer so sein.

Vor uns steht eine ganz bestimmte Aufgabe. Wir haben sie uns selber gestellt. Nur ist, wie ich glaube, ihr Sinn mehr im Suchen als in der Möglichkeit der endgültigen Findung der Wahrheit. Um mich bildhaft auszudrücken, ein Blick ohne Schutzmaßnahmen auf die böse und tödlich strahlende *ganze Wahrheit* würde zur Erblindung führen, wie der Blick hinauf aufs Firmament im Laufe einer totalen Sonnenfinsternis an einem Sommermittag.

Viele von Ihnen, meine sehr geehrten Damen und Herren, sind Historiker von Beruf und Berufung. Ich glaube, daß die meisten «Dokumente», auf Grund derer Sie Ihre Studien betreiben, auf Bestellung verfaßt, im Auftrag hergestellt worden sind, subjektiv verfertigte Schriftstücke, keineswegs die *ganze Wahrheit*. Protokolle über Sitzungen, Kommuniqués, Diplomatendepeschen, militärische Lageberichte, sogar die Aufzeichnungen der Geheimdienste gehen zum Teil von einer sehr persönlichen Ansicht ihrer Autoren, oft mehr noch davon aus, was die Empfänger gerne hören möchten.

Ich habe zwei Romane über zwei aus meiner Heimat stammende römische Kaiser, Diokletian und Konstantin den Großen, geschrieben. Beide sind auch von Zeitgenossen, ersterer von Lactantius, der andere von Eusebius, beschrieben worden. Beide Darstellungen sind falsch. Lactantius war Christ und haßte Diokletian, den letzten, großen Christenverfolger, Eusebius war Konstantins Hofbiograph und schrieb, was Majestät sich wünschten. Einer der ersten «modernen» Historiker, Josephus Flavius, hat gerade weil er auch Teilnehmer und nicht nur Berichterstatter war, über den «Jüdischen Krieg», so der Titel seines bekanntesten Werkes, gelogen. Später hat man in seinen Text noch einiges nachträglich hineingefälscht, um die Existenz des Christentums «historisch» zu belegen. Über Josephus und seine Zeit kann man, meiner Meinung nach, Glaubwürdigeres erfahren, wenn man den Roman *Der jüdische Krieg* von Lion Feuchtwanger liest, nicht das «Original». Dank seiner begabten Phantasie rückt der Dichter näher an die «historische Wahrheit» heran als der Historiker Josephus, der es als Freigelassener seinen Kaisern recht machen wollte.

Ich weiß, ich schweife ab. Aber da eben von Dokumenten die Rede ist und wir uns in Weimar befinden, möchte ich auf eine Tatsache hinweisen, die direkt mit dem Ausgangspunkt unserer Tagung zu tun hat. Es geht um die Akten des Konzentrationslagers Buchenwald. Sie befinden sich noch immer nicht in der Gedenkstätte, wo sie hingehören, sondern in Arolsen, beim sogenannten «Internationalen Suchdienst des Roten Kreuzes», wo sie der Forschung nicht zugänglich sind. Für ehemalige Häftlinge stehen sie begrenzt – nur insofern es sie selbst angeht – zur Verfügung, und auch dann muß man enorme Wartezeiten in Kauf nehmen. Wenn wir, die zufällig am 16. Februar diesen Jahres noch am Leben waren, beweisen wollen, daß wir im KZ waren, um 15 000 Deutsche Mark zu bekommen, werden wir und die Stiftung, die sie uns auszahlen soll, uns sicher auf Arolsen verlassen müssen.

Man hat mich oft gefragt, wieso ich, dessen Eltern von den Deutschen umgebracht worden sind, der von Deutschen in Konzentrationslager vertrieben wurde, die deutsche Dichtung und Sprache liebe und teilweise für sie atme. Ich habe immer geantwortet, weil es nicht *die* Deutschen waren. In den Konzentrationslagern waren die ersten Häftlinge auch Deutsche, deutsche Kommunisten und Sozialdemokraten, deutsche Homosexuelle und Bibelforscher, deutsche sogenannte Arbeitsscheue und Witzeerzähler über Volk, Reich und Führer. Sagt also nie, sagte ich, *Deutsche,* wenn ihr die Nazi-Schergen oder die SS-Männer meint. Heute erkläre ich, und den Rest meines Lebens werde ich damit verbringen müssen zu bitten: Sagt nicht *die Serben,* wenn ihr Milośevićs Polizei und paramilitärische Einheiten meint.

Für mein Erdenleben habe ich das Jude-Sein und das Serbe-Sein nicht sehr glücklich ausgewählt. Aber eines möchte ich Ihnen in meinem Alter und mit meiner Erfahrung verraten: Nachträglich ist es leichter, zu den Opfern gehört zu haben, als mit den Tätern verwechselt zu werden.

Wie weit ist es vom Ereignis zur Erinnerung? Wie soll man die eigene Erinnerung, die im Knochenkasten unseres Schädels verborgen schlummert, in Worte und Zeichen verwandeln, die warnen und mahnen oder doch wenigstens etwas ins Gedächtnis einprägen, zur Pietät aufrufen? Kann man mit Worten und Zeichen den Lauf der Geschichte beeinflussen? Sind unsere Reden, unsere Bücher, die Zeichen, die wir mit Denkmälern und Gedenkstätten setzen, nur Ausdruck der Ohnmacht? Oder drücken solche Versammlungen wie unsere hier doch die Hoffnung aus, daß sich kein Holocaust wiederholen kann? Sind dann Bosnien, Kosovo, Dagestan, Tschetschenien, Ost-Timor, Ruanda nur Randerscheinungen?

Ist es mein Alter, das in mir so wenig Hoffnung aufkeimen läßt? Sollte ich nicht verpflichtet sein, Ihnen allen, die solche Tagungen anregen und durchführen, zu danken, daß sie das tun, anstatt verbittert zu klagen, daß es so ist, wie ich glaube, daß es ist?

Die Bundesrepublik Deutschland hat vor, zehn Milliarden deutsche Mark an ehemalige Zwangsarbeiter zu zahlen, die auf preußisch korrekte Art – Ordnung muß sein – wieder, wie damals, in Kategorien aufgeteilt sind. Da das Gesetz, das zu diesem Zweck verabschiedet worden ist, von «Erinnerung, Verantwortung und Zukunft» spricht, glaube ich, daß seine Behandlung hierher gehört.

Habe ich, zum Beispiel, verdient, daß man mir auf diese Weise 15 000 DM in zwei Raten anbietet? Und was hat das mit der Zukunft zu tun? Ich habe, als ich fünfzehn Jahre alt und KZ-Häftling war, fünfzig Kilogramm schwere Zementsäcke schleppen müssen. Sonst hätte man mich totgeschlagen. Ich gebrauche die Worte, die am einfachsten sind, um die Lage zu beschreiben, nicht um Eindruck zu schinden. Meine Frau sagt, das ist der Grund für meinen Ischias. Kann sein, muß aber nicht. Auch andere Leute in meinem Alter leiden an verschiedenen Krankheiten. Und der Professor, der mich behandelte, sagte, ich sei zu dick, ich solle abnehmen, ich sei einfach zu schwer geworden für mein armes Rückgrat, daher der Bandscheibenschaden. Ich bemühe mich deshalb eben abzunehmen, da ist es für mich wahrscheinlich gesünder, kein Geld zu bekommen, um es nicht in mich hineinzufressen.

Meine Eltern sind, als ich zwölf war, ermordet worden. Für unsere Wohnung, ihre Einrichtung, die Ordination – Vater und Mutter waren beide Ärzte – habe ich Entschädigung weder erwartet, noch bekommen. Was wäre Entschädigung dafür? Heute wären sie ohnehin 100 und 98 Jahre alt, also längst tot. Und falls ich etwas von ihnen geerbt hätte, hätte ich es möglicherweise verpraßt, übrig geblieben davon wäre sicher nichts mehr. Wozu dann heute noch darüber reden?

Zurück zu den Zementsäcken. Schleppen mußte ich sie, weil für die Brabag in Magdeburg riesige Betonbunker, in die die Produktion verlegt werden sollte, gebaut wurden. Brabag, das bedeutete Braunkohle-Benzin-AG. Sie gehörte zu den Hermann-Göring-Werken. Später habe ich im schönen thüringischen Ort Niederorschel Flugzeugflügel für die Firma «Junkers» gebaut. Und dann bei Langenstein, in der Nähe von Halberstadt, Tunnel in einen Berg gebohrt. Der SS-Kommandant wollte einen jeden Meter mit einem Häftlingsleben bezahlt wissen. Die Firma war ... – Oder ist das nicht wichtig? Das also ist 15 000 DM wert. Nicht für das, was man Leiden nennt, sondern für geleistete Arbeit, die nicht bezahlt wurde. Ist das Wort *Entschädigung* auf Deutsch das richtige für den Vorgang? Sprachlich gewiß nicht? Juristisch? Ich bin kein Jurist. Und dafür mußte etwas, was im Gesetz *Rechtssicherheit* heißt, mit einem deutsch-amerikanischen Regierungsabkommen bekräftigt werden. Was geht das Amerika an?

Die Deutschen – Pardon, so vereinfacht darf ich es nicht sagen –, die deutsche Industrie und die deutsche Regierung würden als Entschädigung für die Zwangsarbeiter nichts zahlen, wenn sie nicht Angst vor dem amerikanischen Boykott ihrer Waren hätten. Ihrer Limousinen Marke Mercedes oder BMW oder Porsche ... Oder sehe ich das falsch? Ich versuche entsprechende Zeitungsartikel und Kommentare zu lesen, falls ich nicht alles begreife, liegt es vielleicht daran, daß sie unklar formuliert sind, so daß ich und andere sie nicht verstehen?

Wie sie vielleicht merken, ärgert mich alles, was mit der Entschädigung der Zwangsarbeiter zu tun hat, so sehr, daß ich den Faden verlieren könnte. Deshalb möchte ich bewußt meine Situation und daß man mich als Literaten eingeladen hat, mißbrauchen und Ihnen am Ende meines Vortrages eine Geschichte erzählen. Eine erfundene Geschichte.

Vorsicht, was folgt, ist *fiction*!

Die Einladung war merkwürdig. Die Claims Conference und die deutsche Bundesregierung baten mich nach Frankfurt am Main zu kommen, ich sei in einem besonderen Auswahlverfahren dazu ausersehen, einen bisher öffentlich nicht bekanntgegebenen Aspekt der

Entschädigung zu erörtern. Mein freundliches Einverständnis vorausgesetzt, würde man mir das Flugticket I. Klasse bei der Lufthansa in Wien bereitstellen, im Hotel Frankfurter Hof sei eine Suite für mich reserviert.

Ich wurde neugierig. Ich stimmte zu.

Am Flughafen erwartete mich eine Limousine, der Chauffeur hielt eine Tafel mit meinem Namen hoch. Die Rezeption überreichte mir einen Umschlag mit Geld und der Nachricht, morgen um 10 Uhr würde man mich abholen. Oben warteten Obstkorb und Blumen.

Am nächsten Tag wurde ich in eine Villa am Stadtrand gebracht. Die Empfangsdame in schwarz-weiß-gesprenkeltem Kostüm hatte schneeweißes Haar, die Hosteß jedoch, die später frischgepreßten Orangensaft und Mokka servierte, war jung, blond, in hochgeschlossener Bluse, aber sehr kurzem schwarzem Rock. Perfekte Beine. Für die drei Herren, die mir ihre Hände anboten und mich zum Sitzen aufforderten, hatte ich zuerst kaum einen Blick.

Man dankte, daß ich mir die Zeit genommen habe zu kommen, und bat mich um Aufmerksamkeit.

«Wir haben ihre Texte über den Gesetzesentwurf zur Errichtung der Stiftung ‹Erinnerung, Verantwortung und Zukunft› gelesen und mit Hochachtung zur Kenntnis genommen», eröffnete mir einer der Herren. Er war korrekt gekleidet wie ein Diplomat, besaß aber die salbungsvolle Stimme eines gut geschulten Priesters. «Sie schrieben, wenn ich sie simplifizierend richtig interpretiere, sinngemäß, Geld könne ihnen ihre Eltern nicht ersetzen. Ist das richtig so?»

«Natürlich», antwortete ich überrascht.

«Nun, wir verstehen Sie, aber Sie irren sich. Auf Grund eines ganz neuen, bisher streng geheim gehaltenen Verfahrens, das sowohl von der Bundesrepublik als auch von entsprechenden Stellen in den Vereinigten Staaten und Israel finanziert wird, können wir das vielleicht doch. Wenn Sie damit einverstanden sind, wollen wir das erste vielversprechende Experiment mit ihrem Herrn Vater anstellen!»

Ich war bestürzt und wollte mehr wissen. Einer der beiden jüngeren Herren ergriff das Wort, er war im hellgrauen Maßanzug und hatte einen dunkelblauen Rollkragenpullover an. Er sah aus wie ein sehr gut bezahlter Gelehrter, was er augenscheinlich war. Seine Erklärungen ergänzte der dritte Mann, einer mit scharfen Runzeln im Gesicht, etwas lässiger als die ersten beiden gekleidet, er rauchte als einziger von uns, zündete sich mit leicht zitternden Händen eine Zigarette nach der anderen an und war Historiker von Beruf.

Was man mir sagte, will ich sehr kurz zusammenfassen. Die Wissenschaft der Nazis hatte gewisse Erfolge gehabt, die man nach dem Krieg lieber verheimlichte, weil auch die Erkenntnisse des Auschwitzer Arztes Doktor Mengele und seinesgleichen in ihnen enthalten waren. Die Rassenlehre hatte zu gentechnischen Möglichkeiten geführt, die auch Wege zur Manipulation eröffneten. Mag sein, Hitler und Himmler hatten gar nicht verstanden, was sich da auftat, in der zweiten Hälfte des Krieges wurden die entsprechenden Institutionen vernachlässigt, weil sie als nicht unmittelbar kriegsentscheidend galten. Trotzdem wurden ausgewählte Genproben verschiedener ermordeter Menschen über all die Jahrzehnte aufbewahrt. Unter ihnen auch jene meines Vaters. Und jetzt glaube man den Weg gefunden zu haben, aus ihnen wieder das ganze Lebewesen, den Menschen, in dem sie enthalten waren, neuerstehen zu lassen. Der moralischen Tragweite eines solchen Versuches sei man sich bewußt, daher wollte man sich des Einverständnisses des unmittelbaren Erben versichern. Mein Vater war Arzt, Gynäkologe, deshalb würde er, hoffentlich wieder zum Leben erweckt, den Vorgang leichter verstehen.

Man führte mich durch Laboratorien, zeigte mir Apparate, bat mich in einer prachtvollen Bibliothek Platz zu nehmen, setzte mir Berichte, Berechnungen und Fotos vor. Von all dem habe ich wenig verstanden, aber die entsetzliche Frage, die man mir stellte, war, ob ich erlaube, daß man meinen Vater, der vor mehr als einem halben Jahrhundert ermordet wurde, wieder zum Leben rufe. Das war für mich eine solche Überraschung und Herausforderung, daß ich ohne die möglichen Folgen auch nur zu bedenken, ohne mich zu fragen, was wohl mein Vater, wenn er vorher befragt werden könnte, selber dazu sagen würde, mein Einverständnis gab und die mir gereichten Dokumente unterzeichnete. Morgen sollte das Experiment in meinem Beisein stattfinden.

Wir aßen gemeinsam zu Mittag, Fisch, den ich nicht mag, aber ich war so in Gedanken versunken, daß ich das Wortgeplänkel meiner drei Gastgeber über mich ergehen ließ, ohne richtig hinzuhören. Sagte ich, ich hätte nachgedacht? So stimmt das nicht. Ich hatte keinen klaren Gedanken. Ich war von der Neuigkeit so überrascht, betroffen, entsetzt, daß ich gedankenversunken gewirkt haben mochte.

Ich weiß nicht, wie ich diese Nacht verbracht, was ich gefrühstückt, wie ich mich ins Auto gesetzt habe und in diese Villa, dieses Institut, gefahren wurde. Ich kann mich auch nicht genau an das Geflimmer der Apparate, ihr seltsames Geratter und Zischen, das aufgeregte Flüstern der Wissenschaftler, an diesen ganzen aufregenden Tag erinnern.

Es war wieder Abend, ein angenehmer, warmer Frühlingsabend. Es hatte geregnet, die Fenster standen offen, frische Luft strömte in den kleinen Salon, in dem ich meinem längst verstorbenen Vater gegenübersaß. Er sah so aus wie vor 59 Jahren, so alt wie damals, als er umgebracht wurde, nämlich wie 42. Ich bin 72.

Als wir uns zum letzten Mal gesehen, als wir uns getrennt hatten, war ich zwölf Jahre alt gewesen. Er ahnte das Schlimmste. Ich weiß nicht mehr, was er mir alles an Ratschlägen mitgab, nur daß er feierlich versprach, am Leben zu bleiben. Vielleicht glaubte er, es könne wie eine Beschwörungsformel wirken. Auf Ehrenwort, sagte er. Es war das erste Ehrenwort, das er gebrochen hat. Er ist nicht am Leben geblieben.

Und jetzt saßen wir einander gegenüber und sollten einander berichten. Ich, wie ich gelebt habe, er, wie er gestorben ist. Er war gekleidet, wie ich mich an ihn erinnere, sehr korrekt, bürgerlich, Anzug, Weste, dezente Krawatte. Groß, schlank. Rabenschwarze, streng zurückgekämmte Haare, nachts hatte er, als er noch lebte, stets ein Haarnetz getragen. Brille mit dicken Gläsern. Er war etwas jünger als mein Schwiegersohn, kaum älter als mein Sohn heute. Ich bin dick, einen Kopf kleiner als er, weißhaarig. Augengläser brauche ich nicht, oft scherze ich, die Augen sind meine einzigen Organe, die noch taugen.

Mein Vater, der beste Vater, den man sich vorstellen kann, mein Idol, Ideal, wie soll man das mit Worten beschreiben, Respektsperson, Arbiter für alle Fragen, uneingeschränkte Autorität, war jetzt Jahrzehnte jünger als ich und einen Tod, eine Ewigkeit älter und mir voraus.

Ich war sehr aufgeregt, er vollkommen ruhig. Cool nennt man das heute. Wir saßen in grünen Ledersesseln. So hatte ich mit ihm in seiner Bibliothek gesessen, die auch als Sprechzimmer für «bessere» Patientinnen diente.

Wie soll ich über unser kurzes Gespräch berichten? Ich kann es nicht, ich kann es einfach nicht. Er bestand darauf, daß zuerst ich sprechen sollte. Wie ich gelebt, wie ich die Konzentrationslager überlebt hatte ... Über meine Familie, meine Karriere – er sagte Karriere –, über meine Bücher. Noch als ich Kind war, meinte er, daß ich schreiben sollte. Als er über sich, seinen Tod, Mutters Tod erzählen wollte, kurz sagte, daß er ohne seine Frau, meine Mutter, mit der er gemeinsam in den Tod gegangen sei, keinesfalls wieder leben wolle, nicht einmal für mich und meine Frau, meine Kinder und Enkel, die ich ihm so gerne vorgestellt hätte, und Mutters Gene seien, wie man ihm mit Bedauern versichert habe, nicht vorhanden, wurde er plötzlich merkwürdig blaß, schwach, ich glaube, er wurde nach und nach durchsichtig und begann zu verschwinden, sich zu verlieren, aufzulösen ...

Ich war wie erstarrt, bewegte mich nicht, konnte mich nicht bewegen, aber ich habe nicht einmal versucht mich zu rühren, seine Hand zu ergreifen, mich an ihn zu schmiegen, ihm meine Körperwärme zu vermitteln. Warum nicht? Ich weiß es nicht. Ich wußte nur, daß er bald wieder weg sein würde, ganz weg, endgültig weg. Ich saß einem leeren Sessel gegenüber. So fanden mich die drei Herren, die mich eingeladen hatten, der Diplomat, der Gelehrte und der Historiker, verflucht sei ihr Name!

Sie murmelten, das Experiment sei trotz des vielversprechenden Anfangserfolges leider gescheitert. Man sei mir trotzdem zu größtem Dank verpflichtet ... Ich habe nicht mehr zugehört.

Es tut mir leid, wenn diese Geschichte jetzt etwas abrupt beendet werden muß, aber ich habe wirklich nicht mehr zugehört. Mich interessierte nichts mehr. Ich wollte so schnell wie möglich zurück, um den Rest, den wahrscheinlich kurzen Rest meines Lebens normal zu verleben.

Was ist normal in einer Welt, wo das alles geschehen kann, was geschieht, nicht nur unter der Naziherrschaft, sondern täglich auch heute? Auch heute irgendwo auf der Welt, wo Menschen leben.

«Es tut uns unendlich leid», haben die drei Herren gesagt, nachdem sich der Körper meines auferstandenen Vaters – man kann in einem solchen Fall doch *auferstanden* sagen, nicht wahr? – in nichts aufgelöst hatte. «Etwas ist schief gelaufen. Das werden wir studieren. Wir hoffen, anderen werden wir ihre Eltern zurückgeben können!»

«Das glaube ich nicht!» antwortete ich.

Ich glaube es wirklich nicht.

Formen und Traditionen des negativen Gedächtnisses

Reinhart Koselleck

Von einem negativen Gedächtnis zu sprechen, wie es im folgenden versucht wird, ist doppeldeutig, denn entweder meint das Negative im Gedächtnis, daß der Inhalt, der darin gespeichert wird, abstößt, unwillkommen ist, verächtlich und verachtenswert, oder das Negative bedeutet uns, daß das Gedächtnis sich der Erinnerung sperrt, sich weigert, das Negative überhaupt zur Kenntnis zu nehmen: also verdrängt und so der Vergangenheit überantwortet und der Vergessenheit ausliefert. Beides, der grauenerregende Inhalt und die Weigerung, ihn aus dem Gedächtnis in die Erinnerung zu überführen, hängt natürlich eng zusammen. Das eine verweist auf das andere und führt uns unmittelbar in die geschichtliche Problematik, wie Verbrechen überhaupt zu erinnern seien.

So lange es menschliche Geschichten gibt, durchzieht sie eine blutige Spur, und der Fluch ihrer Taten wird überliefert von der Bibel und Herodot angefangen bis heute. Die sich ansammelnden Erinnerungen werden immer wieder kompensiert: Rache durch Rache, durch Strafen, durch Sühneleistungen. Man denke etwa an die Schandmale und die Sühnekreuze, wie sie auch der Papst im Rom des 17. Jahrhunderts errichten mußte, als seine Schweizer Garde Franzosen ermordet hatte, wofür er durch den französischen König eine Gedenkstelle aufgenötigt bekam: zur Erinnerung an diese Tat, an diesen Mord. Oder ich erinnere an die Gedenksäulen, die nach gescheiterten Aufständen von niedergeworfenen Rebellen zu errichten waren. Diese Art der negativen Erinnerung diente immer dazu, den Fluch der bösen Taten zu bannen. In Bürgerkriegszeiten waren die Verbrechen freilich beidseitig verteilt. So wurden zum Beispiel in Lyon nach den Morden an den Revolutionären während der Französischen Revolution nachher nicht nur die sogenannten Konterrevolutionäre hingerichtet, ins Wasser geworfen und ertränkt, sondern obendrein, ganz magisch, auch ihre Häuser abgerissen. Eine Nachwirkung derartiger Verhaltensweisen mag man in der Einebnung der Warschauer Stadt sehen, nach dem Aufstand der Polen 1944, während die aufständischen Polen selbst – erstaunlicherweise – noch als Gefangene behandelt worden sind. Daß Himmlers Villa in Dahlem nach 1945 abgerissen wurde, weil niemand dort einzuziehen sich zutraute – begreiflicherweise –, steht bereits auf einem anderen Blatt.

Aber negative Erinnerungen können auch ins Positive umgedeutet werden, wenn es politisch angebracht scheint. So dient die verheerende Niederlage der Briten an den Dardanellen 1915 in Australien, dort wo die meisten Toten zu beklagen waren, als Nationalfeiertag. Die Niederlage als Nationalfeiertag, weil der bis dahin halb verachtete Kontinent Australien sich plötzlich in eine staatlich ihrer selbst bewußten Gesellschaft erhoben sah: durch das Erinnerungsmal. Oder in Warschau werden heute noch Siege und Niederlagen gleicherweise erinnert, weil aller Toten gemeinsam als Märtyrer ihres Vaterlandes gedacht wird. Auch das Wort von Clemenceau «immer dran denken, nie davon reden», um die Revanche für die Niederlage von 1870 am Brennen zu halten, gehört zu solcher Umdeutung einer negativen Erfahrung in eine – hier patriotisch – geschürte positive Erwartung.

Wozu dieser kaleidoskopartige Rundblick in die vergangenen Geschichten, deren Taten anfangs negativ assoziiert worden waren und die zu einem dicken konsistenten Weltgeschichtsband anzureichern uns keine Schwierigkeiten bereiten würde. Allen genannten Beispielen – gleich welchen Ausmaßes – ist es eigentümlich, daß die Bluttaten – so oder so – an einem Maßstab möglicher Gerechtigkeit gemessen oder von geforderter oder gedachter Gerechtigkeit her beurteilt wurden. Gleich ob eine Blutrache durch Gerechtigkeit begründet wurde – gewohnheitsrechtlich – oder ob eine Rache naturrechtlich, theologisch, positivistisch, völkerrechtlich, staatsrechtlich oder strafrechtlich zusätzlich legitimiert wurde: Gerechtigkeit schien den Taten entweder selbst innezuwohnen, oder Gerechtigkeit gab die Folie ab, vor der die Taten der anderen als Verbrechen erkannt und definiert werden konnten.

Dieser Maßstab versagt, wenn wir uns heute den Verbrechen zuwenden, die aus der nationalsozialistischen Zeit unsere Erinnerung prägen. Nicht, daß diese oder jene Tat nicht justizförmig verfolgt und geahndet worden wäre; davon zeugen die zahlreichen Prozesse, von Nürnberg angefangen über den Eichmann-Prozeß und über den Auschwitz-Prozeß mit ihren Folgewirkungen bis in die Gegenwart hinein. Es ist das Ausmaß und die Abgründigkeit – verzeihen Sie diese Metapher, ohne die man hier nicht auskommt –, die Abgründigkeit, vor der wir heute noch stehen, wenn wir das

Terrorsystem, die Massenmorde und die Vernichtungsaktionen jener Jahre in Erinnerung zu rufen und in Erinnerung zu halten uns verpflichtet wissen.

Allein die Vorstellung einer ehedem vermeintlich beabsichtigten Gerechtigkeit und ebenso die Vorstellung einer heute hinreichend einklagbaren Gerechtigkeit versagt in Anbetracht der Absurdität dessen, was damals getätigt wurde und geschehen ist. Die Sinnlosigkeit war zum Ereignis geworden. Es gibt keine Sinnstiftung, die rückwirkend die Totalität der Verbrechen der nationalsozialistischen Deutschen einholen oder einlösen könnte. Dieser negative Befund prägt unser Gedächtnis, das die Ereignisse der ersten sechs Jahre von 1933 bis 1939 und mehr noch die Ereignisse und Daten der zweiten sechs Jahre von 1939 bis 1945 speichert. Die verzehrende Angst der Häftlinge in den Lagern, eine Angst, die verschluckt werden mußte, um weiterleben zu können. Der Schmerz, mit dem der ständig beißende Hunger am Körper zehrt. Das Zittern bei der Arbeit in allen Gliedern bis zur vollständigen Erschöpfung. Das Warten und wieder Warten, das Stehen und wieder Stehen-Müssen, das Strammstehen-Müssen über Stunden, über Tage, über Tage und Nächte hinweg. Die Furcht vor dem Nachbarn, die den eigenen Egoismus schürt. Die mageren Chancen, in der rigorosen Lagerhierarchie, von oben Halt oder Hilfe zu finden. Die auch geleistete Nächstenhilfe, die lebensgefährlich war und den Tod einbringen konnte. Die Aussichtslosigkeit, einen Weg zurück nach Hause oder hinaus in die entschwundene Freiheit zu finden. Und immer zwang die Aussichtslosigkeit dazu, die Hoffnungslosigkeit, selbst vergessen zu müssen, um überhaupt überleben zu können. Die aufgezwängten Kategorien, die einen solidarischen Zusammenhang nur auf Kosten anderer erlaubten: Seien es die einzelnen Nationen im Lager oder die Kommunisten oder die Bibelforscher, die als solche definierten Kriminellen und andere Auf- und Abstufungen bis hinunter zu den Juden. Die ständige Aussicht, erschlagen, erhängt oder erschossen werden zu können.

Das sind alles Erfahrungen, die nicht übertragbar sind. Sie füllen das Gedächtnis der Betroffenen, sie formen deren Erinnerungen, ergießen sich wie eine Lavamasse in ihre Leiber – unverrückbar und eingeschrieben. Daran gemessen sind alle Erfahrungen der Zeitgenossen, die nicht im Lager waren, so wie die der Nachgeborenen, sekundär. Und wie die Erfahrungen der Leidensgenossen im Lager, so sind auch deren Erinnerungen genuin, prägen ihr Gedächtnis unvermittelt und unmittelbar. All das läßt sich vielleicht, und schwer genug, erzählen, aber daraus abzuleiten, daß es – wie man heute zu sagen beliebt – ein kollektives Gedächtnis oder gar eine kollektive Erinnerung gäbe, die davon in Deutschland Zeugnis ablegen könnten, ist ein wohlmeinender Trugschluß. Die in den Leib gebrannte Erfahrung der absurden Sinnlosigkeit läßt sich, als Primärerfahrung, nicht in das Gedächtnis anderer oder in die Erinnerung nicht Betroffener übertragen. Mit dieser negativen Botschaft müssen wir Zeitgenossen oder Nachgeborenen umzugehen lernen.

Aber die terroristisch erzwungene Sinnlosigkeit der Lager ist noch weit überboten worden. Bisher schauten wir von außen nur auf jene Lager im alten Reichsgebiet, die von willkürlichen Morden und einer langgestreckten, zunehmenden Tötungsroutine zehrten. Rund eine halbe Million Menschen fielen dem in den alten Konzentrationslagern zum Opfer. Blicken wir nach Osten, so stoßen wir auf jene Lager, deren Insassen von vornherein bürokratisch exakt geplant und gesteuert der vollständigen Vernichtung zugeführt wurden: Kulmhof (Chelmno), Treblinka, Sobibór, Majdanek, Belzec, Birkenau. Hier wurde beschleunigt, technisch perfektioniert und anonym vernichtet, während zuvor im gesamten Gebiet hinter der deutschen Ostfront noch ganz persönlich massakriert worden war. Diese Vernichtungsaktionen richteten sich primär und vor allem gegen die Juden aus ganz Europa, aber ebenso gegen die Zigeuner, heute als Sinti und Roma aus der sprachlichen Verachtungszone herausdefiniert, gegen zahlreiche Angehörige der damals als slawisch definierten Völker und chronologisch voran und zunächst gegen die Geisteskranken und die als Geisteskranke diagnostizierten Fälle, ohne daß sie deshalb geisteskrank hätten sein müssen, rund 100 000 Menschen, die als erste im Reich vergast wurden, bevor die Tötungsmannschaften und Mordwagen im unterjochten Polen ihre Tätigkeit aufnahmen. Immer handelte es sich um schuldlose Zivilisten, die aufgrund rassezoologischer oder volkshygienischer Kriterien der puren Vernichtung zugeführt wurden. Kaum blieb ihnen ein schmaler Saum offen, um sich für ihresgleichen oder andere auch nur opfern zu können. Wir kennen die raren und rühmlichen Ausnahmen, die von den Nazis gleichsam zugelassen wurden, etwa Korczak oder Kolbe. Die genannten Lager produzierten mit der

Beseitigung ihrer Insassen ihr eigenes Finale. Wahrlich eine Apokalypse ohne Gnade – christlich gesprochen –, tatsächlich aber weit schlimmer. Dem Tod der Vernichteten wurde jede Rückbindung an ihr Leben, jede Erinnerung verweigert, indem selbst ihre Leichen in Luft und Asche aufgelöst wurden. So wurde es menschenmöglich, das Menschsein selbst auszulöschen.

Um so dankbarer müssen wir jenen Zeugen sein, die es – oft erst im hohen Alter – auf sich genommen haben, von den uneinholbaren Erfahrungen ihres Überlebens zu berichten. Wir dürfen unseren Dank ausdehnen auf jene Forscher, die sich der Mühe unterzogen haben, das von anderen Zeitgenossen nie Erfahrbare sekundär aufzubereiten und wissenschaftlich zu vermitteln. Ich denke an Poljakov, Hilberg, Saul Friedländer, aber auch an Broszat oder Hillgruber. Sie haben es gewagt, Hypothesen zu bilden, um mögliche Begründungen zu bieten für Vorgänge, die gemeinhin als unbegreifbar gelten. Alle Fremderfahrungen der Verfolgten, der Gemarterten, der ins Nichts Verschwundenen, der Vernichteten – Schuldlose aus allen europäischen Nationen und ihren sozialen Klassen, Schuldlose aller Konfessionen und Religionen, allen voran die als rassisch umdefinierten Juden – fordern unsere, der Deutschen Erinnerung, heraus. Sie bieten die Voraussetzungen, unter denen sich unser Gedächtnis konstituiert und zu bewähren hat.

Eine erste Folgerung zog 1949 unser Grundgesetz, dessen Legitimitätsbasis sich gegen die Gesamtheit der nationalsozialistischen Vergangenheit richtete. Wie der Artikel 1 lautet: «Die Würde des Menschen ist unantastbar. Sie zu achten ist Verpflichtung aller staatlichen Gewalt.» Und wie der Artikel 79 bekräftigt, ist jede Abänderung dieses Artikels unzulässig. Diese Selbstverpflichtung der Deutschen, die aus der Erfahrung der nationalsozialistischen Zeit, ihrer Verbrechen und ihrer Völkermorde in ganz Europa hervorgegangen ist, muß erinnert bleiben, wenn wir die Ambivalenz und die Negativität unseres Gedächtnisses prüfen. Es gibt, wie der Artikel 3 unseres Grundgesetzes bekräftigt, kein ethnisches, kein rassisches, kein sprachliches, kein religiöses, kein politisches, kein genetisches und kein räumliches Kriterium, das die Gleichheit vor dem Gesetz durchbrechen darf. Gewiß, es ist nur eine normative Folgerung, der wir Deutschen uns 1949 unterworfen haben. Aber sie ist das Minimum, das wir nicht unterschreiten dürfen. Es ist der Legitimitätstitel unserer bundesrepublikanischen Identität, die empirisch Ungleiche rechtlich gleich zu behandeln fordert und zwingt. Deswegen bleibe erinnert, daß die Unterscheidung Ungleicher, zwischen Mensch und Unmensch, zwischen Übermensch und Untermensch, die quasi anthropologische Prämisse war, Kraft derer die Morde legitimiert worden sind. Und deshalb sei festgehalten, daß unser Gedächtnis, gemessen an den genuinen Erfahrungen der Opfer, zwar negativ präformiert, aber nur sekundär und historisch aufbereitet bleibt. Unsere Erfahrungen sind nicht die der von uns Umgebrachten oder der Überlebenden. Diese negative Differenz bleibt immer das Leitmotiv unserer Erinnerung.

Wir müssen uns also mit der Differenz zwischen der Primärerfahrung der wirklich Betroffenen und der hinterher aufzuarbeitenden Sekundärerfahrung der Heutigen beschäftigen. Das bringt Probleme mit sich, auf die ich zum Schluß mit drei Fragen eingehen möchte:

Wer ist zu erinnern?
Was ist zu erinnern?
Wie ist zu erinnern?

Die Frage nach dem *Wer* ist schwierig zu beantworten. Denn wir in Deutschland müssen die Täter und die Opfer erinnern, die sich gegenseitig auszuschließen scheinen, aber nicht nur, denn es war ein gemeinsames Geschehen, das von den Tätern hervorgerufen worden ist. Insofern ist die Frage schon mit der Denkmalsstiftung in der Berliner Neuen Wache schief beantwortet worden. Ich darf daran erinnern, daß die Neue Wache eine Pietà von Käthe Kollwitz institutionalisiert hat. Ein Denkmal, das erstens von Käthe Kollwitz für einen Kriegsfreiwilligen des Ersten Weltkrieges geplant war und mit den Morden des Zweiten Weltkrieges nichts zu tun hat. Zweitens ist es eine Pietà, die *per definitionem* die Juden ausschließt. Drittens schließt sie als Denkmal einer überlebenden Mutter samt ihrem toten Sohn die Frauen aus, die Mehrheit der umgekommenen oder umgebrachten Zivilisten. Insofern ist es im Hinblick auf die Juden und auf die Frauen eine Völker- und Geschlechtertrennung, die uns in diesem Denkmal ständig und stetig vor Augen geführt wird. Die Folge war, daß sich mit diesem Denkmal nur wenige identifizieren wollten und können.

Es gab eine Fülle von Protestaktionen all derer, die sich dadurch ausgeschlossen fühlten. Ich will nicht im einzelnen davon berichten.

Zahlreiche Verbände hatten sich in breiter Front, aber ergebnislos, gegen dieses Denkmal erhoben. Die Frage bleibt also: Wer muß erinnert werden? Meine These ist, daß es für uns Deutsche nur die eine Möglichkeit gibt: Die Täterschaft und ihre Taten müssen in die Erinnerung einbezogen und nicht nur die Opfer als solche und allein erinnert werden. Das unterscheidet uns von anderen Nationen. Denn wir sind politisch verantwortlich, und deswegen müssen wir Taten und Täter mit bedenken und nicht nur der Opfer gedenken. Das zu formulieren ist schwierig und bereits verpaßt worden in der gesamten Debatte um das Holocaustdenkmal. Insofern ist der Fluch der Tat bis heute negativ sichtbar, als keine Lösung gefunden worden ist, keine Antwort darauf, wie die Nation der Täter sich selbst zu ihren Opfern stellt.

Früher war das durch eine Sühneleistung möglich. Das aber war nur im Kontext religiöser Einstellungen und einer kirchlichen Gnadenverwaltung denkbar. Da konnte durch Sühne die Verzeihung gleichsam eingehandelt werden. Das ist ein Weg, der sich heute verbietet – schon deshalb verbietet, weil der deutsche Staat keine religiöse Institution ist, die sich eine derartige Sinnstiftung zumuten könnte.

Aus der Erfahrungsperspektive der Nation, die die Täter gestellt hat, bleibt uns nur eine harte Alternative: entweder erinnern wir uns aller Opfer einzeln oder aller einzelnen Opfer gemeinsam. Diese Alternative, die im Bundestag nicht richtig debattiert worden ist, fordert, daß, wenn wir eine Opfergruppe auszeichnen – die der Juden begreiflicherweise, weil sie die größte Opfergruppe darstellen –, wir als Täter genötigt sind, die anderen Gruppen ebenso zu behandeln, denn die Opfer sind alle von uns gleicherweise umgebracht worden. Ich denke an die $3^1/_2$ Millionen russischen Kriegsgefangenen, von denen wir 60 Prozent haben verhungern lassen. Sie haben kein Denkmal. – Es kommt wahrlich nicht darauf an, Zahlen gegenseitig zu verrechnen (von den deutschen Gefangenen sind 40 Prozent aus der Sowjetunion nicht mehr zurückgekehrt). Aber Zahlen seien hier symbolisch genommen, um den Unterschied zwischen einem Opfermal – das jeder Gruppe zustehen mag – und einem Tätermal zu markieren. Ein Tätermal hat aller Ermordeten insgesamt zu gedenken. Auch Homosexuelle sind umgebracht worden. Und fast alle Zigeuner – wie sie damals hießen – sind, soweit sie greifbar waren, ermordet worden. Bisher ist auch das Denkmalversprechen an die Sinti und Roma nicht eingelöst. Das heißt, wir haben zugunsten der jüdischen Opfer die Erinnerung an die anderen ausgeklammert. Das ist vom Standpunkt der Täterschaft her unverzeihlich. Anders mag der Standpunkt der Opfergruppen lauten. Die Möglichkeit ist natürlich gegeben, Denkmäler für einzelne Opfergruppen zu errichten, dann aber darf keine vergessen oder ausgelassen werden. Dann müssen wir folgerichtig Denkmäler für alle Opfergruppen einzeln errichten – wenn schon nicht eines für alle. Auch das ist nicht geschehen, obwohl es dringend gefordert worden ist.

Eine Schwierigkeit liegt dort, wo die Opfergruppen sich auseinanderdividieren wollen, um ihre Identität zu wahren. Unentrinnbar perpetuieren sie damit die Kategorien der SS, kraft derer sie sortiert und in den Tod geschickt worden sind. Ob die Trauer um die Toten sich weiterhin dieser terroristisch-bürokratischen Merkmale bedienen muß, bleibe als Frage hier offen. Aber wir Deutsche, als die politisch verantwortliche Nation, müssen uns entscheiden, ob wir eine Opfergruppe – die Juden – alleine erinnern wollen: Dann müssen wir moralisch und politisch konsequent auch aller anderen Opfergruppen gedenken. Oder wir müssen ein Denkmal errichten, das alle Opfer gemeinsam erinnert. Das folgt zwingend aus der Verpflichtung, daß wir uns der Taten selber und damit auch der Täter zu erinnern haben. Trauer ist nicht teilbar. Schon gar nicht dürfen wir uns hinter Opfergruppen verstecken, etwa den Juden, als gewönnen wir damit ein Holocaustdenkmal wie andere Länder auf diesem Globus auch. Das dürfen wir uns als Deutsche weder anmaßen noch zumuten. Wir allein sind gefordert, die Täterschaft in unsere Besinnung einzubeziehen.

Das zur Frage, wer zu erinnern sei.

Ich glaube, daß noch ein Hinweis ganz nützlich ist im Blick auf unsere eigenen Toten. Es gibt eine Stadt, in der ich zufällig wohne, wo das Denkmal – eine Nike für 1870/71 – in den 60er Jahren geschleift worden ist. Ein kleines Kriegerdenkmal zum Ersten Weltkrieg ist in den 90er Jahren geköpft worden. Das – kirchliche – Totenbuch des Zweiten Weltkrieges ist jüngst gestohlen worden. Ich kann mich nicht entsinnen, daß irgendeine hörbare Reaktion erfolgt wäre. Als zwänge uns die Erinnerung an den Judenmord, die eigenen Toten zu vergessen. Tote der Einigungskriege und des Ersten Weltkrieges, die mit der Judenvernichtung gar nichts zu tun haben und die im Zweiten Weltkrieg nur teilweise schuldig geworden sind.

Als ließen sich die Millionen Toter gegenseitig verrechnen. Der Umgang mit unseren eigenen Toten, die jener Nation zugehören, die im Zweiten Weltkrieg die Täter gestellt hat, ist so gebrochen, daß die Ausflucht in einen scheinbaren Pazifismus, indem man sogenannte militaristische Denkmäler stürzt und zerstört, eine Art von Entlastung zu bringen scheint. Das ist ein Irrtum.

Wir können uns der Opfer, die wir mörderisch und technisch produziert haben, nur erinnern, wenn wir das Selbstbewußtsein aufbringen, uns auch unserer eigenen Toten, und so auch der Täter in unserer Verwandtschaft, unter unseren Vorfahren, in unserer eigenen Nation, mit zu erinnern. Das gehört zur Schwierigkeit, welche die Negativität unseres Gedächtnisses kennzeichnet. Wir müssen mit dieser Negativität umgehen lernen und nicht nur positive Helden, etwa des Widerstandes, postulieren. Es wird wohl deutlich, daß jemand, der ein Denkmal für die zwei Millionen im Ersten Weltkrieg vernichteten (und auch schon damals vergasten) Soldaten meidet oder verachtet, sich jener Würde versagt, die uns abgefordert wird, wenn wir die Gleichheit der getöteten Menschen in der Menschlichkeit unserer Erinnerung wachhalten wollen.

Was muß erinnert werden? Über die Schwierigkeit des *Wer* habe ich gesprochen, und es wurde sichtbar, daß einfache Lösungen nicht auf der Hand liegen. Insofern ist zukünftig noch viel Gedankenarbeit und Tatkraft gefordert, um Paradoxien, die ich geschildert habe, politisch einzulösen.

Was also ist zu erinnern? Ich glaube, die einfachste Antwort ist: das Unausdenkliche denken zu müssen, das Unaussprechbare aussprechen lernen und das Unvorstellbare vorzustellen versuchen. Mit diesen Forderungen wird deutlich, wie schnell man an die Grenze dessen stößt, was möglich ist. Aber ich darf den Titel von Anita Lasker-Wallfisch abrufen, deren Erinnerungen 1996/97 erschienen sind: «Ihr sollt die Wahrheit erben». Das ist ein Titel, der alles abdeckt, was ich sagen wollte, indem ich versuchte, das Unaussprechliche in Sprache zu überführen. Eine Wahrheit, die für alle Toten und für alle Vorgänge gilt, die zu erinnern wir verpflichtet sind.

Die letzte Frage des *Wie* möchte ich in vier Punkten kurz erörtern. Die erste Weise des Erinnerns ist moralisch, ist klar und eindeutig.

Denn das moralische Urteil über das, was vollstreckt wurde in den Konzentrationslagern, bei den Massenmorden und in den Vernichtungsaktionen im Osten, lautet: Unrecht, und ist moralisch unbestreitbar. Infolgedessen ist die moralische Verurteilung notwendig, aber das Unzureichende der moralischen Verurteilung liegt darin, daß sie *ex post* die Vergangenheit nicht mehr ändern kann. Das moralische Urteil ist notwendig, aber es ändert nicht die Vergangenheit. Die Moral, die früher fällig gewesen wäre, fehlte. Wenn wir sie heute durch unsere Urteile einholen, ändern wir nicht mehr das, was passiert ist. Wir befinden uns in einer aporetischen Situation. Das moralische Urteil ist nötig, aber reicht nicht hin, um das zu erklären oder zu verstehen, was geschehen ist. Um Marx zu variieren: Die Vergangenheit läßt sich nicht mehr verändern, sie läßt sich nur neu interpretieren.

Der zweite Zugriff ist deshalb der der Wissenschaft. Die Wissenschaft versucht die fehlende Moral zu erklären und versucht das Amoralische zu analysieren mit soziologischen, psychologischen und anderen Methoden, die auch auf dieser Tagung weiterhin beachtet werden. Die Aporie der wissenschaftlichen Erklärung ist nun die, daß sie das, was moralisch geboten war, auch nicht einholen kann. Eine moralisch zwingende Deutung und eine wissenschaftlich dorthin führende Erklärung mögen sich ergänzen, schließen aber methodisch einander aus.

Die dritte Möglichkeit ist die eines religiösen Memorialkultes. Er schließt von vornherein diejenigen aus, die nicht derselben Religion angehören. Demzufolge ist jede religiöse Aufarbeitung ebenfalls unzureichend und endlich begrenzt. Wenn die Gebete in Dachau oder Auschwitz Hilfe, Rettung oder Gnade und Verzeihung erbitten, so erreichen sie niemals jene Mehrzahl der Opfer, die keine Christen waren. Selbst die religiöse Erinnerung reicht nicht hin, auch wenn sie für die Gläubigen selbst nötig bleibt. Ein Gläubiger spürt in seiner tätigen Erinnerung, daß die moralische, die wissenschaftliche und auch die religiöse Art, damit umzugehen, jeweils in eine Sackgasse führt. Alle Wege des Gedenkens bleiben unzureichend, und selbst, wenn sie sich gegenseitig ergänzen, holen sie niemals die Sinnlosigkeit des Verbrechens ein. Insofern bleibt es eine Aporie, daß alles Wissen und aller Glaube nicht ausreichen, die Verbrechen angemessen zu erinnern.

Die vierte Möglichkeit des Gedenkens ist die altbekannte, die ästhetische. Die ästhetische Variante war schon aufgetaucht in der

Denkmalsdebatte. Auch sie führte uns in ein totes Ende. Ich darf dies kurz skizzieren:

Ehedem waren Denkmäler, die der gewaltsam Ermordeten oder Gefallenen oder Getöteten gedachten, immer Sinnstiftungsdenkmäler. Fast alle waren bis zum Ersten Weltkrieg sinnspendend, haben für die Nachgeborenen einen Sinn vermittelt, den der Tod für die Gefallenen oder Gestorbenen oder Umgebrachten gehabt habe. Nach dem Ersten Weltkrieg häufen sich die Denkmäler, die nur noch Sinn fordern, weil eine Sinnstiftung kaum noch zu erbringen ist. Die Sinnforderung ist schon ein erster Schritt in die heutige negative Form der Gedächtnisübung. Die dritte Form, die seit dem Zweiten Weltkrieg zwar nicht überall, aber doch häufig auftaucht, sucht zu zeigen, daß die Frage nach dem Sinn selber sinnlos geworden ist. Das heißt eine Aporie, die Unlösbarkeit eines sinnspendenden Gedenkens, wird selbst zum ästhetischen Thema.

Da gibt es schon hervorragende Leistungen. Ich brauche sie nur theoretisch anzudeuten. Mauern, die einen Spalt offen lassen, durch den Licht hineinscheint, so daß man von innen nach außen sieht, ohne selbst hinaustreten zu können. Das heißt, man sieht das Licht, das man nicht erreicht – eine Thematik, die viele Holocaustdenkmäler kennzeichnet. Eine andere Form läßt kein Entkommen zu, obwohl man das rettende Licht sehen könnte. Oder Hohlformen für verschwundene Menschen werden immer und immer wieder neu gegossen oder ausgemeißelt, auch die Negation des Menschen, wenn man so will, als ästhetische Form. Schließlich gibt es Denkmäler, die selbst verschwinden, wie von Jochen Gerz in Hamburg-Harburg oder in Saarbrücken. Oder Steinmassen werden aufgetürmt, Blockaden, die nicht mehr Schutz bieten, wie Denkmäler zum Ersten Weltkrieg, sondern die erdrücken sollen und erschlagen. Das heißt, die zentrale Botschaft der neuen Denkmäler, die die Frage nach dem Sinn selbst als sinnlos thematisieren, führen zu Negativitätsaussagen, die ästhetisch als gelungen bezeichnet werden dürfen. Verbrechen werden auf diese Weise nur indirekt gezeigt. Die Form einer indirekten Aussage gehört sicher zu den wichtigsten Botschaften – ich denke auch an Art Spiegelman, der «Mauschwitz» geschrieben und gezeichnet hat. Seine Bildgeschichten zeigen die Juden als Mäuse und die Nazis als Katzen. Zunächst mag man das Wagnis einer solchen Metaphorik für unerträglich halten. Wer die Bände in die Hand genommen hat, wird schnell merken, daß gerade die indirekte Aussage – die in der Tierfabel enthalten ist – eine stärkere Wirkung ausüben kann als jede direkte Beschreibung, die sich in einer tatsachengetreuen Elendsbetrachtung erschöpft. So erkennen wir, daß ästhetische Lösungen möglich sind, wenn sie die Unbeantwortbarkeit selber thematisieren, wenn sie Umwege einschlagen, die den Leser, den Zuschauer oder den Reflektierenden in einen Zustand versetzen, der ihn zu denken nötigt, ohne zu wissen, wie er all das, was geschehen ist, in seine Erinnerungen einbeziehen kann. Damit habe ich auch schon die Schwierigkeiten für die Zukunft angedeutet.

Man kann unmöglich fünfzig Jahre vorausplanen. Man muß davon ausgehen, daß schon in den letzten fünfzig Jahren die Geschichte der Taten und der Täterschaft in sehr verschiedenen Brechungen dargestellt worden ist, in der deutschen Öffentlichkeit und in der Wissenschaft. Der rückblickende Umgang mit den Massenmorden und den Vernichtungsaktionen, vor allem an den Juden, hat immer neue Denkansätze herausgefordert, ohne daß man sagen könnte, ob eine endgültige Antwort überhaupt möglich ist. Mit dieser Herausforderung müssen wir umgehen lernen; sie müssen wir vermitteln lernen, und sie müssen wir in der Auseinandersetzung zwischen allen Generationen bedenken, um zu hoffen, daß auch sekundäre Erinnerung nicht entschwindet. Aber daß sie nicht entschwindet, dessen kann man sich – so glaube ich – sicher sein. Nur muß die Frage des *Wie* jeden Tag neu durchdacht werden.

I. Verbrechen erinnern Beispiele aus einem Jahrhundert der Gewalt

Der Genozid an den Armeniern im Osmanischen Reich

Mihran Dabag

1

Im Vorwort seiner Monographie *Geschichte als Erfahrung* schreibt Karl Dietrich Bracher, daß es «letztlich berechtigt» sei, «nicht nur von einem Jahrhundert der größenwahnsinnigen Diktaturen zu sprechen, sondern auch von einem Zeitalter ihrer Überwindung und, soweit möglich, der Befreiung durch Erinnerung und bewußte Aufarbeitung».[1]

Zweifellos schien es für den jungen türkischen Staat, der sich 1923 unter der Führung von Mustafa Kemal Pascha (Atatürk) gründete, sicherer, eine Befreiung von der Geschichte gerade nicht durch Erinnerung, sondern durch ihre Verweigerung zu suchen. So sind mit dem Begriff der «verneinten Erfahrung» zwei Themenbereiche angesprochen, die für das armenische Erinnern kennzeichnend sind: einerseits das systematische und zunehmend vielschichtiger gewordene Erscheinungsbild der Verneinung des Genozids der Jahre 1915/16 in der osmanischen Türkei, andererseits Formen, Medien, Inszenierungen und Überlieferung des Erinnerns an den Genozid in der armenischen Gemeinschaft, die die Erfahrung von Ermordung und Verlust tragen und weitertragen, sich dabei insbesondere auf den Bereich des familiären Erinnerns erstrecken sowie auf die Bereiche der Literatur, der bildenden Kunst oder des modernen Films.

«Das letzte Opfer eines Genozids ist die Wahrheit», schreibt Richard Cohen über die Verleugnungsstrategien der türkischen Regierungen.[2] Dort, wo das Schreiben der Geschichte zum Objekt der Kontroverse gemacht worden ist, bleibt die Erinnerung der Überlebenden in der Aufgabe verhaftet, Zeugnis abzulegen.

Der hier verwendete Zeugnisbegriff, in der armenischen Sprache *vegayel*, der fest in einen theologischen Zusammenhang eingebunden ist, spricht auch historisch-soziale Kontexte des Zeugnisablegens an: Zeugnis meint zugleich die Handlung des Bezeugenden wie einen Inhalt des Bezeugten. Zeugnis ablegen heißt, ein Ereignis in der Sprache zu rekonstruieren, das man allein erlebt hat, als dessen Repräsentant man nun angesehen wird und das dadurch authentisch wird, daß es erlebt wurde. Die Beglaubigung des Zeugnisses ist die Erfahrung, die Beglaubigung der Erfahrung das Zeugnis. Untrennbar ist die intergenerationale Weitergabe der Erinnerung und sind die Inszenierungen des Gedenkens an die Aufgabe des Bezeugens einer Erfahrung gebunden, die gegen das Bestreiten des Ereignisses einzutreten sucht.

So ist der wichtigste Gedenktag an den Genozid an den Armeniern von 1915/16, der 24. April, in keinem einzigen offiziellen Kalender Europas verzeichnet. Der Tag selbst ist dabei noch immer von der Frage bestimmt, wie, auf welche Weise ein Gedenken entwickelt werden kann, das die Geschichte der Ermordeten und des Verlorenen weitererzählt, ohne daß dies als Politikum verstanden wird, und auf welche Weise das Erinnern mit einem Protest zu verbinden sei gegen die Verleugnung dieses frühen Genozids, gegen jene Ablehnung von Verantwortung, in die sich jede türkische Regierung bisher gestellt hat.

Anläßlich des 24. April geht es daher nicht nur um die Frage der Kontinuitäten, Intentionen und Entschlüsse, vor deren Hintergrund diese konsequente Verfolgung und Ermordung vollzogen wurde. Es stehen in gleicher Weise die bis in die Gegenwart reichenden Kontinuitäten jener politischen, sozialen und diskursiven Muster zur Diskussion, die die Verwirklichung des Genozids begleiteten und unterstützten und bis heute die unerschrocken restriktive Haltung der Türkei bestimmen.

Dabei ist der 24. April als Gedenktag zugleich ein Gedenk*ort* geworden, dort, wo er erinnert wird, dort, wo die eigentlichen Orte des Geschehens – nämlich die Orte des ehemaligen armenischen Lebens in der Türkei und der Todesdeportationen – nach wie vor unzugänglich sind. Es ist nicht möglich, an den Orten des einstmaligen armenischen Lebens auch nur ein Gebet zu sprechen, geschweige denn ein Denkmal zu errichten. Es gibt keine Gräber der Ermordeten, an denen man trauern, an denen man gedenken könnte.

Jedes Gedenken, jedes Erinnern ist untrennbar an Verleugnung und Verneinung gebunden. Daher sollen im folgenden zunächst kurz die historisch-politischen und ideologischen Voraussetzungen der Ereignisse der Jahre 1915/16 geschildert werden, um anschließend die Strukturen und die verschiedenen Ebenen der Leugnung zu skizzieren,[3] mit der sich jedes Gedenken innerhalb der armenischen Gemeinschaft konfrontiert sieht.

2

Allgemein ist es üblich, in der Betrachtung von Verfolgung und kollektiver Gewalt ein Gegenüber von Staat und Minderheit sowie einen sich aus dieser Konstellation im Grunde zwangsläufig ergebenden Konflikt anzunehmen. Die Politik jedoch, die spätestens seit 1909 systematisch und in mehreren Stufen gegen die Armenier geführt wurde, spricht nicht für eine außer Kontrolle geratene Konfliktsituation zwischen «einstmals friedlich zusammenlebenden Bevölkerungsgruppen». Sie läßt auf eine konsequente Planung der Maßnahmen gegen die Armenier schließen.[4]

Den Weltkrieg zugleich als Deckmantel und als Legitimationsargument nutzend, wurde 1915 die ausnahmslose und vollständige Deportation der armenischen Bevölkerung angeordnet. Systematisch wurden die Armenier – Dorf für Dorf, Stadt für Stadt – über wochenlange Hungermärsche auf vorbestimmten Wegen zu den Massakerplätzen in den Tälern der syrischen Wüste geschickt.

Der Entschluß, endlich ein «Problem» für immer und restlos aus der Welt schaffen zu wollen, ist in vielen zeitgenössischen Berichten nachweisbar. Auch deutsche Diplomaten und Offiziere wurden Zeugen der blutigen Felder und Flußläufe. In erschreckender Präzision führten sie das Protokoll der Vernichtung.[5]

Die Konsequenz und Systematik, die sich anhand von Gesetzen, Erlassen und Maßnahmen nachzeichnen lassen, bezeichnen zugleich die Stellung des Genozids an einer entscheidenden Schwelle der osmanisch-türkischen Geschichte: der Transformation des multi-ethnischen Osmanischen Reiches in einen türkischen Nationalstaat.

Die Politik gegen Armenier, Aramäer, Griechen oder Juden war zentral eingebunden in die Maßnahmen, mit denen das jungtürkische Regime nach seiner «Revolution» im Jahr 1908 die Gestalt des Osmanischen Reiches zu ändern anstrebte. Ziel war die Schaffung funktional orientierter, rational zentralisierter Strukturen und Institutionen (der Aufbau einer neuen Administration, neuer Wirtschaftsstrukturen, eines neuen Erziehungswesen etc.), aufgrund derer das Osmanische Reich seinen Weg in die Moderne würde gehen können. Dieses Ziel sollte über eine Türkisierung der Gesellschaft und die Ausschaltung jeglicher «fremder» Elemente erreicht werden.

Eines der beliebtesten Bilder der wissenschaftlichen Beschäftigung mit der Geschichte des Osmanischen Reiches ist das des «Kranken Mannes am Bosporus», eine Metapher für Zerfall und Niedergang. Als nach dem jungtürkischen Umsturz vom 24. Juni 1908 das Parlament wieder eingesetzt wurde, war dieser «Niedergang» längst ein besiegelter Prozeß. Und auch ein entscheidender Perspektivwechsel war von den intellektuellen osmanisch-türkischen Reformern, die eine Wieder-Inkraftsetzung der Verfassung von 1876 forderten, bereits vollzogen worden. Sie suchten die Zukunft des Reiches nicht mehr in der Expansion, sondern in innerer Stärke. Im Unterschied zum imperialen Eroberungsstreben des Osmanischen Reiches als Form der Beherrschung des Fremden wurde nun ein völkisch legitimierter Raumgedanke entworfen: jenes *Vatan* (Vaterland), das die Befreiung und Vereinigung «aller türkischen Gebiete» zum Ziel hatte. Die Innenpolitik sollte nicht länger von religiösen Gruppen und Grenzen bestimmt sein, sondern sie sollte sich aus türkischer *Eigenheit* speisen und eine modernisierte Neubestimmung erfahren.

Der «Niedergang» des Osmanischen Reiches war – unabhängig von den tatsächlichen außenpolitischen Ereignissen – zum Legitimationsargument geworden. Seine Beschwörung appellierte an ein solidarisches Gemeinschaftsgefühl, an ein Zusammenstehen «in der Bedrohung». Nicht zuletzt versuchte man, über dieses Argument eine Modernisierungspolitik durchzusetzen, für die es noch keine politische Öffentlichkeit gab.

Waren die Träger der aufkommenden nationalen Ideen im 19. Jahrhundert die Eliten des Osmanischen Reiches gewesen, so wurde die Modernisierungspolitik der Wende zum 20. Jahrhundert von einer jungen, als Geheimgesellschaft organisierten Elite getragen, die sich als alleinige Vertreterin des türkischen *halk*, des türkischen Volkes, verstand. «*Halka doğru*», «Weg zum Volk», lautete die Parole, und der Name der jungtürkischen Parteiorganisation war Programm: *İttihâd ve Terakki*, «Einheit und Fortschritt».

Der Genozid an den Armeniern war integraler Bestandteil dieses konstruktiven Prozesses der Gestaltung einer modernen, türkischen Nation. Die Verschränkung von Innen-, Außen- und Genozidpolitik, die Markierung einer entscheidenden Schwelle in der Ausbildung der türkischen Nation, kann anhand einiger Schlüsseldaten verdeutlicht werden: So waren in der Reformperiode des Osmanischen Reiches zwischen 1839 und 1876, der sogenannten *Tanzimat*-Periode, die Lockerung der festen Gruppenschranken zwischen Muslimen und Nicht-Muslimen versprochen und Gleichstellungshoffnungen der nicht-muslimischen Gemeinschaften geweckt worden. Mit der *Hatt-Hümayun* von 1856 waren Muslime und Nicht-Muslime erstmals vor dem Gesetz gleichgestellt worden – eine für das *Millet-i hakime*, das «herrschende Millet» der türkischen Muslime, unannehmbare Vorstellung.

Die am islamischen Gesetz, der *Scharia*, orientierte osmanische Gesellschaft hatte den Gemeinschaften der «Religionen des Buches» einen Status als Gruppe mit Bereichen religiös-sozialer Selbstverwaltung zugestanden. Die strikte Zweiteilung sämtlicher Lebensbereiche des Osmanischen Reiches zwischen muslimischen und nicht-muslimischen Gemeinschaften («millet»), jene in der Literatur vielbeschriebene «Toleranz», hatte Armeniern, Griechen oder Juden sicherlich lange ein Überleben gewährt. Der ihnen zugewiesene Status war jedoch von klarer Minderrangigkeit bestimmt, ihre Präsenz war nicht akzeptiert, sondern oblag einer verachtenden Duldung.

Ein solcher Status als ethno-religiöse Gemeinschaft war mit der Vorstellung einer modernen, funktional orientierten, durch Institutionen statt durch traditionelle Eliten gekennzeichneten Nation nicht mehr vereinbar. Die moderne Nation, die sich auf die Willenseinheit ihrer Bürger und auf gewählte Repräsentanz stützt, behauptet, daß jene Anderen naturgemäß im Widerspruch zu der Verwirklichung dieser Willenseinheit stehen müssen.

Die jungtürkische Politik suchte die Einheit von Staatsvolk, Kultur und Territorium auf der Grundlage eines völkisch orientierten Traumes zu verwirklichen: des *Turanismus*. Die territoriale Vision *Turan* beschrieb ein sämtliche turk-sprachigen Völker Mittelasiens, des Irans, Afghanistans bis zu den Grenzen Chinas umfassendes «unendliches Land».[6]

Insbesondere in den Schriften Ziya Gökalps, des wichtigsten Ideologen der jungtürkischen Bewegung, wird das Ideal *Turan* klar umrissen, das «nicht ein Amalgam von Völkern» meint. *Turan* ist ein «sozialer Terminus, der allein Türken einschließt», «das große Vaterland aller Türken, das in der Vergangenheit Realität war und dies auch noch einmal in der Zukunft sein wird».[7] Mit der Vision war zwar ein territorialer Anspruch verbunden, sie bezog sich jedoch primär auf die Gestaltung eines Volkskörpers – ein bis heute nicht aufgegebenes Ideal.

So wurden die Armenier, die westlich des Ararats auf dem Gebiet des heutigen Ost-Anatolien und in den Städten des Osmanischen Reiches eine soziale, kulturelle und ökonomische Vorreiterrolle für die osmanische Aufklärung übernommen hatten, nicht zufällig zu dem am wenigsten mit dem Konglomerat aus westlich-modernen und turanistischen Nationenvorstellungen zu vereinbarenden Element.

Nachdem am 23. Dezember 1876 die erste Verfassung des Osmanischen Reiches verkündet, 1877 das erste Parlament eingesetzt, jedoch bereits im Februar 1878 von Sultan Abdulhamid, dem «Roten Sultan», wieder aufgelöst worden war, begann eine Periode der Despotie. Der panislamistisch orientierten Politik von Sultan Hamid, die von Unterdrückung und Massakern gekennzeichnet war, fielen ca. 200 000 Armenier zum Opfer.

Die Machtübernahme der Jungtürken und die Wiedereinsetzung eines Parlaments im Juni 1908 markiert eine Wende nicht nur des politischen, sondern auch des gesellschaftlichen Bildes des Osmanischen Reiches. Während die Jungtürken über ihre Parteiorganisation «Einheit und Fortschritt» auch außerhalb des neu eingesetzten Parlaments an der Stabilisierung ihrer Strukturen arbeiteten, war die Atmosphäre im Reich von Hoffnungen auf Aufbruch und Zukunft, Moderne, Fortschritt und Emanzipation erfüllt. Die Alleinherrschaft der Jungtürken, die sich nach dem Staatsstreich vom 23. Januar 1913 entfaltete, ließ sich nur über die Ausschaltung alter Eliten und politischer Oppositionen sowie durch die gelungenen Anschlüsse von Militär und Regionalverwaltungen an die Konzeption der jungtürkischen Einheitspartei durchsetzen: 1913 existierte keine einzige Berufs- oder Kulturvereinigung mehr, die nicht «Einheit und Fortschritt» zugehörte. Ein Netz paramilitärischer Unterorganisationen, Berufs-, Frauen- und Kulturverbände zeigt das Bild einer hierarchisch gegliederten Volks«partei» mit fester Führungselite und einer streng organisierten Basis.

In dieser Stimmung «nationaler Wiedergeburt» sollte das Osmanische Reich auch in den Ersten Weltkrieg eintreten: zur Verwirklichung des neuen Lebens, jenes *yeni hayat*, zunächst über die Türkisierung des Osmanischen Reiches, daran anschließend über die Erschaffung einer neuen Welt – *Turans*. Die Atmosphäre der Vernichtung war geprägt von dem Gefühl der Erfüllung einer nationalen, möglicherweise auch als schwer empfundenen, ehrenvollen Pflicht.

Genozid heißt, für eine nationale Zukunft zu handeln, im Wissen um die Radikalität der Tat und mit dem Ziel einer gesamtgesellschaftlichen Transformation in kürzester Frist. Dies charakterisierte Hans Blumenberg als den Versuch, Lebenszeit und Weltzeit in der Verwirklichung eines wahnhaften Plans zu vereinen.[8]

Der Genozid an den Armeniern, der auch die aramäischen Christen einschloß, wurde in dieser Atmosphäre an eine Legitimationsbasis aus traditionellen Vorurteilen, funktionalen Homogenisierungsutopien, wissenschaftlich-rassischen Konzepten der Stärkung des türkischen Menschen und nicht zuletzt auch ökonomischen Zwecken angeschlossen. So formulierte wiederum Ziya Gökalp in seinem Lehrgedicht *Vatan* (Vaterland):

> Ein Land, dess' Wirtschaftskapital der Hand des Türken anvertraut,
> Die Führung auch der Industrie durch Technik und durch Wissenschaft,
> Wo unter den Gewerben stets das eine auf das andre baut,
> Wo Werften, Dampfer, Eisenbahn, Fabriken künden Türkenkraft:
> O wisse es, du Türkensproß, dies Land es ist dein Vaterland![9]

Die Entscheidung zur vollständigen Deportation der Armenier und zu den Vernichtungsmassakern an den Deportationszielen, den Lagern in den syrischen Wüstentälern, ging mit der Liquidation sämtlichen armenischen Eigentums und der Zerstörung von rund 1500 Kirchen und Klöstern einher.

Soziale und ökonomische Homogenisierungskonzepte blieben bis in die nach-kemalistische Zeit ein integraler Bestandteil türkischer Politik. Als zum Beispiel im Jahr 1942 in der Türkei ein «Vermögenssteuergesetz» erlassen wurde, das *Varlk Vergisi*, geschah dies hauptsächlich, um armenische, griechische und jüdische Kaufleute endgültig aus dem türkischen Wirtschaftsleben zu drängen. Eine

Fortsetzung fand diese Politik nicht zuletzt auch in der Plünderungsorgie vom 5./6. September 1955 anläßlich der Zypernkrise.

3

Tatsächlich ist man zwar geneigt, das einzelne Wort der Relativierung oder Leugnung zu verurteilen, ein geschärftes Ohr scheint gerade in Deutschland auf die richtige Wortwahl in der öffentlichen und politischen Äußerung zu achten. Doch ist man weit davon entfernt, hinter einzelnen Zitaten komplexe politische Diskurse zu vermuten oder gar zu akzeptieren. Im Gegenteil: Die beiden Standarderläuterungen, daß das Wort «aus dem Zusammenhang gerissen» und «ganz anders» gemeint gewesen sei, reichen noch immer aus, jegliche Auffälligkeit wieder in den offiziellen Ton Nachkriegsdeutschlands einzuordnen – ein Ton, der ebenso obligatorisch ist, wie er als kohärent geglaubt wird, trotz eines unbeirrbar starken Rechtsextremismus, trotz öffentlicher Debatten, wie zuletzt der Goldhagen- und Walser-Bubis-Kontroverse, in denen man sich vor allem mit den Hauptakteuren, jedoch lieber nicht mit den bei den Tageszeitungen zahlreich eingehenden Leserbriefen beschäftigt.

Der in seiner Relevanz nicht anzuzweifelnde Zusammenhang von Sprache, Gewalt und Politik wird im nachfolgenden jedoch nur am Rande berücksichtigt werden können.[10] Versucht wird vielmehr, Systematiken, Strategien, generationale Verankerungen und identifikative Anschlüsse und Gültigkeiten deutlich zu machen, die Leugnungsdiskurse kennzeichnen.

Das hier herangezogene Beispiel der Leugnung des Genozids an den Armeniern von 1915/16 ist dabei natürlich insofern besonders brisant, als diese Verleugnung die öffentliche Meinung und die offizielle Politik der Nachfolgegesellschaft der Täter, eben der Türkei, bestimmt und sich über die Indienstnahme der Wissenschaften weltweit in den Bibliotheken eingeschrieben hat.

In der Analyse von Leugnungssystemen und -strategien scheint ein Aspekt besonders wichtig: Leugnungsdiskurse sind nicht eigentlich eine Kontroverse um die Form der Erinnerung und die Art der Geschichtsschreibung. Die Diskussion um das Vergessen, das den Nachgeborenen der Tätergesellschaft doch endlich gewährt werden sollte, ist allein ein thematisches Motiv, die Geschichtsrelativierung allein ein Aspekt der Leugnung. Die Strukturen und Themen der Leugnungsdiskurse knüpfen jedoch unmittelbar an die Strukturen und Motive der jeweiligen Verfolgungen und Völkermorde an. Die Struktur der Leugnung setzt die Strukturen des Genozids fort.

Von diesem Gedanken ausgehend suchen die nachfolgenden Darstellungen über die exemplarische Betrachtung hinaus die Argumente, Strategien und Strukturen der Leugnung nicht in einen Bereich abweichender Politik abzuschieben, sondern sie vor dem Hintergrund allgemein gültiger politischer Mechanismen und historischer Kontinuitäten zu prüfen.

Wenn in offiziellen Verlautbarungen seitens türkischer Politiker die Geschehnisse der Jahre 1915/16 überhaupt erwähnt werden, so ist von «traurigen Ereignissen» oder von «gegenseitigen Massakern» die Rede. Im Diskurs der offiziellen Türkei wird versucht, eine Balance zwischen Tätern und Opfern zu suggerieren.[11]

Folgenreicher als diese eindeutige, als solche ja klar erkennbare Verneinungspolitik sind jedoch die indirekten Konsequenzen: die Durchsetzung von Mustern der Feindschaft und des Konflikts, das Erscheinen der Geschichte des Genozids als Streitobjekt, das Hineinzwingen der Überlebendengemeinschaft in eine Kontroverse über die Wahrheit ihrer Erinnerung, das Hineinzwingen in oppositionelle Positionierungen.

Leugnung läßt sich vor allem dadurch charakterisieren, daß sie nicht als schlichte Verneinung deutlich wird, sondern daß sie argumentiert: nicht nur mit Dokumenten oder Zahlen, nicht allein mit dem Anmelden von Zweifel und der Forderung nach «Beweisen», sondern auch mit der Radikalität des Genozids selbst. So wird in Anknüpfung an die nur schwer in Worte zu fassende Radikalität der Ermordungen eine Rede über das schwer nachvollziehbare, angeblich allein technisch unmögliche Ausmaß der Zerstörungen und Gewalt gesetzt. Die wichtigsten Argumentationsmuster sollen hier skizziert werden.

Die Diskussion um die Zahl der Ermordeten

Die Zahl der Toten – in die die Zahl der Überlebenden, der nur davongekommenen, aber potentiellen Opfer nicht miteingerechnet wird – ist immer neuen Diskussionen um ihre Richtigkeit ausgesetzt.

Allgemein geht man von 1,5 Millionen Armeniern aus, die vom Winter 1915 bis Spätsommer 1916 ermordet wurden. Diese Zahl ist, ähnlich der Zahl der sechs Millionen jüdischen Opfer, nur scheinbar eine *gesetzte*, Symbol gewordene, dabei nämlich trotzdem den Schätzungen entsprechende Zahl. Diese ist unter anderem an Aussagen des armenischen Patriarchats in Konstantinopel orientiert, die auch Krikor Zohrap, armenischer Abgeordneter im osmanischen Parlament, in einer Veröffentlichung[12] aus dem Jahr 1913 anführte und die die Zahl der Armenier auf dem Gesamtgebiet des Osmanischen Reiches für das Jahr 1913 mit 2,1 Millionen angeben.[13] Die offiziellen osmanischen Statistiken zählen für 1914 rund 1 230 000 Armenier in Konstantinopel und den Provinzen.[14]

Zum Beweis dafür, daß die Zahl der Toten nur rund 300 000 betragen habe, wird regelmäßig auf eine Aussage Boghos Noubar Paschas aus dem Jahr 1918 verwiesen, der die Zahl der Überlebenden aus politischen Gründen überhöht ansetzte, um den Anspruch auf ein armenisches Heimatgebiet zu rechtfertigen,[15] oder es wird eine allgemeine Diskussion um die Größe der armenischen Bevölkerung in Anatolien im 19. Jahrhundert geführt.[16]

Diese Zahlenspiele finden sich durchgehend auch bei denjenigen, die in der jüngsten Zeit eine Öffnung behaupten und ein «Ja» zum Genozid «schenken» möchten.

Die Kriegsfront im Inneren

Oftmals besteht Konsens mit einer offiziellen politischen Version, die unter anderem besagt, daß die Armenier während des Ersten Weltkriegs durch eine Solidarisierung mit Rußland das Osmanische Reich gefährdet hätten.[17]

Als Kriegsmaßnahme hätten die Deportationen der armenischen Bevölkerung aus Anatolien, bei denen humanitäre Standards gewahrt worden seien, zwei Funktionen erfüllt: die Grenzen zu sichern und die armenische Bevölkerung zu «schützen».[18]

Die Deportationen werden als vorübergehende Maßnahme erklärt. Durch die infrastrukturellen Mängel während der Durchführung der sogenannten «Umsiedlung», des *tehcir*, seien bedauernswerterweise einige Tote zu beklagen gewesen.

Das Fehlen eines Grundes

Den Mythos der jahrhundertelangen friedlichen Nachbarschaft von Muslimen, Christen und Juden hält insbesondere die Orientalistik auch heute noch geschlossen aufrecht. So schreibt Kemal Karpat: «Dieser multi-ethnische und multi-religiöse Osmanische Staat bezog seinen inneren Zusammenhalt aus einer sozio-ethnischen Balance, deren Bestand auf der Ebene des Staates und der Regierung noch verstärkt wurde durch das Fehlen einer nationalen Ideologie. Schließlich veränderten neue soziale, ökonomische und politische Kräfte das existierende gemeinschaftliche und religiöse Übereinkommen und bereiteten den Boden für das Entstehen eines ethnischen Nationalismus, der als Prinzip staatlicher Organisation der selbstbalancierenden multi-ethnischen und multi-religiösen Organisation, welche das grundlegende Fundament des klassischen Osmanischen Staats bildete, diametral entgegengesetzt war. Der Staat, unfähig, diesen Veränderungen zu begegnen, zerfiel stufenweise, doch nicht, bevor er vergeblich versuchte, sich selbst zu verändern, zunächst in einen universellen muslimischen sowie dann in einen türkischen Nationalstaat.»[19] Oder Bernard Lewis: «Für die Türken stellte die armenische Bewegung die tödlichste von allen Bedrohungen dar [...] Türkische und armenische Dörfer, unentwirrbar gemischt, hatten über Jahrhunderte in nachbarschaftlicher Übereinkunft gelebt. Nun begann ein zerstörerischer Kampf zwischen ihnen – ein Kampf zwischen zwei Nationen um den Besitz des einen Heimatlandes, der endete mit dem schrecklichen Holocaust von 1915, als eineinhalb Millionen Armenier starben».[20] Das Bild des «Armeniers», das türkische Redewendungen aus osmanischer Zeit entwerfen, offenbart allerdings ein völlig anderes Verhältnis, als es in den obenstehenden Zitaten verklärend gezeichnet wird.[21] Diese transgenerational tradierten Redewendungen lassen auf tief verwurzelte, in die Bestände des kollektiven Wissens sedimentierte Vorurteile und Feindbilder gegen die Armenier schließen. Diese werden als habgierige, feige Diebe und Lügner geschildert, Opportunismus sei der armenische Volkscharakter, der «Armenier an sich» sei «niederträchtig, feige und unmoralisch». Der politische Schriftsteller Ernst Jäckh, der im Jahr 1909 Kilikien bereiste, schrieb: «Gewiß es ist Tatsache, daß diese Art städtischer Armenier am meisten und am schlimmsten alle jenen dunklen und häßlichen Eigenschaften an sich hat, [...] eine Mischung von knechtischer Verschlagenheit und rachsüchtiger Hinterlist [...] Gleiche Kennzeichnung [...] gilt auch für den Armenier der anatolischen Dörfer, wo er den gutmütig-ehrlichen und kaufmännisch-ungewandten Türken ausbeutet und drangsaliert.»[22] Jäckh zitiert an gleicher Stelle ein türkisches Sprichwort: «Zwei Griechen geben einen Armenier, und ein Armenier gibt zwei Teufel.»[23]

In türkischen Darstellungen der «Armenischen Frage» werden diese «Charaktereigenschaften» der Armenier bisweilen stereotyp und unkritisch reproduziert, wobei als Beleg regelmäßig Schilderungen der Armenier durch Fremde angeführt werden, denen man Objektivität zuschreibt.[24]

Reaktion und Konflikt

Allgemein sind die türkischen Darstellungen von Reaktionsthesen, wie ich sie nennen möchte, bestimmt – das heißt von Thesen, die die Genozidmaßnahmen als Reaktionen auf ein politisches, ökonomisches oder soziales Handeln der Armenier erklären. Oftmals wird die Deportation als Antwort auf armenische «Terrorakte» oder «Greueltaten gegen Türken» beschrieben,[25] wobei regelmäßig konstatiert wird, die Zahl der ermordeten Armenier liege weitaus niedriger als die Zahl der von Armeniern getöteten Türken,[26] oder die Deportationen werden als ein Akt der Notwehr deklariert, zudem als eine Maßnahme, die eine lange Tradition in Kleinasien habe.[27]

Durch das Bestreiten der Opferzahl und die Verfälschung der gesellschaftlichen Stellung der Armenier innerhalb des Osmanischen Reiches werden die nationalistischen Muster der Jahrhundertwende wiederholt, womit durchaus absichtsvoll nationale Selbstbilder im Diskurs gehalten werden.

Die einzelnen Argumentationsmuster der Leugnung von Genozid zeigen eine Rahmung in historischen und sozialen Verankerungen auf, die ebenso ihre Anschlußfähigkeit beweisen, wie auf spezifische Überlieferungsaspekte schließen lassen. Leugnung ist eine Strategie – eine hochkomplexe, von sicherem Standort geführte Strategie, die unterschiedliche, ineinander verschränkte Spielebenen hat und unterschiedliche Akteure kennt.

Zentral ist hier zunächst die *Ebene des Politischen*: Bis heute leugnet die Republik Türkei – als Rechtsnachfolgerin des Osmanischen Reiches – das Ereignis der systematischen Verfolgung und Vernichtung sowie die administrative und exekutiv verantwortliche Täterschaft. Es herrscht Konsens über eine offizielle politische Version, die unter anderem besagt, daß die Armenier während des Ersten Weltkriegs durch eine Solidarisierung mit Rußland das Osmanische Reich gefährdet hätten.

Nach wie vor werden die planenden politischen Täter als nationale «Helden», als intellektuelle Gründungsväter der modernen Türkei verehrt und gelehrt; es werden ihnen Denkmäler gesetzt, Straßen und Schulen nach ihnen benannt.

Die Muster der Relativierung, Verharmlosung, des Bestreitens und der (Schein-)Widerlegung sind auch aus der Literatur der Holocaust-Leugnung bekannt. Der gravierende Unterschied liegt jedoch in der Amtlichkeit der Leugnungsmuster. Die Feststellung, daß 1915/16 ein öffentlicher, systematischer Genozid stattgefunden hat, der 1,5 Millionen Tote verursachte und das armenische Leben in der Türkei radikal beendete, wird als ein staatsfeindlicher Akt eingestuft und kann als «Beleidigung des Ansehens der Türkei» strafrechtlich verfolgt werden. Eine homogene Herrschaftselite, die sich auf sämtliche Institutionen stützt, hat ihre Version der Geschichte gewissermaßen als «Staatswahrheit» nach innen und nach außen festgeschrieben und ist bemüht, jeden Diskurs über den Gegenstand, jedwede Differenzierung zu unterbinden und alle Spuren früheren armenischen Lebens in der heutigen Türkei zu löschen.

Begleitet und unterstützt wird die politische Leugnung auf einer zweiten Ebene, der *wissenschaftlichen Verneinung*. Wie bereits angedeutet, ist es möglicherweise überraschend, wie geschlossen sich türkische Historiker für politische Zwecke vereinnahmen lassen und den Argumentationsrahmen für die politische Nicht-Anerkennung stellen. Die Problematik und Gefährlichkeit der wissenschaftlichen Strategien liegt jedoch in der Formulierung von Thesen, die die Geschichtsschreibung des Genozids in eine Kontroverse zwingen.

Bestimmendes Muster türkischer Darstellungen ist, wie gesagt, die Reaktionsthese, die auch die häufig herausgehobenen Arbeiten Taner Akçams[28] leitet, der den Völkermord aus einer kollektiven Psychose der Türken, einem kollektiven Minderwertigkeitsgefühl infolge des zerfallenden Staatssystems sowie der Gebietsverluste und verlorenen Schlachten im ersten Kriegsjahr erklärt.[29]

Die Problematik der Verleugnung auf wissenschaftlicher Ebene ist natürlich insbesondere darin zu sehen, daß die türkischen Wissenschaftler Lehrstühle an internationalen Universitäten innehaben, die mit Geldern des türkischen Staates eingerichtet werden,[30] daß sie international publizieren und daß es in der zweiten Generation der Wissenschaftler gelungen ist, die Leugnungsthesen in den internationalen Diskursen zu verankern.

Zu den Spezifika des politisch-wissenschaftlichen Verleugnungszusammenhangs gehört nicht zuletzt auch der Aspekt von Nachweis und Nachweisführung. Die türkische Historiographie bestreitet mit der Verneinung einer Vernichtungsabsicht die Existenz jeglicher anderslautender Dokumente, verlangt Nachweise für die Zahlen der Opfer, läßt zugleich die Archive für die Allgemeinheit geschlossen und verhindert eine systematische Forschung anhand der Dokumente.

Die dritte Ebene der Verleugnung ist die *Ebene des Sozialen*: Die Verdrängung der einstmaligen armenischen Gegenwart aus dem sozialen Alltag zeigt sich in den türkischen und kurdischen Familien (so beispielsweise in der Verleugnung armenischer Großmütter), im Bereich des städtischen und dörflichen Lebens der Türkei (im Schweigen über die armenischen Häuser) sowie im Bereich des ökonomischen Lebens (im Schweigen über die annektierten Besitztümer). Hier zeigen die türkischen Leugnungsstrategien ihren wahren Erfolg: In der kollektiven Erinnerung in der Türkei wird die armenische Präsenz in Anatolien gelöscht, sie wird in keiner türkischen Erzählung erinnert.

Dies ist etwas vollkommen anderes als beispielsweise das breite Nicht-Wissen über die Ermordung der Herero in der ehemaligen Kolonie Deutsch-Südwestafrika, denn in der Türkei wird weiterhin eine Leugnung aktiv gelebt und betrieben – individuell, in Identifizierungen und Selbstkonzepte integriert –, eine Verleugnung, die weiterhin notwendig ist, solange noch Reste armenischer Kirchen auf anatolischem Boden an die Armenier gemahnen.

Als vierte Ebene läßt sich natürlich auch eine *Ebene der Verdrängung* kennzeichnen. Dazu soll hier nur kurz angemerkt werden, daß die Zuweisung psychischer Verdrängungsmechanismen oder gescheiterter Verarbeitungsmechanismen inzwischen durchaus Konjunktur hat, indem diese von der individual-psychischen Orientierung auf Kollektive übertragen werden. Das Argument der Verdrängung wird zur Zeit besonders stark von seiten sogenannter türkischer Menschenrechtsgruppen verwandt, es ist aber auch in bezug auf die Auseinandersetzung mit der Shoah in der Form der Inanspruchnahme eines Tätertraumas aktuell.

Verdrängung ist ein spezifischer Abwehrmechanismus, wobei die Psychologie von zwei Formen der Verdrängung ausgeht: primäre Verdrängungen, zu denen vor allem frühe Kindheitserfahrungen gehören; sekundäre Verdrängungen, die an spezifische Ereignisse gebunden sind und über eine direkte Auseinandersetzung mit dem Ereignis und seinen Folgen bearbeitet werden können. Verdrängung schützt vor Verletzungen. Im strengen Licht der psychologischen Konzepte gesehen, ist die Zuweisung von psychologischen Abwehr- und Verdrängungshandlungen aufgrund traumatischer Verletzung nur schwer tauglich, die allgemeine Haltung der inzwischen vierten türkischen Generation nach 1915 zu erläutern – wenn auch sicherlich den Tabuisierungen in den einzelnen Familien psychologische Abwehrhaltungen zugrunde liegen mögen.

Eine fünfte Ebene wird von der *Nicht-Thematisierung, Relativierung und Leugnung in internationaler Politik und Wissenschaft* beschrieben. Es ist festzustellen, daß die Argumente des türkischen Entwurfs wiederholt werden, daß sich Haltungen der Rücksichtnahme gegenüber der Türkei in der Behandlung des Genozids durchsetzen und daß es nicht gelungen ist, den Genozid in den allgemeinen Leitlinien des Schreibens moderner Geschichte und den öffentlichen wie wissenschaftlichen Diskursen ohne die Verleugnungsdiskussion zu verankern.

Eine sechste Ebene ist die Verneinung des Genozids, die sehr spezifisch auch in Deutschland gegenwärtig ist: Es ist eine *Verneinung durch Anerkennung*, nämlich durch die Anerkennung einerseits der Relativierung der Shoah, dann durch eine Schein-Anerkennung, durch jene Ja-Aber-Anerkennung: Ja, es hat einen Völkermord gegeben, vielmehr eine «Tragödie», doch war die Anzahl der Toten nicht so hoch; doch waren die Ursachen ökonomisch und situational und nicht rassisch und auf restlose Vernichtung ausgerichtet.

Die Strategien der Leugnung des Genozids an den Armeniern bewegen sich nicht allein auf dem Feld der *Verharmlosung*. Eine besondere Rolle nimmt, wie gezeigt wurde, die *Politisierung* ein, ferner die *Postulierung* und *Definition eines Konflikts*. Eine besondere Funktion kommt darüber hinaus dem Versuch zu, auch die *Erinnerung selbst zum Gegenstand einer Kontroverse* zu erklären.

In der Betrachtung dieser Strategien wird deutlich, daß es der Leugnung um weit mehr geht, als um das Abstreiten der historischen Tatsache des Genozids. Ziel ist eindeutig die Bestätigung der Grundlagen der türkischen Nation, die Rechtfertigung der ideellen und ideologischen Aspekte türkischen Selbstverständnisses: die Bestätigung türkischer Gegenwart.

4

Für die in der Gemeinschaft der Überlebenden entstandenen Formen der Erinnerung waren und sind als Rahmenbedingungen ebenso Aspekte des Genozids selbst wie auch seiner Verleugnung zentral: Der Genozid an den Armeniern läßt sich sehr grob über seine planende Einbindung in eine nationale Ideologie einer neuen Türkei charakterisieren. Er wurde, wie gezeigt, durch Phasen der Segregation, der Identifizierung und Ausgrenzung aus den wirtschaftlichen, politischen, kulturellen und sozialen Bereichen des Osmanischen Reiches vorbereitet. Die Deportation der gesamten armenischen Bevölkerung aus den Städten und Dörfern Anatoliens in die syrischen Wüsten verlief unter bürokratischer Planung, im Zusammenspiel von Sonderorganisationen, Militär und Bevölkerung.

Für die sich in der Gemeinschaft der Überlebenden entwickelnden Formen der Erinnerung wurde bestimmend, daß der Genozid konzentriert gegen die gebildeten Eliten gerichtet war. Die überwiegende Mehrheit der Überlebenden waren Kinder im Alter bis zu neun Jahren, die durch Zufall unter den Leichen liegenblieben, die aus den Todesmärschen herausgenommen wurden und in kurdischen Dörfern am Wegesrand blieben. Mit dem Genozid verlor die westarmenische Gemeinschaft sämtliche Zentren ihres Gemeinschaftslebens.

Während die Täter zunächst darauf gesetzt hatten, daß mit der Unmöglichkeit, ein Gedenken an den Genozid durchzusetzen, auch die Armenier selbst kein kontinuierendes Erinnern würden entwickeln können, daß die Erinnerung an den Genozid spätestens mit der zweiten Generation Angelegenheit des Vergessens sein würde, wurde es mit Beginn der 70er Jahre für die Türkei notwendig, jene oben erwähnten Strategien der Verneinung zu institutionalisieren. Dies nämlich insbesondere, nachdem terroristische Gruppen mit ihren Anschlägen eine Anerkennung des Genozids von der Türkei einforderten.

In der armenischen Gemeinschaft sind Formen der Bewahrung und Weitergabe entstanden, die nur wenige offizielle, institutionalisierte Gedenk- und Zelebrationsriten aufweisen. Doch gibt es kein Zusammensein, keinen Alltag, kein Fest, an dem nicht die Erfahrungen der Eltern, Großeltern und Urgroßeltern nacherzählt werden. Mit der Erzählung werden die Erfahrungen vergegenwärtigt und weitergegeben: Solche der Stigmatisierung, des radikalen Verlustes, des Todes, und die, überlebt zu haben und zu wissen, daß niemand, außer den anderen Überlebenden, diese Erfahrung verstehen und teilen kann.

Die Konversion der Erfahrung in Erinnerung und Erzählung – und nicht in eine Historisierung –, das Anvertrauen in die familiäre Weitergabe sowie die künstlerische Überlieferung in Literatur und Film, dies hat die Erfahrung nicht nur bewahrt, sondern auch geöffnet – eine sehr spezifische Eigenschaft armenischer Erinnerung.[31] Nicht zuletzt durch die künstlerische Bearbeitung hat die Erinnerung eine symbolische Form gewonnen, eine offene Form, eine Form, die von der Assoziation abhängt – doch ist sie nicht allgemein geworden.

Die Konversion eines historischen, eines zudem verneinten Ereignisses in Erinnerung bringt es mit sich, daß die Bewahrung sowohl des Wissens als auch der Erfahrung von den Trägern abhängig bleibt. Die Erinnerung bewahrt zudem nicht das Ereignis (in seiner faktischen Universalität und der Einordnung in einen Ereignislauf der gesamten Weltgeschichte), sondern eben Erfahrung.

Die Bewahrung der Erinnerung wiederum erfordert, daß der familiäre, der diasporistische Rahmen gesichert werden muß, die Bereitschaft der jeweils nachfolgenden Generationen, die Erinnerung weiterzutragen; das heißt nicht zuletzt zu lernen, daß ein Leid zu tragen nicht bedeutet, zu leiden, sondern Verantwortung für eine Geschichte zu übernehmen. Die armenische Erinnerung stellt daher primär die Frage nach Worten und nach politischer Anerkennung, um der staatlich sanktionierten Verneinung begegnen zu können.[32]

Kurz Bezug nehmen möchte ich an dieser Stelle auf eine armenische Tradition: Die Erinnerungserzählung, jene Tradition des mittelalterlichen Klageliedes und insbesondere der *Hischadagaran*. Hierbei handelte es sich um kontinuitätsgewährende Überlieferungen, die identifikatorische Funktionen trugen und eine eigene Literaturgattung ausprägten, die nicht allein die oral überlieferte Geschichte festschrieben, sondern wiederum selbst in die mündliche Überlieferung eingingen: «Soll ich die Katastrophe beweinen, die schon über mein Land gekommen ist, oder jene, die in Zukunft zu erwarten sind»[33] schreibt Movses Khorenazi in seiner *Geschichte der Armenier*, die in das 5./6. Jahrhundert datiert wird.

Bis heute werden Erzählschemen von Generation zu Generation weitergegeben, in deren Mittelpunkt die Motive Verfolgung und Überleben stehen: von den Leidenswegen des Volkes Israel, das heißt einer Anknüpfung an alttestamentarische Erzählungen, über den Kampf gegen die Perser im 5. Jahrhundert bis zur Verfolgung im Osmanischen Reich. Verfolgungserfahrungen dominieren die mündliche Erzähltradition ebenso wie die Literatur und Geschichtsschreibung. Der umfassende Diskurs über die Katastrophe hat zu einer differenzierten Begriffsbildung geführt.

So sind u. a. die Begriffe *aghet* – eine Tat des Fremden, die ins Innere eindringt und es zerstört – und *yeghern* – das *Ereignis*, das zerstört –, die nach 1915 zur Bezeichnung des Völkermordes verwandt wurden, nachweislich bereits seit dem 5. Jahrhundert Bezeichnungen für Ereignisse der Verfolgung und Vertreibung. Sicherlich stellte die armenische Literatur und Geschichtsschreibung von der *Geschichte der Armenier* des Khorenazi über die *Klagelieder*[34] des Narek (1002) bis zur Literatur des 19. Jahrhunderts einen Diskurs zur Codierung der Erfahrung von 1915 bereit.[35]

«Und doch ist es nicht möglich, die schreckliche Wirklichkeit gleichzeitig zu erkennen und zu fühlen; sie bleibt außerhalb der Grenzen menschlicher Vorstellung; auch diejenigen, die sie erlebt haben, können sie nicht in ihrer Ganzheit erzählen; alle stammeln, jammern, vergießen Tränen und erzählen verstümmelte Tatsachen [...] Weder diese Erzählungen, noch jene Armenier, die sich unter der Asche noch eben bewegten, noch die Waisen mit ihren schmerzerfüllten und verlorenen Augen, vom Schrecken gezeichnet, noch die geschundenen Körper der Witwen, vom unwiederbringlichen Verlust gebeugt, noch die schmerzenden und blutenden Wunden der Amputierten gestatten es, uns in seinem düsteren und wahrhaftigen Ausmaß vorzustellen, was in jenen infernalischen Tagen geschehen ist,»[36] schreibt Zabel Yessayan in ihrem Roman *In den Ruinen* von 1911, nachdem erste Massaker in Kilikien den Genozid erahnen ließen. Der Romancier und Literaturwissenschaftler Hagop Oschagan formulierte später über die Möglichkeiten einer literarischen Codierung der Erfahrung des Genozids: «Die Katastrophe, unendlich und doch auf seltsame Weise einförmig, entzieht sich dem Bemühen des Künstlers, sie in ihrer Gesamtheit zu erfassen, denn die Bedingung für Kunst ist die Verschiedenartigkeit.»[37]

Das Problem der Darstellbarkeit und der Grenzen der Sprache wurde in den 20er und 30er Jahren unter den armenischen Dichtern und Intellektuellen der Diaspora zum Gegenstand einer weitreichenden theoretischen Diskussion.[38] Zwei Aspekte standen hier im Mittelpunkt: Die Thematisierung der Differenz zwischen der Eintönigkeit der Katastrophe und einer narrativen Struktur, die auf dem Fortschreiten einer Handlung, auf Neuerung und Veränderung beruhe, sowie der Aspekt der radikalen Zerstörung des sozialen Rahmens, der Zerstörung der Gemeinschaft und damit jedes gültigen Bedeutungsgefüges.

Noch einmal Oschagan: «Kunst ist nur da möglich, Schreiben nur da möglich, wo der Unterschied, die Differenz existiert. Wo es ein Fortbestehen einer Gesellschaft und eines Bedeutungsgefüges gibt. Die Katastrophe aber bedeutet eine Aufhebung jeglichen Unterschiedes, sie ist jener Ort, an dem alle auf ein gleiches reduziert werden, identisch werden»,[39] vielmehr nicht mehr identifizierbar sind. Und doch hat auch Oschagan, all seinen Reflexionen über die Unmöglichkeit, die Katastrophe zum Thema der Literatur zu machen, zum Trotz, zahlreiche Erzählungen über die armenische Erfahrung geschrieben: «Ich schreibe, um mit denen, die bleiben, das zu retten, was jenseits eines Endes übrig bleibt [...]»[40]

In der armenischen Diskussion um die Möglichkeiten und die Formen von Erinnerung und Gedenken geht es um Fragen an die Gemeinschaft selbst und ihre Erinnerung. Erinnern geschichtlicher Erfahrungen und insbesondere die Erinnerung an den Genozid ist aufgrund der beiden bestimmenden Rahmenbedingungen – der Zerstörungen und Brüche durch den Genozid selbst sowie der anhaltenden Verleugnung – auf die familiäre Weitergabe und eine Kontinuierung innerhalb der Gemeinschaft angewiesen.

Wir können keine Textur dieser Erinnerung festschreiben, die eine Frage nach dem identifikativen Hineinstellen in die Präsenz einer Geschichte ist. Die Rahmenbedingungen dieses Erinnerns verursachen, daß die Erfahrung selbst so lange gültig bleibt, wie sie erzählt wird. Die Rahmenbedingungen der Verleugnung lassen noch immer befürchten, daß auch das über Verneinungsmuster konstruierte Wissen so lange Bestand hat, wie es erinnert bleibt.

Anmerkungen

1 Bracher, Karl Dietrich: Geschichte als Erfahrung. Betrachtungen zum 20. Jahrhundert, Stuttgart 2001, S. 10.

2 Cohen, Richard: Killing Truth, in: The Washington Post, 31. Mai 1983.

3 Eine weiterführende Analyse dieser Leugnungsstrukturen und Leugnungsmuster bereite ich derzeit für die «Zeitschrift für Genozidforschung» vor.

4 Vgl. zum nachfolgenden ausführlich: Dabag, Mihran: Jungtürkische Visionen und der Völkermord an den Armeniern, in: Genozid und Moderne, Bd. 1: Strukturen kollektiver Gewalt im 20. Jahrhundert, hrsg. von Mihran Dabag und Kristin Platt, Opladen 1998, S. 152–205.

5 Eine erste Sammlung von Aktenstücken, in denen deutsche Diplomaten den Völkermord an den Armeniern dokumentieren, wurde bereits im Jahr 1919 ediert: Deutschland und Armenien 1914–1918. Sammlung diplomatischer Aktenstücke, hrsg. und eingeleitet von Johannes Lepsius, Potsdam 1919 (Reprint: Bremen 1986).

6 Gökalp, Ziya: Turan, in: Şiirler ve Halk Masallar. Ziya Gökalp Külliyat 1, hrsg. von Fevziye Abdullha Tansel, Ankara 1989 (zuerst 1952). Das Gedicht war zunächst in mehreren Zeitschriften erschienen, so in Genç Kalemler Nr. 4 vom 23. Mai 1911, bevor es wiederabgedruckt wurde in: Gökalp, Ziya: Kızıl Elma, Istanbul 1914.

7 Gökalp, Ziya: Türkçülüğün Esaslart, Istanbul (Reprint) 1978. Ich zitiere hier nach einer englischsprachigen Ausgabe: The Principles of Turkism, übersetzt und bearbeitet von Robert Devereux, Leiden 1968, S. 19 f.

8 Blumenberg, Hans: Lebenszeit und Weltzeit, Frankfurt a. M. 1986, S. 80.

9 Gökalp, Ziya: *Vatan* (Vaterland), in: Dichtungen Ziya Gökalps, übersetzt und hrsg. von Erich Pritsch, in: Die Welt des Islams. Sonderband 1941, S. 119–128, hier S. 127 f. Der Publizist Erich Pritsch, der die Sammlung herausgab, kommentierte Gökalps Gedichte: «Für uns Deutsche ist die Beschäftigung mit dieser Gedankenwelt heute auch deshalb besonders reizvoll, weil sie so merkwürdige Anklänge an nationalsozialistisches Gedankengut aufweist» (ebd. S. 19). Das Gedicht war zuerst 1918 in Gökalps Gedichtband *Yeni Hayat* (Neues Leben) erschienen.

10 Vgl. dazu insbesondere Allport, Gordon W.: Die Natur des Vorurteils, Köln

1971; Bourdieu, Pierre/Passeron, Jean-Claude: Grundlagen einer Theorie der symbolischen Gewalt, Frankfurt a. M. 1973; oder jüngst: Sprache und Gewalt, hrsg. von Ursula Erzgräber und Alfred Hirsch, Berlin 2001. In bezug auf Redestrategien über den Nationalsozialismus und die Shoah ist vor allem auf die Arbeiten von Ruth Wodak u. a. zu verweisen: Wodak, Ruth et al.: «Wir sind alle unschuldige Täter». Diskurshistorische Studien zum Nachkriegsantisemitismus, Frankfurt a. M. 1990; Politik in der Sprache – Sprache in der Politik, hrsg. von Florian Menz und Ruth Wodak, Klagenfurt 1990.

11 Vgl. zum Komplex der Negation etwa auch die Aufsätze des Sammelbandes: Remembrance and Denial. The Case of the Armenian Genocide, hrsg. von Richard G. Hovannisian, Detroit MI 1999. Insbesondere die Beiträge «Denial of the Armenian Genocide in Comparison with Holocaust Denial» von Richard Hovannisian und «The Truth of the Facts. About the New Revisionism» von Marc Nichanian bieten instruktive Ansätze zur Analyse der Mechanismen türkischer Leugnungsdiskurse. Siehe ferner: Dadrian, Vahakn N.: Ottoman Archives and Denial of the Armenian Genocide, in: The Armenian Genocide. History – Politics – Ethics, hrsg. von Richard G. Hovannisian, New York 1992, S. 280–310.

12 Léart, Marcel (Pseudonym): La Question arménienne à la lumière des documents, Paris 1913, S. 59–63.

13 Siehe dazu auch: Beylerian, Arthur: Einleitung, in: ders.: Les Grandes Puissances. L'Empire Ottoman et les Arméniens dans les Archives Françaises, 1914–1918, Paris 1983, S. XXIII.

14 Siehe auch: Karpat, Kemal: Ottoman Population 1830–1914. Demographic and Social Characteristics, London 1985, S. 44 f.

15 Vgl. etwa: Köni, Hasan: New Lights on the Armenian Question, in: The Eastern Question. Imperialism and the Armenian Community, hrsg. von Abdulhalûk Çay, Ankara 1987, S. 23–38, hier S. 24, oder auch Adanir, Fikret: Die Armenische Frage und der Völkermord an den Armeniern im Osmanischen Reich. Betroffenheit im Reflex nationalistischer Geschichtsschreibung, in: Erlebnis – Gedächtnis – Sinn. Authentische und konstruierte Erinnerung, hrsg. von Hanno Loewy und Bernhard Moltmann, Frankfurt a. M./New York 1996, S. 237–264, hier S. 253 ff.

16 Vgl. Küçük, Cevdet: The Armenian Population in Anatolia in the Nineteenth Centuary, in: The Eastern Question. Imperialism and the Armenian Community (vgl. Anm. 15), S. 67–88, hier S. 67; vgl. auch: The Armenian Issue in Nine Questions and Answers, hrsg. vom Foreign Policy Institute, Ankara 1982, S.29 f.

17 Vgl. etwa Köni (vgl. Anm. 15), S. 23 f.; Küçük (vgl. Anm. 16), S. 77.

18 Vgl. zum Beispiel: Öke, Mim Kemal: The Armenian Question 1914–1923, Oxford 1988, S. 133 f., oder Köni (vgl. Anm. 15), S. 86.

19 Karpat, Kemal H.: Introduction, in: The Ottoman State and its Place in World History, hrsg. von Kemal H. Karpat, Leiden 1974, S. 2 f.

20 Lewis, Bernard: Modern Türkiye'nin Doğuşu, Ankara [4]1991, S. 351 [engl. Ausgabe: The Emergence of Modern Turkey, Oxford u. a. 1961, S. 356].

21 Vgl. hierzu Astourian, Stephan H.: Modern Turkish Identity and the Arme-

nian Genocide. From Prejudice to Racist Nationalism, in: Remembrance and Denial (vgl. Anm. 11), S. 23–50.

22 Jäckh, Ernst: Der aufsteigende Halbmond. Beiträge zur türkischen Renaissance, Berlin 1911, S. 100.

23 Ebd.

24 Vgl. zum Beispiel: The Armenian Issue in Nine Questions and Answers (vgl. Anm. 16), S. 7. Dort wird eine Stelle über den «armenischen Volkscharakter» aus dem *Annalium Liber* des Tacitus zitiert.

25 Vgl. Kodaman, Bayram: The Eastern Question. Imperialism and the Armenians, in: The Eastern Question (vgl. Anm. 15), S. 1–13, hier S. 9 f.; und ebd., S. 101–120: Saray, Mahmet: Turco-Soviet relations and the Armenian Issue, hier S. 107.

26 The Armenian Issue in Nine Questions and Answers (vgl. Anm. 16), S. 25; Saray (vgl. Anm. 25), S. 107; Öke (vgl. Anm. 18), S. 88 f. Öke spricht sogar davon, armenische Revolutionäre hätten geplant, die «türkische Rasse» zu vernichten: «The Efforts of the Armenian revolutionaries within the Ottoman borders took the form of terrorist and destructive actions aimed at mass murder, cruelty and genocide.» (ebd. S. 118).

27 Vgl. etwa: Lewis, Bernard: Stern, Kreuz und Halbmond. 2000 Jahre Geschichte des Nahen Ostens, München 1997 (zuerst: London 1995). Dort heißt es auf S. 420: «Im Frühjahr 1915, als Van in der Hand armenischer Rebellen war, die Briten an den Dardanellen standen, die Russen im Osten angriffen und eine weitere britische Streitmacht allem Anschein nach auf Bagdad vorrückte, beschloß die osmanische Regierung, die armenische Bevölkerung Anatoliens umzusiedeln – ein beklagenswertes Verfahren, das in der Region seit biblischen Zeiten üblich war.»

28 Akçam, Taner: Türk Ulusal Kimliğ ve Eermeni Sorunu, Istanbul 1992, oder ders.: Armenien und der Völkermord. Die Istanbuler Prozesse und die türkische Nationalbewegung, Hamburg 1996.

29 Vgl. Akçam: Armenien und der Völkermord, S. 35–51. Einen detaillierten Aufweis der Rechtfertigungskonzepte in Akçams Arbeit aus dem Jahr 1992 bietet: Dabag, Mihran: Le Traumatisme des Bourreaux: propos du livre de Taner Akçam, in: Revue du Monde Arménien 1, 1994, S. 103–108.

30 Vgl. hierzu: Smith, Roger W./Markusen, Eric/Lifton, Robert J.: Professional Ethics and the Denial of the Armenian Genocide, in: Holocaust and Genocide Studies Vol. 9, No. 1, 1995, S. 1–22.

31 Vgl. hierzu ausführlich: Dabag, Mihran: Traditionelles Erinnern und historische Verantwortung, in: Generation und Gedächtnis. Erinnerungen und kollektive Identitäten, hrsg. von Kristin Platt und Mihran Dabag, Opladen 1995, S. 76–107.

32 Vgl. Dabag, Mihran: Feiern des Gedenkens, in: Erinnerungen an das Töten. Genozid reflexiv, hrsg. von Bernhard Schneider und Richard Jochum, Wien u. a. 1999, S. 41–52.

33 Khorenazi, Movses: Geschichte der Armenier *(Hayoz Badmutiun)*, Tiflis 1913, S. 362.

34 Gregor von Narek: Buch der Klagelieder *(Madian Voghberkutian)*, Yerevan 1985.

35 Vgl. hierzu: Beledian, Krikor: Die Erfahrung der Katastrophe in der Literatur der Armenier, in: Generation und Gedächtnis (vgl. Anm. 31), S. 186–254, hier S. 199 ff.

36 Yessayan, Zabel: In den Ruinen *(Averagneru metsch)*, Beirut 1957, S. 26. Von diesem wichtigen Text gibt es keine Übersetzung in eine andere Sprache.

37 Oschagan, Hagop: Im Schatten der Zedern *(Majrineru schukin dag)*, Antilias (Beirut) 1984, S. 19.

38 Vgl. hierzu ausführlich: Beledian, Krikor: Cinquante ans de Littérature Arménienne en France. Du même à l'autre, Paris 2001, sowie: ders.: Die Katastrophe und die Erfahrung sprachlicher Grenzen in der armenischsprachigen Literatur, in: Gewalt. Strukturen, Formen, Repräsentationen, hrsg. von Mihran Dabag, Antje Kapust und Bernhard Waldenfels, München 2000, S. 297–316.

39 Oschagan: Im Schatten der Zedern (vgl. Anm. 37), S. 18.

40 Ebd.

Die gespaltene Erinnerung Südafrikas

Helen Macdonald

Einleitung

Südafrika ist eine zutiefst gespaltene Gesellschaft mit einer zutiefst gespaltenen Vergangenheit. Trennungen entlang der sozioökonomischen Kategorien verstärken die offensichtliche Kluft zwischen den Ethnien. Die verschiedenen ethnischen Gruppen bleiben einander trotz gewaltiger politischer Veränderungen fremd. Das Ideal einer von allen Südafrikanern geteilten und akzeptierten Vergangenheit ist keine Realität. Die Neigung zu einer gemeinsamen Erinnerung, bei der Einzelne oder Gruppen lediglich gewisse Erinnerungen wachrufen und andere ausradieren oder früher umkämpfte Bereiche ignorieren, ist in unserer Gesellschaft immer noch vorherrschend.

Es gab allerdings zwei wichtige Momente im südafrikanischen Übergang, die diese Spaltung aufgrund einer kritischen oder selektiven Erinnerung zu überwinden versucht haben. Die Verfassung sowie die Wahrheits- und Versöhnungskommission (TRC) förderten ein tieferes Verständnis für die Vergangenheit und für deren Einfluß auf die Gegenwart. Sie halfen dabei, im übertragenen Sinne einen Raum zwischen den Polen einer gemeinsamen nationalen Erinnerung und einer gruppenspezifischen kritischen Erinnerung zu schaffen, in dem die Südafrikaner mit der Vorstellung von einer umstrittenen Vergangenheit ringen können. Die Debatte über Erinnerung in Südafrika spielt sich im Kontext einer zutiefst gespaltenen Gesellschaft ab. Dieser Aufsatz versucht die folgenden drei Themenbereiche zu beleuchten:

- Die in Südafrika immer noch sehr gegenwärtige Vergangenheit,
- die Verfassung und die Wahrheits- und Versöhnungskommission als Gedächtnis in der Gegenwart,
- die Zukunft der Erinnerung in einer zutiefst gespaltenen Gesellschaft.

Die Vergangenheit begleitet uns noch immer

Südafrika befindet sich im siebten Jahr der demokratischen Regierung. Es machte eine gewaltige politische Transformation durch, um die Hemmnisse zu beseitigen, die der Mehrheit der Südafrikaner den Genuß der Rechte und Privilegien staatlicher Gleichberechtigung vorenthielten. Die politische Landschaft im Jahr 2000 sieht ganz anders aus als die Landschaft vor einem Jahrzehnt. Südafrika hat große Fortschritte darin gemacht, seine geteilte und schmerzhafte Vergangenheit zu überwinden. Es ist jedoch noch zu früh zu beurteilen, welche Erinnerungen und welche Formen des Erinnerns an die Vergangenheit im zukünftigen Südafrika dominieren und sich als hilfreich erweisen werden. Wir haben gerade erst begonnen, im Kontext einer zutiefst gespaltenen Gesellschaft, die unter historischer Amnesie und einem selektiven Gedächtnis leidet, mit der Erinnerung an eine brutale und unterdrückerische Vergangenheit zu kämpfen. Südafrika befindet sich an einem empfindlichen Punkt in seiner demokratischen Konsolidierung. Das Erfolgspotential ist sehr hoch, aber die Möglichkeit des Scheiterns ist stets gegenwärtig. Die Vergangenheit wird unvermeidbar den Ausgang mitbestimmen.

Inmitten der ungewissen Fragen, ob eine gemeinsame Erinnerung in Südafrika notwendig, sinnvoll oder möglich ist, gibt es die fürchterliche Gewißheit, daß die Vergangenheit ein geteilter Raum bleiben wird und daß noch jahrzehntelang widersprüchliche Stimmen zu hören sein werden. Es wurde gesagt, daß es nicht Aufgabe der Erinnerung sein sollte, «wiederherzustellen und ganz zu machen, ein Ganzes, das den Riß verleugnen muß, statt dessen ist es Aufgabe der Erinnerung, die Turbulenzen und die Fragmentierung wachzurufen, einschließlich dieser schmerzhaften Erinnerungen daran, was wir waren und was wir sind».[1] Es ist unwahrscheinlich, daß die Südafrikaner jemals gemeinsam an einen Punkt gelangen werden, wo die Erinnerung die Vergangenheit rekonstruieren und die offensichtlichen Brüche aus dieser Vergangenheit heilen kann.

In Südafrika können wir die Vergangenheit nicht einfach so erinnern, als ob sie nicht mehr da wäre. Die Vergangenheit begleitet uns immer noch. Die südafrikanische Autorin und Journalistin Antjie Krog berichtete über ihren Besuch in Deutschland Anfang 2000: «Ich wollte dort hin, um herauszufinden, wie sie mit der Verantwortung und der Schuld der Vergangenheit leben. Ich war überrascht. Ich hatte angenommen, daß andere Orte wie Südafrika sein würden, aber mir war natürlich nicht klar gewesen, daß es in Deutschland kaum noch Juden gab. Hier [in Südafrika] sehen wir uns jeden Tag – wir begegnen der Vergangenheit täglich ...»[2]

Die Herausforderung, der unsere Gesellschaft gegenübersteht, ist die Allgegenwart der Vergangenheit in der Gegenwart. Die sozioökonomische Wirklichkeit der Apartheid ist auch heute noch Wirklichkeit – schwarze, farbige und indische Südafrikaner leiden weiter, während weiße Südafrikaner unverändert Zugang zu Wohlstand und Chancen genießen wie zur Zeit der Apartheid.

1998 wurden landesweit Anhörungen zur Armut durchgeführt, um den Menschen die Gelegenheit zu geben, über ihre Erfahrungen mit einer Vergangenheit in sozioökonomischer Benachteiligung zu sprechen.[3] Die folgenden ernüchternden Zahlen umreißen die verheerende Situation:

- 53 % der Bevölkerung leben unterhalb der Armutsgrenze (300 Rand pro Monat).
- 6 % der Bevölkerung verdienen mehr als 40 % des Einkommens.
- 12 Millionen Südafrikaner haben keinen ausreichenden Zugang zu Trinkwasser.
- Ungefähr 9 Millionen Menschen leben in illegalen Behausungen.
- 87 % der schwarzen Kinder unter 12 Jahren sind unterernährt.
- 2,3 Millionen Südafrikaner sind unzureichend ernährt.
- Die Arbeitslosenrate bewegt sich zwischen 30 und 40 %.
- Schätzungsweise 65 % der erwachsenen Bevölkerung sind Analphabeten.

Trotz unserer wegweisenden demokratischen Wahlen von 1994 bleibt der wirtschaftliche Status quo daher weitgehend unverändert. Die Armut wurzelt tief. Im Lichte der bedrückenden wirtschaftlichen Fragen, mit denen unser Land konfrontiert ist, wird die Frage, wie die Vergangenheit erinnert werden soll, leicht als eine überflüssige, postmaterialistische Frage angesehen. Das Überleben vieler in der Gegenwart wird als weitaus dringender empfunden.

Tiefer noch hat sich der Status quo auf dem Feld der Erinnerung eingegraben. Viele Südafrikaner scheinen ein selektives Gedächtnis zu haben, wenn es darum geht, sich der Vergangenheit zuzuwenden. Im Hinblick auf die Vergangenheit gibt es noch immer keine Übereinstimmung bezüglich Recht und Unrecht. Es scheint, als ob die meisten weißen Südafrikaner Gleichgültigkeit und sogar Entfremdung gegenüber dem früheren Regierungssystem zeigten, das viele von ihnen unterstützt hatten. Viele Südafrikaner rufen dazu auf, die Vergangenheit zu vergessen, wo es doch solch drängende Probleme in der Gegenwart gebe – «halten wir uns nicht mit dem auf, was vor uns geschah, konzentrieren wir uns lieber auf die enormen Herausforderungen der Arbeitslosigkeit und der Verbrechen, mit denen wir jetzt konfrontiert sind und die unsere Gesellschaft zu vernichten drohen».

Meiner Meinung nach kann man in einem Land wie Südafrika die Gegenwart nicht engagiert angehen, ohne ein grundlegendes gesellschaftliches Bewußtsein der Vergangenheit zu haben. Wie kann eine erfolgreiche sozioökonomische Umstrukturierung stattfinden, ohne die politischen und wirtschaftlichen Bedingungen und Strukturen zur Kenntnis zu nehmen, die die heutige Notwendigkeit für eine solch gewaltige Umstrukturierung hervorgebracht haben? Ohne letzteres wird es kein Gefühl von Dringlichkeit oder Zielstrebigkeit geben.

Die Vergangenheit anzuerkennen ist keine verbreitete Einstellung, besonders nicht unter weißen Südafrikanern, von denen viele behaupten, unter Apartheid-Ermüdung zu leiden. In seinem Artikel über «Holocaust-Ermüdung» im *Time Magazine* stellt Michael Blumenthal fest, daß man, um unter Ermüdung zu leiden, einer Sache unaufhörlich ausgesetzt gewesen sein muß.[4] Diejenigen, die unter Apartheid-Ermüdung leiden, lassen sich mit ähnlichen Worten beschreiben wie die, die unter Holocaust-Ermüdung leiden. Es sind meist die, die «mehr ein eigennütziges Interesse daran haben, müde zu sein, als ein moralisches Interesse daran, neugierig zu sein». In Südafrika hat das Gefühl der Apartheid-Ermüdung wenig mit einer Übersättigung mit Wissen und Beachtung zu tun – es hat vielmehr mit dem selektiven Gedächtnis zu tun, das indirekt den sozioökonomischen Status quo aufrechterhält und damit der Minderheit zugute kommt.

Die sichtbare Ungleichheit in unserem Land ist eine tägliche Mahnung an das sozioökonomische Verbrechen der Apartheid. In diesem einzigartigen politischen, sozialen, wirtschaftlichen und historischen Kontext muß Südafrika mobil machen, damit die früheren Ungleichheiten und Ungerechtigkeiten, die die Gegenwart durchdringen, verändert werden können. Es ist keine Frage von Vergessen oder Erinnern – die Vergangenheit begleitet uns, und die Frage ist, wie wir in einer zutiefst gespaltenen Gesellschaft so mit ihr umgehen, daß es für die Mehrheit der Menschen, deren Leben sie schädigte, aufbauend ist und bedeutsam ist.

Der Vorteil des Gedenkens an die Verbrechen der Vergangenheit in Südafrika wäre zumindest, daß sich politische Verleugnung und politische Mythen vermeiden ließen, die auf verzerrten Erinnerungen aufgebaut sind. Der allgemeinen Überzeugung nach würde dies dem Zweck dienen, ein Gefühl gemeinsamer Erinnerung zu schaffen. In einer zutiefst gespaltenen Gesellschaft braucht es aber eine flexiblere Vorstellung von gemeinsamer Erinnerung – eine Erinnerung, die ein kollektives Bewußtsein für die Vergangenheit bestärkt, aber in der Gegenwart unterschiedliche Antworten auf dieses Bewußtsein erlaubt. Das läßt sich nicht einfach durch die Symbolisierung der Vergangenheit in Denkmälern, Gedenkstätten und multimedialen Ausstellungen erreichen. Die politischen, sozialen und wirtschaftlichen Regelungen der neuen südafrikanischen Gesellschaft müssen mit einem Bewußtsein von der Vergangenheit erfüllt sein.

Die politischen Parteien, die an den politischen Verhandlungen in Südafrika beteiligt waren, zeigten einen beachtlichen Respekt für die Vergangenheit sowie für die Notwendigkeit, sich mit den ve - gangenen Verbrechen zu beschäftigen, um zu einer gerechteren Gesellschaft zu gelangen. Die besondere Form des demokratischen Übergangs, der in Südafrika stattgefunden hat, zeichnete sich neben anderen Dingen durch zwei feste Fundamente aus, von denen aus die Vergangenheit weiterhin potentiell auf die Gegenwart Einfluß nehmen kann: die Verfassung sowie die Wahrheits- und Versöhnungskommission (TRC). Diese beiden Organe des nationalen Gedenkens haben die politische Psyche Südafrikas auf entscheidende Weise durchdrungen. Zwar gibt es nur wenige Hinweise darauf, daß sie die Entstehung eines Gefühls von gemeinsamer Erinnerung gefördert hätten, aber sie haben den bildlichen und den geopolitischen Raum skizziert, in dem das Thema der südafrikanischen Vergangenheit behandelt werden kann. Und sie bemühten sich, an die Vergangenheit zu erinnern, um eine hellere Zukunft aufbauen zu können.

Njabulo Ndebele, ein bekannter südafrikanischer Schriftsteller, Dichter und Wissenschaftler, sagte einmal, daß der politische Kampf der einfachere Teil gewesen sei; jetzt stünden wir vor der Herausforderung, die Vorstellung von einem «Zuhause» neu zu erfinden. Die Vergangenheit glich *einem* Typus südafrikanischer Nation; die Gegenwart gleicht einem *anderen*, einem, der noch keine eindeutige Form angenommen hat bzw. nicht definiert ist. Das alles hat mit der Zukunft der Erinnerung zu tun. Unsere neue Nation wird geformt werden durch die Werte und Erinnerungen daran, woher wir politisch, sozial, ökonomisch und kulturell gekommen sind. Viele dieser Erinnerungen werden selektiv sein, nur wenige kollektiv. Die Verfassung sowie die Wahrheits- und Versöhnungskommission sind zwei Fundamente, die bei der Neufindung dessen, was wir «Zuhause» nennen, helfen werden.

Die Südafrikanische Verfassung als Gedächtnis

Südafrikas neue Verfassung ist eine Antwort auf die Ungerechtigkeit und die Spaltung der Vergangenheit. Es ist eine Verfassung, die aus der Erinnerung geboren wurde – die Vergangenheit ist ein entscheidender Teil von ihr, aber genauso auch die Zukunft.

Der südafrikanische Juraprofessor Jeremy Sarkin argumentiert, daß eine Verfassung sowohl ein Denkmal als auch eine Gedenkstätte sein kann. Denkmäler sollen bestärkend und positiv wirken und sind dazu geschaffen, Ereignisse oder Menschen zu feiern, während Gedenkstätten eine negative Symbolik zugesprochen wird, da sie Orte sind, die an Verluste oder Niederlagen erinnern. Der Verfassung in Südafrika kommt daher folgende Funktion zu: «Ihre Inhalte sind Reflexionen durch den Spiegel einer Vergangenheit, in der ihre Werte abwesend waren. Der Verfassungstext und die Art, wie er oft interpretiert wird, spiegelt die Erinnerungen und das Vermächtnis des Südafrika der Apartheid. Ihre Gestaltung ist ein Produkt der Erinnerung derer, die sie geschrieben haben, und derer, die an diesen Formulierungen beteiligt waren [...]. Zahlreiche öffentliche demokratische und Menschenrechtsinstitutionen sind in der Verfassung verankert, um sicherzustellen, daß sich die Verbrechen der Vergangenheit niemals wiederholen können.»[5]

Südafrika ist daher in der glücklichen Lage, eine Verfassung zu haben, die sowohl ein lebendes Monument als auch eine Gedenkstätte ist und die in den Rechts- und Regierungsstrukturen der Gegenwart die Vergangenheit berücksichtigt. Auf diese Weise bildet die Erinnerung an die Vergangenheit nicht nur einen rechtlichen Rahmen, sondern dient auch als Leitfaden, um eine gerechte Zukunft zu schaffen, die auf der Einsicht in die Fehler der Vergangenheit beruht.

Sarkin stellt fest, daß durch die Verfassung das «Vermächtnis der Vergangenheit explizit und implizit sichtbar wird. Aus der Präambel geht deutlich hervor, daß es die Absicht der Autoren war, sicherzustellen, daß die Verfassung aus der Vergangenheit lernen und ihr Vermächtnis anerkennen wollte. Die südafrikanische Geschichte wird ganz besonders und sprachgewaltig in dieser Präambel reflektiert, in der das südafrikanische Volk die vergangenen Ungerechtigkeiten erkennt, diejenigen, die für Recht und Freiheit litten, ehrt und die Verfassung annimmt, um die Spaltungen der Vergangenheit zu heilen und eine Gesellschaft aufzubauen, die auf demokratische Werte, soziale Gerechtigkeit und grundlegende Menschenrechte gegründet ist. Die Entschlossenheit, politische Rechte auch dadurch zu wahren, indem man verhindert, daß die Geschichte sich wiederholt. Dies wird in vielen Aussagen und zentralen Inhalten der Verfassung deutlich.» Es ist offensichtlich, daß die Verfassung Südafrikas Geschichte anerkennen und die Südafrikaner ermuntern will, die Folgen ihrer Geschichte zu überwinden. Sie nimmt die Erinnerung als Basis, aus der sich ihre Prämissen ableiten.

Auf einer Konferenz in Kapstadt mit dem Titel «Transcending an Century of Injustice», die kürzlich vom Institut für Gerechtigkeit und Versöhnung organisiert wurde, trug ein Teilnehmer aus dem Publikum folgende Erkenntnis vor:

Der Konferenzdelegierte Chirevo Kwenda sprach davon, wie sein Vater ihn zu den Salisbury Gardens im damaligen Südrhodesien (heutiges Simbabwe) mitnahm, wo er aufgewachsen war. Sein Vater zeigte ihm ein Denkmal, auf dem geschrieben stand: «Wir kämpften und starben für unseren König.» «Mein Vater sagte zu mir nur, ‹Zuerst einmal möchte ich, daß du weißt, daß dieser König nicht unser König war. Zweitens war es nicht unser Krieg. Wahr ist, daß wir kämpften. Wahr ist auch, daß wir starben.› Die afrikanische Erfahrung wurde in ein Denkmal für Weiße eingefügt.» Kwenda drückte den Wunsch nach Symbolen der Erinnerung aus, die die Südafrikaner einten, statt sie zu spalten. «Damit eine Verfassung ein Denkmal sein kann, das es verdient, gefeiert zu werden, muß sie die Erinnerung unseres ganzen Volkes widerspiegeln», sagte er.

Die südafrikanische Verfassung verkörpert eine Erinnerung, die alle Südafrikaner dazu ermuntert, die Vorstellung von einem Zuhause neu zu erfinden, indem sie Fehler der Vergangenheit vermeidet und eine Zukunft mit gleichen Rechten und Privilegien ausmalt. So liefert sie den Bürgern und der Regierung den Rahmen für die Umgestaltung der Gegenwart.

Das Potential der Verfassung, mit der Vergangenheit positiv umzugehen, darf nicht unterschätzt werden, aber das höchste Gesetz eines Landes ist nur ein Dokument, das von der Auslegung und der Ausführung durch Menschen abhängt. Wie so viele Aspekte unserer modernen Welt, die von menschlichem Eingreifen abhängig sind, ist es dem Scheitern aufgrund menschlicher Unvollkommenheit ausgesetzt. Das Potential der Verfassung ist deutlich, aber es wird nicht immer genutzt. Viele Südafrikaner sind mit ihr nicht vertraut, und viele machen sich ihre Sprache und ihre Ideale nicht zu eigen. Dessen ungeachtet basiert sie auf der Erinnerung und ermutigt dadurch alle Südafrikaner, den Weg von einem selektiven Wohl der Gesellschaft zu einem kollektiven zu beschreiten.

Die nützlichste Form, an die Verbrechen in Südafrikas Geschichte zu erinnern, ist, die Gegenwart zu verändern. Wir brauchen ein Konzept für den Umgang mit einer Vergangenheit, in der eine abnormale Gesellschaft existierte und in der das soziale Gewebe durch die Unmenschlichkeit der Apartheid zerrissen wurde. Dieses Konzept hat viel mit der Gegenwart zu tun. Und wenn wir als Südafrikaner eine Form von Normalität in unser völlig ungleich entwikkeltes Land bringen können, dann haben wir gewissermaßen die siegreichste Schlacht gegen die Vergangenheit und die Gefahren eines selektiven Gedächtnisses, das den Fortschritt behindert, gewonnen. Ich wiederhole, nur durch die Umgestaltung der Gegenwart wird die Vergangenheit wirklich zur Erinnerung und in einer Art und Weise erinnnert werden, auf die alle Südafrikaner stolz sein und an der sie sich beteiligen können. Die Verfassung bietet dafür einen Ausgangspunkt, die Wahrheits- und Versöhnungskommission den anderen.

Die Wahrheits- und Versöhnungskommission als Gedächtnis

Die Wahrheits- und Versöhnungskommission (TRC) wurde als Kompromiß gewählt, um an die Verbrechen der Apartheid zu erinnern, und war Teil der historischen Übereinkunft, die politisch ausgehandelt wurde. Sie entstand als Ergebnis des *Promotion of National Unity and Reconciliation Act* von 1995. Die Kommission arbeitet in drei besonderen Komitees, die sich mit Menschenrechtsverletzungen, Amnestie und Versöhnung und Reparationen beschäftigen. Sie wurde gegründet, um «ein möglichst vollständiges Bild von der Art, den Ursachen und dem Ausmaß der Menschenrechtsverletzungen» zu gewinnen, die zwischen dem 1. März 1960 und dem 5. Dezember 1993 begangen wurden.

Der südafrikanische Philosoph Anthony Holiday beschreibt, daß die TRC damit beauftragt wurde, «die Erinnerung der neuen Demokratie an ihre langwierigen Geburtswehen während der Apartheid-Zeit zu wecken».[6] Dieses Wecken der Erinnerung war gewissermaßen ein Versuch, politische Verleugnung sowie die Verbreitung politischer Mythen, die sich auf verzerrte Erinnerungen stützen, zu vermeiden. Bei ihren öffentlichen Anhörungen im ganzen Land konnten Opfer und Täter von schweren Menschenrechtsverletzungen ihre Geschichte in der relativ sicheren Umgebung, die die Kommission schuf, erzählen. Der umstrittenere Teil ihres Mandats war die Gewährung einer Amnestie[7] für diejenigen, die für schwere Menschenrechtsverletzungen verantwortlich waren, um das volle Ausmaß der politischen Verbrechen, die sie begangen oder angeordnet hatten, enthüllen zu können. Die TRC gab auch umfangreiche Empfehlungen bezüglich der Reparationen für die Opfer von Menschenrechtsverletzungen, die durch die Kommission ermittelt wurden.[8]

Im Laufe ihrer Amtszeit brachte die TRC Netzwerke staatlich geförderter Kriminalität sowie Menschenrechtsverletzungen auf beiden Seiten ans Tageslicht. Sie arbeitete durchaus nicht immer perfekt, und in vielen Fällen scheiterte sie an der Aufdeckung der vollen Wahrheit und fällte umstrittene Amnestie-Entscheidungen. Aber obwohl Versöhnung noch immer ein fernes und vielleicht utopisches Ziel ist, können – und das ist das Verdienst der Kommission – Südafrikaner kaum mehr behaupten, daß sie nicht von den in der Vergangenheit verübten Menschenrechtsverletzungen gehört hätten. Unwissen ist keine akzeptable Entschuldigung mehr, und politische Mythen sind entlarvt worden. In diesem Sinne ist der Bericht der TRC ein lebendes Denkmal und der Anfang eines Prozesses, mit dem eine Nation beginnt, sich ihrer Vergangenheit durch das Reden über die Wahrheit und die Geschichte bewußt zu stellen. Vom Bericht der TRC wurde gesagt, er analysiere «die Barbareien unserer Vergangenheit, um eben in die Zukunft hineinzuwirken».[9] Unsere Erfahrung ist, daß das Erzählen der Wahrheit und der Geschichte, obgleich ein notwendiger und nützlicher Prozeß, nicht heißt, daß die Vergangenheit abgehandelt und tatsächlich begraben wäre. Es heißt vielmehr, daß die Vergangenheit nicht mehr länger nur das intellektuelle Eigentum einiger weniger ist, sondern allgemein zugänglich gemacht wurde, so daß alle Südafrikaner sich entscheiden können, sich ihrer anzunehmen oder sie zu ignorieren. Es ist eine Möglichkeit, einen sichtbaren und greifbaren Zugang zu einer umstrittenen Vergangenheit zu schaffen.

Diese Methode, sich der Vergangenheit im Rahmen eines nationalen Forums öffentlich zu stellen, ist nicht frei von Mängeln. Es besteht die Gefahr, daß die TRC sowohl von der Regierung als auch von den Bürgern als begrenztes, kurzzeitiges Erinnerungsprojekt betrachtet wird. Ungefähr nach dem Motto: Jetzt, wo die Arbeit der Kommission abgeschlossen ist, sollte die Gesellschaft weiter voranschreiten. Die Wunden der Vergangenheit sind tief, und wenn die Tür zu einer nationalen Möglichkeit der Erinnerung plötzlich geschlossen wird, wird sich die Konsolidierung der Demokratie in Südafrika sicherlich verzögern. Südafrika wird es nicht gelingen, die politischen, sozialen und ökonomischen Strukturen der Apartheid zu verändern, solange nicht alle Bürger die Vergangenheit und ihre Rolle darin (als Opfer, Täter, Zuschauer, Begünstigter) anerkennen. Diese Anerkennung wurde während der kurzen Lebensdauer der Kommission nicht erreicht, und der Fortschritt, der in dieser Zeit erzielt wurde, ist bedroht, wenn die TRC selbst den Archiven der südafrikanischen Geschichte übergeben wird. Viel hängt von den Haltungen der Regierung und der Zivilgesellschaft ab, die der Arbeit der Kommission und ihrem Bericht Leben einhauchen können, so daß sie ein Grundgestein der Erinnerung in der Gegenwart bleiben. Auch den Historikern, Schriftstellern, Dichtern, Künstlern und Institutionen kommt die Verantwortung zu, die vielschichtige Debatte über die Vergangenheit, die die Kommission eröffnet hat, fortzusetzen.[10] Diese Debatte sollte kreativ und anregend sein, vor allem aber öffentlich zugänglich.

Der Fokus der TRC lag direkt auf den Opfern und Tätern und hatte daher die unglückselige und weitreichende Folge, die meisten weißen Südafrikaner, die soziale Macht genossen, freizusprechen, ohne das rassistische Fundament dieser Macht in Frage zu stellen. Die meisten weißen Südafrikaner fallen weder in die Kategorie der Opfer noch in die der Täter; sie waren Begünstigte oder Zuschauer und fielen in diesen Rollen aus dem Kompetenzbereich der Arbeit der Kommission. Dies hat indirekt die Entstehung einer selektiven

Erinnerung innerhalb der weißen Bevölkerung befördert, da sie sich leicht von der Beteiligung an schweren Menschenrechtsverletzungen distanzieren konnten. Südafrika benötigt daher, so scheint es, immer noch eine nationale Initiative, die die Verantwortlichkeit und Verantwortung für die Vergangenheit unter allen Südafrikanern fördert, besonders unter den weißen Südafrikanern, die lediglich einen sehr geringen Preis für die Vorteile zahlen mußten, die sie unter dem Apartheid-Regime genossen.

Die TRC bietet wie die Verfassung eine Möglichkeit, die Erinnerung von den selektiven Vorstellungen von der Vergangenheit hin zu einem stärker integrierten, wenn auch noch nicht kollektiven Verständnis weiterzuentwickeln. Sie bot der Nation eine Gelegenheit, ihre verschwiegene Geschichte zu dekonstruieren, um die Erinnerung neu zu erfinden und das hinzuzufügen, was nicht öffentlich bekannt war. Das Amnestie-Komitee bearbeitet immer noch Anfragen, aber die Arbeit der Kommission ist beendet.

Die Zukunft der Erinnerung in einer zutiefst gespaltenen Gesellschaft

Die Verfassung und die TRC sind zwei Mechanismen, die im Kontext einer zutiefst gespaltenen Gesellschaft arbeiten bzw. arbeiteten. Verfassungen und Kommissionen entstehen nicht von selbst. Sie sind Produkte eines bestimmten soziopolitischen Milieus, und damit ist ihre Interpretation auch dieser soziopolitischen Umgebung unterworfen. Man muß die zutiefst gespaltene Natur der südafrikanischen Gesellschaft bedenken, wenn man das Thema der Erinnerung an frühere Verbrechen untersucht.

In einer zutiefst gespaltenen Gesellschaft wie Südafrika stoßen eine Anzahl verschiedener Realitäten aufeinander, da das Weltbild und das Wertesystem des einzelnen stark davon abhängen, welcher Gruppe er angehört: der der Integrierten oder der der Ausgeschlossenen. Eine zutiefst gespaltene Gesellschaft zeichnet sich normalerweise durch das Zusammenspiel zwischen der «In»-Gruppe und der «Out»-Gruppe aus. Die erstere hat üblicherweise direkten Zugang zum politischen und ökonomischen System und Einfluß auf das soziokulturelle Wertesystem, während die letztere aus der tiefergehenden Beteiligung an diesen Bereichen ausgeschlossen ist. In Südafrikas Vergangenheit waren die «In»-Gruppe eindeutig die weißen

Südafrikaner, während die «Out»-Gruppe die schwarzen, indischen und farbigen Südafrikaner umfaßte.

Die Südafrikaner haben grundverschiedene geopolitische und sozioökonomische Welten bewohnt und betrachten daher die Vergangenheit auf unterschiedliche Weise. Dies wurde durch ein System unterschiedlicher Informationskanäle verschärft, die Wissen und Informationen an ein spezifisches ethnisches Publikum lieferten und noch liefern. Der zutiefst gespaltene Charakter der südafrikanischen Gesellschaft wirft folgende Fragen auf:

- Ist es möglich, in einer zutiefst gespaltenen Gesellschaft wie Südafrika eine gemeinsame Erinnerung oder eine kollektive Form des Erinnerns an Verbrechen aufzubauen?
- Ist die Vergangenheit eine Welt, der sich die Südafrikaner gemeinsam stellen müssen, oder gibt es verschiedene Wege, an die Vergangenheit zu erinnern, die keine gemeinsame Erinnerung und Antwort erfordern?

Dies sind zwei der vielen grundsätzlichen Fragen, mit denen wir in Südafrika derzeit ringen. Es sind Fragen, zu deren Beantwortung wir Jahrzehnte brauchen werden. Ich möchte sie hier nur erwähnen, um die Herausforderungen aufzuzeigen, vor denen Südafrika in bezug auf die Erinnerung an die Vergangenheit steht.

Südafrikas nationale Identität unterliegt tiefgreifenden Änderungen, und viel von der Gestaltung und Ausformung einer neuen Identität hängt von der Interpretation der Vergangenheit ab. Diese Interpretation wird in einer zutiefst gespaltenen Gesellschaft stets umstritten sein, weshalb eine kollektive Erinnerung, die auf einem einheitlichen «Wir» basiert, schwer zu erreichen ist. In einer halbwegs homogenen Gesellschaft mag sich diese Aufgabe als leichter erweisen, aber in einer heterogenen Gesellschaft wie Südafrika ist die Vorstellung von einer nationalen Psyche, die eine kollektive Erinnerung an frühere Grausamkeiten produzieren kann, illusorisch. Die Gefahr, daß die Erinnerung zweideutig wird, ist in einer Gesellschaft wie Südafrika viel größer.

Am wichtigsten in der Erinnerungsdebatte in Südafrika ist die Frage nach dem «Wir».

Wir müssen uns erinnern
Wir müssen mit der Vergangenheit umgehen
Wir müssen weitergehen

Sowie ...

> **Was** muß erinnert werden?
> **Wie** muß es erinnert werden?
> **Warum** muß es erinnert werden?
> **Was** können wir erwarten?

Die Antworten auf all diese Fragen werden völlig verschieden und abhängig von den einzigartigen Sozialisationserfahrungen der Südafrikaner sein, die sich von denen in anderen sozialen, politischen oder kulturellen Gemeinschaften unterscheiden. Dennoch, auch wenn die Antworten verschieden ausfallen, entscheidend wird der Wunsch der Südafrikaner sein, sich auch in der Nach-TRC-Zeit weiter im Prozeß der Erinnerung zu engagieren. Brandon Hamber, ein klinischer Psychologe, der im «Centre for the Study of Violence and Reconciliation in South Africa» (Zentrum für das Studium der Gewalt und der Versöhnung in Südafrika) arbeitet, stellt die Behauptung auf, daß wir nur durch «aktive Teilnahme am Prozeß der Erinnerung das gesellschaftlich umstrittene Gebiet der Vergangenheit betreten können. Auf diese Weise erschließen wir die einzige Möglichkeit, kreative und konstruktive kollektive Erinnerungen zu entwickeln, die für möglichst viele Menschen in der Gesellschaft zweckdienlich sind.»[11] Vielleicht hat das Konzept der kollektiven Erinnerung für Südafrika ja keine andere Bedeutung als die, das Spektrum der zulässigen Fragen zu definieren, die zu der gesellschaftlich umstrittenen Vergangenheit gestellt werden dürfen. Wir sind vielleicht uneins über die Antworten, aber laßt uns wenigstens die Fragen stellen. Die Vergangenheit ist immer noch ein umkämpftes Gebiet und kein starres Objekt, mit dem sich alle Südafrikaner automatisch und kollektiv identifizieren werden.

Symbolische Formen der Erinnerung an eine so problematische Vergangenheit sind in einer zutiefst gespaltenen Gesellschaft besonders umstritten. Denkmäler und Gedenkstätten werden oft als Mittel gepriesen, um ein kollektives Gedächtnis zu befördern. Sie spielen in der Erinnerung an die Vergangenheit durchaus eine Rolle. Südafrika kann sich jedoch nicht den Luxus erlauben, die Vergangenheit auf ein historisches und symbolisches Gedenken zu beschränken – die Vergangenheit muß ein lebendiges Monument sein, das die Südafrikaner dazu aufruft, sich für eine bessere Zukunft zu engagieren, auf eine Veränderung der Muster der Vergangenheit hinzuarbeiten. Denkmäler, Gedenkstätten und symbolische Erinnerungsstücke dürften für die Mehrheit der Südafrikaner angesichts des Teufelskreises von Arbeitslosigkeit, Armut und Verbrechen nicht an erster Stelle stehen.

Symbole mögen notwendig sein, aber sie reichen nicht aus: Man kann ein Symbol nicht essen, wenn man Hunger hat, ein Symbol kann nicht vor dem Winterregen schützen. Das soll nicht heißen, daß Denkmäler und Gedenkstätten keine wichtige emotionale und politische Bedeutung für die Familien der Opfer hätten, die Brutalität und Unterdrückung durch die Apartheid erlitten haben. Doch Erinnerung sollte idealerweise auch eine Auseinandersetzung mit der Gerechtigkeit herbeiführen. «Denkmäler ohne Gerechtigkeit sind schlicht Denkmäler, die die Opfer an die Macht der Täter erinnern.»[12] Symbolische Darstellungen der Vergangenheit in Südafrika ohne sozioökonomische Gerechtigkeit werden sich als hohle Gebilde ohne wirkliche Bedeutung herausstellen. Solange im täglichen Leben der Mehrheit der Südafrikaner keine radikale Verbesserung eintritt, werden sich Denkmäler und Gedenkstätten als leere Mahnungen an die Opfer, die für einen unerfüllten Traum gebracht wurden, erweisen.

Die Gefahr symbolischer Darstellungen in Südafrika liegt darin, daß – wie in der Arbeit der Wahrheits- und Versöhnungskommission geschehen – Menschenrechtsverletzungen mit großer Wahrscheinlichkeit in den Kategorien Opfer und Täter behandelt werden und damit die Mittäterschaft all jener Südafrikaner, die von der Apartheid profitierten, bequemerweise vergessen wird. Wenn die Form der Erinnerung all jene freispricht, die von der Vergangenheit profitiert haben, wird eine Heilung der Gesellschaft in Südafrika nie Wirklichkeit werden, und die Spaltung zwischen den Südafrikanern wird wachsen.

Hinzu kommt die sehr wichtige Frage, wo Denkmäler und Gedenkstätten in einer Gesellschaft plaziert werden sollen, in der die Geopolitik der Apartheid noch sehr verwurzelt ist. Obwohl dies nicht mehr gesetzlich verankert ist, sind beispielsweise die südafrikanischen Wohngebiete immer noch weitgehend entlang ethnischer Grenzen aufgeteilt. Die meisten schwarzen und farbigen Südafrikaner leben in den wirtschaftlich rückständigen Gebieten am Rande der urbanen Regionen und die weißen in den reicheren Vororten. Viele Menschenrechtsverletzungen ereigneten sich in den Townships, aber wenn Denkmäler und Gedenkstätten dort errichtet würden, würden weiße Südafrikaner diese Orte nie besuchen, und die Vergangenheit bliebe eine verborgene Welt, eine, der sich weiße Südafrikaner nicht zu stellen bräuchten.

Sandile Dikeni, ein sehr freimütiger Kommentator sozialer und politischer Belange, sprach auf einer Konferenz in Kapstadt vor kurzem über seine Erfahrung mit der symbolischen Erinnerung an der University of the Western Cape (UWC). Er berichtete:

«Wir versuchten die Wohnheime nach Helden umzubenennen. Aber bald standen wir vor dem Problem von Einschluß und Ausschluß. Wir wollten Helden finden. Wir wußten, daß unsere Helden afrikanische Nationalisten gewesen waren, aber wir wollten integrierend wirken. Also liefen wir umher, um farbige Helden zu finden – aber Farbige, die unsere Sache unterstützt hatten. ‹Was ist mit dem größeren afrikanischen Kontext?› wurden wir bald von einigen Studenten gefragt. Kaum hatten wir die Diskussion begonnen, merkten wir schon, daß wir auch einige Heldinnen finden müßten. So sahen wir uns gezwungen, uns in einer wirklich integrierenden und demokratischen Form mit der Frage der Erinnerung, der Gedenkstätten und Denkmäler auseinanderzusetzen. Diese Diskussion war nicht in Minuten zu beenden. Es bedurfte Stunden um Stunden. Freunde wurden zu Feinden. Männer verloren ihre Freundinnen. Am Ende dieses Tages hatte die UWC Wohnheime, die nach vielen verschiedenen Interessen in unserer Gesellschaft benannt waren. Das Ziel all dessen war wohl, die UWC zu vereinigen. Aber in meiner Erinnerung war die UWC, als ich den Campus verließ, noch nicht wieder versöhnt. Vielmehr wurde sie durch diese Diskussionen stärker gespalten. Vielleicht werden in der Zukunft solche Debatten überflüssig werden. Vielleicht wird die UWC in ein Koma fallen und all die trennenden Dinge aus der Vergangenheit vergessen.»[13]

Dikenis Beschreibung illustriert sehr persönlich die Herausforderungen, vor denen eine zutiefst gespaltene Gesellschaft steht, wenn sie eine Erinnerung bewahren möchte, die nicht einheitlich angenommen wird.

Abschließende Bemerkungen

Die Verfassung und der Bericht der Wahrheits- und Versöhnungskommission lehnen die Verbrechen der Apartheid ausdrücklich ab

– für viele Südafrikaner scheint es viel schwieriger zu sein, das zu tun. Die Verfassung und die TRC sind auch nationale Versuche, mit Südafrikas grauenhafter Vergangenheit umzugehen. Südafrika steht vor der großen Herausforderung, im Rahmen einer zutiefst gespaltenen Gesellschaft die Erinnerung wiederherzustellen. Welche Formen diese Wiederherstellung annehmen wird, ist noch unklar. Offensichtlich ist jedoch, daß die Beschäftigung mit der Vergangenheit eine evolutionäre Erfahrung sein wird. Im Laufe der Zeit werden sich verschiedene Antworten auf die Fragen nach der Vergangenheit entwickeln, und es wird nicht einen einzigen Moment der Erholung geben. Erinnerung ist eine Reise, ein Prozeß, der im Laufe des nächsten Jahrhunderts je nach Generation und Kontext verschiedene Dimensionen annehmen wird.

Es existiert die Meinung, daß eine kollektive Erinnerung erst wiederhergestellt werden kann, nachdem die Wahrheit erzählt worden ist, eine Einigung darüber erzielt wurde, was tatsächlich geschehen ist, und man sich über die Verwerflichkeit dieser Geschehnisse verständigt hat.[14] Es ist in Südafrika in einem beachtlichen Ausmaß die Wahrheit offengelegt worden, und man hat auch zu einem gewissen Grad Einigung darüber erzielt, was tatsächlich geschehen ist. Es läßt sich jedoch nicht behaupten, daß es eine Verständigung über die Verwerflichkeit dieser Geschehnisse gegeben habe. Deshalb sind wir in Südafrika noch nicht bei einer gemeinsamen Erinnerung angelangt, und es ist unwahrscheinlich, daß wir es jemals werden. Aber wir bewegen uns vorwärts, wenn auch allmählich. Die Erinnerung wird gefördert und darf trotz Gleichgültigkeit und Anfechtungen an die Oberfläche gelangen.

Im Vietnam Veterans Art Memorial Museum in Chicago findet sich das Epigramm eines Taoistischen Mönches, das vor Christi Geburt geschrieben wurde:

«Wenn du in den Krieg ziehst, überschreitest du die Grenze zu dir selbst, du opferst Ideale für das Überleben und die Furie des Tötens, was dich für immer verändern wird. Deshalb drängt niemand danach, ein Soldat zu sein. Denke nach, bevor du dich so unwiderbringlich verändern möchtest. Auf dem Spiel steht nicht nur dein Leben, sondern deine Menschlichkeit.»

Südafrika hat begonnen, seine Menschlichkeit, die durch die gewalttätige Vergangenheit zerstört worden war, wiederherzustellen. Jene, die für die Apartheid kämpften, jene, die gegen sie kämpften, jene, die dazwischen gefangen waren, und jene, die am Rande zusahen, sie alle waren berührt von dem Krieg, der auf vielen verschiedenen Ebenen in Südafrika wütete. Der Kampf um eine Zukunft der Erinnerung ist ein Kampf um die Wiederherstellung der Menschlichkeit durch Erinnerungen. Es ist der Kampf darum, die Idee eines Zuhauses neu zu erfinden.

Aus dem Englischen von Simone Gundi

Anmerkungen

1 Nuttall, S./Coetzee, C. (Hg.): Negotiating the Past: The Making of Memory in South Africa, Kapstadt 1998.
2 Krog, Antjie: Top of the Times, in: Cape Times, 25. 2. 2000.
3 Hg. von SANGOCO in Verbindung mit den landesweiten Armutskonferenzen, in: Reconstruct, 24. 5. 1998, sowie in: Sunday Independent, 24. 5. 1998.
4 Blumenthal, Michael: Of the Rest and Weary, in: Time Magazine, 28. 2. 2000.
5 The South African Constitution as Memory and Promise. Vortrag, gehalten auf der Konferenz «Transcending a Century of Injustice», organisiert vom *Institute for Justice and Reconciliation* in Kapstadt, 11. 5. 2000.
6 In Nuttall, S./Coetzee, C. (vgl. Anm. 1).
7 Die Gewährung von Schutz vor Verfolgung durch die Gerichte für die Verantwortlichen von Verbrechen, die sowohl von den Sicherheitskräften als auch von den Freiheitsbewegungen verübt worden sind.
8 Die Bemühungen der Kommission, die Wahrheit aufzudecken und die Erinnerung ans Tageslicht gelangen zu lassen, laufen Gefahr, durch den mangelnden Erfolg im Bereich der Reparationen unterschätzt zu werden. Die Regierung scheint im gegenwärtigen Klima nicht den politischen Willen zu besitzen, sich mit diesem Thema zu befassen. Die Regierung steht vor der Herausforderung, die Erfordernisse, die sich aus dem Engagement in einer globalen Wirtschaft und aus dem Umwerben der ausländischen Märkte umgeben, mit der Schaffung von Arbeitsplätzen, dem Wiederaufbau und der wirtschaftlichen Sanierung in Einklang zu bringen.
9 Linfield, S.: Trading Truth for Justice?, in: Boston Review (http://bostonreview.mit.edu).
10 Universitäten und Forschungsinstitutionen wie das neugegründete *Institute for Justice and Reconciliation* in Kapstadt (http:www.ijr.org.za).
11 Hamber, Brandon: Strategies for Dealing with Past Political Violence in Northern Ireland, South Africa and Countries in Transition. University of Witwatersrand: History workshop (11.–14. 6. 1999).
12 Cabrera, R.: Should We Remember? Recovering Historical Memory in Guatemala, in: Hamber, Brandon (Hg.): Past Imperfect: Dealing with the Past in Northern Ireland Societies in Transition, Belfast: INCORE, The United Nations University of Ulster, 1998.

13 »Transcending a Century of Injustice», Konferenz, organisiert vom *Institute for Justice and Reconciliation* in Kapstadt am 11. Mai 2000.

14 Becker, C.: Memory/Monstrosity/Representation. Vortrag gehalten auf dem Geschichts-Workshop der Universität von Witwatersrand (11.–14. 6. 1999).

Auswahlbibliographie

Arezki Himeur, M., Lies and Reconciliation, in: BBC Focus on Africa, April–Juni 2000.

Becker, C., Memory/Monstrosity/Representation. University of Witwatersrand: History workshop (11.–14. 6. 1999).

Blumenthal, M., Of the Rest and Weary, in: Time, 28. 2. 2000.

Breytenbach, B., Divided memories. Vortrag gehalten auf der *Institute for Justice and Reconciliation conference*, 11. 5. 2000.

Cabrera, R., «Should We Remember? Recovering Historical Memory in Guatemala», in: Hamber, B. (Hg.), Past Imperfect: Dealing with the Past in Northern Ireland Societies in Transition, Belfast: INCORE, The United Nations University of Ulster, 1998.

Carlisle, A., Monument Honours Cradock Activists, in: Daily Dispatch, 24. 7. 2000.

Cronin, J., Even the Dead: Poems, Parables and a Jeremiad, Kapstadt 1997.

Dreyer, N., ‹Die Ses› Residents Call up their Past, in: Saturday Argus, 18./19. 3. 2000, S. 6.

Du Plessis, L., The South African Constitution as Memory and Promise. Vortrag gehalten auf der *Institute for Justice and Reconciliation conference*, 11. 5. 2000.

Duvenage, P., The Politics of Memory and Forgetting after Auschwitz and Apartheid. University of Witwatersrand: History workshop (11.–14. 6. 1999).

Field, S., Memory, the TRC and the Significance of Oral History in Post-apartheid South Africa. University of Witwatersrand: History workshop (11.–14. 6. 1999).

Garton Ash, T., Bad Memories, in: Prospect, August/September 1997.

Gobodo-Madikizela, P., For the Sake of the Future, Perpetrators' Deeds must also be Branded on our Memories, in: Sunday Independent, 16. 7. 2000, S. 7.

Goboda-Madikizela, P., Remembering and the Politics of Identity. Vortrag gehalten bei der Eröffnung der psychoanalytischen Abteilung der *Psychological Society of South Africa*, 19. 11. 1994.

Goniwe, N., The Treasure of National Memory in South Africa: Preservation and Usage of Testimonies of the Apartheid Era. Vortrag auf der Konferenz über *Collecting, Preserving, Remembering, Dealing with Testimonies of Injustice and Resistance in Germany, South Africa and Poland*, 16.–18. 6. 2000.

Hamber, B. und Wilson, R., Symbolic Closure through Memory, Reparation and Revenge in Post-conflict Societies. Centre for the study of Reconciliation and Violence, University of Witwatersrand, 2000.

Hamber, B., Strategies for Dealing with Past Political Violence in Northern Ireland, South Africa and Countries in Transition. University of Witwatersrand: History workshop (11.–14.6. 1999).

Harris, B., ‹Unearthing› the ‹Essential› Past: The TRC and the Making of a National Public Memory. University of Western Cape: South African and contemporary history seminar, 1998.

Hobsbawm, E., The new threat to history, in: New York Review, 16.12. 1993.

Kgalema, L., Symbols of hope: Monuments as Symbols of Remembrance and Peace in the Process of Reconciliation. Centre for the study of Reconciliation and Violence, University of Witwatersrand, 1999.

Laurence, P., Balancing Need for Amnesty against the Right to Reparation, in: Financial Mail, 18.8. 2000.

Levinson, S., Writing in Stone: Public Monuments on Changing Societies. London 1998.

Linfield, S., Trading Truth for Justice?, in: Boston Review (http://bostonreview.mit.edu).

Love, E. und McGirk, J., Bitter Legacy of the Falklands War Lives on, in: Sunday Independent, 23.7. 2000.

Mangcu, X., Monuments Will Help Pay Tribute to Heroes of the Past, in: Sunday Independent, 27.2. 2000, S. 8.

Mgxashe, M., Peace Trust Gets Visible, in: Cape Times, 14.6. 2000.

ders., Tutu Peace Project to Span Continent, in: Cape Times, 14.6. 2000.

Nuttall, S. und Coetzee C. (Hg.), Negotiating the Past: The Making of Memory in South Africa, Cape Town 1998.

Pretorius, C., History Can Promote Tolerance, says Report, in: Sunday Times, 14.5. 2000.

Reconstruct supplement, in: Sunday Independent, 24.5. 1998.

Reporter, Teaching New Values to the Generation to Come, in: Sunday Times, 14.5. 2000.

Reporter, Burying South Africa's Past: Of Memory and Forgiveness, in: Economist, 1.11. 1997.

Roston, B., South Africa Glosses over its History, in: New Statesman, 6.12. 1999.

Sarkin, J., The South African Constitution as Memory and Promise. Vortrag gehalten auf der *Institute for Justice and Reconciliation Conference*, 11.5. 2000.

Snyman, J., Ways of Remembering. Vortrag gehalten auf der *Institute for Justice and Reconciliation Conference*, 11.5. 2000.

Der Algerienkrieg im Gedächtnis Frankreichs

Benjamin Stora

Kriege und das Schaffen von Erinnerungen

Lange Zeit schienen Geschichte und Gedächtnis ein Gegensatz zu sein. Gegen die Subjektivität der Erinnerung wurde die Objektivität der Geschichts«wissenschaft» gestellt. Dieser verkürzende Dualismus schwächt sich allmählich ab. Henry Roussos bahnbrechende Untersuchung über Vichy, Pierre Noras enormes Werk über die «Orte der Erinnerung» oder Lucette Valensis Arbeit über die Bräuche der Vergangenheit haben die Situation in Frankreich seit den achtziger Jahren verändert: Das Gedächtnis als Gesamtheit der Vorstellungen über eine vergangene Geschichte – von der wissenschaftlichen Geschichte bis zur mündlichen Überlieferung – hat für Historiker als Untersuchungsgegenstand bedeutendes Interesse gewonnen.[1] Die kollektive Erinnerung wird mehr und mehr als permanente Aktivität untersucht, nicht nur dort, wo sie am formalisiertesten zum Ausdruck kommt, in Denkmälern oder Gedenkfeiern. Philosophen wie Paul Ricoeur machen sich Gedanken über die «Erinnerungsarbeit», über die unermüdliche Wiederholung des Vergangenen und die Vorstellung davon, die von Generation zu Generation überliefert werden muß.[2] Als Gegenpol der Erinnerung erscheint das Vergessen, das nicht die Abwesenheit von Erinnerung ist, sondern ihre Auslöschung durch fortschreitenden Verschleiß, durchs Alltäglichwerden.

Historische Erinnerungsarbeit vollzog sich vor allem über und um zeitgenössische Sequenzen aus dem Krieg: Traumata von Opfern, Katastrophen für die Nation, Kriegsberichte alter Frontkämpfer. Der Wunsch der Kriegsopfer, ihr Erleben in einen allgemeinen Rahmen zu stellen, formt eine Erinnerung, die wiederum das Gedächtnis der Nation bestimmt. Geht es um den Zweiten Weltkrieg in Europa, findet man im Gedächtnis jeder Nation dunkle Flecken von Vergessenem oder Verborgenem. In den verschiedenen Ländern formte sich die Erinnerung an die nationalsozialistische Besatzung unter Berücksichtigung der jeweiligen Besonderheiten. Eine vergleichende Untersuchung dieser Zeit zeigt jedoch starke Übereinstimmungen in den Fakten der Okkupation auf: ökonomische Ausbeutung, Umsiedlung von Arbeitskräften, Völkermord an den Juden, Deportation der politischen Gegner.[3] Auch in Frankreich verstrichen dreißig Jahre, bevor man begann, das Vichy-Regime und die Kollaboration zu untersuchen. Manchmal muß Geschichte gegen das Gedächtnis geschrieben werden, oder genauer: gegen seine Mythen und dunklen Flecken. Beim Thema Algerienkrieg wirkten lange Zeit Mechanismen der Verdrängung und der Abwehr auf die Grundlagen der französischen und der algerischen Gesellschaft ein.[4] Doch seit 1999 zeigen zwei Ereignisse beidseits des Mittelmeers, daß eine wichtige Hürde genommen worden ist.

In Frankreich verabschiedete das Parlament am 10. Juni 1999 einen Gesetzesentwurf, der die Formulierung «Algerienkrieg» an die Stelle der Sprachregelung «Operationen zur Aufrechterhaltung der Ordnung in Nordafrika» setzte, und in Algerien kündigte Präsident Abdelaziz Boutlefika am 5. Juli 1999 an, daß die Flughäfen des Landes künftig die Namen historischer Persönlichkeiten aus dem Unabhängigkeitskrieg, die bis dahin aus der offiziellen Geschichtsschreibung verbannt gewesen waren, tragen sollten. In Frankreich zog die Krise des Nationalstaats eine Art «innerer Entkolonialisierung» nach sich, die es verschiedenen Minderheitengruppen, vor allem jungen Nachkommen der Immigranten aus dem Maghreb, ermöglichte, ihre eigene Geschichte für sich zu erobern. In Frankreich und in Algerien stellten «Erinnerungsgruppen» die offizielle Geschichte nachdrücklich in Frage.

Der «Fall Algerien»

Frankreichs koloniale Vergangenheit beschränkt sich nicht auf Algerien, es gab auch noch Schwarzafrika und Indochina. Doch in der französischen Gesellschaft wird die Kolonialgeschichte vor allem über den «Fall Algerien» weitergegeben, denn Algerien nimmt innerhalb der französischen Kolonialgeschichte einen besonderen Platz ein. Im Unterschied zu anderen Kolonien wie etwa Marokko oder Senegal wollte Frankreich Algerien annektieren und seinem eigenen Territorium assimilieren: Der Grundbesitz der muslimischen Einwohnerschaft wurde enteignet, der Glaube verbannt, frühere staatliche Spuren ausgelöscht und eine kulturelle Entpersönlichung forciert. Das Scheitern dieser Form der «Integration» Algeriens stellte einen schweren Rückschlag für den französischen Nationalismus republikanisch-assimilationistischen Typs dar. Diese Niederlage rief – vor dem Hintergrund des aufkommenden algerischen Nationalismus – ein Trauma hervor, das nur schwer zu überwinden ist. Deshalb lastet die Kolonialgeschichte Frankreichs in Algerien so schwer auf dem französischen Bewußtsein.

Sie trifft einerseits die traditionelle französische Rechte, die auf nationalistische und patriotische Bestätigung bedacht ist. Und sie trifft andererseits auch die Linke, die 1956 das Gesetz über die «Sondervollmachten» durchbrachte, die den Krieg durch die Entsendung weiterer Truppenkontingente ausweiteten. Die französische Linke, in der Mehrheit jakobinisch gesinnt und in der Vorstellung eines Einheitsstaats gefangen, hatte sich lange für die Unterstützung der «republikanischen Aufklärung für die Ureinwohner» stark gemacht. Abgesehen von den trotzkistischen und anarchistischen Splittergruppen hatte die französische Linke immer in einer Position verharrt, die eine vollständige Integration Algeriens anstrebte. Durch das Aufkommen des algerischen Nationalismus, der sich im bewaffneten Kampf entlud, fand sie sich plötzlich in einer ungünstigen Position und hatte Schwierigkeiten mit ihrer Gewissenserforschung über die «algerische Frage». Und es war kein bloßer Zufall, daß François Mitterrand, mittlerweile Präsident der Republik, im Jahr 1982 hochrangige Offiziere, die einen Putsch gegen die Republik unternommen hatten, nämlich die Generäle Raoul Salan, Maurice Challe, Edmond Jouhaud und André Zeller, wieder in die Reihen der französischen Armee aufnahm. Doch diese Wiedereingliederung löste eine schwere Krise innerhalb der Sozialistischen Partei aus, da die Generation von Männern wie Lionel Jospin, Pierre Joxe oder Michel Rocard, die sich gegen den Kolonialkrieg politisch engagiert hatten, eine solche Entscheidung nicht akzeptieren konnte.

Lange Zeit verdeutlichte das Fehlen einer gesetzlichen Anerkennung des Algerienkriegs die Krise, die der französische Nationalismus durch den Verlust Algeriens erlitten hatte.[5] In der Tat, «Algerien war Frankreich», wie es eine in dieser Zeit übliche Formulierung auf den Nenner brachte. Wie konnte ein jakobinischer Einheitsstaat etwas akzeptieren, das er als Abtrennung vom nationalen Territorium ansah? Das Aufkommen des algerischen Nationalismus, der die Trennung von der Metropole forderte, zog in Frankreich eine tiefe Krise des Nationalstaats nach sich. Man mußte vierzig Jahre lang warten, bis dieses Trauma der Lostrennung, das als Niederlage des Nationalgefühls erlebt wurde, überwunden werden konnte.

10. Juni 1999 in Frankreich: Anerkennung ohne Wiedergutmachung

37 Jahre nach dem Abkommen von Evian im März 1962 befand die Regierung Jospin praktisch einstimmig, es sei an der Zeit, die Ereignisse zu thematisieren. Am 10. Juni 1999 debattierte die Nationalversammlung über einen Gesetzesvorschlag zur Sprachregelung: In allen Gesetzes- und Verordnungstexten sollte die Formulierung «Algerienkrieg» anstelle des Terminus «Operationen zur Aufrechterhaltung der Ordnung in Nordafrika» eingesetzt werden. Man spricht also seither vom «Algerienkrieg», was ein Schritt nach vorn zur Anerkennung dieses Krieges ist, aber noch nicht von einem «Krieg *in* Algerien», was einer Anerkennung des von Frankreich getrennten Gebildes Algerien gleichkäme. Andererseits wird die sprachliche Präzisierung durchaus Konsequenzen für den Geschichtsunterricht und den Zugang zu Archiven haben.

Staatssekretär Masseret stellte die Verabschiedung dieses Gesetzes unter das Zeichen einer «Aussöhnung mit Algerien», und andere Abgeordnete folgten ihm darin. So erklärte Jacques Floch, sozialistischer Abgeordneter des Départements Loire-Atlantique, der 1958 als Grenadier nach Oran einberufen worden war, vor der Nationalversammlung: «Als Kinder während des Zweiten Weltkriegs und als junge Männer, die nach Algerien mobilisiert wurden, hatten wir alle eine Rechnung mit dem Krieg zu begleichen» und forderte eine «gemeinsame Geschichte mit der der Völker des Maghreb, um eine wahre Aussöhnung einzuleiten».

Doch es geht auch um eine Aussöhnung Frankreichs mit seiner eigenen Geschichte, ganz wesentlich unter Einbeziehung der großen Gruppe der ehemaligen Kriegsteilnehmer. Die drei Abgeordneten der Rechten, Georges Colombier (DL), Didier Quentin (RPR) und François Rochebloine (UDF), wollen dagegen vor allem den Schulterschluß ihrer politischen Gruppierung mit den Frontkämpfern deutlich machen: «Ein Vierteljahrhundert ist vergangen, ohne daß die Opfer, die unsere Soldaten bei diesem Konflikt gebracht haben, voll und ganz anerkannt worden sind.»

Die Anerkennung des Krieges, 37 Jahre später, erfolgt vor allem für und durch die Gruppe der französischen Soldaten.[6] So erhielt Martine David warmen Applaus, als sie erklärte: «Wir beschließen, den ehemaligen Kriegsteilnehmern die Ehre und die Würde wiederzugeben, die die Geschichte ihnen genommen hat.» Risse tun sich auf. Jacques Desallange (MDC, Département Aisne), mit 19 Jahren einberufen, weist auf das große «Geheimnis» hin, auf die Folter, «die in unseren jungen Gewissen bohrte». Sofort empörte sich François Rochebloine (UDF, Département Loire), der 1954 neun Jahre alt war: «Wir können nicht die Vorstellung legitimieren, unsere Soldaten hätten sich systematisch schlecht aufgeführt.» Die Anerkennung dieses Krieges zielt nicht darauf ab, die Greuel an der algerischen Zivilbevölkerung wiedergutzumachen.

Frankreich hatte damals diesen Krieg nicht eingestanden und danach über 37 Jahre lang seine Gegner, die algerischen Nationalisten, ignoriert. Dementsprechend ignorierte es auch den Machtmißbrauch, den Offiziere der französischen Armee im Namen Frankreichs begangen haben. Die Verantwortung für die Repressionen – 8000 dem Erdboden gleichgemachte Dörfer, die Deportation fast einer Million Algerier[7], Hunderttausende von Gefangenen, Gewalt gegen die Zivilbevölkerung mit alltäglichen Massakern und Foltern – nicht anzunehmen, bedeutete, sich der Wahrheit zu entziehen. Auf diesem Gebiet wurde also ein neues Kapitel aufgeschlagen. Eine «Gerichtsbarmachung» dieser Periode scheint unerläßlich. Im Augenblick dominiert die historische Arbeit, die von der Zivilbevölkerung erlittenen Verluste und Traumata zu erfassen. Wichtig ist aber auch der Wille, sich von gefährlichen revanchistischen Haltungen, die den Algerienkrieg wiederholen wollen, zu distanzieren.

«Südstaatlerei» auf französische Art

Lange Zeit wurde, insbesondere von der extremen Rechten, alles mögliche in die Wege geleitet, um den Algeriensoldaten den Status «ehemaliger Frontkämpfer» zuerkennen zu lassen. Das Gedenken der «ehemaligen Frontkämpfer» kann wie jedes Gedenken, das Kriegserinnerungen kultiviert, gefährlich werden. Es kann sich – über viele Jahre als Ressentiments innerhalb der französischen Gesellschaft verborgen – in revanchistisches Gedankengut gegen die ehemaligen Feinde verwandeln, mit denen jede Aussöhnung unmöglich erscheint. Und die äußerste Rechte fischt ausgiebig in diesem Teich verletzter Erinnerungen.

Ein bedeutsamer Teil des fremdenfeindlichen Diskurses in Frankreich schöpft seine Kraft aus der Periode des französischen Algerien, selbst wenn man der Frage der Arbeitslosigkeit ebenso ihre Bedeutung einräumt wie dem «gesellschaftlichen Bruch», dem Mißkredit, in den sich die politische Klasse in Frankreich mit ihren Korruptionsaffären gebracht hat, sowie der Furcht vor der Globalisierung und vor einem supranationalen Europa, also dem Rückzug in einen engen Nationalismus.[8] Doch es existiert eine französische Besonderheit, die stark mit der eigenen Geschichte zu tun hat, mit der Geschichte von Vichy, wenn man die aus dem Antisemitismus heraus entstandenen Katastrophen verstehen will, und mit der Geschichte des Kolonialismus, der sich in der Segregation und im Rassismus gegen muslimische Minderheiten fortsetzt. Daher kann man von «Südstaatlerei» als einem Ideal, entstanden in der Blütezeit des Kolonialismus in Algerien, sprechen, um eine Haltung zu charakterisieren, die tief in der heutigen französischen Gesellschaft verwurzelt ist. Diese «Südstaatlerei» bezieht sich tatsächlich auf manche Züge der amerikanischen Geschichte der zweiten Hälfte des 19. Jahrhunderts, zum Beispiel die gelungene Ansiedelung von Kolonisten aus Europa, die Zerstörung und darauf folgende Segregation gegenüber der Urbevölkerung, eine Form der Sklaverei, verbunden mit einem wirtschaftlichen Aufschwung, Pioniergeist und ein Gefühl weiter, ungenutzter Räume, die man erobern zu können glaubte. Der Begriff «Südstaatlertum» paßt am besten, um diese Ideologie zu definieren, die gegenüber den muslimischen Algeriern im 19. Jahrhundert eine Politik entweder der unbedingten Assimilierung mit Verlust der eigenen Ursprünge oder der Verdrängung aus der öffentlichen Sphäre verfolgte. Diese «südstaatlerische» Ideologie hat nach der algerischen Unabhängigkeit das Mittelmeer überquert und sich in Frankreich eingenistet. Im wesentlichen wendet sie sich gegen die jungen Nachkommen der algerischen Einwanderer, die sich gegen Rassendiskriminierung wehren und eine Gleichheit der Rechte anstreben.

Seit Algeriens Unabhängigkeit im Jahr 1962 sind Einfluß und Gewicht der Parteigänger des «Südstaatlertums» im politischen und intellektuellen Leben Frankreichs größer geworden. Viele Jahre beschränkte sich die «Südstaatlerei» auf das Ghetto der Algerienfranzosen, der «Pieds-noirs», die dem französischen Algerien nachtrauerten. Allerdings muß man erwähnen, daß ein großer Teil der «Pieds-noirs» diese nostalgische Sicht nicht teilten, sondern sich nach und nach ins Frankreich der siebziger Jahre integrierten. In diesem Ghetto einer reaktionären Nostalgie befanden sich auch verirrte Soldaten aus dem Putsch gegen die Französische Republik im Jahr 1961, Offiziere, die im Morast der verlorenen Kolonien gefangen waren, und Parteigänger einer extremen Rechten, die Pétain immer schon de Gaulle vorgezogen hatten. Sie begannen eine größere Rolle in der Öffentlichkeit zu spielen, als die Linke zu Beginn der achtziger Jahre an die Macht kam. Die Rehabilitierung der am Putsch beteiligten Generäle im Jahr 1982 hat einiges an Energien freigesetzt und viele Tabus gebrochen. Nun war es wieder möglich, sich von neuem und offen als Befürworter des kolonialen Modells eines französischen Algerien zu bekennen. Die «Nostalgiker» steckten nicht wenige Gruppen der «kleinen Leute» des weißen Frankreichs an, die von der Angst vor Arbeitslosigkeit verfolgt wurden und die durch die Krise der traditionellen Werte der Linken und der Republik in ideologische Verwirrung gestürzt waren. Das «Südstaatlertum» wurde gefährlich. Mit dem Aufstieg des Front National reaktivierte die extreme Rechte ein revanchistisches Gedächtnis, das sich gegen die Immigranten wendet und sich aus den lebendigen Erinnerungen an das französische Algerien speist.

Der Algerienkrieg und die Illusion von einem französischen Algerien begünstigen das Auftauchen einer mächtigen extremen Rechten, die nun vom Front National verkörpert wird. Der Diskurs dieser Organisation zielt explizit auf die algerischen Einwanderer und bedient sich der Argumentation: «Ihr wolltet die Unabhängigkeit Algeriens, warum seid ihr also noch in Frankreich?» Dieser Diskurs will den Algerienkrieg unablässig von neuem durchspielen, diesmal, indem man sich an den Algeriern rächt, die seit vielen Jahren aus ökonomischen Gründen – wie die anderen Einwanderer auch – nach Frankreich kommen.[9] Doch man beläßt es nicht bei Worten, sondern man geht auch zum Handeln über: Algerier sind seit etwa zwanzig Jahren die Hauptopfer rassistischer Verbrechen in Frankreich. Die Vergangenheit des Algerienkriegs lastet immer schwerer auf der französischen Gegenwart.

Für große Teile der französischen Gesellschaft ist der Algerienkrieg noch nicht beendet, doch mit dem Abtreten der Generation der ehemaligen Algerienfranzosen und -kämpfer schwindet dieses Gefühl allmählich. Die französischen Generationen des Algerienkriegs, das heißt ein großer Teil der «Pieds-noirs» oder der französischen Soldaten, die in Algerien gekämpft haben (über eine Million Soldaten), sind heute 55 bis 70 Jahre alt und haben somit eine gewisse Reife und ökonomische sowie politische Saturiertheit erreicht, sich damit aber auch von den Anliegen einer anderen Generation, die eine staatsbürgerliche, demokratische, multikulturelle Gesellschaft wünscht, entfernt. Die französische «Südstaatlerei» tritt daher allmählich zurück, zugleich mit dem Eindringen der «beurs», der jungen Nachkommen der algerischen Einwanderer.

Die Jugend und das Erscheinen eines imaginären Kriegsbildes

Die jüngste Geschichte der kolonialen Vergangenheit Algeriens erregt bei den Nachkommen der algerischen Einwanderer, die nun Franzosen sind, ein gewisses Interesse. In dem Willen, sich das Erbe von Erinnerungen wieder anzueignen, manifestiert sich auch die Ablehnung von Strategien, die auf Assimilation zielen, und der Ruf nach einer vielfältigen kulturellen und religiösen Zugehörigkeit, die mit der Republik nicht unvereinbar ist. Durch ihr Handeln als Bürger in Frankreich unterbrachen die Nachkommen der algerischen Einwanderer die Übermittlung eines gefährlichen kolonialen Gedächtnisses.

Auf ihrer Suche nach der Wiederaneignung und Anerkennung von Erinnerungen stoßen sie sich an denjenigen, die sich weigern, die Realität der Kolonialgeschichte zu akzeptieren, und die das bereits erwähnte revanchistische Gedächtnis pflegen. Letztere konstruieren einen Typ ganz eigener Erinnerungen, die die Kolonialzeit beschönigen und in eine Art Paradies verwandeln, verwüstet durch «muslimische Fanatiker», von denen die verblüfften und unverstandenen Europäer zur Flucht gezwungen wurden; sie leugnen die Tatsache der Massaker vor und während des Algerienkrieges, wie zum Beispiel den 17. Oktober 1961, an dem eine Demonstration algerischer Arbeiter in Paris blutig auseinandergetrieben wurde.[10]

Dieses Massaker blieb tief im kollektiven französischen Gedächtnis vergraben. Die Aufarbeitung der Erinnerung begann durch die Mobilisierung innerhalb der Gesellschaft. So demonstrierte im Oktober 1998 eine Vereinigung von Nachkommen algerischer Immigranten «im Namen der Erinnerung» vor den eisernen Toren des Justizpalastes von Bordeaux, um deutlich zu machen, daß Maurice Papon nicht nur die Juden von Bordeaux deportieren ließ, sondern auch Polizeipräfekt in Paris war, als am 17. Oktober 1961 gegen die Algerier vorgegangen wurde.

Viele Jahre lang, von der algerischen Unabhängigkeit 1962 bis zum Jahr 2000, zielte die übermittelte Erinnerung an den Algerienkrieg gewissermaßen auf eine Wiederholung des Konflikts ab und verschleierte, welche revanchistischen Haltungen und gefährlichen Wünsche damit verbunden waren. Die algerische Vermittlung von Erinnerung, wie sie heute stattfindet, getragen vor allem von den Kindern (und Enkeln) der algerischen Einwanderer, legt das Gewicht auf andere Aspekte. Diese Nachkommen verweisen auf die Vielfalt kultureller Zugehörigkeit. Sie gehören zu einer gesellschaftlichen Bewegung, die anerkennt, daß Demokratie nur unter pluralistischem Vorzeichen verwirklicht werden kann. Indem sie sich für die Erlangung bürgerlicher Rechte und gegen die Segregation aussprechen, rufen sie die Gesellschaft auf, sich im Namen ihrer eigenen Werte zu reformieren. Damit wollen sie verwirklicht sehen, was der republikanische Staatsvertrag impliziert: Chancengleichheit für alle Bürger, welcher Herkunft auch immer. Ein «französischer Multikulturalismus» tritt zutage (nicht zu verwechseln mit einem Einverleiben von kulturellen Minderheiten), gegründet auf eine juristische Ordnung, in der sich individuelle und kollektive Rechte entfalten.[11] Damit kann nun eine besonnene Erinnerung an die Kolonialvergangenheit beginnen, die Begegnungen und Verschmelzungen erahnen läßt, aber auch Gegensätze; eine klarsichtige Anerkennung, frei von Emotionalität und Haßgefühlen, die eine Wiederholung der imaginären Kriegsbilder bremst und bereits gebildete, oft nur stereotype Meinungen aufbricht.

Algerien, 5. Juli 1999: Die Rückkehr der «verfemten Väter»

Auf algerischer Seite ist es besonders bedeutsam, daß Persönlichkeiten, die lange vom Nationalismus verborgen wurden, in das Licht der Öffentlichkeit zurückkehren konnten, ganz besonders Messali Hadj.

Lange Zeit wurde Geschichte in Algerien massiv dazu benutzt, die politische Orientierung des Regimes zu rechtfertigen. Nach 1962 wurde eine offizielle Geschichte konstruiert, die ganze Sequenzen des Unabhängigkeitskriegs verheimlichte (die tragischen Konfrontationen zwischen FLN und Messalisten, die entscheidende Rolle des französischen Verbands der FLN, die Verdrängung der «Berberisten» und Kommunisten in den Untergrund, das Engagement der Frauen im nationalen Kampf etc.). Diese Geschichte löscht die Namen der Hauptakteure dieses Krieges aus. Bis in die neunziger Jahre beruhte die Form des Gedenkens auf dem Bemühen, Wurzeln und Ursprünge zu erdenken, die die Gründerväter der nationalen Bewegung in den dreißiger Jahren und die Anführer der antikolonialen Erhebung im November 1954 im Dunkeln lassen. Der Mord an den Vätern des Nationalismus (Messali Hadj, Ferhat Abbas[12]) und der Revolution (z. B. Mohamed Khider, Mohamed Boudiaf) war vielleicht ein notwendiger Schritt zum Beginn des bewaffneten Kampfes und danach zur Unabhängigkeit. Doch waren diese Taten einmal begangen, lief die Gesellschaft Gefahr, in eine mörderische Anarchie zu stürzen, wenn es keine Aussöhnung mit den «Bildern» dieser Väter gab. Letzteres war in Algerien lange Zeit der Fall.

Der Oktober 1988 mit seinen städtischen Krawallen, die das algerische Regime tief erschütterten, erscheint als Gründungsdatum für eine neue Wahrnehmung der Geschichte. Dieses Datum markiert in der postkolonialen Geschichte Algeriens einen Bruch, denn es bedeutet das Ende der populistischen Einheitsgeschichtsschreibung, geprägt von der FLN, der einzigen Partei, die seit 1962 an der Macht war. Auf die optimistische, von Eroberungswillen getragene Zeit des Aufbaus der Nation nach der langen Trennung durch die Kolonialzeit folgte nun eine Periode des Zweifelns und der Fragen. Der Abbruch der Wahlen in Algerien im Jahr 1992 eröffnete eine Reihe von Fragen über die Mißverständnisse, die dieses Land bei seiner Identitätsbildung umtrieben.

Heute verliert der Staat nach und nach die Kontrolle über das Monopol der Geschichtsschreibung. Die algerische Presse berichtet über Kolloquien, die sich mit «wiedergefundenen» Persönlichkeiten der nationalen Unabhängigkeitsbewegung befassen. Am 5. Juli 1999 kündigte der neue algerische Präsident Abdelaziz Boutlefika an, daß algerische Flughäfen nach berühmten, aber «verfemten» Persönlichkeiten benannt werden sollten, die lange von der offiziellen Geschichte totgeschwiegen worden waren. Der Flughafen von Tlemcen, seiner Heimatstadt, sollte «Messali Hadj» heißen; der Flughafen von Béjaia (ehemals Bougie) sollte den Namen «Abane Ramdane» tragen, des Gründers der algerischen Résistance während des Unabhängigkeitskriegs gegen Frankreich, der im Dezember 1957 von seinen Genossen der FLN ermordet wurde. Der Flughafen von Hassi Messaoud wurde nach Krim Belkacem benannt, historischer Anführer des algerischen Nationalismus in der Kabylei und später, ab 1958, einer der «Chefs» der provisorischen Regierung der algerischen Republik. Krim Belkacem wurde 1970 in der Bundesrepublik Deutschland ermordet, da er gegen die Politik des damaligen algerischen Präsidenten Houari Boumedienne opponierte. Nach einer weiteren wichtigen Persönlichkeit wurde der Flughafen von Biskra benannt: Mohamed Khider, der unbeugsame Kriegsführer der FLN, der im Oktober 1956 von französischen Militärs verhaftet und im Januar 1967 in Madrid ermordet wurde.

Die «Rückkehr» dieser führenden Persönlichkeiten, allesamt Opfer der Gewalt unter Algeriern, zeugt davon, wie unzerstörbar manche Realitäten des algerischen Unabhängigkeitskriegs sind: Messali Hadj, der für seine fernen – sozialistischen und arabisch-muslimischen – Ursprünge steht; Krim Belkacem für seine bunt zusammengewürfelten und kabylischen Aspekte sowie Abane Ramdane für seine Weigerung, die Politik vom Militär beherrschen zu lassen, wie es in seinem (verlorenen) Kampf zum Ausdruck kommt. Doch diese «Rückkehr» findet an Orten statt, die man genauer betrachten muß. Diese von der algerischen Regierung ausgewählten Orte sind Räume der Kommunikation, der Modernität, bestimmt zu Ortswechsel und raschem Verkehr. Es sind auch Grenzorte, Zwischenorte, eine Art von Niemandsland, in dem man zwar ankommt, von dem man aber auch (wieder) abzureisen bereit sein muß. Stellt man die «verfemten» Gestalten der jüngeren algerischen Geschichte nicht am Rand, an der äußeren Kante der Nation ab? Doch das Interesse für den

Weg dieser «berühmten» Persönlichkeiten, die eine Zeitlang aus dem Gedächtnis gelöscht waren, erklärt sich im wesentlichen aus dem Bedürfnis, sie im wahrsten Sinne des Wortes auf einen Sockel zu stellen, um der Hegemonie der Ideologien, die lange die intellektuelle Szene Algeriens beherrscht hatten, etwas entgegenzusetzen. Die Rückkehr der «verfemten Personen» in die Öffentlichkeit erklärt heute, was anderswo nur schwer formuliert werden kann. Die Nachfrage nach Biographien ist die Antwort auf einen Sinnverlust, der charakteristisch für eine offizielle, oft anonyme und eintönige Geschichte ist. Solche Schilderungen beschreiben Wege außerhalb der Normen, das Leben von Männern, die frei waren von den Vorurteilen ihrer Zeit, Träger unerhörter Ambitionen für ihr Land, entschlossen, ihr Schicksal selbst in die Hand zu nehmen. Diese Lebenswege politisch engagierter Persönlichkeiten ermutigen künftige Generationen, die Welt in ihrer tragischen Fülle ernstzunehmen.

Das Überschreiten einer Schwelle

Frankreich räumt nun in Gesetzestexten, die von der Nationalversammlung und vom Senat verabschiedet wurden, ein, daß ein Algerienkrieg stattgefunden hat; dies zeigt, ebenso wie die ersten Initiativen, Archive auszuwerten, daß Frankreich die Schwelle überschritten hat, seine «algerische Vergangenheit» allmählich anzunehmen. Es geht heute nicht mehr darum, den Algerienkrieg, von dem nun in französischen Schulbüchern die Rede ist, zu kennen, sondern darum, ihn in der politischen Sphäre anzuerkennen. Der Zugang zu Militärarchiven ermöglicht bereits erste Dissertationen etwa über *Die Justiz während des Algerienkriegs*, eine *Geschichte der Dienstpflicht- und Kriegsdienstverweigerer* oder Monographien über *Wilaya III im Licht der französischen Militärarchive*. Es wird möglich, den Krieg zu benennen, das heißt, eine Amnesie zu überwinden und Erinnerungen zu fixieren, eine unerläßliche Bedingung, wenn der Machtmißbrauch und die Verbrechen dieser tragischen Periode nicht länger verdrängt werden sollen. So kommt heute in Frankreich auch die Frage der Folterungen an die Oberfläche. Nach dem in *Le Monde* veröffentlichten Zeuginnenbericht von Louisette Ighilahriz, einer ehemaligen algerischen Kämpferin, die bestätigte, von den Generälen Bigeard und Massu während der «Schlacht von Algier» im Jahr 1957[13] gefoltert worden zu sein, haben viele Opfer ihr Schweigen gebrochen. Während General Bigeard all diese Anschuldigungen in toto zurückwies, erklärte General Massu: «Nein, Folter ist in Kriegszeiten nicht unerläßlich, man könnte gut darauf verzichten. Wenn ich an Algerien zurückdenke, stimmt mich das traurig, denn das gehörte zu einem bestimmten Klima. Man hätte alles auch anders machen können.»[14] Diese Erklärung bestätigt, daß Folterungen während des Algerienkriegs keinen Ausnahmezustand darstellten. Sie gehörten zu den üblichen Modalitäten dieses verallgemeinerten Guerillakampfes, und sie waren nicht so notwendig, wie man es oft behauptet hat. Der Fall des Mannes, der inmitten einer Menschenansammlung eine Bombe gelegt hat und den man zum Geständnis bringen muß, bevor die Bombe hochgeht, ist nur ein Alibi. Eine solche Situation ist zu selten, um eine so massiv angewandte Praxis wie die Folter zu rechtfertigen, und zu abstrakt, um Handlungsweisen zu verteidigen, die Opfer wie Henker gleichermaßen herabwürdigen. Bei Folterungen geht es weniger darum, Geständnisse zu erzielen, als darum, den anderen zu erniedrigen und ihm seine Menschlichkeit abzusprechen.[15]

Das französische Leugnen des Algerienkriegs wurzelte in einer doppelten Haltung: in der Angst davor, etwas zu verlieren, und in der Neigung, alles zu vergessen, zugleich im Wunsch nach Revanche und in einer Haltung der Gleichgültigkeit. Dank der jüngeren, aus der Immigration hervorgegangenen Generationen mit ihrem Wunsch nach Wissen und Gerechtigkeit und der älteren Generation mit ihrem Bedürfnis nach Übermittlung tritt die französische Gesellschaft langsam aus diesem Widerspruch heraus. Einen wichtigen Beitrag dazu leistete auch die Öffnung der staatlichen Archive, die es Historikern ermöglicht, über den einzigen Standpunkt erlebter Erfahrungen hinauszugehen. Trotzdem ist es noch ein weiter Weg von der historischen Kenntnis hin zur politischen Anerkennung. Ausgehend vom Algerienkrieg bleibt noch die gesamte Kolonialvergangenheit Frankreichs aufzuarbeiten.

Als Präsident Abdelaziz Boutlefika im Juni 2000 Frankreich besuchte, war das Schweigen über die «Pieds-noirs» und die Anklagen gegen die «harkis» (die ehemaligen algerischen Hilfssoldaten, die immer noch als «Kollaborateure» Frankreichs angesehen werden) ein deutliches Zeichen dafür, welch langer Weg zu einer möglichen Aussöhnung noch zurückzulegen ist. In Frankreich geht der Algerienkrieg weiter, weil das Gedenken an ihn nie in einer ritualisierten Form Ausdruck gefunden hat. Es gibt noch immer keinen anerkannten und akzeptierten Ort der Erinnerung und kein Datum des Gedenkens an das Kriegsende. Diese Leerstelle bestärkt den Wunsch, nichts zu wissen, und die Gleichgültigkeit. In Algerien besteht das ungelöste Problem darin, sich in einem Land, in dem der Krieg gegen Frankreich der zentrale Faktor zur nationalen Einheit und politischen Legitimation war, wieder ein vielfältiges Gedächtnis anzueignen. Die Jungen, die heute die Mehrheit der algerischen Bevölkerung stellen, wollen heraus aus einer Kriegskultur, die den angestammten Mächten zu lange als Geschäftsgrundlage gedient hat. Die Möglichkeit einer objektivierten Geschichtsschreibung über den Algerienkrieg hängt davon ab, alle diese die Erinnerungen voneinander scheidenden Trennwände zu beseitigen.

Aus dem Französischen von Gabriele Krüger-Wirrer

Anmerkungen

1 Rousso, Henry: Le syndrome de Vichy, Paris 1986; Nora, Pierre (Hg.): Les lieux de mémoire, Paris 1997; Valensi, Lucette: Fables de la mémoire, Paris 1992.

2 Ricoeur, Paul: Quelques réflexions sur l'intitulé du séminaire, in: Travail de mémoire 54, Januar 1999, S. 86–91.

3 Vgl. dazu Pieter Lagrou, der in seiner Doktorarbeit vergleicht, wie der Zweite Weltkrieg in Belgien, Frankreich und den Niederlanden erinnert wird: The Legacy of Nazi-Occupation. Patriotic Memory and National recovery in Western Europe, 1945–1965, Cambridge 1999.

4 Stora, Benjamin: La Gangrène et l'oubli, la mémoire de la guerre d'Algérie, Paris 1992; Le transfert d'une mémoire, de l'Algérie française au racisme anti-arabe, Paris 1999.

5 Über diese Krise des französischen Nationalismus vgl. Girardet, Raoul: L'idée coloniale en France de 1871 à 1962, Paris 1972. Der Autor beschreibt das «Wiederaufblühen des Nationalismus», auf den sich der «Widerstand gegen den Verzicht auf Algerien» stützt. Raoul Girardet zufolge hat der Zusammenbruch des Kolonialreichs in einem Klima des Bürgerkriegs eine tiefe Krise im französischen Selbstverständnis ausgelöst.

6 Über die entgegengesetzten Erfahrungen der französischen Soldaten vgl. Jauffret, Jean-Charles: Soldats en Algerie, 1954–1962, Paris 2000, eine Untersuchung anhand der kürzlich geöffneten französischen Militärarchive (SHAT).

7 Der Historiker Charles-Robert Ageron hat dem Kolloquium über Militärgeschichte am 5./6. Mai 2000 in Montpellier, auf der Basis von Material aus französischen Militärarchiven, diese beträchtliche Zahl vorgelegt.

8 Zu einer allgemeinen Betrachtung des Diskurses der extremen Rechten vgl. Taguieff, Pierre-André/Tribalat, Michèle: Face au Front national, Paris 1998, und Souchard, Maryse/Wahnich, Stéphane/Cuminal, Isabelle/Wathier, Virginie: Le Pen, Les Mots, Paris 1997.

9 Über die französische extreme Rechte und die algerische Immigration vgl. Gastaud, Yvan: L'immigration et l'opinion en France sous la Ve République, Paris 2000.

10 Über den 17. Oktober 1961 vgl. Einaudi, Jean Luc: La bataille de Paris, Paris 1991, und die Gegendarstellung Jean Paul Brunets in Police contre FLN, Paris 1999.

11 Vgl. Wievorka, Michel (Hrsg.): Une société fragmentée? Le multiculturalisme en débat, Paris 1996.

12 Zu diesen beiden bedeutenden Persönlichkeiten des algerischen Nationalismus verweise ich auf meine beiden Biographien Messali Hadj, Paris 1986, Algier 1991, und Ferhat Abbas, zusammen mit Zakya Daoud, Paris 1995, Algier 1997.

13 «Die Schlacht von Algier» verlief in zwei Phasen, vom Januar bis zum März 1957, dann vom September bis zum Oktober desselben Jahres, gegen die Verantwortlichen und die Stoßtruppen der FLN. Es war eine Schlacht des Geheimdienstes in Algier, geführt von vier Regimentern der 10. Fallschirmspringerdivision, eines davon im Westen kommandiert von dem Colonel und späteren General Marcel Bigeard. Dabei wurden bei Befragungen und Verhören Folterungen, unter anderem durch Elektroschocks, angewandt.

14 Le Monde, 22. Juni 2000.

15 Zu Folterungen vgl. Vidal-Naquet, Pierre: La Torture dans la République, essai d'histoire et de politique contemporaines, Paris 1972; Berchadsky, Alexis: La question d'Henri Alleg, Paris 1994.

Koloniale Vergangenheit und postkoloniale Moral in den Niederlanden

Remco Raben

Lombok, 1894

Der holländische Blick auf die Kolonialgeschichte ist hybrid, verwirrt und ausgesprochen einseitig.[1] Auf Holland konzentriert, ist er hauptsächlich der weiter entfernten und harmloseren Vergangenheit zugewandt. Gelegentlich schrecken aber dennoch düstere Tatsachen die öffentliche Vorstellung auf. Die vor kurzem erschienene Biographie des früheren holländischen Premierministers Hendrikus Colijn deckte auf, daß dieser als junger Offizier 1894 in der holländischen Kolonialarmee an der Eroberung der kleinen indonesischen Insel Lombok – im Osten von Bali – beteiligt gewesen war und die Greuel, die die holländischen Armeen verübten, mitangesehen und sogar daran mitgewirkt hatte. Nach der offiziellen Interpretation war die Expedition durchgeführt worden, um die örtliche Bevölkerung vor der brutalen balinesischen Oberherrschaft zu beschützen, aber in Wirklichkeit zielte sie darauf, die ökonomische und politische Macht des expandierenden holländischen Kolonialstaats zu konsolidieren.

Hendrikus Colijn beteiligte sich an der Erstürmung des Palastes von Tjakranegara – der Hauptstadt des balinesischen Staates von Lombok –, in deren Verlauf der gesamte Palast zerstört und mehrere tausend Höflinge und Soldaten abgeschlachtet wurden. Colijn hatte das Ereignis seiner Familie in den Niederlanden geschildert. Verblüffend detailliert schrieb Colijn, wie er seine Zigarre anzündete, während vor seinen Augen die um Gnade flehende Palastbevölkerung bajonettiert und erschossen wurde.[2]

All das waren altbekannte Tatsachen, abgesehen vielleicht von Leutnant Colijns Zigarre. Trotzdem behandelten die Zeitungen die Geschichte mehr als ein Jahrhundert nach dem Ereignis als Skandal. Die Lombok-Expedition war ein «vergessener Krieg», und in den Kommentaren tauchte häufig der Begriff «Kriegsverbrechen» auf. Auf der anderen Seite gab es Historiker, die einen völlig anderen Standpunkt einnahmen, wenn sie zum Krieg um Lombok befragt wurden. Sie reagierten mit der Feststellung, daß damals andere Zeiten und anderen Sitten herrschten und wir nicht unsere heutigen Werte auf Ereignisse übertragen sollten, die vor mehr als einem Jahrhundert geschehen waren. Wieder andere erwiderten scharf, daß die Historiker die der kolonialen Eroberung und Herrschaft immanente Gewalt verschwiegen und herunterspielten.

Das Thema Lombok selbst sorgte nur für einen geringen Aufruhr in der Öffentlichkeit, und die Diskussion beschränkte sich auf eine kleine Zahl von Journalisten und Historikern. Die Geschichte der Mördergesellschaft auf der kleinen indonesischen Insel schlug hingegen eine bekannte Saite in der holländischen Gesellschaft an. Die Reaktionen auf den Fall Colijn zeigten viele Ähnlichkeiten mit den zahlreichen Debatten über die gewaltsamen Militäraktionen der Holländer während des indonesischen Freiheitskampfes in den späten 1940er Jahren. Dieses Beispiel der öffentlichen Behandlung einer kleinen Episode aus der Kolonialgeschichte illustriert den Tonfall, in dem in den Niederlanden über die Kolonialgeschichte diskutiert wird, besonders wenn es um Gewaltakte auf holländischer Seite geht: Es kommt zu plötzlichen Ausbrüchen von Bestürzung in der Presse, zu objektiven Reaktionen aus der professionellen Historikergilde, und dann ebbt die Diskussion schnell wieder ab. Die Beschäftigung mit der Vergangenheit erweckt offensichtlich derart gegensätzliche Emotionen, daß Kolonialthemen äußerst umstritten bleiben. Obwohl die koloniale Vergangenheit immer wieder die Geister spaltet, nimmt sie seltsamerweise gleichzeitig einen erstaunlich untergeordneten oder unterdrückten Platz in der holländischen Erinnerung ein.

Dekolonisierung

Gewalt, Krieg und Nötigung waren feste Bestandteile des kolonialen Unternehmens. Nichtsdestoweniger beschwören die meisten Darstellungen der Kolonialgesellschaft in Niederländisch-Indien vor dem Krieg das Bild einer wohlorganisierten, modernen Kolonie, in der es sich bequem leben ließ und die holländische Verwaltung die indonesischen Völker wohltätig behandelte. Seit ungefähr 1900 beherrschte eine holländische Variante der «Bürde des Weißen Mannes» die Kolonialpolitik, die sich durch eine hohe Moral und eine herablassende Haltung gegenüber der indonesischen Bevölkerung auszeichnete, welche aus ihren rückständigen und armen Lebensbedingungen herausgehoben werden sollte.[3]

Dieses Paradies und diese Mission wurden in den ersten Monaten des Jahres 1942 durch die japanischen Angriffe im Pazifikkrieg gewaltsam zerstört. Die meisten weißen Kolonisten wurden verhaftet und in Lagern interniert. Der plötzliche Untergang der Kolonie und vor allem der persönliche Verlust von Prestige und Dekorum riefen einen enormen Schock in der vormals herrschenden Schicht hervor. Die japanische Besetzung Niederländisch-Indiens ging nach dem Ende des Zweiten Weltkrieges in den indonesischen Unabhängigkeitskampf über. Indonesische Nationalisten ergriffen die Gelegenheit, die das Machtvakuum nach der japanischen Kapitulation bot, um die unabhängige Republik Indonesien auszurufen, und begannen ihren Kampf gegen die Rückkehr der holländischen Herrschaft. Die holländischen Autoritäten – und mit ihnen die meisten Holländer – wurden davon völlig überrumpelt. Eine Internierte schrieb wenige Tage nach der japanischen Kapitulation in ihr Tagebuch: «Draußen kann man viele rot-weiße Fahnen sehen. Was sind das für Dinger? Hat der Eingeborene heutzutage seine eigene Flagge? Hab' ich noch nie gesehen.»[4]

Was folgte, waren vier Jahre, in denen sich Holland an die neue Situation und an langwierige Streitigkeiten zwischen indonesischen Nationalisten und Holländern über die Gestaltung des zukünftigen indonesischen Staates gewöhnen mußte, die erst Ende 1949 mit dem offiziellen holländischen Rückzug aufhörten. Wenn Clausewitz' Ausspruch, daß Krieg die Fortsetzung der Politik mit anderen Mitteln sei, jemals zutreffend war, dann in diesem Fall. Die offenen Kriegshandlungen waren auf zwei militärische Operationen beschränkt: im Juli und August 1947 und im Dezember 1948. Die meisten Todesfälle waren aber in den Zeiten dazwischen zu beklagen, besonders im letzten Jahr der holländischen Präsenz. Der Krieg wurde nicht um die Beibehaltung der Kolonie ausgefochten, sondern um die Modalitäten der Unabhängigkeit Indonesiens, um die Rettung des holländischen Wirtschaftsbesitzes und vor allem darum, sich eine gute Position in den Verhandlungen zu verschaffen. Es war ein schmutziger Krieg. Die holländischen Armeen führten einen frustrierenden Kampf gegen indonesische Revolutionäre, die zunehmend geschickter im Guerillakampf wurden. Schlimmer noch war, daß die holländischen Soldaten in politischer und moralischer

Isolation kämpfen mußten: Die Ziele waren unklar, die Politiker zu Hause und deren Meinungen lösten einander regelmäßig ab, und die Kolonie – soviel war klar – würde in jedem Fall ihre Unabhängigkeit erhalten.[5]

Es ist bemerkenswert, daß wir ziemlich genau wissen, wie viele Soldaten der holländischen Armeen getötet wurden – etwa 6000 –, aber die Verluste der indonesischen Seite nie gezählt worden sind.[6] Nach offiziellen holländischen Berichten wurden fast 50 000 Indonesier während und nach der zweiten holländischen Offensive getötet, das heißt allein im letzten Kriegsjahr.[7] Eine vorsichtige Schätzung der militärischen Verluste auf indonesischer Seite kommt auf ungefähr 100 000. Die Todesfälle unter Zivilisten sind nicht geschätzt worden, genauso wenig wie die Opfer der internen Auseinandersetzungen zwischen indonesischen Fraktionen.

Im Verlauf des Krieges und im Anschluß daran ist eine große Zahl von Fällen exzessiver Gewalt aufgedeckt worden, die von brutalen Verhörmethoden über Massenexekutionen, die Taktik der «verbrannten Erde» bis hin zu wahllosen Morden reichen. Die «Exzesse», wie man sie nannte, waren schon zur damaligen Zeit Gegenstand von Zeitungsberichten, erregten aber meist nur geringen Aufruhr. Obwohl die indonesische Frage eines der wichtigsten politischen Themen der späten 40er Jahre wurde, war das allgemeine Interesse in Kolonialfragen am Schwinden, als eine schnelle Machtübergabe unvermeidbar wurde. Bereits während des Krieges untersuchte eine Militärkommission die Gerüchte über «Unregelmäßigkeiten». Die Kommission bestätigte das Auftreten von «Vorkommnissen», betonte aber die Notwendigkeit zu energischem Handeln und versprach, daß alle «Exzesse» ordentlich vor Gericht gebracht würden. Kurz vor Kriegsende beschäftigte sich auch eine Parlamentskommission mit den «Exzessen». Ihr Ergebnis wurde erst Ende 1954, fünf Jahre später, veröffentlicht, und obwohl der Bericht die holländischen Methoden der Kriegsführung und des Kampfes gegen die Aufständischen kritisierte, zog er nur wenig öffentliche Aufmerksamkeit auf sich.[8] Zu jener Zeit war der Krieg vorbei, die holländischen Truppen hatten die indonesische Inselgruppe verlassen, und die Niederlande und Indonesien einigten sich darauf, auf gegenseitige Anklagen wegen Kriegsverbrechen zu verzichten.

Man sagt, daß die Holländer an einem kolonialen Trauma leiden. 1966 veröffentlichte der amerikanisch-niederländische Politikwissenschaftler Arend Lijphart sein Buch *Das Trauma der Dekolonisierung*, das den holländischen Rückblick auf die Phase der Dekolonisierung stark beeinflußte. Nach Lijphart hielten die Niederlande stur am holländischen Neuguinea als Symbol ihrer Kolonialmacht fest. Später wurde Lijpharts These auf die gesamte holländische Nation ausgedehnt, die, wie man sagte, durch ihre Degradierung von einer Kolonialmacht zu einem kleinen europäischen Staat traumatisiert war.[9] Wenngleich dies auf einige der Politikverantwortlichen zugetroffen haben mag, vor allem auf den Außenminister Joseph Luns, galt dies jedoch nicht für die Mehrzahl der Holländer.

In Wirklichkeit verschwand die koloniale Vergangenheit in Indonesien nach der Übergabe der Herrschaft an die Republik Indonesien schnell aus dem öffentlichen Bewußtsein. Die Erfahrungen unter der Besatzung durch Nazi-Deutschland, die beklagenswerte wirtschaftliche Situation des Landes nach dem Krieg und die Notwendigkeit seines Wiederaufbaus ließen eine Atmosphäre des kollektiven Neuanfangs in einem neuen Staat und einen gemeinsamen Glauben an Holland als eine wohlhabende, hart arbeitende, moderne und zukunftsorientierte Gesellschaft entstehen. Das holländische Bewußtsein schließt ein mythisches Narrativ von gemeinsamem Leiden und gemeinsamem Widerstand während des Krieges sowie von einer kollektiven Anstrengung für den Wiederaufbau nach dem Krieg ein. Die Geschichten der Überlebenden, egal ob Juden oder andere Zurückkehrende aus den nationalsozialistischen Konzentrationslagern oder Opfer der verschiedenen Kriege in Südostasien, wurden nicht gehört.[10]

Veteranen gegen die neue Generation

Die Verbindungen zu Indonesien wurden nicht gänzlich gekappt. In den 1950er und 60er Jahren verfolgten die Zeitungen die Ereignisse im unabhängigen Indonesien sehr genau. Nachrichten aus Indonesien machten oft Schlagzeilen, überwiegend mit einem negativen Tonfall, der in den rechten Zeitungen am stärksten war.[11] Viele Repatrianten und Immigranten aus Niederländisch-Indien beteiligten sich an den Diskussionen über Indonesien, wo noch bis 1957 viele Holländer wirtschaftliche Interessen pflegten oder Verwandte hatten und wo die holländische Regierung weiterhin ihre Kulturpolitik verfolgte. In den Niederlanden gab es eine große Vielfalt «indischer» Organisationen, die sich allerdings vorwiegend mit sich selbst beschäftigten und versuchten, innerhalb ihrer eigenen Kreise Unterstützungsmaßnahmen oder Zusammenkünfte zu organisieren. Aber die koloniale Vergangenheit selbst, ihre Kontrollmechanismen und ihr gewaltsames Ende wurden in den Medien kaum thematisiert. Die koloniale Vergangenheit war nicht vergessen; doch die Auseinandersetzung mit ihr blieb lediglich auf die verschiedenen Gemeinden aus den früheren Kolonien beschränkt. Die holländische Gesellschaft als solche leckte nicht ihre aus der kolonialen Vergangenheit herrührenden Wunden, sondern war mit Modernisierungsbestrebungen beschäftigt.

Erst um 1970 herum geriet die koloniale Vergangenheit plötzlich ins Rampenlicht und wurde in der Öffentlichkeit neu dargestellt. Dies geschah nicht aus heiterem Himmel, und es waren verschiedene gesellschaftliche Kräfte dafür verantwortlich, daß die Kolonialthemen nunmehr auf einer anderen Ebene und mit anderen Mitteln behandelt wurden. Die holländische Gesellschaft durchlief in den späten 1960er Jahren eine Phase grundlegenden kulturellen Wandels. Sie erlebte einen Trend weg vom Konsens hin zum Dissens, der den meisten westlichen Gesellschaften gemeinsam war und der ihre Politik der Erinnerung stark beeinflußte. Diese Phase markiert sowohl das Ende der holländischen Konsens-Politik als auch den Zusammenbruch des nationalisierten, homogenen Gedenkens.[12] Gleichzeitig mit der plötzlichen Öffentlichmachung des Themas Dekolonisierung und der Kritik daran gab es auch einen Wechsel in der Wahrnehmung des Zweiten Weltkriegs in den Niederlanden. Während zuvor die angeblich nationale Erfahrung während der deutschen Besatzung, das Bild vom kollektiven Leiden und kollektiven Widerstand betont wurden, traten in den 60er Jahren allmählich viel differenziertere Darstellungen an ihre Stelle. Besondere Aufmerksamkeit widmete man dem Schicksal der Juden und der Mittäterschaft oder Gleichgültigkeit der nichtjüdischen Holländer.[13]

Zu einer wichtigen Neubewertung in der Einschätzung der kolonialen Vergangenheit kam es besonders in studentischen Kreisen und unter jungen Intellektuellen. Am Beginn der Dritte-Welt-Bewegung, der Anti-Vietnamkriegs-Demonstrationen und während der letzten Runde der Dekolonisierungskriege in Afrika geriet die holländische Kolonialvergangenheit in den Blickpunkt linker Intellektueller. Eines der Ereignisse, die einen Sturm an Aufmerksamkeit und Diskussionen über die holländischen Militäraktionen während des indonesischen Freiheitskampfes auslösten, war der im Fernsehen übertragene Bericht eines ehemaligen Soldaten. Joop Hueting trat im Januar 1969 in einer populären Nachrichtensendung auf und klagte die Holländer offen der Kriegsverbrechen während des Indonesienkrieges an. Dies zog sofort einen Stellungskrieg zwischen den Kritikern einerseits und Kriegsveteranen und rechten Politikern andererseits nach sich. Besonders der Verband der holländischen Kriegsveteranen *(Federatie van Nederlandse Oud-Strijders)* reagierte militant auf die Anschuldigungen durch Joop Hueting und die linke Presse. Ein General nannte Huetings Vorwurf «große Lügen», andere protestierten gegen die Stigmatisierung aller Militäroperationen in Indonesien als Kriegsverbrechen – eine Anschuldigung, die nie vorgebracht worden war.

Der Sturm war heftig, aber kurzlebig. Die Regierung gab eine neue Untersuchung der Ereignisse in Auftrag, die ein *Memorandum über die Exzesse (Excessennota)* zum Ergebnis hatte. Es zählte eine lange Reihe von dokumentierten Fällen exzessiver Gewalt auf, von denen viele von Militärgerichten verhandelt worden waren, konnte jedoch weder einen vollständigen Überblick über die holländischen Verbrechen liefern noch den institutionellen und historischen Hintergrund der Grausamkeiten analysieren. Die Angelegenheit starb einen sanften Tod: Die Geschichte wurde historisiert, und abgesehen von den Parteien der Linken einigte sich das Parlament auf eine milde formulierte Verurteilung der «Exzesse».[14]

Die Wahrheit ist, daß die holländische Öffentlichkeit sich ziemlich gleichgültig zeigte und die Politiker zögerten, die «Büchse der Pandora» zu öffnen. Die Nachkriegsgeneration, die in den 60ern erwachsen wurde und sich, wenn auch nur zum Teil, in einem Kampf gegen das Establishment befand, sah in der Anprangerung der kolonialen Vergangenheit eine Gelegenheit, die älteren Generationen anzuklagen. Aber in Wirklichkeit lösten die Menschenrechtsverletzungen der neuen indonesischen Machthaber unter Präsident Suharto mehr Emotionen aus als eine Vergangenheit, die abgeschlossen war. Es gab eben keine unschuldige indonesische Regierung, die noch immer unter den Dekolonisierungskriegen litt, sondern ein quasi-Militärregime, das inmitten von Massenmorden an die Macht gekommen war und seine Gegner mit Massenverhaftungen zum Schweigen brachte. Auffällig war, daß, als Präsident Suharto 1970 die Niederlande besuchte und im Jahr darauf die holländische Königin und ihr Mann eine offizielle Reise nach Java machten, die Vergangenheit nur nebenbei erwähnt wurde, und zwar vorwiegend als eine schlimme Erinnerung, die durch die gegenwärtigen guten Beziehungen und den warmen Empfang für das königliche Paar durch die Bevölkerung Javas überwunden worden war. Der Besuch der Königin löste keine Selbstreflexion Hollands über seine kolonialen Unternehmungen aus: Er wurde zuallererst als ein Neubeginn in der Beziehung zwischen Indonesien und den Niederlanden gesehen.

Es verwundert nicht, daß man nach Hueting und den *Excessennota* das Thema schnell beiseite legte. Die koloniale Vergangenheit tauchte dennoch von Zeit zu Zeit wieder auf und entfachte Diskussionen.[15] Etwa zeitgleich gelangten auch noch andere Erfahrungen aus den Kolonien an die Öffentlichkeit. 1970 wurde in Den Haag ein erstes großes Treffen abgehalten, um der japanischen Kapitulation zu gedenken, und ein Jahr später sorgte der Besuch des japanischen Kaisers Hirohito für Aufruhr unter den früher in japanischen Lagern Internierten. Dies war der Auftakt zu einer Reihe von öffentlichen Demonstrationen ehemaliger Bewohner des holländischen Südostasiens.

In den 70er bis 90er Jahren war die koloniale Vergangenheit Gegenstand mehrerer erhitzter Debatten. Sie drehten sich um drei Themen:

- die Anerkennung der Opfer der japanischen Besatzung,
- die Enttäuschungen von Teilen der Kriegsveteranen, die gegen jede Behauptung von exzessiver Gewalt oder ungesetzmäßigem Verhalten wetterten,
- das politische und kulturelle Selbstbewußtsein der Molukker und Eurasier, die mit der indonesischen Unabhängigkeit in die Niederlande gekommen waren.[16]

So wurden Gedenkaktivitäten gegen die öffentliche Amnesie – bezüglich der Erfahrungen der südostasiatischen Holländer unter der japanischen Besatzung, während der revolutionären Epoche und ihrer Aufnahme in den Niederlanden nach ihrer Migration – durchgeführt. Den größten Aufruhr produzierten aber die Veteranen der Dekolonisierungskriege, die gegen jeden Versuch anrannten, ihren Kampf als einen «schmutzigen Krieg» zu bezeichnen.

Im Jahre 1995, dem Jahr, das mit Gedenkveranstaltungen an das Ende des Zweiten Weltkrieges angefüllt war und das andererseits von einem heiß umstrittenen Besuch der holländischen Königin in Indonesien sowie der Frage, ob sie sich für die während des Dekolonisierungskrieges verübten Verbrechen entschuldigen sollte, geprägt wurde, schien ein regelrechter Historikerstreit zu entstehen. Parlamentspräsident Wim Deetman verlangte nach einer nationalen Debatte über die koloniale Vergangenheit, aber abgesehen von einer Handvoll Artikeln, die Historiker in den führenden holländischen Zeitungen veröffentlichten, wurde nicht viel erreicht. Die Vergangenheit der «Indies» blieb weitgehend eine Angelegenheit der Menschen, die in diese Geschichte persönlich verwickelt waren, und ihrer Organisationen. Einige Autoren beschuldigten die holländische Gesellschaft und besonders die holländischen Historiker, daß sie diese schmerzhafte Geschichte absichtlich vertuschen wollten. Ein holländischer Autor sprach von einer «Verheimlichung» durch Historiker.[17] Dieses Argument ähnelt der deutschen Debatte über die «Zweite Schuld», wobei die erste das Verbrechen selbst wäre und die zweite die Unterdrückung der Erinnerung daran.[18] Ein solcher Vorwurf war allerdings nur teilweise berechtigt – da in Wirklichkeit bereits erste Arbeiten über die Dekolonisierungskriege veröffentlicht worden waren.[19]

Neben wiederkehrenden Kontroversen in der Presse sahen die Jahrzehnte seit 1970 eine wachsende Zahl an Denkmälern, die meist auf private Initiativen hin errichtet wurden, und auf eine stärkere Politisierung der «Indies»-Organisationen hinwiesen, die ein zunehmendes Selbstbewußtsein entwickelten. Sie waren recht erfolgreich darin, ihre Botschaft der Regierung zu vermitteln, die sensibel auf die Unruhe in dieser Gruppe zu reagieren schien, wenn auch nicht auf ihre historischen Ansprüche. Das Gesundheitsministerium richtete ein Wohlfahrtsprogramm für Kriegsopfer ein, entwickelte eine Veteranenpolitik und stellte Mittel für die Errichtung eines Denkmals für die «Indies» bereit. Dieses Denkmal, das 1988 eingeweiht wurde, war hauptsächlich zum Gedenken an die Zeit der japanischen Besatzung errichtet worden, wurde aber zum Symbol aller «Indies»-Gruppen, von den Veteranen der Dekolonisierungskriege bis hin zur holländisch-eurasischen Gemeinde. Als solches symbolisiert das Denkmal die vereinten Bemühungen der Holländer aus den «Indies», nationale Anerkennung für ihre Erfahrung zu erreichen.

Aber der Kampf um einen Platz im nationalen Gedächtnis blieb wenig erfolgreich. Während die Bitten um Anerkennung durch die holländische Regierung langsam erhört wurden, verlor die koloniale Vergangenheit im öffentlichen Spektrum weiter an Boden. In den 70er Jahren distanzierten sich Völkerkundemuseen allmählich von ihren kolonialen Wurzeln und richteten ihre Ausstellungen stärker auf die Dritte-Welt-Thematik aus. Und während die Denkmäler für die Opfer der japanischen Besatzung zahlreicher wurden, blieben jene, die die Holländer an ihre Verwicklung in dunklere koloniale Projekte erinnern würden, ungebaut.

Marginalität und Moral

Ein «nationales» Narrativ der kolonialen Vergangenheit hat sich jedoch nie herausgebildet, weder vom Kolonialreich als solchem noch vom Pazifikkrieg oder dem Dekolonisierungskrieg. In den unmittelbaren Nachkriegsjahrzehnten des nationalisierten Gedenkens versäumten es die Niederlande, einen eigenen Raum für die Erfahrungen in Niederländisch-Indien zu schaffen. Selbst die Einbeziehung eines Symbols für die «Indies» (eine Urne gefüllt mit indonesischer Erde) in das nationale Kriegsdenkmal in Amsterdam 1950 – nach dem Ende des Dekolonisierungskrieges – trug nur wenig dazu bei, die Aufmerksamkeit auf die holländischen Erfahrungen in Übersee zu lenken. Im Gegenteil: Es symbolisierte den Vorrang der holländischen Kriegserfahrung unter der deutschen Besatzung. Die Vergangenheit in Indonesien wurde ganz wörtlich in ein nationales Monument eingeschlossen, mit dem Ziel, die Homogenität der holländischen Nation zu betonen.[20] Noch viele Jahre lang gaben weder der Verlust des Kolonialreiches noch irgendein anderes Ereignis aus der kolonialen Vergangenheit Anlaß zur Erinnerung.

Trotz der Fülle an Organisationen, der zunehmenden Beachtung durch die Medien und der Verbreitung von persönlichen Geschichten seit den späten 60er Jahren bleibt die koloniale Vergangenheit im postkolonialen Holland extrem marginal bzw. vielmehr auf einzelne Gruppen beschränkt. Während das Schicksal und die Erfahrungen der holländischen Juden große Beachtung fanden und sogar als «nationale» Erfahrung vereinnahmt wurden, gelang es den Erinnerungen der «Indies»-Gemeinschaften nicht, eine feste Form anzunehmen und einen zentralen Platz im holländischen Bewußtsein zu erlangen. Wenn auch regelmäßig Diskussionen über die koloniale Vergangenheit aufflackern, ist die grundlegende Haltung derjenigen Holländer, die nicht persönlich oder beruflich betroffen sind, doch Indifferenz. Im Dezember 1999, dem 50. Jahrestag der Gewährung der indonesischen Unabhängigkeit, schwiegen sich die holländischen Medien zu diesem Thema fast völlig aus. Selbst an dem Tag, an dem diese Zeilen geschrieben werden, dem 15. August 2000, dem Tag des offiziellen holländischen Gedenkens an die japanische Kapitulation im Fernen Osten 1945, finden sich kaum Berichte über die Gedenkveranstaltungen, abgesehen von einem kurzen Radiobericht am frühen Morgen und einer einstündigen Fernsehübertragung der Gedenkzeremonie am späten Nachmittag sowie einigen kurzen Presseberichten in den Zeitungen.

Natürlich ergibt diese Episode der internationalen Schande – die holländische Regierung sah sich während der Kriegshandlungen mit starker Opposition bis hin zur Isolation seitens der USA und der UN konfrontiert – der Niederlage und des Verlustes keine erinnernswerte Geschichte. Darüber hinaus können noch zwei andere Gründe erklären, warum die koloniale Vergangenheit und besonders die Momente der Gewalt kaum den Umkreis derer verlassen konnten, die direkt involviert waren: Die Marginalität der kolonialen Erfahrung sowie die immanenten Widersprüche des kolonialen Unternehmens.

Die Marginalität des Themas Kolonien kann bis in die kolonialen Zeiten zurückverfolgt werden. Die «East-Indies» waren im Bewußtsein der Mehrheit des holländischen Volkes alles andere als wichtig. Bei aller imperialen Rhetorik und allem populären Exotismus war Niederländisch-Indien für die meisten Holländer ein fernes Abenteuer oder bestenfalls ein Ort für den schnellen Profit. Kolonialpolitik war die Sache der Beamten in den Ministerien und der Verwaltung vor Ort und traf selbst im holländischen Parlament nur auf Gleichgültigkeit. Die schnelle Anpassung der holländischen Gesellschaft an den Verlust Indonesiens zeigt die geringe Verwurzelung des «Reiches» im holländischen Nationalbewußtsein. Natürlich hatten die Dekolonisierungskriege gravierende Auswirkungen auf die holländische Politik und die holländische Staatskasse, aber sie traten dadurch eher als politische Probleme des Mutterlandes in Erscheinung denn als Bedrohung des holländischen Status in der Welt, geschweige denn als eine «crise de conscience». Das spiegelt sich in den Meinungsumfragen, die in den späten 40er und 50er Jahren durchgeführt wurden. Während der Dekolonisierungskriege rangierte das «Indonesische Problem» an zweiter Stelle in der Prioritätenliste der holländischen Bürger, hinter dem Wohnungsproblem.[21] Aber bedeutete das, daß die holländische Bevölkerung vom Verlust Indonesiens tief betroffen war? Oder war es lediglich ein internes politisches Problem – Parlament und Regierung waren über diesen Punkt zutiefst zerstritten –, das gelöst werden mußte?

Obwohl viele behaupten, daß die Niederlande unter einem Trauma der Dekolonisierung oder unter der Verdrängung ihrer schmerzhaften kolonialen Vergangenheit leiden, wurde diese Phase relativ schnell überwunden. Sicher zeigten die holländischen Politiker in den Verhandlungen mit Indonesien und speziell im Streit um den Teil der Inselgruppe, der zunächst einmal unter holländischer Herrschaft verblieben war – Holländisch Neu Guinea –, eine auffallend unrealistische Einstellung und versuchten hartnäckig, diese Insel nicht an Indonesien zu übergeben. Aber jenseits von Parteipolitik und internationalen Beziehungen scheint dieses Thema das holländische Ego nicht wirklich berührt zu haben. Den Holländern wurde damals bewußt, daß es ihnen ohne das Kolonialreich genauso gut ging, und sie waren von ihrer Mission, die Dritte Welt zu entwikkeln, gefesselt.

Ein zweites Merkmal der holländischen Erinnerung an den Kolonialismus, das dessen Transformation in ein nationales Narrativ erschwert, ist das Fehlen eines einheitlichen moralischen Maßstabs, mit dem die Erfahrungen und Ereignisse bewertet werden können. Die koloniale Vergangenheit war und ist eine Quelle höchst zwiespältiger Gefühle: Nostalgie und Verlust, Schikanierung und Schuld. Die gegensätzlichen Interpretationsfäden haben die Entwicklung einer klaren und vermittelbaren Sicht der kolonialen Vergangenheit verhindert. Im Vergleich dazu sind die Narrative der deutschen Besatzung der Niederlande «wohltuend» einfach. Selbst wenn wir einen Wandel vom heroischen nationalen Widerstand hin zu dem Bewußtsein, daß es eine holländische Komplizenschaft bei bzw. Indifferenz gegenüber dem Abtransport und der Ermordung der Juden gab, zur Kenntnis nehmen, hat sich doch das grundlegende Schema von «gut» und «böse» nicht verändert. Im Gegensatz dazu erlaubt die koloniale Vergangenheit eine viel größere Ambivalenz. In der verwirrenden Abfolge von Kolonialherrschaft, japanischer Besatzung und Dekolonisierungskrieg ist es unmöglich, die Kategorien von «gut» und «böse» eindeutig festzumachen.

Die Interpretation der holländischen Kolonialherrschaft als gerecht steht im Gegensatz zu den Episoden kolonialer Gewalt und Verbrechen. Der Angriff und die Unterdrückung durch die Japaner verwandelten die kolonialen Täter außerdem in Opfer. Man klagte die Japaner an, die indonesische Unabhängigkeitsbewegung geweckt zu haben, die die Holländer davon abhielt, ihre koloniale Mission zu erfüllen.

Noch wichtiger als die gegensätzlichen Stränge der kolonialen Erfahrungen war die Tatsache, daß der Kolonialismus als solcher bis in die 70er in die Vergangenheit verbannt worden war und sein Erbe auf die Gruppe der Zeitzeugen beschränkt wurde. Die Aktivitäten der Nachkriegsgeneration ermöglichten einen umfassenden Wandel in der Sicht auf die koloniale Vergangenheit: Seit den 70er Jahren sind die Geschichtsbücher dieser Vergangenheit gegenüber immer kritischer geworden.[22] Gleichzeitig sind die Diskussionen darüber jedoch beendet bzw. auf diejenigen beschränkt worden, die über persönliche Kolonieerfahrungen verfügten. Zu dieser Zeit – in den späten 60ern und frühen 70ern – veränderte sich die Politik der Erinnerung allmählich von einer einheitlichen nationalen Sichtweise hin zu vielfältigen Deutungen der Vergangenheit. Während für einen wachsenden Teil der holländischen Gesellschaft die koloniale Vergangenheit zur Überlieferung wurde, kämpften die Veteranen und die Einwanderer aus den «Indies» für ihre eigene Nische im holländischen Gedächtnis.

Die Fragmentierung der Erinnerung zeigt sich in letzter Zeit deutlich in den verschiedenen Gedenkstätteninitiativen. 50 Jahre nach der holländischen Anerkennung der indonesischen Unabhängigkeit werden die «Indies»-Gemeinschaften ihr eigenes Zentrum der Erinnerung haben. Gleichzeitig wird 25 Jahre nach der Unabhängigkeit Surinams in Amsterdam ein Denkmal zur Erinnerung an die Geschichte der Sklaverei errichtet werden – eine weitere Geschichte kolonialer Zwangsausübung, die im holländischen Bewußtsein überhaupt nicht vorhanden war. Diese zwei Orte des Gedenkens kommen auf alleinige Initiative der indonesischen und afrikanisch-surinamesischen Gemeinden in den Niederlanden zustande. Nachdem es ihnen nicht gelungen ist, ihre Vergangenheit in den nationalen Kanon des Erinnerns zu integrieren, werden die

Betroffenen zumindest ihre eigenen Denkmäler haben. Die öffentliche Erinnerung an die koloniale Vergangenheit wurde endgültig entnationalisiert und zu einem Minderheitenthema. Das «Indies»-Zentrum wird hauptsächlich den Interessen der holländisch-eurasischen Gemeinde dienen, während das Sklaverei-Denkmal für die afrikanisch-surinamesischen Einwanderer da ist. Gleichzeitig wird ein Denkmal aus den 30er Jahren in Amsterdam, das der glorreichen Taten des kolonialen «Schlachtrosses» und Gouverneur-Generals Van Heutsz gedachte und in den vergangenen Jahrzehnten mehrfach beklebt und verschandelt worden war, auf ein anonymes und harmloses Denkmal für «Niederländisch-Indien» zurückgestutzt werden.

Unterdrückung und die postkoloniale Welt

Die Anschuldigungen, daß die koloniale Vergangenheit absichtlich verschwiegen wurde, die immer wieder zu hören sind, können nicht erklären, warum die koloniale Vergangenheit, die angeblich essentiell für die holländische Nation war, in Vergessenheit geriet oder auf jene Personen begrenzt war, die persönlich in diese Geschichte verwickelt waren. Der blinde Fleck der Holländer geht weit über die Dekolonisierungskriege hinaus. Er bedeckt die gesamte Anwesenheit der Niederlande in ihren Kolonien und schließt damit natürlich die Erkenntnis ein, daß institutionalisierte Gewalt und Unterdrückung Bestandteil der Kolonialherrschaft waren.

Gedenkveranstaltungen neigen verständlicherweise dazu, die Verantwortung der holländischen Kolonisateure und des Militärs zu vernachlässigen. Aber wenn auch Politiker und das Militär ihre Gründe haben, über diese Episode zu schweigen, so zeigt dies, daß sie nicht in der Lage sind, öffentliche Ansichten über die Vergangenheit zu diktieren oder zu lenken. Die Frage ist hier: Wer erschafft «Erinnerung»? Wer erschafft gemeinsame Bilder von der Vergangenheit? Normalerweise haben weder Regierungen noch die Medien – von Historikern ganz zu schweigen – genügend Gewicht, um ein homogenes Bild der Vergangenheit zu erschaffen. Eine Gesellschaft erinnert grundsätzlich das, was sie erinnern will oder was sie zu erinnern gezwungen ist. Anders ausgedrückt: Übereinstimmende Bilder müssen auf der einen Seite in gemeinsamen Erfahrungen oder in einem gemeinsamen Bedürfnis, die Vergangenheit in einer bestimmten Weise darzustellen, wurzeln; oder sie sind, auf der anderen Seite, das Produkt internationaler Trends und Zwänge.

Die Geschichten der Kolonisierung, Besetzung und Dekolonisierung bleiben vor allem die Geschichten von Zeugen. Seit 1970 ist eine Vielzahl von Memoiren, Tagebüchern und Romanen erschienen, geweckt von einem generationsbedingten und psychologischen Drang zu bezeugen und befördert durch eine wachsende Anerkennung für persönliche Zeugnisse. In den persönlichen Erinnerungen steht ein Gefühl von Opfertum viel mehr im Vordergrund als jedes Gefühl von Verantwortung oder Schuld. Selbst die Veteranen aus den Dekolonisierungskriegen präsentieren sich oft als Opfer: Sie hatten einen schwierigen Krieg gekämpft und wurden hinterher vom holländischen Volk kühl empfangen oder sogar der Verübung von Verbrechen bezichtigt. Darüber hinaus sind viele der persönlichen Geschichten der Holländer aus den «Indies» von der Einwanderung in die Niederlande bestimmt. Die Vertreibung oder Repatriierung aus den Kolonien schuf ein Gefühl des Verlustes, besonders unter denen, die ihre frühe Kindheit dort verbracht hatten. Den meisten Memoiren fehlt eine klare, greifbare Geographie, oder vielmehr ist ihre Geographie imaginativ geworden. In der Folge sahen ehemalige Auslandsholländer die Kolonien lieber als verlorenes Paradies, anstatt sich an die rauheren Wirklichkeiten der Kolonialherrschaft zu erinnern – die für die meisten Auslandsholländer ohnehin kaum sichtbar waren. Wie E. M. Beekman kürzlich in seiner Untersuchung des literarischen Kanons der «Indies» vorgebracht hat, blickt die Nachkriegsliteratur der «Indies» auf das koloniale Indonesien als ein Atlantis zurück, das durch die schrecklichen Erfahrungen unter der japanischen Besatzung und der Revolutionszeit untergegangen ist.[23] Der allgemeine Tonfall dieser Arbeiten ist Nostalgie und Verlust.

Ebenso wichtig ist das Fehlen von internationalem Druck. Obwohl fast die gesamte globale Gemeinschaft der Kolonialherrschaft abgeschworen hat, könnte man behaupten, daß die Kolonialherrschaft nie vor Gericht gebracht wurde. Kaum jemals werden die Holländer mit den Opfern der kolonialen Gewalt konfrontiert. Holländische Berichte über den Kolonialismus und die turbulenten Jahre der japanischen Besetzung und der Dekolonisierung sind erstaunlich stark nach innen gewandt, ebenso wie die meisten Filmporträts jener Zeit.[24] Erst in neuerer Zeit ist es einer jüngeren Generation von Filmemachern gelungen, Indonesiern «ein Gesicht» zu geben.[25] Auch in den wissenschaftlichen Arbeiten über den Krieg und die Dekolonisierung findet sich wenig Interesse an den indonesischen Erfahrungen und Perspektiven.

Wenngleich wir uns grundsätzlich einig sind, daß die Dekolonisierung weiter Teile der Welt in den drei Jahrzehnten zwischen Mitte der 40er und Mitte der 70er Jahre eine entscheidende Entwicklung in der Weltgeschichte war, litten die ehemaligen Kolonialherren nur wenig unter dem Verlust ihrer Gebiete. Ein formales «Reich» aufrechtzuerhalten – das auf seinem Höhepunkt nicht einmal ein Jahrhundert Bestand hatte, und in vielen Fällen noch viel weniger –, erwies sich als unnötig und teuer.[26] Ökonomische und politische Interessen konnten ebenso gut ohne Kolonien verfolgt werden. Der Prozeß der Dekolonisierung hat in den früheren Kolonialnationen kaum ein Umdenken herbeigeführt. In verschiedener Hinsicht lebten Haltungen westlicher Arroganz und die Exotismus-Diskurse auch nach der formalen Dekolonisierung weiter. Die geographische Verteilung der globalen Ungleichheiten bleibt in etwa so wie zur Kolonialzeit. Hier berühren wir ein komplexes Thema, das an dieser Stelle nicht ausführlich behandelt werden kann, aber eine große Relevanz in bezug auf die Frage, wie die koloniale Vergangenheit erinnert wird, besitzt: Der Zustand der postkolonialen Mentalitäten. In den meisten früheren Kolonialmächten ist die Situation grundsätzlich ähnlich. So ist z. B. die Tatsache, daß die deutschen Armeen in den ersten Jahrzehnten des 20. Jahrhunderts drei Viertel der Herero-Völker in Deutsch-Südwestafrika ausgelöscht haben, kein Gegenstand der Erinnerung. Dieses dunkle Stück Geschichte mag durch die viel größeren Verbrechen, die an Millionen von Juden begangen wurden, übertroffen worden sein, könnte aber auch Teil eines allgemeineren Phänomens sein: Die ehemaligen Kolonialherren haben wenig Grund oder Bedürfnis, über die koloniale Vergangenheit nachzudenken. Frankreich hat eine ähnliche Amnesie erlitten. Indochina erhielt nur sehr spärlich öffentliche Aufmerksamkeit, und selbst die Dekolonisierung (oder Kolonisierung) Algeriens wird außerhalb der Gemeinschaft von Ex-Kolonisten und Einwanderern kaum diskutiert, geschweige denn erinnert.[27]

Verglichen mit den Nachbarländern nahmen die Kolonialdebatten in den Niederlanden – trotz aller Zurückhaltung – wesentlich mehr öffentlichen Raum ein. Fälle wie der Georges Boudarels sind in Frankreich eher die Ausnahme, während in den holländischen Medien häufig wieder hitzige Debatten über Kolonialverbrechen und Komplizenschaft auftauchen. Ein offensichtlicher Grund dafür ist die relativ große Zahl an Ex-Kolonisten unter der Bevölkerung. In den Niederlanden war die Proportion von Ex-Kolonisten zur Gesamtbevölkerung wesentlich höher als in Frankreich oder England. Dennoch ist der Unterschied zwischen den Niederlanden und anderen ehemaligen Kolonialmächten eher ein zahlenmäßiger und kein grundlegender. In den Gesellschaften der Mutterländer ist der Rückblick auf die koloniale Vergangenheit ein Minderheitenthema geworden, entweder als Erinnerung einer Minderheit oder als ethnisches Thema.

Zusammenfassung

Die koloniale Vergangenheit hat in den Niederlanden ebenso wie in anderen ehemaligen Kolonialmächten ein seltsames Nachleben. Diskussionen über den Kolonialismus flackern plötzlich auf und verschwinden wieder. Eine Stroboskoplampe, die flackert, aber nicht leuchtet. Obwohl Interessengruppen erfolgreich Politik und Presse mobilisieren konnten und bemerkenswerte Ergebnisse darin erzielten, ihre Anliegen der Regierung vorzutragen, ist die koloniale Vergangenheit nie von einer wirklich «nationalen» Öffentlichkeit gewürdigt worden. Nicht so sehr Traumatisierung als vielmehr Gleichgültigkeit erklärt das Fehlen einer breiten Diskussion über die koloniale Vergangenheit sowie die heftigen Reaktionen der Betroffenen. Die zahlreichen Debatten in den letzten drei Jahrzehnten lassen sich vor allem mit der zunehmend kritischen Haltung der Intelligenz – zu der Journalisten und Autoren von Schulbüchern gehören – und mit der gleichzeitigen Entfremdung der allgemeinen Öffentlichkeit vom Thema der kolonialen Vergangenheit erklären. Gegen diese Widrigkeiten fechten die Veteranen der Kolonien einen andauernden Kampf um Anerkennung. Dies erklärt die Hitze der Debatte und spricht dafür, daß sie eine «nationale» Angelegenheit zu sein scheint. Zur selben Zeit bauen sich die anderen Gemeinschaften von Ex-Kolonisten ihre eigenen separaten Nischen der Erinnerung und der Nostalgie. In beiden Fällen bleiben die Erinnerungen eine Angelegenheit einzelner Gruppen.

Das soll nicht heißen, daß die koloniale Vergangenheit völlig abwesend wäre. So bleibt sie z. B. für eine große Öffentlichkeit ein verlockender Ort für Phantasien. Sie ist ein Symbol für den Scharfsinn und die Weltläufigkeit der holländischen Nation. Aber über diese ziemlich oberflächliche und stark klischeehafte Romantisierung und die Kämpfe der Rückkehrer und Einwanderer aus den «East-Indies» hinaus konnten die koloniale Vergangenheit und mehr noch ihre postmigratorischen Epiphanien nicht zu einem untrennbaren Teil des holländischen Bewußtseins oder der holländischen Phantasie werden.

Abgesehen von dieser Halbpräsenz der kolonialen Vorstellung war eine Erinnerung der Holländer an die koloniale Vergangenheit nie notwendig, da die zwei Nationen, die ehemaligen Kolonialherren und die ehemaligen Kolonisierten, ihre eigenen, unterschiedlichen Wege gegangen sind. Es hat keine Konfrontation mit Themen der Vergangenheit stattgefunden: Niemand hat die Niederlande zur Rechenschaft gezogen. Und die Notwendigkeit und Fähigkeit zur Eigenuntersuchung der Nation hat sich in Indonesien wie in den Niederlanden als begrenzt erwiesen.

Es können mehrere Gründe aufgezählt werden, weshalb die koloniale Gewalt oder die koloniale Vergangenheit im allgemeinen keine «nationale Sache» ist, die von einer großen Zahl von Leuten (zumindest nicht über die Grenzen derer hinaus, die in diese Geschichte persönlich involviert waren, bzw. ihrer Vertreter) interpretiert, erinnert oder diskutiert würde:

- Das Kolonialreich nahm in der nationalen Psyche einen schmaleren Raum ein, als es angesichts der imperialen Rhetorik zu erwarten gewesen wäre.
- Aufgrund der ihnen innewohnenden Widersprüche und ihrer Marginalität gelingt es den Gesellschaften der Mutterländer nicht, die Feinheiten ihrer kolonialen Vergangenheiten zu durchdenken, so daß die Kolonialerfahrung sich nicht in ein nationales Narrativ verdichtet hat.
- Während die Gesellschaft im allgemeinen zumindest seit den späten 60er Jahren bereit war, die Kolonialherrschaft zu verurteilen, hat das schwindende Bedürfnis nach einer nationalen Interpretation der Geschichte einerseits verhindert, daß das koloniale Erbe ein wirklich nationales Erbe werden konnte. Andererseits ermöglichte es den diversen Gemeinschaften, Anerkennung zu finden,

durch die Regierung legitimiert und finanziell unterstützt zu werden. Diese bleibt aber in ihrem Ausmaß grundsätzlich parochial.

– In der postkolonialen Welt sind Einstellungen westlicher Überlegenheit immer noch vorherrschend. Die koloniale Vergangenheit wurde zwar allgemein widerrufen, besteht aber in anderen Formen von Dominanz weiter oder überdauert zumindest in dem Glauben an eine überlegene Wirtschaft und ein überlegenes Wertesystem.

Aus dem Englischen von Simone Gundi

Anmerkungen

1 Kleine Teile dieses Artikels wurden bereits veröffentlicht in: Victimhood, loss and guilt: the colonial past in the Netherlands, in: Robert Dorsman u. a. (Hrsg.), Truth and reconciliation in South Africa and the Netherlands. Studie en Informatiecentrum Mensenrechten Special 23 (1999) S. 53–60.

2 Herman Langeveld, Dit leven van krachtig handelen. Hendrikus Colijn, 1869–1944, Amsterdam 1998.

3 Peter Romijn, Myth and understanding: recent controversy about Dutch historiography on the Netherlands-Indonesian conflict, in: Robert S. Kirsner (Hrsg.), The Low Countries and beyond. Publications of the American Association of Netherlandic Studies 5 (1993), S. 219–229, bes. S. 223.

4 Zit. in: Mariska Heijmans-van Bruggen und Remco Raben, Sources of truth. Dutch diaries from Japanese internment camps, in: Remco Raben (Hrsg.), Representing the Japanese occupation of Indonesia. Personal testimonies and public images in Indonesia, Japan, and the Netherlands, Zwolle 1999, S. 163–176, bes. S. 172.

5 Den neuesten Überblick über die Dekolonisierung Niederländisch-Indiens gibt: H. W. van den Doel, Afscheid van Indië. De val van het Nederlandse imperium in Azië, Amsterdam 2000.

6 Ted Schouten, Dwaalsporen. Oorlogsmisdaden in Nederlands-Indië 1945–1949, Zutphen 1995, S. 174.

7 P. M. H. Groen, Marsroutes en dwaalsporen. Het Nederlands militair-strategisch beleid in Indonesië 1945–1950, 's-Gravenhage 1991, S. 261 f.

8 Zum Report-Enthoven und die Commission Rij/Stam siehe Willem IJzereef, De Zuid-Celebes affaire, Dieren [2]1984, S. 146–153.

9 Kurz zusammengefaßt in: Alfred E. Pijpers, Dekolonisatie, compensatie en de normalisering van de Nederlandse buitenlandse politiek, in: N. C. F. van Sas (Hrsg.), De kracht van Nederland. Internationale positie en buitenlands beleid, Haarlem 1991, S. 204–218; vgl. auch Maarten Kuitenbrouwer, The never-ending debt of honour. The Dutch in the post-colonial world, in: Itinerario. European Journal of Overseas History 20, 2 (1996), S. 20–42.

10 Siehe z. B. Pieter Lagrou, The legacy of Nazi occupation. Patriotic memory and national recovery in Western Europe, 1945–1965, Cambridge 2000.

11 Hans Meijer, Images of Indonesia in the Dutch press 1950–1962. Characteristics of an imperial hangover, in: Itinerario. European Journal of Overseas History 17, 2 (1993), S. 53–73.
12 John R. Gillis, Memory and identity: the history of a relationship, in: ders. (Hrsg.), Commemorations. The politics of national identity, Princeton 1994, S. 3–24.
13 Siehe z. B. Henry Rousso, The Vichy syndrome. History and memory in France since 1944, Cambridge Mass./London 1997 (franz. Ausgabe 1987), S. 99 ff.; zu den wechselnden holländischen Sichtweisen bzgl. der Verfolgung der Juden siehe: Ido de Haan, Na de ondergang. De herinnering aan de Jodenvervolging in Nederland 1945–1995, Den Haag 1997, S. 131 ff.
14 De excessennota. Nota betreffende het archiefonderzoek naar de gegevens omtrent excessen in Indonesië begaan door Nederlandse militairen in de periode 1945–1950. Jan Bank intr., Nachdruck Den Haag 1995.
15 Über die postkolonialen Auseinandersetzungen wurde viel geschrieben. Gute Überblicke geben: Elsbeth Locher-Scholten, After the «distant war». Dutch public memory of the Second World War in Asia, in: Raben (vgl. Anm. 4), S. 55–70; und Joop de Jong, Een inktzwarte bladzijde in de geschiedenis. Nederland en de Indonesische kwestie 1945–1950, in: Oorlogsdocumentatie 40–45. Achtste jaarboek van het Rijksinstituut voor Oorlogsdocumentatie (n. p. 1997), S. 64–105.
16 Über die Indoeuropäische (eurasische) Gemeinde in den Niederlanden vgl. die letzten Kapitel in: Wim Willems, Remco Raben u. a., Uit Indië geboren. Vier eeuwen familiegeschiedenis, Zwolle 1997; über die Molukker: Fridus Steijlen, RMS: van ideaal tot symbool. Moluks nationalisme in Nederland, 1951–1994, Amsterdam 1996.
17 Rudy Kousbroek, De diachronie van de doofpot. Historici en hun angstvallige neutraliteit tegenover Nederlands-Indië, in: NRC Handelsblad, 29. 4. 1994; vgl. auch das Interview mit Kousbroek in: Remco Meijer, Oostindisch doof. Het Nederlandse debat over de dekolonisatie van Indonesië, Amsterdam 1995, S. 191–203.
18 Manfred Kittel, Die Legende von der «Zweiten Schuld». Vergangenheitsbewältigung in der Ära Adenauer, Berlin u. a. 1993.
19 Der grundlegende Beitrag über die Grausamkeiten während des Dekolonisierungskrieges wurde 1969 veröffentlicht, kurz nachdem das Thema an die Öffentlichkeit gebracht worden war: J. A. A. van Doorn und W. J. Hendrix, Ontsporing van geweld. Over het Nederlands/Indisch/Indonesisch conflict, Rotterdam 1970.
20 Zur Urne der «Indies» und anderen Aktivitäten, mit denen an den Pazifikkrieg und die Dekolonisierung erinnert wird, siehe: Elsbeth Locher-Scholten, De strijd om de Indische urn. De Nederlandse herinnering aan de Tweede Wereldoorlog in Azië in: Wim Willems und Jaap de Moor (Hrsg.), Het einde van Indië. Indische Nederlanders tijdens de Japanse bezetting en de dekolonisatie, Den Haag 1995, S. 267–278; und ders., Van Indonesische urn tot Indisch monument: vijftig jaar Nederlandse herinnering aan de Tweede Wereldoorlog in Azië, in: Bijdragen en mededelingen betreffende de geschiedenis der Nederlanden 114, 2 (1999), S. 192–222.

21 Nederlands Instituut voor de Publieke Opinie (NIPO), Bericht Nr. 222 (14. 7. 1948).

22 Tom van der Geugten, Het einde van Indië in schoolboeken, in: Moesson 40, 3 (Oktober 1995), S. 11–14; ders. in: Moesson 40, 4 (November 1995), S. 15 ff.

23 Siehe E. M. Beekman, Troubled pleasures. Dutch colonial literature from the East Indies, 1600–1950, Oxford u. a. 1996.

24 Es gibt Ausnahmen wie z. B. den Spielfilm «Oeroeg» (1993) und den Dokumentarfilm «Tabee toean» (Auf Wiedersehen, Master) (1995). Interessanterweise taucht der holländische Feind in indonesischen öffentlichen Darstellungen nur ganz am Rande auf. Siehe z. B. Benedict R. O. G. Anderson, Cartoons and monuments: the evolution of political communication under the New Order, in: Karl D. Jackson und Lucian W. Pye (Hrsg.), Political power and communications in Indonesia, Los Angeles/London 1978, S. 282–321.

25 Frank van Vree, «Our tortured bride». The Japanese occupation of the Dutch East Indies in Dutch films and documentaries, in: Raben (vgl. Anm. 4), S. 202–217.

26 Siehe z. B. David Landes, Wohlstand und Armut der Nationen. Warum die einen reich und die anderen arm sind, Berlin [2]1999.

27 Antoine Prost, The Algerian War in French collective memory, in: Jay Winter und Emmanuel Sivan (Hrsg.), War and remembrance in the twentieth century, Cambridge 1999, S. 161–176, erklärt die Abwesenheit des Themas «Algerien» in Frankreich, indem er die Illegitimität des Krieges hervorhebt. Für eine breitere Interpretation vgl. auch die Aufsätze in: Jean-Pierre Rioux (Hrsg.), La guerre d'Algérie et les Français, n. p. Paris 1990.

Macht und Terror in der Sowjetunion

Sergej Slutsch

Im Gegensatz zum Naziregime, das nur zwölf Jahre existiert hatte und vor mehr als 50 Jahren zugrunde ging, bestand das sowjetische Regime mehr als 70 Jahre und ist, nachdem es in seiner Entwicklung mehrere Phasen durchlaufen hatte, erst vor weniger als zehn Jahren zusammengebrochen. Dieser Umstand hat die Wahrnehmung dieses Regimes und seiner Verbrechen durch mehrere Generationen der in der Sowjetunion lebenden Menschen zwangsläufig stark beeinflußt. Waren sie doch im Verlaufe ihres gesamten Lebens mit dem Umstand konfrontiert, daß die offizielle Propaganda und Geschichtsschreibung alles nur mögliche unternahmen, um ihnen eine völlig falsche Vorstellung von der aktuellen Geschichte ihres eigenen Landes zu vermitteln.

Die Frage nach der Funktionsweise der Staatsmacht steht nicht nur im Mittelpunkt der politischen, sondern auch der historischen Forschung. Eine allseitige und umfassende Behandlung dieser Thematik in wissenschaftlichen Studien sowie Schul- und Hochschulbüchern bildet eine wichtige Komponente der Förderung der politischen Kultur der Gesellschaft und prägt weitestgehend den Grad der politischen Sozialisation der Bevölkerung. Sowohl unter den Verhältnissen der totalitären Diktatur als auch in der posttotalitären Sowjetunion nach Stalins Tod war die Erforschung der mit dem Funktionieren der Staatsmacht verbundenen Prozesse – also in erster Linie der Frage, wie politische Entscheidungen getroffen und umgesetzt werden – nicht nur unmöglich, sondern es fehlten darüber hinaus sogar jegliche Möglichkeiten für eine wissenschaftliche Erforschung der eigenen Geschichte. Alle diese Aktivitäten waren einer ausgesprochen strengen Kontrolle durch die Partei ausgesetzt, die sich das Recht anmaßte zu entscheiden, was der «Sowjetmensch» wissen dürfte und was nicht. Letzterer Umstand mußte sich zwangsläufig auf die Stellung der Geschichtswissenschaft in der UdSSR auswirken, die einen Kanal der Einflußnahme auf das öffentliche Bewußtsein darstellte.

Das Regime, das in der Sowjetunion mehr als 70 Jahre herrschte, hatte die historische Wissenschaft in eine äußerst schwierige Situation gedrängt, die damit ihre wichtigste Funktion – die der Forschung – einbüßte. Das wirkte sich hauptsächlich auf die Beschäftigung mit den verschiedensten Aspekten der Geschichte, besonders nach 1917, äußerst verhängnisvoll aus und deformierte das Bewußtsein einiger Generationen UdSSR-Bürger weitgehend, wenn nicht sogar in entscheidendem Maße.

Das Hauptpostulat des bolschewistischen Herangehens an die Erforschung der Vergangenheit war von Stalin bereits 1931 in einem Brief an die Redaktion der Zeitschrift *Proletarskaja Revoluzija (Proletarische Revolution)* formuliert worden.[1] Seine Weisungen liefen auf folgendes hinaus: erstens, keinerlei Diskussionen zu «Fragen, die Axiome des Bolschewismus» darstellten; denn ein «Axiom» sollte «nicht in ein Problem» verwandelt werden, das «einer weiteren Ausarbeitung» bedürfe; zweitens, keinerlei Diskussionen mit «Geschichtsfälschern», auf daß diesen keine «Diskussionstribüne» geboten werde; drittens sei «das Vorhandensein von Papierdokumenten allein als Nachweis tatsächlich revolutionären Charakters» keineswegs ausreichend, deswegen bedürfe es zur wissenschaftlichen Analyse historischer Ereignisse «im bolschewistischen Sinne» zuverlässigerer Methoden als dem bloßen «Herumwühlen in zufällig zusammengestellen Papieren».

Diese Stellungnahme Stalins in der Presse hatte für einige Generationen sowjetischer Geschichtsforscher wahrhaftig verheerende Folgen gehabt, da sie per Befehl die Möglichkeit verloren, Debatten zu führen und in Archiven zu arbeiten, zu denen der Zugang, ganz besonders für jene Forscher, die sich mit der Geschichte des 20. Jahrhunderts befaßten, bis in die späten 80er Jahre sehr erschwert war. Die obersten Parteiinstanzen hatten neben der politischen Polizei und der Zensur die Arbeit der Geschichtsforscher unter ihre eigene recht straffe Kontrolle gestellt. Doch dabei blieb es keineswegs. Stalin und auf sein Geheiß auch Personen aus seiner nächsten Umgebung ließen es sich angelegen sein, die Geschichtsforscher zu belehren, was und wie diese zu schreiben hatten. In einer Situation, in der ideologische und politische Richtlinien den Charakter der Vorgänge vollkommen willkürlich definierten, konnte von einer Geschichtswissenschaft als Wissenschaft selbstverständlich keine Rede sein.

Unter diesen Umständen gab es kein größeres Geheimnis als das reale Funktionieren der Partei- und Staatsmacht in der Sowjetunion, die im Verlaufe von Jahrzehnten mit der verschwommenen Formulierung «Von der Kommunistischen Partei angeführte Diktatur des Proletariats» kaschiert wurde. Was stellte diese Macht in Wirklichkeit dar?

Nach dem bolschewistischen Umsturz in Rußland von 1917 hatte sich die Vorstellung vom Wesen der Macht gewandelt. Anders als westliche Marxisten mit ihren Ideen bezüglich des sozialistischen Staates der Zukunft hatte Lenin bereits in den ersten Jahren nach der Machtergreifung dessen vorherrschendes Merkmal vollkommen definitiv umrissen: «Der wissenschaftliche Begriff der Diktatur bedeutet nichts anderes als durch nichts eingeschränkte, durch keine Gesetze, durch absolut keine Regeln eingeengte Macht, die sich unmittelbar auf Gewalt stützt.»[2]

In Sowjetrußland hatte es nie eine Diktatur des Proletariats gegeben. Sie existierte ausschließlich als Diktatur der Partei, die ursprünglich als Diktatur des «geschlossenen, starken, machtvollen ZK, das alles anleitet», definiert wurde.[3] Doch es war bereits in den ersten Jahren nach der bolschewistischen Revolution augenscheinlich geworden, daß außerordentliche Macht in die Hände der zentralen Organe der Partei, des Politbüros, des Organisationsbüros und des Sekretariats des ZK geraten war.

Für Stalin war die Kommunistische Partei «eine Art Schwertritterorden innerhalb des Sowjetstaates, der die Organe des letzteren anführt und deren Tätigkeit beseelt».[4] Allmählich verwandelte sich die Partei aus einer innerhalb des Staates bestehenden Kraft in einen über dem Staat stehenden Organismus, der den Staat in einen Parteistaat verwandelt hatte. ZK-Sekretär Lasar Kaganowitsch stellte dazu auf dem 16. Parteitag fest: «Unsere Partei führt [...] alle Bereiche der Tätigkeit der proletarischen Diktatur an, angefangen von der Niederhaltung der Klassenfeinde und bis hin zu Fragen betreffend Hanf, Flachs und Schweinezucht».[5] Rückgrat dieses Staates «neuen Typs» war die Parteibürokratie, eine äußerst straff zentralisierte Struktur mit einem Gerüst aus der Hierarchie der Parteileitungen, d. h. innerhalb der Massenpartei war eine «Partei des Apparats» geschaffen worden, mittels derer die Parteispitze ihre Diktatur über Staat und Gesellschaft ausübte.

Mitte der 30er Jahre waren in der Sowjetunion die offizielle Machtpyramide und das Entscheidungszentrum keinesfalls identisch. Das höchste, wenngleich von der Verfassung nicht vorgesehene Staatsmachtorgan war faktisch das Politbüro des ZK der Kommunistischen Partei, das alle Schwerpunkte in den Aktivitäten von Staat und Gesellschaft bestimmte, in alle möglichen Aspekte des Lebens dieses riesigen Landes direkt eingriff und nicht nur die Entscheidungen der verschiedenen Parteiinstanzen und staatlichen Stellen sanktionierte, sondern auch deren Erfüllung kontrollierte.

Zugleich büßte das Politbüro die Gestalt eines kollegial wirkenden Organs zunehmend ein. So hatte sich die Rolle des Politbüros bereits 1934, nach der endgültigen Errichtung eines totalitären Regimes, weitgehend geändert. Es degenerierte zunehmend zum dekorativen Attribut eines Systems, in dem ein einzelner Führer allein Entscheidungen traf, zu einer Fassade, die die Herrschaft des Diktators verdecken sollte. Dabei hatte Stalin als Generalsekretär der Partei bis Mai 1941 keinerlei Staatsposten bekleidet: Bis zu einem gewissen Zeitpunkt hatte er keine offiziellen Machtattribute nötig gehabt. Sein Name war schlechthin zum Synonym dieser Macht geworden.

Stalins «Ernennung» zum Regierungschef beendete den Prozeß der Herabwürdigung des Politbüros zum rein nominellen obersten Parteiorgan, das ihm als Führer zugeteilt war. Das Entscheidungszentrum verlagerte sich damit in den Rat der Volkskommissare, was jedoch keineswegs bedeutete, daß sich die Rolle der Partei und ihrer Funktionäre als Hauptstütze des totalitären Regimes verringert hatte. Stalin initiierte und bestimmte durch entsprechende Entscheidungen nicht nur die Hauptrichtungen der Außen- und Innenpolitik der Sowjetunion, sondern er prüfte und traf auch – vielleicht nur mit Ausnahme der letzten Jahre seines Lebens – eine Vielzahl von Entscheidungen zu allen möglichen speziellen Fragen, darunter solchen, die die Schicksale sehr vieler Menschen betrafen.

Stalins Tod wurde zu einem Wendepunkt in der Geschichte des sowjetischen totalitären Regimes, er schuf Voraussetzungen für ernsthafte Wandlungen in verschiedenen Bereichen, obwohl er keineswegs zur Beseitigung dieses Regimes geführt hatte und auch nicht führen konnte. Er bewirkte lediglich dessen Umwandlung in ein posttotalitäres Regime.[6]

Es gilt als Axiom, daß kein totalitärer Staat ohne ein weitverzweigtes System von Straforganen, in erster Linie ohne eine politische Geheimpolizei, auskommen kann. Es sei präzisiert, daß er ohne diese nicht nur keinesfalls existieren, sondern auch nicht errichtet werden kann. Dies begriff Lenin sehr gut, der die Außerordentliche Kommission zur Bekämpfung der Konterrevolution (WeTscheKa) zum wichtigsten Instrument seiner Innenpolitik erhoben und direkt kontrolliert hatte. Das Netz der lokalen Außerordentlichen Kommissionen bedeckte die gesamte Sowjetrepublik. Die Spitze der WeTscheKa, der Unterstützung Lenins gewiß, war bestrebt, ihren Kompetenzbereich so stark wie möglich zu erweitern. Ihr Vize-Chef, Martin Lacis, stellte dazu Anfang der 20er Jahre fest, es gebe «keinen Lebensbereich, der durch die Tätigkeit der WeTscheKa nicht erfaßt wäre».[7] In der sowjetischen Geschichtsschreibung war eine Beleuchtung der Tätigkeit der politischen Geheimpolizei WeTscheKa und ihrer Nachfolger, GPU, OGPU, NKWD, NKGB, MGB und KGB, ausschließlich in der Form der Schilderung (nicht der Erforschung) spektakulärer Operationen zur Liquidierung verschiedener konterrevolutionärer Organisationen, und zwar vorwiegend in den ersten Jahren der bolschewistischen Diktatur und des Bürgerkrieges, möglich. Absolut ausgeschlossen war jegliche Darstellung von Aktivitäten des NKWD in den Jahren des «Großen Terrors», selbst nachdem in der Zeit des Chruschtschowschen «Tauwetters» «gröbliche Verstöße gegen die sozialistische Gesetzlichkeit» und «Massenrepressalien»[8] zugegeben worden waren, die sich in der Periode der Breshnew-Ära zu «ernsthaften Fehlgriffen in der Tätigkeit der Staatssicherheitsorgane, durch die unschuldige Sowjetbürger zu Schaden kamen»,[9] relativiert hatten. Das Thema der Repressalien – einschließlich der Erwähnung der Ermordung allen bekannter Personen – verschwand gänzlich aus den Veröffentlichungen.

Es wurde von der Parteizentrale für unzulässig erklärt, wenn «in einigen Arbeiten Versuche unternommen wurden, Probleme zu revidieren und künstlich zuzuspitzen, die die Partei längst gelöst hat, die in offiziellen Dokumenten erschöpfend beleuchtet worden sind».[10] Damit aber einige «vereinzelte Historiker anstelle einer objektiven, echt wissenschaftlichen Analyse der Ereignisse» sich nicht mit der «Suche nach allen möglichen, meistens zweifelhaften Fakten von Fehlgriffen und Mängeln»[11] der sowjetischen Führung befassen konnten, wurden die Möglichkeiten für ihre Arbeit in entsprechenden Archiven auf ein Mindestmaß reduziert und waren selbst für diejenigen unter ihnen, die ihre volle Loyalität gegenüber dem Regime erwiesen hatten, mit ernsthaften Einschränkungen behaftet.

Im Bewußtsein der Sowjetbürger verknüpften sich die Repressalien seit der Zeit der Entlarvung des «Personenkults» durch Nikita

Chruschtschow vor allem mit deren Höhepunkt im Jahre 1937. Für diese Repressalien wurden dabei durch die offizielle Propaganda ja nicht einmal die Straforgane als solche verantwortlich gemacht, die sich lediglich «der Kontrolle durch die Partei und die Regierung»[12] entzogen haben sollten, sondern es wurde ausschließlich deren Spitze in der Person von Jeshow und Berija sowie deren unmittelbare Umgebung als eine Gruppe von «politischen Abenteurern und Haderlumpen»[13] hingestellt, die sich in Stalins Vertrauen eingeschlichen hatten. Das Fehlen einer wissenschaftlichen Erforschung der Tätigkeit der Straforgane in der Sowjetunion bot uneingeschränkte Möglichkeiten, dem Massenbewußtsein vielerlei Märchen einzuflößen, die es erlaubten, bei einem bedeutenden Teil der Bevölkerung die Vorstellung aufrechtzuerhalten, die vielen Tausende von Beamten der sowjetischen politischen Polizei seien echte «Ritter der Revolution ohne Fehl und Tadel» gewesen und hätten deren Errungenschaften stets selbstlos gegen äußere und innere Feinde verteidigt.[14]

Hannah Arendt vermerkte in ihrem klassischen Werk *Elemente und Ursprünge totaler Herrschaft* sehr exakt, das Vorhandensein realer Opposition diene dem totalitären Regime zur Ausübung von Repressalien lediglich als Vorwand.[15] Mit anderen Worten: Breitangelegter Terror setzt ein, nachdem die Opposition gegen das Regime liquidiert und der Prozeß seiner Konsolidierung abgeschlossen ist. Die sowjetische Erfahrung bestätigt dies vollauf. Unter Historikern, insbesondere im Westen, existiert jedoch die Auffassung, im Gegensatz zu dem vom «Dritten Reich» in den besetzten Gebieten praktizierten Terror lasse sich die Politik des Stalinterrors nicht als Terror gegen die Bevölkerung der Sowjetunion klassifizieren, sondern sei der Begriff «Gewalt» wohl eher am Platze.[16] Ich glaube, diese Diskussion geht weit über den Rahmen eines rein terminologischen Streites hinaus. Deshalb möchte ich etwas näher auf das eigentliche Wesen der von den Bolschewiki praktizierten Repressionspolitik eingehen.

Die bolschewistische Führung setzte eben von Anfang an auf Terror als Mittel zur Durchsetzung ihrer Herrschaft. In der Entschließung des Gesamtrussischen Zentralexekutivkomitees vom 29. Juli 1918 hieß es dazu: «Die Sowjetmacht muß ihr rückwärtiges Gebiet sichern, indem sie die Bourgeoisie unter ihre Aufsicht stellt und in der Praxis Massenterror gegen diese ausübt.»[17] Anderthalb

Monate später wies der Volkskommissar des Innern, Petrowski, per Rundschreiben alle Sowjets an, «bei den geringsten Versuchen eines Widerstands oder bei jeder noch so geringen Regung in den weißgardistischen Kreisen [...] vorbehaltlos zu Massenerschießungen zu greifen».[18]

Es könnte der Eindruck entstehen, der Terror sei ausschließlich durch die Situation des Bürgerkrieges bedingt gewesen, doch es war schon während dieses Bürgerkrieges klar geworden, daß der Rote Terror Staatscharakter hatte und nicht gegen einzelne Personen oder Parteien gerichtet war. Er traf ganze soziale Gruppen, ganze Klassen und in der Endkonsequenz die gesamte Gesellschaft. Mit dem Ende des Bürgerkrieges, der Festigung der bolschewistischen Diktatur und der Schaffung eines einheitlichen Staates hätte es jedoch weder für eine Terrorpolitik noch für Massenprozesse eine reale Begründung geben dürfen. Trotzdem war die Innenpolitik der Bolschewiki nicht denkbar ohne permanenten Terror gegen verschiedene Gesellschaftsgruppen, der einerseits dazu diente, deren Positionen zu schwächen bzw. diese vollständig zu vernichten, und andererseits auch dazu, mit der andauernd zunehmenden Anzahl der vermeintlichen Feinde der Sowjetmacht den unvorstellbar hohen Preis des sozialen Experiments insgesamt zu rechtfertigen. Sowohl Lenin als auch Stalin, der die Ideen seines Vorgängers lediglich perfektioniert hatte, begriffen das sehr wohl.

So wurde Lenins Auffassung von Politik als Krieg, dessen Ziel nicht die Unterwerfung, sondern die Vernichtung des Gegners sei, von Stalin in vollem Umfang übernommen und zum obersten Gebot erhoben. Gerade Lenin hatte bereits nach dem Ende des Bürgerkrieges in Rußland 1922 gefordert, einen Paragraphen in das Strafgesetzbuch aufzunehmen, der harte Strafen für diejenigen vorsah, die der Weltbourgeoisie «behilflich sind bzw. objektiv *behilflich sein können*».[19] In diesem Kontext stellte der 30 Jahre später formulierte Gedanke Stalins, den Berija Anfang der 50er Jahre in eine Weisung an die Angehörigen der Straforgane umgesetzt hatte, nichts grundsätzlich Neues dar: «Feind des Volkes ist nicht nur der, der Schaden anrichtet, sondern auch der, der an der Richtigkeit der Linie der Partei zweifelt. Solche gibt es unter uns aber noch viele, und wir müssen sie liquidieren [...]».[20]

Der Rote Terror entwickelte sich zu einem wichtigen Bestandteil der neuen «sozialistischen Gesetzlichkeit». Diese basierte erstens auf der Negierung des Rechtsstaates (Kaganowitsch konstatierte dazu im November 1929: «Wir lehnen den Begriff des Rechtsstaates ab. Wenn jemand, der den Anspruch darauf erhebt, ein Marxist zu sein, vom Rechtsstaat spricht und erst recht den Begriff des ‹Rechtsstaates› auf den *Sowjet*staat anwendet, bedeutet dies, das er sich von bürgerlichen Juristen gängeln läßt, daß er von der marxistisch-leninistischen Lehre vom Staat abrückt»[21]); zweitens auf der Befolgung ausschließlich des Prinzips der revolutionären Zweckmäßigkeit oder der Weisungen der obersten Parteiführung (dazu der Staatsanwalt der Russischen Föderation, Nikolai Krylenko, auf dem 16. Parteitag 1930: «Unsere Gesetze sind [...] nichts weiter als Weisungen der Partei»[22]); drittens auf der These des Generalsekretärs der Partei von der «Zuspitzung des Klassenkampfes» und dem «Vormarsch zum Sozialismus» als der wichtigsten Parteiweisung, die zur theoretischen Handhabe für permanenten Terror gegen die gesamte Bevölkerung geworden war; und viertens schließlich auf speziell erlassenen Dekreten, die das Verzeichnis der «Straftaten» wesentlich erweiterten und damit zu einem raschen Anstieg der Anzahl der Verurteilten im Lande beitrugen.

In einer von Stalin und Molotov im Mai 1933 an alle «Partei- und Staatsfunktionäre und an alle Organe des OGPU, der Justiz und der Staatsanwaltschaft» erlassenen geheimen Weisung wurden diese bezeichnenderweise aufgefordert, «Isolierung und harte Schläge gegen den Klassenfeind *unter Verzicht auf Massenrepressalien gegen Werktätige*» [Hervorhebungen des Autors] zu verstärken.[23] Damit gab die oberste Macht zu, daß sich die Repressalien bis dahin gegen das ganze Volk gerichtet hatten. Allerdings blieben diese Einschränkungen nur kurze Zeit in Kraft.

Die Frage nach der Zahl der Opfer des totalitären Sowjetregimes ist nach wie vor wegen der Unzugänglichkeit der Archive der Straforgane offen. In Forschung und Publizistik weichen die Schätzungen weit voneinander ab. Dabei werden in der Regel jedoch nur Häftlinge in Straflagern und Gefängnissen berücksichtigt, seltener das Kontingent der sogenannten Sondersiedlungen (Strafkolonien), doch so gut wie gar nicht jene Personen, die durch herkömmliche, zivile Gerichte nicht zu Freiheitsstrafen, sondern zu sogenannten Besserungsarbeiten ohne Freiheitsentzug oder gar nur zu Bewährungsstrafen verurteilt wurden, die ja auf das weitere Leben des jeweils Betroffenen immensen Einfluß hatten. Die dazu vorliegenden Daten sind bei weitem nicht vollständig. Aber allein die bereits ermittelte Anzahl der in der Russischen Föderation 1923–1953 verkündeten Strafurteile sollte die Repressionspolitik des Sowjetstaates verdeutlichen: Handelt es sich dabei doch um mehr als 40 Millionen Menschen, die im Verlaufe von nur 30 Jahren von der sowjetischen Justiz belangt worden waren.[24] Die Anzahl der «politischen» oder der «konterrevolutionären» Fälle überstieg nicht einmal 10 Prozent der Gesamtzahl der Verurteilten.[25] Um die Bevölkerung des Landes in Gehorsam und Furcht zu halten, hatte das Regime ein Rechtssystem aufgebaut, das noch so geringe Vergehen ahnden sollte. Hier seien lediglich solche Dekrete der obersten Macht erwähnt wie «Über den Übergang zum achtstündigen Arbeitstag und zur siebentägigen Arbeitswoche und über das Verbot eigenmächtigen Ausscheidens von Arbeitern und Angestellten aus Betrieben und Einrichtungen» vom 26. Juni 1940, das zur Erhöhung der Anzahl der Verurteilten in der Russischen Föderation um 1,5 Millionen Personen jährlich im Verlaufe von mehreren Jahren führte,[26] bzw. das Dekret vom 4. Juni 1947 «Über strafrechtliche Verantwortung für Entwendung von staatlichem und gesellschaftlichem Eigentum». Allein binnen eines einzigen Jahres wurden aufgrund dieses Dekrets in der gesamten UdSSR 200 000 Personen und in acht Jahren 1,3 Millionen Menschen abgeurteilt.[27] Dabei war die Anzahl der zum wiederholten Male verurteilten Personen (Rückfalltäter) relativ gering, vor dem Krieg 16,6 Prozent und 9 bis 13 Prozent in den darauffolgenden Jahren,[28] was als Nachweis dafür gelten dürfte, daß im Volk als Ganzem keine «kriminellen Neigungen» ausgeprägt waren. Die soziale Zusammensetzung der Verurteilten spiegelte dabei die soziale Struktur der Gesellschaft vollkommen authentisch wider. Dies ist ein weiterer Beweis dafür, daß es in der Periode des Werdegangs und des Funktionierens des totalitären Regimes in der Sowjetunion nicht nur einen klassenorientierten Terror, sondern auch permanente Massenrepressalien gegen die gesamte Gesellschaft, faktisch legitimierten Staatsterror gegen das ganze Volk gegeben hatte.

Die Massenrepressalien bezweckten nicht nur physische Vernichtung, sondern auch psychologische Beeinflussung von Millionen Menschen, die gewaltsam in den Aufbau einer «neuen Welt» verwickelt worden waren. Das Schüren von Angst in Verbindung mit dem Fehlen jeglichen rechtlichen Schutzes, die den sowjetischen Menschen Zeit seines Lebens begleiteten, war eines der wichtigsten Elemente des psychologischen Terrors. Der Gesamtprozeß aber, bei dessen Entwicklung die bolschewistische Führung der physischen und geistigen Gewaltanwendung derart große Bedeutung beimaß, wurde von Stalin als «Aufbau des Sozialismus in bezug auf die gesamte Gesellschaft»[29] bezeichnet.

Die unter Stalins Nachfolgern stattfindende Transformation der Staatssicherheitsorgane aus einem Werkzeug des Massenterrors in ein Instrument der Aufrechterhaltung des Machtsystems der Partei- und Staats-«Nomenklatura» in einem Einparteien-Staat spiegelte die Entwicklung von einem totalitären zu einem posttotalitären System wider. In der Anfangsphase des letzteren dienten die Massenrepressalien der zurückliegenden Jahrzehnte, von der kommunistischen Propaganda als «Verletzung der Leninschen Normen des Partei- und Staatslebens» dargestellt,[30] als wichtiger Faktor im Machtkampf an der Spitze der Parteiführung.

Die posttotalitäre «Nomenklatura», die es bei einer Personifizierung der Verantwortung für die Massenrepressalien des totalitären Sowjetregimes bewenden ließ, tat alles nur mögliche, um eine systemerfassende Erforschung dieser Erscheinung zu verhindern. Zwar war das posttotalitäre System in der Sowjetunion von den Extremen der Stalinzeit abgerückt, doch es blieb seinem Wesen nach weiterhin ein repressives System, das so gut wie die gesamte Bevölkerung zu geistiger und politischer Unfreiheit unter den Verhältnissen eines ausgesprochen niedrigen Lebensstandards verurteilte. Dabei war es stets bereit, auf noch so geringfügige Aktivitäten, die die Unerschütterlichkeit des Mythologems von der führenden und richtungweisenden Rolle der kommunistischen Partei im Lande in Frage stellen konnten, hart zu reagieren. Mit dem Recht der Partei-«Nomenklatura» war gemeint, nach eigenem Ermessen Art und Stil des Lebens der gesamten Gesellschaft zu bestimmen. Dem «Bewaffneten Trupp der Partei» – dem KGB – wurde die Rolle der politischen Geheimpolizei zugewiesen,[31] deren Hauptaufgabe darin bestand, das Monopol der Partei- und Staatsspitze auf die Herrschaft im Lande zu verewigen.

Erst in der Zeit der Perestroika, der von Gorbatschow eingeleiteten Umgestaltung des Partei- und Staatsmechanismus unter den Bedingungen einer allmählichen Überwindung des posttotalitären Regimes in der Sowjetunion, wurde es möglich, eine Erforschung der Geschichte der Sowjetunion in Angriff zu nehmen, die auf Archivdokumenten basierte. Das beispiellose Interesse für Geschichte, das sich Ende der 80er/Anfang der 90er Jahre bemerkbar machte, insbesondere das Interesse für die finstersten und deswegen so sorgfältig geheimgehaltenen Kapitel der Geschichte, wurde von Journalisten und Publizisten relativ schnell befriedigt, so daß es auch recht bald wieder nachließ. Die Periodika jener Jahre trugen in starkem Maße dazu bei, die Bevölkerung vor allem über die Zeit nach 1917 aufzuklären, obwohl sie dies sehr oft auf rein emotionalem Niveau taten. Daher auch die erschütternden Angaben zu der Zahl der Opfer dieses Regimes, die zwar die Fragen *Wie?* und *Wieviel?* beantworten, die Frage nach dem *Warum?* jedoch unbeachtet lassen. Es folgten zwar nach und nach Untersuchungen zu einzelnen Aspekten und Perioden der sowjetischen Geschichte, aber bis heute gibt es in Rußland keine fundierte Geschichte des Landes nach 1917.

Historiker (wie auch die Gesellschaft an sich) sind sich in der Bewertung der russischen Geschichte des 20. Jahrhunderts keineswegs einig. In der aktuellen Geschichtsschreibung lassen sich vier Hauptrichtungen aufzeigen: Die «Stalinisten», die alles, was dieser Diktator getan hatte, verteidigen, ihm insbesondere den Sieg der UdSSR im Krieg und deren Entwicklung zu einer nuklearen Supermacht als Verdienst hoch anrechnen und lediglich vereinzelte Fehlgriffe Stalins einräumen; die «Marxisten-Leninisten», die die Lenin- und die Stalin-Etappe in der Entwicklung des Sowjetstaates einander kompromißlos gegenüberstellen und die Unvergänglichkeit der marxistisch-leninistischen Theorie für den «unverfälschten» Aufbau des Sozialismus nachzuweisen suchen; die «Liberalen», die die Geschichte der Sowjetunion als einheitliches Ganzes in organischer Verbindung mit der vorangegangenen Entwicklung Rußlands betrachten, und schließlich die konservativen «Radikalen», die in der Geschichte Rußlands einen jähen Bruch mit der vorangegangenen organischen und positiv bewerteten historischen Entwicklung des russischen Staates sehen.

Der jetzige starke Rückgang des gesellschaftlichen Interesses für Probleme der russischen Geschichte läßt sich selbstverständlich zu einem gewissen Maße durch die Beschwernisse des Alltagslebens der russischen Bevölkerung erklären, doch das ist es nicht allein. Das Verhältnis einer Gesellschaft zu ihrer Geschichte, erst recht in einem

Lande mit einer noch lange nicht überwundenen totalitären Vergangenheit, ist in erster Linie Indikator der allgemeinen Kultur dieser Gesellschaft, darunter auch ihrer Bereitschaft und Fähigkeit, die Wahrheit über sich selbst anzunehmen. Die erste Publikation des *Archipel Gulag*[32] von Alexander Solshenizyn vor zehn Jahren fand, obwohl die Auflage sehr hoch war, keine große Resonanz in der russischen Gesellschaft und gab keinen Anstoß zum Umdenken über die mehr als siebzigjährige Periode der kommunistischen Herrschaft. Das tragikomische Verfahren gegen die Kommunistische Partei vor dem Verfassungsgericht, das ausging wie das «Hornberger Schießen», ist ein weiterer Beleg für die Blindheit erheblicher Teile der Gesellschaft gegenüber ihrer eigenen Geschichte. Erwähnenswert ist auch, daß die vor kurzem erschienene russische Übersetzung des *Schwarzbuch des Kommunismus*[33] fast unbeachtet blieb. Die Diskussion in der Duma über den Wiederaufbau des Denkmals von Feliks Dzierzynski, des Gründers der sowjetischen Geheimpolizei, im Zentrum Moskaus bestätigt ebenfalls die tiefgreifende Spaltung in der russischen Gesellschaft. Deswegen ist unter den Verhältnissen der noch sehr unreifen und schwachen russischen Demokratie die Hinwendung zu den «neuralgischen Punkten» der Vergangenheit, zur Geschichte des totalitären und des posttotalitären Regimes in der Sowjetunion auch so wichtig. Dies ist nicht nur sittliche Pflicht gegenüber den Millionen von Toten, den Dutzenden von Millionen physisch und moralisch ruinierter Menschen, sondern auch eine Verpflichtung gegenüber den kommenden Generationen, die nicht in Unwissenheit über den Preis des sowjetischen Totalitarismus bleiben dürfen, denn Unwissenheit oder – noch schlimmer – Vergessen fordert irgendwann in der Zukunft unweigerlich einen sehr hohen Preis.

Anmerkungen

1 Stalin, J. W.: Sotschinenija. Bd. 13. – Moskau 1951. S. 85, 96, 98, 100.
2 Lenin, W. I.: Polnoje sobranije sotschinenij. Bd. 41. – Moskau 1963. S. 383.
3 XII s'ezd Rossijskoj Kommunistitscheskoj partii (bol'schewikow). Stenografitscheskij ottschjot. 17–25 aprelja 1923 g. – Moskau 1923. S. 207.
4 Stalin, J. W.: Sotschinenija. Bd. 5. – Moskau 1947. S. 71.
5 XVI s'ezd Vsesojuznoj Kommunistitscheskoj partii (b). Stenografitscheskij ottschjot. – Moskau 1930. S. 90.
6 Vgl. ausführlich: Pichoja, R. G.: Sowetskij Sojuz. Istorija wlasti. 1945–1991. – Moskau 1998.

7 Zit. nach Izmozik, W. S.: Glaza i uschi reshima. Gosudarstwennyj polititscheskij kontrol' za naselenijem Sowetskoj Rossii v 1918–1928 gg. – Sankt Petersburg 1995. S. 61.
8 Istorija Kommunistitscheskoj partii Sowetskogo Sojuza. In 6 Bde. Bd. 1./Hrsg. von Pospelow, P. N. u. a. – Moskau, 1964. S. XXXVIII.
9 Ibid., Bd. 4,2. – Moskau 1971. S. 509.
10 Golikow, W. u. a.: Za leninskuju partijnost' v osweschtschenii istorii KPSS, in: Kommunist, 1969, Nr. 3. S. 73.
11 Ibid. S. 72.
12 Istorija Velikoj Otetschestwennoj wojny Sowetskogo Sojuza 1941–1945. In 6 Bde. Bd. 6/Hrsg. von Pospelow, P. N. u. a. – Moskau 1965. S. 134.
13 Istorija Kommunistitscheskoj partii Sowetskogo Sojuza/Hrsg. von Ponomarjow, B. N. – Moskau 1959. 484.
14 Feliks Edmundowitsch Dzershinskij. Biografija/Hrsg. von Cwigun, S. K. u. a. – Moskau 1977. S. 5,145, 281, 450–452.
15 Arendt, H.: Elemente und Ursprünge totaler Herrschaft. – München, Zürich 1986. S. 691.
16 Vgl. Plaggenborg, S.: Stalinismus als Gewaltgeschichte, in: Stalinismus: neue Forschungen und Konzepte/Hrsg. von Plaggenborg, Stefan. – Berlin 1998. S. 71–112.
17 Zit. nach Gimpel'son, E. G.: Formirowanije sowetskoj polititscheskoj sistemy: 1917–1923 gg. – Moskau 1995. S. 126.
18 Zit. nach Pawlow, D. B.: Bol'schewistskaja diktatura protiw socialistow i anarchistow. 1917 – seredina 1950-ch godow. Moskau 1999. S. 34.
19 Lenin, W. I.: Polnoje sobranije sotschinenij. Bd. 45. – Moskau 1964. S. 191.
20 Zit. nach Wolkogonow, D. A.: Triumph i tragedija: Polititscheskij portret J. W. Stalina. In 2 Bde. Bd. 1. Teil 2. – Moskau 1989. S. 202.
21 Zit. nach Izwestija CK KPSS, 1990, Nr. 12. S. 84.
22 XVI s'ezd Vsesojuznoj Kommunistitscheskoj partii (b). S. 351.
23 Zit. nach Swjaginzew, A. G./Orlow, Ju. G.: Raspjatyje revoljucijej. Rossijskije i sowetskije prokurory. XX wek. 1922–1936 gg. Moskau 1998. S. 218.
24 Vgl. Popow, W. P.: Gosudarstwennyj terror w Sowetskoj Rossii w 1923–1953 gg. Istotschniki i ich interpretacija, in: Otetschestwennyje archiwy, 1992, Nr. 2. S. 22.
25 Ebd., S. 27.
26 Ebd., S. 24.
27 Ebd., S. 27.
28 Ebd., S. 26.
29 Stalin, J. W.: Voprosy leninizma. 9. erw. Aufl., Moskau 1933. S. 164.
30 Istorija Kommunistitscheskoj partii Sowetskogo Sojuza. Bd. 4,2. S. 510.
31 Vgl. Poloshenije o KGB pri Sowete Ministrow SSSR ot 9. 01. 1959, zit. nach Ochotin N. G. u. a. Ekspertnoje sakljutschenije k sasedaniju Konstitucionnogo suda RF 26 maja 1992 g. Moskau 1992. S. 31.
32 Solshenizyn, A.: Archipelag GULAG, 1918–1956. In 3 Bde. Moskau 1989.
33 Tschjornaja kniga kommunisma. Prestuplenija, terror, repressii. Aus dem Französischen. Moskau 1999.

Japan und der Zweite Weltkrieg

Takeo Sato

1

Obwohl bereits mehr als 55 Jahre seit dem 15. August 1945, dem Ende des Zweiten Weltkrieges in Japan, vergangen sind, ist die japanische Bevölkerung noch immer stark von der gespaltenen Kriegserinnerung geprägt. Besonders zwei Beispiele lassen sich hierfür anführen: Das Gipfeltreffen zwischen den USA und Japan auf der Insel Okinawa und zwei Politikeräußerungen aus der Kriegsgeneration.

Man hat sich häufig gefragt, weshalb der verstorbene Premierminister Obuchi die südliche Insel Okinawa für die Veranstaltung wählte. Diese Wahl stellte für die Kriegsopfer Okinawas eine Art Genugtuung dar, da die Insel in der letzten Phase des Zweiten Weltkrieges das Hauptschlachtfeld gewesen ist. Dort wurde bis zum bitteren Ende gekämpft – nicht nur gegen die Amerikaner, sondern auch mit der japanischen Armee. Es war ein Kampf, der die Einheimischen zahlreiche Opfer kostete.

In der Erinnerung an den Zweiten Weltkrieg bestehen zwischen Okinawa und Hondo (den vier japanischen Hauptinseln Hokkaido, Honshu, Shikoku und Kyushu) wesentliche Unterschiede, die aus der Tatsache resultieren, daß Okinawa das einzige Kampfgebiet Japans auf dem Land war, während die anderen Inseln vom Landkrieg verschont blieben.

Die Bevölkerung Okinawas, die den Krieg mitten im Schlachtfeld erlebte, weiß somit genau, welche Formen der Krieg der japanischen Armee annahm. Für die Bewohner der Hauptinseln hingegen bedeuten Kriegserlebnis und Kriegserinnerung ausschließlich Luftangriffe und Atombomben. Diese Form der Kriegserlebnisse, die eigentlich «vom Himmel kamen», bewältigte man wie eine Naturkatastrophe; zumal Japan häufig von Naturkatastrophen – Erdbeben oder Taifunen – heimgesucht wird. Trotz des guten Willens von Obuchi ist es dem jetzigen Premierminister Mori nicht gelungen, von Okinawa aus den ersten Schritt in die Vergangenheitsbewältigung zu gehen.

Mori ist ein Politiker, dessen fragwürdige Äußerungen ihm einen zweifelhaften Ruf eingebracht haben. So bezeichnete er Japan beispielsweise als «Kami-no-kuni» – das «Land Gottes». Obwohl er versichert, darunter nicht die Zeit unter dem «göttlichen Tenno» [Kaiser] vor 1945 zu verstehen, scheint die Erinnerung daran noch sehr stark in seinem Denken verhaftet zu sein.

Mori wurde 1937 geboren und erlebte das Kriegsende als Schulkind. Wegen des nur langsam fortschreitenden Generationswechsels bei den japanischen Politikern gehört er noch zur jüngeren Generation in der japanischen Gesellschaft. Diese Kriegskindergeneration wurde damals streng als «kommende Soldaten» erzogen und neigt noch immer dazu, das Nachkriegsjapan ausschließlich durch die Niederlage des Krieges zu erklären.

Die zweite Politikeräußerung stammt ebenfalls aus der Kriegskindergeneration. Shintaro Ishihara, der Gouverneur von Tokyo und Schriftsteller, hat – bezogen auf die Verbrechen der Ausländer – einmal von «Dai-sangokujin» gesprochen. Dieses Wort hat unterschiedliche Bedeutungen: «Diejenigen, die aus dem dritten Land kommen» oder: «Diejenigen, die aus dem drittklassigen Land kommen». Man vermeidet diesen Begriff heutzutage, weil in ihm Vorurteile gegenüber den Koreanern mitschwingen. Shintaro Ishihara jedoch brachte dieses Wort so leicht über die Lippen, daß man sich fragen muß, was die beiden Politiker in den vergangenen fünfzig Jahren aus der Geschichte gelernt haben. Ihre Uhren, so scheint mir, sind stehengeblieben.

2

Das Thema meines Beitrages lautet: «Unverarbeitete Erinnerung», und ich möchte im folgenden versuchen, Erklärungen dafür zu finden, weshalb es in Japan nicht gelungen ist, die Erinnerung an die eigene Kriegsvergangenheit zu verarbeiten.

Die Beschäftigung mit der Kriegsvergangenheit ist in Japan vergleichsweise jung. Das Jahr 1989 stellte wie in Deutschland auch in Japan einen Wendepunkt dar. Mit dem Tod Kaiser Hirohitos am 7. Januar 1989 begann in Japan eine neue Ära und damit auch ein kritischerer Umgang mit der eigenen Geschichte. Der Tod einer einzigen Person brachte also einen neuen Anfang. Der Kaiser war nach dem Krieg in zweierlei Hinsicht zum Symbol geworden: einerseits für die Einheit der Bevölkerung und andererseits für das Schweigen über die Verantwortung bzw. die Erinnerungen der japanischen Kriegsgeneration. Die ehemaligen Soldaten sprachen selten vom Krieg und stellten sich selbst meist als Opfer dar. Manchmal erzählten sie «Ich-war-dabei-Geschichten» von Heldentaten – jedoch nur unter den ehemaligen Kriegskameraden. Die Fragen der eigenen Töchter, Söhne und Enkelkinder hingegen beantworteten sie nur selten.

Dieses Schweigen war eine typische Reaktion. Was man hören konnte – vor allem von den Müttern –, sind die Schilderungen der Luftangriffe und Atombomben. Die jüngere Generation mußte den Eindruck gewinnen, die Älteren seien nur Kriegsopfer gewesen. Das Schweigen der Väter, die nicht einmal auf den japanischen Inseln gekämpft hatten, und die Erzählungen vom Kriegserlebnis der Mütter auf den Hauptinseln sind ein Grund, daß die Kriegserinnerung nicht vom Opferbewußtsein getrennt ist.

Die Auseinandersetzung mit diesem Thema ist jedoch undenkbar, ohne die Atombombenabwürfe über Hiroshima und Nagasaki zu berücksichtigen. Hiroshima ist für die Japaner lange Zeit das Symbol des Krieges gewesen, welches schließlich zur Herausbildung des Opferbewußtseins geführt hat. Man versuchte häufig, den Krieg aus der Sicht des 15. August 1945 – also rückwärtig – zu betrachten. Diese Sichtweisen, besonders die Ereignisse von Hiroshima und Nagasaki, führten dazu, daß die Fragen nach dem Ausbruch des Krieges hinter das Opfergefühl zurücktraten. Denn Japan begann den Krieg als Täter.

Als zweiten Grund könnte man die erste Niederlage in der japanischen Geschichte nennen. Deutschland und Japan waren die Verlierer des Zweiten Weltkrieges. Diese Niederlage bedeutete für die Deutschen allerdings gleichzeitig die Befreiung vom Nationalsozialismus, dessen Herrschaft unvorstellbare Folgen mit sich brachte. Deshalb stellt man in Deutschland keine Fragen wie: «Was wäre, wenn wir gewonnen hätten?»

Japan war vor dem Zweiten Weltkrieg an drei Kriegen beteiligt: dem japanisch-chinesischen, dem japanisch-russischen und dem Ersten Weltkrieg. Alle drei hatte Japan gewonnen bzw. stand auf der Seite der Sieger.

Nach dem Zweiten Krieg ging es in Japan nicht um das Regime des Kaisers, sondern vor allem um den verlorenen Krieg. Die Bevölkerung der japanischen Kolonien wurde als Soldaten, Hilfssoldaten, Zwangsarbeiter oder Zwangsprostituierte mehr oder weniger in den Krieg verwickelt. Da die japanische Bevölkerung vorher Siege gewohnt war, war der Schock der ersten Niederlage so groß, daß sie die Kriegsschuldfrage gar nicht richtig und wirklichkeitsnah stellen konnte.

Die Frage nach der Kriegsschuld thematisiert im engeren Sinne zunächst die Ursachen, den eigentlichen Kriegsausbruch. In Japan hingegen drehte sie sich hauptsächlich um die Folgen, die Niederlage. In diesem Zusammenhang spricht man von taktischen oder strategischen Fehlern, nicht aber von den Verbrechen. Die Frage «Was wäre, wenn wir gewonnen hätten?» wird zwar nicht offen gestellt – in Gedanken aber schon: «Es gäbe keine Entschädigungsfrage mehr» ist eine Antwort, die mir selbst einmal gegeben wurde.

Neben der eigentlichen Kriegserinnerung muß man auch von der Erinnerung an die Besatzungsmacht und die Nachkriegszeit sprechen. Erstmals in der Geschichte wurde der Inselstaat besetzt, allerdings nur von den Amerikanern, nicht von Asiaten. Dadurch bekam die Bevölkerung den Eindruck, daß Japan gegen Amerika verlor, nicht gegen die asiatischen Nachbarländer. Da Japan durch den Kalten Krieg mit der Zeit von den Vereinigten Staaten als Partner betrachtet wurde, kam man dort zu der Illusion, die Kriegsfolgen seien schon beseitigt.

Die Goldhagen-Kontroverse und die Diskussion um die Wehrmachtsausstellung wurden in Japan mit Interesse verfolgt. Die Japaner fanden darin die Bestätigung der These, daß die Deutschen nach 1945 eine Kollektivschuld ablehnten, jedoch die Verantwortung für das Geschehene übernahmen. In Japan dagegen sprach man bereits kurz nach 1945 von der Kollektivschuld, jedoch vor einem ganz anderen Hintergrund. Man fühlte sich schuldig an der Niederlage und entschuldigte sich beim Kaiser, in dessen Namen man gekämpft hatte, nicht aber bei den Gegnern oder den Opfern der anderen Länder. Was danach kam, war die Befreiung von der Verantwortung.

Nach Hitlers Selbstmord und der Auflösung des NS-Regimes begann in Deutschland die Stunde Null mit einem Neuaufbruch. Der japanische Kaiser Hirohito überlebte und wurde nicht als Kriegsverbrecher angeklagt. Kein Thronwechsel fand statt, obwohl sich seine Rolle in Japan nach dem Krieg völlig veränderte. Trotz dieser Kontinuität dachten und denken die Japaner, daß nach dem 15. August in Japan eine neue Welt entstand.

Natürlich entstand diese neue Welt in Japan unter einer neuen demokratischen Verfassung. Allgemein könnte man sagen, daß eine neue Verfassung nach einem Regimewechsel einen neuen Anfang darstellt. Deshalb ist darin eine Konsequenz aus der jüngsten Vergangenheit zu sehen. Im Grundgesetz der Bundesrepublik findet man sie im Artikel 1. In der japanischen Verfassung steht der Kriegsverzicht jedoch erst im Artikel 9. Was man niemals wiederholen wollte, war in Deutschland die NS-Vergangenheit mit dem Holocaust und in Japan der Krieg. Die Bundesrepublik versuchte aus der Lehre von Weimar ihre Demokratie zu festigen. Japan versuchte durch Kriegsverzicht und Pazifismus den Frieden zu schaffen. Zugespitzt gesagt bedeutet ein Verzicht vor allem die Unterlassung, und manchmal erscheint es so, als wolle man vor allem keine weitere Niederlage erleben bzw. riskieren. Solange jedoch die Erinnerung unter dem Opferbewußtsein leidet, ist eine Zukunft mit den Nachbarländern problematisch.

Man erinnert sich an den Krieg, wenn man von den Taten der Kriegsverbrecher hört. Beim Internationalen Militärgerichtshof in Tokyo ging es um insgesamt 55 Anklagepunkte (in Nürnberg um vier) in den Kategorien Verbrechen gegen den Frieden, Mord, Kriegsverbrechen und Verbrechen gegen die Menschlichkeit. Die meisten Angeklagten in Tokyo wurden nicht wegen Verbrechen gegen die Menschlichkeit, sondern als Kriegsverbrecher verurteilt. Von den 28 Hauptangeklagten blieben bis zur Urteilsverkündung am 12. November 1946 25 übrig. Sechs Offiziere und ein Politiker wurden zum Tode verurteilt, 16 erhielten eine lebenslange Freiheitsstrafe, nur zwei Diplomaten wurden zu 20 bzw. 7 Jahren Gefängnis verurteilt. Am 23. Dezember 1946 wurden die Todesurteile vollstreckt. Am Tag darauf wurden 17 noch inhaftierte, aber nicht verurteilte Angeklagte freigelassen. Einer von ihnen war der spätere Premierminister Kishi. Von den 18 verurteilten Gefangenen starben sechs während der Haftzeit, die anderen wurden zwischen 1950 und 1956 vorläufig entlassen und 1958 endgültig amnestiert. Zu diesem Zeitpunkt sind auch alle Verurteilten der anderen Prozesse – Anklage wegen Kriegsverbrechen und wegen Verbrechen gegen die Menschlichkeit – entlassen worden, die in Yokohama, Manila, Singapur, Shanghai und anderen Städten verurteilt worden waren. Danach gab es in Japan keine Verfolgung von Kriegsverbrechern mehr und keine weiteren Gerichtsverfahren.

In Spandau dagegen saß Rudolf Hess bis zu seinem Selbstmord 1987 allein im Gefängnis, das danach abgerissen wurde. In Tokyo steht heute am Ort des ehemaligen Gefängnisses Sugamo ein Gedenkstein. Darauf liest man vorn die Inschrift: «Für den ewigen Frieden». Auf der Rückseite aber steht: «Tragödie des Krieges». Die «Tragödie des Krieges» heißt hier «Tragödie der Niederlage». Man trauert nur darum, den Krieg verloren zu haben.

3

Zum Abschluß möchte ich zur «Zukunft der Erinnerung» kommen. Ein halbes Jahrhundert nach dem Zweiten Weltkrieg und am Beginn des nächsten Jahrhunderts stehen wir in der schwierigen Zeit der Erinnerungsvermittlung. Weit über die Hälfte der Bevölkerung ist nach dem Zweiten Weltkrieg geboren und hat daher keine konkreten Erinnerungen an den Krieg.

Überall auf der Welt steht das Opferzeugnis im Vordergrund. Viel schwieriger ist es hingegen, öffentlich mit den Erinnerungen der Täter konfrontiert zu werden. Jedenfalls habe ich so etwas z. B. für Deutschland noch nicht gehört. In Japan dagegen ist es möglich, Erinnerungen aus Tätersicht zu erfahren. So gibt es in Japan ehemalige Soldaten, die aus der Geschichte lernend und offen von ihren schrecklichen Taten sprechen und dabei auch ihre Verantwortung erkennen. Eine solche Soldatengruppe heißt «Chu-ki-ren» [Hilfsorganisation für die Heimkehrer aus China]. Sie sind ehemalige Kriegsgefangene eines chinesischen Lagers, wo auch «der letzte Kaiser» vom Mandschukuo Fugi einmal saß. Sie erkannten ihre eigene Schuld und kehrten nach Japan zurück. Ihr Leben nach der Heimkehr widmeten und widmen sie dem Frieden und der chinesisch-japanischen Freundschaft. Da sie gerade während des Kalten Krieges nach Japan zurückkamen, sah die Bevölkerung in ihnen von den Chinesen einer Gehirnwäsche unterzogene Gefangene. Sie überwanden die anfänglichen Schwierigkeiten und beschäftigen sich immer noch aktiv mit der Erinnerungsvermittlung. In einer Lehrveranstaltung mit meinen Studenten habe ich selbst einmal die Erinnerungen eines Mitglieds dieser Organisation erfahren. Es war beeindruckend: Was ein Film oder ein Buch nur begrenzt vermitteln können, ist ihm mittels seiner persönlichen Erfahrungen sehr eindrucksvoll auf direktem Wege gelungen.

Trotzdem gibt es auch zahlreiche problematische Aspekte in der Erziehung der kommenden Generation: In Japan lebt noch immer ein starker Obrigkeitsgeist. Aufgrund des leistungs- und prüfungsorientierten Schulsystems – reines Auswendig-Lernen spielt z. B. eine große Rolle – lernt man wenig über die eigene Geschichte. Die Fragen des «Wie» und «Warum» sind in der Schule praktisch verboten. Eine der wenigen Möglichkeiten, Geschichte tatsächlich kennenzulernen, ist das Gespräch mit den Älteren, vor allem den Bewohnern Okinawas, deren Gebiet von amerikanischen Truppen in verlustreichen Kämpfen erobert wurde und heute noch die meisten amerikanischen Militärstützpunkte hat, oder das Gespräch mit Menschen aus den damals besetzten Gebieten anderer asiatischer Länder. In dieser Erinnerungsvermittlung sehe ich eine Chance. Nur durch eine neue, noch nicht praktizierte Versöhnungspolitik mit den asiatischen Ländern ist es möglich, eine veränderte Zukunft in Asien zu schaffen. Dafür muß die japanische Bevölkerung jedoch verstärkt auf die Erinnerung anderer Völker Rücksicht nehmen, was bisher nicht der Fall ist.

Im Jahr 2002 findet die Fußball-Weltmeisterschaft in Südkorea und Japan statt. Was man sich damals bei der Entscheidung 1996 noch nicht vorstellen konnte wird Wirklichkeit: Unter der Jugend beider Länder gibt es inzwischen keine großen Vorurteile mehr. Wenn die Bewohner der beiden Länder sich noch besser kennenlernen, müßte das neue Jahrhundert anders verlaufen als das vergangene Jahrhundert des Krieges. Auch dafür brauchen wir eine richtige Erinnerungsvermittlung.

Nachtrag

Hinsichtlich der Vergangenheitsbewältigung in Japan muß man noch zwei wichtige Debatten des Jahres 2001 hinzufügen, eine heftige um ein neues Schulbuch, geschrieben von rechtskonservativen Autoren, und eine große über den Yasukuni-Schrein-Besuch des jetzigen Premierministers Koizumi.

In dem neuen Schulbuch wurde die Sonnenseite der japanischen Geschichte betont, die Schattenseite der Kriegszeit dagegen eher verharmlost. Während dieser Debatte sind sehr viele Bücher veröffentlicht worden, durch die man zumindest mehr Kenntnisse über die eigene Geschichte gewinnen konnte. Von den japanischen Schulen hat nur knapp ein Prozent dieses Schulbuch übernommen.

Der neue Premierminister und Nachfolger von Mori, Koizumi, ist ein Politiker deutlicher Worte. Nachdem er einmal geäußert hatte, am 15. August offiziell den Yasukuni-Schrein besuchen zu wollen, begegneten ihm heftige Proteste aus dem In- und Ausland. Der Yasukuni-Schrein war vor 1945 ein staatlicher Schrein für die Kriegsgefallenen (bekannt als Kriegsgötter-Schrein). Koizumi suchte eine Zwischenlösung und besuchte trotz der Proteste schließlich zwei Tage vor dem 15. August, also am 13. August, den Schrein.

An diesen beiden Beispielen kann man ersehen, daß sich die Situation in Japan eher verschlechtert. Vor allem den japanischen Politikern fehlt es an moralischer Sensibilität. Solange die Japaner die Erinnerungen der anderen, der ehemals besetzten Länder, nicht verstehen und respektieren, wird eine gemeinsame Zukunft nicht möglich sein.

Nachbemerkung: Aus persönlichen Gründen konnte ich an der Tagung leider nicht teilnehmen. Darum wurde dieser Beitrag vorgelesen. Bei Frau Anett Schweitzer, die mein Manuskript korrigierte, und Norbert Frei, der meinen Beitrag freundlicherweise verlas, möchte ich mich herzlich bedanken.

II. Nationalsozialismus und Zweiter Weltkrieg Berichte zur Geschichte der Erinnerung

Die beiden Deutschland

Edgar Wolfrum

Während des Kosovo-Konflikts am Ende des 20. Jahrhunderts sind von deutschen Politikern die Erfahrungen mit dem Nationalsozialismus moralisch aufgeladen und aktualisiert worden. Gerade die heute lebenden Deutschen als Nachkommen der Nazi-Generation und der Täter des Holocausts dürften, so wurde argumentiert, ethnischen Säuberungen nicht tatenlos zusehen, sondern müßten eingreifen, wenn sie nicht schuldig an den Opfern werden wollten. Endlich, so schien es, ging ein deutscher Traum in Erfüllung: daß die Deutschen in einem Krieg auf der richtigen Seite stehen und den Krieg auch gewinnen. Die Geschichtsbilder über den Nationalsozialismus und dessen Menschheitsverbrechen wurden angesichts der aktuellen Aufgabe ins Formelhafte und Abstrakte getrieben mit der Konsequenz, daß das historische Ereignis Holocaust banalisiert wurde. War dies logische Folge der jahrzehntelangen Auseinandersetzung mit dem Nationalsozialismus? Wie ist der Umgang mit der Vergangenheit im Westen, wie im Osten Deutschlands zu werten? Dominierte in der Bundesrepublik seit 1949 eine Mischung aus Verdrängen, Verschweigen und Abwehr, womit die Westdeutschen gleichsam eine Art «zweite Schuld» auf sich luden?[1] Oder war der Umgang mit der NS-Vergangenheit ein großer demokratischer Erfolg, ja in historischer Perspektive sogar ein einmaliger Erfolg, weil noch nie in der Weltgeschichte ein Nachfolgeregime so umfassend mit der Vergangenheit gebrochen hatte?[2] Und gilt letzteres in abgewandelter Form nicht auch für den Antifaschismus der DDR? Andererseits: Führten der deutsch-deutsche Systemkonflikt, die Teilung der Vergangenheit, die gegenseitige Abgrenzung und das gleichzeitige Aufeinander-bezogen-sein der beiden deutschen Staaten nicht zu merkwürdigen Paradoxien der Erinnerung an den Nationalsozialismus? Mit welchem Gewinn und welcher Last traten die Deutschen Ost und West 1989/90 in den Vereinigungsprozeß ein? Hatten sich die Erinnerungskulturen beider deutscher Staaten völlig entfremdet oder gab es umgekehrt bereits vor der Vereinigung Annäherungen?

Der folgende Überblick soll die Entwicklungsstationen eines fast halben Jahrhunderts aufzeigen und die Grundlinien der Forschung nachzeichnen. In Deutschland gab es nach 1945 zwei Erben einer gemeinsamen nationalsozialistischen Vergangenheit, und deshalb werden der Übersichtlichkeit halber die beiden deutschen Staaten getrennt behandelt, doch an geeigneter Stelle wird immer wieder versucht, Parallelen und Asymmetrien, Konvergenzen und Divergenzen zu verdeutlichen.

Bundesrepublik Deutschland

Nach der alliierten Entnazifizierung und den Kriegsverbrecherprozessen setzte mit der Gründung der Bundesrepublik eine Flaute bei der strafrechtlichen Verfolgung nationalsozialistischer Gewaltverbrechen ein. Anfang der 50er Jahre wurden NS-Mitläufer und -Täter in breitem Umfang amnestiert und in die Gesellschaft integriert. Angesichts des Kalten Krieges lautete die pragmatische Alternative: Rasche Demokratisierung und gesellschaftliche Integration oder vorbehaltlose Aufarbeitung und Verurteilung der NS-Verbrechen? Die bundesdeutsche Vergangenheitspolitik, die sich für den ersten Weg entschied, fußte trotz der Widerstände Einzelner auf einer großen Koalition fast aller politischen Kräfte und kam somit parteiübergreifend dem verbreiteten psychologischen Bedürfnis der Westdeutschen entgegen, endlich einen Schlußstrich unter die alliierte Entnazifizierung zu ziehen. Volksgemeinschaftliche Bindungen ragten in die neue Zeit hinein und erzeugten eine allgemeine Exkulpationssolidarität, die die Deutschen miteinander verband. In überaus großzügiger Weise wurden Beamte, die während der Besatzungszeit entlassen worden waren, wieder eingestellt, und darunter befanden sich Zehntausende, die erheblich belastet waren. Sicher, von den großen Nazis überlebte politisch keiner in der Bundesrepublik, aber die mittlere Garnitur fand ihren Platz im neuen Staat, und daß der Kommentator der Nürnberger

(Rassen-)Gesetze, Hans Globke, von Adenauer zum Staatssekretär im Bundeskanzleramt berufen wurde, stellte die neue Demokratie ins Zwielicht.[3]

Im Gefolge der Westintegration wurden von den Alliierten verurteilte Kriegsverbrecher wieder freigelassen und auch die Wehrmacht rehabilitiert. Niemand zweifelte öffentlich daran, daß die Wehrmacht einen «normalen Krieg» geführt habe, ja unter dem Eindruck des Kalten Krieges konnte der Zweite Weltkrieg zuweilen sogar als deutscher Beitrag zu einer antikommunistisch-westeuropäischen Einigung interpretiert werden. Die Erinnerung verdichtete sich dabei auf Stalingrad. Die Nationalsozialisten hatten die Schlacht zum Mythos aufgebaut. Mochte nach Stalingrad ein Großteil der Deutschen sich innerlich aus dem Krieg zurückgezogen haben, so überlebte im Westen ein wichtiger Bestandteil dieses Mythos des «Dritten Reiches», daß nämlich in Stalingrad versucht worden sei, das Abendland vor dem Bolschewismus zu retten, und es sich somit um eine historische europäische Mission gehandelt habe. Nach dem Krieg war der Erinnerungsort Stalingrad aber auch ein wichtiges Element der geteilten Erinnerung in Deutschland. In der DDR bedeutete Stalingrad den Ausgangspunkt für eine bessere, glücklichere Zukunft. Die Stalingrader Katastrophe gehörte von Beginn an zum Kernbestand einer dezidiert national bestimmten Identität als das neue, bessere Deutschland. In dieser Katastrophe lag der Ursprung der ostdeutsch-sowjetischen Freundschaft. Stalingrad war hier der «Triumph des gerechten Krieges» über die faschistischen Eroberer, war die «große Lehre».[4]

In der Bundesrepublik hingegen gab es ganz andere Versionen des historischen Geschehens. Bis in die 70er Jahre hinein wurden in literarischen, autobiographischen, aber auch in historiographischen Darstellungen «verpaßte Chancen» diskutiert – etwa die Möglichkeit eines Ausbruchs aus dem Kessel –, und das Scheitern der 6. Armee blieb irgendwie rätselhaft. Im populärsten Stalingrad-Buch der 50er Jahre, Fritz Wöss' *Hunde, wollt ihr ewig leben?*, wurden, wie seither fast immer, die Landser zu den Sündenböcken der Führung. Nach der Romanverfilmung 1959 schrieb der Kritiker Erich Kuby: Angesichts der Tatsache, daß in der Bundesrepublik seit 1950 unbewußt «jeder Deutsche nachträglich den Krieg, den er verloren hat, für sich noch einmal gewinnen möchte», übe das Werk so etwas wie eine «nationaltherapeutische Wirkung» aus. «Jeder deutsche Mann, der aus diesem Film kommt, fühlt sich exkulpiert.»[5]

Warum stieß das Deutungsangebot von der «sauberen Wehrmacht» in der westdeutschen Gesellschaft auf so breite Akzeptanz? Natürlich sind kollektiv-psychologische Dimensionen in Rechnung zu stellen. Aber es darf darüber hinaus nicht übersehen werden: Der populärste Krieg hatte in Afrika stattgefunden. Erwin Rommel war der herausragende Erinnerungsträger der Wehrmacht in der Nachkriegszeit. Rommel, lange Zeit Hitlers liebster Feldmarschall, blieb Deutschlands populärster Soldat des Zweiten Weltkrieges, ja er avancierte geradezu zum Volkshelden. Bis in unsere Gegenwart wird der Krieg in der Wüste als ritterlicher Wettstreit verherrlicht. In der 1943 verfaßten und 1950 herausgegebenen Abhandlung Rommels wurde der Kampf sogar zu einem *Krieg ohne Haß*, so lautet der Titel, zu einem «wahrhaft afrikanischen Abenteuer». Der Afrikafeldzug bot sich an, die Fama vom «unbefleckten Schild» der Wehrmacht zu nähren, und die Rommel-Legende wurde namentlich von General Speidel, der am Aufbau der Bundeswehr maßgeblich beteiligt war, genährt. Rommel stieg zu einer vertrauten Figur in den Massenmedien auf, in den Kinopalästen der westlichen Welt wurde der Feldherr als moderner Hannibal gefeiert. In der DDR erinnerte man sich anders. Der «östliche Rommel» war ein aktiver Verfechter faschistischer Theorien in der Wehrmacht, hatte engsten Kontakt zur NS-Führungsriege und galt als «politischer und strategischer Hasardeur des deutschen Imperialismus».[6] Je mehr Rommel aber im Osten angeprangert wurde, desto entschlossener hielt man im Westen an ihm fest.[7]

Vom Holocaust war bis zum Ende der 50er Jahre kaum die Rede, öffentlich schon gar nicht, aber auch die westdeutsche Geschichtswissenschaft forschte nicht bevorzugt über ihn. Auf der latenten mentalen Ebene lebten bei den Westdeutschen eine ganze Reihe vordemokratischer Einstellungen und der Antisemitismus fort. In der westdeutschen Öffentlichkeit herrschte ein Beschweigen des «Dritten Reiches». Nur Minderheiten wagten zu stören, ansonsten obwaltete schuldverdrängende Verharmlosung, Vergangenheitsabwehr und Schuldabwälzung. Im Geschichtsbild der Zeit erschien der Nationalsozialismus als Ausgeburt des Dämons Masse und eines satanischen Führers, als fast unerklärbarer Einbruch des Irrationalen, als Heimsuchung und Verhängnis,[8] und die

Deutschen wähnten sich dementsprechend als Opfer, nicht als Täter.

Die populäre Totalitarismustheorie scherte die braune NS-Diktatur und die rote SED-Diktatur über denselben Kamm, mit ambivalenten Folgen. Sie verwischte die Unterschiede, das war die eine Seite; die andere aber war: Der antitotalitäre Konsens, der häufig mehr ein antikommunistischer war, stabilisierte die junge bundesdeutsche Demokratie. Halbheiten bestimmten die Wiedergutmachung für die Opfer des Nationalsozialismus, und die geleisteten Wiedergutmachungszahlungen an Israel kamen nicht zuletzt auf Drängen der Westmächte zustande. In der Wiedergutmachung steckte zu viel Kalkül und zu viel Außenpolitik, als daß sie moralisch voll überzeugte: Gezahlt wurde dort, wo es die internationale Reputation der Bundesrepublik gebot; wer in westlichen Ländern lebte, hatte gute Chancen auf Wiedergutmachung, wer in östlichen lebte, ging in der Regel leer aus. Aber man muß auch bedenken, daß die Zahlungen immerhin gegen erheblichen Widerstand der Bevölkerung durchgesetzt wurden, wo sie weithin unpopulär waren und auf Ablehnung stießen.[9]

Seit etwa 1958 wandelte sich das Zeitklima und mit ihm die Erinnerung. Den Hintergrund bildeten die antisemitischen Skandale und Hakenkreuzschmierereien im gesamten Bundesgebiet am Ende des Jahrzehnts, die die politische Klasse schockierten. Offenkundig wurden nun die Defizite im Bereich der schulischen und der politischen Bildung. Reaktionen folgten rasch: Mitte der 60er Jahre verabschiedeten die westdeutschen Kultusminister neue Richtlinien für den Geschichtsunterricht, in dem der Nationalsozialismus ausführlicher behandelt werden sollte, und die Bundeszentrale für politische Bildung sollte mit neuen Schriftenreihen und Veranstaltungen aufklärerisch in die breite Öffentlichkeit wirken. Rechtliche Schritte kamen hinzu: Der Gesetzgeber schuf 1960 den Straftatbestand der «Volksverhetzung». Außerdem wurden die Schreckensorte der NS-Herrschaft, die jahrelang dem Verfall ausgesetzt waren, etwa das ehemalige Konzentrationslager in Dachau oder die NS-Zentralen in Berlin, seither zu medienwirksamen Erinnerungsorten aufgewertet. Die Erkenntnis war endlich herangereift, daß es nicht unanständig, sondern lehrreich ist, Orte des Schreckens zu erhalten (was im übrigen die DDR längst getan hatte), und somit entwickelte sich die Gedenkstätten-Politik als moralische und politisch-pädagogische Aufgabe.[10]

Engagierte Intellektuelle fanden zunehmend Gehör beim Publikum. Kritische Kinofilme wie *Rosen für den Staatsanwalt* rüttelten auf, Günter Grass reüssierte mit *Die Blechtrommel*, in der Literatur entstand ein neuer Dramentyp, die Mitschuld-Parabeln, Theodor W. Adorno hielt – ebenfalls 1959 – seinen vielbeachteten Rundfunkvortrag *Was bedeutet: Aufarbeitung der Vergangenheit?*, und das Deutsche Fernsehen strahlte die ersten Dokumentationen über die nationalsozialistische Vergangenheit aus.[11] Gleichzeitig rückte die NS-Bewältigung durch Strafverfahren wieder in den Mittelpunkt. Die Einrichtung der «Zentralen Stelle der Landesjustizverwaltung zur Aufklärung nationalsozialistischer Verbrechen» 1958 in Ludwigsburg begründeten Politiker nicht allein mit dem Ziel, der NS-Täter habhaft zu werden und sie zu verurteilen, sondern man erwartete von ihr auch große Auswirkungen auf die Öffentlichkeit. Die Gerichtsverhandlungen sollten der Erinnerung aufhelfen und das Grauen dokumentieren. Hatte schon der Eichmann-Prozeß in Jerusalem 1961 ein großes Medienecho in der Bundesrepublik erfahren, so war die öffentliche Resonanz auf den Frankfurter Auschwitz-Prozeß von 1965 noch größer, der überdies einen erheblichen Anteil daran hatte, daß sich deutsche Historiker nun intensiv mit dem Holocaust zu beschäftigen begannen.[12]

Auf der offiziellen Ebene hielten insbesondere die Verjährungsdebatten im Deutschen Bundestag zwischen 1965 und 1969 – als deren Ergebnis schließlich die Verjährung von Verbrechen des Völkermordes aufgehoben wurde – das Thema im Bewußtsein der Bundesdeutschen und setzten Lernprozesse in Gang. SED-Propaganda-Kampagnen und «Braun-Bücher» zu bundesdeutschen Politikern, die in den Nationalsozialismus verstrickt waren, begleiteten die bundesdeutsche Debatte seit jeher. Vor allem Theodor Oberländer, Hans Globke, aber auch Heinrich Lübke standen im Kreuzfeuer der DDR. Man mag daran zweifeln, ob dies in der westlichen Bevölkerung Wirkung gezeitigt hat, aber in der Kombination mit einem anderen Prozeß machte sich tatsächlich ein Bewußtseinswandel bemerkbar. Die Westdeutschen empfanden die Bundesrepublik immer stärker als «ihre» Republik, Wirtschaftswunder, Sozial- und Rechtsstaatlichkeit bewirkten eine Art auch emotionaler Anerkennung, und das normative Bekenntnis zur Bundesrepublik schloß eine Ablehnung der NS-Vergangenheit ein, die als Skandalon betrachtet wurde.[13]

Als Motor einer neuen Auseinandersetzung mit der NS-Vergangenheit wirkte schließlich der Generationenkonflikt. Die 68er-Generation machte die Lebensgeschichten ihrer Eltern zum Gegenstand erregter Diskussionen und diagnostizierte auf der subjektiven Ebene mit Alexander und Margarete Mitscherlich eine *Unfähigkeit zu trauern.* Auf der «objektiven» Ebene wurde der Nationalsozialismus als eine mögliche Form bürgerlicher Herrschaft betrachtet. Mit dieser marxistischen Faschismus-Theorie sah sich die APO in die Lage versetzt, die «bürgerliche» Bundesrepublik als restaurativ, als eine Fortsetzung des Nationalsozialismus und strukturell faschistoid zu verunglimpfen.[14]

Seit dem Machtwechsel von 1969 politisierte und polarisierte sich die Erinnerung an den Nationalsozialismus und an den Zweiten Weltkrieg. Kaum an der Macht, verkündete der neue Bundeskanzler Willy Brandt, der im Exil aktiven Widerstand gegen das «Dritte Reich» geleistet hatte, er verstehe sich «als Kanzler nicht mehr eines besiegten, sondern eines befreiten Deutschlands»; Hitler habe nun endgültig den Krieg verloren. Die Neue Ostpolitik barg ganz erhebliche geschichtspolitische Implikationen, denn sie erinnerte beständig an den Nationalsozialismus. Am 8. Mai 1970 nahm erstmals eine Bundesregierung im Deutschen Bundestag offiziell zum Ende des Zweiten Weltkrieges Stellung und warb um Aussöhnung mit den Opfern im Osten. Der CDU/CSU widerstrebte diese «Kapitulations-Würdigung»; Niederlagen könne man nicht feiern, meinte Oppositionsführer Rainer Barzel. Anläßlich der Unterzeichnung des Warschauer Vertrags im Dezember 1970 appellierte Brandt über das Fernsehen an das Geschichtsbewußtsein der Bundesbürger und parierte die Angriffe der Opposition und der Vertriebenenverbände: Nicht die jetzige sozialliberale Koalition habe den deutschen Osten auf dem Gewissen, sondern die Reichsregierung Hitlers. Mit den Verträgen gehe nichts verloren und werde nichts preisgegeben, was nicht schon längst verspielt worden sei, «verspielt von einem verbrecherischen Regime, vom Nationalsozialismus».[15]

Als jedoch die sozialliberal regierte Republik von immer mehr Krisen geschüttelt wurde und Utopien nach Willy Brandts Rücktritt verpufften, sprachen konservative Politiker und Intellektuelle seit Mitte der 70er Jahre von einer «deutschen Identitätskrise». Sie befürchteten, daß sich die Bundesrepublik als «Schönwetter-Demokratie» ohne feste historische Verankerung entpuppen würde, und riefen zu einer Tendenzwende auf. In ihren Augen war die «linke» Vergangenheitsbewältigung subversiv, weil sie eine «endgültige» Aufarbeitung der Vergangenheit verhindere und eine Identität, die auf einem positiven Geschichtsbild basieren müsse, unmöglich mache. Die Deutsche Geschichte müsse «entkriminalisiert» werden, um Raum für einen neuen Patriotismus zu schaffen. Es handelte sich hier um nichts Geringeres als um ein Vorbeben des ein Jahrzehnt später ausbrechenden «Historikerstreits».

Bei der Mehrzahl der Deutschen waren indessen die Kenntnisse über den Nationalsozialismus noch sehr lückenhaft, was 1979 deutlich wurde, als ein Medienereignis die Westdeutschen wie nie zuvor erschütterte. Im Januar strahlte die ARD die amerikanische TV-Serie *Holocaust* aus. Kritiker und professionelle Historiker konnten darin nur eine rührselige, verfälschende, wenn nicht gar fatale Dramatisierung der Judenverfolgung und Judenvernichtung sehen. Sie werteten die Serie als typische Seifenoper ab, die alle Finessen der Illusionsindustrie Hollywoods enthalte. Doch die Sehbeteiligung war sensationell hoch. Für Millionen von Zuschauern war die TV-Serie *Holocaust*, die das Schicksal einer jüdischen Familie und die NS-Karriere eines Obersturmbannführers in den Mittelpunkt rückte, die fesselnde, anrührende und wohl auch wahrhaftige Darstellung der nationalsozialistischen Greueltaten, die sie gründlicher aufwühlte als alles, was sie zuvor gesehen oder gelesen hatten. Daher ging von ihr eine aufklärerische Wirkung aus. Die Demoskopie ermittelte als direkte Wirkung bei den Zuschauern, daß 65 Prozent von ihnen erschüttert gewesen seien, 45 Prozent Scham empfunden und 81 Prozent nach der Sendung diskutiert hätten. Die Geschichtswissenschaft mußte sich fragen lassen, ob sie angesichts einer solchen Publikumswirkung nicht jahrelang an den Bedürfnissen der Öffentlichkeit vorbei gearbeitet hatte, jedenfalls schien sie zur Popularisierung von Geschichtsbildern wenig beigetragen zu haben.[16]

In der Folge läßt sich eine Doppelentwicklung beobachten: Einerseits wurde die NS-Vergangenheit mehr und mehr zu einer Sache der wissenschaftlichen Experten und löste sich unter ihrem hochspezialisierten Zugriff seitdem immer stärker in eine Reihe von Detail- und Spezialfragen auf. Andererseits beherrschten seit der Wende zu Helmut Kohl von 1982/83 die Öffentlichkeit zahlreiche geschichtspolitische Kontroversen und Konflikte um Gedenktage, Gedenkreden und Museen, die den eben genannten Identitätsdiskurs fortführten und 1986/87 im «Historikerstreit» kulminierten. Die Konflikte wurden stärker als je zuvor zu einem Kampf um die kulturelle Hegemonie in der Bundesrepublik. Angesichts der generationellen Veränderungen barg das Thema hohe Brisanz. Die Angehörigen der «zweiten Generation» hatten ihre Mütter und Väter mit ihrer Vergangenheit konfrontiert. Mit der «dritten Generation» verschiebt sich das Problem, denn für sie stellt sich ein besonderer Bezug zur NS-Vergangenheit nur als gleichsam nationale Verstrikkung her. Sie haben mit dem Nationalsozialismus nur deswegen in besonderer Weise zu tun, weil sie Deutsche sind.

Dies war der mitzubedenkende Hintergrund des «Historikerstreits». Die konservative Seite fuhr dabei schweres Geschütz gegen die vorherrschende «Vergangenheitsbewältigungs-Identität» der linksliberalen Seite auf. In dieser erkannte sie eine nur schwer zu übersteigende Barriere für ein positives Nationalbewußtsein, denn der ständige Verweis auf das «Dritte Reich» und auf die weltgeschichtliche Singularität des Holocaust führe zu einer mangelnden Zukunftsfähigkeit der Deutschen, die nichts dringender bräuchten als eine «Normale-Nation-Identität». Das bedeutete für sie, daß die «selbstquälerische Schuldbesessenheit», die zu einer «verletzten Nation» geführt habe, überwunden werden müsse. An ihre Stelle sollte ein zustimmungsfähiges Geschichtsbild treten, das die eigene Nationalgeschichte nicht beständig als Unheilsgeschichte überlieferte. Linksliberale Kritiker fürchteten, daß die Konservativen den Bundesbürgern die «Schamröte» über Auschwitz austreiben und dessen moralische Bindung kappen wollten. Nach dem «Historikerstreit» änderte sich eines nicht: Konstitutiv für den bundesdeutschen Rechtsstaat und dessen geistige Westbindung war und blieb der Erinnerungsimperativ an den Nationalsozialismus.[17]

Deutsche Demokratische Republik

1965 startete die DDR eine geschichtspolitische Kampagne. In unzähligen Artikeln, Glossen und Karikaturen versuchte die SED den Eindruck zu erwecken, daß sich am 9. Mai 1965, mit dem Einsetzen der Verjährungsfrist für Kapitalverbrechen, Tausende von Einwohnern der Bundesrepublik als frühere NS-Verbrecher zu erkennen geben würden, ohne zur Verantwortung gezogen werden zu können. Die noch im Ausland untergetauchten Verbrecher würden darauf brennen, an diesem Stichtag nach Westdeutschland zurückzukehren, ihre alten Uniformen anzuziehen und ihre SS-Erfahrungen der Bundesregierung zur Verfügung zu stellen, Kriegsvorbereitungen zu treffen und zur Revanche aufzumarschieren. Im Unterschied zu Westdeutschland seien im Osten alle Nazi- und Kriegsverbrecher abgeurteilt und der Nationalsozialismus mit Stumpf und Stiel «ausgerottet» worden, wie es selbst noch im Artikel 6.1 der DDR-Verfassung von 1974 hieß. Im Legitimitätswettbewerb mit der Bundesrepublik hat die DDR immer entschieden beansprucht, nur sie habe aus der nationalsozialistischen Katastrophe die richtigen Konsequenzen gezogen. Daher lehnte sie auch jegliche Haftungspflichten für die Vergangenheit ab. Mit diesem Anspruch stieß die DDR, so erstaunlich dies heute anmutet, weltweit auf gewisse Resonanz. Es konnte der Eindruck entstehen, Hitler sei ein Westdeutscher gewesen.[18]

Im Gründungsmythos der DDR hatten deutsche Antifaschisten an der Seite der Sowjetunion die Hitler-Diktatur besiegt und dann das neue Deutschland geschaffen. Die Entnazifizierung galt als Grundpfeiler der «antifaschistisch-demokratischen» Umwälzung, die – so die offizielle Periodisierung der DDR-Geschichte – zwischen 1945 und 1949 stattfand und in der die Basis für den Übergang vom Kapitalismus zum Sozialismus gelegt wurde. In politisch wichtigen Bereichen wie Justiz, Verwaltung und Schule verlief die Entnazifizierung in der Regel radikaler als im Westen. Die politische Säuberung wies dabei einen Doppelcharakter auf: Zum einen rechnete man mit den Trägern des NS-Regimes ab, zum anderen verstand man sie als Mittel zur Systemveränderung. System*auseinandersetzung* (mit dem Nationalsozialismus) und System*veränderung* (in Richtung einer kommunistischen Parteiherrschaft) gingen eine enge Fusion ein und waren in der Praxis kaum zu trennen.[19] Der personelle Bruch mit der Vergangenheit ging einher mit der fortdauernden Geltung des Prinzips der Diktatur. Die kleinen Nazis, im kommunistischen Sprachgebrauch die «nominellen» im Unterschied zu den «aktiven», domestizierte die SED in der eigens dafür geschaffenen Nationaldemokratischen Partei Deutschlands (NDPD), deren Leitung – sicherheitshalber – ein Altkommunist innehatte. Anders als in der Bundesrepublik spielten belastete Personen in der DDR kaum mehr eine wichtige Rolle, aber hier wie dort gab es massenhafte Anpassung an das jeweils neue System. Als die Entnazifizierung für beendet erklärt wurde, gehörte der Nationalsozialismus nicht mehr zur Eigengeschichte der DDR, sondern nur noch zur Geschichte der kapitalistischen Bundesrepublik. Die SED hatte, so verstand sie es in ihrer kommunistischen Theorie selbst, die damals nicht verwirklichte sozialistische Revolution von 1918 nachgeholt, hatte den Kapitalismus und damit die Grundlage des Faschismus beseitigt.[20]

In der Bundesrepublik war die Vergangenheitsbewältigung ein ständiger Prozeß, in der DDR nicht. Hier wurde sie mit der «antifaschistisch-demokratischen Umwälzung» dogmatisch für beendet erklärt, ein Einstellungswandel der Menschen wuchs nicht erst allmählich wie in der Bundesrepublik, sondern er wurde ein für alle Mal zu dekretieren versucht. Weitere Debatten über Schuld und Verantwortung erübrigten sich damit. Der Antifaschismus war innen- und außenpolitisch die einzige unangreifbare Existenzberechtigung der DDR. Er bildete den Kern des Erfahrungsbestandes der SED-Elite, die im Kommunismus der Weimarer Republik sozialisiert worden war. Ihre Generationserfahrung projizierte sie auf die gesamte Gesellschaft der DDR, insofern war der Antifaschismus «verordnet»; doch er ermöglichte den Menschen zugleich, geschwind auf die Seite des «anderen» Deutschland überzutreten. Diese Bekenntnisideologie bedeutete somit für viele ein attraktives Angebot: Sie entlastete und sprach von individueller Schuld und Verantwortung für den Nationalsozialismus frei.[21]

Eines jedoch war nicht zu leugnen: Nur wenige Deutsche hatten Widerstand gegen die NS-Diktatur geleistet. Insofern konnte der antifaschistische Gründungsmythos der DDR nicht über individuelle, in der alltäglichen Kommunikation zirkulierende – daher: kommunikative – Erinnerung hergestellt werden. Vielmehr blieb er auf kulturelle Vermittlungsformen wie Rituale, Denkmäler, Literatur und Bildende Künste angewiesen, um überhaupt erst Eingang in das kollektive Gedächtnis der DDR-Bürger zu finden.

Daraus erklärt sich der exzessive Einsatz solcher Vermittlungsformen, um den Mythos von der Geburt der DDR aus dem antifaschistischen Widerstand in den Köpfen der Menschen zu verankern. Die DDR war nahezu flächendeckend mit Denkmälern und Erinnerungstafeln – zum antifaschistischen Widerstand, zu sozialistischen Vorbildern und zur Entwicklung der DDR – übersät. Seit 1955 wurden durch ein eigens dafür geschaffenes Kuratorium Nationale Mahn- und Gedenkstätten eingerichtet. Das ehemalige Konzentrationslager Buchenwald machte die SED mit enormem Aufwand und mit Hilfe einer monumentalen Gedenkstätten-Architektur zum Gedächtnisort des heroischen kommunistischen Widerstands gegen das «Dritte Reich», erkor es zum «roten Olymp», das jeder DDR-Bürger gesehen und verinnerlicht haben mußte. Das zentrale Denkmal der Anlage, Fritz Cremers «Die befreiten Häftlinge», zeigt ein Kind und zehn Männer – aber keine ausgemergelten, vom Tode gezeichneten Gestalten, sondern eine Gruppe in kämpferischer Pose, mit Fahnenbanner, Gewehr, Schwurhand und geballter Faust. Nicht Opfer also, vielmehr Sieger, die sich selbst befreiten, wenn man so will, die DDR im Kleinen.[22]

Daß weite Teile der Intellektuellen den ostdeutschen Antifaschismus als gleichsam moralischen Alleinvertretungsanspruch der DDR für alle gutwilligen Deutschen verinnerlichten, ist nicht überraschend. Aber er entfaltete darüber hinaus für viele DDR-Bürger eine Prägekraft. Der Antifaschismus ist nicht nur, wie im Westen oft behauptet, ein manipulatives Machtinstrument der SED gewesen, sondern bei vielen Menschen, gerade auch aus der Bürgerbewegung der DDR, hielten sich antifaschistische Einstellungen, die sich freilich als eine systemstabilisierende Loyalitätsfalle erweisen konnten. Die antifaschistische Sozialisation und die alltägliche Begegnung mit dem Antifaschismus barg zudem erhebliche Defizite in sich. Die kommunistische Theorie, die alle Probleme in das Raster des Klassenkampfes zwischen Kapital und Arbeit preßte, erwies sich als unfähig, den Rassenantisemitismus der NS-Diktatur zu erklären. Über die Kategorie des Faschismus wurde der deutsche Nationalsozialismus universalisiert, doch die geschichtspolitischen Kosten dieser Universalisierung waren extrem hoch. Der Nationalsozialismus unterschied sich von allen anderen faschistischen Bewegungen bekanntlich dadurch, daß er den überall präsenten Antisemitismus mit eliminatorischer Konsequenz betrieb – genau diesen Wesenskern verschwieg indes die ostdeutsche Erinnerung, weil man den Holocaust in das Klassenschema preßte. Danach war der Antikommunismus das wesentliche Element des Nationalsozialismus gewesen, und die Juden schienen mehr oder weniger zufällig in den Mahlstrom der faschistischen Vernichtungsmaschinerie geraten zu sein. Während der 50er Jahre war der Holocaust überhaupt kein Thema in der DDR; auch später blieb das erwähnte ideologische Raster erhalten, innerhalb dessen man sich bewegen mußte, wenn man vom Holocaust sprach. Außerdem konservierte die Konstellation des Kalten Krieges antijüdische Ressentiments: In ganz Osteuropa überlagerten und verstärkten die marxistisch-leninistischen Attacken auf den «westlichen Imperialismus» antiwestliche Klischees und assoziierten die Juden mit dem verachteten «kosmopolitischen», kapitalistischen Westen. So paradox es klingt: Die antifaschistische Legitimation begründete zugleich eine antijüdische Politik.

Wie in der Bundesrepublik, so bedeutete auch in der DDR der Eichmann-Prozeß 1961 einen Einschnitt. Zwar sollte der weltweit Aufmerksamkeit erregende Prozeß nur dazu benutzt werden, Westdeutschland als weiterhin antisemitisch zu verunglimpfen, doch unter der Glocke dieser Propagandakampagne hatte das Thema Judenverfolgung überhaupt erst die Chance, in der DDR an die Öffentlichkeit zu gelangen. In den 70er Jahren stieß dann die dogmatische Vergangenheitssicht in hörbarem Maße auf Widerspruch. 1978 wiesen die Kirchen in der DDR auf antisemitische Vorfälle hin und warnten davor, daß der weiterhin gepflegte Antizionismus der Partei – er schwoll infolge der Nahostproblematik an – in einen öffentlichen Antisemitismus umzuschlagen drohe. Auch stellten seit dem KSZE-Prozeß Systemkritiker zusehends skeptische Fragen: War wirklich alles so klar, einfach und heroisch? Waren alle Menschen in der DDR Sieger der Geschichte, die nicht die geringste Mitverantwortung dafür trugen, was der jüdischen Bevölkerung angetan worden war?

Es ist bezeichnend und gehört zur Auflösungsgeschichte der DDR, daß aus außenpolitischem Kalkül und Pragmatismus dogmatische Denkkategorien plötzlich fallengelassen wurden. 1988 signalisierte Erich Honecker die Bereitschaft, jüdische Nazi-Opfer zu entschädigen. Die DDR-Staatsspitze bemühte sich seit geraumer Zeit um ein besseres Verhältnis zur jüdischen Welt. Als Höhepunkt der DDR-Anerkennung wünschte sich Honecker einen Staatsbesuch in den USA, doch Washington ließ wissen, daß dieser ohne eine Entschädigung der NS-Opfer nicht zu haben sei. Allein schon symbolisch zeigte sich das SED-Regime entgegenkommend: Die 50. Wiederkehr der Reichspogromnacht am 9. November 1988 wurde in der DDR mit einer gigantischen öffentlichen Kampagne begangen, so daß erstmals seit dem Bestehen der DDR das Gedenken an die Novemberrevolution von 1918 ins Hintertreffen geriet. Zum USA-Besuch und zu den Entschädigungsleistungen kam es nicht mehr, die Geschichte erwies sich als schneller. Das Entscheidende jedoch war, daß die SED-Führung den zentralen Teil des DDR-Selbstverständnisses revidierte. «Sie stieg vom hohen Roß des ‹Siegers der Geschichte› und wurde, was die Bundesrepublik war: ein Nachfolgestaat des Nazi-Reiches.»[23] Hier offenbarte sich eine geschichtspolitische Erosion, welche die SED-Herrschaft aushöhlte und die führungsnahen Eliten an der Substanz des Staates zweifeln ließ, eine Erosion, welche die Fortdauer der DDR bedrohte und auch die merkwürdige Selbstlähmung der Machthaber 1989 zu erklären vermag.

Bis zum Ende der Existenz zweier deutscher Staaten oszillierte die Erinnerung an den Nationalsozialismus zwischen den Polen Moral und Pragmatismus. Beide Staaten versuchten, sich durch eine Teilung der Vergangenheit voneinander abzugrenzen, und blieben doch aufeinander bezogen. Auf die Umerziehungsmaßnahmen der Alliierten reagierten die Westdeutschen lange Zeit mit dem Pragmatismus des Schweigens, während in der DDR vom Regime eine distinktive Selbstinszenierung verschrieben wurde. Moral und Bekenntnis sollten dominieren, und ein neuer sozialistischer und antifaschistischer Mensch wurde zum Leitbild der Wertorientierung. In der Lesart des Westens waren die Deutschen Opfer einer skrupellosen NS-Führung und die Ostdeutschen weiterhin Opfer einer kaum weniger skrupellosen SED-Führung. In der Lesart des Ostens waren die Deutschen Opfer des Faschismus und Militarismus, der sich in nur wenig milderen Formen im «imperialistischen Westen» fortsetzte. Die ostdeutsche Vergangenheitskonstruktion blieb fixiert auf den letztlich erfolgreichen Kampf der Antifaschisten. In dieser Deutung waren die Ostdeutschen eigentlich gar keine Opfer, sondern die historischen Sieger, und so konnten in der DDR sämtliche Opferperspektiven nahezu vollständig «entsorgt» werden. Die DDR zog ihre historische Legitimität aus der Verknüpfung von Kapitalismus und nationalsozialistischer Herrschaft. Die bisherige deutsche Geschichte war im wesentlichen die Kontrastfolie des eigenen Selbstverständnisses. Demgegenüber rechtfertigte die Bundesrepublik ihre neue geopolitische Rolle im westlichen Bündnis aus der Abgrenzung vom Kommunismus und vom Nationalsozialismus bei gleichzeitiger Leugnung von dessen unbewältigter Erbschaft.[24] So verfügten beide deutschen Gesellschaften über Entlastungsmechanismen und Sichtblenden, und die vielen Konflikte über die NS-Vergangenheit seit der Wiedervereinigung von 1990 – von der Goldhagen-Debatte bis zur Wehrmachtsausstellung, von der Walser-Bubis-Kontroverse bis zum Mahnmalsstreit und der Diskussion über die Entschädigung von NS-Zwangsarbeitern – zeigen vor allem eines: Erst das Ende des Ost-West-Konflikts setzte eine größere Fähigkeit zur Selbstkritik frei.

Anmerkungen

1 Giordano, Ralph: Die zweite Schuld oder Von der Last, Deutscher zu sein, Köln 1987.

2 So Grosser, Alfred: Ermordung der Menschheit. Der Genozid im Gedächtnis der Völker, München/Wien 1990, S. 87; ähnlich Sontheimer, Kurt: So war Deutschland nie. Anmerkungen zur politischen Kultur der Bundesrepublik, München 1999, S. 44 ff.

3 Vgl. Frei, Norbert: Vergangenheitspolitik. Die Anfänge der Bundesrepublik und die NS-Vergangenheit, München 1996; Herbert, Ulrich: Best. Biographische Studien über Radikalismus, Weltanschauung und Vernunft 1903–1989, Bonn 1996, S. 434 ff; Graml, Hermann: Die verdrängte Auseinandersetzung mit dem Nationalsozialismus, in: Broszat, Martin (Hg.): Zäsuren nach 1945. Essays zur Periodisierung der deutschen Nachkriegsgeschichte, München 1990, S. 169–183; Brochhagen, Ulrich: Nach Nürnberg. Vergangenheitsbewältigung und Westbindung in der Ära Adenauer, Hamburg 1994; Taylor, Telford: Die Nürnberger Prozesse. Hintergründe, Analysen und Erkenntnisse aus heutiger Sicht, München 1994; Kielmansegg, Peter Graf: Lange Schatten. Vom Umgang der Deutschen mit der nationalsozialistischen Vergangenheit, Berlin 1989; Schildt, Axel: Der Umgang mit der NS-Vergangenheit in der Öffentlichkeit der Nachkriegszeit, in: Loth, Wilfried/Rusinek, Bernd A. (Hg.): Verwandlungspolitik. NS-Eliten in der westdeutschen Nachkriegsgesellschaft, Frankfurt/M./New York 1998, S. 19–54.

4 Vgl. Kumpfmüller, Michael: Die Schlacht von Stalingrad. Metamorphosen eines deutschen Mythos, München 1995, S. 175.

5 Ebd., S. 226.

6 Biographisches Lexikon zur deutschen Geschichte, Berlin (Ost) 1970, S. 347.

7 Vgl. FAZ, 13. 10. 1984, «Des Führers General», und Frankfurter Rundschau, 9. 12. 1978, «Mutmaßungen über Rommel» über die umstrittene Rommel-Biographie von David Irving.

8 Vgl. Herbert, Ulrich: Der Holocaust in der Geschichtsschreibung der Bundesrepublik Deutschland, in: ders./Groehler, Olaf (Hg.): Zweierlei Bewältigung. Vier Beiträge über den Umgang mit der NS-Vergangenheit in den beiden deutschen Staaten, Hamburg 1992, S. 7–28; Bergmann, Werner: Antisemitismus in öffentlichen Konflikten. Kollektives Lernen in der politischen Kultur der Bundesrepublik 1949–1989, Frankfurt/M./New York 1997, S. 71 ff.; Dubiel, Helmut: Niemand ist frei von der Geschichte. Die natio-

nalsozialistische Herrschaft in den Debatten des Deutschen Bundestages, München/Wien 1999.

9 Vgl. Herbst, Ludolf/Goschler, Constantin (Hg.): Die Wiedergutmachung in der Bundesrepublik Deutschland, München 1989; Hockerts, Hans Günter: Wiedergutmachung in Deutschland. Eine historische Bilanz, in: VfZ 49 (2001), S. 167–214.

10 Vgl. Cobler, Sebastian: Das Gesetz gegen die «Auschwitz-Lüge» – Anmerkungen zu einem rechtspolitischen Ablaßhandel, in: Kritische Justiz, Heft 2 (1985), S. 159–179; Reichel, Peter: Politik mit der Erinnerung. Gedächtnisorte im Streit um die nationalsozialistische Vergangenheit, München/Wien 1995.

11 Vgl. Classen, Christoph: Bilder der Vergangenheit. Die Zeit des Nationalsozialismus im Fernsehen der Bundesrepublik Deutschland 1955–1965, Köln 1999.

12 Vgl. Werle, Gerhard/Wandres, Thomas: Auschwitz vor Gericht. Völkermord und bundesdeutsche Strafjustiz, München 1995; Steinbach, Peter: Nationalsozialistische Gewaltverbrechen. Die Diskussion in der deutschen Öffentlichkeit, Berlin 1981.

13 Vgl. Wolfrum, Edgar: Geschichtspolitik in der Bundesrepublik Deutschland. Der Weg zur bundesrepublikanischen Erinnerung 1948–1990, Darmstadt 1999, S. 239ff.

14 Mitscherlich, Alexander und Margarete: Die Unfähigkeit zu trauern. (Neuauflage) Leipzig 1990; Schwan, Gesine: Politik und Schuld. Die zerstörerische Macht des Schweigens, Frankfurt/M. 1997.

15 Wolfrum (vgl. Anm.13) S. 264 und S. 273.

16 Vgl. Kampen, Wilhelm van: Holocaust. Materialien zu einer amerikanischen Fernsehserie über die Judenverfolgung im «Dritten Reich», Bonn 1981; Mommsen, Hans: Geschichtsunterricht und Identitätsfindung der Bundesrepublik, in: Geschichtsdidaktik 4 (1978), S. 291–300.

17 Historikerstreit. Die Dokumentation der Kontroverse um die Einzigartigkeit der nationalsozialistischen Judenvernichtung, München 1987; Maier, Charles S.: Die Gegenwart der Vergangenheit. Geschichte und nationale Identität der Deutschen, Frankfurt/M. New York 1992; Hehl, Ulrich von: Kampf um die Deutung. Der Nationalsozialismus zwischen «Vergangenheitsbewältigung», Historisierungspostulat und «neuer Unbefangenheit», in: Historisches Jahrbuch 117/II (1997), S. 406–436.

18 Vgl. Lepsius, M. Rainer: Das Erbe des Nationalsozialismus und die politische Kultur der Nachfolgestaaten des «Großdeutschen Reiches», in: ders.: Demokratie in Deutschland. Soziologisch-historische Konstellationsanalysen. Ausgewählte Aufsätze, Göttingen 1993, S. 229–245.

19 Vgl. Welsh, Helga A.: «Antifaschistisch-demokratische Umwälzung» und politische Säuberung in der sowjetischen Besatzungszone Deutschlands, in: Henke, Klaus Dietmar/Woller, Hans (Hg.): Politische Säuberung in Europa. Die Abrechnung mit Faschismus und Kollaboration nach dem Zweiten Weltkrieg, München 1991, S. 84–107; Naimark, Norman M.: Die Russen in Deutschland. Die sowjetische Besatzungszone 1945 bis 1949, Berlin 1997.

20 Meuschel, Sigrid: Legitimation und Parteiherrschaft. Zum Paradox von Stabilität und Revolution in der DDR 1945–1989, Frankfurt/M. 1992, S. 29 ff.

21 Vgl. Grunenberg, Antonia: Antifaschismus – ein deutscher Mythos, Reinbek bei Hamburg 1993; Herf, Jeffrey: Zweierlei Erinnerung. Die NS-Vergangenheit im geteilten Deutschland, Berlin 1998, S. 194 ff.; Mätzing, Heike Christina: Geschichte im Zeichen des historischen Materialismus. Untersuchungen zu Geschichtswissenschaft und Geschichtsunterricht in der DDR, Hannover 1999; Sabrow, Martin: Die Diktatur des Konsenses. Geschichtswissenschaft in der DDR, München 2001; Groehler, Olaf: Der Umgang mit dem Holocaust in der DDR, in: Steininger, Rolf (Hg.): Der Umgang mit dem Holocaust: Europa – USA – Israel, Wien usw. 1994, S. 233–245.

22 Vgl. Overesch, Manfred: Buchenwald und die DDR oder Die Suche nach Selbstlegitimation, Göttingen 1995; Niethammer, Lutz (Hg.): Der «gesäuberte» Antifaschismus. Die SED und die roten Kapos von Buchenwald. Dokumente, Berlin 1994; Zimmer, Hasko: Der Buchenwald-Konflikt. Zum Streit um Geschichte und Erinnerung im Kontext der deutschen Vereinigung, Münster 1999; Münkler, Herfried: Das kollektive Gedächtnis der DDR, in: Vorsteher, Dieter (Hg.): Parteiauftrag: Ein neues Deutschland. Bilder, Rituale und Symbole der frühen DDR, Berlin 1996, S. 458–468.

23 Bender, Peter: Episode oder Epoche? Zur Geschichte des geteilten Deutschlands, München 1996, S. 54.

24 Vgl. Assmann, Aleida/Frevert, Ute: Geschichtsvergessenheit – Geschichtsversessenheit. Vom Umgang mit deutschen Vergangenheiten nach 1945, Stuttgart 1999; Lutz, Felix Philipp: Das Geschichtsbewußtsein der Deutschen. Grundlagen der politischen Kultur in Ost und West, Köln u. a. 2000; Diner, Dan: Kreisläufe. Nationalsozialismus und Gedächtnis, Berlin 1995; Sühl, Klaus (Hg.): Vergangenheitsbewältigung 1945 und 1989. Ein unmöglicher Vergleich?, Berlin 1992.

Österreich

Bertrand Perz

Österreich ist als Staat 1945 nicht durch eine Selbstbefreiung aus eigener Kraft wieder neu entstanden, sondern durch die militärische Niederlage NS-Deutschlands.

Die schon im Oktober 1943 in Moskau deklarierte Absicht der Alliierten, Österreich aus Großdeutschland herauszulösen, den «Anschluß» rückgängig zu machen und es als eigenen Staat wiedererstehen zu lassen, und die damit verbundene Feststellung, daß Österreich das erste Opfer der Hitlerschen Aggressionspolitik war, haben es den österreichischen Regierungen nach 1945 erlaubt und einfach gemacht, den Nationalsozialismus zu externalisieren und Österreich in die Reihe jener Staaten zu stellen, die zu den Opfern NS-Deutschlands zählten.

Schon in der Proklamation der neuen österreichischen Regierung vom 27. April 1945, der Gründungsurkunde der Republik, wurde diese Opferthese weit über die Frage der völkerrechtlichen Einschätzung des «Anschlusses» als aufgezwungen hinaus ausgedehnt und nicht nur das Land, sondern auch die gesamte Bevölkerung ohne Unterschied zu einem Opferkollektiv erklärt. Das NS-Regime habe «das macht- und willenlos gemachte Volk Österreichs in einen sinn- und aussichtslosen Eroberungskrieg geführt [...], den kein Österreicher jemals gewollt hat, jemals voraussehen oder gutzuheißen instandgesetzt war, zur Bekriegung von Völkern, gegen die kein wahrer Österreicher jemals Gefühle der Feindschaft oder des Hasses gehegt hat» und habe «viele Hunderttausende der Söhne unseres Landes, beinahe die ganze Jugend- und Manneskraft unseres Volkes, bedenkenlos hingeopfert [...]».

Zwar hatten die Alliierten 1943 Österreich noch verantwortlich für die Teilnahme am Krieg gemacht, eine Verantwortung, der Österreich nicht entgehen könne, aber gleichzeitig in Aussicht gestellt, die möglichen Folgen dafür von der Bereitschaft der österreichischen Bevölkerung zur Selbstbefreiung abhängig zu machen. Es gab denn auch Widerstand gegen das NS-Regime, vor allem von kommunistischer Seite, gleichwohl erreichte der Widerstand in Österreich nie den Grad einer massenwirksamen Verweigerung, die auch eine nur geringe Gefährdung des NS-Herrschaftssystems bedeutet hätte oder maßgebliche polizeiliche oder gar militärische Kräfte gebunden hätte.

Die Regierungsproklamation vom 27. April 1945 hatte diesen heiklen Punkt des mangelnden Beitrages zur Selbstbefreiung klar vor Augen und argumentierte deshalb, daß «dieser Beitrag angesichts der Entkräftung unseres Volkes und Entgüterung unseres Landes zu ihrem Bedauern nur bescheiden sein kann».

Trotzdem sollte für die Zurückweisung von Verantwortung am NS-System und die Festigung der Opferthese die Existenz dieses Widerstandes nicht unmaßgeblich werden, er war in den 40er Jahren die Legitimationsbasis der neuen Republik und spielte somit eine wesentliche Rolle im Prozeß der Nationswerdung. Nicht zuletzt gelang es den österreichischen Diplomaten, aus dem 1955 abgeschlossenen Staatsvertrag einen Passus über die Mitverantwortung Österreichs am Krieg in letzter Minute noch zu streichen.

So erfolgreich die Opferthese und der Verweis auf den Freiheitskampf außenpolitisch eingesetzt werden konnten, so standen diese nach innen im krassen Widerspruch zum tatsächlichen Verhältnis der österreichischen Gesellschaft zum Nationalsozialismus. Denn der Behauptung, nicht nur als Staat, sondern auch als «Volk» vor allem Opfer gewesen zu sein, standen die Tatsachen gegenüber, daß es eine eigene österreichische Vorgeschichte des Nationalsozialismus gab, daß österreichische Nationalsozialisten maßgeblich zum «Anschluß» an Deutschland beigetragen hatten, daß die antisemitischen Pogrome vor allem in Österreich ein enormes Ausmaß erreichten, daß die österreichische Gesellschaft mit fast 700 000 NSDAP-Mitgliedern in einem höheren Grad in dieser Partei organisiert war als die Gesellschaft im «Altreich», daß über eine Million männlicher Österreicher in der Wehrmacht gedient hatten und Österreicher maßgeblich in Besatzungsverwaltungen tätig waren, an Kriegsverbrechen, an Umsiedlung und Vertreibungspolitik, der «Arisierung», den Euthanasiemorden, der Vernichtung der europäischen Juden und der Sinti und Roma zentral beteiligt waren.

Wie dieser Widerspruch unmittelbar nach Kriegsende im Alltag spürbar wurde, wie sich die Österreicher plötzlich verwandelten, hat der aus dem KZ zurückgekehrte Jean Améry schonungslos beschrieben: «Man versucht Distanz zu nehmen. 1945 wird in Österreich betonter Dialekt gesprochen als jemals zuvor, in den Schulen spricht man von der Unterrichtssprache, nicht von der deutschen.

Daß Hitler in Österreich geboren wurde, ist nichts als ein peinlicher geographischer Zufall. Daß der Antisemitismus, ideologisches Fundament der nationalsozialistischen Weltanschauung, aus österreichisch-sudetendeutschem Boden erwuchs und in den Österreichern Schönerer und Lueger seine Propheten hatte, ist nicht weiter von Gewicht. Daß man 1938 die einziehenden deutschen Soldaten in einem Freudendelirium empfing, vor dem selbst sie, die Männer der Wehrmacht, nur nüchtern die Köpfe schüttelten, ist vergessen.»

Wie sieht es nun in einem Land mit der Erinnerung an die NS-Gewaltverbrechen aus, das jede Verantwortung für den Nationalsozialismus ablehnt, diesen externalisiert als landfremd und unösterreichisch oder als Spielart des Kapitalismus. Ich werde dies an zwei Beispielen zu erläutern versuchen, am Umgang mit den ehemaligen Nationalsozialisten und an der Denkmalkultur der zweiten Republik.

Entgegen der eigenen Geschichtsdarstellung als Opfer mußten sich die Verantwortlichen der Republik am Anfang der Tatsache der NS-Partizipation stellen: im Umgang mit den NS-Funktionären, den hunderttausenden Parteimitgliedern, den dem NS-Regime nahestehenden Personen, den am Genozid oder an Kriegsverbrechen Beteiligten.

Auf politischer Ebene einigte die drei Gründungsparteien der Republik – die christlich-soziale ÖVP, die Sozialisten und die Kommunisten – in dieser Frage für kurze Zeit ein antifaschistischer Grundkonsens. Noch im Mai 1945 wurde mit einer umfangreichen Entnazifizierung begonnen, die zunächst vor allem in Entlassungen und in Berufsverboten bestand. Auf gesetzlicher Ebene wurde ein Verbotsgesetz für alle NS-Organisationen erlassen, gefolgt von einem Gesetz über die Behandlung von Kriegsverbrechern.

Die Entnazifizierung wurde in der Folge hauptsächlich eigens dafür geschaffenen Volksgerichten überlassen, die in den ersten Jahren eine beachtliche Aktivität entfalteten: über 130 000 Voruntersuchungen, über 28 000 Anklagen, mehr als 23 000 Urteile, 30 vollstreckte Todesurteile.[1] Ein tiefgreifender Prozeß gesellschaftlichen Umdenkens fand jedoch nicht statt, es gab auch keine alliierten Umerziehungsprogramme vergleichbar jenen in Deutschland. Diese Entnazifizierungsbemühungen waren von relativ kurzer Dauer und wurden von den Parteien selbst bald unterlaufen.

Ab 1947 war alles anders: Der antifaschistische Grundkonsens der Parteien brach auseinander und wich in der Folge einem Wettrennen von ÖVP und SPÖ um die Stimmen der «Ehemaligen», während die KPÖ trotz oder wegen der Anwesenheit der sowjetischen Besatzungsmacht zunehmend an Bedeutung verlor, was sich bereits bei den ersten Wahlen 1945 abgezeichnet hatte. Ein 1947 beschlossenes – formal durchaus drastisches – Nationalsozialistengesetz war der Anfang vom Ende des Entnazifizierungsprozesses. Indem nun zwischen minderbelasteten und belasteten Nationalsozialisten unterschieden wurde, waren kurz danach 90 Prozent der ehemaligen Nazis weitgehend amnestiert und wieder in die Gesellschaft integriert worden. Das Buhlen um die Stimmen der ehemaligen Nationalsozialisten bei den Wahlen 1949 vor dem Hintergrund von Kaltem Krieg, Westintegration und antikommunistischer Grundstimmung bedeutete den Abschluß der Auseinandersetzung mit der NS-Zeit auf politischer Ebene.

Parallel erlahmte die Aufarbeitung durch die Justiz. Ab 1948 ging die Zahl der Strafverfahren gegen ehemalige Nationalsozialisten pro Jahr um mehr als 50 Prozent zurück, um nach dem Staatsvertrag 1955 gegen Null zu tendieren. Eine der Bundesrepublik vergleichbare Renaissance der NS-Verfahren hat danach nicht stattgefunden. Bezeichnend dafür ist, daß es in Österreich nie gelungen ist, eine zentrale Ermittlungsbehörde ähnlich der Zentralen Stelle der Landesjustizverwaltung zur Aufklärung nationalsozialistischer Verbrechen in Ludwigsburg zu etablieren.

Die wenigen, aber äußerst wichtigen Prozesse der 60er Jahre in Österreich sollten aber nicht an der Frage fehlender oder nicht ausreichender Beweise scheitern. Denn gegen die Erbauer der Gaskammern in Auschwitz-Birkenau, Fritz Ertl und Walter Dejaco, wurden ebenso stichhaltige Beweise erbracht wie gegen Franz Novak, Eichmanns Transportoffizier, oder Ernst Lerch, den Leiter des persönlichen Büros von Odilo Globocnik in Lublin und Mitverantwortlichen am Judenmord in den Vernichtungslagern von Belzec, Sobibór und Treblinka. Die Geschworenen konnten sich wie auch in anderen Fällen bei Ertl und Dejaco zu keinem Schuldspruch durchringen, Franz Novak wurde der Befehlsnotstand geglaubt, das Verfahren gegen Lerch, einen angesehenen Bürger und Besitzer eines Tanzcafés gegenüber dem Klagenfurter Gerichtsgebäude – in dem auch Udo Jürgens in seiner Anfangszeit aufgetreten war –, wurde überhaupt von der Klagenfurter Justiz eingestellt. Das Verhalten der österreichischen Geschworenen, die das Konstrukt eines Opferkollektivs allzu wörtlich nahmen, diente unter Kreiskys Regierung, die strategisch an einer Zusammenarbeit mit der FPÖ, der Partei vor allem ehemaliger Nationalsozialisten, interessiert war, als Argument für eine kalte Amnestie: Wenn die Geschworenengerichte zu keinen Schuldsprüchen bereit waren, waren die Verfahren nicht mehr sinnvoll. Die Verfolgung nationalsozialistischer Gewaltverbrechen in Österreich wurde somit eingestellt und nicht wieder aufgenommen. Hinzuzufügen wäre nur, daß manche überhaupt ungeschoren davon kamen, wie etwa der in die Euthanasiemorde an Kindern involvierte Arzt Gross, der von der SPÖ geschützt bis in die 90er Jahre einer der meistbeschäftigten psychiatrischen Gerichtsgutachter war.

Kein österreichisches Gerichtsverfahren gegen NS-Gewaltverbrechen erzielte von der öffentlichen Wirkung her einen dem Auschwitz-Prozeß in Frankfurt vergleichbaren Effekt. Ein Bewußtsein über konkrete Täter hat sich in Österreich in der breiten Öffentlichkeit so kaum entwickelt. Dort, wo an solche erinnert wurde, genügte oft der Verweis auf deren Bekenntnis zum Deutschtum, um die Frage einer österreichischen Partizipation zurückzuweisen.

Die Erinnerung an den Nationalsozialismus in der Denkmallandschaft wurde zunächst gemäß den geschichtspolitischen Intentionen der Gründungsparteien der Zweiten Republik gestaltet und hatte stark legitimatorischen Charakter. Die Denkmäler dieser Jahre sind vor allem Ausdruck einer politischen Martyrologie. Als Opfer legitimiert waren in diesen Denkmälern vor allem jene, die als politische Kämpfer für ein freies Österreich gestorben waren. So gab es in den ersten Nachkriegsjahren einen regelrechten Boom bei der Errichtung von Denkmälern, die den Opfercharakter Österreichs betonten und den im Freiheitskampf um das Land Gestorbenen die Ehre erwiesen. Errichtet wurden diese Denkmäler vor allem in Wien und in einigen Landeshauptstädten. Als Beispiel sei das von der Gemeinde Wien aufgestellte zentrale antifaschistische, den Opfern des österreichischen Freiheitskampfes gewidmete Denkmal erwähnt. Dieses am Zentralfriedhof errichtete Denkmal war u. a. von Fritz Cremer gestaltet worden, der später mit der Gestaltung seiner Figurengruppe für die Mahnmalanlage in Buchenwald Bekanntheit erlangen sollte. Das Denkmal sollte den Kampf um die Freiheit, die

Anklage gegen den Faschismus, die Trauer um die Opfer symbolisieren: als Hauptfigur der befreite nackte Mann, vor ihm sieben Stufen, Symbol für sieben Jahre deutscher Herrschaft.[2]

Auch das ehemalige Konzentrationslager Mauthausen sollte die Opferthese untermauern:

Das unmittelbar nach der Befreiung dem Verfall preisgegebene Lager, von der anwohnenden Bevölkerung als Baustofflager genutzt, war 1947 von der sowjetischen Besatzungsmacht der Republik mit der Verpflichtung zum Erhalt und zu seiner Umgestaltung in eine würdige Gedenkstätte übergeben worden.

Die Republik ging unmittelbar danach daran, Mauthausen zu einem Ort der Martyrologie für den Freiheitskampf Österreichs umzugestalten, unabhängig von der Tatsache, daß in diesem Lager nur eine Minderheit der Häftlinge aus Österreich kam und der prozentuelle Anteil der Österreicher in der Wachmannschaft vermutlich höher war als unter den Häftlingen.

Mit der Einrichtung dieser Gedenkstätte war der Ausschluß aller deutschen und österreichischen Häftlinge, die nicht unter die Kategorie der politischen Häftlinge fielen, aus dem Totengedenken sowie der weitgehende Abriß des Lagers verbunden. Als Argument dienten die hohen Erhaltungskosten, vermutlich aber war der von Volkhard Knigge für Buchenwald beschriebene Vorgang, durch die Minimierung der historischen Überreste eine Maximierung von Sinnstiftung zu erreichen, dafür nicht unmaßgeblich.[3] Mauthausen konnte jedoch nicht wie etwa Buchenwald zu einer Art antifaschistischem Siegesdenkmal umgestaltet werden. Der politischen Martyrologie wurde – den Machtverhältnissen im Lande entsprechend, durch die Einrichtung einer Kapelle im Lager und die Umgestaltung von Teilen des Lagers in einen Friedhof – eine katholische zur Seite gestellt. Der viel radikalere Vorschlag der ÖVP, anstelle des Lagers ein leuchtendes, weithin sichtbares Kreuz zu errichten und damit Mauthausen als Stätte menschlichen Leidens und Märtyrertums überhaupt – als «Kalvarienberg Europas», wie eine Zeitung titelte – zu universalisieren, konnte wegen der Einsprüche der sowjetischen Besatzungsmacht nicht umgesetzt werden.

Obwohl die 1949 eingerichtete Gedenkstätte zu einem Großteil aus den Verkaufserlösen für die abgerissenen Baracken finanziert worden war und die Gedenkstätte als Beleg für die Opferthese herhalten sollte, hinderte dies beträchtliche Teile der österreichischen

Printmedien nicht daran, eine regelrechte Kampagne gegen die «sündteure Renovierung» des ehemaligen Lagers zu führen. Tenor der meisten ablehnenden Kommentare war, daß das KZ Mauthausen als «unösterreichisch», «landfremd» und nicht zur eigenen «Kultur» gehörig auch nicht «konserviert» werden dürfe.

Diese Kritiken verweisen auch schon auf die veränderte politische Landschaft zu Beginn der 50er Jahre. Mit der Reintegrationspolitik gegenüber den ehemaligen Nationalsozialisten verloren die Ehrbezeugungen gegenüber den antifaschistischen Kämpfern bei den Großparteien schnell an Gewicht, erhielten sich nur als partikulare parteigebundene Gedächtniskultur, vor allem in der KPÖ und den ihr nahestehenden Organisationen.

So erlahmte auch das staatliche Interesse für Mauthausen mit der Einrichtung der Gedenkstätte völlig. In einer vom Kalten Krieg und der vollzogenen Wiedereingliederung der Nationalsozialisten geprägten politischen Sphäre war Mauthausen weitgehend marginalisiert und nur mehr ein Anliegen ausländischer und österreichischer kommunistischer ehemaliger Häftlinge. Die vom Wirtschaftswunder geprägte Ikonographie der Republik kam ohne Bilder aus Mauthausen aus.[4]

In der österreichischen Gedächtnislandschaft wurde ein anderes Gedenken dominant. Die antifaschistischen Erinnerungszeichen der 40er Jahre wichen einer konkurrierenden Geschichtskultur, die sich vor allem auf dem Land breitmachte und in Denkmälern an die gefallenen Wehrmachtssoldaten ihren Ausdruck fand. In den 50er Jahren wurde praktisch in jedem Dorf in Österreich ein Kriegerdenkmal aufgestellt, meist verbunden mit der Konstituierung von Ortsgruppen des Österreichischen Kameradschaftsbundes, jener Organisation, die eines ihrer Hauptanliegen in der Wahrung der Ehre der Soldaten sieht. Diese Kriegerdenkmäler wurden für lange Zeit zur vorherrschenden Geschichtskultur der Republik. Wenn hier auch der völlige Opfertausch stattfand, so gab es eine Gemeinsamkeit mit den Denkmälern der 40er Jahre: Auch hier waren die Opfer Kämpfer. Der häufigste Begriff, der sich auf den Denkmälern für die gefallenen Soldaten findet, ist jener des Helden.

Die Frage der nationalen Identität wird aber in den Kriegerdenkmälern auf ganz andere Weise angesprochen als in jenen für die antifaschistischen Kämpfer. Der Widerspruch, als Österreicher beim Dienst in der deutschen Wehrmacht gefallen zu sein, wird durch

Begriffe wie Heimat und Vaterland aufgelöst: «den für das Vaterland gefallen Helden», «den in fremder Erde in Verteidigung der Heimat gefallenen Helden» etc.

Die geringe gesellschaftliche Tiefenwirkung des zentralen staatlichen Erklärungsmodells, der Opferthese und der Berufung auf den österreichischen Widerstand wird hier ebenso deutlich wie das Weiterleben von mehr oder weniger bewußten Bindungen an die NS-Zeit im kollektiven Gedächtnis.

Die räumliche Verbindung fast aller dieser Denkmäler mit dem Gedenken an die Gefallenen des Ersten Weltkrieges machte die Begriffe Heimat und Vaterland überdies beliebig einsetzbar für die Monarchie, NS-Deutschland oder die Republik und ebnete die Kriege als eine Wiederkehr des ewig Gleichen ein. Zu dieser Ontologisierung des Krieges trug besonders die katholische Kirche bei, die diese Denkmäler weihte, sie vor ihren Kirchen aufstellen ließ oder in ihren Friedhöfen beherbergte. Die Kirche bewahrte damit ihren Anspruch auf Zuständigkeit und integrierte die Soldaten gleichzeitig in die traditionelle Totenkultur.[5]

Nicht unerwähnt bleiben sollte, daß der in den Kriegerdenkmälern angelegte Widerspruch erst viel später zu einem öffentlichen Diskussionsgegenstand wurde. Als der vormalige UN-Generalsekretär Kurt Waldheim Mitte der 80er Jahre von der ÖVP als Präsidentschaftskandidat aufgestellt wurde, kam es zu einer Diskussion über seine NS- und Kriegsvergangenheit. Als Oberleutnant der Wehrmacht im Stab der auf dem Balkan tätigen Heeresgruppen in den Partisanenkrieg an zentraler Stelle involviert, wollte Waldheim sich nur sehr lückenhaft erinnern. Die Diskussion wurde vor allem jedoch durch seinen Satz, er habe dort nur seine Pflicht erfüllt, geprägt. Der in den Kriegerdenkmälern seit den 50er Jahren zum Ausdruck kommende unausgesprochene Konsens über die Pflicht zur Verteidigung des Vaterlandes und der Heimat, unabhängig vom herrschenden politischen System oder Staat, funktionierte bei Waldheim nicht mehr klaglos. Waldheims Satz war mit dem mittlerweile auch von der Wissenschaft bereitgestellten Geschichtsbild nicht mehr zur Deckung zu bringen. Wurde von einem Teil der Gesellschaft «Pflichterfüllung» als Erklärung nicht mehr akzeptiert, so stellten die hinter Waldheim stehende ÖVP und er selbst die Angriffe gegen seine Person als eine «von gewissen Kreisen der Ostküste gesteuerte Kampagne gegen Österreich» dar. Die Plakate der

ÖVP mit einer «Jetzt erst recht»-Argumentation waren gelb – in der Farbe von Judensternen – gehalten: Österreich und Waldheim als gemeinsames Opfer einer jüdischen Weltverschwörung. Waldheim wurde übrigens mit 54 Prozent der Stimmen gewählt.

Mit dem Konflikt um Waldheim, dessen Satz von der Pflichterfüllung in paradoxer Weise ganz offen der Opferthese widersprach, ist auch schon angesprochen, daß diese in den 80er Jahren längst nicht mehr konsensfähig war. Das staatsoffizielle Einbekenntnis der Mitschuld der Österreicher an NS-Untaten sollte bald folgen, ohne jedoch Folgen zu haben.

Deutlich wird dies gerade an der Entwicklung der Gedenkstätte Mauthausen.

Die Gedenkstätte hatte 1970 die von ehemaligen Häftlingen seit den 40er Jahren geforderte historische Ausstellung bekommen, die freilich ganz im Zeichen der Opferthese stand. Die Einrichtung der Ausstellung war eine Voraussetzung für jene funktionale, staatlich organisierte Erinnerungspolitik, die die Gedenkstätte Mauthausen seit den 70er Jahren mit der zunehmenden Bedeutung der Zeitgeschichte und der «politischen Bildung» in den Schulen zu dominieren begann. Sie war begleitet von einem massiven Ansteigen der Besucherzahlen, die bis Ende der 80er Jahre auf bis zu 200 000 Personen pro Jahr kletterten.

Als Ende der 80er Jahre vor dem Hintergrund der politischen Umwälzungen in Europa auch eine Debatte über die KZ-Gedenkstätte Mauthausen einsetzte, die sich an den eklatanten organisatorischen, pädagogischen, museumsdidaktischen und wissenschaftlichen Mängeln der Gedenkstätte entzündet hatte, aber vor allem die zentralen Aussagen der Gedenkstätte in Frage stellte, reagierten sowohl die verantwortlichen Stellen – das zuständige Bundesministerium für Inneres – als auch die österreichischen ehemaligen politischen Häftlinge ablehnend. Seither bewegt sich in Mauthausen wenig.

Wie sehr das neue staatliche Bekenntnis zur Mitverantwortung der Österreicher am Nationalsozialismus an der Oberfläche blieb und wie wenig Erinnerung damit hergestellt wurde (und wird), zeigen die neuen Gedenkformen in Mauthausen sehr deutlich: Anstatt Reformen einzuleiten und inhaltliche Korrekturen vorzunehmen, begann die ministerielle Gedenkstättenverwaltung eine Eventkultur zu unterstützen, die an Stelle konkreter Auseinandersetzung mit der Geschichte des Lagers auf Erlebnis und Emotion setzt und Mauthausen so zum konsumierbaren Kulturgut macht, welches man – wie es ein gutgemeinter Werbeprospekt der Österreichischen Bundesbahn empfiehlt – nach einem Besuch der guten Gasthäuser in Mauthausen in eine gemütliche Rundwanderung inkludiert, die als Erlebnishöhepunkt über die Todesstiege zum KZ-Steinbruch führt und danach zur Erholung in ein schönes Biotop. Am Ende wird wieder ein Speiselokal empfohlen.

Der Höhepunkt wurde mit dem Projekt «Mauthausen 2000» erreicht. Die Wiener Philharmoniker spielten unter Sir Simon Rattle ausgerechnet eines der politisch am meisten mißbrauchten Stücke der europäischen Musikgeschichte, Beethovens Neunte, in einem in Hollywoodmanier zum Konzertsaal verwandelten KZ-Steinbruch. Wie sehr der Bedeutungszuwachs von Mauthausen mit einer inhaltlichen Entwertung und Abstrahierung vom historischen Geschehen einhergeht, zeigte nichts deutlicher als die Äußerung des Präsidenten der Philharmoniker, Clemens Hellsberg, der das Projekt «als Zeichen eines hoffnungsfrohen Aufbruchs in ein neues Jahrtausend, als Bekenntnis zur Menschlichkeit an einer Stätte des Grauens» wertete. Diese in hohem Maße unverbindliche Aussage – Menschlichkeit versus Grauen – paßt zur Vorstellung von Mauthausen als einer Spielstätte der besonderen Art, als einem mit Emotion gefüllten Raum, auf den Popkultur mit ihrem Hang zum Sozialkitsch ungern verzichtet. Daß allein die Umwandlung des KZ-Steinbruchs in einen Konzertsaal ein Vielfaches jener Kosten verschlang, die für konkrete Schritte zu einer überfälligen Reform dringend notwendig wären, schien kaum jemanden zu irritieren.

Die nun seit Herbst 2000 vom Innenminister eingeleitete Reform der Gedenkstätte kann als Versuch gewertet werden, der lauter werdenden Kritik Rechnung zu tragen. Sie muß gleichzeitig aber auch als Versuch gesehen werden, der aus einer ÖVP-FPÖ-Koalition bestehenden österreichischen Bundesregierung gerade auf dem Gebiet der Auseinandersetzung mit dem Nationalsozialismus – wie schon bei der Entschädigung für Zwangsarbeiter und bei der Restitution «arisierten» Vermögens – international ein positiveres Image zu geben.

Wie ambivalent das neue Einbekenntnis von Mitschuld der Österreicher ist, wie wenig damit eine konkrete Auseinandersetzung mit den Verbrechen des NS-Systems einhergehen muß bzw. wie sehr die Frage der Externalisierung des Nationalsozialismus immer noch im Hintergrund wirkt, zeigt nicht zuletzt auch die Debatte um Rachel Whitereads Wiener Denkmal für die unter dem NS-Regime ermordeten österreichischen Juden, das Pendant zum Berliner Holocaust-Mahnmal. Die geplante Aufstellung des Denkmals hat zwar so wie das Berliner Denkmal eine große Diskussion ausgelöst, diese konzentrierte sich jedoch vor allem auf Fragen der Ästhetik und des Aufstellungsortes. Die naheliegende Frage, ob mit diesem Denkmal implizit auch die Beteiligung von Österreichern am Mord an den Juden angesprochen werden solle, und wenn, warum nur der ermordeten österreichischen Juden gedacht werden solle, wo doch Österreicher wie Globocnik, Kaltenbrunner oder Stangl zentral an der Ermordung des europäischen Judentums beteiligt waren, ist im Titel des Denkmals ausgeklammert und wurde auch kaum gestellt. Ich halte das für den Hauptgrund, warum gegen die Errichtung des Wiener Denkmals relativ geringer Protest laut wurde und es einer Realisierung sehr viel schneller entgegensah als das Berliner Denkmal.

Hier bin ich nun aber endgültig in der Gegenwart angelangt, vielleicht auch schon in der Zukunft. Beide sind jedoch heute nicht mein Thema.

Zum Schluß drei Feststellungen:

1. In einem Staat, der sich und seine Gesellschaft als Opfer des Nationalsozialismus sah, war für die Erinnerung an die NS-Gewaltverbrechen und die Auseinandersetzung mit der eigenen Verantwortung für diese Verbrechen wenig Platz. Die Erinnerung an die NS-Gewaltverbrechen ist so bis heute nur partiell durchgesetzt worden. Dort wo diese Auseinandersetzung stattfand und das vorherrschende Geschichtsbild in Frage gestellt wurde – sehr früh in der Literatur und seit den 60er Jahren auch in der Geschichtsforschung –, wurde sie lange in der breiten Öffentlichkeit nicht wahrgenommen. Es besteht zwar seit den 80er Jahren eine Kultur der Einräumens von Schuld bis in die Spitzen der Republik; dieses Schuldbekenntnis blieb aber weitgehend abstrakt. (Von der neuen Regierung wird das Schuldbekenntnis mittlerweile, jetzt, wo es um Zahlungen geht, allerdings schon mit der Erwartungshaltung vorgetragen, sich auf internationaler Ebene dafür bestimmte Gegenleistungen erwarten zu dürfen.)

2. Die Opferthese und die geringe Bereitschaft, sich mit den NS-Verbrechen näher auseinanderzusetzen, hat die relativ reibungslose und m. E. unvermeidbare Integration der ehemaligen Nationalsozialisten ermöglicht. Diese konnten zwar die Opferthese mit Verweis auf die Beifallsstürme beim «Anschluß» mehr oder weniger als Geschichtslüge abtun, da sie aber gleichzeitig von den Vorteilen dieser staatlichen Positionierung profitierten – denn ohne Opferthese und Staatsvertrag wohl auch keine wirtschaftliche Erfolgsstory, wie sie die Zweite Republik nun einmal war –, wurden aus ehemaligen Nationalsozialisten auf paradoxe Weise überzeugte Österreicher.

3. Eine Hauptfunktion der Absperrung gegenüber der Erinnerung an die Gewaltverbrechen liegt in der Herstellung nationaler Identität in Abgrenzung zu Deutschland. Diese Herstellung ist bei den nach dem Krieg Geborenen zweifellos gelungen: Österreich wird heute nicht in Frage gestellt wie in der Zwischenkriegszeit. Zu fragen bleibt allerdings, wie es um das politische Bewußtsein einer Gesellschaft bestellt ist, in der die nationale Identität im wesentlichen auf der Absperrung gegenüber der Erinnerung an die NS-Gewaltverbrechen und den österreichischen Anteil daran aufgebaut wurde.

Anmerkungen

1 Garscha, Winfried R.: Entnazifizierung und gerichtliche Ahndung von NS-Verbrechen, in: NS-Herrschaft in Österreich. Ein Handbuch. Hrsg. von Emmerich Tálos/Ernst Hanisch/Wolfgang Neugebauer/Reinhard Sieder, Wien 2000, S. 852–883, hier 877.

2 Vgl. Gedenken und Mahnen in Wien 1934–1945. Gedenkstätten zu Widerstand und Verfolgung, Exil, Befreiung. Eine Dokumentation, Hrsg. vom Dokumentationsarchiv des Österreichischen Widerstandes, Wien 1998, S. 265 f.; Fritz Cremer. Leben – Werke – Schriften – Meinungen, gesammelt und dargestellt von Diether Schmidt, Dresden 1972, S. 63 f.

3 Vgl. Knigge, Volkhard: «Opfer, Tat, Aufstieg». Vom Konzentrationslager Buchenwald zur nationalen Mahn- und Gedenkstätte der DDR. In: Versteinertes Gedenken: das Buchenwalder Mahnmal von 1958, Bd. 1, hrsg. von Volkhard Knigge, Spröda 1997.

4 Vgl. Perz, Bertrand: «Selbst die Sonne schien damals ganz anders ...». Die Entstehung der KZ-Gedenkstätte Mauthausen 1945–1970, in: Uhl, Heidemarie (Hg.): Steinernes Bewußtsein. Die öffentliche Repräsentation staatlicher und nationaler Identität Österreichs in seinen Denkmälern, Bd. 2, Wien–Köln–Weimar 2001.

5 Vgl. Mattl, Siegfried/Stuhlpfarrer, Karl: Abwehr und Inszenierung im Labyrinth der Zweiten Republik, in: NS-Herrschaft in Österreich. Ein Handbuch. Hrsg. von Emmerich Tálos/Ernst Hanisch/Wolfgang Neugebauer/Reinhard Sieder, Wien 2000, S. 910 ff. Vgl. allgemein dazu auch Gärtner, Reinhord/Rosenberger, Sieglinde: Kriegerdenkmäler. Vergangenheit in der Gegenwart, Innsbruck 1991; Riesenfellner, Stefan/Uhl, Heidemarie: Todeszeichen. Zeitgeschichtliche Denkmalkultur, Wien–Köln–Weimar 1994.

Frankreich

Pieter Lagrou

Verbrechen, die während des Zweiten Weltkrieges in Frankreich begangen wurden und denen Bewohner Frankreichs zum Opfer fielen, wurden nicht zu allen Zeiten als nationalsozialistische Verbrechen definiert – sondern als deutsche bzw. faschistische Verbrechen oder als Verbrechen des Vichy-Regimes. Sie wurden auch nicht ausnahmslos «Verbrechen gegen die Menschlichkeit» genannt – eher Kriegsverbrechen oder Akte der Barbarei –, und selbst wenn sie so bezeichnet wurden, deckte sich diese Terminologie nicht immer mit dem genauen Inhalt, den das internationale Recht mit dem heutigen Wortschatz umschreibt. Die Veränderungen in der Terminologie und die Veränderungen im Inhalt, selbst innerhalb eines unveränderten Wortschatzes, werden im Mittelpunkt dieses Berichts stehen. An welche Verbrechen wurde erinnert, und wen identifizierte man als ihre Opfer bzw. als ihre Täter?

Ich werde diesen Bericht um vier zentrale Fragen herum aufbauen: 1) Welchen Stellenwert hatte die Erinnerung an die Verbrechen inmitten der anderen Erinnerungen an den Krieg in Frankreich? 2) Welchen politischen Gebrauch machte man von der Erinnerung an die Verbrechen während der Besatzung? 3) Welche Formen der Erinnerung sollten wir in Betracht ziehen, um das französische Gedenken an die Verbrechen zu bewerten? 4) Wie erfolgreich oder wie adäquat waren einige der kollektiven Formen der Erinnerung an die Kriegsverbrechen, wie haben sie sich herausgebildet, und wie sind sie schließlich verschwunden?[1]

Die erste Frage stellt einen zwangsläufigen Ausgangspunkt dar: Welchen Stellenwert hatten die Erinnerungen an die Kriegsverbrechen gegenüber anderen Erinnerungen an den Krieg im Kampf um öffentliche Aufmerksamkeit und offizielle Anerkennung, sei es durch Gedenktage, Denkmäler oder durch Gesetze, die Reparationszahlungen oder die Einstellung in den öffentlichen Dienst regelten? War der gaullistische Mythos der «erfundenen Ehre», der Mythos eines siegreichen Frankreichs, unablässig in seinem Widerstand gegen den deutschen Feind, nicht unvereinbar mit der Erinnerung an ein Frankreich, das zum Opfer wurde, oder, noch schlimmer, an ein Frankreich, das sein eigenes Schreckens- und Verfolgungsregime unter deutschen Fittichen organisiert hat? Gab es nicht in Verbindung mit der Absage an Vichy auch eine Absage an das öffentliche Gedenken der Verbrechen, die während der Besatzung verübt worden waren – Verbrechen, die die Republik ihrer Legitimation beraubten, Frankreich demütigten, die nationale Komplizenschaft mit dem Besatzer vor Augen führten und den sozialen Zusammenhalt brüchig machten? Die Antwort ist eindeutig: Durch die gesamte Nachkriegsgeschichte hindurch, in den 1940er und 50er Jahren nicht weniger als in den 1980er und 90er Jahren, standen die Verbrechen der Kriegszeit im Mittelpunkt der öffentlichen Erinnerung an den Zweiten Weltkrieg in Frankreich, dessenungeachtet, was die offiziellen und triumphierenden Diskussionen glauben machen könnten. Ihre Darstellung war allerdings eine ganz besondere: Sie stand im Zentrum einer heftigen Kontroverse über die Interpretation des Kriegserbes, folgte speziellen politischen und gesellschaftlichen Bedürfnissen und war einem andauernden Wandel unterworfen.

Der erste offenkundige Grund für die Wichtigkeit der Erinnerung an die Kriegsverbrechen ist die Statistik. Die Kartographie des Massensterbens im besetzten Westeuropa im Zweiten Weltkrieg war nicht mit den traditionellen Ritualen der nationalen Trauer in Übereinstimmung zu bringen.[2] Die gesamte mit dem Krieg verbundene Sterblichkeit in Frankreich war nicht nur etwa viermal niedriger als im Ersten Weltkrieg, sie war auch ganz anders verteilt. Militärische Todesfälle machten nur ein Drittel der gesamten Sterberate aus, und von den verbleibenden zwei Dritteln ziviler Toter fiel die Hälfte einem Tod zum Opfer, der als verbrecherisch eingestuft wurde: politischer Verfolgung, Unterdrückung des Widerstandes, Erschießungen zur Vergeltung und, vor allem anderen, dem Völkermord (der für einen von sechs Todesfällen in Zusammenhang mit dem Krieg in Frankreich verantwortlich war). Die Situation in Frankreich stellt unter den besetzten Ländern Westeuropas jedoch keine Ausnahme dar. In den Niederlanden, wo die Hälfte der 200 000 Opfer des Völkermordes im besetzten Westeuropa zu Hause war, ist der Genozid für 55 Prozent aller mit dem Krieg zusammenhängenden Sterbefälle verantwortlich. In Belgien ist der Anteil der Opfer des Völkermordes ebenfalls beträchtlich höher als in Frankreich, und nur in Norwegen und Dänemark sind die Zahlen deutlich niedriger.

Der Krieg im besetzten Westeuropa in den Jahren 1939–1945 widersetzte sich aus verschiedenen Gründen der Darstellung. Einige der wichtigsten Ordnungselemente in der traditionellen Darstellung von Kriegen hatten ihre Bedeutung verloren: die reguläre Armee und zusammen mit ihr der Soldat, der bereitwilliger Teilnehmer an der Gewalt des Krieges war, legitimiert durch die Aufgabe, die ihm der Staat übertragen hatte; die Vorstellung von Frontlinie und Schlachtfeld und damit verbunden die geographische Verortung des Todes im Krieg sowie die Möglichkeit, kollektive Gräber zu schaffen, deren Bedeutung sich auf Ereignisse, auf gewonnene oder verlorene Schlachten bezieht. Das Gewicht von Verfolgung, Deportation und Mord in der Kriegserfahrung stellte die überkommenen Methoden, dem Tod im Krieg einen Sinn zu geben, in Frage. Diese Gewalt wurde von unvergleichlich weniger Individuen selbst miterlebt als die Gewalt in den Schützengräben. Konzentriert auf dezimierte Gemeinden, war sie nicht Bestandteil der Erfahrung einer riesigen Mehrheit, da sie weder in den Horizont ihrer Verwandtschaftsbeziehungen einbrach noch in den optischen Horizont dessen, was sie mit ihren eigenen Augen sehen konnten. Dies wurde letztendlich zur Herausforderung für die Nation, indem es den Rahmen für die Darstellung und die Deutung des Krieges definierte. In den besiegten Ländern Westeuropas hatte die Nation im Krieg versagt; nur eine Minderheit der Kriegstoten starb bei ihrer Verteidigung oder Rückeroberung; das Massensterben war keine nationale, sondern eine sehr fragmentierte Erfahrung gewesen.

Die nationale, republikanische Tradition der Erinnerung und, darüber hinaus, der traditionelle Umgang mit den Folgen moderner Kriegsführung, die nach 1918 vorherrschend gewesen waren, konnten nach 1945 nicht einfach wieder in Kraft gesetzt werden. Gleichzeitig waren aber die Verweise auf den Großen Krieg unausweichlich, und Darstellungen des Zweiten Weltkrieges erfolgten zwangsläufig in Anlehnung an diesen ersten paradigmatischen Weltkrieg. Nach 1945 mußten die Heraufbeschwörung des jüngsten Krieges, die Methoden, mit denen man eine Gewalt zeigte, die zum großen Teil der Erfahrung der Zeitgenossen entzogen gewesen war, notgedrungen Verweise sein, da sie dieselbe Sprache und dieselben Rituale benutzten, da sie in die Funktionsweise des Apparats gesellschaftlicher Erinnerung eingebunden waren. Dies reichte von der Geselligkeit der Veteranenorganisationen bis hin zur Gesetzgebung,

Verwaltung und sogar zu konkreten Gebäuden für die Betreuung der Kriegsversehrten.

In der Folge wurde in Westeuropa eine Gewalt, die eigentlich nicht «kollektiv» gewesen war, d.h. nicht alle Bevölkerungsgruppen in gleicher Weise getroffen hatte, in hohem Maße in der Erinnerung «kollektiviert». Der Massentod und die Metapher der Front waren die vorherrschenden Formen der Erinnerung in Frankreich und bis zu einem gewissen Grad auch in Ländern wie den Niederlanden, Dänemark und Norwegen, die am Ersten Weltkrieg nicht teilgenommen hatten. Dieses Mal bestand die Herausforderung für die Nachkriegsgesellschaft nicht in dem Ausmaß der Gewalt, die sie durchgemacht hatte, sondern in deren hochselektiver Natur. Die entscheidende Frage war: Wie konnte man wieder eine Gemeinschaft aufbauen, wie konnte man eine gemeinsame Erfahrung erfinden, um diese unterbrochene Vergangenheit zu ersetzen. Die Antwort der Gedenkenden auf diese höchst selektive Gewalt sollte ein höchst selektives Gedenken sein, bei dem bestimmte Erfahrungen, bestimmte Gruppen und bestimmte Symbole als Gemeingut angesehen wurden, als charakteristisch für eine «nationale» Erfahrung. Diese metaphorische Erinnerung – ein *pars pro toto* – propagierte gemeinsame Symbole für ein Leiden, das alles andere als gemeinsam gewesen war.

Man etablierte praktisch sofort ein einheitliches Gedenken an den Widerstand. Rituale, die aus dem militärischen Umfeld stammten – Flaggen, Paraden, Denkmäler für den unbekannten Soldaten – und den Sieg durch die Schlacht feierten, konnten jedoch im Kontext der Zeit nach 1945 nicht wirklich überzeugen, so daß die Widerstandsgruppierungen innerhalb von Monaten viel von ihrer Fähigkeit einbüßten, als nationales *milieu de mémoire* zu dienen, als stellvertretende Fahnenträger der nationalen Erinnerung.

In der zweiten Hälfte der 1940er und in den 1950er Jahren ist eine andere und mächtigere Erinnerung auf dem Vormarsch: die «Erinnerung an die Lager». Das Entsetzen über das Blutbad und die Bilder der skelettartigen Überlebenden provozierten nicht nur einen ähnlich eindrucksvollen Schock wie das Schlachten in den Schützengräben, sondern erlaubten auch ein anderes patriotisches Gedenken. Unter den zurückkehrenden Überlebenden der Konzentrationslager stellten die verhafteten Widerstandskämpfer und politischen Gegner eine neue Generation von *Poilus* in einem neuen Krieg von grenzenloser Brutalität und Heldenhaftigkeit dar. Die

Symbole ihrer extremen Erfahrung – Stacheldrahtzaun, Lagerbaracken, Menschen, die in Güterwaggons gepackt waren, Gefängnisuniformen, rasierte Köpfe, SS-Gefängniswachen, Hunde und Wachtürme – formten eine machtvolle Sprache, die die Kriegserfahrung *tout court* ausdrückte – inklusive der Erfahrung jener Bevölkerungsgruppen, in deren individuellem Lebenslauf nichts von all diesem enthalten war. Broschüren, Bestseller-Berichte von Überlebenden, öffentliche Lesungen, Denkmäler und sogar Wanderausstellungen mit spektakulären Rekonstruktionen von Lagerbaracken und Viehwaggons, die zur Deportation dienten, durchdrangen die französische Nachkriegsgesellschaft mit dem Bild dieses *univers concentrationnaire*.

Die ersten, die sich diese Symbolsprache von Horror und Heldentum aneigneten, waren die Kriegsgefangenen und die Zwangsarbeiter. Sie strebten danach, in die Aura des unvergleichlichen Leidens und des Patriotismus, die die heldenhaften Überlebenden der Lager umgab, einbezogen zu werden. Die Gedenkveranstaltungen, die eine direkte Verbindung zwischen dem Schrecken der «Deportation» und dem Schrecken des großen Krieges zogen, waren mindestens ebenso einflußreich wie diejenigen, die eine Verbindung zwischen dem Sieg von 1918 und dem «Sieg» der Résistance 1945 zogen. Sprache und Symbolik der «Deportation» lösten allmählich die früheren Erinnerungen ab, die sich auf die Résistance konzentrierten. Die politische Kontroverse und die allgemeine Skepsis hatten den Nimbus der Résistance-Kämpfer als unvermutete Helden abgewertet. Die Erinnerung an die Résistance und die Erinnerung an die Deportation sind in ihrer öffentlichen Darstellung faktisch verschmolzen. Einerseits waren die unbestrittenen Helden der Résistance diejenigen, die ihr Heldentum mit der Deportation in Nazi-Lager bewiesen und bezahlt hatten. Andererseits wurden alle Überlebenden der Lager als Helden des Widerstands präsentiert, deren Deportation die Konsequenz ihrer patriotischen oder wenigstens antifaschistischen Ansichten und Aktivitäten war. Dies beinhaltete die Marginalisierung der «geringeren Märtyrer», die zuvor den Anspruch erhoben hatten, Teil des *univers de la déportation* zu sein: der Kriegsgefangenen und ganz besonders der Zwangsarbeiter. Dies beinhaltete auch den Ausschluß aus oder die Assimilation mit den Antifaschisten und Patrioten für alle anderen Opfer der Naziverfolgung und besonders für die jüdischen Überlebenden des Völkermords. In den frühen 1950er Jahren bilden die Organisationen der «Deportierten», die sich sowohl als Helden des nationalen Widerstands als auch als Märtyrer aufgrund der Verfolgung durch die Nationalsozialisten hinstellten, das einzige offiziell anerkannte, allgemein respektierte *milieu de mémoire* des Zweiten Weltkriegs im befreiten Westeuropa.

In den 1950er und 60er Jahren wurde «Deportation» zu einer kulturellen Ikone mit einer festgelegten Symbolik, die sich in Denkmälern, Ritualen, Ausstellungen und Publikationen zeigte. Diese waren seltsame historische Konstruktionen und schufen ein wirres Bild von den nationalen Helden, die Opfer des absoluten Terrors der Nationalsozialisten gewesen sind. Zwangsarbeiter und Kriegsgefangene waren aus diesem exklusiven *univers concentrationnaire* ausgeschlossen. Juden, für deren systematische Vernichtung die Gaskammern hauptsächlich geschaffen wurden, gehörten eher dazu. Die Metapher, das *pars pro toto*, wurde auf eine enge Konstruktion des nationalen Märtyrertums reduziert, auf den kleinsten gemeinsamen Nenner der vielfältigen nationalen Erfahrungen während des Krieges. Das axiomatische Bekenntnis, daß der Krieg ein kollektives Martyrium gewesen sei, hatte seinen Ausdruck im formalisierten Symbolismus der «Deportation» gefunden, unter der die Besten der Nation am meisten gelitten hatten.

Soviel zur Bedeutung der Erinnerung an die Verbrechen der Kriegszeit, so befremdlich ihre Konstruktion auch gewesen sein mag, und weiter zu unserer zweiten Frage nach der politischen Verwendung, die das Gedenken an die Verbrechen fand. Frankreich hatte wie die anderen besetzten Länder nach 1945 den moralischen Trost, die Kriegsverbrechen ausschließlich den deutschen Besatzern zuschreiben zu können. «Deportation» erleichterte diesen Mechanismus noch, da die überwiegende Mehrheit der Morde weder auf französischem Boden noch von französischen Staatsangehörigen oder Agenten des französischen Staates verübt worden waren. Wie verzwickt die Frage der französischen Komplizenschaft an den Verbrechen auch sein mochte, ihr offensichtlicher Rahmen und ihre notwendige Voraussetzung waren die deutsche Invasion und Besatzung sowie der deutsche Plan zum Völkermord, den der Besatzer in völliger Unabhängigkeit ausgearbeitet hatte. An die Verbrechen der Kriegszeit zu erinnern, konnte daher auch ein Mittel sein, den ehemaligen Feind anzuklagen, Kompensation zu verlangen und sich selbst von Schuld freizusprechen. Mit Beginn des Kalten Krieges, der französisch-deutschen Aussöhnung und der europäischen Integration nahmen dann aber nur noch politische Akteure an den Rändern der politischen Landkarte Frankreichs, vornehmlich aus der Kommunistischen Partei, zu dieser Strategie Zuflucht.

Als Ergebnis war der politische Gebrauch der Erinnerung an die Kriegsverbrechen zuallererst von internen politischen Debatten angetrieben. Die französische politische Erinnerung an die Besatzungszeit wird üblicherweise als vom Gegensatz zwischen einer gaullistischen und einer kommunistischen Erinnerung geprägt dargestellt. Die gaullistische Erinnerung, die der Wiedererrichtung französischer Größe dienen sollte, war elitär und abstrakt. Sie gedachte des außergewöhnlichen Mutes und der Vision heroischer Einzelner – wie z. B. der tausend *compagnons de la libération*, der fünfzehn emblematischen Soldaten des Denkmals auf dem *Mont Valérien* oder der einzelnen verhafteten, deportierten oder hingerichteten Widerstandskämpfer. Den Zweiten Weltkrieg rief man als andauernden militärischen Konflikt ins Gedächtnis und überdeckte damit die wichtigste Erfahrung der französischen Gesellschaft, nämlich die Besatzung, sowie die Zeit der geographischen Abtrennung von den wichtigsten Kriegsschauplätzen, die Niederlage und Vichy. Die Verbrechen der Nazis konnten in diese Erzählung nur insoweit integriert werden, als sie zum Heldentum der gemarterten Kämpfer beitrugen. De Gaulle mißbilligte alle Anzeichen einer in der Gesellschaft verkörperten Erinnerung sowie die Wirklichkeiten, die diese wachriefen: die Versorgung der Veteranen und Kriegsversehrten, die Organisationen der Kriegsgefangenen, der eingezogenen Zwangsarbeiter, der Veteranen der Résistance und der Opfer von Verfolgung. Die Kommunistische Partei dagegen identifizierte sich stark mit der verkörperten Erinnerung im *milieu de mémoire*. Kriegsgefangene und Zwangsarbeiter, Veteranen der Résistance und Opfer der Verfolgung gehörten alle der großen antifaschistischen Familie an, in der die Partei gegenwärtig und historisch eine zentrale Rolle spielte und in der Märtyrertum und Heldentum, Opfer und Veteranen sich mischten und brüderlich das Erbe des Sieges über den Faschismus, die Reaktion und über Vichy teilten. Nachdem sie selbst ein wichtiges Ziel der Verfolgung gewesen war, engagierte sich die Partei besonders für die Sache aller Opfer der Verfolgung in einem sehr umfassenden Sinne, da alle Opfer des Faschismus per se als antifaschistische Kämpfer und ehrenwerte Mitglieder der antifaschistischen Familie galten.

Das Zusammentreffen beider Narrative und ihr Bemühen, sich durch Gedenktage (11. November oder 8. Mai, 18. Juni oder 10. Juli), Denkmäler und Gedenkstätten (Mont Valérien oder Chateaubriand), durch Gesetze sowie durch die politische Kontrolle von Organisationen aufzuzwingen, beanspruchte einen breiten Raum der öffentlichen Diskussion in der zweiten Hälfte der 1940er Jahre. Auf lange Sicht hingegen waren die gaullistische und die kommunistische Erinnerung bei weitem nicht so dominant, wie es oft dargestellt wird. De Gaulle trat im Januar 1946 von der Macht ab, die kommunistische Partei im Mai 1947. Obgleich die Agenda der Erinnerung eine ihrer bevorzugten Oppositionstaktiken bleiben sollte – sie betonte den ungebrochenen Widerstand der Kräfte mit der größten historischen Legitimität, ungeschwächt von politischen Nachkriegskompromissen –, bekam in den 1950ern die politische Mitte die Oberhand und gewann in der Frage der Behandlung des Kriegserbes die öffentliche Initiative zurück. Nach den turbulenten Auseinandersetzungen der ersten Nachkriegsjahre, denen mit dem Ausbruch des Kalten Krieges eine umfassende Reorganisation der gesellschaftlichen und politischen Landschaft folgte, waren die 1950er eine Phase der Konsolidierung und des Konsenses. Amnestiegesetze, die neue Freundschaft mit Deutschland und besonders die öffentliche Kontroverse über die Europäische Verteidigungsunion, die beide von der politischen Opposition abgelehnt wurden, zwangen die Regierungen der Vierten Republik zu einer Gegenoffensive in puncto Erinnerung. Die förmliche Verankerung des Gedenkens an die «Deportation» als Ikone, die oben beschrieben wurde, stand im Mittelpunkt der Erinnerungspolitik der Regierungskoalition. Das schloß 1952 die Ausrufung eines nationalen «Tages der Deportation» am letzten Sonntag im April und den Bau eines Nationaldenkmals an der Spitze der Ile de la Cité im historischen Zentrum von Paris ein. Obwohl dieses letzte Denkmal erst 1961 von Charles de Gaulle – der in der Zwischenzeit Präsident geworden war – eingeweiht wurde, waren beide erkennbar Ergebnisse einer neuen, einvernehmlichen Erinnerung, die die Naziverbrechen als Alternative zur Militanz der gaullistischen und kommunistischen Erinnerung in ein neues Ritual faßte. Mit der Gründung der Fünften Republik und der Rückkehr de Gaulles formte sich ein neues Gedenken an den Krieg, das auch eine theatralische Rückkehr zur Rhetorik der Résistance mit einschloß. Dennoch war eine einvernehmliche und abstrakte Erinnerung an die Naziverbrechen problemlos mit dem erneuerten Patriotismus der entstehenden Fünften Republik vereinbar. Sie sollte sogar den Untergang der patriotischen Mythen bei weitem überleben.

Das bringt uns zu unserer dritten Frage nach den Formen der Erinnerung. Die Erinnerungskriege der 1940er und 50er Jahre drehten sich nicht nur um Schulbücher und Lehrpläne, Denkmäler und offizielle Gedenkveranstaltungen, sondern auch um Gesundheitsversorgung und soziale Anerkennung, Arbeitsplätze und Staatsbürgerschaft. Unter dem scheinbaren Konsens über die Konturen eines patriotischen *univers concentrationnaire* spielte sich eine gewaltsame Auseinandersetzung um den Einschluß oder Ausschluß verschiedener Gruppen von Opfern und vor allem um die Stellung der jüdischen Opfer des Genozids ab. Die typischen Vertreter des traditionellen Patriotismus verteidigten eine ausschließende patriotische Definition des Veteranen, dessen Verdienst in seiner Verteidigung des Vaterlandes lag. Nationale Ehre mußte auf eine kämpfende Elite beschränkt bleiben. Es lagen Welten zwischen dem nationalen Märtyrer, der für die Sache des Vaterlandes gestorben war, und dem zufälligen Opfer. Aus Sicht der traditionellen Patrioten verdienten die Opfer des Genozids keinerlei nationale Anerkennung. Sie richteten eigene Organisationen und eigene Gedenkveranstaltungen ein und kämpften für eine eigenständige rechtliche Anerkennung mit eigenen, höheren Ansprüchen auf finanzielle Entschädigung und andere materielle und symbolische Zuwendungen. Ihre erklärte Feindschaft gegenüber dem «antifaschistischen Amalgam» aus verschiedenartigen Opfern und zweifelhaften Helden war nicht immer frei von antisemitischen Anklängen. «Antifaschistische Organisationen» wiederum, die oft, aber nicht immer von der kommunistischen Partei kontrolliert wurden, verteidigten ausdrücklich die Rechte der jüdischen Opfer, was nicht auf einer Anerkennung der Einzigartigkeit ihrer Erfahrung gründete, sondern auf ihrer Zugehörigkeit zur großen antifaschistischen Familie. Nichtsdestoweniger war die Kampagne, mit der man die Erinnerung an die Opfer der deutschen Besatzung und des Vichy-Regimes in Ehren halten wollte und diesen eine besonderes Anrecht auf nationale Anerkennung zusprach, eine Umkehrung der patriotischen Stereotypen und eine grundlegende Neuerung des französischen Patriotismus. Schließlich repräsentierten diese, was Vichy als das *Anti-France* definiert hatte: «Bolschewiken», Juden, Ausländer, Freimaurer und Terroristen, womöglich noch vereint in einer einzigen Person.

Seit die *levée en masse* Untertanen in Bürger verwandelt hatte, wurde die Zugehörigkeit zur Staatsgemeinschaft in Frankreich über den gemeinsamen Kampf definiert. Dies gehörte zu den Rechtfertigungen, warum man Frauen politische Rechte verweigerte. Es bildete den Kern der Dreyfus-Affäre (wäre Dreyfus ein Lebensmittelhändler gewesen statt Hauptmann der französischen Armee, hätte es niemals eine Affäre gegeben). Die Beteiligung der Massen am Kampf im Ersten Weltkrieg zog den Anspruch dieser Massen auf politische Teilhabe nach 1918 nach sich. Die Definition, wer nach 1945 als «Kämpfer» und Märtyrer angesehen werden konnte, definierte daher gleichzeitig die Grenzen der Staatsgemeinschaft.

Die Erwähnung von «Agenten» im Zusammenhang mit der Diskussion über kollektive Erinnerung ist, vor allem in diesem Fall, mehr als nur eine modische Laune. Gesetze, die Reparationszahlungen oder den Zugang zur Staatsbürgerschaft regelten, soziale Organisationen, die Unterstützung und Solidarität offerierten, einfache Geselligkeit und gemeinsame Narrative ihrer traumatischen Vergangenheit, betrafen Zehntausende von Menschen. Das umfaßte nicht nur die mutmaßlichen Mitglieder der großen antifaschistischen Familie, sondern besonders auch die französische jüdische Gemeinde. Anders als im Nachkriegsdeutschland, in den Niederlanden und zunehmend auch in Polen beschäftigte sich die französische Gesellschaft mit dem historischen Vermächtnis des Genozids nicht in Abwesenheit der betroffenen Gemeinschaft, da Frankreich die größte jüdische Gemeinde Europas beheimatete, eine Gemeinde, die sich zudem durch die Einwanderung zahlreicher nordafrikanischer Juden zwischen 1956 und 1962 verdoppeln sollte.[3] Auch wenn die Kolonialkriege für deren Erfahrung viel wichtiger waren als die Ereignisse des Zweiten Weltkrieges auf seiner europäischen Bühne, so waren es doch das Erbe des nationalsozialistischen Völkermords und die französische Beteiligung daran, die die Bedingungen des Zusammenlebens ihrer beiden Identitäten als Juden und als französische Bürger bestimmten.

Das *univers concentrationnaire* verdeckte die einzigartige Natur des Genozids, der sich von den verschiedenen Verfolgungsmethoden, die die deutschen Besatzer und das Vichy-Regime praktizierten, unterschied. Dadurch verweigerte es dem besonders tragischen Schicksal der jüdischen Gemeinde die Anerkennung. Die Anerkennung der Einzigartigkeit war allerdings nicht ihr dringendster Wunsch. Das antifaschistische Narrativ war zwar historisch wenig zutreffend, verhalf aber doch den Überlebenden des Genozids zur Integration in die französische Gesellschaft, indem es gesellschaftliche Legitimität und ein Gefühl von Zweck, Anerkennung und materieller Hilfe schuf. Das «antifaschistische Amalgam» wurde vielen Überlebenden nicht so sehr aufgezwungen, sondern von ihnen, mangels anderer Formen der Anerkennung und angesichts des Ausschlusses der Opfer des Genozids aus der traditionellen patriotischen Erinnerung, begrüßt und verinnerlicht, als Strategie zur Wiedereingliederung und als Identität. Das Beispiel der Niederlande, wo enge patriotische Erinnerungen die Oberhand gewannen und wo Regierung und Gesellschaft – mit Ausnahme der geächteten kommunistischen Partei – den Überlebenden des Genozids bis in die 1970er Jahre hinein jede Form der Anerkennung oder Unterstützung vorenthielten, oder das Beispiel Belgiens, wo eine solche Anerkennung auf die kleine Minderheit von belgischen Staatsbürgern unter den meist zugewanderten Opfern des Genozids beschränkt war, unterstreichen die Wichtigkeit dieses Punkts. Letzten Endes stand in den Nachkriegsjahren die soziale Gerechtigkeit mehr auf dem Spiel als die historische Wahrheit.

Das bringt uns zu unserer vierten und letzten Frage. Die historischen Formen der Erinnerung an die Verbrechen der Kriegszeit, die ich zu beschreiben versucht habe, sind überlebt. Die Darstellung eines *univers concentrationnaire*, einer nationalen Gemeinschaft des Leidens und des Heldentums, bildete das Funktionsprinzip der Organisationen der Überlebenden, der Denkmäler und Gesetze, der Memoiren und Gedenktage über mehr als dreißig Jahre hinweg und behielt bis in die 1980er Jahre hinein eine gewisse Anziehungskraft. Dadurch überlebte sie sicher andere kollektive Mythen wie den von der in der Résistance vereinten Nation. Während jedoch die Erinnerung, die auf ein ökumenisches *univers concentrationnaire* aufgebaut war, immerhin ein gewisses Maß an sozialer Gerechtigkeit produzierte, bewirkte sie auch eine Entfremdung zwischen dem öffentlichen Diskurs und der privaten Erinnerung. Konstruiert als eine eigentümliche Kombination aus unbeschreiblichem Schrecken und unerschütterlichem Heldentum, stellte das *univers concentrationnaire* eine entlegene Abstraktion dar, in der kaum einer der Zeitgenossen, die meisten Opfer der Naziverfolgung eingeschlossen, seine persönlichen Erfahrungen wiedererkennen konnte. Das öffentliche Gedenken auf der Ebene von Denkmälern, Organisationen und Debatten widersprach oft den privaten Erinnerungen und stellte deren Authentizität in Frage. Das Aufkommen eines Gedenkens speziell an den Genozid erschütterte seit den frühen 1970er Jahren die Vorstellung von einer «gemeinsamen Erfahrung», von einem geteilten nationalen Schicksal.

Das Aufkommen eines Gedenkens an den Genozid als eigenständiges Ereignis, das sich von dem Kontext der «normalen Verfolgung» abhob, der die antifaschistische und nationale Erinnerung galt, ist Teil größerer Umwälzungen in den westeuropäischen Gesellschaften, die darzulegen den Rahmen dieses kurzen Berichts übersteigen würden. Dazu gehören allmähliche Prozesse wie der Niedergang universalistischer Ideologien, verkörpert in der Figur des Kämpfers, und der Aufstieg der Identitätspolitik, verkörpert in der Figur des Opfers. Darunter sind auch ganz konkrete Ereignisse mit globalen Auswirkungen, wie z. B. der Sechs-Tage-Krieg 1967 und die antisemitischen Säuberungen in Polen 1968 – Ereignisse, die die wachsende Unvereinbarkeit zwischen jüdischen und kommunistischen Interessen aufzeigten und diese Union schließlich auseinanderbrechen ließen. Daß der Mythos vom *univers concentrationnaire* zu diesem Zeitpunkt noch nicht völlig untergegangen war, hängt jedoch mit dem einschließenden Charakter der gesellschaftlichen Erinnerungen an die Naziverbrechen in Frankreich zusammen. In den Niederlanden z. B. war die offizielle Verbannung der Opfer des Genozids aus den offiziellen Formen des Erinnerns seit der Mitte der 1960er Jahre ins Kreuzfeuer der Kritik geraten. Das geschah nach dem Frankfurter Prozeß, nach der Ausstrahlung einer großen Fernsehdokumentation über den Holocaust in den Niederlanden 1964 und nach einer wachsenden Kontroverse über die Weigerung der Niederlande, sich an der internationalen Auschwitz-Gedenkstätte zu beteiligen. Die nationale Erforschung der Vernichtung des niederländischen Judentums in den folgenden Jahrzehnten wurde zu einer nationalen Obession mit abstrakten Untertönen. Die Hineinnahme der französischen Überlebenden des Genozids in das lautstarke *milieu de mémoire*, in den Erinnerungsdiskurs und die Nachkriegsgesetzgebung haben diesen Prozeß sicherlich verzögert.

Dennoch verdienen die öffentlichen Erinnerungen an die Naziverbrechen in Frankreich nach 1945 es nicht – verglichen mit dem Fall Holland, wo eine sehr gespaltene Gesellschaft die Vernichtung ihrer jüdischen Gemeinde mehr als zwei Jahrzehnte zu ignorieren beschloß, um dann plötzlich vor der Wahrheit aufzuwachen –, zu behaupten, sie hätten nur die französische Mittäterschaft am Genozid zudecken wollen. Wenn auch die politische Instrumentalisierung der Erinnerung an die Naziverbrechen offensichtlich war, und wenn auch der besondere Charakter des jüdischen Leidens nur teilweise gewürdigt wurde, so verhalf die Diskussion über den Ausschluß, den Einschluß oder die Assimilation der jüdischen Opfer in den nationalen und den antifaschistischen Diskurs nicht nur den Opfern zu einem gewissen Maß an sozialer Gerechtigkeit. Die Konversion des *Anti-France* in ein anerkanntes *milieu de mémoire* trug auch dazu bei, den französischen Patriotismus in einen vielfältigeren und toleranteren Glauben zu verwandeln.

Aus dem Englischen von Simone Gundi

Anmerkungen

1 Die Thesen dieses Berichts sind in voller Länge ausgearbeitet in Lagrou, Pieter: The Legacy of Nazi Occupation. Patriotic Memory and National Recovery in Western Europe 1945–1965, Cambridge 2000.

2 Vgl. Lagrou, Pieter: The Nationalisation of Victimhood. Selective Violence and National Grief in Western Europe 1940–1960, in: Bessel, Richard/Schumann, Dirk (Hg.): Violence and Normality. Approaches to a Cultural and Social History of Europa during the 1940s and 1950s, in Vorbereitung.

3 Vgl. Grynberg, Anne: Après la tourmente, in: Becker, Jean-Jacques/Wieviorka, Annette (Hg.): Les Juifs de France de la Révolution française à nos jours, Paris 1998, S. 267–276; und Abitol, Michel: La cinquième République et l'accueil des Juifs d'Afrique du Nord, in: ebd., S. 287–327.

Polen

Edmund Dmitrów

Erst mit Blick auf die Folgen des Zweiten Weltkrieges wird deutlich, warum die Zeit von 1939 bis 1945 in den darauffolgenden fünfzig Jahren von so großer Bedeutung für die Polen war und weshalb sie auch weiterhin eines der wichtigsten Elemente der polnischen Nationaltradition darstellt. Diese Kriegsfolgen können hier nur aufgelistet werden:

- nahezu 6 Millionen polnische Staatsbürger, die durch den Krieg ihr Leben verloren (darunter etwa 3 Millionen polnische Juden);
- eine tiefgreifende Verschlechterung des körperlichen und psychischen Gesundheitszustandes der Gesellschaft;
- ungeheuere materielle Verluste sowie die Vernichtung eines beträchtlichen Teils des kulturellen Erbes;
- Verschiebung der Staatsgrenzen (Verlust eines Viertels des Gesamtterritoriums) und damit verbundene Umsiedlungen (darunter Zwangsaussiedlungen und Vertreibungen) von Millionen von Menschen, insbesondere von Polen und Deutschen;
- Verlust der Souveränität und die erzwungene Einführung des kommunistischen Systems infolge der Eingliederung Polens in die sowjetische Einflußsphäre, was einerseits neue Opfer mit sich brachte und andererseits für 45 Jahre eine Entwicklung nach den Standards der westeuropäischen Zivilisation verhinderte.

Die deutsche Besatzungspolitik in Polen war von der Bevölkerung als so starkes Unrecht empfunden worden, daß die Hoffnung auf einen Sieg der Gerechtigkeit zu einem wichtigen Überlebensfaktor wurde. Besonders die Widerstandsbewegung bemühte sich, diese Hoffnung aufrechtzuerhalten, und sammelte Beweismaterial für eine gerechte Bestrafung der Kriegsverbrecher. Im Untergrund wurde eine eigene Gerichtsbarkeit organisiert, die die Verbrechen deutscher Funktionäre des Besatzungsapparates sowie ihrer polnischen Helfer untersuchte.[1] Die polnische Exilregierung versuchte ihrerseits, dem Problem der Bestrafung der Kriegsverbrecher die entsprechende völkerrechtliche Bedeutung zu verleihen.

1944 begannen in dem von der deutschen Okkupation befreiten Teil des Landes Staatsanwälte und Gerichte ihre Tätigkeit, die von den kommunistischen Behörden unter der Aufsicht sowjetischer Berater organisiert wurden. Wenn sich die Kommunisten für eine Verfolgung und Bestrafung der Kriegsverbrecher und Kollaborateure aussprachen, konnten sie sich lautstark auf den Willen des Volkes berufen. Gleichzeitig schmiedeten sie die Aktivitäten auf diesem Gebiet zu einem Werkzeug der Festigung ihrer Macht um.

Versuche, die Tätigkeit der Gerichte statistisch zu erfassen, stoßen immer wieder auf Schwierigkeiten, da die Quellen nur unvollständig überliefert sind und das Justizwesen selbst in den Kampf mit dem sogenannten reaktionären Untergrund verstrickt war. Dies stellt die Richtigkeit vieler damals gefällter Urteile heute in Frage. Die in der Literatur genannten Zahlen der aufgrund des sogenannten Augustdekrets[2] in den Jahren 1944–1949 verurteilten Personen reichen von zehn- bis fast zwanzigtausend – darunter etwa 5500 deutscher Abstammung[3].

Die Beurteilung der Haltungen in der Okkupationszeit sowie der Geschichte der Nachkriegsabrechnung mit der Kollaboration wird bis heute kontrovers diskutiert.[4] Daran war die «von oben» gesteuerte Instrumentalisierung dieser Problematik mit schuld, die übrigens auch nach dem politischen Tauwetter von 1956 weitergeführt wurde. In dieser Zeit traten zudem opportunistische Rücksichten stärker in den Vordergrund, die den Behörden nahelegten, solche Fragen eher ruhen zu lassen. Von größerer Bedeutung waren die Aufrechterhaltung der angespannten inneren Ruhe und der ständige Verdacht, es mit neuen Manipulationen zu tun zu haben. Gleichzeitig gab es auch Tendenzen, jene Erfahrungen aus dem kollektiven Gedächtnis zu verdrängen, die nicht zu dem Bild Polens als «Land ohne Quisling» paßten. Grundsätzlich entsprach diese Bezeichnung der Wahrheit: In Polen gab es während der deutschen Okkupationszeit weder eine Kollaborationsregierung noch auf seiten des «Dritten Reiches» kämpfende militärische Verbände. Gleichzeitig verbarg sich dahinter jedoch ein idealisiertes Geschichtsbild. Es wurden zwar Versuche unternommen, persönliche Haltungen während des Krieges – insbesondere im Künstlermilieu[5] – nach wissenschaftlichen Kriterien zu beurteilen, aber generell wurde das Kollaborationsthema in der polnischen Historiographie nur selten aufgegriffen.

Die Kommunisten, die sich anschickten, die Macht an sich zu reißen, verübten zugleich eine Art Anschlag auf die historischen Traditionen. Das wichtigste Angriffsfeld stellte die Geschichte des Zweiten Weltkrieges dar. Sie griffen die polnische Exilregierung sowie die ihr unterstehenden Strukturen im besetzten Polen scharf an. Es ging ihnen darum, die Übereinstimmung der politischen und militärischen Konzeptionen des Exils mit den nationalen Interessen zu negieren, ihre Errungenschaften und Verdienste im Krieg in Frage zu stellen und schließlich die Legitimation der Exilregierung zur Führung der Nation generell in Zweifel zu ziehen.

Die schwersten Anklagen richteten sich jedoch gegen die Heimatarmee (Armia Krajowa = AK). Sie wurde als reaktionäre militärisch-politische Kraft dargestellt, die den Kampf gegen die Besatzer hemmte und diejenigen Untergrundorganisationen bekämpfte, die die Strategie des «sofortigen Kampfes» realisierten, womit natürlich die Kommunisten gemeint waren.

Entsprechend kommunistischer Geschichtsauslegung mußte das polnische Volk im Zweiten Weltkrieg gegen zwei Feinde kämpfen – gegen Deutschland und gegen die polnische Ausbeuterklasse –, um die nationale und soziale Befreiung zu erreichen. Von entscheidender Bedeutung war dabei die Ausnutzung des Sieges der Anti-Hitler-Koalition. Die Feiern zum 9. Mai sollten den Stolz auf den Sieg wecken und das Gefühl der Niederlage, Demütigung und Knechtschaft überwinden helfen, das sowohl durch den Krieg als auch durch die Sowjetisierung Polens nach 1945 entstanden war. Die Interpretation der Vergangenheit als Geschichte des Sieges legitimierte die kommunistische Regierung, weil sich die Kommunisten in der Rolle der alleinigen Sieger und Vollstrecker historischer Gerechtigkeit präsentierten. Ihnen war die Überwindung des Erbfeindes (der Deutschen), die Einverleibung der Gebiete an Oder und Neiße sowie die Einführung einer gerechten Gesellschaftsordnung zu verdanken. Auf diese Weise wurden der Sieg über den Nationalsozialismus und der Übergang zum Kommunismus gleichgestellt.

Die neue Geschichtsversion diente dabei der unkritischen Verherrlichung der Sowjetunion. In den knapp fünfzig Jahren – zwischen 1948 und 1989 – ließen sich kriegsgeschichtliche Beiträge nur nach dem Grundsatz «kein böses Wort über die Sowjetunion» veröffentlichen, was Tausende Eingriffe der Zensur bis in die letzten Monate ihres Bestehens belegen. Auf diese Weise sollte das Aussprechen der historischen Wahrheit verhindert werden, wenngleich sie den Polen durch Schlagwörter wie «Ribbentrop-Molotow-Vertrag», «17. September 1939», «Katyn», «Stalins Haltung zum Warschauer Aufstand» und viele andere längst bekannt war. Jegliche Tatsachen über ein Zusammengehen von «Drittem Reich» und UdSSR in der Polenfrage sowie alles, was die Polen unter der Herrschaft der Sowjetunion erlitten hatten, wurden totgeschwiegen, was unweigerlich zu Konflikten mit der kollektiven Erinnerung der Gesellschaft führte. In der öffentlichen Meinung fand das heroische Bild des Krieges, das das Martyrium, den unbeugsamen Widerstand, den Kampf und die Solidarität der Polen in den Vordergrund stellte, den stärksten Widerhall. Als Nebenmotiv in der Diskussion wurde eine Überwindung der Vergangenheit im Namen der psychischen und moralischen Gesundung der Nation als notwendig anerkannt.

Eine der wenigen Ebenen, auf denen die Kommunisten eine gewisse Anerkennung als Repräsentanten der nationalen Interessen fanden, war die deutsche Frage. Sie eröffnete ihnen Möglichkeiten zum Dialog mit der Gesellschaft und zu einer Integration unter dem nationalen, patriotischen Banner.

Leon Kruczkowski, eine wichtige Persönlichkeit im kulturellen Establishment der Volksrepublik Polen, äußerte 1949: «Eines der größten Verbrechen des Hitlerfaschismus [...] bestand darin, daß viele europäische Völker und darunter besonders die Polen für eine längere Zeit die Überzeugung gewinnen mußten, die Deutschen seien Verbrecher – alle Deutschen, die gesamte deutsche Nation.»[6] Zitiert sei hier auch der Satz, in dem die Soziologin Anna Pawełczyńska die empirische Genese solcher Ansichten unterstreicht: «Die Verbrechen des Hitlerstaates bewirkten, daß im Bewußtsein der Menschen in den besetzten Ländern Europas und insbesondere im Bewußtsein der Polen, die langjährigem Terror ausgesetzt waren und zahlreiche Massenmorde an der Zivilbevölkerung erlebt hatten, eine Vorstellung vom ‹deutschen Banditen› entstand, die auf alle Deutschen bezogen wurde. Sie enthält ein moralisches Urteil über die unmittelbar beobachteten Verhaltensweisen und stellt eine Reaktion auf die verbrecherischen Taten dar, die die ganze Besatzungszeit hindurch systematisch begangen wurden.»[7]

Nur eine Minderheit der Intellektuellen bemühte sich bereits in der besonders traumatischen Zeit nach Kriegsende, dem Bild der Deutschen wieder menschliche Züge zu geben. Entgegen der landläufigen Meinung vom «geborenen Mördervolk» wurde versucht, die Umstände für das Verhalten zu hinterfragen, die Entmündigungsmechanismen im Nationalsozialismus zu begreifen. Nach 1948 wurde diese Strömung fast vollständig kanalisiert und auf das propagandistische Schema der «guten Deutschen» in der DDR zugeschnitten.

In den Jahren von 1948 bis 1956 sollte die kollektive Erinnerung nach kommunistischem Muster umgestaltet werden. Da die Gesellschaft sich nach Einschätzung der Parteiführung allzusehr mit der Kriegsmartyrologie beschäftigte, konzentrierte sich die Darstellung des Krieges nun ausschließlich auf Motive des aktiven Kampfes und Sieges der kommunistischen Kräfte. Die zweite Stoßrichtung dieser Politik zielte gegen die Traditionen der nationalen Unabhängigkeit und deren Träger in der Gesellschaft. Die Gefängnisse waren gefüllt mit Zehntausenden ehemaliger Untergrundkämpfer aus der Zeit des Krieges, die die deutsche Besatzung überlebt hatten. In Geheimprozessen wurden sie der Zusammenarbeit mit dem Feind beschuldigt und aufgrund gefälschter Beweismittel zum Tode oder zu langjährigen Zuchthausstrafen verurteilt. Die Propaganda brandmarkte sie als Faschisten und Gestapoagenten.

Die Mitte der 50er Jahre vollzogene Liberalisierung in der Innenpolitik führte zur Beendigung der schlimmsten Formen des Terrors und zur Freilassung der meisten politischen Gefangenen und ermöglichte auch eine etwas objektivere Sicht auf die Geschichte des Krieges. Das politische «Tauwetter» hatte jedoch keinen größeren Einfluß auf das Verhältnis zu Deutschland. Hier blieb das während der Okkupationszeit geprägte Klischee, jeder Deutsche sei eben ein Nazi und Verbrecher, maßgeblich. Verfolgt man die Zensur bis zum Ende der 60er Jahre, läßt sich deutlich das Bestreben erkennen, das vom Krieg geprägte negative Deutschenbild im Gesellschaftsbewußtsein beizubehalten.

Diesem Stereotyp wurde eine ganze Reihe von Funktionen zugedacht und von den Machthabern als innenpolitisches Grundinstrument eingesetzt. Da man sich noch deutlich an die Zeit der deutschen Besatzung erinnern konnte, erfüllte die Nichtanerkennungspolitik der polnisch-deutschen Grenze oder die Remilitarisierung der Bundesrepublik die Bevölkerung mit Angst und Schrecken. Mit dem so erzeugten Gefühl einer Bedrohung angesichts der deutschen Gefahr sollten die Autorität des Regimes sowie der Sowjetunion konsolidiert und politische Gegner bekämpft werden. Die Propaganda setzte das Schreckbild bei jeder Krise ein oder nutzte es, um unpopuläre Maßnahmen, etwa den Einmarsch der Warschauer-Pakt-Staaten in die Tschechoslowakei 1968, zu rechtfertigen. Übrigens sollte sich zwei Jahre später herausstellen, daß die Machthaber die Funktionsträchtigkeit der deutschen Frage doch etwas überschätzt hatten.

In den 60er Jahren wurde erneut die Bereitschaft der Parteiführung zu Konzessionen zugunsten der kollektiven Erinnerung deutlich. In ihrem Bestreben, die schwächer werdenden Verbindungen mit der Gesellschaft aufrechtzuerhalten, unternahm die Partei, wie Krystyna Kersten schreibt, den Versuch: «[...] ein mythologisches Geschichtsbild der kommunistischen Widerstandsbewegung im Kanon der nationalen Tradition zu schaffen.»[8] Dies war ein untrügliches Zeichen dafür, daß die Tradition der Heimatarmee den gefährlichsten Schlag seitens des Systems überlebt hatte. Man war jedoch weiterhin bemüht, sie wenigstens mit Hilfe einer eigenen Version der heroischen Tradition zu neutralisieren.

In dieser Situation entwickelten sich zwei Historiographien der neuesten Geschichte und insbesondere des Zweiten Weltkrieges – eine im Lande, die andere in der Emigration. Darüber hinaus begannen Kreise der illegalen Opposition Mitte der 70er Jahre, Literatur und Presse im sogenannten «zweiten Umlauf» – also ohne Zensur – zu verbreiten, wodurch das Medienmonopol der Partei gebrochen wurde.

Die unabhängigen und oppositionellen Kreise warfen den Kommunisten vor, sie würden das Verhältnis zu Deutschland instrumentalisieren und die deutsche Frage zur Manipulierung gesellschaftlicher Stimmungen mißbrauchen, um von der eigenen Krise des Kommunismus abzulenken.

Dem sozialdemokratischen Ansatz zufolge gehörte der Krieg der Vergangenheit an, die weitgehend überwunden war bzw. deren endgültige Überwindung bevorstand und deshalb nicht mehr so viel Aufmerksamkeit erforderte. Es seien die Kommunisten, die immer wieder an die Besatzungszeit erinnerten, um das Gefühl der Bedrohung aufrechtzuerhalten und den Zusammenhang zwischen Sozialismus und der Sicherheit Polens zu wahren. Indessen hätten die Westdeutschen mit dem Nazismus abgerechnet. Man müsse ihnen vergeben und dürfe auch die Leiden der deutschen Bevölkerung im Zusammenhang mit den Aussiedlungen nicht vergessen.

Die konservativen und nationalen Kreise gingen in ihren Betrachtungen von der Überzeugung aus, daß die polnisch-deutschen Beziehungen unverändert auf dem Prinzip des Kampfes basierten und sich nur dessen Form verändert habe. Generell wurden die Veränderungen innerhalb der deutschen Nation skeptisch beurteilt, besonders was die Abrechnung mit der NS-Vergangenheit betraf, wenn auch im Allgemeinen nicht geleugnet wurde, daß Deutschland auf eine Politik der Stärke verzichtet hatte. Die Möglichkeit einer Versöhnung wurde von zahlreichen Vorbehalten abhängig gemacht.

Ihre Untersuchungen über die intellektuellen Errungenschaften der oppositionellen Gruppen der 70er und 80er Jahre faßt die Politologin Krystyna Rogaczewska in dem Urteil zusammen, daß sie keine tiefgreifende Auseinandersetzung mit der Vergangenheit der polnisch-deutschen Beziehungen enthielten. In ihrer Sicht des Zweiten Weltkrieges beschränkten sie sich auf Stellungnahmen zum Problem der NS-Verbrechen, während die Frage der Verantwortung des deutschen Volkes als solchem übergangen wurde, obwohl diese zu den Kernpunkten im polnischen Denken nach 1945 gehört hatte.[9]

In den 70er und 80er Jahren wurden auch die letzten Versuche einer Reintegration des Systems unternommen, die auch auf dem Gebiet der Vergangenheitspolitik erkennbar wurden. Die Hauptlinie der Propaganda griff stärker als vorher auf nationale Traditionen zurück, besonders in bezug auf die Geschichte des Zweiten Weltkrieges. Andererseits wurde noch einmal versucht – z. B. nach der Einführung des Kriegsrechtes im Dezember 1981 – das Schreckgespenst des deutschen Revisionismus heraufzubeschwören. Dabei erkannten die Politiker um General Wojciech Jaruzelski: «[...] die Notwendigkeit einer Liberalisierung des politischen Kurses, einer Milderung der Zensur, einer wahrheitsgemäßen Erklärung z. B. der Zusatzprotokolle zum deutsch-sowjetischen Abkommen vom August und September 1939 oder der Verbrechen in Katyn sowie der Rückerstattung des *suum cuique* an die den Herzen der Polen so teuere Heimatarmee».[10] Als eine der letzten Manifestationen dieser Politik kann die Erklärung aus Anlaß der Feiern zum Tag des Sieges am 9. Mai 1989 angeführt werden, also buchstäblich in den letzten Wochen der kommunistischen Regierung, daß allen polnischen Kämpfern aus der Zeit des Krieges gleichermaßen Anerkennung gebühre.

Schlußfolgerungen

1. In der Vergangenheitspolitik der Volksrepublik Polen gab es starke Spannungen, die sowohl aus dem außergewöhnlichen Charakter der Vergangenheit in den Jahren 1939–1945 resultierten als auch aus der Art und Weise ihrer Interpretation und Funktionalisierung. Für das polnisch-deutsche Verhältnis war ausschlaggebend, daß sich das Erbe des Krieges in antideutschen Phobien und Stereotypen äußerte. Bei der Beurteilung, wie die Machthaber mit dieser drükkenden Last der Vergangenheit umgingen, muß berücksichtigt werden, daß sie ja letztendlich auch das nationale Interesse der Polen – die Wahrung der Oder-Neiße-Grenze – umzusetzen hatten. Es läßt sich jedoch auch nicht leugnen, daß die antideutschen Stimmungen in Polen ebenfalls eine Reaktion auf die Politik der Bundesrepublik Deutschland und die Einstellung der westdeutschen Gesellschaft waren. Dies erklärt jedoch noch nicht hinreichend die Rolle, für die das nationale Trauma in Volkspolen von den Kommunisten gebraucht und mißbraucht wurde.

2. Die offizielle Version der Geschichte, die zu einer Mythologie des Sieges im Zweiten Weltkrieg wurde, erfüllte eine ganze Reihe politischer Funktionen: Eine wichtige Rolle dabei spielte die deutsche Frage, die als außerordentlich funktionale Ebene einer systemimmanenten Integration der Gesellschaft sowie der Bekämpfung politischer Gegner genutzt wurde. Die Vorurteile gegenüber den Deutschen sollten auch bei der Überwindung der Antipathien der Polen gegen die UdSSR helfen. Dabei wurde skrupellos jeglicher Teil der Kriegs- und Okkupationsgeschichte amputiert, der von einer Kriegsschuld der Sowjetunion sprach.

3. Der Zweite Weltkrieg war für die Polen in den Jahren 1945–1989 lebendige und immer wieder in Erinnerung gerufene Geschichte. Sein Bild verfestigte sich am stärksten in Form einer heroisch-martyrologischen Tradition. Diese Geschichtsdeutung wurde zur Hauptfront im Kampf um die Identität der Polen. Wenn die Gesellschaft die nationalen Traditionen verteidigte, dann konservierte sie zugleich die darin enthaltenen Mythen und Vorurteile – wie das Stereotyp von den «guten Polen» und den «bösen Deutschen» –, trotzte den Umwertungen ihrer Geschichte und konzentrierte ihre Energie auf politische Forderungen.

4. Die Vergangenheitspolitik der Kommunisten besaß ihre innere Dynamik, die u. a. im Aufgreifen von Elementen der patriotischen

Tradition bestand. Im Endeffekt verschmolzen Vorstellungen unterschiedlicher Herkunft in mythisierter Form miteinander.

Anmerkungen

1 Siehe dazu: Leszek Gondek, Polska karząca. Polski podziemny wymiar sprawiedliwości w okresie okupacji niemieckiej [Strafendes Polen. Die polnische Untergrundjustiz in der Zeit der deutschen Okkupation], Warszawa 1988; Paweł Maria Lisiewicz, W imieniu Polski Podziemnej. Z dziejów wojskowego sądownictwa specjalnego Armii Krajowej [Im Namen Polens im Untergrund. Zur Geschichte der militärischen Sondergerichte der Heimatarmee], Warszawa 1988.

2 Das Dekret vom 31. 8. 1944 «Über die Strafbemessung für die hitlerfaschistischen Verbrecher, die der Tötung und Mißhandlung Zivilbevölkerung und der Kriegsgefangenen schuldig sind, sowie für Verräter an der polnischen Nation» wurde in den Jahren 1945–1949 fünfmal novelliert.

3 Leszek Kubicki, Zbrodnie wojenne wświetle prawa polskiego [Die Kriegsverbrechen im Lichte des polnischen Rechts], Warszawa 1963, S. 180–184. Vgl. Elżbieta Kobierska-Motas, Ekstradycja przestępców wojennych do Polski z czterech stref okupacyjnych Niemiec 1946–1950 [Die Auslieferung von Kriegsverbrechern aus den vier Besatzungszonen Deutschlands nach Polen 1946–1950], Teil II, Warszawa 1992, S. 6–18.

4 Siehe dazu: Tomasz Szarota, Referat auf der Konferenz in Rom (April 1998): Die Kollaboration mit den deutschen und sowjetischen Okkupanten in den Augen der Polen – damals, gestern und heute. Dieser Text wird demnächst in italienischer Sprache erscheinen. Vgl. die redaktionelle Diskussion in: «Pamiętnik Teatralny», Heft 1–4, Warszawa 1997, S. 4–35.

5 Siehe «Pamiętnik Teatralny», Oktober 1963 und Heft 1–4/1997.

6 Aus einem Presseinterview 1949. Adam-Mickiewicz-Literaturmuseum in Warschau, Leon-Kruczkowskis-Archiv, Dok. 30, Blatt 20–21.

7 Anna Pawełczyńska, Wartości a przemoc. Zarys socjologiczny problematyki Oświęcimia [Werte und Gewalt. Ein soziologischer Abriß der Auschwitz-Problematik], Warszawa 1973, S. 18–19.

8 Krystyna Kersten, Między wyzwoleniem a zniewoleniem. Polska 1944–1956 [Zwischen Befreiung und Knechtung. Polen 1944–1956], London 1993, S. 177.

9 Krystyna Rogaczewska, Niemcy w myśli politycznej polskiej opozycji w latach 1976–1989 [Deutschland im politischen Denken der polnischen Opposition in den Jahren 1976–1989], Wrocław 1998, S. 115.

10 Tomasz Szarota, Życie z historią lub ‹żywa historia›. II wojna światowa w świadomoci Polaków po 50 latach [Leben mit der Geschichte oder ‹lebendige Geschichte›. Der Zweite Weltkrieg im Bewußtsein der Polen nach 50 Jahren], in: Polska 1944/45. Studia i materiały, S. 235–247, hier: S. 238.

Israel

Natan Sznaider

Es gibt eine vorherrschende Tendenz, die Geschichte der Erinnerung an den Holocaust als eine nationale Geschichte zu betrachten. Selbst die Organisation dieser Diskussionsrunde ist dafür ein guter Indikator. Jedes Land hat seine eigene Geschichte, und neuere Bücher wie *Nach dem Holocaust* von Peter Novick (dt. 2001), *Vergangenheitspolitik* von Norbert Frei (1997) oder *The Vichy Syndrome* von Henry Rousso (1987) sollten als einige wenige Beispiele von vielen genügen, die diese nationalen Geschichten sehr deutlich erzählen.

Meine Aufgabe ist es hier, die israelische Geschichte zu erzählen. Tom Segev schrieb mit dem Buch *Die siebte Million* (dt. 1995) die vielleicht umfassendste Darstellung des Gedenkens in Israel. Wir sollten aber stets im Auge behalten, daß es darüber hinaus eine Geschichte gibt, die Nationen und Gruppen verbindet: die Geschichte des Schweigens, des Redens, des Erinnerns und des Vergessens. Diese gemeinsame Geschichte ist eine Geschichte der Politik, der Moral und der einzelnen Menschen. Ich würde sogar so weit gehen zu behaupten, daß in den letzten Jahren die unterschiedlichen nationalen und ethnischen Erinnerungen zunehmend in Übereinstimmung gebracht wurden und daß heute Themen, die über die Staatengrenzen hinausgehen, mit den nationalen Geschichten des Holocaust konkurrieren. Mehr noch: daß die nationalen Geschichten des Holocaust mit den übernationalen verwoben werden. Das liegt u. a. an der wachsenden Bedeutung der Unterhaltungskultur in der Erinnerung an den Holocaust, die mit der «Hohen Politik» des Gedenkens zusammenwirkt.

Die Auseinandersetzung mit dem Holocaust hat in vielen Regionen der Welt bisher nicht gekannte Ausmaße erreicht. Dies als das Ergebnis manipulativer Kräfte zu sehen, die nur ihre eigenen Interessen im Sinn haben, wäre eine zu einfache Erklärung für dieses Phänomen. Statt dessen leistet uns ein internationaler kultureller Zusammenhang hier bessere Dienste. Lassen Sie mich deshalb Hannah Arendt zitieren und so den Rahmen der Debatte abstecken, der auch im Falle Israels der entscheidende ist.

«Wie man ein neues Gefühl von ‹universeller Verantwortung› schaffen kann, in dem alle Menschen [...] Verantwortung für alle

Verbrechen übernehmen, die von Menschen begangen wurden, in dem keinem Volk ein Monopol auf Schuld zugesprochen wird und kein Volk sich für überlegen hält, in dem gute Bürger nicht vor Entsetzen vor den deutschen Verbrechen zurückschrecken und erklären würden ‹Gott sei Dank bin ich nicht so›, sondern statt dessen beklommen und zitternd das unberechenbare Böse, zu dem die Menschheit fähig ist, erkennen und überall unerschrocken und kompromißlos dagegen kämpfen würden.»[1]

In der Geschichte der Erinnerung an den Holocaust in Israel möchte ich mit der Unabhängigkeitserklärung von 1948 beginnen, die auch als offizielle israelische Antwort auf Hannah Arendts Erklärung gesehen werden kann: «Die Katastrophe, die in unserer Zeit über das jüdische Volk hereinbrach und in Europa Millionen von Juden vernichtete, bewies unwiderleglich aufs neue, daß das Problem der jüdischen Heimatlosigkeit durch die Wiederherstellung des jüdischen Staates im Lande Israel gelöst werden muß, in einem Staat, dessen Pforten jedem Juden offenstehen und der dem jüdischen Volk den Rang einer gleichberechtigten Nation in der Völkerfamilie sichert. Die Überlebenden des schrecklichen Nazigemetzels in Europa sowie Juden anderer Länder scheuten weder Mühsal noch Gefahren, um nach dem Lande Israel aufzubrechen und ihr Recht auf ein Dasein in Würde und Freiheit und ein Leben redlicher Arbeit in der Heimat durchzusetzen.»[2]

Der kurze Zeitraum zwischen der Vernichtung des europäischen Judentums und der Gründung des Staates Israel prägte im offiziellen Gedächtnis die Dichotomie zwischen «Katastrophe und Erlösung», zwischen Vernichtung «dort» in Europa und Wiederaufbau «hier» in Israel. Diese Unterscheidung zwischen dem «Dort» – dem Exil, der Diaspora – und dem «Hier» – ein neugegründeter Nationalstaat in der «Gemeinschaft der Nationen» –, die sogenannte «jüdische Rückkehr in die Geschichte», definierte die Parameter, nach denen Erinnerung in Israel strukturiert war und ist. Einerseits lieferte sie eine Fortführung der jüdischen Geschichte durch den Staat, da sich diese aber physisch und geographisch an einem anderen Ort abspielte, stellte sie andererseits auch eine Diskontinuität, einen Bruch mit der Geschichte dar.

In Israel wurde, ähnlich wie in Deutschland und in den USA, erst Jahre nach dem Krieg von offizieller Seite des Holocaust gedacht.[3] In den ersten Jahren der israelischen Staatlichkeit spielte der Holocaust im öffentlichen Leben keine zentrale Rolle. Auf Regierungsebene unternahm man kaum etwas, um an ihn zu erinnern. Erst 1951 verabschiedete des israelische Parlament eine Resolution, die den 27. Nisan als den «Tag der Erinnerung an die Märtyrer und Helden des Holocaust» («Holocaust Martyrs and Heroes Remembrance Day») festlegte, eine Resolution ohne rechtliches Gewicht. Das Datum war sorgfältig gewählt worden. Wie für die meisten israelischen Feiertage nahm man ein hebräisches Datum, den 27. Nisan. Der Tag wurde in die sogenannten «Omer»-Tage gelegt, eine Zeit, in der traditionelle Israelis der Ermordung der Juden durch die Kreuzfahrer gedenken. Außerdem wurde das Datum zwischen dem Ende von Pessach (der Gedenktag für den Aufstand im Warschauer Ghetto) und dem israelischen Unabhängigkeitstag festgesetzt. Hier waren alle Elemente vorhanden: Die unendliche jüdische Verfolgungsgeschichte, der Widerstand gegen die Nazis und die Unabhängigkeit des Staates Israel. Das «Dort» und das «Hier» verbunden in uneinheitlicher Einheit. Es dauerte weitere acht Jahre, bis das Parlament 1959 ein Gesetz beschloß, das den gesetzlichen Rahmen für die Begehung dieses Tages festlegte.[4] Vergnügungsstätten hatten geschlossen zu bleiben, und am Morgen sollte ein zweiminütiger Sirenenton im gesamten Land erklingen.

Vor 1959 wurde der Holocaust im Bildungssystem kaum erwähnt, obwohl das Parlament 1953 das «Law of Holocaust and Heroism Remembrance – Yad Vashem» verabschiedete, das dieser zentralen Gedenkeinrichtung Israels die Befugnis übertrug, an den Holocaust zu erinnern. Seither vereint diese Institution Ausstellungen, Gedenkstätten für einzelne Gemeinden, Archiv und Bibliothek. «Yad Vashem» ist eine einzigartige Mischung aus Geschichte und Gedenken und wurde im Laufe der Jahre zu einem der wichtigsten Symbole des Landes. Israelische Schüler und Soldaten und alle offiziellen ausländischen Gäste machen dort ihren obligatorischen Besuch. Diese Einrichtung wurde ungefähr zur selben Zeit gegründet, als das israelische Parlament das Wiedergutmachungsabkommen mit Deutschland ratifizierte. Diese Verhandlungen lösten eine heftige Debatte in der israelischen Öffentlichkeit aus und hielten die israelische Regierung zwischen zwei gegensätzlichen Meinungen gefangen: das Interesse des Staates auf der einen Seite und die Ehrung der Überlebenden auf der anderen. In dieser speziellen Debatte siegten die Interessen des Staates, und die meisten Überlebenden akzeptierten diesen Sieg. Wiederum sah man die Interessen des Staates im «Hier und Jetzt» verankert, während die Ehrung der Überlebenden im «Dort» verankert schien.

Es gab sicher immer Druck von unten. Die Überlebenden und die zweite Generation waren in Amerika, Deutschland und anderen Ländern winzige Minderheiten. In Israel hingegen stellten sie nach der Staatsgründung den überwiegenden Teil der Bevölkerung. Die Zahl derjenigen, die unter der Naziherrschaft gelebt hatten, stieg nach der Gründung Israels auf fast 350000, rund ein Drittel der Gesamtbevölkerung. Wenn man also davon ausgeht, daß eine Nation ein Volk ausdrückt, könnte man behaupten, daß eine derartige nationale Erfahrung nach einer Äußerung schreit und schließlich gehört werden wird. Die Zeitungen veröffentlichten Spalten, in denen vermißte Angehörige gesucht wurden, das Radio sendete ein Programm, in dem Menschen versuchten, mit Freunden und Verwandten Kontakt aufzunehmen, die sie in jenen Tagen aus den Augen verloren hatten. Das offizielle Schweigen wurde von Anfang an durch private Bekundungen von Verlust und Schmerz konterkariert.

Obgleich wir heute wissen, daß dieses offizielle Schweigen Israels kein Einzelfall, sondern auch für andere Nationen typisch war, unterscheidet es sich von diesem doch durch das Warum. Zuerst einmal wurde die Auslöschung der Juden von den Israelis nie mit den anderen Verbrechen der Nationalsozialisten auf eine Stufe gestellt. Zweitens ist Israel das einzige Land, in dem der Holocaust eine nationale Erfahrung war, bevor man öffentlich über ihn sprach. Das heißt, er war eine Erfahrung, die einen großen Teil der Bevölkerung aus erster oder zweiter Hand betraf. Man könnte mit einigem Grund behaupten, daß diese nationale Erfahrung danach suchte, in Symbolen ausgedrückt zu werden, und daß Israel ironischerweise das eine Land auf der Welt sein könnte, von dem man sagen kann, daß die Erfahrung des Holocaust tatsächlich unterdrückt wurde – wenn wir mit Unterdrückung meinen, daß offizielle Äußerungen bewußt vermieden wurden. In Israel war ein bewußtes kollektives Gedenken unmöglich, solange es keinen geeigneten Rahmen dafür gab. Und ein Rahmen, wie er im heutigen Israel dem Holocaust eine Bedeutung gibt, war zu Beginn unvorstellbar. Deshalb wurde von den offiziellen Regierungsstellen in den ersten Jahren nach Israels Unabhängigkeit praktisch nichts unternommen, um an den

Holocaust zu erinnern. Das hatte nichts mit Gefühllosigkeit oder anderen Ausdrucksformen emotionaler Kälte zu tun, wie man heute oft hört. Genausowenig sind die späteren Äußerungen nur das Ergebnis bewußter Manipulation oder «Instrumentalisierung». Sowohl die ursprüngliche Unterdrückung als auch das jetzige geheiligte Gedenken sind gleichermaßen Ausdrucksformen des israelischen Selbstverständnisses und der Stellung Israels in der Welt. Als all diese Faktoren sich änderten, änderte sich zwangsläufig auch Israels Verhältnis zum Holocaust.

Als allgemeine Tendenz kann man feststellen, daß die offizielle Bedeutung des Holocaust in Israel sich von etwas, dessen man sich schämen mußte, hin zu einer geheiligten Erinnerung, die zu erhalten der Staat verpflichtet war, gewandelt hat. Diese historische Spannung zwischen einem fast säkularen Staat, der wie alle anderen behandelt werden möchte, und einem hybriden Staat, der für sich selbst sowohl moralische als auch religiöse Rechtfertigungen in Anspruch nimmt, spiegelt die Spannung wider, in der sich die israelische Bedeutung des Holocaust befindet: Etwas, das öffentlich unterdrückt wurde, entwickelte sich zu etwas, das einer Säkularisierung religiöser Geschichte gleichkommt. Das «Dort» und das «Hier» begannen zu verschmelzen. Zu Beginn versuchte der entstehende Staat, dessen zentrales Narrativ der Zionismus war, sich von der jüdischen Erfahrung in der Diaspora zu distanzieren. Israel sollte eine neue jüdische Erfahrung repräsentieren, die auf einem heroischen Konzept von Geschichte basierte, das für die Darstellungen der Opfer wenig Raum ließ. Daher begründete der israelische Staat das Gedenken an den Holocaust, indem er Vernichtung und Heldentum miteinander verband. Der nationale «Day of Remembrance and Heroism» erinnert an die Opfer des Holocaust und betont gleichzeitig den Widerstand der zionistischen Partisanen gegen selbigen.

Selbst der Eichmann-Prozeß, ein wichtiges Ereignis in der Geschichte des Landes, wirkte anders als geplant. Er wurde 1961 als das vielleicht erste große Holocaust-Medienereignis inszeniert und sollte dem neuen Land einen Sinn geben, das Vertrauen der Israelis in die Notwendigkeit eines Staates stärken und der Welt mitteilen, daß Israel eine starke Nation war, die Eichmann der Gerechtigkeit zuführte. Das mag alles funktioniert haben, aber gleichzeitig gab es einige sicher nicht beabsichtigte Folgen. Da der Prozeß so angelegt war, daß einzelne Menschen als Zeugen aufgerufen wurden, gelangten die privaten Erinnerungen vieler Überlebender zum ersten Mal an die Öffentlichkeit. Das Land lauschte täglich am Radio (Fernsehen gab es in Israel noch nicht) den Berichten der Überlebenden. Familien sprachen über die Vergangenheit. Und die Geschichten, die man hörte, handelten eindeutig nicht von dem ideologischen Heldentum, das in früheren Tagen im Vordergrund gestanden hatte, sondern es waren Geschichten von Schwäche, Tod und Verletzbarkeit. Die privaten Erinnerungen kollidierten mit den öffentlichen Absichten, die mit dem Prozeß verbunden wurden. Das heroische Bild derer, die sich den Nazis widersetzten, das vor 1961 dominiert hatte und das man oft gegen das verächtliche Bild von den Juden, die «wie die Schafe zur Schlachtbank» gegangen seien, vorbrachte, wurde durch den Prozeß relativiert. Nachdem die Erinnerungen einmal aus der entkorkten Flasche entwichen waren, konnte kein Staat sie wieder hineinzwingen. Das Bild, das den Prozeß symbolisiert, ist für viele der ohnmächtig werdende Ka-Tzetnik, der israelische Autor Yehiel Dinur, der den Begriff «Planet Auschwitz» geprägt hat. In Dinurs frühen Erzählungen war der Staat Israel die einzige Lösung zu «jenem» Planeten. Die Tatsache, daß Dinur seine Ansichten in seinem späteren Leben änderte, wurde in Israel kaum beachtet. Seine Bücher gelten noch immer als wichtige Unterrichtsmaterialien. Seine unbemerkte Umkehr zu einem globaleren Verständnis symbolisiert in vieler Hinsicht die Verschiebungen in der israelischen Gesellschaft.[5]

Der Prozeß gab auch den Anstoß zu einer der präzisesten Aussagen über die allgemeinen Auswirkungen des Holocaust und über seine Verwendung speziell durch den Staat Israel. Hannah Arendts *Eichmann in Jerusalem* war sowohl eine Rechtfertigung des Prozesses im Namen der Menschlichkeit und sogar eine Verteidigung der Todesstrafe für Eichmann als auch gleichzeitig eine Anklage der Art und Weise, wie Israel den Prozeß inszenierte. Der Rahmen für die Debatte und für das Verständnis des Holocaust war festgelegt. Der erste internationale «Holocaust-Skandal» brach aus, dem viele weitere folgen sollten. Das Buch, das durch seine Veröffentlichung 1963 einen solchen Skandal auslöste, wurde im Frühjahr 2000 endlich auf Hebräisch übersetzt. Keiner war mehr schockiert. Israel hatte daher auch keine Goldhagen-Affäre vergleichbar mit Deutschland oder den USA.

Was war in der Zwischenzeit passiert? Das heutige Israel stellt sich ganz anders dar, als es ursprünglich geplant war. Religiöse Symbole haben eine größere Legitimität erhalten. In diesem Zusammenhang veränderte sich die zionistische Bedeutung des Holocaust fast in ihr Gegenteil. Er ist nicht mehr, wie zu Beginn, ein schmachvolles Zeichen von Schwäche, sondern wurde statt dessen zu einer geheiligten Erinnerung. Er nahm seinen Platz ein als ein weiteres Beispiel aus der archetypischen jüdischen Geschichte, eine weitere Gelegenheit, bei der die Feinde des jüdischen Volkes versucht hatten, dieses auszulöschen, und damit aber am Ende keinen Erfolg hatten. Und wie die erste findet auch diese letzte Geschichte ihren Höhepunkt mit ihrer Rettung in einem Gelobten Land.[6] Entsprechend war in diesen ersten Jahren der Impuls, Parallelen zwischen der Gründung des Staates Israel und der religiösen jüdischen Geschichte zu ziehen, stets ambivalent. Es gab sogar Bestrebungen dagegen. Statt als letzte Episode in der jüdischen Geschichte betrachteten manche der Gründungsväter Israel eher als Bruch und als Revolution: als die Transformation des vormodernen Judentums in eine normale moderne und nationale Identität. Man hielt es für die Heilung einer Unvollständigkeit, für die Lösung des Problems der Diaspora. Religiosität wurde als eine Reaktion auf die Diaspora angesehen, die mit deren Auflösung schwinden würde. Der Wandel Israels von einem militant säkularen Land hin zu einem Land, das halb religiös war, erleichterte die Durchdringung des Holocaust mit einer halb-religiösen Bedeutung.

Das hängt auch mit der Ankunft der neuen Immigranten aus der arabischen Welt zusammen. Die meisten von ihnen brachten eine stärker religiöse Einstellung mit als ihre europäischen Brüder. Die überwiegende Mehrheit hatte keinen persönlichen Bezug zum Holocaust. Ihre eigene Erfahrung mit einer umstürzenden Welt hatten sie in den arabischen Ländern gemacht, in denen sie seit Jahrhunderten gelebt hatten. Sie waren plötzlich vom Prozeß der De-Kolonisierung überrascht worden und wendeten sich in der Folge oft gegen die Juden. Dies wurde zur Brücke zwischen den beiden Sichtweisen, da für die europäischen Juden die Geschichte des Holocaust, selbst als sie heruntergespielt wurde, immer eine Geschichte des Antisemitismus gewesen war. Jetzt lieferte der Holocaust, indem er auf den arabisch-israelischen Konflikt übertragen wurde, eine Möglichkeit, diese zwei unterschiedlichen Sichtweisen auf die Welt miteinander zu verbinden: Beide waren Opfer des weltweiten Antisemitismus, der auf einem Höhepunkt angekommen war und mit der Gründung des Staates Israel eine Lösung fand. Aber wohl erst der Krieg von 1967 machte aus solchen Einstellungen eine dauerhafte Staatsideologie, die teilweise dadurch ermöglicht wurde, daß Israel erst danach begann, sich selbst als eine Nation zu betrachten, die auf Dauer bestehen würde. Vielleicht wurde es dadurch möglich, den Anblick des Schreckens zu ertragen, der demoralisierend gewirkt hätte, solange die Menschen geglaubt hatten, daß der Staat jeden Moment zerstört werden könne. Der Krieg machte diese Einstellungen teilweise auch notwendig. Denn während die ursprünglichen Gründer sich vor allem gewünscht hatten, daß Israel ein normaler Staat wie andere sein solle, wurde es durch die Einbehaltung der besetzten Gebiete jetzt notwendig, Israel als Ausnahme zu behandeln.

Dies also war der internationale Hintergrund, vor dem sich das israelische Gedenken an den Holocaust von einer Reihe von Gesten in eine Staatsideologie verwandelte: der Antisemitismus. Und das klingt deutlich in einem Großteil der israelischen Geschichtsschreibung über den Holocaust an. Antisemitismus wird zum Schlüssel für die Erklärung dieses Ereignisses. Es ist schwierig, sich das irgendwie anders vorzustellen. Innerhalb der jüdischen Tradition kann der Holocaust nur ein jüdisches Problem bleiben. Ihn zu verallgemeinern würde bedeuten, das tragischste Ereignis in der Geschichte der Juden zu nehmen und es zu einem Unfall der Moderne zu machen. Universelle Erklärungen klingen mit einem moralischen universellen Bild der Welt zusammen. Dieses ist Teil einer neuen globalisierenden Welt. Wir sollten aber nicht vergessen, daß Partikularisierung ebenfalls ein Zeichen der Zeit ist. Und Israel ist zwischen diesen beiden gefangen.

Aber all dies beginnt sich von neuem zu verändern. Der Schlüssel zu diesem Wandel ist das Ende des Kalten Krieges. Israel wird zunehmend in ein globaleres Weltsystem hineingezogen. Denken wir nur an den Friedensprozeß, an Israels Engagement in der neuen globalen Wirtschaft und den neuen weltweiten Medien. Zur gleichen Zeit beobachten wir aber eine damit einhergehende Abschließung, die Flucht in ein ethnozentrisches Schneckenhaus.

Wir leben in einer Welt, die unterschiedliche Gewohnheiten, Erfahrungen sowie politische, ökonomische und ökologische Schicksale zusammenbringt und miteinander verknüpft. Die Erinnerung ist keine Ausnahme. Der Kalte Krieg war ein Bündnis, das ebenso auf Werten wie auf Interessen basierte. Das Ende des Kalten Krieges war damit per definitionem der Beginn eines neuen globalen Systems. Als der Antikommunismus, der uns als Interesse und als Wert verband, verschwand, mußte die internationale militärische Zusammenarbeit auf einer neuen Grundlage reorganisiert werden. Und es ist kein Zufall, daß der Holocaust bei dieser Reorganisierung eine zentrale Rolle spielte. Er geriet in diese Rolle, gerade weil er der eine moralische Wert war, auf den sich anscheinend alle Menschen einigen können. Und so beginnt er, sein nationales Schneckenhaus zu verlassen.

Betrachten wir nur den Krieg um den Kosovo 1999. Die Kriegsereignisse wurden im israelischen Fernsehen mit zwei Tagen Verzögerung übertragen, und ein neues Verständnis des Holocaust stellte das bisherige in Frage. Viele der neueingewanderten Juden aus der früheren Sowjetunion identifizierten sich mit den Serben. Die Kosmopoliten identifizierten sich mit der Nato. Viele Palästinenser und Teile der israelischen Linken wiesen das Bild des Holocaust zurück und verglichen das Elend der Kosovaren mit dem der palästinensischen Flüchtlinge. Und die Rechte sagte: «Wenn ihr das hier für richtig haltet, warum kann dann die Nato nicht kommen und uns aus den besetzten Gebieten bomben?» Aber der größte Schock war es zu entdecken, daß Israel nicht mehr länger ein Monopol auf die Interpretation des Holocaust hatte. Er war zum Gemeingut der ganzen Welt geworden, auch wenn er, wie immer, für die weitere Diskussion sofort in nationale Begriffe übersetzt wurde.

Die übernationalen Entwicklungen sind mit den nationalen gekoppelt. Der Staat verliert unverkennbar seinen Zugriff darauf zu bestimmen, wie erinnert wird. Die globalen Trends hin zu einer immer stärker konsumentenorientierten Kultur, postmoderne Zeichen von ethnischem Gruppenbewußtsein, ein größeres Selbstvertrauen religiöser Gruppen, daß sie in ihre eigenen Narrative eingreifen können, führten zum Auftreten miteinander konkurrierender Geschichten. Veröffentlichte private Erinnerungen an den Holocaust stehen in Wechselwirkung mit den divergierenden öffentlichen Erinnerungen. Da es heute in Israel nicht mehr nur «eine Öffentlichkeit» gibt, gibt es auch nicht die «eine öffentliche Erinnerung». Diese Entwicklungen, die Bestandteil dessen sind, was wir die

«Amerikanisierung» Israels nennen, stellen auch einen Versuch dar, einen Weg zurück ins Exil zu finden. Das kann verschiedene Dinge bedeuten, aber in unserem Kontext meint es eine Rückkehr zu den säkular-jüdischen und kultivierten Tugenden des modernen Weltbürgertums. Das kann auch bedeuten, die Verallgemeinerung des Holocaust als moralische Tugend zu betrachten, wie es von einer wachsenden Zahl israelischer Intellektueller getan wird. Es heißt aber auch, zu traditionelleren Formen des jüdischen Leidens im Exil zurückzukehren, bei denen die Zentralität und die Besonderheit des Holocaust vor allem für religiöse Juden eine wichtige Rolle spielen. Beide Entwicklungen sind Teil derselben gesellschaftlichen und kulturellen Prozesse. Diese Tendenz läßt sich mit einer der wichtigsten Institutionen des Erinnerns für israelische Jugendliche im letzten Jahrzehnt verdeutlichen: dem Besuch der Vernichtungsstätten in Polen. Organisiert vom Erziehungsministerium mit dem erklärten Ziel, den nationalen Stolz zu bekräftigen, werden junge Israelis von ihrem «Zuhause» an Orte «dort drüben» in Europa gebracht, ins Exil, «wo es geschah». An den Orten des Todes führen sie einen «Marsch der Lebenden» auf. Oder in den Worten eines der Organisatoren: «Sie fahren als Israelis und kehren als Juden zurück.» Hier sind das «Hier» und das «Dort», die «Heimstatt» und die «Diaspora», Leben und Tod paradoxerweise miteinander verwoben. Manche kehren als bessere Patrioten zurück, andere als universale Humanisten. Die meisten kommen wahrscheinlich zurück, wie sie gegangen sind, und leben weiter ihr Leben als Israelis und Juden mit all den daraus resultierenden Spannungen.

All das unterstreicht die Tatsache, daß der Holocaust in Israel heilig geworden ist. Dies zeigt sich am deutlichsten darin, daß die leichtfertige Verwendung des Wortes als Angriff verstanden wird. Wenn man den Begriff «Holocaust» leichtfertig gebraucht, spürt man das. Und wenn man es nicht spürt, werden die Menschen es einen spüren lassen. Das ist die Bedeutung eines geheiligten Wortes: Es ist von der profanen Rede abgeschnitten, von einem aufgeladenen Raum umgeben. Eine solche Sakralisierung ist jedoch ein unvermeidbares Nebenprodukt der kollektiven Erinnerung. Wenn etwas unauslöschlich in die Identität einer ethnischen oder nationalen Gruppe eingeschrieben ist, ist es notwendigerweise von Tabus umgeben – und das ist die einfachste Definition des Sakralen. Die Tatsache, daß ein Tabu gebrochen wird, ist auch ein Zeichen von

Heiligkeit. Die Anzeichen eines Tabubruchs werden deutlich sichtbar, wenn wir in Betracht ziehen, daß Israels Gedenken an den Holocaust trotz allem nie das einigende Symbol war, für das viele es gehalten hatten. Dies anzunehmen, hieße sogenannten offiziellen Interpretationen zu folgen. Schon von Beginn der Staatlichkeit an gab es Gruppen, die sich aus dieser symbolischen Macht ausgeschlossen fühlten und die ausgeschlossen waren. Palästinenser, orientalische Juden und die ultra-orthodoxe Gemeinde blieben aus der offiziellen Erinnerungskultur ausgesperrt. Diese drei Gruppen versuchen heute, auch gerade jetzt noch, die Schranke zu überwinden, ein Teil davon zu werden, ihre eigene Kultur der Erinnerung zu entwickeln. Das spricht eben für die Kraft der Prozesse in den vergangenen Jahrzehnten.

Viele Palästinenser halten die jüdische Katastrophe in Europa für etwas, das «dort drüben», in Europa, passierte, und für das sie mit einem unabhängigen israelischen Staat den Preis zahlen mußten. Sie wurden in diese symbolischen Bilder hineingezogen, indem man sie oft als die neuen Nazis betrachtete. Eine ihrer Antworten war es, das eigene Leid als «Nakhba», als «Katastrophe» zu beschreiben. Heute ist selbst ihr Gedenktag, am israelischen Unabhängigkeitstag, nach dem Vorbild des israelischen «Holocaust Memorial Day» gestaltet. Ein zweiminütiger Sirenenton ertönt durch alle von Israel besetzten Gebiete.

Nehmen wir die orientalischen Juden als ein anderes Beispiel: Sie waren eigentlich nie ein Teil des Holocaust, da sich das Ereignis selbst woanders abspielte, aber allmählich – und hier wurde nicht wenig manipuliert – ist ihre Geschichte auch in das Ereignis integriert worden. Und die ultra-orthodoxen Juden zögerten anfänglich, Israel als Wiedergutmachung für den Holocaust zu betrachten. Alle Gruppen beteiligen sich jetzt sehr aktiv an der Erinnerungskultur und greifen die offiziell davon verbreiteten Versionen an.

Kritiker, nicht nur in Israel, beklagen oft die Tatsache, daß nationale und ethnische Identitäten nicht mehr länger «authentisch», sondern eher oberflächlich seien, aus musikalischen Metaphern, Kleidungsstilen und übertriebenen Gesten zusammengesetzt, die nicht von Generation zu Generation weitergegeben, sondern unter dem Einfluß der Massenmedien ausgewählt würden. Diese Kritik macht nicht vor dem Gedenken an den Holocaust halt. Man hört von «Disneyfication» und Harmonisierung. Aber eben genau diese

Harmonisierung erlaubt es den Menschen, Elemente aus verschiedenen kulturellen Traditionen auszuwählen und sie zu neuen Identitäten zu verschmelzen. Dasselbe gilt für die kulturellen Metaphern des Holocaust. Spielberg und Benigni wurden Teil des israelischen Holocaust-Bewußtseins und vermengten sich mit lokalen Formen. Amerikanisierung oder eher Globalisierung und Kosmopolitisierung bedeuten, daß diese verschiedenen Identitäten pluralistisch und kommerzialisiert werden. Die Definition, was es heißt, israelisch zu sein, ist wieder offen. Niemand kann mehr ein Eigentum darauf und auf die dazugehörige Erinnerung an den Holocaust beanspruchen. Daher plant das «Simon Wiesenthal Center for Toleration» – eines der eindeutigeren Zeichen der Verallgemeinerung des Holocaust – die Eröffnung einer Filiale in Jerusalem, während gleichzeitig «Ot Va'ed», ein religiöses jüdisches Projekt, das ein orthodoxeres «Yad Vashem» aufbauen möchte – eindeutig ein Zeichen für die wachsende Partikularisierung –, nicht weit davon entfernt auch eine Einrichtung eröffnen möchte. Und das ist nicht der einzige Versuch, eine eigene religiöse Gedenkstätte einzurichten.[7]

Ich möchte mit den folgenden Bemerkungen schließen: Wir können die Debatte über die Verallgemeinerung und die Partikularisierung des Holocaust auf vier Arten charakterisieren, und zwar nicht nur in Israel. Er kann verallgemeinert werden in bezug auf die Opfer in der Vergangenheit (waren es die Juden mit ein paar Nebendarstellern oder viele verschiedene Völker, die gelitten haben?); in bezug auf die Opfer in der Zukunft (heißt die Lektion «Nie wieder für die Juden» oder «Nie wieder für irgend jemanden»?); in bezug auf die Täter in der Vergangenheit (waren die Nazis einzigartig böse oder unterschieden sie sich nur in ihrer Zahl von anderen Massenmördern?); und in bezug auf die heutigen Beteiligten (wer erinnert, d.h. wer hat das Recht, die Wahrheit über den Holocaust auszusprechen?). Was im offiziellen Israel aufgrund der Erinnerungspolitik in den vergangenen Jahrzehnten geschah, ist, daß die Vergangenheit des Holocaust jetzt von den meisten Menschen ganz in partikularistischen Begriffen gedacht wird: Die Nazis waren einzigartig böse, die Juden einzigartig unschuldige Opfer, und jeder andere spielte in dieser Geschichte nur eine Nebenrolle. Aber gleichzeitig und sogar als Reaktion darauf wird die Zukunft des Holocaust heute von vielen in absolut universellen Begriffen beschrieben. Er kann jedem passieren, zu jeder Zeit, und jeder ist dafür verantwortlich. Und die, die das behaupten, sehen diese Universalität nicht etwa als Verrat an der Erinnerung an die Opfer, sondern ganz im Gegenteil als Möglichkeit, ihre Bedeutung zu vergrößern statt sie zu verkleinern – als Möglichkeit, einen moralischen Prüfstein daraus zu machen, als einen Aufruf zu handeln sowie als ein Zeichen von liberaler und sogar patriotischer Tugend. Hannah Arendt und die israelische Unabhängigkeitserklärung vereinen sich.

Das heißt auch, daß wir heute in Israel und außerhalb mit vielfältigen Erinnerungen an den Holocaust leben müssen. Diese globalen Trends widersprechen nicht unbedingt dem sogenannten jüdischen Partikularismus. Religiöse Juden haben ein Ritual, mit dem sie an jeden bedeutenden Moment in der jüdischen Geschichte erinnern können. Warum? Weil sie sonst vergessen würden – vergessen in dem Sinne, daß sie nicht emotional beteiligt wären, sich nicht mehr damit als Teil ihrer Geschichte identifizieren würden. Daß sich Geschichte in Ritual verwandelt, ist der entscheidende Punkt, der die jüdische Religion definiert. Der Holocaust ist nur die jüngste Ausprägung davon. Wir können nur zusehen, während es geschieht. Die Kunstszene in Tel Aviv feiert daher ihren eigenen alternativen «Holocaust Memorial Day» in Gestalt einer Technoparty, junge Israelis sind von der Rockmusik Yehuda Polikers mit seinem Hit *Last Stop Treblinka* emotional bewegt. Andere künstlerische Darstellungen wie die Stücke *Arbeit macht frei* und *Ghetto* projizieren den Holocaust-Überlebenden auf den Palästinenser. Dazu kommen die sehr persönliche Literatur Aaron Appelfelds, der Spielberg-Film *Schindlers Liste* usw. Dies sind alles Zeichen neuer Erinnerungsformen, die ein neues Publikum emotional erreichen könnten, das private Mittel der Erinnerung sucht.

Und dann gibt es natürlich Menschen, die dagegen sind und einfach vergessen wollen. Von der Last, den Emotionen, der Identität, der Vergangenheit frei sein wollen. Vergessen in dem Sinne, daß man in einem Buch darüber lesen und über das Thema objektiv reden kann. Im israelischen Kontext denkt man hier natürlich an den berühmten Artikel «In Praise of Forgetting» von Yehouda Elkana, der genau das anstrebte. Vielleicht ist das gar keine schlechte Sache. Aber keine sehr jüdische.

Aus dem Englischen von Simone Gundi

Anmerkungen

1 Arendt, Hannah: Essays in Understanding, 1930–1954, New York 1994, S. 32.
2 Offizieller Text der Unabhängigkeitserklärung, herausgegeben von der israelischen Botschaft in der Bundesrepublik Deutschland.
3 Segev, Tom: Die siebte Million. Der Holocaust und Israels Politik der Erinnerung, Reinbek 1995.
4 Don-Yehiya, Eliezer: Memory and Political Culture. Israel Society and the Holocaust, in: Studies in Contemporary Jewry 9 (1993), S. 139–162.
5 Bartov, Omer: Kitsch and Sadism in Ka-Tzetnik's Other Planet. Israeli Youth Imagine the Holocaust, in: Jewish Social Studies Bd. 3, Nr. 2 (1997), S. 42–75.
6 Friedlander, Saul/Seligman, Adam: The Israeli Memory of the Shoah. On Symbols, Rituals, and Ideological Polarization, in: Friedland, Roger/Boden, Deirdre (Hg.): Now Here. Space, Time and Modernity, Berkeley 1994, S. 356–371.
7 Segev, Tom, The Ultra-Orthodox Discover the Holocaust, in: Ha'aretz, 11. 8. 2000.

USA

Gulie Ne'eman Arad

In den unmittelbaren Nachkriegsjahren war die amerikanische Wahrnehmung des Zweiten Weltkrieges, genau wie die amerikanische Gesellschaft bis weit in die 1960er Jahre hinein, seltsam provinziell und ziemlich unbedarft. Wenn zu Beginn des Konfliktes nur wenige fähig waren vorherzusehen, was kommen sollte, blieben am Ende die meisten unberührt von dem, was geschehen war. Denn den Vereinigten Staaten blieben – obwohl sie eine kriegführende Nation waren – physische Vernichtung und Massenterror erspart, und die Amerikaner konnten sich daher, vielleicht verständlicherweise, nicht mit den Opfern des Krieges identifizieren oder sich selbst als Opfer sehen. In Amerika, dem einzigen Gewinner des Krieges, waren die Fünfziger eine Zeit des Goodwill und des wachsenden Wohlstandes. Die nagenden Erinnerungen an die Depression und die Kriegsjahre waren schnell abgelegt, und man verspürte kaum den Wunsch, zurückzublicken oder über den Inbegriff des Bösen nachzudenken.

Die amerikanischen Juden waren in der Nachkriegszeit auch nicht darauf erpicht, sich mit der jüngsten qualvollen Vergangenheit ihrer europäischen Verwandten aufzuhalten. Statt dessen waren sie bestrebt, nicht die, wie sie spürten, einzigartige Gelegenheit zu versäumen, die volle Anerkennung im Mainstream der amerikanischen Gesellschaft zu erreichen. Tatsächlich wurde Amerika nach dem Krieg den Juden gegenüber viel toleranter. Der Nationalsozialismus hatte den Antisemitismus tabuisiert, und entsprechend seltener zeigte er sich in der Öffentlichkeit. Da der Alptraum die Verwirklichung des amerikanischen Traumes näherbrachte, waren die Juden in den USA mehr damit beschäftigt, das Leben zu feiern, statt die Toten zu betrauern.

Angesichts dieser Sichtweise spiegelte das Gedenken an den Holocaust unter den amerikanischen Juden, obgleich es sicher teilweise von ihrem Judentum geprägt war, meiner Meinung nach viel mehr den sozialen, politischen und kulturellen Wandel wider, den Amerika als Ganzes seit dem Ende des Zweiten Weltkriegs durchgemacht hatte. Das soll nicht heißen, daß wichtige Ereignisse in der jüdischen Welt und besonders in Israel keine Folgen gehabt hätten. Der Eichmann-Prozeß, die «Wartezeit» vor dem Krieg von 1967 und der Yom-Kippur-Krieg von 1973 rüttelten die amerikanischen Juden durchaus jedes Mal aus ihrer Selbstzufriedenheit hinsichtlich der eigenen Gegenwart und Zukunft auf. Dennoch ist es irreführend, diese Ereignisse als entscheidend für die Transformation des Holocaust von einer verborgenen Vergangenheit zu *dem* zentralen Ereignis in der jüdischen Geschichte zu betrachten. Diese Sichtweise würde nicht nur den Einfluß der amerikanischen Gesellschaft auf das amerikanische jüdische Leben unterschätzen; sie übersähe auch die dynamischen Veränderungen innerhalb der jüdischen Gemeinde. Im folgenden will ich also die geänderte Stellung des Holocaust in Amerika vor dem Hintergrund des Wandels, den diese Gesellschaft seit dem Krieg durchmachte, nachzeichnen.

Die Menschen, die durch den Riverside Park in New York in der Nähe der 83. Straße gehen, übersehen wahrscheinlich die Geburt des Gedenkens an den Holocaust in Amerika. Eingeschlossen von einem niedrigen schmiedeeisernen Zaun findet sich dort eine kleine Steintafel, auf der geschrieben steht:

«This is the site for the American memorial to the Heroes of the Warsaw Ghetto Battle April–May 1943 and to the six million Jews of Europe martyred in the cause of human liberty»
(Dies ist der für die amerikanische Gedenkstätte vorgesehene Ort für die Helden des Warschauer Ghettoaufstandes April-Mai 1943 und für die sechs Millionen Juden Europas, die für die Freiheit der Menschen zu Märtyrern wurden.)

Das Projekt war 1946 von der nationalen Organisation der polnischen Juden angeregt worden. Es überrascht nicht, daß gerade eine Gruppe neuerer Einwanderer als erste die Initiative ergriff, das Gedenken an den Holocaust auf die Agenda der jüdischen Gemeinde zu setzen. In dem Versuch, das zögernde jüdische Establishment für das Projekt zu gewinnen, beschafften die Organisatoren sich die Unterstützung von nichtjüdischen Gruppen sowie von einer beeindruckenden Liste katholischer, protestantischer und anderer religiöser Würdenträger. Der New Yorker Bürgermeister William O'Dwyer war bereit, Schirmherr des Projektes zu werden. Um dem Projekt eine stärker ökumenische Aura zu geben, wurde es umbenannt in «The American Memorial to Six Million Jews of Europe, Inc.».[1]

Dennoch waren die Hauptvertreter der amerikanischen jüdischen Gemeinde, B'nai B'rith und der American Jewish Congress, von dem Projekt nicht überzeugt. Sie lehnten die Idee weiter ab und argumentierten, daß man lieber eine Gedenkstätte in Polen errichten solle, dem Ort der Katastrophe, und daß es unverantwortlich sei, eine geschätzte Summe von 170 000 Dollar für die Gedenkstätte auszugeben, wo doch die Mittel dringend für die Unterstützung der Überlebenden gebraucht würden. Die polnische Fraktion hielt dagegen, daß, nachdem Amerika «die wichtigste Rolle in der Befreiung Europas» gespielt habe und New York City die größte Konzentration amerikanischer Juden beherberge, diese Stadt eine wirklich «spirituelle» Wahl sei. Die «Öffentlichkeitsarbeit», argumentierten sie, könne so gestaltet werden, daß sie der Kampagne für die überlebenden Opfer helfe, «da die Gedenkstätte dazu dienen würde, die Emotionen der Menschen zu wecken».[2] Das war vielleicht der erste Schritt hin zum Einsatz des Holocaust als Instrument jüdischer Politik. Aber selbst diese Form scheinbar rationaler politischer Berechnung konnte die landesweiten jüdischen Organisationen nicht davon überzeugen, sich dem Projekt anzuschließen.

Da sie zunehmend überzeugt waren, daß der Widerstand gegen die Gedenkstätte ein Zeichen der allgemeinen integrationistischen Stimmung unter den amerikanischen Juden in der Nachkriegszeit war, beschlossen die Sponsoren des Projekts, dessen amerikanischen Charakter zu unterstreichen und traditionelle jüdische Einflüsse zu reduzieren. Daher verschob man den «Blickwinkel der Öffentlichkeitsarbeit» von den «sechs Millionen Toten» hin zur «Tapferkeit der jüdischen Kämpfer im Warschauer Ghetto». Auf dem Titel der Broschüren wurde der *Magen David* durch die Freiheitsstatue ersetzt, und die Begrüßungsworte von Rabbi Herzog, dem Oberrabbiner von Palästina, die «die schwache Position der gedemütigten Juden betonten», wurden ganz gestrichen. Zusammengefaßt lieferten die Pläne für die Gedenkstätte in ihrer überarbeiteten Version «Symbole der Stärke und Tapferkeit statt der Schwäche».[3]

Die Vertreter der großen jüdischen Organisationen waren noch immer nicht zufrieden. Ihre Ablehnung der Gedenkstätte wurzelte nämlich wesentlich tiefer, wie sich klar in ihrem letzten Aufruf, das Projekt abzulehnen, zeigt: «Ein Denkmal zur Erinnerung an die Vernichtung der Juden durch die Nazis würde dem Interesse des Judentums schaden, da es als ewige Mahnung dafür stehen würde, [...] daß die Juden eine hilflose Minderheit sind, deren Sicherheit und sogar deren Leben von der Laune des Volkes abhängt, unter dem sie leben, oder von der Regierung, die ihre Schicksale kontrolliert.»[4]

Obwohl der Ort am 19. Oktober 1947 eingeweiht wurde und die Steintafel bis heute existiert, ist das Denkmal nie errichtet worden.

Im Amerika des beginnenden Kalten Krieges verwandelte man plötzlich Rußland von einem Verbündeten in einen bösen Feind, und den nationalsozialistischen Gegner modelte man rasch zu dem unverzichtbaren deutschen Verbündeten um. Um den Übergang zu der neuen Orientierung prompt und glatt zu gestalten, war es notwendig, die Shoah zu marginalisieren.[5] Das *Time Magazine* warnte schon innerhalb eines Monats nach der Befreiung der Konzentrationslager davor, die Verbrechen der Nazis als deutsche Verbrechen zu betrachten. In Einklang mit Amerikas neuen nationalen Interessen müßten sie als Produkt des Totalitarismus gesehen werden, dessen Todesopfer nur dann einen Sinn bekommen würden, wenn die Amerikaner die entsprechende antisowjetische Haltung daraus ableiteten.[6]

Die amerikanischen Juden entzifferten die neue Stimmung schnell und zogen daraus ihre Schlüsse. Sie erkannten die Dringlichkeit, das tiefverwurzelte jüdisch-kommunistische Stereotyp auszuradieren, das seit der bolschewistischen Revolution und der «Roten Gefahr» am Leben erhalten wurde. Diese Aufgabe war so drängend, daß ein Mitglied der Jüdischen Kriegsveteranen sich über die amerikanischen Juden aufregte, weil sie «nicht annähernd die Maßnahmen ergreifen oder sich die Mühe machen, den Kommunismus zu bekämpfen, wie sie es gegen die Nazis taten». «Ich weiß», sagte ein jüdischer Aktivist, daß «sie die Frage nach den zwei Weltkriegen und den sechs Millionen ausgelöschten Juden aufwerfen werden. Aber vergangen ist vergangen, und wir müssen mit den Tatsachen von heute klarkommen.»[7] Die Tatsachen waren, daß es nach dem Krieg nicht mehr genügte, ein Antikommunist zu sein, um ein «guter» Amerikaner zu sein, man mußte auch den schnellen Wiederaufbau eines neuen Deutschlands gutheißen.

Dem «American Way» zu folgen, war für Juden, von denen viele noch gewisse Reste eigenständiger Gefühle besaßen, sicher nicht immer leicht. Für sie war die Einnahme eines Standpunktes gegenüber Deutschland mehr als nur ein Thema der Außenpolitik, es war eine Frage des Schutzes ihrer Reputation als Amerikaner. Ihre führenden Vertreter warnten sie oft, daß, wenn es sich zeige, «daß die Juden in den USA Rache am deutschen Volk zu nehmen wünschen, der Eindruck entstehen könnte, daß die Juden in den USA eine politische Enklave bildeten. Sollte dies geschehen, wäre die jüdische Gemeinde in den USA isoliert [...] Die Entscheidung, ob man bezüglich der amerikanischen Politik in Deutschland einen Standpunkt einnehmen sollte oder nicht [...], geht weit über die Frage hinaus, was in Deutschland selbst passiert. Wir können es uns daher nicht leisten, uns von irgendeinem Gefühl, das in der jüdischen Gemeinde existiert, drängen zu lassen; statt dessen müssen wir die Verantwortung für die Führung übernehmen und versuchen, der jüdischen Gemeinde die ganze Komplexität des Themas beizubringen. In der Ausübung unserer Führungsrolle müssen wir klug, hellsichtig, weise und gelegentlich zweckmäßig handeln.»[8]

Angesichts der amerikanischen Unterstützung Deutschlands als Bollwerk gegen den Kommunismus und angesichts der jüdischen Gemeinde, die bemüht war, innerhalb des nationalen Konsenses zu bleiben, waren Trauer um und Erinnerung an die jüdischen Opfer meist auf die Privatsphäre der «jüdischen Küche» beschränkt. In der optimistischen amerikanischen Stimmung der Fünfziger waren, wie beispielsweise Otto Frank wiederholt erfahren mußte, während er nach einem Verleger für das Tagebuch seiner Tochter Anne aus der Kriegszeit suchte, nur wenige daran interessiert, über eine holländische Jugendliche zu lesen, deren Leben tragisch geendet hatte. Statt dessen war Amerika auf «moralische» liberale Erzählungen aus. In diesem Gewand gelangte die Geschichte der Anne Frank nach Amerika und wurde zu *der* Holocaust-Erzählung.

Die Bühne für die amerikanisierte Rezeption des Holocaust wurde mit der Veröffentlichung des Tagebuches unter dem schönfärberischen Titel «Tagebuch eines jungen Mädchens» bereitet.[9] Indem sie es als ein «Dokument sensibler Jugend» anpries, versicherte eine Rezension auf der ersten Seite der einflußreichen *New York Book Review* 1952 ihren Lesern, daß dies keine deprimierende «Ghetto-Geschichte» sei, keine gruselige «Schreckenssammlung», sondern eine Geschichte, die «eine ergreifende Freude am grenzenlosen Mut des Menschen wachruft».[10] Nur ungefähr eine Woche nach dieser Rezension waren 45 000 Exemplare gedruckt und verkauft, ein Dutzend Zeitungen erwarben Abdruckrechte. Aber Broadway und Hollywood waren es, die das Tagebuch von einem historischen Augenzeugenbericht in eine «realistische Illusion» verwandelten, in der Anne Frank zur kulturellen Ikone, zur Schutzpatronin der amerikanischen Ideale gekrönt wurde.

Nachdem die erste Bühnenbearbeitung als zu jüdisch abgelehnt worden war, wurde ein Drehbuchautoren-Ehepaar in Hollywood beauftragt, eine Neufassung herzustellen, und sie schneiderten den Text so zurecht, daß er in die allgemeine liberale amerikanische Stimmung paßte. In der neuen Fassung wurden die Eigenheiten sowohl der Täter als auch der Opfer beschönigt. An den Rand gedrängt wurde nicht nur, daß Anne Frank Jüdin war, sondern auch die Shoah und die Verfolgung des Mädchens und ihrer Familie durch die Nazis wurde als eine universelle Erfahrung der «Unmenschlichkeit des Menschen gegenüber dem Menschen» hingestellt. Kaum eine Spur blieb übrig von Annes Religiosität, wie sie im Tagebuch beschrieben wird, und die Tatsache, daß die Protagonisten nur deshalb gezwungen waren, sich zu verstecken, weil sie Juden waren, ließ man ganz weg. Für Garson Kanin, den Regisseur des Stückes, war am Schicksal der Juden nichts Außergewöhnliches. So erklärte er: «Durch die gesamte Geschichte hindurch haben Menschen gelitten, weil sie Engländer, Franzosen, Deutsche [...] Neger und so weiter waren. Ich weiß nicht, wie sich das zeigen läßt, aber es scheint mir von größter Bedeutung.» In seiner Sicht war «die Tatsache, daß in diesem Stück die Symbole der Verfolgung und Unterdrückung Juden sind, zufällig».[11] In der ergänzten Fassung wurde die Lebenserfahrung der Opfer denn auch zu «einer erhebenden Anmerkung über den Mut des Menschen» umgearbeitet.[12] Mit ihrer neuen, überkonfessionellen Stimme versichert Anne Peter, «wir sind nicht das einzige Volk, das leiden mußte»; «zu allen Zeiten gab es Völker, die leiden mußten; manchmal die eine Rasse [...] manchmal eine andere [...]».[13] Annes Glauben, daß «trotz allem [...] die Menschen tief drinnen gut sind», machte sie zu einer «Schutzpatronin des Liberalismus».[14] Ihre enttäuschte Erkenntnis, «der Drang zur Vernichtung ist nun einmal in den Menschen, der Drang zum Töten, Morden und Wüten», die nur wenige Sätze weiter erscheint, wurde weggelassen.[15] Ihr Schicksal als jüdische Geisel in den Händen der Nazis löste sich, wie der Regisseur es nannte, im «Unendlichen» auf.[16]

Das Stück, wie es sich in den Besprechungen widerspiegelt, deckte die beschwichtigende Stimmung auf, die gegenüber dem neu in die Arme geschlossenen, früheren deutschen Feind vorherrschte. «Es gibt darin keinen Nazi», stellte ein Kritiker fest.[17] Ein anderer applaudierte dem Stück, weil es vermied, «die Nazis zu hassen», und statt dessen «leidenschaftlich, bewegend, oft humorvoll» erschien, mit «fast allem, was man sich wünschen könnte».[18] Die Anne des Broadway wurde auch benutzt, um weiße Amerikaner auf die Gefahren des Rassismus gegenüber ihren eigenen schwarzen Mitbürgern aufmerksam zu machen. In seiner dejudaisierten, denazifizierten und ahistorischen Darstellung war das Leben und Sterben eines jüdischen Opfers umgearbeitet worden in ein spirituell triumphierendes, klassisches amerikanisches Drama. Es überrascht kaum, daß nach einer Umfrage aus dem Jahr 1996 *Das Tagebuch der Anne Frank* noch immer als Hauptquelle für den Holocaust-Unterricht in Amerika genannt wird.[19]

Viele Wissenschaftler sehen in dem Eichmann-Prozeß den Wendepunkt in der Entwicklung des amerikanischen Holocaust-Bewußtseins. Dem Prozeß wurde über ein Jahr lang viel Aufmerksamkeit in den Medien zuteil. Dennoch scheint es, wie eine eingehende Studie zeigt, so zu sein, daß nur ein kleiner Teil der Öffentlichkeit «ausreichend interessiert oder gebildet genug war, um wenigstens ein elementares Grundwissen über den Ablauf zu erwerben». Dem Prozeß «gelang es nicht, einen wesentlichen Teil der Öffentlichkeit zu erreichen und zu informieren».[20] Selbst die jüdische Gemeinde reagierte nicht auf das Leid der Opfer, das der Prozeß aufdeckte. Als 1962 Überlebende in Los Angeles die örtliche Jewish Federation baten, die Errichtung eines Denkmals für die Opfer des Holocaust zu unterstützen, war die Antwort negativ. Erst in den späten Sechzigern war die Federation bereit, wenn auch wenig begeistert, mit Büroflächen und Mitarbeitern zu helfen, vorausgesetzt, die Finanzierung würde unabhängig aufgebracht werden. Aber erst 1973 hielt diese Gruppe von Überlebenden ihr erstes großes Fundraising-Dinner ab.[21]

Der Optimismus der Fünfziger ging im folgenden Jahrzehnt schnell verloren, als Amerika in einen Zweifrontenkrieg verstrickt war: in Südostasien und in seinen eigenen Schwarzen-Ghettos. Der liberale Konsens brach auseinander, und eine extreme Polarisierung zwischen den «Haves», den Besitzenden, und den «Have Nots», den Besitzlosen, setzte ein. Die kulturelle Elite war erwartungsgemäß nicht darauf erpicht, ihre Hegemonie aufzugeben. Ein frühes Anzeichen für dieses geänderte Klima und für das aufkommende politische Thema der Identität läßt sich im Jahr 1964 verorten, in dem zwei Denkmalsentwürfe für die Opfer des Holocaust von Nathan Rapoport bei der New York Arts Commission zur Begutachtung eingereicht wurden. War es in den späten 1940er Jahren das jüdische Establishment gewesen, das zögerte, seine qualvolle Vergangenheit öffentlich auszustellen, so war es jetzt das amerikanische Establishment, das wählerisch wurde in der Frage, wessen Gedenken Anerkennung verdiene. «Auch wenn er kleiner und von besserer künstlerischer Qualität wäre», behauptete ein Mitglied der Arts Commission, «glaube ich, daß wir, würden wir ihn akzeptieren, einen höchst bedauerlichen Präzedenzfall schaffen würden.» Es war jedoch die Schlußbemerkung des Ablehnungsbriefes, die den Einfluß des keimenden ethnischen Bewußtseins ausdrückte. «Wie», wurde darin gefragt, «würden wir auf andere besondere Gruppen reagieren, die auf eine ähnliche Weise auf öffentlichem Grund und Boden repräsentiert werden wollen?» Der Beauftragte der New Yorker Stadtparks lieferte die Antwort, indem er die Meinung äußerte, daß «Monumente in den Parkanlagen auf Geschehnisse der amerikanischen Geschichte beschränkt sein sollen».[22]

In den Siebzigern verbanden sich die Vietnam-Krise, das gescheiterte liberale Schwerpunktprogramm eines «Krieges gegen die Armut» und die Rezession zu einer großen Unzufriedenheit, die zunehmend als Bedrohung für die soziale Ordnung empfunden wurde. Unter diesen schwierigen Umständen und ohne einen Mythos, der überzeugend genug gewesen wäre, das wachsende Gefühl von Entfremdung unter den «Anderen» der Nation auszugleichen, konnten die von unten heraufdringenden Spannungen nicht mehr länger ignoriert werden. Die alte Strategie der Machthabenden, die Unterschiede einschmelzen zu wollen, machte an der Basis dem starken Bedürfnis Platz, sie zu verfestigen. Ein Amerikaner zu sein, hieß zunehmend, um seine eigene spezielle Nische zu kämpfen und sie zu verteidigen. In einem Land, das vielleicht zu groß geworden war, um es zusammenhalten zu können, gewann der Neologismus «kulturelle Vielfalt» an Geltung. Wie die Soziologin Mary Waters aus Harvard aber überzeugend zeigte, sind viele der Unterschiede, die bei den Einwanderern der ersten Generation noch so ins Auge stachen, schnell im Schmelztiegel verschwunden.[23] Es war gerade die wachsende Gleichheit aller (weißen) Amerikaner, verbunden mit dem in Massengesellschaften entstehenden Bedürfnis, einer, wie ich sie nenne, «Gefühlsgemeinschaft» anzugehören, die die verschiedenen Untergruppen veranlaßte, nach ihrer speziellen Andersartigkeit zu suchen. Wenn sie sonst nicht mehr viel verband, erwies sich eine gemeinsame Vergangenheit in Knechtschaft als effektivstes Mittel zur Schaffung eines partikularen Bewußtseins.

Da die Machthabenden nicht willens oder nicht fähig waren, die diversen «Anderen» für Ungerechtigkeit und Diskriminierung, für Apathie und Vernachlässigung, für unrühmliche Tode zum Ruhme der Nation zu «entschädigen», fingen sie an, mit Gesten der Erinnerung zu reagieren. Wie aus der Denkmalsschwemme, die die Landschaft in Washington verändert, deutlich wird, wurde es immer populärer, vergangenes Unrecht einzugestehen.[24] Charles S. Maier kommentierte spitz: «Die moderne amerikanische Politik wurde zu einem Wettkampf darum, Leiden zu verwahren. Jede Gruppe erhebt Anspruch auf öffentliche Ehre und öffentliche Gelder aufgrund bedrückender Einschränkungen und Ungerechtigkeiten.»[25] Das brachte ein bizarres neues Phänomen hervor – «eine Kultur des Opfertums»[26] –, bei dem sogar die SS-Angehörigen, die auf dem Friedhof in Bitburg begraben sind, von Präsident Reagan geehrt wurden, weil sie «genauso sehr Opfer [des Nationalsozialismus] waren wie die Opfer in den Konzentrationslagern».[27]

Mit der kritischen Einschätzung dieses Phänomens möchte ich nicht implizieren, daß vergangenes Leid aus der öffentlichen kollektiven Erinnerung gelöscht werden sollte, wie das einige rechte Gruppen gerne hätten. Meine Kritik erwächst vielmehr aus zwei Hauptsorgen. Die erste und unmittelbare Sorge ist, daß bei der gegenwärtigen Inflation von Ansprüchen Anerkennung und Entschädigung den Mächtigsten gewährt werden wird und nicht denen, die ihrer am dringendsten bedürfen. Denn die kollektive Erinnerung ist, worauf Jacques Le Goff uns hingewiesen hat, derzeit ein Machtinstrument und ein Ziel von Herrschaft.[28] Meine andere Sorge – und vielleicht auf lange Sicht die folgenreichere – gilt dem Einfluß, den eine kollektive Identität, die auf sentimentaler Solidarität mit dem erinnerten Opfertum gründet, auf eine Gemeinschaft hat, die sich einer solchen Selbstdefinition unterwirft.[29]

In Amerika verdankt die Popularisierung von geknechteten Vergangenheiten erwartungsgemäß viel den Medien, die ihre Anziehungskraft schnell erkannten und das kommerzielle Potential, das in der Anerkennung von Opfertum steckte, erschlossen. Die Serie

Roots des Senders ABC machte 1977 den Anfang. Nachdem sie sich als riesiger Erfolg erwiesen hatte, produzierte NBC seine neuneinhalb-Stunden-Serie *Holocaust*. Ausgestrahlt an vier aufeinanderfolgenden Abenden im April 1978, zog sie ein Publikum von gut 120 Millionen Amerikanern an.[30] Dazu kam die Tatsache, daß auch 130 Werbeschaltungen verkauft wurden – das «Holocaust-Geschäft» war eröffnet.[31]

Interessanterweise erkannten Präsident Carters jüdische Berater als erste die politischen Möglichkeiten, die in der Erinnerung an den Holocaust steckten. Carters Zustimmung zu einer Heimstatt für die palästinensischen Flüchtlinge weckte scharfe Proteste seitens der amerikanischen jüdischen Gemeinden sowie des neugewählten, rechten israelischen Premierministers Menachem Begin.[32] Als die Spannungen zwischen allen Betroffenen wuchsen, schlug die Junior-Beraterin Ellen Goldstein vor, daß «Präsident Carter vielleicht den Spalt zwischen sich und der jüdischen Bevölkerung überbrücken könnte, wenn er auf seiner Reise nach New York das Zentrum [für Holocaust Studies in Brooklyn] besichtigen würde».[33] Aus dieser Idee wurde nicht viel, bis im März 1978 auf dem Höhepunkt der Werbekampagne für die Serie *Holocaust* dem Präsidenten der Vorschlag gemacht wurde, er solle einen Plan zur Errichtung einer Holocaust-Gedenkstätte als «passende Geste zu Ehren des dreißigsten Geburtstages Israels» verkünden. Obwohl Goldstein der Meinung war, daß «eine solche Idee aus sich heraus Beachtung verdient», war sie besorgt, daß «ein derartiger Schritt auf manche Menschen wie geschickte Public Relations wirken könnte».[34] Andere Mitarbeiter Carters waren sich durchaus bewußt, daß dies als «billiger Versuch, im Windschatten der Fernsehsendung zu segeln», wahrgenommen werden könnte. Da man aber erkannte, daß die Beziehung des Weißen Hauses «zur jüdischen Gemeinde jeden kleinen Auftrieb brauchte», entschloß man sich, die Idee umzusetzen, es dabei aber so aussehen zu lassen, als ob die Initiative des Weißen Hauses als Antwort auf «eine Anfrage einer bedeutenden [jüdischen] Gruppe» käme. Die Wahl fiel auf das American Jewish Committee.[35]

Gestützt auf die Einschaltquoten der Serie *Holocaust* wurde der Präsident informiert, daß eine offizielle US-Gedenkstätte für die Opfer des Holocaust «bei vielen Amerikanern stärkere Unterstützung denn je genießt – nicht nur bei jüdischen Amerikanern».[36]

Carter reagierte schnell. Weniger als eine Woche später, am 1. Mai 1978, war der Garten des Weißen Hauses Schauplatz einer Feier anläßlich des dreißigsten Geburtstages des Staates Israel mit Begin als Ehrengast und 1200 anwesenden Rabbinern (obwohl nur 120 eingeladen waren). Carter hielt eine emotionale Rede, in der er Amerikas «hundertprozentigen Einsatz für Israels Sicherheit» beteuerte, einen Staat, der «aus der Asche» des Holocaust geboren worden sei. Die Politik der Vereinigten Staaten gegenüber Israel, fügte er hinzu, sei von diesen «unauslöschlichen Erinnerungen an die Vergangenheit» geprägt und deshalb entschlossen, «niemals zu vergessen». Carter löste sein Versprechen ein, als er am Ende seiner Rede die Schaffung einer Kommission beim Präsidenten ankündigte, die über «eine geeignete Gedenkstätte [...] für die sechs Millionen [Juden], die im Holocaust ermordet wurden», beraten sollte. Begins Vorbehalte scheinen sich innerhalb von Minuten zerstreut zu haben, da er die Rede als «eine der größten moralischen Aussagen aller Zeiten» adelte.[37] Am nächsten Tag gab der Stab des Weißen Hauses eine Warnung heraus, «schnell und klug» zu handeln, da das wachsende öffentliche Interesse andere öffentliche und private Vorhaben veranlaßte, sich in das Gebiet des Holocaust-Gedenkens zu wagen.[38]

Die Juden, die die bei weitem wohlhabendste und einflußreichste amerikanische Minderheit stellten, wurden schnell in der «Politik der Anerkennung» tätig – sie forderten ein öffentliches Andenken an ihre besondere Vergangenheit.[39] Um das zu erreichen, war es jedoch dringend notwendig, eine besondere jüdische Identität wiederzuerlangen, die nur durch die Stärkung eines eigenen Bewußtseins geschaffen werden konnte. Die Juden hatten aber – wie andere Untergruppen auch – im Prozeß der Amerikanisierung viel von ihrer jüdischen religiösen und kulturellen Einzigartigkeit verloren, auf der ihre Identität als «andere» beruhte. Was sie hatten, und zwar im Überfluß, war eine starke Unterdrückungserfahrung, die im zeitgenössischen amerikanischen soziopolitischen Klima in ein Vehikel umgewandelt wurde, um die eigene Verbindung und sogar Identifikation mit der Vergangenheit aufrechtzuerhalten.

Die Juden waren aber mit dem Anspruch auf ein solches Vermächtnis nicht allein, genausowenig wie mit dem Wunsch, Anerkennung zu erhalten, indem sie dieses wieder wachriefen. Das Opfer-Image wurde nicht zuletzt deshalb angestrebt, weil ein überzeugendes Vermächtnis von Unterdrückung schlichtweg große psychische und politische Vorteile zeitigt, darunter, wie Michael S. Roth es ausdrückte, die Aura einer «moralischen Überlegenheit, die unsere Kultur oft anerkannten Opfern zuspricht».[40] Ganz dem amerikanischen Geist gemäß sollte bald ein Wettbewerb darüber folgen, wer vom Status des Opfers «profitieren» durfte. K. Anthony Appiah hat vorgebracht, daß es «eine Verbindung zwischen dem geringer werdenden kulturellen Inhalt von Identitäten und dem Schrillerwerden ihrer Ansprüche» zu geben scheine.[41] Aber in solch einem Wettbewerb kann, wie wir wissen, die Gerechtigkeit es nicht immer mit der Macht aufnehmen. Jeder kann ein Unterdrückter sein, aber der Trick ist es, ein registrierter, «reinrassiger» Unterdrückter zu sein, und das wiederum ist eine Funktion von Einfluß und Prestige. Die amerikanischen Juden haben auch davon jede Menge.

Das wurde nirgendwo deutlicher als im Modus operandi für die Zusammenstellung der Darstellungen und der Gedenkagenda bei der Gründung des US Holocaust Memorial Museums. Wie man sich denken kann, war sich das Weiße Haus der «realen oder potentiellen Fallstricke» einer «ausschließlich jüdischen Gedenkstätte, die von Juden monopolisiert wurde», durchaus bewußt.[42] Carter reagierte darauf mit der Aussage, daß «zusätzlich zu den Juden, die verschlungen wurden, [...] fünf Millionen weitere Menschen vernichtet wurden», darunter «ungefähr drei Millionen Polen, viele Ungarn, Zigeuner, [derer] wir ebenfalls gedenken müssen».[43] Obwohl sie die Konkurrenz fürchteten, wurden jüdische Aktivisten von der Tatsache ermutigt, daß «viel weniger» Ressentiments aufgetaucht waren, als sie vorhergesehen hatten. Sie berichteten: Die Armenier seien beschwichtigt worden, wenn auch vielleicht nicht für lange; die Polen klagten, daß keine christlichen Polen in der Kommission säßen, und lösten mehrere hundert Beschwerdeanrufe im Weißen Haus aus, aber solche einzelnen Proteste würden nicht sehr ernstgenommen; die Schwarzen hätten noch keine Vorbehalte angemeldet, aber man sei für diesen Fall alarmiert, wenn im Kongreß um Mittel gekämpft werden müsse.[44]

Daß Carter und seine Berater es besser wußten, zeigt sich darin, daß sie die Definition des Holocausts veränderten und noch erweiterten. Als im Oktober 1979 die Definition auf die «systematische und staatlich gelenkte Vernichtung von sechs Millionen Juden und gut fünf Millionen anderen Menschen» ausgeweitet wurde, kündigte der Vorsitzende der Kommission, Elie Wiesel, an, daß er nichts dergleichen in seinem «heiligen Projekt» akzeptieren würde.[45] Die Mitarbeiter der Carter-Administration meinten aber, daß, «was immer der Grund für die Auslöschung von Nichtjuden gewesen sein mag», es «moralisch verwerflich» sei, «eine Kategorie von Holocaust-Opfern zweiter Klasse zu schaffen, wie Herr Wiesel das von uns erwartet. Es ist nicht nur moralisch unhaltbar, es ist auch für die Administration potentiell politisch schädlich, [...] ein begrenztes, engstirniges, ja ghetto-artiges Konzept für die Gedenkstätte zu vertreten.»[46]

Die jüdischen Funktionäre brauchten eine Weile, bis sie realisierten, was James E. Young so formuliert hat: «Ein jüdisches Mahnmal an die Shoah und ein öffentliches Denkmal an den Holocaust sind zwei verschiedene Dinge.»[47] Einer der wenigen, die den Unterschied erkannten und eine Amerikanisierung des Holocaust verlangten, war Michael Berenbaum. «Das Museum», überlegte er, «wird das, was die schmerzhaften und begrenzten Erinnerungen einer leidtragenden ethnischen Gemeinde hätten sein können, auf die grundlegenden amerikanischen Werte übertragen.»[48] Es werde «den Glaubenssätzen der amerikanischen Verfassungsdemokratie neue Anerkennung» verschaffen, «eine Verpflichtung auf Pluralismus und Toleranz [und] einen Kampf für Menschenrechte als zentralen nationalen Wert und als Fundament der Außenpolitik» bringen.[49] Wie ein Kritiker es ausdrückte, ist das Museum tatsächlich als «ideologische Impfung der amerikanischen Politik» gedacht, um «Antikörper gegen Totalitarismus, Rassismus und staatlich gelenkten Massenmord» zu liefern.[50]

Was den Holocaust in Amerika zu einer höchst populären moralisch-politischen Metapher gemacht hat, ist die Tatsache, daß er nicht Teil der eigenen Vergangenheit ist. Als ferne Geschichte, die «dort drüben» im fernen «Anderen» geschah, wurde er als neutraler Mediator gewonnen, um mit Amerikas eigener Geschichte des Rassismus zurechtzukommen, und auch als nützliche und gefahrlose pädagogische Mehrzweck-Doktrin für unterschiedliche Interessenbereiche. Unter denen, die ihn verwenden, sind «Pro-Life»-Aktivisten, die legale Abtreibungen als «amerikanischen Holocaust» hinstellen, sowie Verfechter des «Pro-Choice», die argumentieren, daß der Massenmord dort beginne, wo den Menschen ihr Recht auf

Kontrolle über ihren Körper verwehrt werde. Dazu gehören auch Lobbyisten wie der frühere Sprecher des Repräsentantenhauses, Newt Gingrich, der, als er sich gegen Waffenkontrolle aussprach, behauptete: «Hätte es in Deutschland das Recht auf Waffenbesitz gegeben, wäre es vielleicht nicht zum Holocaust gekommen.» Schwule Aktivisten vergleichen die Reaktion auf den «AIDS-Holocaust» mit der auf den jüdischen Holocaust, wenn sie sagen, daß es in beiden Fällen die Indifferenz der Zuschauer gewesen sei, die ein Voranschreiten der Katastrophe zugelassen habe.[51]

Obwohl dies sicher alles ehrenwerte Absichten sind, kommt man kaum umhin, darüber nachzudenken, ob jemand das Recht hat, an den Erinnerungen der Holocaust-Opfer herumzubasteln und ihre Wirklichkeit auf die Beförderung von Idealen hinzutrimmen, die in bezug auf eben diese Opfer versagt haben. Liegt nicht etwas Falsches, vielleicht sogar Gefährliches in der erfolgreichen Domestizierung des Holocaust in einer Gesellschaft, die so wenig für diese Opfer getan hat und erst so spät angemessen mit ihren eigenen Opfern umgeht? In einer Kultur, in der praktisch alles zu einem verkäuflichen Produkt gemacht wird und Profit ein geheiligtes Prinzip ist, muß man das wirklich fragen – wie sich an den folgenden Beispielen zeigen läßt:

Das Carlton Hotel in Washington D.C. pries «ein Spezial-Paket» für Besucher des «beliebten US Holocaust Museums» an. Als exklusives Ereignis angekündigt, mit «nur einer begrenzten Anzahl an Karten [...] erhältlich für jeden Tag, um dieses eindringliche und bewegende Museum zu erleben», offeriert das Carlton «sein erstklassiges Paket, in dem diese exklusiven und begehrten Eintrittskarten enthalten sind». Die vergnüglichen Bestandteile dieses «Weekend Museum»-Pakets umfassen «die Deluxe-Unterkunft in unserem neurenovierten Hotel, eine späte Checkout-Zeit und einen fürstlichen Sonntags-Brunch mit üppigem Büffet. Das Brunch-Ambiente wird mit Klaviermusik untermalt.»[52]

In St. Petersburg in Florida ist «Gedenken an den Holocaust» die Nummer 11 auf einer Liste mit «40 Fun Things To Do». Für nur 39,95 Dollar können Besucher ein maßstabsgetreues Modell eines polnischen Güterwaggons erstehen, den einst die Nazis für den Transport von Juden in Konzentrationslager benutzten. Für eine Spende von 5000 Dollar kann man mit einem originalen Gleisnagel aus Treblinka heimfahren.[53]

Der Holocaust gelangte sogar in die «Lifestyle»-Rubrik der Zeitschrift *Record*, die Silvester 1997 den Sieger des «Well-Travelled Luggage»-Wettbewerbs verkündete. «Die Embassy Suite Hotels», die sich selbst als «home away from home» für reisende Geschäftsleute anpreisen, berichtete *Record*, «haben einen kleinen, zerfledderten Vorkriegskoffer, der den Holocaust überlebt hat [...], als Gewinner des ersten jährlichen Well-Travelled-Luggage-Wettbewerbs ausgezeichnet.» Das Überbleibsel dieser gigantischen Vernichtung gewann den Preis dafür, daß er die Reise der Familie in «das Ghetto von Czernowitz, in ein Arbeitslager in Rumänien [...], in Zügen durch ganz Rumänien, die Tschechoslowakei, Österreich und Deutschland nach dem Krieg; nach England und zurück in ein Displaced-Persons-Lager in Deutschland; und 1951 in das neue Zuhause der Familie in Amerika» überlebte. Der zweite Sieger in diesem Wettbewerb war eine 25 Jahre alte Aktentasche, die in 49 Staaten der Union gereist war.[54]

Unser Bewußtsein für die Schrecken des Holocaust mit Klavierspiel heben zu wollen, mit einem Besuch im sonnigen Florida oder mit dem Verkauf von Gepäck, mag für manche von uns abstoßend sein, aber es ist nicht gefährlich. Es zeitigt wenig Folgen und spiegelt höchstens die erbärmliche Kommerzialisierung der heutigen Kultur wider. Besorgniserregender wird es, wenn der Holocaust erfolgreich als «Holocaust» gekauft und verpackt und dann als «real thing» verkauft wird. Nichts illustriert diese Gefahr besser als das, was ein Autor den «Schindlers-Liste-Effekt» nannte.[55] Nachdem ungefähr 25 Millionen Amerikaner ihn in den Kinos und 65 Millionen bei seiner ersten Ausstrahlung auf dem Kanal NBC (dank der Ford Motor Company ohne Werbeunterbrechungen) gesehen hatten, wurde der Film *Schindlers Liste* für die gegenwärtige Generation «die bedeutendste Quelle historischer Information, die die allgemeine Wahrnehmung des Holocaust beeinflußt».[56]

Steven Spielberg gelang es, das Unvorstellbare vorstellbar zu machen und das Unzeigbare zeigbar. Ein Großteil der Diskussion um den Film drehte sich um seine «wirklichen» und «akkuraten» Dimensionen. Ein Kritiker bezeichnete den Film sogar als «wirklicher als die Wirklichkeit».[57] In einem bissigen Kommentar ging ein anderer Beobachter so weit zu sagen, «Schindlers Liste in Frage zu stellen [bedeute] mit der Erinnerung an den Holocaust zu spielen».[58] Spielberg selbst nannte seine Rolle die eines «mitleidenden

Zeugen» und behauptete, daß er während der Arbeit an dem Film die Ereignisse genau so erlebt habe, «wie jeder Zeuge oder jedes Opfer es hätte. Es war nicht wie ein Film.»[59]

Selbst Daniel Goldhagen behandelte *Schindlers Liste* wie eine Primärquelle, die die Richtigkeit seiner wissenschaftlichen Arbeit bestätigt. Der Film hat ihm zufolge «die großartige Leistung vollbracht, [...] zum ersten Mal vielen Menschen verschiedene zentrale Aspekte des Holocaust zu vermitteln, sehr eindringlich und manchmal anschaulich. Es gibt einige brillante Szenen in dem Film, [...] in denen man die Brutalität der Deutschen sieht, die die Juden zusammentreiben, um sie in ihren Tod abzutransportieren.» Goldhagen zufolge stellt man sich bei der Betrachtung solcher Szenen die Frage, «ob diese Menschen wirklich so aussehen, als ob sie das, was sie tun, mißbilligten, wie viele der Theorien behauptet haben». Die Szene von der Räumung des Krakauer Ghettos «vermittelt den Eifer, die Energie, die Brutalität der Verfolger». Deshalb, fährt Goldhagen fort, «bin ich sehr froh, daß Spielberg diesen Film gemacht hat».[60]

Spielberg und sein Werk spiegeln in jeder Hinsicht den aktuellen amerikanischen Zeitgeist wider. In einer Kultur, die dem Opfertum Tribut zollt, war er nicht abgeneigt, sich selbst als Opfer zu zeigen, und er ging sogar noch weiter, indem er seine Qualen mit denen der Juden während des Holocaust gleichsetzte. «Ich war immer ein Opfer meines eigenen Erfolges», sagte er, bevor er den Oscar für *Schindlers Liste* gewann. «Ich hatte so viele Jahre eine Art Prüfsiegel der Stiftung Warentest auf meiner Stirn, so wie die Juden den Stern trugen [...], und ich bin stolz darauf; die Juden waren auch stolz darauf, den Stern zu tragen.»[61] Da er sich der Spannungen bewußt war, die er unter anderen Opfern erzeugen würde, beeilte sich Spielberg, *Schindlers Liste* als mehr als nur eine Geschichte über die nationalsozialistische Verfolgung der europäischen Juden auszugeben, es gehe auch «um AIDS, die Armenier, die Bosnier. Es ist ein Teil von uns allen», erklärte er.[62] Oder, wie er bei einer anderen Gelegenheit feststellte: «Dieser Film spricht nicht nur vom jüdischen Holocaust, sondern von jedem Holocaust, gleich welcher Definition.»[63]

In einer Gesellschaft, in der sich jeder danach sehnt, ein Opfer zu sein, wird dieser Status unglücklicherweise meist denen verliehen, die die meiste Durchsetzungsfähigkeit haben, um die anderen auf sich aufmerksam zu machen. Spielberg, einer der reichsten und mächtigsten Menschen auf der Welt, ist kaum ein Opfer von irgend etwas, höchstens seiner Ambitionen. Aber als amerikanischer Jude, zu einer Zeit, in der ihn nicht mehr viel mit seiner besonderen Identität verbindet, suchte er nach etwas, «das [sein] Judentum bekräftigen würde».[64] Und nachdem er es gefunden hatte, fügte er hinzu: «Ich denke, ich bin jetzt stolzer darauf, Jude zu sein, als ich es je in meiner Geschichte war.»[65] Das gilt leider für viele amerikanische Juden, die wieder mit ihrem Judentum in Beziehung treten, indem sie sich indirekt mit ihrer kollektiven qualvollen Vergangenheit identifizieren und sie zu einem Sockel ihrer jüdischen Identität machen. Als Ersatz für ihre schwächer werdenden Bindungen an das Judentum, an Israel und das zionistische Ethos, wurde der Holocaust zu ihrem neuen Narrativ, seine fortwährende Beachtung zur vorherrschenden jüdischen Praxis und seine Verehrung ihre Religion.[66] Für eine gesellschaftlich und wirtschaftlich erfolgreiche Gruppe ist es aber nicht nur befremdlich oder sogar ausgesprochen anmaßend, ihre spezielle Anerkennung auf das Leiden ihrer Glaubensbrüder zu stützen, sondern es ist wahrscheinlich auch kurzsichtig.

Trotz des aufgezeigten Mißbrauchs des Erinnerns ist dies kein Plädoyer für das Vergessen oder die Behauptung, daß es Erinnerung ohne veränderte Formen der Rezeption geben könne. Es ist vielmehr ein Plädoyer für eine Ethik des Erinnerns und ein Plädoyer dagegen, daß die Erinnerung dazu verwendet wird, ein Machtverhältnis zu begründen. Es ist ein Aufruf, dem Mißbrauch der Vergangenheit zu begegnen, indem man zwischen der «legitimen» und der «illegitimen» Verwendung der Opfer der Geschichte unterscheidet. Geschichte ist wichtig, ebenso die Erinnerung. Aber sie sind nicht dasselbe. Erinnerung reicht nicht aus, um zu heilen oder um in der Zukunft Böses zu verhindern. Ein kulturelles Erbe zu teilen bedeutet mehr, als auf der Basis einer qualvollen Vergangenheit «eine Identität auszuhandeln». Die Flut an Erinnerungen, mit denen unsere heutigen Empfindsamkeiten überschwemmt worden sind, beweist vielleicht, was Frances A. Yates von uns dachte, als sie schrieb: «Wir Modernen haben gar keine Erinnerungen.»[67] Wenn das tatsächlich die beklagenswerte *Conditio humana* sein sollte, sind wir um so mehr gezwungen, den rhetorischen, politischen und religiösen Mißbrauch, der mit dieser Katastrophe getrieben wird, zu beenden, aufzupassen, daß das, was wir erinnern, die Wahrheit der Opfer ist

– in der gleichen unschuldigen Form, wie es auch ihr tragisches Schicksal war. Wie Primo Levi es formulierte, hatten die Opfer keine Angst davor, daß die kommenden Generationen nicht fähig sein würden, ihren Schmerz zu teilen. Sie hatten vielmehr Angst davor, daß wir die Wahrheit nicht erkennen würden.

Aus dem Englischen von Simone Gundi

Anmerkungen

1 Minutes of the Meeting of the Executive Committee of the NCRAC (National Jewish Community Relations Advisory Council, im folgenden NCRAC) 18.9. 1947. YIVO, American Jewish Committee (im folgenden AJC) Archives, GS-12, Box 102, NCRAC Executive Committee Minutes.

2 Report on Meeting Held at NCRAC on the Question of Support for The American Memorial to Six Million Jews of Europe, 10.9. 1947. YIVO, AJC Archives, GS-12, Box 102, NCRAC Executive Committee Minutes.

3 Minutes of the Meeting of an ad hoc Committee to Consider the American Memorial for Six Million Jews of Europe, Inc., held at the offices of NCRAC, 9.3. 1948. YIVO, AJC Records, GS-12, Box 102, NCRAC Ad Hoc Committees 1947–1952.

4 Ebd.

5 Shafir, Shlomo: Ambiguous Relations: The American Jewish Community and Germany Since 1945, Detroit 1999, S. 87–137.

6 Novick, Peter: Nach dem Holocaust. Der Umgang mit dem Massenmord, Stuttgart, München 2001, S. 119.

7 G. George Freedman to S. Andhil Fineberg, February 16, 1950, American Jewish Committee Papers, GS 12, Box 3, All-American Conference to Combat Communism.

8 Minutes of the NCRAC Committee on Overt Anti-Semitism, 1949. AJC Papers, GS 10, Box 8, Anti-Semitism, 1946–1950.

9 In den USA veröffentlichte Doubleday als erster Verlag 1952 das Tagebuch der Anne Frank unter dem Titel *The Diary of a Young Girl.* Eine zweite Fasung wurde von David Barnouw and Gerrold Van Der Stroom unter dem Titel *The Diary of Anne Frank: The Critical Edition* herausgegeben (Doubleday, 1989). Eine dritte Fassung, herausgegeben von Annes Vater Otto H. Frank und Mirjam Pressler, veröffentlichte Doubleday 1995 unter dem Titel *The Diary of a Young Girl: The Definitive Edition.* Random House veröffentlichte 1956 die Bühnenfassung von Frances Goodrich und Albert Hackett unter dem Titel *The Diary of Anne Frank.* Zu der aktuellen Bibliographie zur Rezeptionsgeschichte von Anne Frank in Amerika vergleiche Graver, Lawrence: An Obsession with Anne Frank: Meyer Levin and the Diary, Berkeley 1995, und Melnick, Ralph: The Stolen Legacy of Anne Frank, New Haven 1997.

10 Graver (vgl. Anm. 9), S. 17–24, Zit. S. 24; Levin, Meyer: Anne Frank: The Diary of a Young Girl, in: New York Times Book Review, 15.6. 1952, S. 1.

11 Graver, S. 89.
12 Kanin, Garson, in: Graver, S. 88.
13 Ebd. S. 89.
14 Cole, Tim: Selling the Holocaust: From Auschwitz to Schindler. How History is Bought, Packaged, and Sold, New York 1999, S. 33.
15 Das Tagebuch der Anne Frank, 12. Juni 1942–1. August 1944, Heidelberg 1979, S. 247.
16 Zit. in Graver, S. 89
17 New York Post, 6. 10. 1955.
18 Ozick, Cynthia: Who Owns Anne Frank?, in: The New Yorker, 6. 10. 1997 (Internet-Version ohne Seitenzahlen).
19 Bischoping, Katherine: Interpreting Social Influence on Holocaust Knowledge, in: Contemporary Jewry 17 (1996), S. 106–135.
20 Wyman, David S. (Hg.): The World Reacts to the Holocaust, Baltimore 1996, S. 721.
21 Miller, Judith: One, by One, by One: Facing the Holocaust, New York 1990, S. 222, 241.
22 City Rejects Park Memorials to Slain Jews, in: New York Times, 11. 2. 1965, S. 1; und 2 Jewish Monuments Barred from Park, in: New York World Telegram and Sun, 10. 2. 1965. Zit. in Young, James E.: Formen des Erinnerns. Gedenkstätten des Holocaust, Wien 1997, S. 385.
23 Vgl. Waters, Mary: Ethnic Options: Choosing Identities in America, Berkeley 1990.
24 Das Vietnam's Women's Memorial und das Veterans of the Korean War Memorial – ein Krieg, den die «Silent Generation» führte – waren die letzten, die in Lincoln's Court ausgeführt wurden. Als nächstes steht das Black Revolutionary War Patriots Memorial, für das, ironischerweise, ein Platz gegenüber den Unterzeichnern der Unabhängigkeitserklärung genehmigt wurde. Die Diskussion um ein kolossales Denkmal für den Zweiten Weltkrieg in der Art des Arc de Triomphe ist schon weit gediehen.
25 Maier, Charles S.: A Surfeit of Memory? Reflections on History, Melancholy and Denial, in: History & Memory, Bd. 5/2, Herbst/Winter 1993, S. 147.
26 Eine Auswahl aus der umfangreichen Literatur zu diesem Thema in Taylor, John: Don't Blame Me! The New Culture of Victimization, in: New York Magazine, 3. 6. 1991, S. 26–34; Unburied Sins: From Bosnia to South Africa, the World Struggles to Avenge the Victims of Atrocity and Genocide, in: Time Magazine (Titelgeschichte der internationalen Ausgabe), 22. 5. 1995, S. 16–23; Sykes, Charles: A Nation of Victims: The Decay of the American Character, New York 1992.
27 Vgl. Auszüge aus der Pressekonferenz des Weißen Hauses, in: New York Times, 19. 4. 1985.
28 Le Goff, Jacques: Geschichte und Gedächtnis, Frankfurt/M. 1992, S. 135.
29 Vgl. Buruma, Ian: «The Joys and Perils of Victimhood», in: The New York Review of Books, 8. 4. 1999.
30 Doneson, Judith E.: The Holocaust in American Film, Philadelphia 1987, S. 189.

31 Shandler, Jeffery: Schindler's Discourse: America Discusses the Holocaust and Its Mediation, from NBC's Miniseries to Spielberg's Film, in: Loshitzky, Yosefa (Hg.): Spielberg's Holocaust: Critical Perspective on Schindler's List, Bloomington, Indianapolis 1997, S. 158.

32 Zum jüdisch-amerikanischen Druck vgl. Vance, Cyrus: Hard Choices New York 1983, S. 163–180; Brzezinski, Zbigniew: Power and Principles, New York 1985, S. 85 ff; Carter, Jimmy: Keeping Faith, Toronto 1982, S. 273–288.

33 Memo Goldstein an Siegel, 21.6. 1977, zit. in Linenthal, Edward. T.: Preserving Memory: The Struggle to Create America's Holocaust Museum, New York 1995, S. 18.

34 Goldstein an Eizenstat, 28.3. 1978, Carter Library (im folgenden CL), ND16/WWII, box ND 37 1/20/77–1/20/81.

35 Zwei handschriftliche Notizen von Lipshutz, eine auf der Kopie von Goldsteins Memo an Eizenstat vom 28.3. 1978, dat. 4.4. 1978, die zweite ist dat. 26.4. 1978. CL, box 18, Holocaust Memorial Commission (im folgenden HMC), 4/77–12/78, CF, O/A-437.

36 Lipshutz und Eizenstat an Carter, 25.4. 1978, CL, box 18, HMC, 4/77–12/78, CF, O/A-437

37 White House Press Release, 1.5. 1978; New York Times, 2.5. 1978; Begins Zitat in McCombs, Phil: The Politics of Creating The Holocaust Memorial, in: The Washington Post, 13.4. 1983, A14.

38 Der Senator Wendell Anderson (Demokrat aus Minnesota) hatte bereits im April 1978 den Gesetzentwurf eingebracht, eine «President's Commission on the Victims of the Holocaust» zu gründen, und rief nach einem nationalen Wettbewerb zur Gestaltung eines Denkmals zu Ehren «dieser elf Millionen unschuldiger Opfer». Zusätzlich zu Andersons Resolution existierten im ganzen Land nicht weniger als acht Holocaust-Gedenkstätten bzw. -zentren oder waren in Planung. Einige hatten vorgeschlagen, schreibt Goldstein, daß ihr Projekt die «nationale Gedenkstätte» werden solle. Goldstein an Eizenstat, 2.5. 1978 in Linenthal (vgl. Anm. 33), S. 20.

39 Taylor, Charles (Hg.): Multikulturalismus und die Politik der Anerkennung, mit Beiträgen von Jürgen Habermas, Amy Gutman u. a., Frankfurt/M. 1993.

40 Roth, Michael S.: Victim, Memory, History, in: Tikkun, Bd. 9, Nr. 2 (März/April 1994), S. 95.

41 Appiah, K. Anthony: The Multiculturalist Misunderstanding, in: New York Review of Books (9.10. 1997).

42 Memorandum für Sanders von Bolten, 27.6. 1979, CL, FG 316, 1977–1979, box FG-225.

43 New York Times, 28.9. 1979.

44 Hyman Bookbinder (der Vertreter des American Jewish Committee in Washington) an Bert Gold, 4.5. 1979, AJCA, Washington Subject Files, 1964–1986, box 6, PHC.

45 Wiesel an Eizenstat, 14.12. 1979, CL, Eizenstat, Holocaust, CF, A/O 728.

46 Memorandum für Stuart Eizenstat, Edward Sanders, von Seymour Bolten, 30.11. 1979, CL, Eizenstat, Holocaust, CF, A/O 728.

47 Young (vgl. Anm. 22) S. 460 f.

48 Berenbaum, Michael: After Tragedy and Triumph: Modern Jewish Thought and the American Experience, New York 1990, S. 163.
49 The Holocaust, Leserbrief, in: Commentary, September 1995, S. 6.
50 Gourevitch, Philip: Behold Now Behemoth; The Holocaust Memorial Museum: One More American Theme Park, in: Harper's Magazine, Juli 1993, S. 56.
51 Novick (vgl. Anm. 7) S. 305 f.
52 Zit. in Genocide, With all the Little Extras, in: Harper's Magazine, April 1995, S. 23.
53 Schoenfeld, Gabriel: Death Camps as Kitsch, in: New York Times, Leitartikel, 18. 3. 1999.
54 Malling of American Airports Caters to Well-Heeled Travelers, in: The Record (Rubrik Lifestyle), 30. 12. 1996, S. H07.
55 Bernstein, Michael André: The Schindler's List Effect, in: The American Scholar 63 (1994), S. 429.
56 Manchel, Frank: A Reel Witness: Steven Spielberg's Representation of the Holocaust in Schindler's List, in: The Journal of Modern History 67 (March 1995), S. 84.
57 Margolick, David: Schindler's Jews Find Deliverance Again, in: New York Times, 13. 2. 1994, S. E1.
58 Bruning, Fred: The Problem with Schindler's List, in: Maclean's, 25. 4. 1994, S. 9.
59 Zit. in Ansen, David: Spielberg's Obsession, in: Newsweek, 20. 12. 1993, S. 114 f.
60 Fresh Air, in: National Public Radio. Interview mit Goldhagen von Terry Gross, 27. 2. 1997.
61 Shales, Tom: The Man at the Top of Schindler's List, in: Washington Post, 15. 12. 1993, S. B1.
62 Rader, Dotson: We Can't Just Sit Back and Hope, in: Parade Magazine [Washington Post edition], 27. 3. 1994, S. 7.
63 Weintraub, Bernard: Islamic Nations Move to Keep Out ‹Schindler's List›, in: New York Times, 7. 4. 1994, S. C15.
64 Rader (vgl. Anm. 62), S. 7.
65 Shales (vgl. Anm. 61), S. B4.
66 Goldberg, Michael: Why Should Jews Survive? Looking Past the Holocaust toward a Jewish Future, New York 1995, S. 41.
67 Yates, Frances A.: Gedächtnis und Erinnern. Memoiren von Aristoteles bis Shakespeare, Berlin 1990.

III. Nationalsozialismus und Zweiter Weltkrieg Berichte zur Gegenwart der Erinnerung

Deutschland

Franziska Augstein

Auf internationalen Tagungen geschieht es mitunter, daß am späteren Abend, wenn die Diskussion in der Bar fortgeführt wird, irgend jemand vorschlägt, die letzten standfesten Vertreter einer jeden Delegation möchten Lieder von zu Hause vortragen. Alle, Briten und Polen, Italiener und Russen, schmettern dann fröhlich los. Nur ein Land bleibt still: Die Zeit des Nationalsozialismus hat die Deutschen um ihr gemeinsames Liedgut gebracht. Daß der deutsche homo faber nicht einmal singen kann, denken die Deutschen dann, das passe zu dem Bild, das man im Ausland von ihm hat. Dabei halten die Deutschen sich selbst gar nicht für so hölzern. Trotzdem gibt es keine Lieder, die sie zusammen singen könnten. Und bei aller Rücksicht auf den Traditionsbruch, den die Nazizeit bewirkte, wundern sie sich denn doch darüber, daß sogar sie selbst davon so unmittelbar betroffen sind.[1]

Mit der Vergangenheit des Nationalsozialismus befassen die Deutschen sich ausgiebig. In den vergangenen drei Jahrzehnten hat diese Vergangenheit in immer neuen Erinnerungswellen das Land überschwemmt. Und jede dieser Wellen, ob sie nun durch einen Gedenktag oder durch einen Hollywoodfilm entfesselt wurde, hat eine neue Generation eine neue Form des Verstehens gelehrt.[2]

Aber andere, weniger Verständige erinnern sich auch, nur auf andere Weise. Im Jahr 2000 haben die vergangenheitsbewußten Deutschen mit Erschrecken gesehen, daß die so gut untersuchte, bearbeitete und verarbeitete Vergangenheit sie hinterrücks eingeholt hat. Die modisch zurechtgestutzten NS-nostalgischen Prügelbanden gedenken der Vergangenheit auf ihre Weise: Die «Erinnerung», wo man ihr in voller Montur begegnet, argumentiert nicht, sie schlägt zu. Der Nationalsozialismus ist der Brocken, welcher der Bundesrepublik im Halse steckt. Bei manchen führt das zum «Heil Hitler»-Rufen aus Reflex. Andere nehmen an Tagungen teil. Und weil das eine mit dem anderen, das Schlagen mit dem Tagen, so gar nichts zu tun hat, ist es nicht einfach, sinnvoll über die Gegenwart der Erinnerung zu sprechen.

Diese Gegenwart: Sie beginnt am 12. September 1990, mit der Unterzeichnung des Zwei-plus-vier-Vertrages. Deutschland ist jetzt eins und ein souveränes Land. Die – wie es aussieht – letzten umfangreichen Entschädigungsverhandlungen sind abgeschlossen. Und das zuvor oftmals umsonst beschworene Ende der Nachkriegszeit ist damit in einem staatspolitischen Sinn tatsächlich gekommen: Seit 1990, so könnte man sagen, ist die Erinnerung an den Nationalsozialismus weniger realpolitische Notwendigkeit als moralisches Gebot.

Entsprechend der zeitlichen und kategorischen Entrückung, welche die mehr als fünfzig Jahre zurückliegende Zeit erlebt, wird die Erinnerung an die deutsche Schuld heutzutage als Gründungsmythos der Bundesrepublik behandelt, indem mit den Worten Aleida Assmanns «die Vernichtung der Juden zur Sinnstiftung deutscher Geschichte» benutzt wird.[3] So suspekt diese Haltung Aleida Assmann erscheint, kann sie sich ihr doch nicht ganz entziehen. Mit Bezug auf Auschwitz schreibt sie: «Wir haben nicht die Wahl, diese Erinnerung auszuschlagen, und müssen uns doch frei für sie entscheiden.»[4] Das Konzept des im deutschen Gedächtnis verankerten Gründungsmythos ist mindestens so sehr ein Wunsch, wie es Beschreibung ist. Dahinter steht natürlich die Sorge, daß auch künftige Generationen die Erinnerung an die Vergangenheit bewahren mögen – so sehr bewahren mögen, daß die Demokratie und der Rechtsstaat in Deutschland in Zukunft niemals gefährdet werden. Demgegenüber stehen Umfragen unter den Bundesbürgern, zum Beispiel jene als repräsentativ geltende Erhebung, die der Bundesverband deutscher Banken Ende 1999 hat anstellen lassen: Gefragt wurde, ob die Deutschen «einen historischen Schlußstrich» ziehen sollten. 56 Prozent aller Befragten sprachen sich dafür aus, einen Schlußstrich unter die Epoche des Nationalsozialismus zu setzen. Zum Vergleich: 60 Prozent waren dafür, mit der Geschichte der DDR ebenso zu verfahren.[5] Mehr als die Hälfte der Deutschen wollen ihr Leben, so darf man das lesen, nicht im Schatten der Vergangenheit verbringen. Das unbewußt Empfundene ist freilich nicht deckungsgleich mit dem bewußt Erwünschten. Und die Schatten, welche die Vergangenheit auf die Gegenwart wirft, haben oftmals nichts mit den Formen der einstigen Geschehnisse zu tun.

Die Frage nach der Gegenwart der Erinnerung zerfällt in drei andere Fragen: Wie hat der deutsche Umgang mit der Vergangenheit sich verändert? Wodurch ist er jetzt gekennzeichnet? Und das heißt: Was ist jetzt anders als vor der Vereinigung der beiden Deutschländer? Die Antworten lassen sich unter drei Stichworten subsumieren:

1. die neue Normalität,
2. das neue «Wir-sind-wieder-wer»-Gefühl,
3. die neue Konstellation der Bezugssysteme: Zu den Antipoden von Bundesrepublik und NS-Zeit ist die DDR hinzugekommen, und damit kamen alle Möglichkeiten, die sich aus Dreiecksverhältnissen ergeben.

1. Angesichts der deutschen Vergangenheit ist es heikel, von «Normalität» überhaupt zu reden. Gleichwohl sieht es aus, als ob seit der Vereinigung der DDR und der Bundesrepublik genau die Normalität, die früher nur herbeigeredet wurde, allmählich tatsächlich um sich greift. In der Stunde des alliierten Truppenabzugs hat diese neue Normalität in Deutschland Einzug gehalten. Sie ist glaubhafter als jene, die Ludwig Erhard in den sechziger Jahren oder Helmut Kohl in den achtziger Jahren herbeireden wollten. Und sie wird von Gerhard Schröder vortrefflich repräsentiert. Als ein ehemaliger Zwangsarbeiter dem Kanzler angriffslustig vorhielt, daß die nationalsozialistischen Verbrechen doch einzigartig gewesen seien, stimmte Schröder zu und sagte, er habe mit dieser Ansicht «überhaupt kein Problem».[6] Schröder hat mit der Geschichte nie ein Problem. So konnte er auch die geflügelten Worte sprechen, das Denkmal für die ermordeten Juden solle ein Ort werden, «wo die Leute gern hingehen». Schröder gebe Dinge von sich, heißt es, die Helmut Kohl nicht einmal hätte andeuten können, ohne einen politischen Eklat zu provozieren. Das stimmt vermutlich und ist doch nicht vergleichbar. Denn zu der – für die nationalistische Klientel der CDU bestimmten – «Unbefangenheit»[7], mit der Kohl den Präsidenten Reagan dazu einlud, den vierzigsten Jahrestag des Kriegsendes auf dem Militärfriedhof von Bitburg zu begehen und dort auch das Andenken verstorbener SS-Männer zu ehren, gibt es weder

eine linksliberale noch eine rot-grüne Entsprechung.[8] Gerhard Schröder hingegen ist wirklich unbefangen, weil er sich – einerlei, was man davon halten mag – für Geschichte wirklich nicht interessiert.[9]

2. Die Bundesrepublik hat ein neues Selbstbewußtsein gewonnen: Wir sind wieder wer, mehr noch als in den fünfziger Jahren. Seitdem Deutschland eins und aus Sicht der Nato wieder unbegrenzt kriegsverwendungsfähig ist, greifen auch die moralischen Ansprüche der Nachdenklichen weiter aus. In seinem Plädoyer für den Kosovo-Krieg hat Jürgen Habermas geschrieben: «Der Holocaust fordert die Deutschen zu einer räumlichen und zeitlichen Entgrenzung der moralischen Verantwortung der demokratischen Bürgergesellschaft auf.»[10] Dieser Anspruch auf Universalisierung der Moral wegen des Holocaust war einigermaßen neu. Tatsächlich entspringt er weniger der historischen Verantwortung als dem Umstand, daß die Bundesrepublik geeinigt und endlich souverän ist. An den Verhandlungstischen der Weltmächte darf sie mitreden. Vielleicht erhält sie bald auch einen Platz im Sicherheitsrat. Es hätte recht lächerlich geklungen, wenn vor 1989 von deutschem Boden die Forderung ausgegangen wäre, diesen oder jenen Diktator in die Knie zu zwingen, weil er schlimm wie Hitler sei: Mit welcher Berechtigung, das heißt auf welcher machtpolitischen Grundlage hätte diese Forderung auch formuliert werden sollen? Nachdem Jürgen Habermas seine moralische Entgrenzungsrede publiziert hatte, dauerte es nur wenige Wochen, bis er sich von seinen eigenen Ansichten über die Notwendigkeit des Kosovo-Krieges vorsichtig distanzierte.[11]

Die Idee vom weltweiten Export einer aufgeklärt-freiheitlichen Moral, der dem einstigen Export deutscher Amoral entsprechen soll, ist damit natürlich nicht ad acta gelegt. Im Kosovo-Krieg haben deutsche Politiker Stichworte wie «Auschwitz», «Genozid» und «Konzentrationslager» grotesk mißbraucht – wo sie doch der Wahrheit viel näher gekommen wären, wenn sie Walther Rathenau zitiert hätten: «Schicksalskriege sind Examina, die ein Staat durchmachen muß, um in eine höhere Klasse versetzt zu werden».[12] Der Kosovo-Krieg war kein Schicksalskrieg, aber seine Befürworter haben ihn durch den Verweis auf Auschwitz zu einem solchen stilisiert. Mittels der Teilnahme an diesem Krieg wollte Deutschland in «eine höhere Klasse» versetzt werden. Nicht umsonst wurde Joschka Fischer vorgehalten, er geriere sich als braver Schüler von Madeleine

Albright. Die Anhänglichkeit hat sich ausgezahlt. Seit dem vergangenen Jahr sind wir wieder wer, jetzt auch geopolitisch. Vor 1989 war es in der Bundesrepublik üblich, vor der eigenen Tür zu kehren. Das Ziel war nicht die Errettung der Welt, sondern die Einrichtung einer demokratischen Bürgergesellschaft im eigenen Land. Das war ein realistisches Ziel. Das Sendungsbewußtsein, das seit neuestem um sich greift, hat im Kern nicht philosophische und nicht moralische und erst recht nicht historische Ursachen. Als der Golf-Krieg ausbrach, haben Hans Magnus Enzensberger und andere im Namen des Holocaust Partei gegen den Irak ergriffen. Jeder sucht sich seine Feinde nach Maßgabe der eigenen Potenz. 1991 war Saddam Hussein der neue Hitler. 1999 war es Slobodan Milosevic. Vor der deutschen Einigung hingegen wurden die Vergleiche mit dem Holocaust und seinen Protagonisten nicht auf globaler Ebene gezogen. Statt dessen blieben sie dem landesinneren Hausgebrauch vorbehalten. So wurden die RAF-Terroristen als «Kinder Hitlers» bezeichnet.[13] Heiner Geißler erklärte Anfang der achtziger Jahre, die Nachrüstung sei notwendig und legitim, weil eine Demokratie sich wehren können müsse, was die Demokratie von Weimar eben nicht vermocht habe. Joschka Fischers Pazifismus stützte sich auf die Überzeugung, daß Deutschland bereits genug Kriege geführt habe. Und der damalige Kanzler Kohl stellte um die Jahreswende 1986/87 fest, die DDR halte politische Häftlinge in Gefängnissen und Konzentrationslagern interniert. Damals lag Auschwitz – nicht das historisch-reale, wohl aber das gegenwärtig-metaphorische – auf deutschem Boden. Heute liegt es potentiell überall. Auch das ist ein Zeichen für die neue staatliche Normalität der Bundesrepublik. Denn in anderen Ländern, die Vereinigten Staaten vorneweg, wird gleichfalls gern auf Auschwitz Bezug genommen, wenn tagespolitischen Ereignissen Gewicht verliehen werden soll.

3. Seitdem die DDR dem Bundesgebiet beigetreten ist, hat die Auseinandersetzung mit dem Nationalsozialismus eine neue Dimension bekommen. In den Arbeiten zur Geschichtspolitik ist immer wieder zu lesen, daß die Mauer von der Linken als «gerechte Strafe» für die Geschichte hingenommen worden sei. Ursprünglich hat dieser von Karl Jaspers vertretene Gedanke zweifellos ein nicht ganz seltenes Gefühl beschrieben.[14] Aber schon vor dem Untergang der DDR änderte sich das: Es hatten die Westdeutschen sich im Lauf der Zeit an die Existenz zweier deutscher Staaten gewöhnt. Weil

der bloße Umstand der Gewöhnung aber schlecht als Argument taugte, wurde auf die Strafe der Geschichte rekurriert, wenn erklärt werden sollte, warum man keine Sehnsucht danach verspürte, das Territorium der DDR zum eigenen Staat zu zählen. Für auf der politischen Linken beheimatete Diskutanten hatte dieser Verweis zudem den Vorteil, daß sie sich nicht mehr der Frage stellen mußten, ob es denn historisch gerecht sei, daß die DDR-Bürger im Vergleich zu den Westdeutschen in mancher Hinsicht den Kürzeren gezogen hatten. Diese Frage hätte in moralisch morastiges Gelände geführt.

Der Verweis auf die deutsche Vergangenheit erlaubte es, den bloßen Umstand der Gewöhnung ethisch zu unterfüttern.[15] Und diese Gewöhnung an die Existenz zweier deutscher Staaten hat sich bei jüngeren Leuten natürlich umstandsloser eingestellt als bei den älteren, die Deutschland noch als großes Land gekannt hatten. So war es denn kein Wunder, daß mangelnde Begeisterung über die Wiedervereinigung in der Grünen Partei, die ja eine Partei der Jugend ist, besonders verbreitet war. Die moralisch-historische Bedeutung von Mauer und Mauerfall war mithin ein Thema, bei dem viele Junge nicht mitreden konnten. Die Übrigen nahmen den Fall der Mauer symbolisch: entweder als längst fällige Bestätigung der deutschen Emanzipation von der Geschichte oder als Zeichen dafür, daß die Strafe für die Geschichte abgebüßt war. Es war eine gefühlsmäßige Reaktion, die – in eine Argumentationskette übersetzt – ungefähr folgendermaßen zu beschreiben ist: Wegen des Nationalsozialismus gab es die Mauer, die Mauer war das Schandmal der deutschen Schuld. Zugleich war sie gelebte Buße. Als die Mauer fiel, war die Zeit der Buße vorbei. Dementsprechend wurde auch die Schuld geringer. Oder vielmehr wurde es möglich, unbefangener über die deutsche Schuld zu reden. Diese Ansicht findet sich notabene auf beiden Seiten des politischen Spektrums, bei den Konservativen und bei all denen, die eher auf der Linken siedeln. In den achtziger Jahren hat die Kohl-Regierung das neue Interesse an der Historie dazu benutzt, die Kontinuitäten und langen Dauern der Geschichte herauszustreichen, so daß die Zeit des «Dritten Reiches» zunehmend zur Episode zusammenschrumpfte.[16] Der konservativen longue durée gegenüber steht die eher linksliberale Position, welche die Erinnerung an Auschwitz und den Nationalsozialismus zum Fundament der Bundesrepublik erklärt. Gerade weil Deutschland so viele Verbrechen auf sich lud, habe es fürderhin die Pflicht, die

Menschenwürde und die Menschenrechte besonders zu achten. Dieser Gedanke liegt zum Beispiel dem deutschen Asylrecht zugrunde. Und dieses Bewußtsein der deutschen Verantwortlichkeit hat auch dazu geführt, daß Grad und Güte der deutschen Demokratie und Rechtsstaatlichkeit daran gemessen werden, wie weit das Land sich der Erinnerung an die NS-Zeit gestellt hat.[17] Mit anderen Worten: Je besser die Erinnerung, um so besser ist auch die Gegenwart.

Die Vertreter dieser Position haben den Mauerfall anders interpretiert als die Konservativen. Für ihre Sicht der Dinge gibt der Soziologe Helmut Dubiel ein Beispiel ab: In seiner Studie über den Stellenwert des Nationalsozialismus in den Debatten des Bundestages hat Dubiel die These vorgetragen, daß die bundesdeutsche Demokratie seit dem Fall der Mauer auf eine ganz neue, auf eine geradezu moralische Weise legitimiert sei. Früher, schreibt Dubiel, hätten die «liberalen Demokratien des Westens» sich «durch den Kontrastbezug auf die Totalitarismen» linker und rechter Prägung legitimiert. Sie hätten also Wert und Daseinsberechtigung daraus bezogen, daß der Sozialismus, wie er in den Ländern des Ostblocks praktiziert wurde, die schlechtere Wahl war. Mit dem Untergang des Sozialismus aber fiel diese Quelle der Selbstversicherung fort. Dubiel schreibt: «Als es nach 1989 das ‹Drüben› nicht mehr gab, an das man Kritiker der hiesigen Verhältnisse verweisen konnte», habe eine höchst folgenreiche «Umstellung im Symbolhaushalt liberaler Demokratien begonnen».[18] Diese Umstellung habe sich in der Bundesrepublik als erstem aller Staaten abgezeichnet. Tatsächlich zeige die Bundesrepublik, wie das neue Muster «post-nationaler» und eben auch «posttotalitärer» Identitätsbildung aussehe. Denn die «demokratische Legitimität» der Bundesrepublik, schreibt Dubiel in Anknüpfung an Gedanken von Bernd Giesen, werde seit der Wiedervereinigung vor allem von der «öffentlichen Reflexion der eigenen Schuld genährt».[19] Dubiel begrüßt diese Entwicklung. Er erblickt in dieser neuen Form von Legitimität ein Muster, von dem er glaubt, daß es auch in anderen westlichen Demokratien in Anfängen zu beobachten sei. Er findet den Gedanken etwa in dem Eingeständnis der Vereinigten Staaten, daß man den indianischen Ureinwohnern einst übel mitgespielt habe, oder auch in dem spanischen Bekenntnis, daß die Konquistadoren viel Leid über Südamerika gebracht hätten. Die Entschuldigungen, die diesen Einsichten folgen, hält Dubiel für bedeutsam: Sie scheinen ihm auf eine zunehmend «post-nationale», «posttotalitäre», verantwortliche Verfassung moderner Staaten zu verweisen, die alle diese Staaten teilen, weil sie allgemeingültig ist.[20] Die moralische Universalisierung staatlicher Verantwortlichkeit, für die Jürgen Habermas plädiert hat, findet sich auch bei Helmut Dubiel. Seitdem die DDR dem Bundesgebiet beigetreten ist, dient die Erinnerung an den Nationalsozialismus dazu, universelle, global gültige moralische Standards zu begründen. Die Idee von der «posttotalitären», auf der Anerkennung nationaler Schuld fundierten staatlichen Legitimität ist schön, führt aber möglicherweise nicht sehr weit. Und der Vorschlag, den deutschen Sonderweg zum Regelfall für eine bessere Zukunft zu erklären, ist ebenso originell wie unrealistisch: Schuldempfinden taugt nicht als Brutstätte für Selbstbewußtsein. Außerdem sind die meisten international verabschiedeten Schuldbekenntnisse der vergangenen Jahre bestenfalls diplomatische Lippenbekenntnisse. Und schließlich übertreibt Dubiel den Einschnitt, der 1989/90 stattgefunden hat. Dementsprechend untertreibt er die herrschende deutsch-deutsche Uneinigkeit. Denn die Totalitarismustheorie samt dem dazugehörigen Gegensatz zwischen Ost- und Westdeutschland ist noch lange nicht am Ende. Nicht umsonst ist vor einigen Jahren das Hannah-Arendt-Institut für Totalitarismus-Forschung ins Leben gerufen worden.[21]

Vor 1989 haben die Westdeutschen den linken «Totalitarismus» der DDR angeprangert. Heute tun sie ihr Möglichstes, die DDR mit dem Nationalsozialismus auf eine Stufe zu stellen. Man sieht das an einem ganz einfachen Punkt: Es gibt ein Tabu, Vergleiche zwischen der Bundesrepublik und der DDR sind verboten. Wer sie trotzdem anstellt, beweist damit, daß er der westdeutschen Demokratie entweder nicht würdig ist oder sie noch nicht begriffen hat. Letzteres wird mehr oder minder explizit all den ehemaligen DDR-Bürgern unterstellt, die – bei aller Freude über die gewonnene Freiheit – immer noch ein gutes Haar an ihrem alten Staate finden. Der Westen hat dafür nicht das geringste Verständnis. Tatsächlich werden die Ostdeutschen nur unter einer Bedingung vom Westen anerkannt: Sie müssen das Vergleichen zwischen der DDR und der Bundesrepublik unterlassen.[22]

Wenn das Vergleichen in eine andere Richtung geht, ist es hingegen gestattet: Die DDR und der Nationalsozialismus: Das sind die Systeme, die zueinander in Beziehung gesetzt werden dürfen. So wird die Überlegenheit der Bundesrepublik über die DDR zementiert. Und mit der Genugtuung, die DDR überwunden zu haben, wird auch die Erinnerung an den Nationalsozialismus entschärft: Die Bundesrepublik wird so gleichsam zum Staat, der zwei totalitäre Systeme hinter sich gelassen hat. Auch das gehört zur Basis des neuen deutschen Selbstbewußtseins. Aber weil die Geschichte vertrackt ist, hat auch diese Form der Vergangenheitsschau ihre Tücke. In einer Hinsicht stehen DDR und Nationalsozialismus nicht auf einer Stufe. Das betrifft den Umgang mit den Kollaborateuren und Mitläufern der Systeme. Hermann Lübbe hat 1983 einen mittlerweile berühmten Aufsatz publiziert, in dem er das «kommunikative Beschweigen» deutscher Untaten nach dem Zweiten Weltkrieg verteidigte. Im Schutz einer «gewissen Stille» sei es der Bevölkerung nach dem Krieg gelungen, sich in die demokratische Bürgerschaft der Bundesrepublik zu verwandeln.[23] Lübbe meinte, daß Leute am Pranger schlechte Schüler abgeben. Eben weil die Entnazifizierung so halbherzig vonstatten gegangen sei, hätten die Westdeutschen den Freiraum gehabt, sich ins demokratische Denken einzuüben. Lübbes problematische These hat viele Anhänger gefunden. Um so mehr erstaunt es, daß sie völlig folgenlos geblieben ist. Denn den Ostdeutschen wurde diese «gewisse Stille» nicht gegönnt. Sie hat man rigoros und mit dem besten Gewissen zur Rechenschaft gezogen, hat die alten ostdeutschen Eliten entmachtet und die DDR zu einem verbrecherischen Fehltritt erklärt. Der ganze Staat – eine einzige Untat. Wenn viele Ostdeutsche heutzutage nicht zur Wahl gehen, dann liegt es oft auch daran, daß sie verunsichert sind. Ein Berliner hat das so ausgedrückt: «Ich will mir nicht noch einmal sagen lassen, daß ich das Falsche gewählt habe.»[24]

Muß man sich wirklich darüber wundern, daß der Rechtsradikalismus im Osten schneller um sich greift als im Westen? Man muß sich klarmachen: Die große Mehrheit der DDR-Bevölkerung hat in den vergangenen zehn Jahren das Gefühl tiefer Demütigung erfahren. Wer nicht politisch kompromittiert ist, der hat erlebt, wie er vom westlichen Kapitalismus überholt wurde. Seit zehn Jahren fühlen die Ostdeutschen die Notwendigkeit, sich selbst zu bestätigen, daß sie nicht so treublöd sind, wie sie sich neben den tüchtigen, durchtriebenen Westdeutschen vorkommen. Nicht die jugendliche Arbeitslosigkeit ist die Quelle des Rechtsradikalismus in den neuen Ländern, sondern die Arbeitslosigkeit der Eltern, ihre Orientierungslosigkeit, ihr Ressentiment, der Umstand, daß sie keinerlei Anspruch auf Autorität erheben können. Wer die eigenen Eltern als würdelos erlebt, der sucht sich andere Maßstäbe und Vorbilder, nach denen er sich richtet. Und die Generation der Eltern heißt die Untaten der Kinder oft genug klammheimlich gut. Natürlich hat der Rechtsradikalismus im Osten noch andere Ursachen. Aber wenn man sich fragt, warum er im Osten eine solche Breitenwirkung hat, dann kommt man nicht darum herum, nach Westen zu blicken: Westdeutschland hat sich der DDR gegenüber wie eine Siegernation benommen. Den Ostdeutschen hat man indes kein «kommunikatives Beschweigen» gegönnt. Dafür gibt es einige gute Gründe und einige weniger gute. Zu den weniger guten Gründen gehört, was man als implizite Instrumentalisierung der Erinnerung an die DDR bezeichnen könnte: Die Bundesrepublik braucht die DDR, um sich über sie vom Nationalsozialismus abzustoßen. Indem die Mauer fiel, wurde der DDR der moralische Platz in der Nähe des Nationalsozialismus zugewiesen. Und jetzt erstaunt sich die politische Klasse darüber, daß viele Ostdeutsche dementsprechend denken und sich dementsprechend benehmen. So gesehen, ist jetzt schon eingetreten, was für Heinrich August Winkler das Resultat einer unvollkommenen Bewältigung der DDR-Zeit gewesen wäre: «Es gab keinen Grund, die schrecklichen Fehler des Westens bei der Aufarbeitung der NS-Vergangenheit zu wiederholen. Die Quittung für die versäumte oder inkonsequent betriebene Aufarbeitung der NS-Vergangenheit in den frühen Jahren der Bundesrepublik war das Jahr 1968. Bliebe eine kritische Auseinandersetzung mit der DDR-Vergangenheit aus, käme es früher oder später zu einem 1968 von rechts.»[25]

Und noch in anderer Hinsicht verhindert die Erinnerung an den Nationalsozialismus die fruchtbare, aufgeklärte Auseinandersetzung mit dem Rechtsradikalismus. Denn neben den Untaten der Nationalsozialisten kann der Rechtsradikalismus von heute sich noch nicht sehen lassen. Auch deshalb wurde er systematisch heruntergespielt. Wenn aus Deutschland die Nachricht von rechtsradikalen Anschlägen kommt, dann denkt jedermann an die Vergangenheit. Folglich haben Politik und Publizistik von den Neonazis lieber nicht allzu viel Aufhebens gemacht: Man wollte das mühsam im Ausland errungene Gütesiegel der politischen Unbedenklichkeit nicht verlieren. Also wurde abgewiegelt. Dabei ist der Rechtsradikalismus nicht erst seit gestern wieder aktuell. Auch kann keine Rede davon sein, daß unterprivilegierte Arbeitslose aus der Tristesse ihres Lebens gewaltsam auszubrechen suchen: Die Schläger von heute tragen fesche Lederjacken, haben trainierte Figuren, keine Pickel im Gesicht, eine Lehr- oder Arbeitsstelle und hübsche Freundinnen. Das Neonaziwesen ist Mode geworden. Und Mode macht Schule.

Dieser Aufsatz hat zu zeigen versucht, wie die deutsche Haltung zur Vergangenheit sich seit 1990 verändert hat. Einerseits – auf der praktisch-politischen Ebene – hat unverkennbar eine Normalisierung eingesetzt: Die Bundesrepublik wird in ihren Außenbeziehungen ein ganz gewöhnlicher Staat. Im Inneren hat diese Normalisierung des Status quo dazu geführt, daß die aus dem Holocaust erwachsene historische Verantwortung immer großspuriger daherkommt: Heutzutage reicht es vielen Wortführern der öffentlichen Moral im In- und Ausland nicht mehr, wenn die Deutschen sich zu demokratischen Menschen bilden, sie sollen schon die Menschenrechte weltweit durchsetzen. Zur Not auch mit Kriegen. Im Inneren der Bundesrepublik hingegen vermischt sich das Gedenken an die DDR mit der Erinnerung an den Nationalsozialismus. Beides gilt als überwunden, und die Bundesrepublik geht als Siegerin daraus hervor. Die DDR ist, mit einem mythologischen Bild gesagt, zum Sündenbock geworden, dessen Verscheiden der Bundesrepublik zu neuem Selbstbewußtsein verholfen hat. Daß durch die fortgesetzte Parallelisierung des DDR-Regimes mit dem Nationalsozialismus der Rechtsradikalismus indirekt unterstützt wird, hat man übersehen.

Anmerkungen

1 Die deutsche Unfähigkeit gemeinsam zu singen ist inzwischen wissenschaftlich etabliert: «Das Jaulen der Trauerklöße», in: Der Spiegel, Nr. 52, 25, Dezember 2000.

2 Ein konziser Abriß findet sich in dem Aufsatz von Edgar Wolfrum: Geschichtspolitik in der Bundesrepublik Deutschland 1949/1989, in: Das Parlament, 30. Oktober 1998.

3 Assmann, Aleida/Frevert, Ute: Geschichtsvergessenheit – Geschichtsversessenheit. Vom Umgang mit deutschen Vergangenheiten nach 1945, Stuttgart 1999, S. 66.

4 Ebd., S. 147.

5 Die Umfrage wurde vom Institut für praxisorientierte Sozialforschung im Auftrag des Bundesverbandes deutscher Banken im letzten Quartal des Jahres 1999 durchgeführt. (ipos, Postfach 10 16 02, 68016 Mannheim)

6 Protokoll der Autorin von der Pressekonferenz im Bundespresseamt zu Berlin anläßlich der internationalen Abkommen über die Zwangsarbeiterentschädigung am 17. Juli 2000.
7 Der Begriff stammt von Helmut Kohl, siehe Dubiel, Helmut: Niemand ist frei von der Geschichte. Die nationalsozialistische Herrschaft in den Debatten des Deutschen Bundestages, München/Wien 1999, S. 202.
8 Vgl. Herf, Jeffrey: Zweierlei Erinnerung. Die NS-Vergangenheit im geteilten Deutschland, Berlin 1998, S. 415–418.
9 Wie Schröders Engagement in Sachen der Zwangsarbeiterentschädigung gezeigt hat, kann politisch-diplomatische Klugheit historische Belesenheit mitunter ersetzen.
10 Habermas, Jürgen: Bestialität und Humanität. Ein Krieg an der Grenze zwischen Recht und Moralität, in: Die Zeit, 29. April 1999.
11 Vgl. Habermas, Jürgen: Zweifellos. Eine Antwort auf Peter Handke, in: Süddeutsche Zeitung, 18. Mai 1999.
12 Zitiert nach: Kaiser, Gerhard: Sperrgebiet, Berlin 1998, S. 25.
13 Assmann/Frevert (vgl. Anm. 3), S. 73.
14 Siehe z. B. Zuckermann, Moshe: Perspektiven der Holocaust-Rezeption in Israel und Deutschland, in: Das Parlament, 27. März 1998.
15 Ähnlich argumentiert Zuckermann, ebd.
16 Vgl. Mommsen, Hans: Suche nach der ‹verlorenen Geschichte›? Bemerkungen zum historischen Selbstverständnis der Bundesrepublik, in: Merkur, Heft 9 (1986), S. 864–874. Für die entgegengesetzte Position siehe Hehl, Ulrich von: Kampf um die Deutung. Der Nationalsozialismus zwischen ‹Vergangenheitsbewältigung›, Historisierungspostulat und ‹Neuer Unbefangenheit›, in: Historisches Jahrbuch, 117. Jahrgang, 2. Halbband, 1997, S. 271–310.
17 Assmann/Frevert (vgl. Anm. 3), S. 33.
18 Dubiel (vgl. Anm. 7), S. 291.
19 Eine Ausnahme stellt der damalige Bundeskanzler Kohl dar, ebd., S. 232.
20 Ebd., S. 291 f.
21 In der Tat wurde das Institut zu einem Musterbeispiel für das Bemühen der maßgeblichen Politiker – der sächsische Kultusminister Matthias Rößler vorneweg –, das Institut zu einem parteipolitisch nützlichen Organ zu machen.
22 Wer dem Gebot nicht folgt, bekommt die Quittung dafür, so wie es Daniela Dahn geschah, als sie wegen ihrer Schriften 1998 nicht Laienrichterin am Verfassungsgericht des Landes Brandenburg werden durfte. Siehe die Dokumentation in Dahn, Daniela: In guter Verfassung. Wieviel Kritik braucht die Demokratie?, Reinbek bei Hamburg 1999.
23 Lübbe, Hermann: Der Nationalsozialismus im deutschen Nachkriegsbewußtsein. Historische Zeitschrift 236 (1983), S. 579–599, zitiert nach Hehl (vgl. Anm. 16), S. 414.
24 Gesprächsprotokoll der Autorin vom Herbst 2000.
25 Gespräch mit Heinrich-August Winkler, in: Der Spiegel, Nr. 40, 2. Oktober 2000.

Österreich

Karl Stuhlpfarrer

Die Situation in Österreich ist vielfältig und uneinheitlich. Sie hat sich – wenn wir als Gegenwart ungefähr die vergangenen zehn Jahre betrachten – in einigen Bereichen dynamisiert, wenngleich die dabei wirksamen Motive ziemlich eigennützig erscheinen oder, wie das partielle Aufgeben der österreichischen Opfer-These, den Rückzug aus unhaltbar gewordenen Positionen markieren. In anderen Sektoren hat sich eine schon in den vierziger Jahren begonnene Entwicklung fortgesetzt, die wir als einen permanenten Kampf um die Vorherrschaft gegensätzlicher geschichtskultureller Verarbeitungs- und Vergegenwärtigungsformen der NS-Herrschaft in Österreich bezeichnen könnten.[1]

Sie sind nicht klar voneinander zu trennen und vermengen sich von Mal zu Mal: In der einen dominiert der antifaschistische Auftrag von österreichischem Widerstand und österreichischer Emigration sowie der 45er-Politiker-Generation und relativiert damit bewußt oder unbewußt die massenhafte Kollaboration der österreichischen Bevölkerung mit dem Nationalsozialismus. Die andere bindet diese Erfahrungen in ihr Geschichtsbild ein, gerät aber aus Unachtsamkeit oder mit Absicht immer stärker in eine affirmative oder verharmlosende Grundhaltung gegenüber NS-Österreich. Eine dritte «vergißt» die ursprünglichen Motive einer grundsätzlichen Positionierung des wiedererstandenen und schließlich seit 1955 wieder souveränen Österreichs. Wenn nämlich die österreichische Neutralität als gelebte Antwort auf die geschichtlichen Erfahrungen der Beteiligung an einem grausamen Angriffs- und Eroberungskrieg gedeutet wird, so hat diese Antwort eben einmal gelautet: Nie wieder Beteiligung an einem Eroberungskrieg von Österreich aus. Und die Neutralität bildet eben dann die mental-institutionelle Selbstfesselung zur Bewahrung dieser Entscheidung.

Das Abgehen von einer so verstandenen Neutralität bedeutet daher, eine solche Selbstfesselung nicht mehr für notwendig zu halten: aus den Frieden sichernder Souveränität oder den Krieg in Kauf zu nehmender Strategie. Diese Ambivalenzen sind nicht neu, sie haben in Österreich Tradition. Aber die neue Regierungskoalition zwischen ÖVP und FPÖ und die Vorherrschaft der FPÖ in Kärnten mit

Landeshauptmann Jörg Haider an der Spitze, der auch nach seiner Resignation als Parteiobmann immer noch als heimlicher «Führer» seiner Partei gilt, haben die Vielfalt und Gegensätze der Interpretationsmöglichkeiten einzelner Äußerungen und Aktionen noch einmal verstärkt. Die «Normalisierung» Österreichs nach dem Fall des Eisernen Vorhangs und der Transformation der ostmitteleuropäischen Gesellschaftssysteme kann daher ebenso den Weg in die Vollendung eines westlichen Demokratiemodells in Österreich gehen, wie auch die Rückkehr zu früheren Modellen gesellschaftlicher Kontrolle andeuten. Das zeigt sich an den unterschiedlichen Präferenzen. Besonders die kompensatorische Argumentation gegenüber den Opfern des Nationalsozialismus bildet ein zentrales Charakteristikum. Sie nimmt in Österreich insbesondere die deutschsprachigen Opfer als Folge der Niederlage im nationalsozialistischen Eroberungskrieg ins Blickfeld und stellt sie mit den Opfern des NS-Gewaltregimes gleich, ohne zwischen unter dem NS-Regime lebenden Mitverantwortlichen, Mitläufern und Unschuldigen zu unterscheiden.

Es ist dabei besonders schwierig, der Verführung selektiver Wahrnehmung, besonders damaliger Kinder und Jugendlicher, zu entgehen. Das Alltagsleben im Nationalsozialismus bestand eben je nach volkspolitischer Kategorisierung und je nach Periode und persönlicher Position nicht allein aus Greuel, sondern für die Angehörigen des «Herrenvolkes» auch aus Verheißungen, Gratifikationen und lebensgeschichtlichen Vorteilen, die naturgemäß mit der Niederlage NS-Deutschlands zumindest teilweise zugrunde gingen. Wenn also eine Gedächtnisfeier bei der Kärntner Landesgedächtnisstätte am Kreuzbergl in Klagenfurt im Jahre 2001 wie jedes Jahr seit ihrer Errichtung in den fünfziger Jahren stattfindet, dann kann sie als «Mahnung an die Menschlichkeit» aufgefaßt,[2] die dort angebrachte Inschrift «Für alle, die enttäuscht worden sind» aber auch ganz anders verstanden werden.

Das ist der geschichtskulturelle Umkreis, in dem auch Haiders direkte Verharmlosungen der NS-Herrschaft, deren gelegentliche Relativierungen und Dementis und die immer wieder neuen Varianten ihrer Wiederaufnahmen zu interpretieren sind. Sie sind ja weitgehend bekannt und können am besten dort gelesen werden, wo sie von seinen politischen Gegnern gesammelt wurden.[3] Andere Varianten seiner Äußerungen, die auch seine taktischen Fähigkeiten erkennen lassen, sind direkt auf den Webseiten der FPÖ zu finden. Kurz nach der Bildung der neuen Regierung in Österreich sagte er z. B. in einem Interview mit der *Times*, nachdem er manche seiner Fehler in der Vergangenheit, wie seine Bemerkungen zu Hitlers Beschäftigungspolitik und zur Waffen-SS, bedauert hatte: «Eine lange Zeit nach dem Zweiten Weltkrieg versuchten die beiden herrschenden Parteien die Verantwortlichkeit für die Vergangenheit zu reduzieren. Sie sagten, Österreich war überhaupt nicht verantwortlich. Aber wir haben Opfer und Täter. Wir sind auf beiden Seiten gesessen.»[4]

Was fehlt, ist die Antwort auf die nicht gestellte Frage, in welcher Tradition die österreichische Gesellschaft heute leben sollte. Denn es wäre nicht fair zu fragen, auf welcher Seite er gesessen wäre. Jede solcher Vermutungen ist auch gleichgültig, weil ÖVP und SPÖ durch ihn ohnehin schon als Schuldige an der beklagenswerten österreichischen Geschichtskultur ermittelt worden sind. Haider verschweigt dabei die Rolle seiner eigenen Partei, ihrer Vorgängerpartei und beider Vorfeldorganisationen und liefert damit ein klassisches Beispiel des von Ruth Wodak ermittelten österreichischen Umgangs mit der NS-Vergangenheit: Schuldabwehr und Schuldumkehr, und hier nicht nur in der Sache selbst, sondern auch in ihrer Erinnerung.[5]

Die Auseinandersetzung darum, wie in Österreich Ideologie, Politik, Beutezug und Verbrechen der nationalsozialistischen Herrschaft und des Zweiten Weltkrieges erinnert werden sollten, hat im vergangenen Jahrzehnt an Intensität und damit auch an öffentlicher Aufmerksamkeit erheblich gewonnen. Das ist nicht nur der Effekt der Entwicklung der Massenmedien. Es ist auch eine neue, spezifisch österreichische Entwicklung, wenngleich nicht nur aus österreichischen Ursachen. Sie ist von der Waldheim-Affaire 1986 eingeleitet worden, *der* österreichischen und außerösterreichischen Wahrnehmung, daß aus Gründen der Staatsraison dominierende Konzepte – von Österreich als erstem Opfer des Nationalsozialismus – fragwürdig geworden waren. Das entsprach auch eher der Realität des gesamten Textes der Moskauer Deklaration der Alliierten über Österreich vom 1. November 1943, und nicht nur seiner Anfangssätze.

Dieser längst fällige Revisionsimpuls verstärkte sich noch seit der Transformation der ostmitteleuropäischen Gesellschaftssysteme, weil die dortigen Erinnerungen an die profitablen österreichischen Beteiligungen am NS-Regime nicht mehr mit einem einfachen antikommunistischen Reflex wegzuwischen waren. Der zunehmende Stellenwert des Holocaust in der US-amerikanischen Geschichtskultur konnte langfristig auch in Österreich nicht übersehen werden. Wahrscheinlich war man auch in Deutschland seit der Vereinigung und seit dem Beitritt Österreichs in die Europäische Union nicht mehr so wie früher einfach zu akzeptieren bereit, daß sich Österreich in der Frage der Verantwortung am NS-Regime daheim und in den besetzten Gebieten immer noch hinter Deutschland versteckte. Hinzu kam der zunehmende Widerstand vor allem der Enkelgeneration der Naziopfer, die nicht mehr wortlos die Hinhaltepolitik des österreichischen Staates und der österreichischen Gesellschaft hinnehmen wollten. Auch die Diskussion um die Involvierung der Schweiz in die Geschäfte NS-Deutschlands, die zur Bergier-Kommission führte, und die heftig geführte deutsche Auseinandersetzung um die Zwangsarbeit gaben Österreich immer weniger Chancen, seine seit 1945 so erfolgreichen Verschleppungs- und Beschönigungsstrategien unverändert aufrechtzuerhalten.

Doch das hat auch mit der Veränderung der politischen Landschaft in Österreich selbst zu tun. Seit dem Ende der achtziger Jahre tauchen am Rande der ineinander verknoteten konservativen Volkspartei und der Sozialdemokraten die rechtskonservativen Freiheitlichen unter der Führung von Jörg Haider und die linksliberalen Grünen auf und nehmen ihnen kurzfristig sogar die qualifizierte Mehrheit im Nationalrat. Mit ihren zunehmenden Stimmen- und Mandatsgewinnen ändern sie auch den geschichtskulturellen Stellenwert des Nationalsozialismus im Rahmen der praktischen Politik wie der politischen Praktik.

Das ging noch einen Schritt weiter, seit FPÖ und ÖVP mandatsgleich geworden sind und ihre international nicht unumstrittene Regierungskoalition gebildet haben. Denn in einer sonderbaren Umkehrung der Verhältnisse stehen nun auch jene der Aufarbeitung der NS-Vergangenheit in Österreich nicht mehr im Wege, die bisher diesem Prozeß eher gleichgültig oder als Gegner gegenüberstanden. Das kann mit den sogenannten Sanktionen der Europäischen Union gegen die österreichische Regierungskoalition von ÖVP und FPÖ erklärt, aber auch als Instrumentalisierung für die eigenen politischen Ziele interpretiert werden, als dynamisierender Faktor für eine radikale Änderung der Geschichtskultur, die sich wieder eher ethnisch als sozial bestimmt sieht.

Das Regierungsprogramm der beiden Parteien läßt jedenfalls formal nichts zu wünschen übrig. Punkt 2 – Auseinandersetzung mit der NS-Vergangenheit – hält unter anderem programmatisch fest: «Die Bundesregierung bekennt sich zur Fortsetzung des Kurses der Sensibilität und der kritischen Auseinandersetzung mit der NS-Vergangenheit. Es geht darum, vorbehaltlos aufzuklären, die Strukturen des Unrechts freizulegen und dieses Wissen an die nachkommenden Generationen als Mahnung für die Zukunft weiterzugeben.»[6]

In seiner Regierungserklärung vom 9. Februar 2000 hat Bundeskanzler Schüssel diese politische Absicht noch einmal bekräftigt und so motiviert: «Wenn wir über die Zukunft der Jugend reden, dann müssen wir ihr auch etwas ganz Wesentliches mit auf den Weg geben: das Wissen um die Geschichte dieses Landes. Österreichs NS-Vergangenheit erfordert eine besonders wache und kritische Auseinandersetzung und die notwendige Sensibilität für die Strukturen und Mechanismen des nationalsozialistischen Unrechtssystems. Dieses Wissen und diese Sensibilität müssen wir den künftigen Generationen als Mahnung für die Zukunft weitergeben. Einige wichtige Schritte wurden in den letzten Jahren bereits gesetzt.»[7]

Darüber hinaus haben Wolfgang Schüssel und der damalige Parteiführer der Freiheitlichen, Jörg Haider, am 3. Februar 2000, vor ihrer Betrauung mit der Regierungsbildung, eine Deklaration «Verantwortung für Österreich – Zukunft im Herzen Europas» unterzeichnet, in der sie noch einmal die Anerkennung demokratischer Grundwerte bekräftigten, sich gegen Fremdenfeindlichkeit, Antisemitismus und Rassismus wandten, die Menschenrechte und die Wertegemeinschaft der Europäischen Union besonders betonten und für den Umgang mit der NS-Vergangenheit hinzufügten: «Österreich stellt sich seiner Verantwortung aus der verhängnisvollen Geschichte des 20. Jahrhunderts und den ungeheuerlichen Verbrechen des nationalsozialistischen Regimes: Unser Land nimmt die hellen und die dunklen Seiten seiner Vergangenheit und die Taten aller Österreicher, gute wie böse, als seine Verantwortung an. Nationalismus, Diktatur und Intoleranz brachten Krieg, Fremdenhass, Unfreiheit, Rassismus und Massenmord. Die Einmaligkeit und Unvergleichbarkeit des Verbrechens des Holocaust sind Mahnung zu ständiger Wachsamkeit gegen alle Formen von Diktatur und Totalitarismus.»[8]

Damit scheint abgeschlossen, was mit einer Quasi-Entschuldigung 1988, im Gedenkjahr zur NS-Machtübernahme in Österreich, eingeleitet worden war. Nicht als erster, aber doch eindringlich und wiederholt und vor allem in seiner offiziellen Position als Regierungschef hat Bundeskanzler Vranitzky in seinen Reden von 1991 und 1993 zwar die grundsätzliche völkerrechtliche Position der österreichischen Bundesregierung für die Zeit der NS-Herrschaft in Österreich nicht verlassen, aber die Mitverantwortung der österreichischen Gesellschaft an den NS-Verbrechen zugestanden und die moralische Verantwortung der Republik für die Beseitigung der Folgen des NS-Regimes anerkannt.[9] Die Regierungschefs der österreichischen Bundesländer hingegen, vor allem jener, die während der NS-Herrschaft in Österreich als Reichsgaue existierten und aktiv am Überfall auf ihre Nachbarländer beteiligt waren, schweigen dazu bis heute beharrlich, auch Haider als Landeshauptmann von Kärnten.[10] Immerhin wurde schließlich 1997 auf Bundesebene beschlossen, einen jährlichen Gedenktag gegen Gewalt und Rassismus am 5. Mai, dem Tag der Befreiung des Konzentrationslagers Mauthausen, abzuhalten.[11] Den ersten dieser Gedenktage beging das Parlament mit der österreichischen Erstaufführung der Oper «Das Tagebuch der Anne Frank» von Grigori Frid.[12]

Eine zweite Aktion seit Anfang der neunziger Jahre führte zur Einrichtung des Nationalfonds der Republik Österreich. Bezeichnenderweise ging die erfolgreiche Initiative nicht von den Opferverbänden, sondern von einer Bürgerinitiative aus, in der sich die Ausgesiedelten des durch die Deutsche Wehrmacht in Beschlag genommenen und bis heute durch das Österreichische Bundesheer genutzten Truppenübungsplatzes Döllersheim/Allensteig zusammengefunden hatten.[13]

Diese Initiative traf mit einer großen Anfrage der Grünen vom 13. März 1992 zusammen, die in 405 Fragen an die Bundesregierung Auskunft über die offizielle Haltung zu Krieg und Nachkriegszeit mit der Begründung verlangten: «Weil Österreich vor der Welt und vor sich selbst ausschließlich als ein Opfer des Nationalsozialismus gelten wollte, mußte es die wahren Opfer verleugnen und die Täter in der eigenen Bevölkerung verbergen. Österreich hat sich heute einer zweifachen Vergangenheit zu stellen: jener seiner Mitverantwortung an den Verbrechen des Nationalsozialismus und jener des Verleugnens und Verdrängens dieser Mitverantwortung in der II. Republik.»[14]

Der parlamentarische Entschließungsantrag zwei Jahre später, der auch von den Grünen mitgetragen wurde, sieht die Sache ein wenig anders: «[...] Österreich trifft an diesem Leid keine kollektive Mitschuld, wohl besteht aber, wie der Bundeskanzler namens der Bundesregierung auch bei seinem Besuch in Israel erklärt hat, eine Mitverantwortung für das an Opfern des Nationalsozialismus begangene Unrecht. Sie verpflichtet dazu, die Erinnerung an diese Untaten wachzuhalten, um eine Wiederholung zu verhindern. Sie führt aber auch zu einer besonderen Verantwortung Österreichs, das Leid, das Menschen in Österreich durch den Nationalsozialismus zugefügt wurde, anzuerkennen und ihnen in besonderer Weise zu helfen.»[15]

Es dauerte noch einmal ein Jahr, bis zum fünfzigsten Jahrestag der Befreiung Österreichs vom Nationalsozialismus, bis das Gesetz über den Nationalfonds schließlich beschlossen werden konnte.[16] Allein bis Ende 1998 sind durch den Nationalfonds 25 028 Auszahlungen in der Höhe von meistens ATS 70 000,00 (EUR 5087,10) durchgeführt worden.[17]

Historiker und Historikerinnen haben es nirgendwo besonders leicht, ihre Forschungen einer fortschrittsorientierten Gesellschaft als nützlich zu präsentieren, auch nicht die Zeitgeschichte und besonders nicht in Österreich. Die österreichische Zeitgeschichte ist sehr spät, erst in den sechziger Jahren gegen den Widerstand vieler damaliger Historiker institutionalisiert worden und blieb bis heute personell und materiell unzureichend dotiert. Allein ein außeruniversitäres Institut, das Dokumentationsarchiv des österreichischen Widerstandes, konnte sich – mehr schlecht und recht – auf Forschungen zur NS-Zeit konzentrieren. Alles andere blieb in hohem Maße auf Eigeninitiative angewiesen, nur die politische Bildung für die Schulen erzeugte einen permanenten, auch die Forschung über den Nationalsozialismus in Österreich stimulierenden Reflex. So dauerte es bis 1991, bis ein breiter interdisziplinärer Forschungsschwerpunkt zum Thema «Gesellschaftspolitik durch Krieg. Nationalsozialistische Lagersysteme, Zwangsarbeit und Kriegswirtschaft in Österreich 1938–1945» zur Forschungsfinanzierung vorgelegt werden konnte. Er wurde schon im Vorfeld der Begutachtung durch die Österreichische Rektorenkonferenz ohne Begründung abgelehnt.

Was 1991 noch unmöglich schien, wurde sieben Jahre später durch die geänderten Umstände in Europa Wirklichkeit. Die Republik Österreich setzte am 1. Oktober 1998 eine eigene unabhängige und weisungsfreie Historikerkommission zur Erforschung der NS-Vergangenheit in Österreich ein. Die Kommission besteht unter dem Vorsitz des Präsidenten des Verwaltungsgerichtshofes Clemens Jabloner aus sechs ordentlichen und drei außerordentlichen Mitgliedern, zwei davon aus dem Ausland, und wird durch ein kleines Sekretariat unter der Leitung der Forschungskoordinatorin begleitet. In einem für Österreich ganz außergewöhnlichen Umfang stehen für die Durchführung des Arbeitsprogramms ATS 89 Mill. (EUR 6,47 Mill.) zur Verfügung. Über 100 Forscherinnen und Forscher arbeiten an der Realisierung der einzelnen Projekte, die der sehr präzis formulierten Aufgabe dienen, «den gesamten Komplex Vermögensentzug auf dem Gebiet der Republik Österreich während der NS-Zeit sowie Rückstellungen bzw. Entschädigungen (sowie wirtschaftliche und soziale Leistungen) der Republik Österreich ab 1945 zu erforschen und darüber zu berichten».[18]

Noch nie in der Geschichte der Republik und ihrer Wissenschaftler ist ein so umfangreiches Projekt über die NS-Vergangenheit in Gang gesetzt worden. Die Forschungen werden im Jahr 2002 abgeschlossen.[19] Freilich, wie schon bei der Entnazifizierung und der Verfolgung der NS-Gewaltverbrechen unmittelbar nach dem Ende des Krieges wird auch hier die Eingrenzung auf das heutige österreichische Gebiet sichtbar. Jegliche Verbrechensbeteiligung von Österreichern jenseits der heutigen Grenzen bleibt außerhalb des Auftrags, und das ist nicht wenig, wenn wir an die Österreicher in den deutschbesetzten Gebieten denken: an Globocnik, Stangl und Seyss-Inquart, an Novak, Hämmerle und Dorfmeister – und Lerch nicht zu vergessen. An Lodz, Treblinka und Lublin, an Triest, Marzobotto und Maribor.

Bevor indessen die Arbeiten der Historikerkommission noch abgeschlossen sind, wurden überdies zwei Regierungsbeauftragte eingesetzt, Maria Schaumayer, die ehemalige Präsidentin der Österreichischen Nationalbank für die Angelegenheit der Zwangsarbeit, und Botschafter Ernst Sucharipa für Restitutionsfragen. Schaumayer ist es gelungen, mit einem 6-Milliarden-Fonds für die Entschädigung von überlebenden Zwangsarbeiterinnen und Zwangsarbeitern einen ersten praktischen Schritt zu gehen. Der sogenannte Versöhnungsfonds – keine von übergroßem Streben nach Sensibilität getragene Bezeichnung – wird nach dem Stand von Mitte 2001 ungefähr 149 000 NS-Sklaven- und Zwangsarbeiter mit ungefähr ATS 5,22 Mrd. (EUR 379,35 Mill.) entschädigen.[20] Aber auch hier – in diesem Fall jedoch nur verbal – blieb die Politik der FPÖ nicht aus, die Entschädigungen für Opfer des NS-Regime mit Entschädigungen für «österreichische Zwangsarbeit in russischer Kriegsgefangenschaft und für zur Zwangsarbeit verpflichtete Altösterreicher in den kommunistischen Ländern nach 1945» junktimiert.[21]

Sucharipa orientierte sich an schon vorliegenden Zwischenergebnissen der Historikerkommission und betrieb in Verhandlungen mit jüdischen Opferorganisationen und Anwälten die Realisierung von bis dahin nicht vorgenommenen Entschädigungszahlungen, die für die bei der Vertreibung von Juden aus ihren Wohnungen vor allem in Wien nach der NS-Machtübernahme in Österreich im Jahre 1938 erlittenen Schädigungen an Mietrechten, Hausrat und persönlichen Wertgegenständen geleistet werden sollten.[22] Mit der Durchführung dieser Zahlungen wurde der Nationalfonds der Republik Österreich für Opfer des Nationalsozialismus beauftragt.[23] Gleichzeitig wurde ein Allgemeiner Entschädigungsfonds mit dem Ziel eingerichtet, «die moralische Verantwortung für Verluste und Schäden, die als Folge von oder im Zusammenhang mit dem nationalsozialistischen Regime den jüdischen Bürgerinnen und Bürgern sowie den anderen Opfern des Nationalsozialismus zugefügt wurden, durch freiwillige Leistungen anzuerkennen».[24]

Darüber hinaus ist schließlich mit der Israelitischen Kultusgemeinde eine Vereinbarung über die Zahlung der österreichischen Bundesländer von symbolischen ATS 250 Mill. (EUR 18,19 Mill.) für die Schäden durch die Zerstörung der Synagogen, Bethäuser und Kultgegenstände getroffen worden.[25] Aber sofort beginnt auch die Ausspielung der Opfergruppen gegeneinander. «Entschädigungsgelder auch für ausgesiedelte Kärntner Slowenen forderte am Montag [26. November 2001] Landeshauptmann Jörg Haider im Rahmen der Gespräche in Wien über die Entschädigungszahlungen an die Israelitische Kultusgemeinde. Diese habe seine Forderung als berechtigt angesehen. Vom Gesamtbeitrag von 250 Millionen Schilling, die die Länder an die Kultusgemeinde zahlen wollen, werde Kärnten laut Bundesländer-Schlüssel sieben Prozent, also 17 Millionen Schilling, mittragen.»[26] Während also in Kärnten die

Entschädigungssumme für Ansprüche von Juden durch andere Opfergruppen reduziert werden soll, mußte sich der Restitutionsbeauftragte von Wien, Kurt Scholz, fragen lassen, warum die Aufteilung der Summe nach einem allgemeinen Bundesländerschlüssel, also ca. 20 %, und nicht nach der Bevölkerungsverteilung der Juden vor der Verfolgung durch die Nationalsozialisten, also ca. 90 %, geschehen würde. Scholz' Antwort konnte nicht überzeugen.[27]

Zwei scheinbar unendliche Geschichten bestätigen den instrumentellen Charakter der sich häufenden Beschwörung der NS-Vergangenheit, daß sich in vielen wichtigen Bereichen im Grunde nichts ändert: Beispielsweise wurden die Verbrechen des Psychiaters Heinrich Gross – die Tötung behinderter Kinder am Spiegelgrund in Wien – nicht gerichtlich verfolgt. Statt dessen war Gross nach dem Krieg jahrzehntelang als Gerichtssachverständiger für Psychiatrie tätig und wurde erst jüngst nach vielen Jahren der Bemühungen vor Gericht gestellt und sogleich für verhandlungsunfähig erklärt, obgleich er sich im Fernsehen der Schuldabwehr ganz kundig zeigte.[28] Oder das massive Monument der Gedenkstätte des ehemaligen Konzentrationslagers Mauthausen, wo gerade jüngst – wer weiß noch das wievielte Mal? – Expertenrunden zusammengestellt wurden, als wären nicht schon jahrelang Vorschläge internationaler Experten ignoriert worden. Nachdem nun diese neue Expertenrunde neuerlich einen ausführlichen Vorschlag zur Umgestaltung der Gedenkstätte ausgearbeitet hat, scheint es nunmehr, als wäre damit der Elan des für die Gedenkstätte zuständigen Innenministers erschöpft und würden alle Pläne wieder zurückgestellt werden. Jedenfalls hat sich der letzte wissenschaftliche Mitarbeiter der Gedenkstätte mangels Verlängerung seines Vertrags verabschieden müssen.[29]

Österreichischer Kameradschaftsbund, Österreichischer Turnerbund und Kärntner Heimatdienst sind seit ihren Wiedergründungen in den fünfziger Jahren traditionelle Vorfeldorganisationen des Rechtsextremismus in Österreich gewesen. Aber auch sie sind verbal sanft geworden und verhalten sich wie brave Lämmer. Auf ihren Webseiten finden sich unmittelbar nach der letzten Regierungsbildung nahezu nur mehr Österreichpatriotismus und Friedenssehnsucht. Bemerkenswerterweise sind die Links zu den Kärntner Organisationen in Arbeit oder nicht vorhanden.[30]

Am wenigsten hält sich der Kärntner Heimatdienst zurück, der im Juni 2001 eine Unterschriftenaktion begann, um wieder einmal «den Schlußstrich zu ziehen und jeder Forderung nach weiteren Sühnezahlungen die Zustimmung zu verweigern».[31] Auch heute nutzte er wieder – wie jährlich und im Zehnjahresrhythmus sich verstärkend – die Erinnerung an die Volksabstimmung in Kärnten vom 10. Oktober 1920 für seine eigenen antislowenischen Zwecke. Diese 10.-Oktober-Feiern in Kärnten haben nämlich auch ihre eigene Erinnerungsgeschichte mit der Feier des Jahres 1940 als Höhepunkt, dem Jahr, in dem von Kärnten aus die Zerschlagung Jugoslawiens und die Besetzung slowenischen Gebietes vorbereitet und gleichzeitig die Kärntner Helden von Narvik gefeiert wurden.[32] Auch heute noch werden sie mit Jörg Haider an der Spitze nicht so sehr für die appellative Erinnerung an demokratische Werte als zu ethnischen Bekenntnissen genutzt, die mit dem 10. Oktober 1920 nur wenig zu tun haben.[33]

Die Wehrmachtsausstellung hat bei diesen Gruppen naturgemäß keinen positiven Widerhall gefunden.[34] Aber auch die überarbeitete und nun in Berlin gezeigte Wehrmachtsausstellung, der jetzt kaum mehr schlampiger Umgang mit Bildquellen vorgeworfen werden kann, ist es den Regierungsparteien nicht wert, gezeigt zu werden. Schon hat das Land Vorarlberg einen entsprechenden Antrag auf Finanzierung abgelehnt.[35] Der Bericht über die Ausstellung in Berlin steht in der *Kleinen Zeitung* unter dem bezeichnenden Titel: «Die Wehrmacht wird wieder nicht reingewaschen».[36] Dieser Abwehr, ein kritisches und realitätsnahes Bild der Aktivitäten der Deutschen Wehrmacht zu gewinnen, entspricht die kompensatorische Aktion zur Entschädigung der Naziopfer. Nachdem ursprünglich nur ehemals in ost- und südosteuropäischen Ländern kriegsgefangenen Österreichern monatliche Zahlungen sozusagen zur Entschädigung zugebilligt worden waren, erhalten ab dem 1. Januar 2002 alle ehemaligen kriegsgefangenen Österreicher monatliche Zahlungen, die je nach Dauer der Gefangenenschaft zwischen ATS 200 und ATS 500 (EUR 14,53 bis 36,34) liegen.[37]

Das ist ganz in Übereinstimmung mit dem Regierungsprogrammm, in dem es unter Punkt 12 in einer signifikanten Zusammenstellung unter der Überschrift «Wiedergutmachung für Zwangsarbeiter, Kriegsgefangene und Vertriebene» heißt: «Die Bundesregierung wird um sachgerechte Lösungen in den Fragen aller im Zuge des Zweiten Weltkrieges zur Zwangsarbeit gezwungenen Personen, der österreichischen Kriegsgefangenen sowie der in der Folge der Benesch-Dekrete und Avnoj-Bestimmungen nach Österreich vertriebenen deutschsprachigen Bevölkerung bemüht sein.»[38]

In einem Leitartikel im Wochenjournal *Profil* hat der damalige Chefredakteur im Februar 1996 beklagt: «Solange die österreichische Geschichte des 20. Jahrhunderts ein Streitfall der Parteien bleibt, wird sie das Land immer wieder einholen.» Und er leitete daraus die Forderung nach einem nationalen Konsens ab, «durch eine gemeinsame Geschichtsschreibung, die nichts verhüllt und aus der wir alle lernen».[39] Was Hubertus Czernin als Appell gegen die Drei- oder Vierparteilichkeit der Geschichte verstanden wissen wollte. Die Diskussionen um das «Haus der Toleranz» und das «Haus der Geschichte» haben gezeigt, daß die Differenzen nicht allein entlang der Linien der Parteien gehen. Hier steht auch noch mehr zur Diskussion: die von Staats wegen verordnete Einheitsgeschichte gegen die zivilgesellschaftliche Vernetzung ihrer Diskurse.[40]

Was von nationalem Konsens in Fragen der Geschichtsforschung zu halten sei, besonders wenn nicht mehr zwischen wissenschaftlicher Kompetenz und ideologischer Meinung unterschieden wird, geht sehr deutlich aus einem Leserbrief des Landesobmanns der Kärntner Landsmannschaft, Sepp Prugger, hervor, Führungsmitglied auch der Ulrichsberg-Gemeinschaft, der in seiner Stellungnahme zur Einrichtung der österreichisch-slowenischen Historikergruppe zur gemeinsamen Erforschung der bilateralen Geschichte im 20. Jahrhundert zuerst betont, daß neue Ergebnisse über die «berüchtigten Avnoj-Beschlüsse» nicht zu erwarten wären, um dann in ziemlich inkonsistenter Argumentation hinzuzufügen: «Ihre [der bilateralen Gruppe] Zusammensetzung dürfte nicht die Gewähr dafür bieten, daß ein wissenschaftlich unanfechtbares Ergebnis zustande kommt.»[41]

Österreicher, Volksdeutsche, Altösterreicher – man fragt sich noch einmal verwundert: Wer sind die Opfer von Krieg und Gewaltherrschaft in dieser Geschichtskultur? Beneš-Dekrete und Avnoj-Dekrete – die Forderung nach ihrer Aufhebung ist keine Angelegenheit der FPÖ allein, in Kärnten bekam der Entschließungsantrag Einstimmigkeit, also auch die Zustimmung der Sozialdemokraten.[42]

Seit einem Jahrzehnt hat sich die Verarbeitung der NS-Vergangenheit in Österreich verändert, intensiviert und beschleunigt. Wissenschaftliche Arbeit entwickelt sich trotz der Hindernisse und nutzt mehr transnational vergleichende und alltagsgeschichtliche Zugänge.[43] Workshops und Tagungen zu Gedächtnis, Erinnerung, Umgang mit der Vergangenheit werden häufiger.[44]

Denkmäler zur Erinnerung an die Verfolgten des NS-Regimes entstehen nicht nur wie in Wien mit Unterstützung des Staates. Es gab eine lange und ausführliche Diskussion um das Denkmalsprojekt von Rachel Whiteread auf dem Judenplatz in Wien, aber seit es existiert, haben sich auch die Gegner, so scheint es, endlich damit abgefunden.[45]

Andere Denkmalsprojekte sind auf Privatinitiativen zurückzuführen, wie jenes in Villach, das Denkmal der Namen, das aus einer Schulinitiative hervorgegangen ist, wie sie auch, wenn nicht immer in sichtbaren Denkmälern, in anderen österreichischen Bundesländern dokumentiert sind.[46] Museen, Gedenkstätten und Institutionen der politischen Bildung und Erwachsenenbildung führten ganze Serien von Veranstaltungen durch, wie z. B. das Jüdische Museum in Hohenems oder das Bundesmobiliendepot in seiner Ausstellung «invent*arisiert*», die das Schicksal ganzer Wohnungseinrichtungen zeigt, die Juden geraubt und auch nach 1945 nicht restituiert, sondern durch den österreichischen Staat weiterverwendet wurden.[47] Auch Dokumentar- oder Spielfilme wie z. B. *Spiegelgrund* oder *Rechnitz*[48] und literarische Werke – früher von Ingeborg Bachmann und Gerhard Fritsch, heute z. B. von Anna Mitgutsch, *Haus der Kindheit*, von Gerhard Roth, Doron Rabinovici als Wissenschaftler und Literat oder Robert Menasse[49] – verfehlen nicht ihre Wirkung.

Aber der Kampf um die Erinnerung hatte in Österreich schon begonnen, als der Krieg noch nicht zu Ende war, als sich nämlich die drei demokratischen Parteien bei der Selbständigkeitserklärung am 27. April 1945 die Opferrolle Österreichs erklärten. Dieser Kampf um die geschichtskulturelle Hegemonie, um das Urteil über den Zweiten Weltkrieg, seine Urheber, seine Mitwirkenden und seine Opfer und über ihre Traditionen ist noch nicht beendet. Er verbindet sich im Österreich von heute im Gegensatz zu früher aber auch mit dem Kampf um politische und gesellschaftliche Werte-Hegemonie, um die Hegemonie demokratischer oder anderer gesellschaftlicher Werte. Sein Ausgang ist, das müssen wir konstatieren, unbestimmt und überhaupt nicht abzusehen.

Charakteristisch dafür ist nicht nur die Tatsache, daß im Festzug zur 80-Jahr-Feier der Kärntner Volksabstimmung vom 10. Oktober 1920 eine Fahne mit dem SS-Wahlspruch «Unsere Ehre heißt Treue» mitgetragen wurde, sondern sehr viel mehr noch, daß – obwohl es eindeutige gesetzliche Bestimmungen zur Frage der NS-Wiederbetätigung gibt –, wie die Staatsanwaltschaft in Klagenfurt meinte, «eine tätergewollte Wiederbetätigung nicht verläßlich nachzuweisen war», und daher das Strafverfahren einstellte.[50] Anlaß genug, darüber hinaus in den Klagenfurter Leserbriefspalten unter vielfältigsten Varianten dieses Motto auch noch zu verteidigen.[51] Rudolf Gallob, ehemaliger Landeshauptmann-Stellvertreter in Kärnten, Präsident der Ulrichsberg-Gemeinschaft und Vizepräsident des Kameradschaftsbundes in Kärnten, erklärte in bemerkenswerter Offenheit, welche Haltung gegenüber solchen SS-Sprüchen einzunehmen wäre: «In unseren Reihen weiß jeder, woher dieser Spruch stammt. Doch es war den Betroffenen nicht bewußt, daß sie ihn nicht öffentlich verwenden dürfen.»[52] Das ist so ähnlich wie mit den berühmten Anschlußfresken des Kärntner Malers Switbert Lobisser, mit denen der Sitzungssaal des Klagenfurter Landhauses 1938 geschmückt wurde und die man dann nach 1945 übertünchte.[53]

Dieses Grundprinzip, zwischen öffentlicher Aussage und tatsächlicher privater Haltung wieder stärker zu trennen, scheint auch maßgeblich für den Übergang des jährlichen großen Treffens der Veteranen des Zweiten Weltkrieges, einschließlich der SS-Veteranen, auf dem Ulrichsberg in Kärnten zu sein. «Die Feier selbst soll künftig schon im September stattfinden und inhaltlich erweitert werden – von einem Heimkehrergedenktreffen zu einer Kundgebung gegen jede Gewalt.»[54]

Auch in diesem Kontext ist der Aufruf Rudolf Burgers zum Vergessen zu sehen. Burgers Text ist zuerst in der *Europäischen Rundschau* und in verkürzter Form im *Standard* erschienen.[55] Er hat zu seinen Vorwürfen mehrmals in Interviews, z. B. im ORF, Stellung genommen[56] und sie am Forum Alpbach diskutiert.[57] Sehr präzise hat er seine Auffassungen in einem Interview mit der Wochenzeitschrift *Format* zusammengefaßt: «Der Aufsatz hat drei Zielpunkte. Erstens behaupte ich, die Verdrängungstheorie ist theoretisch falsch. Zweitens: Die Warnungs- und Erweckungsprosa ‹Niemals vergessen, damit es sich niemals wiederholen kann› ist ebenso falsch. Das ist weder apriori einsichtig, noch gibt es eine theoretische Begründung, und es gibt auch keine historische Erfahrung, welche die Plausibilität dieser These stützen würde – sie ist im Gegenteil äußerst unplausibel. Mein dritter Punkt ist ein moralisch ästhetischer: Mich ekelt es, in welcher Weise hier billiges ideologisches und mediales Geschäft gemacht wird mit der Ausbeutung der Opfer. Diese moralische Sekundärausbeutung der Opfer hat schon früher begonnen. Alle drei Punkte sind diskutierbar. Aber daß ich die drei Punkte auf den Tisch gelegt habe und eine klare Position beziehe, das war die Ketzerei.»[58]

Der Appell, die Greuel der Nazizeit zu vergessen, ist also nichts als die hilflose Geste, sich von der Emotion zu befreien, von der Angst, die Erinnerung nicht ertragen zu können. Und tatsächlich, wenn wir diese Geschichte noch einmal zur Gänze erzählen wollten, so wäre sie fast unerträglich, nicht allein, was diejenigen an Gewalt und Tod erlitten, die als Partisanen oder deren Helfer ihre Heimat verteidigten, sondern vor allem, was diesen Leuten nach dem Krieg in der österreichischen Erinnerungskultur angetan wurde: Sie wurden für staatspolitische Vorteile benutzt, und gleichzeitig wurde ihnen die Anerkennung für ihr Leid im alltäglichen Leben verweigert. Denn die Lüge ist das Gegenteil von Vergessen, weil sie die Erinnerung voraussetzt. Es geht nicht ums Vergessen in Österreich, sondern ums Ende des Verschweigens.

Und doch gibt der Philosoph zu denken. Es gibt so etwas wie eine Ambivalenz der Erzählung über Nazigreuel und Konzentrationslager. Sie erzeugt nicht von selbst Abscheu und Distanz, sie kann immer auch das Lernen der Greuel begünstigen, die Zustimmung zu ihnen, kann zur Wiederholung führen. Das ist der Sinn der Äußerung Burgers: Warnung und Werbung liegen eng nebeneinander.

Immerhin wäre interessant zu wissen, wie Burger mit der Erinnerungsstruktur jener Leute umginge, die konsequent die Beteiligung von Österreichern an NS-Kriegs- und Gewaltverbrechen ignorieren.[59] Oder in welcher Weise ohne Rekurs auf die antisemitischen Sprüche seit dem 19. Jahrhundert auf die Schmähung des Präsidenten der Israelitischen Kultusgemeinde, Ariel Muzikant, durch Jörg Haider eingegangen werden sollte, die zudem in sonderbarer Interpretation des Informationsauftrages des ORF als Nachricht immer wieder wiederholt wurde.[60]

«In Kärnten habe ich eine gute Nachbarschaftspolitik gemacht, da hätten alle sehen können, daß ich kein Slowenenfresser bin», äußerte Jörg Haider in einem Interview mit der Hamburger *Zeit* vom 3. Februar 2000.[61] Und das Regierungsprogramm ist ebenso klar und eindeutig unter Punkt 9 in seinem Bekenntnis, die bisher verschleppten staatsvertraglich festgelegten Minderheitenrechte auch tatsächlich vollständig zu gewähren. Trotzdem begann Jörg Haider in den letzten Wochen des Jahres 2001 einen veritablen Krieg gegen den Verfassungsgerichtshof und besonders gegen dessen Präsidenten, weil dieser die bestehende Regelung, daß für die Aufstellung von zweisprachigen Ortstafeln in Kärnten ein Quorum von 25 % der Bevölkerung nötig wäre, aufgehoben und für einen niedrigeren Prozentsatz von an die 10 % plädiert hatte. Die scharfen und aggressiven Reaktionen Haiders auf den Präsidenten des Verfassungsgerichtshofes sind nur schwer nachzuvollziehen, wenn man nicht weiß, daß Ludwig Adamovich am 3. Juni 2000 neben Jorge Semprun die Gedenkrede bei der Gedenkveranstaltung in Erinnerung an das KZ Loibl Nord, ein Nebenlager des KZ Mauthausen, gehalten hat.[62]

So schließt sich der Kreis und ist doch nicht geschlossen. Artikel 7 des Österreichischen Staatsvertrages von 1955 ist das Ergebnis des Verzichts Jugoslawiens auf seine Gebietsansprüche, die es aus dem Überfall Deutschlands und Österreichs auf sein Staatsgebiet im Jahre 1941 ableitete. Die topographischen Aufschriften markieren weniger den Gebietsanspruch, wie oft als Gefahr heraufbeschworen wird, als daß sie die Präsenz der slowenischen Minderheit sichtbar machen sollen, die in der NS-Zeit verfolgt, enteignet und deportiert worden ist. Der durch die KZ-Häftlinge am Loiblpaß gebaute Straßentunnel sollte der rascheren und bequemeren Verbindung Kärntens mit den an Kärnten angegliederten Gebieten Sloweniens dienen. So scheint ganz klar zu sein, daß es mindestens zwei gegensätzliche Geschichtskulturen in Österreich gibt, und wer in welcher Geschichtskultur lebt.

Anmerkungen

1 Stuhlpfarrer, Karl: Eigenheit und Fremde. Die österreichische Transformation der NS-Vergangenheit. In: Zeitgeschichte 26 (1999), S. 28–37. Mattl, Siegfried/Karl Stuhlpfarrer: Abwehr und Inszenierung im Labyrinth der

Zweiten Republik. In: Tálos, Emmerich u. a. (Hg.): NS-Herrschaft in Österreich. Ein Handbuch. Wien 2000. S. 902–934. Stuhlpfarrer, Karl: L'Austria. La trasmissione del passato nazista, In: Collotti, Enzo (ed.): Fascismo e antifascismo. Rimozioni, revisioni, negazioni. Roma, Bari 2000, S. 91–107.

2 Kleine Zeitung, Klagenfurt, 28. 10. 2001, S. 33.

3 http://www.spoe.at/news/story_200002151222627054.htm; 29. 8. 2000.

4 Homepage der FPÖ mit link zu http://www.time.com/...ine/articles/0,3266,38776,00.html; 28. 8. 2000.

5 Wodak, Ruth: «Wir sind alle unschuldige Täter!» Diskurshistorische Studien zum Nachkriegsantisemitismus. Frankfurt/M. 1990; Ruth Wodak u. a.: Die Sprachen der Vergangenheiten. Öffentliches Gedenken in österreichischen und deutschen Medien. Frankfurt/M. 1994.

6 Das Regierungsprogramm in http://www.regierung.gv.at.

7 Ebd.

8 Ebd.

9 Erklärung des österreichischen Bundeskanzlers Franz Vranitzky vor dem Nationalrat am 8. 7. 1991. In: Stenographische Protokolle über die Sitzungen des Nationalrates der Republik Österreich (XVIII. Gesetzgebungsperiode) 1991, Bd. 3, Wien 1991. S. 3279–3283. Publiziert in: Der Standard, Wien, 9. 7. 1991, S. 23. Später auch in: Botz, Gerhard/Gerhard Sprengnagel (Hg.): Kontroversen um Österreichs Zeitgeschichte. Frankfurt, New York 1994. S. 574 ff. Rede Franz Vranitzkys am 8. 6. 1993, vgl. Salzburger Nachrichten, 9. 6. 1993. Auch Bundespräsident Waldheim hatte schon in seiner Rede vom 10. 3. 1988 im ORF von den Österreichern als Opfer und als Täter und davon gesprochen, daß man nicht so tun solle, als hätte man mit ihnen nichts zu tun. Waldheim, Kurt: Worauf es mir ankommt. Gedanken, Appelle, Stellungnahmen des Bundespräsidenten. Herausgegeben von Hanns Sassmann. Graz 1992, S. 224.

10 Vgl. Stuhlpfarrer, Karl: Vergangenheit, die nicht vergeht ... In: Die Kunst des Verdrängens. 10 Jahre Pädagogisches Fortbildungsseminar des SLÖ Steiermark, des Dr. Karl Renner-Instituts und der Steirischen Kulturinitiative. Eine Dokumentation. Graz 1989. S. 17–21. Immerhin haben 2001 die Künstler begonnen, der Erinnerung einen Weg zu bahnen. Vgl. Folder des Steirischen Herbstes 2001, Graz, «Machen Sie mir dieses Land wieder ...».

11 Parlamentskorrespondenz, 20. 11. 1997, Nr. 785.

12 Parlamentskorrespondenz, 20. 7. 1998, Nr. 545.

13 BGBl 432/1995, Gesetz über den Nationalfonds für Opfer des Nationalsozialismus; BGBl 181/1998, Nationalfonds betraut mit Verwertung nicht restituierbarer Kunstgegenstände; erhält Mittel aus Auflösung des Goldpools der Tripartiten Goldkommission (BGBL 182/1998); 18. 6. 1999, Novellierung des Nationalfondsgesetzes (BGBl Nr. 131/1999).

14 II-5211 der Beilagen zu den Sten. Prot. d. NR, XVIII GP.

15 Sten. Prot. 173. Sitzung, XVIII GP 16. 7. 1994, S. 20843.

16 Lukan, Johanna: Der Nationalfonds der Republik Österreich für Opfer des Nationalsozialismus. Diplomarbeit Wien 1999.

17 Parlamentskorrespondenz, 7. 7. 1999, Nr. 394.

18 Republik Österreich. Historikerkommission: Arbeitsprogramm. Wien 1999, S. 5.

19 Jabloner, Clemens: Historikerkommission der Republik Österreich. In: Historicum. Zeitschrift für Geschichte. Sommer 99. S. 13–16.

20 Versöhnungsfondsgesetz 2000, BGBlI, Nr. 74/2000; Kärntner Tageszeitung, Klagenfurt, 19. 7. 2001, S. 2. Zu den Details vgl. allgemein auch www.versoehnungsfonds.at.

21 Parlamentskorrespondenz, 19. 7. 2000, Nr. 452, Wortmeldung des FP-Bundesrats Dr. Böhm.

22 Vgl. Bailer-Galanda, Brigitte/Blimlinger, Eva/Kowarc, Susanne: «Arisierung» und Rückstellung von Wohnungen in Wien. Die Vertreibung der jüdischen Mieter und Mieterinnen aus ihren Wohnungen und das verhinderte Wohnungsrückstellungsgesetz, sowie Graf, Georg: Der Entzug von Mietrechten. Ein rechtshistorischer und rechtsdogmatischer Bericht unter besonderer Berücksichtigung der Entwicklungen nach der Befreiung Österreichs. http://www.historikerkommission.gv.at/Berichte_e.html.

23 BGBl 11/2001, 28. 2. 2001.

24 BGBl 12/2001, 28. 2. 2001, § 1 (2).

25 Der Standard, 27. 11. 2001, S. 1 und S. 8.

26 Kleine Zeitung, Klagenfurt, 28. 11. 2001, S. 8.

27 Der Standard, 12. 12. 2001, S. 7.

28 Vgl. dazu «Spiegelgrund». Ein Film von Angelika Schuster und Tristan Sindelgruber. 2000, sowie die beiden Aufsätze von Czech, Herwig: Forschen ohne Skrupel. Die wissenschaftliche Verwertung von Opfern der NS-Psychiatriemorde in Wien, und Schwarz, Peter: Mord durch Hunger. «Wilde Euthanasie» und «Aktion Brandt» am Steinhof in der NS-Zeit; beide in http://www.eforum-zeitgeschichte.at 2001.

29 Annäherungen an Mauthausen. Beiträge zum Umgang mit einer Gedenkstätte. (Linz) 1997. Baumgartner, Andreas u. a.: Reforminitiative KZ-Gedenkstätte Mauthausen. Endbericht. Februar 2001. Andreas Baumgartner an Bertrand Perz u. a., 10. 12. 2001.

30 http:/www.kameradschaftsbund.at/frontkt/frontkt.htm, 29. 8. 2000.

31 Format, Wien, 30. 7. 2001, S. 34. Die Geschichtsauffassung des Kärntner Heimatdienstes unter http://www.khd.at-ueberblick-de.html, 29. 8. 2000.

32 Stuhlpfarrer, Karl: Volksabstimmungsfeiern und Geschichtsbild. In: Kärnten. Volksabstimmung 1920. Voraussetzungen, Verlauf, Folgen. Wien, München, Kleinenzersdorf 1981. S. 13–27.

33 Ewig gültiges Vermächtnis. 10. Oktober mit Bekenntnissen zum Dialog, aber scharfen Worten gegenüber Slowenien. Kleine Zeitung, Klagenfurt, 11. 10. 2001, S. 10.

34 Ardelt, Rudolf G.: Zumutungen und Auseinandersetzungen. Reflexionen zur Ausstellung ‹Vernichtungskrieg. Verbrechen der Wehrmacht 1941–1944› in Linz. In: Zeitgeschichte, Innsbruck, 24 (1997), S. 346–364.

35 Schwarz-Blau gegen Wehrmachtsausstellung. Der Standard, Wien, 18. 12. 2001, S. 11.

36 Kleine Zeitung, Klagenfurt, 3. 12. 2001, S. 4.

37 Kleine Zeitung, 25. 12. 2001, S. 12.

38 Das Regierungsprogramm in http://www.regierung.gv.at.
39 Profil, Wien, 5.2. 1996, S. 11.
40 Vgl. die Diskussion in den österreichischen Printmedien Falter 23/99, S. 16 f; Standard, 29.10. 1999, 19.11. 1999, 22.11. 1999 und die Enquete des Instituts für Zeitgeschichte der Universität Wien am 21.1. 2000 «Jenseits der Häuser. Sinn und Unsinn einer Musealisierung der Zeitgeschichte in Österreich».
41 Ing. Sepp Prugger, Landesobmann der Kärntner Landsmannschaft, Leserbrief in der Kleinen Zeitung, Klagenfurt, 7.11. 2001. S. 36.
42 Zu den Avnoj-Dekreten siehe Nećak, Dušan: Die «Deutschen» in Slowenien (1918–1955). Kurzer Abriß. Ljubljana 1998. S. 27.
43 Vgl. z. B. die bei http://www.eforum-zeitgeschichte.at vorgestellten Projekte über Opfermythos in Österreich und Résistancemythos in Frankreich oder über Feldpostkarten und -briefe.
44 Z. B. IFK Workshop Gedächtnis zwischen Politik und Kultur, Wien, 19.-20.1. 2001; Veranstaltungsreihe des Jüdischen Museums in Hohenems «Im Schatten der Vergangenheit», Mai 2000 ff.; Tagung Gedächtnis und Restitution: Über historische Erinnerung und materielle Wiederherstellung in Europa. Veranstaltet vom Simon-Dubnow-Institut, Leipzig, im Hofmobiliendepot in Wien, 21.–23.6. 2001; Kreisky-Archiv, Revisiting the National Socialist Legacy: Coming to Terms with Forced Labor, Expropriation, Compensation and Restitution, Wien, 11.–13.10. 2001; Institut für Geschichte u. a., Geschichte als Katharsis: Bewältigung von NS-Vergangenheit in Chile, Argentinien und Österreich. Ein Vergleich. Wien, 15.10. 2001.
45 Vgl. Der Standard, Wien, 26.1. 1996, S. 7.
46 Haider, Hans (Bearb.): Erinnern an die Opfer der nationalsozialistischen Gewalt. Die Dokumentation der 64 Namen für das Denkmal. Villach 1999; Haider, Hans (Bearb.): Erinnern an die Opfer der nationalsozialistischen Gewalt. Die Dokumentation der 32 hinzugefügten Namen für das Denkmal in Villach. Villach 2000; vgl. Landesschulrat für Oberösterreich (Hg.): Schulische Aufarbeitung des Holocaust in Oberösterreich. Linz 2001, und Bundesministerium für Unterrricht und Kunst, Abt. Politische Bildung, Referentenvermittlung zur Zeitgeschichte. Eine zahlenmäßige Bilanz von 15 Jahren. Tagung der ReferentInnen für Zeitgeschichte 11.–15.1. 1993.
47 Vom 7.9. bis 19.11. 2000 veranstaltet von den Museen des Mobiliendepots und der Arbeitsgruppe Museologie/IFF.
48 Kitzberger, Michael: Erinnerungsfilme. Erinnerung in österreichischen Interviewfilmen über die Zeit des Nationalsozialismus. Diplomarbeit Wien 1998, worin Kitzberger unter anderem die Dokumentarfilme von Ruth Beckermann über die Wehrmachtsausstellung in Wien und von Egon Humer über das KZ Nebenlager Loibl aus den Jahren 1992/1996 analysiert.
49 Rabinovici, Doron: Instanzen der Ohnmacht. Die Wiener Judenräte unter der NS-Herrschaft. Frankfurt/M. 2000; Menasse, Robert: Die Vertreibung aus der Hölle. Frankfurt/M. 2001.
50 Kleine Zeitung, 22.11. 2001, S. 10.
51 Vgl. z. B. die Leserbriefe in der Kleinen Zeitung, Klagenfurt, 23.11. 2001, S. 38, und 27.11. 2001, S. 31.

52 Kleine Zeitung, Klagenfurt, 16. 11. 2001, S. 10.

53 Deuer, Wilhelm: Switbert Lobissers Anschlußfresken von 1938 im Sitzungssaal des Kärntner Landhauses. In: Carinthia I 191 (2001), S. 585–619.

54 Gössinger, Antonia: Stadt übernimmt den Ulrichsberg. Kleine Zeitung, Klagenfurt, 8. 11. 2001. S. 10.

55 Burger, Rudolf: Irrtümer der Gedenkpolitik. In: Europäische Rundschau, Wien, 2001/2 Frühjahr.

56 Z. B. ORF, ZIB 3, 21. 6. 2001.

57 Jungwirth, Michael: Politisches Vergessen als Strategie. Kleine Zeitung, Klagenfurt, 30. 8. 2001. S. 56.

58 Format, Wien, 31. 7. 2001, S. 39.

59 So häufig in Kärnten, wenn vom zweimaligen Überfall Jugoslawiens auf Kärnten die Rede ist, aber konsequent die Kärntner Beteiligung an den Verbrechen im deutschbesetzten Slowenien während des Zweiten Weltkrieges unterschlagen wird. Zuletzt wieder einmal mit dem für diese Einstellung eigentlich kontraproduktiven Appell «Geschichte studieren» als Leserbrief in der Kleinen Zeitung, Klagenfurt, 25. 12. 2001, S. 50.

60 Kleine Zeitung, Klagenfurt, 17. 3. 2001, S. 3. FPÖ: Peter Westenthaler bezeichnete die Klage Muzikants gegen Haider wegen der inkriminierten Äußerung als «humorlos». ORF 1, 9. 3. 2001, 8-Uhr-Nachrichten.

61 Die Zeit 6/2000; http://www.archiv.zeit.de/daten/pages/200006.haider-interview.html, 28. 8. 2000.

62 Österreichische Lagergemeinschaft Mauthausen und Mauthausen Aktiv Kärnten/Koroka, Einladungsfolder zur Veranstaltung.

Frankreich

Henry Rousso

Die Erinnerung Frankreichs an den Zweiten Weltkrieg hat sich in der Zeit vom Ende der Besatzung bis Mitte der siebziger Jahre – wie Pieter Lagrou es hier im selben Band schildert – radikal verändert. Vor dem Hintergrund dessen, was auf internationaler Ebene geschehen ist, tritt diese Entwicklung noch deutlicher und spektakulärer zutage. Das ist der erste Punkt, auf den ich eingehen möchte.

Ich glaube nicht, daß Frankreich in der Erinnerung an den Zweiten Weltkrieg eine Ausnahme bildet, auch wenn das Vichy-Regime – verglichen mit anderen vom nationalsozialistischen Deutschland besetzten Ländern – historisch einen einmaligen Fakt darstellt. Diese Tatsache hatte nach der Befreiung des Gebiets 1944 natürlich auch einen Einfluß darauf, wie sich die Erinnerung formte. Die Debatten um die Erinnerung an Vichy hingegen haben eine ganz eigene französische Dimension: Manchmal lassen sie ältere Brüche an die Oberfläche treten, vor allem aus der Zeit der Französischen Revolution, oder sie dienen als Resonanzkörper für Brüche nach 1945, wie der Algerienkrieg einen darstellt, auf den Benjamin Stora hier eingeht. Doch die aktuelle Situation zeigt, daß wir uns nicht länger einem Prozeß gegenübersehen, der sich auf nationale Grenzen beschränkt: Die Frage Vichy, die das öffentliche Bewußtsein immer noch sehr aufwühlt, ist heute nicht mehr nur der französische Teil der Erinnerung an die Shoah, die seit einem Jahrzehnt ein die Nationen übergreifendes Phänomen geworden ist. Sicher ist das auf die Tatsache zurückzuführen, daß der Genozid einer universellen Erfahrung unterliegt, deren Übermittlung bei weitem den zufälligen Rahmen einer nationalen oder europäischen Geschichte überschreitet. Vielleicht ist dies auch eine Folge des «Globalisierungsprozesses» auf zahlreichen Gebieten: kulturell, intellektuell und wissenschaftlich (zum Beispiel historiographisch); juristisch und gerichtlich (siehe das sich entwickelnde Nachdenken über ein internationales Strafrecht als direktes Erbe der Nürnberger Prozesse); politisch (siehe die neue «internationale Politik der Vergangenheit»). Auf die eine oder andere Weise betreffen diese Entwicklungen auch den veränderten Status von Geschichte, Erinnern und Vergangenheit im allgemeinen in den zeitgenössischen Gesellschaften.

Im Rahmen dieses Bandes mag es banal erscheinen, wenn ich an diese die Nationen übergreifende Dimension erinnere, doch in Frankreich ist man sich dieser Realität erst seit kurzer Zeit bewußt geworden. Um nur ein Beispiel zu nennen: Die Ermittlung und Entschädigung jüdischen Besitzes, der von Vichy und den Nazis geraubt wurde, begonnen 1997 unter Leitung der Kommission Matteoli (benannt nach ihrem Vorsitzenden)[1] und beendet im Februar 2000, erfolgte nicht allein auf Initiative der französischen Regierung oder aufgrund des Drucks, den die Opfer bzw. ihre Nachkommen allein in Frankreich ausübten. Diese Realität ist die direkte Folge eines seit einigen Jahren international eingeleiteten Prozesses in Form finanzieller Drohungen gegen mehrere europäische Länder, wobei Frankreich nach Deutschland, der Schweiz, Schweden etc. auf der Liste firmiert. Diese Form der äußeren Einmischung in den Umgang mit der nationalen Vergangenheit – ein immer häufigeres Phänomen – und ihre Tolerierung durch die französische Regierung (in diesem Fall der Regierung Alain Juppés, eines Premierministers der gaullistischen Rechten) stellen neue Fakten dar, die in der französischen Tradition bemerkenswert sind.

Um zu ermessen, wie weit diese Entwicklung greift, muß man sowohl die Bedeutung dieser Vergangenheit in der französischen Gesellschaft von heute als auch die Veränderung der Inhalte und Formen des Gedenkens berücksichtigen.

Die Gewichtigkeit dieser Vergangenheit im öffentlichen Raum Frankreichs ist evident. Anfangs ein verkanntes, teilweise vergessenes Ereignis, von dem verschiedene Aspekte mehr oder weniger absichtlich verdunkelt wurden, hat der Zweite Weltkrieg mittlerweile einen zunehmend größeren Platz in der nationalen Erinnerung eingenommen, bis er zu einem zentralen Element des politischen und kulturellen Lebens in Frankreich, fast zu einer Obsession wurde. Es herrscht das genaue Gegenteil des sicherlich weit verbreiteten Klischees, Frankreich sei «unfähig», sich seiner Vergangenheit zu stellen.

Tatsache ist, daß der Zweite Weltkrieg in den vergangenen zehn Jahren Gegenstand mehrerer tausend Bücher, Essays, Aufsätze und Augenzeugenberichte war, die acht bis neun Prozent der gesamten historiographischen Werke über die Geschichte Frankreichs ausmachen. Die Fernsehkanäle senden jede Woche Dokumentarfilme über das Thema: In den Jahren 1994 und1995 – anläßlich der Gedenkfeiern zum Kriegsende – auf den beiden öffentlichen Hauptsendern fast hundert Stunden. Diese Epoche nimmt mittlerweile im Geschichtsunterricht der Abschlußklassen im Lycée ein Viertel des Lehrplans ein, der die politische, ökonomische, soziale und kulturelle Zeitgeschichte abdeckt. Und schließlich stellt der Umgang mit der Zeit des Zweiten Weltkriegs ein wichtiges Kriterium dar, wenn es um die Bewertung einer politischen Bilanz geht. Die heftige Polemik, die sich im September 1994, ein paar Monate vor seinem Tod, um die Vergangenheit François Mitterrands entzündete, genügte, um den vierzehn Jahren seiner Präsidentschaft auf Dauer den Glanz zu nehmen.[2]

In den ersten dreißig Jahren nach dem Krieg wurden die dunklen Seiten dieser Epoche eher verhüllt. Dennoch gewann sie in dem Maße, wie man sich vom Ereignis entfernte, immer mehr an Bedeutung. Das ist eine bemerkenswerte Tatsache, und in meinem Verständnis in der neueren Geschichte einzigartig, zumal die Entwicklung anzuhalten scheint, so als wären die Debatten, Polemiken und Aktionen, die sich auf diese Vergangenheit beziehen, geradezu dazu berufen, ihr Dauer zu verleihen.

Die wichtigste Entwicklung in der französischen Erinnerung der neueren Zeit betrifft jedoch den Inhalt der kollektiven Vorstellungen von der Vergangenheit, und nicht die Intensität ihrer Gegenwart. In den Jahren von 1970 bis 1980, der Zeit, in der der eigentliche Bruch stattfand und man begann, sich der Schattenzonen in der Geschichte der Besetzung bewußt zu werden, kam vor allem ans Licht, welches Ausmaß die Kollaboration hatte und wie antidemokratisch die Einsetzung der Vichy-Regierung war. Zu Recht oder Unrecht nahm die öffentliche Meinung Vichy von da an als Ausdruck eines französischen Faschismus wahr, dessen Bedeutung nun aufgedeckt wurde. Zu dieser Neueinschätzung kam es unmittelbar nach dem Mai 1968. Einzuordnen ist sie in den Kontext eines politischen Wechsels, der sich bereits am Horizont abzeichnete und mit dem Machtantritt der Linken 1981 – einem Ereignis von großer Reichweite – Wirklichkeit wurde. In den folgenden Jahren beobachtete man aber auch das neue und dauerhafte Auftreten einer extremen Rechten, die nach der Befreiung jegliche Anhängerschaft verloren hatte (ausgenommen einen vorübergehenden Stimmengewinn während des

Algerienkriegs Ende der fünfziger Jahre). Dieses Wiedererstarken der extremen Rechten, zu dem es in dem Jahrzehnt von 1980 bis 1990 auch in anderen europäischen Ländern kam, stellt ein bemerkenswertes Faktum dar, denn damit tauchte eine nationalistisch-rassistische, antisemitische und fremdenfeindliche Kultur, die zwar im Frankreich der 3. Republik einen wichtigen Platz eingenommen hatte, aber nach dem Ende der nationalsozialistischen Besatzung verschwunden war, erneut auf der politischen Bühne auf.[3]

Gerade in diesen Jahren wurde die Frage des Antisemitismus zum dominierenden und fast ausschließlichen Element der Darstellungen des Krieges, eine Veränderung, die sich vor allem an der Wirkung des 1985 ausgestrahlten Films *Shoah* von Claude Lanzmann belegen läßt, der das Augenmerk auf die Opfer richtet und nicht mehr auf die Henker oder auf die verbrecherischen Politiker.

Seither hat die Frage der Vernichtung der europäischen Juden alle anderen Aspekte verdrängt. Sie schob alle anderen Probleme, die sich durch das Gedenken an die anderen Opfer des Naziregimes stellten – die deportierten oder erschossenen Widerstandskämpfer, die ermordeten zivilen Geiseln, die zum Arbeitsdienst Verpflichteten etc. –, beiseite und veränderte die Art der Debatte um die Vergangenheit radikal. Vichy wird heute weniger als ein Regime wahrgenommen, das den Waffenstillstand mit dem Feind unterzeichnet hat – für General de Gaulle das größte Verbrechen –, dessen Eliten ihr Vaterland verraten und mit dem Besatzer kollaboriert haben, sondern als ein Regime, das sich fast einzig durch seinen Antisemitismus definierte.

Diese Sicht der Dinge ist zugleich Ursache und Folge der Tatsache, daß allein die Judenverfolgung von der Justiz der letzten zwanzig Jahre als «unverjährbares» Verbrechen angesehen wurde, ein entscheidender Begriff, der 1964 ins französische Recht eingeführt wurde, um einer eventuellen Verjährung der nationalsozialistischen Kriegsverbrechen im Recht der Bundesrepublik Deutschland entgegenzuwirken. Diese Entscheidung war eine bedeutende Wende sowohl im Umgang mit der kollektiven Erinnerung als auch in der französischen Kultur im allgemeinen. Alle anderen noch nicht gerichtlich entschiedenen Verbrechen wurden so von den in letzter Zeit laufenden Verfahren und Prozessen gegen die Menschlichkeit ausgenommen. Ein Fakt, den man um so mehr beachten muß, als die tatsächlich verurteilten Personen (Klaus Barbie, Paul Touvier,

Maurice Papon) oder die Personen, die man hätte verurteilen müssen (René Bousquet, Oberhaupt der Vichy-Polizei, 1993 ermordet), nicht nur bei der Judenverfolgung, sondern auch beim Kampf gegen die Résistance eine entscheidende Rolle gespielt hatten.

Aus diesen Gründen hat es nicht mehr nur eine politische, sondern auch eine moralische Dimension, wenn man die Geschichte heute neu liest. Rückblickend gesehen ist die Trennungslinie der Kriegsjahre nicht mehr politisch, sie unterteilt nicht mehr Verräter und Patrioten, «Kollaborateure» und «Résistants», «Faschisten» und «Antifaschisten». Sie unterscheidet die «Gerechten» von den anderen, sie trennt diejenigen, die Juden gerettet oder die antisemitischen Gesetze angeprangert hatten, von denjenigen, die sie, wenn auch nur passiv, akzeptiert hatten. In dieser neuen Konstellation, einem Resultat der zeitgenössischen Ideologie der Menschenrechte, ist das unterscheidende und fast ausschließliche Kriterium die einstige Haltung gegenüber den Verfolgten.

Zu diesem Wandel in den Inhalten kommt ein Wandel in den Formen der Erinnerung, den ich hier an drei Beispielen erläutern möchte.

Erstens scheint in Frankreich der Staat nach und nach das Monopol darüber, wie das Gedenken an den Krieg begangen wird, verloren zu haben. Dies trifft übrigens auch auf andere traditionelle Kräfte zu, wie etwa die Gebietskörperschaften, die nach 1945 beim Gedenken an den Krieg eine wichtige Rolle gespielt hatten. Dasselbe Phänomen zeigt sich auch am schwindenden Einfluß der großen Verbände der Deportierten oder der ehemaligen Kriegsteilnehmer, was sich teilweise aus dem Niedergang der Französischen Kommunistischen Partei erklärt, die in dieser Hinsicht eine bedeutende integrative Rolle gespielt hatte. Seit etwa fünfzehn Jahren sind kleinere, aber mobilere und «medienwirksamere» Verbände wie der von Serge Klarsfeld, genannt die «Vereinigung der Nachkommen der jüdischen Deportierten Frankreichs», an diese Stelle gerückt. Bezeichnende Veränderungen im Umgang mit der Vergangenheit ergaben sich in der Folge durch die Mobilisierung von Bürgern und durch mehr oder weniger spontane Bewegungen. Im Gegensatz zu den Nachkriegsprozessen, als alle gerichtlichen Verfahren von der Öffentlichkeit – das heißt vom Staat – angestrengt wurden, wurden nun alle Verfahren und Prozesse wegen Verbrechen gegen die

Menschlichkeit aufgrund von individuellen oder kollektiven Klagen aufgenommen, nicht auf Initiative des Staates.

Das blieb nicht ohne Konsequenzen, denn die Erinnerung an die Judenverfolgungen, begangen von den Nationalsozialisten, aber noch mehr von Vichy, konnte teilweise nicht mehr so aufgefaßt werden, als arbeite Frankreich seine eigene Geschichte auf, sondern als würde eine Rechnung zwischen der jüdischen Gemeinde Frankreichs einerseits und der Nation andererseits beglichen werden. Dieser Widerspruch wurde wiederholt in öffentlichen Debatten unterstrichen: Das Gedenken durch die Gemeinschaft geriet manchmal in Konflikt mit der Notwendigkeit, die Verfolgung und Vernichtung der Juden als wesentliches Geschehnis zu betrachten, das heute per definitionem alle Franzosen betrifft. Doch zugleich konnte die Erinnerung an die Shoah sich im öffentlichen Raum der Nation etablieren, weil sie eine zentrale Rolle bei der in letzter Zeit erfolgten neuen Bekräftigung einer jüdischen Identität spielte.

Zweitens ist ein Teil der öffentlichen Meinung und der Staatsorgane Frankreichs seit etwa zehn Jahren willens, mit Rückwirkung auf die Vergangenheit zu agieren, nicht so sehr auf die Vergangenheit des Krieges, was keinerlei Sinn hätte, sondern auf die unmittelbare Nachkriegszeit. Nach Deutschland ist Frankreich so in die Zeit der Reparationen eingetreten.

Es ist die Zeit für politische und symbolische Entschädigung, die zahlreiche Initiativen angestrengt haben, um die antisemitischen Verbrechen Vichys offiziell anerkennen zu lassen, wie etwa die Einführung eines neuen nationalen Gedenkens zur Erinnerung an die große Razzia im Juli 1942, als Tausende von Juden im «Vél d'hiv», der Winterradrennbahn, zusammengetrieben wurden, und an deren Organisation Vichy sehr aktiv Teil hatte. Das ist auch der Sinn zahlreicher, mehr oder weniger ehrlicher «Reueerklärungen», die seit einigen Jahren «spontan» abgegeben werden, sei es von Instanzen des französischen Episkopats oder, auf andere Weise, vom Verband der Polizei.

Es ist die Zeit für gerichtliche Entschädigung, wie die drei seit 1987 angestrengten und bereits erwähnten Prozesse im Zusammenhang mit Verbrechen gegen die Menschlichkeit zeigen. Sie haben die Justiz zu einem besonderen Träger der Erinnerung an den Krieg gemacht, nicht ohne große Probleme zwischen historischer und juristischer Logik und der Logik der Erinnerung aufzuwerfen: Touvier wurde aus spitzfindigen juristischen Gründen als Faschist und erwiesener Mörder verurteilt, wobei seine Verbrechen als von den Besatzern veranlaßt hingestellt wurden, während sie in Wahrheit «französische Verbrechen» waren. Beim Prozeß gegen Papon war das Gegenteil der Fall: Die Debatten verschleierten zuletzt die Tatsache, daß die Deportationen von Juden aus Bordeaux nicht auf Initiative eines französischen Präfekten, sondern der deutschen Sicherheitspolizei/SD veranlaßt wurden.

Aufgrund dieser Fakten lag das Neue am Prozeß gegen Papon ebenso in einer Erhellung der Vergangenheit wie in der Verurteilung eines hohen Beamten aufgrund der Handlungen, die er in Ausübung seiner Funktion begangen hatte. Vielleicht wird dieser Prozeß weniger als «Prozeß gegen Vichy» denn als «Prozeß gegen den Staat» begriffen werden, zumindest einer gewissen Auffassung vom Staat, seiner Begründung und des Gehorsams, den man ihm schuldet.[4]

Und es ist schließlich an der Zeit, finanzielle Entschädigung für die geraubten jüdischen Güter zu leisten. Die bereits erwähnte Kommission Matteoli hat hier bemerkenswerte ermittlerische Arbeit geleistet, deren Ergebnis zumindest für die öffentliche Meinung überraschend ist: Denn ein nicht unerheblicher Teil der von den Nazis oder von Vichy geraubten Güter war bereits zu Ende der vierziger oder zu Beginn der fünfziger Jahre zurückerstattet worden, was man vergessen hatte.

Drittens hat der Staat zum ersten Mal in der Geschichte Frankreichs auf Druck der Zivilgesellschaft hin ein «negatives Gedenken» an das bereits erwähnte «Vél d'hiv» eingeführt. Diese jährliche Zeremonie ist heute ein bedeutender offizieller Feiertag, bei dem nicht nur die Stunden des Ruhmes der Nation gefeiert werden, sondern auch an die in ihrem Namen begangenen Verbrechen erinnert wird. Es gibt zur Zeit in Frankreich drei nationale Gedenktage an den Krieg mit offiziellen Feiern: den 8. Mai, Tag des Sieges über das «Dritte Reich»; den letzten Sonntag im April, «Tag der Deportation», der an alle Deportierten erinnert – Juden, Widerstandskämpfer und andere –, und schließlich den 16. Juli zur Erinnerung an die Razzia des «Vél d'hiv». Die beiden erstgenannten Gedenktage gibt es in den meisten Ländern, die gegen Hitlerdeutschland gekämpft haben. Nur der dritte ist spezifisch französisch und erinnert daran, daß Frankreich auch Kollaborateur und nicht nur Opfer des Nationalsozialismus war. Es gibt jedoch keinen nationalen Gedenktag, der die Erinnerung an die Résistance als solche feiert. – Eine wichtige Feststellung gegen alle Klischees über den Chauvinismus der Franzosen und ihre sogenannte Unfähigkeit, sich ihrer Vergangenheit zu stellen.

Im Hinblick auf die französische Tradition gab es bei den Formen der Erinnerung daher mehrere entscheidende Veränderungen: Der Staat hat akzeptiert, daß er sein Monopol zugunsten von Tendenzen, die stärker zu den Gemeinden hingehen, verloren hat. Das alte Prinzip der Verjährung wurde entkräftet, um neu über Verbrechen zu urteilen, die vor über fünfzig Jahren begangen wurden – obwohl diese Regierung nach dem Krieg für illegal erklärt worden war. Und schließlich wurden Gedenkfeiern eingeführt, die daran erinnern, daß Frankreich, «das Vaterland der Menschenrechte», zumindest einmal in seiner Geschichte in dieser Frage versagt hat, während Gedenkfeiern bisher immer dazu gedient hatten, das Nationalgefühl zu glorifizieren.

Diese Entwicklung erklärt sich gewiß aus der Logik, wie sich die Geschichte der Kriegserinnerung in Frankreich, wie in anderen Ländern, darstellte – der Singularität des Ereignisses entspricht eine Singularität ihres Erbes.

Eine weitere Erklärung ist zweifellos auch die allgemeine Entwicklung der heutigen Gesellschaften. Die Schwächung des Zentralstaats, die Verlagerung politischer Fragen auf den Rechtsweg, die verstärkte Wahrnehmung der Opfer anstelle der Helden sind Erscheinungen, die viele andere Bereiche, nicht nur die Erinnerung an die Shoah betreffen. Und wir als Beobachter müssen darauf achten, die Geschichte dieser Erinnerung nicht zu sehr auf künstliche Weise von der allgemeinen Geschichte der zeitgenössischen Gesellschaften zu trennen.

Ich schließe mit einer Reihe von Fragen, die im Mittelpunkt unserer Diskussion stehen: Die Frage der Reparation, die im Augenblick beherrschend ist, wenn es um die Erinnerung an den Genozid geht, bedingt das Zugeständnis, daß die Shoah – *per definitionem* – nicht in den Bereich des «Irreparablen» fällt. Sie setzt weiterhin voraus, den Gedanken zu akzeptieren, daß – ebenfalls *per definitionem* – der Prozeß beendet wird, wenn die Reparation einmal erfolgt ist. Allgemein gesprochen, eine Wiedergutmachung, sei sie juristisch, finanziell oder symbolisch, hat den Zweck, die Streitsache zu schließen: «Verurteilt, bezahlt, abgeschlossen». Doch in dieser

Angelegenheit hat eine solche Auffassung der Dinge keinen Sinn und wäre in jeder Hinsicht sogar unerträglich.

Die Frage, die für die «Zukunft der Erinnerung» bleibt, heißt daher: Was tun nach der Reparation? Wie stellt man sich einem kollektiven Leiden, das von Generation zu Generation weitergegeben wird? Wie soll eine Schuld abgetragen werden, die weder durch das kollektive Bewußtwerden, das seit einem Vierteljahrhundert eingesetzt hat, noch durch die immerhin beträchtlichen Fortschritte des historischen Wissens, noch durch die symbolische, juristische und finanzielle Anerkennung dieser Verbrechen ausgelöscht werden kann? Vielleicht ist die einzig akzeptable Antwort die, daß man die Frage selbst, ohne sie beantworten zu wollen, beharrlich lebendig erhält.

Aus dem Französischen von Gabriele Krüger-Wirrer

Anmerkungen

1 Vgl. das Dutzend Bände der Untersuchungskommission über den Raub an Juden in Frankreich, Kommission Mattéoli (Paris, La Documentation française, 1999–2000), die zum großen Teil auf der offiziellen Website der Documentation française einsehbar sind: www.ladocfrançaise.gouv.fr/htm.

2 Vgl. zu diesen Aspekten: Conan, Éric/Rousso, Henry: Vichy, un passé qui ne passe pas, Paris 1996.

3 Vgl. dazu unter den zahlreichen Schriften zu diesem Thema für die Zeit vor 1939 die Arbeiten von Zeev Sternhell: Maurice Barrès et le nationalisme français; La droite révolutionnaire 1885–1914. Les origines françaises du fascisme; und Ni droite, ni gauche. L'idéologie fasciste en France, drei Bände, Paris 2000 (Erste Ausgaben Paris 1972, 1978, 1983 und 1987). Über die extreme Rechte in den Jahren 1980–1990 vgl. die Untersuchungen von Pierre-André Taguieff, vor allem: La force du préjugé. Essai sur le racisme et ses doubles, Paris 1988.

4 Vgl. Rousso, Henry: Justiz, Geschichte und Erinnerung in Frankreich. Überlegungen zum Papon-Prozeß, in: Frei, Norbert/van Laak, Dirk/Stolleis, Michael (Hg.): Geschichte vor Gericht. Historiker, Richter und die Suche nach Gerechtigkeit, München 2000.

Polen

Adam Krzeminski

Ich möchte die polnischen «Querelen» mit der historischen Erinnerung auf der einen und mit der Veränderung des polnischen Geschichtsverständnisses auf der anderen Seite in vier Punkten skizzieren.

1. Der Zweite Weltkrieg ist *der* Gründungsmythos Polens in der zweiten Hälfte des 20. Jahrhunderts.

2. Formen der Erinnerung sind ein Resultat des Selbstwertgefühls und der Identitätssuche, die viel mehr mit der Gegenwart als mit der Vergangenheit zu tun haben. Auch die Kultur des Gedenkens ist dabei – worauf hier schon mehrmals hingewiesen wurde – eine säkulare Form der religiösen Kultur.

3. Die produktivste Form der Erinnerung ist – wie ich es ausdrücken möchte – das dialogische Sich-Erinnern. Vor dem Hintergrund des Zweiten Weltkrieges zeigen Beispiele aus den polnisch-deutschen, polnisch-jüdischen, polnisch-russischen Beziehungen, daß die Erinnerungskultur einerseits ein Resultat der staatlichen Außenpolitik und ihrer Veränderungen, andererseits aber auch das Ergebnis eines «Dialogs von unten» ist, der gesellschaftlichen Begegnung mit den Nachbarn.

4. Es stellt sich die Frage nach den Zukunftsmodellen der Erinnerung, wobei mir eine Relativierung der althergebrachten Mythen und Geschichtsbilder am Herzen liegt. So diskutiert man in Polen über einen Wandel des Kulturcodes überhaupt, also darüber, ob man sozusagen aus einer Einbahnstraße des Geschichtsverständnisses heraustreten und sich neu definieren kann. Das wäre der polnische Fall nach 1989. Dabei spielen solche Fragen eine Rolle, inwiefern auch das Vergessen, als eine Art, wieder normal zu werden, berechtigt ist.

So wie die polnischen Aufstände gegen die Teilungsmächte Preußen, Rußland und Österreich im 19. Jahrhundert mitsamt dem Kampf der polnischen Legionen im Ersten Weltkrieg um die staatliche Wiedergeburt Polens ein Gründungsmythos für Generationen von Polen in der ersten Hälfte des Jahrhunderts war, so wurde dann der Zweite Weltkrieg ein Gründungsmythos in der zweiten Hälfte des Jahrhunderts. Der deutsche (und sowjetische) Überfall 1939, die Passivität des Westens, die erneute Aufteilung des Landes zwischen

Deutschland und der Sowjetunion, die drakonische Besatzungspolitik, die in die vorsätzliche Vernichtung der polnischen Intelligenzschicht mündete, der organisierte Widerstand, der einen vollständigen Untergrundstaat zustande brachte, die Beteiligung der polnischen Truppen an allen Fronten der Anti-Hitler-Koalition, von Narvik bis Tobruk und von der Atlantik-Schlacht bis zur Ostfront, dazu noch der tragisch-heroische Warschauer Aufstand, der 1944 nach einem aufopferungsvollen und einsamen Kampf (obwohl die Sowjets bereits auf dem anderen Weichselufer standen) scheiterte – all das ergab für die Polen in der zweiten Hälfte des Jahrhunderts den Gründungsmythos einer tätlich bedrohten und dennoch unbeugsamen Nation, die sich trotz aller Widrigkeiten in Europa durchsetzte und schließlich 1989 auch den Kommunismus erfolgreich abschüttelte.

Wie immer bei Gründungsmythen lag allerdings auch diesem ein recht selektives Geschichtsbild zugrunde. Nur selten wurden einzelne historische Fakten völlig unterschlagen oder ausgeblendet, wie z. B. die polnische Kollaboration mit den Besatzern. Meist wurden sie nur umgedeutet oder so frisiert, daß sie das gute Selbstwertgefühl oder die Selbstbemitleidung nicht störten.

Und damit komme ich zu meinem zweiten Punkt. Vor kurzem war ich auf einem Symposium deutscher und polnischer Studenten in Krakau. Auf dem Programm standen natürlich auch ein Besuch im ehemaligen jüdischen Stadtviertel Kazimierz, das inzwischen alle aus *Schindlers Liste* kennen, und im 60 km entfernten Auschwitz. An allen Exkursionen nahmen Deutsche und Polen gemeinsam teil. Allerdings wollten sich die Polen nicht an der abendlichen Auswertung der Exkursion beteiligen, ebensowenig an einer Debatte über das Auschwitz-Syndrom. Während wir uns noch nach den Gründen fragten, sagte einer der polnischen Studenten ganz klar – und er traf wahrscheinlich den wunden Punkt auch der anderen Polen: «Irgendwie bin ich es leid, im Gespräch mit den Deutschen immer wieder beweisen zu müssen, daß ich kein Kamel bin. Vor einigen Jahren riefen deutsche Skinheads in Zgorzelec – dem östlichen Teil von Görlitz –, daß dort alles deutsch sei. Noch 1989 riefen sowjetische Offiziere, daß Polen heilige russische Erde sei, weil in Polen 600 000 sowjetische Soldaten begraben liegen. Daß einige von ihnen 1939 zusammen mit Hitler in Polen einmarschiert waren, sagten sie nicht. Und nun höre ich von amerikanischen Juden, daß Auschwitz ein allein jüdischer Friedhof sei und deswegen dort keine Kreuze aufgestellt werden dürften. Da frage ich mich: Wo ist mein Polen, wo kann ich mich mit meiner Geschichte identifizieren? Ich will jetzt nicht mehr Rede und Antwort stehen und immer wieder nur zum polnischen Antisemitismus ausgefragt werden, ich bin kein Antibiotikum für deutsche Halsschmerzen.»

Wir Dozenten sind natürlich zu dieser Debatte hingegangen, und das war wiederum eine kleine deutsche Walpurgisnacht, eine regelrechte Selbstzerfleischung der Deutschen, welches Verhalten gegenüber der ungeheuren deutschen Schuld angemessen und welches unangemessen sei. Eine Musikergruppe wollte Klezmermusik spielen, um diesen Tag «künstlerisch ausklingen» zu lassen. Sofort gab es dagegen Proteste von einigen Deutschen, es sei unerhört, nach solch einem Tag fröhliche jüdische Musik zu spielen, das sähe nämlich danach aus, man wolle damit das Leiden der Opfer von vor 60 Jahren verniedlichen. Letztendlich wurde nicht musiziert. Es begann vielmehr die «Aufarbeitung der Geschichte», eine ein wenig scholastisch anmutende Debatte über «singuläre» und «normale» Opfer (die in Auschwitz ermordeten Juden waren demnach «singulär», die in Auschwitz ermordeten Polen dagegen waren «normal», weil sie wegen ihres Widerstandes festgenommen und ins KZ geschickt worden waren). Ich fragte meinen deutschen Kollegen, was sich da unterschwellig abspielt, und er sagte prompt: «Die Walser-Bubis-Debatte, siehst du das nicht?»

Die deutschen Studenten reklamierten, daß sie in Auschwitz mit ihren Gefühlen und Emotionen lieber alleine gelassen werden möchten und sich durch polnische Fremdenführer irgendwie gestört fühlten. Sie ärgerten sich, daß diese Auschwitz «polonisiert» hätten. Natürlich fanden deutsche Studenten das Papstkreuz jenseits der Lagermauer unmöglich. Sie wollten sich mit den jüdischen Opfern identifizieren, und zugleich konnten sie das natürlich nicht, denn es war ja ein deutsches Vernichtungslager, von Deutschen konzipiert, instandgesetzt und bewacht. Nach einem betonten Annäherungsversuch an die jüdischen Opfer und einer Distanzierung von allen anderen fanden sie sich alle jedoch wieder bei der üblichen wohlmeinenden Beschwörungsfrage: Was können wir tun, damit sich das nicht wiederholt?

Daß die Deutschen wenig über die polnische Erfahrung im Zweiten Weltkrieg wußten und sie nicht so recht in ihre eigene Vorstellung von der Hierarchie der Opfer – wenn es eine solche tatsächlich gibt – einbauen können, gibt zu denken. Erst in Auschwitz erfuhren sie, daß das Stammlager 1940 sozusagen als ein Lager errichtet wurde, in dem die polnische Oberschicht – nicht unbedingt nur Widerstandskämpfer, sondern auch Lehrer, Beamte usw. – nicht «interniert», sondern zur Vernichtung freigegeben wurde (und zwar aufgrund einer Abmachung von NKWD und Gestapo zeitgleich mit der Erschießung polnischer kriegsgefangener Offiziere in Katyn). Diese vorsätzliche «Köpfung» der polnischen Nation durch die deutschen (und sowjetischen) Besatzer war im Bewußtsein der deutschen Studenten nicht präsent. Und das ist schon die Folge einer recht selektiven Erinnerungsarbeit, die man auch – zugespitzt gesagt – in der Berliner Mahnmal-Debatte wiederfinden konnte: Soll man nur eine Opfergruppe aus der infernalischen Statistik des Grauens herausnehmen und ihrer allein gedenken, oder – im Zuge der *political correctness* – jeder ein eigenes Denkmal widmen (je nach ihrer Geltung von der Größe eines Fußballplatzes, Tenniscourts oder Ping-Pong-Tischs ...)?

Doch lassen wir die Ironie beiseite. Nicht alles, was an Grausamkeiten geschehen ist, kann auch zur Erinnerungskultur der Studenten gehören. Man sieht, wie sich von Generation zu Generation die Akzente verschieben. Die Lehrer jener deutschen Studenten hatten noch ein anderes Auschwitz als Gedenkstätte in Erinnerung. Einige von ihnen waren in den 70er Jahren z. B. im Rahmen der Aktion Sühnezeichen dort gewesen. Damals galt Auschwitz als Gedenkstätte eines Vernichtungslagers, in dem zum ersten Mal in der Geschichte Millionen von Menschen industriell umgebracht wurden. Die Nationalität oder konfessionelle Zugehörigkeit der Opfer war zweitrangig, was nicht heißt, daß nicht schon damals der «Wettlauf der Opfer» um die Aufmerksamkeit der Weltöffentlichkeit im Gange gewesen wäre. Der *«body count»* der Opfer gehörte zur Selbstaufwertung nicht nur der Überlebenden, sondern auch der Staatsnationen. In Polen selbst wurden z. B. die meisten Opfer «nationalisiert», indem die polnischen Juden auf der Liste der Opfer einfach als Polen eingestuft wurden, was nach staatsbürgerlichen Kategorien stimmen mochte und dennoch eine Verfälschung war. Einer der «Aufhänger» für die antisemitische Kampagne, die faschistoide Nationalkommunisten unter dem Innenminister Mieczysław Moczar 1968 in Polen entfachten, war die Präzisierung der Zahl der christlichen polnischen Opfer und der der polnischen Juden in der Großen Enzyklopädie, die der offiziellen Lesart von Polen als der Nation mit den meisten Opfern der Nazi-Besatzung widersprach, weil sie unbewußt auf die Singularität des Holocaust hinauslief, während die offizielle polnische Staatsideologie sie damals verwischte.

Jedem polnischen, aber eben nicht nur dem polnischen Besucher Birkenaus in den 60er und 70er Jahren war die Logistik der Vernichtung klar. Die Rampe führte ja direkt in die Gaskammern und Krematorien. Doch obwohl die ganz überwiegende Mehrheit der Vergasten Juden aus allen besetzten Staaten Europas waren, wurde es nicht als ein Memorial der Singularität des Holocaust wahrgenommen, sondern als eine Gedenkstätte einer fundamentalen Grunderfahrung im Zweiten Weltkrieg, der existentiellen Erfahrung, daß der ideologisch verblendete Mensch einen Massenmord an Menschen kühl und technokratisch vorbereiten und ausführen kann.

Für die polnischen Besucher von Auschwitz war die Identifikation mit den Opfern selbstverständlich. Ich erinnere mich, wie ich selbst 1958, also im Alter von etwa 13 Jahren, einen Besuch in Majdanek erlebte. Jeder polnische Schüler war durch die Schullektüre, in der die Opfer nicht unbedingt «polonisiert» wurden, gut präpariert. Den Auschwitz-Erzählungen von Zofia Nakowska stand das Motto voran: «Menschen haben Menschen dieses Schicksal bereitet»; wir kannten auch Tadeusz Borowskis Erzählungen, eine lakonisch-brutale Darstellung der Entwürdigung durch die Lagererfahrung bis hin zur Bestialisierung mancher Häftlinge. Das war für uns als Schüler eine Radikalisierung des Existentialismus. Nicht mehr die betuliche Floskel von Jean Paul Sartre «die Hölle sind die Anderen», sondern «die Hölle, das bin möglicherweise ich selbst», auch wenn ich ein Opfer bin, und das galt nicht für eine Nation oder ethnische Gruppe.

Diese Sichtweise wurde in Polen 1968 durch eine «Nationalisierung» der Opfer weitgehend abgeblockt. Interessanterweise wurde sie in der DDR gar nicht erst zugelassen. So gab es dort in den 50er und 60er Jahren einen heftigen internen Streit darüber, ob man Borowski (der in der Bundesrepublik bereits erschienen war) in der DDR veröffentlichen solle oder nicht. Der Verband der Naziopfer hat schließlich die DDR-Edition von Borowskis Auschwitz-Erzählungen verhindert. In der DDR galt nur die optimistische Version der Solidarität der Häftlinge, so wie sie Bruno Apitz in *Nackt unter*

Wölfen dargestellt hatte: Das KZ Buchenwald als ein schrecklicher Ort, an dem sich die Humanität dank der Solidarität der Antifaschisten durchsetzt, das Kind gerettet wird. Das war genau entgegengesetzt zu Borowski, der sagte: Schaut her, die Opfer sind keine Engel, ob einer als Kapo zum Handlanger der Mörder wird oder ob er sich – wie Maximilian Kolbe – für einen anderen opfert und in den Bunker geht, ist offen, es gibt keine Spielregeln.

Nach 1968 wurde der jungen Generation in Polen allmählich klar, daß mit der staatlich verordneten «Erinnerungskultur» Schindluder getrieben wurde, weil man sie eben einseitig «nationalisierte» und damit die spezifische jüdische Erfahrung zensierte und ausgrenzte. Mitte der 70er Jahre setzte daher auch die «Entlügung» der polnisch-jüdischen Erfahrungswelt ein. Den Durchbruch verursachte ein schmales Buch von Hanna Krall, *Dem Herrgott zuvorkommen*, ein Gespräch mit Marek Edelman, dem letzten überlebenden Anführer des Aufstandes im Warschauer Ghetto. Edelman beschönigte nichts, distanzierte sich auch von seinem eigenen heroisierenden Bericht aus dem Jahre 1946, und gerade dadurch wirkte das Buch so stark auf die junge polnische Intelligenz, die nun begann, kritisch über die polnischen Geschichtsmythen nachzudenken und das offizielle Geschichtsbild zu revidieren. 1980 – mit der Solidarność – gewann diese «revisionistische» Tendenz bei einem großen Teil der polnischen Intelligenz die Oberhand.

Einige Worte noch zur Grundfrage nach dem Herkommen dieser Geschichtsklitterung. Edmund Dmitrów hat hier schon angedeutet, daß dies ein Teil der offiziellen Politik der Kommunisten nach 1945 war. Sie stutzten sich die polnische Geschichte willkürlich so zurecht, daß sie zur offiziellen Ideologie paßte. Nun aber, und das ist wichtig, reihte sich die Erfahrung des Zweiten Weltkrieges auch nahtlos ein in die 200jährige Tradition der polnischen Leidensgeschichte, der Teilungen und Aufstände, der Germanisierung, Russifizierung und des Verrats durch den Westen. Von Napoleon 1807, der aus Rücksicht auf den Zaren nicht das Königreich Polen, sondern irgendein «Herzogtum Warschau» restituierte, bis zur Passivität Frankreichs und Englands im September 1939 oder zu den Abmachungen in Teheran und Jalta war es im polnischen Bewußtsein nur ein Katzensprung.

Das gängige polnische Geschichtsbild war in sich geschlossen und stammte von den Romantikern des 19. Jahrhunderts: Polen als Opfer, als Christus unter den Völkern, der mit seinem Leiden vielleicht nicht gleich die ganze Welt, doch zumindest Europa erlösen kann. Der Beitrag der «Solidarność» zur Beseitigung des Kommunismus hat dann dieses Selbstbild nur bekräftigt. In den 70er Jahren erhielt diese Überhöhung des eigenen Leidens einen Konkurrenten. Mit der Separierung des Holocaust, mit seiner Einzigartigkeit, die als solche auch immer stärker in der Aufmerksamkeit der Weltöffentlichkeit auf den ersten Platz rückte, und mit der Darstellung bei dieser Gelegenheit auch der Kollaboration in den besetzten Ländern bekam das polnische Selbstverständnis einen Konkurrenten, und zugleich geriet es ins Wanken.

Für viele Polen waren jüdische Erlebnisberichte aus dem besetzten Polen eine kränkende Überraschung. Sie sahen darin kaum ihre eigene Erfahrung eines existentiell an den Abgrund gedrängten Volkes, sondern hauptsächlich allein den polnischen Antisemitismus dargestellt. In die Defensive gedrängt, verschanzten sich viele hinter der Zahl der rund 100 000 Juden, die von Polen gerettet wurden, und der vergleichbaren Zahl von Polen, die an Ort und Stelle erschossen wurden, weil sie Juden versteckt hatten, und bezichtigten die jüdischen Autoren des «Antipolonismus». Erst im Jahr 2000 änderte sich der Diskurs in Polen über die realen Verhaltensweisen der Polen gegenüber den Juden, ausgelöst durch die heftige Debatte um das Pogrom in Jedwabne, wo Polen 1941 – ob nun angestachelt von den Deutschen oder nur von ihnen stillschweigend geduldet – als «Rache» für die angebliche Kollaboration der Juden mit den Sowjets in den Jahren 1939–1941 ihre jüdischen Nachbarn ermordeten.

In den 70er Jahren versuchte man noch empört, die «böswilligen» Verfälschungen in der amerikanischen *Holocaust*-Serie zurückzuweisen, indem man bewies, daß polnische Polizisten, anders als lettische, litauische oder ukrainische nicht an den Massenerschießungen beteiligt waren und daß die polnische Kollaboration – die Denunzianten – lediglich eine individuelle Randerscheinung war. Polen war eben «ein Land ohne Quisling». In den 80er Jahren zerbröselte dieses Selbstbild infolge einer literarischen Debatte, die ein Literaturprofessor angeregt hatte. Schon damals wurde die Gleichgültigkeit der «guten Polen» gegenüber der planmäßigen Vernichtung der polnischen Juden durch die Deutschen und ihre Handlanger angeprangert. Und mit der Jedwabne-Debatte wurde dann auch die konkrete Mitschuld an einem Pogrom sehr sorgfältig analysiert, monatelang diskutiert und schließlich in einem feierlichen Schuldbekenntnis des Staatspräsidenten am Jahrestag des Pogroms anerkannt.

Dies war möglich, weil Polen mit der Wende 1989 tatsächlich auch so etwas wie einen «Wechsel des polnischen Kulturcodes» erlebte. Nicht mehr in der Oppression, sondern souverän und auf dem Weg zu einer «Selbsteuropäisierung», müssen sich die Polen immer weniger an die althergebrachten nationalen Mythen klammern, was nicht heißt, daß die Verlierer des Modernisierungsprozesses des letzten Jahrzehnts nicht immer wieder rückfällig werden. Verunsichert und verstört durch die rasche Änderung fast aller Lebensumstände, erliegen nicht wenige der Versuchung, gerade in der nationalen Mythologie Rückhalt zu suchen. Doch oft erweist sich die Geschichte als ein eher wackeliges Geländer.

Damit komme ich zum dritten Punkt: Eine stabile Vergangenheitskultur kann sich nur auf ein «dialogisches Erinnern» stützen.

Zuerst ist die Erinnerung etwas sehr Egoistisches; man erinnert sich an die eigenen Erlebnisse, an die eigenen Angehörigen, auch an eigene und kollektive Erfahrungen. Beim Gedenken an die Opfer des Schreckens im Zweiten Weltkrieg schwingt immer auch etwas Ausschließendes mit. Ich pflege die Erinnerung an *meine* Toten, an *meine* Leiden und prangere die Täter und ihre Helfershelfer an.

Und wieder ein Beispiel: Der antideutsche Affekt war nach 1945 sehr tief im polnischen Selbstbewußtsein verankert. Edmund Dmitrów schreibt in seinem Buch, daß, ich glaube im November 1944, nach einer öffentlichen Hinrichtung der SS-Wachmannschaften von Majdanek einer der kommunistischen Publizisten seine Reportage mit den Worten abschloß: «Wir sind heute nachmittag ein wenig Barbaren geworden.» Andererseits predigten damals auch katholische Medien öffentlich das Recht auf Haß und das Recht auf Rache.

Erst zwanzig Jahre später konnten sich polnische Bischöfe zu dem berühmten Satz «Wir vergeben und bitten um Vergebung» durchringen. Und dieser Satz löste nicht nur eine heftige Debatte in Polen aus – sehr viele Katholiken waren darüber empört –, sondern mit der Zeit auch einen deutsch-polnischen Dialog über die – im Krieg und im Frieden – gemeinsame Vergangenheit. Dieser Dialog hat mittlerweile eigene Formen entwickelt und zumindest den Polen in den ehemaligen deutschen Ostgebieten – und das ist immerhin ein Drittel des heutigen polnischen Territoriums – eine neue Identität gegeben. Im Gespräch deutscher Vertriebener und polnischer «Repatrianten» entwickelt sich oft ein Zusammengehörigkeitsgefühl, das vor einem halben Jahrhundert unvorstellbar gewesen wäre. Deutsche und Polen bauen dort gemeinsam alte Kirchen wieder auf, errichten Heimatmuseen, gründen Regionalgesellschaften. Und die polnischen Einwohner versuchen nicht selten, auch Nachforschungen über die Geschichte ihrer deutschen «Vorfahren», genauer Vorgänger, die in ihren Häusern und Städten lebten, anzustellen. Diese Erfahrung wird mittlerweile auch auf die polnisch-ukrainischen und polnisch-litauischen Beziehungen übertragen. Mehr noch: Japaner und Chinesen studierten die Erfahrungen der deutsch-polnischen Historikerkommission und jüngst auch Türken und Griechen.

Zum Schluß der vierte Punkt, mehr eine Überlegung und Schlußfolgerung als ein konkretes Modell für eine Erinnerungskultur, die noch in 50 Jahren Bestand hätte.

Die grundsätzliche Frage ist, wie man sich aus der Gefangenschaft eines nur nationalen Geschichtsbildes befreit. Aber auch, wie man sich – wie im polnischen (obwohl keineswegs nur im polnischen) Fall – von der Obsession des Historismus befreit, ohne mit der Geschichte zu brechen. Meist ist es doch so, daß das Gedenken an die Opfer der Vergangenheit letztendlich auch eine aktuelle Funktionalisierung bedeutet. Die Überhöhung der Opfer eines nationalen Befreiungskampfes soll auch den Grundstein legen für einen streitbaren Patriotismus in der Zukunft, falls die Nation wieder in Bedrängnis kommen sollte. Die Errichtung der Holocaust-Mahnmale hat einerseits – wie Peter Novick es in seinem vorzüglichen Buch dargestellt hat – eine neue «weltliche Religion» gestiftet, andererseits soll mit ihnen vor der Wiederkehr ähnlicher Grausamkeit gewarnt werden.

Wären wir tatsächlich am «Ende der Geschichte» angelangt, wie es Francis Fukuyama nach 1989 sehen wollte, hätten wir wie die alten Ägypter nur Pyramiden bauen müssen, um die Erinnerung, in Granit gehauen, vor dem Vergessen zu schützen. Wir sind aber weiterhin mitten in der Geschichte, und die ist immer ein Wettlauf des Sich-Erinnerns und des Vergessens. Und beides ist notwendig, was man gerade hier und aus dem gegebenen Anlaß vielleicht gar nicht sagen darf.

Wir alle in Europa sind mehr oder weniger Geschichtsneurotiker. Und für Neurosen gibt es keine einheitlichen, vorgeschriebenen Therapien. Es gibt Zwangsneurosen, bei denen nur das Kappen der Erinnerung Linderung verschaffen kann, und es gibt solche, bei denen es nicht nur denkbar, sondern auch erforderlich ist, die Erinnerung geradezu zu erzwingen, um einen aus seinen Wahnvorstellungen und Alpträumen zurück in die Realität zu führen.

Wenn ein Wechsel des Kulturcodes, d. h. auch des Geschichtsbewußtseins, tatsächlich möglich ist, dann liegt dem immer ein Lernprozeß, ein Lernen aus der Geschichte, zugrunde, und dafür muß es unter anderem solche Gedenkstätten wie diese hier in Buchenwald oder die in Auschwitz und verschiedene Mahnmale geben. Nur stellt sich dabei immer die Frage: Ist es ein Selbstzweck, die Erinnerung ständig wachzurütteln, oder ist sie einem höheren Ziel untergeordnet, etwa dem, auch in 50 Jahren eine Gesinnung des humanen Miteinanders untermauern zu helfen, und das in einer Welt, die immer wieder für Krisen, Haß und Grausamkeit anfällig sein wird.

Israel

James E. Young

Wie jeder Staat erinnert auch Israel die Vergangenheit entsprechend seinen nationalen Mythen und Idealen und seinen aktuellen politischen Bedürfnissen. Und ebenso wie die Holocaust-Gedenkstätten in anderen Ländern reflektieren diejenigen in Israel sowohl die vergangenen Erfahrungen und das heutige Leben seiner Gemeinden als auch die Erinnerung, die der Staat von sich selbst hat. Manchmal ambivalent, manchmal schrill, war die offizielle Haltung gegenüber der Erinnerung an den Holocaust in Israel lange hin- und hergerissen zwischen dem gleichzeitigen Bedürfnis zu erinnern und zu vergessen, zwischen der enormen Aufgabe der frühen Gründer, einen Staat aufzubauen, und den Ursachen, die einen solchen Staat überhaupt notwendig machten, zwischen der Erinnerung der Überlebenden an ihre Verfolgung und der Erinnerung der Kämpfer an ihren Widerstand. Auf der einen Seite betrachteten frühe Staatsvertreter wie David Ben Gurion den Holocaust als die ultimative Frucht des jüdischen Lebens im Exil; er stand damit für eine Diaspora, die es verdiente, nicht nur zerstört, sondern auch vergessen zu werden. Auf der anderen Seite nahmen die Vertreter des Staates aber auch ihre perverse Schuld dem Holocaust gegenüber wahr: Schließlich schien er die zionistische Behauptung bewiesen zu haben, daß die Juden im Exil, ohne einen Staat und ohne die Kraft, sich selbst zu verteidigen, immer genau dieser Art von Zerstörung ausgesetzt sein würden.[1] Als Ergebnis sahen die frühen Staatsführer wenig Anlaß, über seine direkte Verbindung mit dem neuen Staat hinaus an den Holocaust zu erinnern.

Ironischerweise haben die frühen Gründer aber, indem sie die *raison d'être* des Staates mit dem Holocaust verbanden, die Shoah in den Mittelpunkt der nationalen Identität gestellt: Israel sollte eine Nation werden, die dazu verurteilt ist, sich in Opposition zu genau jenem Ereignis zu definieren, das sie notwendig macht. Die Frage für den frühen Staat war: Wie können wir uns von der Diaspora abgrenzen und sie als «neue Juden» von Israel hinter uns lassen, wenn doch die Notwendigkeit für neue Juden in der Erinnerung an die Shoah gründet? Wie können wir in Israel an den Holocaust erinnern, ohne ihm zu erlauben, den Mittelpunkt unserer eigenen Identität zu bilden? Die Antwort war zum Teil eine gezwungene Unterscheidung zwischen dem Israeli und dem «Galut-» oder «Exil-Juden». Dieser Unterscheidung zufolge hat der Jude im Exil nur Schutzlosigkeit und Vernichtung gekannt, der Israeli Kampf und Selbsterhaltung. Ein solches Stereotyp verleugnet natürlich die frühe Realität Israels als ein Einwanderungsland, dessen Bevölkerung 1948 zu über 50 Prozent aus Überlebenden des Holocaust bestand.[2]

In gewisser Weise drückt sich diese Dichotomie in Israel in der allgegenwärtigen Verknüpfung von Märtyrern und Helden in der israelischen Gedenk-Ikonographie aus. In dieser Mischfigur sind die Opfer in erster Linie deshalb erinnerungswürdig, weil sie die Notwendigkeit für Kämpfer aufzeigen, derer man sich wiederum für ihren Anteil an der Gründung des Staates erinnert. Vor dem traditionellen paradigmatischen Hintergrund von Zerstörung und Erlösung betrachtet, zeichnet sich die Aussage der Erinnerung in dieser Dialektik deutlich ab: Wenn die Vernichtung der Märtyrer von denen wiedergutgemacht wurde, die gekämpft haben, wurde die Shoah mit der Gründung des Staates wiedergutgemacht. Die Märtyrer werden hier nicht vergessen, sondern werden als Helden ins Gedächtnis gerufen, als die ersten, die in Verteidigung des Staates gefallen sind.

Auf der einen Seite scheint schon allein die Existenz eines Museums in Tel Aviv, das der Diaspora gewidmet ist – *Beit Hatfutsot* –, die offizielle israelische Sichtweise vom verstreuten Judentum als einer toten und verdorrten Zivilisation zu verkörpern. Als Museumsobjekt wird das Leben in der Diaspora in der Vergangenheit angesprochen. Gleichzeitig verorten aber die Gedenkstätten und Museen in Israel die Ereignisse in einem historischen Kontinuum, das das jüdische Leben vor und nach der Vernichtung einschließt, während diejenigen in Europa, besonders jene, die sich an Orten der Vernichtung befinden, sich unerbittlich auf die Auslöschung der Juden konzentrieren und das Jahrtausend jüdischen Lebens in Europa vor dem Krieg fast völlig außer acht lassen.

In israelischen Museen in Kibbuzzim wie Lohamei Hageta'ot, Tel Yitzchak, Givat Chaim und Yad Mordechai wird das jüdische Leben vor und während des Holocaust stärker betont als das Morden selbst – und jüdisches Leben nach dem Holocaust findet sich vorwiegend in Israel. Die Museen in diesen Kibbuzzim haben sich im

Laufe der Jahre nur wenig verändert, sie spiegeln weiterhin ihre frühere Bindung an eine machtvolle zionistische Ideologie wider, die ihrer Entstehung zugrunde liegt. Als Folge davon sieht eine junge neue Generation von Israelis diese (und fast alle Kibbuzzim) häufig gerne als Museen sowohl für die konkrete historische Vergangenheit als auch für eine vergangene Form, die Gegenwart zu verstehen. Solche Kibbuz-Museen richten sich am Ende oft mehr an Touristen, die kommen, um Israel selbst als Museum für ihre eigene, inzwischen archaische und nostalgische Sehnsucht nach Israels Pioniertagen zu besichtigen.

In Yad Vashem, Israels nationaler Holocaust-Gedenkstätte, bezeichnet der Holocaust nicht so sehr das Ende des jüdischen Lebens als vielmehr das Ende einer lebendigen Existenz im Exil. Im Narrativ, das durch die Datierung des Holocaust-Gedenktages im nationalen Kalender entstanden ist, kam das Ende der Shoah nicht mit der Befreiung der Lager, sondern mit der Rückkehr der Überlebenden und ihrer Erlösung im Lande Israel. In jedem Fall ist der Holocaust in eine lange Sicht der jüdischen Geschichte eingebunden: Er mag ein Wendepunkt sein, eine Bestätigung der zionistischen Ideologie, aber er ist nichtsdestoweniger mit einem Jahrtausend jüdischen Lebens in Europa vor dem Krieg und mit der jüdischen nationalen Wiedergeburt danach verknüpft.

In jeder Gemeinde, in jedem Winkel der israelischen Landschaft wird man an die Shoah erinnert, durch eine Tafel, eine Widmung an einem Gebäude, eine Inschrift. Straßen sind nach Ghetto-Kämpfern wie Mordechai Anieliewicz benannt, Schulen nach Märtyrern wie Janusz Korczak. Eine Harfe aus Granit in einem Park in Kiryat Gat trägt den Titel «Shoah 1933–1945» und steht neben einem Stein, in den eine Liste von Opfern eingraviert ist. Deutsch-jüdische Flüchtlinge, die gekommen waren, um einen Moshav in Shavei-Zion bei Nahariya aufzubauen, haben in ihrer Synagoge ein Mahnmal für 134 ihrer früheren Nachbarn errichtet, die Deutschland nicht rechtzeitig verlassen konnten. Eine Wand-Skulptur an der Stirnseite der Großen Synagoge von Jerusalem ist gleichzeitig den sechs Millionen Märtyrern und den Kriegstoten Israels gewidmet: allen, die starben, «damit wir leben können». Der Denmark-Platz mit seiner skelettartigen Bootsplastik erinnert die Bewohner des Viertels Beit Hakerem in Jerusalem an die Rettung von Juden durch Dänen. In Haifa gemahnt der echte Rumpf eines dieser Rettungsboote auf dem früheren Gelände eines Flüchtlingszentrums daran, daß die Rettungsfahrt, die in Dänemark begonnen hatte, nicht in Schweden endete, sondern 1948 im israelischen Aufnahmelager Sha'ar Ha'aliya.

Nach dieser Einleitung möchte ich hier über die sich verändernde Form des Holocaust-Gedenkens in Israel berichten. Denn im Laufe der Zeit hat die Beschäftigung mit der Erinnerung in Israel immer das eigene sich wandelnde Verständnis einer neuen Generation von der Gegenwart reflektiert. Israels «neue Historiker» haben nämlich nicht nur damit begonnen, Israels politische Gründungsmythen und Selbst-Idealisierungen zu überprüfen, sondern auch die Rolle, die der Holocaust in den nationalen Mythen des Landes gespielt hat. Das Ergebnis ist eine manchmal strenge und sehr selbstkritische Neubewertung der israelischen Beziehungen zu den Palästinensern und zur eigenen Vergangenheit. Ich möchte daher nicht nur die sich verändernden Prämissen der nationalen israelischen Einrichtungen, die an den Holocaust erinnern, darlegen, sondern darüber hinaus auch einige der Fragen diskutieren, die die «neuen Historiker» bezüglich der Erinnerung an den Holocaust in Israel aufgeworfen haben, und anschließend auf eine denkbare Zukunft der Erinnerung in Israel blicken.

Yad Vashem

Von allen Gedenkstätten in Israel weist nur die *Yad Vashem Martyrs' and Heroes' Remembrance Authority* die explizite Signatur des Staates auf. Entstanden in den Wirren um Entstehung und Aufbau des Staates, wurde Yad Vashem von Beginn an als integraler Teil der israelischen staatlichen Infrastruktur betrachtet. Als einer der Eckpfeiler des Staates teilt Yad Vashem die Ideale und die Selbstdefinition des Staates und stützt sie gleichzeitig. In seiner eklektischen Zusammensetzung aus Denkmälern im Freien, Ausstellungsräumen und umfangreichen Archiven fungiert Yad Vashem als nationales Heiligtum sowohl für den Stolz Israels auf sein Heldentum als auch für die Scham über die Verfolgung. Yad Vashem hat seinen Fundus an Bildern, Skulpturen und Ausstellungen kontinuierlich ausgebaut, als ob es mit dem Wachstum des Staates selbst mithalten wollte: Ebenso wie der Staat und seine offizielle Erinnerung an den Holocaust sich entwickeln, wird sich auch die Gestalt der Erinnerung in Yad Vashem entwickeln.

Wenn man Shmuel Spector folgt, liegt die Entstehung einer Gedenkeinrichtung für den Holocaust im damaligen Palästina genau in der Zeit, in der die ersten Berichte über die offenkundig werdende Katastrophe den Yishuv erreichten.[3] Auf einer Vorstandssitzung des *Jewish National Fund* im September 1942 schlug Mordechai Shenhavi aus dem Kibbuz Mishmar Ha'emek vor, sowohl dessen zu gedenken, was er die «Shoah der Diaspora» nannte, als auch der Beteiligung jüdischer Kämpfer in den alliierten Armeen. Shenhavi schlug vor, den Ort «Yad Vashem» (wörtlich: «ein Denkmal und ein Name»; im übertragenen Sinne: «ein Denkmal und eine Gedenkstätte») zu nennen, nach einem Zitat aus Jesaja (56,5), in dem Gott erklärt, wie er jener gedenken will, die an seinem Bund festhalten: «Denen will ich in meinem Haus und in meinen Mauern ein Denkmal und einen Namen geben, das ist besser als Söhne und Töchter. Einen ewigen Namen will ich ihnen geben, der nicht vergehen soll.»

Da der Yishuv aber selbst von den Nazis bedroht war, ruhte der Vorschlag bis in die allerletzten Kriegstage im Mai 1945, als das Ausmaß der Zerstörung sichtbar wurde. Shenhavi reichte seinen Vorschlag von neuem ein und nannte ihn nun «Yad Vashem Stiftung in Erinnerung an Europas verlorene Juden: Skizze eines Planes für das Gedenken an die Diaspora». Er hatte sich von Anfang an einen mehrdimensionalen Ort vorgestellt, mit dem der Yishuv sowohl an den Holocaust als auch an das frühere jüdische Leben im Exil erinnern würde, jedes in der Gestalt des jeweils anderen. Einen Monat später empfahl der *Jewish National Council* die Errichtung einer solchen Institution in Jerusalem. Sie sollte folgendes umfassen: eine ewige Flamme für die Opfer; eine Liste ihrer Namen; eine Gedenkstätte für die untergegangenen jüdischen Gemeinden; ein Denkmal für die Kämpfer in den Ghettos; einen Gedenkturm, mit dem die jüdischen Soldaten in den alliierten Armeen geehrt werden sollten; eine Dauerausstellung über die Konzentrations- und Vernichtungslager sowie eine Ehrung für Nichtjuden, die Juden gerettet hatten. Zwei Jahre später, am 1. Juni 1947, berief Yad Vashem seine erste Plenarsitzung ein und stellte öffentlich einen Plan mit dem Titel «Yad Vashem für die Diaspora» vor.

Wieder einmal wurde die Ausführung der Gedenkstätte jedoch

durch Ereignisse unterbrochen, die sogar noch unmittelbarer waren als jene, an die erinnert werden sollte – in diesem Fall der Unabhängigkeitskrieg von 1948. Erst 1950 nahm Shenhavi seine Lobbyarbeit im Namen einer nationalen *Memorial Authority* wieder auf und erlangte allgemeine Aufmerksamkeit, indem er ein gewagtes und verblüffendes Gesetz zur Sprache brachte. Shenhavi hoffte nicht nur darauf, alle Opfer der Shoah zu registrieren, womit die traditionelle jüdische Aufgabe erfüllt gewesen wäre, der Toten zu gedenken, indem man sie benennt; sondern jetzt, wo die Juden ihren eigenen Staat hatten, schlug er vor, allen Märtyrern auch noch posthum die Ehrenstaatsbürgerschaft zu verleihen. Die nächsten zwei Jahre lag das Gedenkprojekt auf Eis, während die besten Rechtsexperten Israels mit dem Konzept einer Gedenk-Staatsbürgerschaft rangen. Da sie nicht in der Lage war, eine Entscheidung in die eine oder andere Richtung zu fällen, beschloß die Regierung, dennoch zu handeln und die Frage der Staatsbürgerschaft zu vertagen, bis die *Memorial Authority* selbst gegründet war.

Am 18. Mai 1953 verabschiedete die Knesset, angespornt durch die bevorstehende Enthüllung eines «Denkmals für den unbekannten jüdischen Märtyrer in Paris», einstimmig das offiziell so genannte «Gesetz zur Erinnerung an die Shoah und das Heldentum – Yad Vashem» *(Hok hazikkaron hashoah vehagvurah – yad vashem)*. Die ganze Versammlung erhob sich anschließend zu einer Gedenkminute für die Opfer. Am 19. August, drei Monate später und einen Tag nach der Enthüllung des Pariser Denkmals, passierte das Gesetz seine letzte Lesung und wurde zum ersten Gedenkgesetz des Landes.

Die nationale Bedeutung von Yad Vashem wurde von Nachum Goldman, dem früheren Präsidenten des Jüdischen Weltkongresses, verdeutlicht: «Daß der Staat entstanden ist, geschah nicht nur aufgrund des Blutes, das jene vergossen, die in den Gefechten um seine Existenz gefallen sind, sondern, indirekt, auch durch die Millionen, die im Holocaust ermordet wurden.»[4] Seiner Ansicht nach vermischt sich das Blut, das für Israels Unabhängigkeit vergossen wurde, mit dem, das in Europas Konzentrationslagern floß. Wenn der Staat aufgrund des an beiden Orten vergossenen Blutes entstanden ist, wäre es nicht verwunderlich, daß den ermordeten Juden posthum die israelische Staatsbürgerschaft verliehen werden sollte. Denn in diesem Szenario haben auch sie ihr Leben für Israel gegeben. Wenn die Märtyrer des Holocaust mit denen vereinigt werden, die für den Staat kämpften und starben, könnte man umgekehrt behaupten, daß der Unabhängigkeitskrieg selbst nicht 1947, sondern schon 1939 begonnen habe.

Anders als Gedenkorte, die ihre nationalen Ursprünge und Interessen aus dem Blickfeld räumen wollen, hatte Yad Vashem seine Mission als Bewahrer und gleichzeitig Erschaffer einer nationalen Erinnerung in seinem Gesetz übertragen bekommen. Die Funktion der Erinnerung ist hier genau die selbe, die sie für die jüdische Nation immer gewesen war: Sie sollte nicht nur die «nationalen Lektionen» des Holocaust vermitteln, sondern auch gegenwärtige und vergangene Generationen verbinden, den Blick auf die Welt vereinheitlichen und indirekt eine gemeinsame nationale Erfahrung schaffen. Dies sind natürlich die impliziten Aufgaben eines jeden nationalen Denkmals, die nur durch Israels Gesetzgebung zu solch einer Erinnerung sichtbar gemacht werden.

Gleichzeitig war Yad Vashem von den Staatsgründern aber auch als expliziter Rückzug aus dem religiösen Kontinuum und seinen Inhalten konzipiert worden – noch eine Art von Gegen-Denkmal. Dies sollte der Beginn einer neuen, einer Staatsreligion sein, deren Geburt mit der Erschaffung des Staates selbst zusammenfallen sollte, zu dessen neuer Infrastruktur Yad Vashem gehörte. Zu diesem Zweck sollte ein neuer historischer Ort geschaffen werden, an dem man der Ereignisse des Holocaust und der Staatsgründung ganz wörtlich Seite an Seite gedenken würde. Der Grundstein für Yad Vashem wurde daher am 29. Juli 1954 in die Hügel westlich des nationalen Armeefriedhofs auf dem Har Herzl gelegt, in einer Zeremonie, die diese gesamte Gegend in den *Har Hazikkaron* («Gedenkberg») verwandelte.[5] Yad Vashem könnte somit als eine topographische Erweiterung des nationalen Friedhofs betrachtet werden, auf dem Theodor Herzl, der ideologische Gründer Israels, neben Israels gefallenen Soldaten liegt, zu denen wiederum Hannah Senesh gehört, Israels gequälte ideale Holocaust-Heldin.[6]

Von Beginn an hat Yad Vashem fast jedes Jahr die Enthüllung einer neuen Gedenkskulptur oder eines Gedenkgartens auf dem Gelände gesehen. Darunter finden sich auch Reproduktionen der Denkmäler aus dem Warschauer Ghetto und aus Dachau. Ein Denkmal sowie eine Plaza zur Erinnerung an die jüdischen Soldaten in den alliierten Streitkräften wurden 1985 hinzugefügt, eine Gedenkstätte für Kinder 1988. 1991 wurde eine Skulptur für vier gefolterte Frauen eingeweiht, Heldinnen des Sonderkommando-Aufstandes in Auschwitz. Ein gigantisches Projekt, das «Tal der zerstörten Gemeinden», war 1992 vollendet. In all diesen Fällen beschäftigte sich Yad Vashem aber nur mit der Vernichtung der Juden während des Krieges – nicht mit anderen Gruppen, die massenhaft von den Nazis ermordet worden waren. Dennoch umfaßt die Konstruktion der Erinnerung in Yad Vashem die gesamte Geschichte des Staates selbst und verläuft damit parallel zur Selbstkonstruktion des Staates. Aus diesem Grund ist es klar, daß der Bau von Gedenkstätten und neuen Orten nie offiziell beendet sein wird, daß mit dem Wachsen des Staates auch seine Unterfütterung aus Erinnerung wachsen wird.

Seit der Staat begonnen hat, die Tatsache seiner pluralistischen und multi-ethnischen Gesellschaft anzuerkennen, und seit er registriert, was er selbst der Globalisierung schuldet, hat sich seine Auffassung vom Holocaust dahingehend geändert, daß jetzt auch andere als die jüdischen Opfer der Nationalsozialisten einbezogen werden. Mit dem Auftrag einer neuen Generation im Sinn hat Yad Vashem seine historische Ausstellung vollständig umgestaltet, damit sie die Gründe einer neuen Generation reflektiert, warum eine solche Geschichte überhaupt erinnert wird. Die bedeutendste der vielen Veränderungen, die in Yad Vashems neuem historischem Museum im Gange sind, wird deshalb ein Narrativ sein, das nicht nur die jüdischen Opfer des Nationalsozialismus, sondern auch Sinti und Roma, Zeugen Jehovas, politische Gefangene und Homosexuelle einschließt, ja sogar polnische Priester sowie deutsche Opfer des T-4-(Euthanasie-)Programms der Nazis, durch das massenhaft Kranke und Behinderte ermordet wurden. In einem Einwanderungsland – zu dem auch die christlichen russischen Ehepartner der jüdischen Immigranten aus der früheren Sowjetunion sowie äthiopische Juden gehören – und in einer Zeit, in der junge Menschen zunehmend auf andere Gruppen heutiger Opfer in der Welt um sie herum aufmerksam werden, sieht auch Yad Vashem nun die Notwendigkeit, die Geschichte anderer als der jüdischen Opfer zu erzählen. Angesichts seines neuen Selbstverständnisses als plurale Einwanderungsnation haben Israels nationale Institutionen begonnen, die traditionelle zionistische Negation der Diaspora zu negieren.

Yom Hashoah

So wie die Plazierung eines Denkmals in der Matrix einer Stadt diesem eine bestimmte Bedeutung verleiht, verleiht die Plazierung eines Gedenktages im religiösen und nationalen Kalender auch dem Gedenken einen bestimmten Inhalt. Gedenktage geben, wenn sie mit historischen Ereignissen verknüpft sind, den jeweiligen Ereignissen eine spezielle Bedeutung, je nachdem, wo diese Tage im jüdischen Kalender angesiedelt sind. Das selbe Ereignis kann mehrere verschiedene Arten von Bedeutung haben, abhängig von der Jahreszeit, in der es geschah, und der Jahreszeit, in der seiner gedacht wird. Beide stimmen nicht immer überein. Umgekehrt erhalten völlig unterschiedliche Ereignisse eine einzige Bedeutung, wenn ihrer am selben Tag gedacht wird.

Obgleich er kein staatlicher Fastentag ist, verdankt der *Yom Hashoah Vehagvurah* (wörtlich: «Tag des Holocaust und des Heldentums») doch seine Existenz der jüdischen Tradition, auch wenn er in dialektischer Opposition zu ihr vorgeschlagen wurde. In dieser Funktion schreibt der Yom Hashoah die Erinnerung an Ereignisse in den jüdischen Kalender ein, während er gleichzeitig diese Erinnerung endgültig nationalisiert und säkularisiert.

Israels erster und fröhlichster staatlicher Feiertag, der 1949 ausgerufen wurde, markiert den 5. Iyar als *Yom Hatzma'ut*, die Wiederkehr jenes Tages im Jahre 5708 (14. Mai 1948), an dem die Unabhängigkeit erklärt und der Staat gegründet worden war. Ein Jahr später widmete die Regierung den Tag vor dem Unabhängigkeitstag dem Gedenken an jene, die im Krieg von 1948 gefallen waren. Die Wahl dieses Tages zum *Yom Hazikkaron* störte ursprünglich viele der trauernden Familien, die der Meinung waren, daß ein solch ernster Tag von den davon nicht beeindruckten Feiern des darauffolgenden Tages verletzt würde. Aber die Regierung blieb standhaft, und ihre Gründe für die Verbindung der Kriegstoten des Landes mit der nationalen Unabhängigkeit waren klar. Auf der Ebene der reinen Staats-Ideologie konnte es kein besseres Vorbild geben, als für den Staat zu sterben: Als einziger Grund zu leben, war der Staat nun der einzige Grund zu sterben. Indem sie das Sterben seiner Soldaten auf diese Weise mit der Geburt des Staates zusammenspannte, nationalisierte die Regierung im Grunde das älteste aller jüdischen Paradigmen: Zerstörung und Erlösung. Ein Trauertag, der zu Sonnenuntergang in einen Unabhängigkeitstag überging, sollte sichtbar machen, daß das Sterben dieser Männer mit der Geburt des Staates gesühnt wurde: Die Trauer sollte ganz konkret mit der Feier der Unabhängigkeit abgemildert werden.[7]

Das Ziel war jedoch nie nur, eine neue Weltsicht für den «neuen Juden» zu finden, sondern vielmehr auszuwählen, welche Regierungsmeinungen weitergeführt und welche aufgegeben würden. Für Ben Gurions Staatsvertreter lag der am wenigstens erträgliche Aspekt des alten Kalenders darin, wie seine Fastentage vergangene Katastrophen erklärt hatten. Nach der Tradition waren die vier niederen Fastentage mit verschiedenen Ereignissen aus der Belagerung und dem Fall des alten Jerusalem verknüpft gewesen, jeder von ihnen markierte den tatsächlichen Jahrestag einer Katastrophe während der Zerstörung des Tempels 586 v. Chr. Als Folge davon wurde nicht nur überliefert, daß Katastrophen, die überhaupt nichts miteinander zu tun hatten, genau am selben Tag stattgefunden haben sollten, Jahrhunderte voneinander entfernt (zum Beispiel die Zerstörung des Ersten und des Zweiten Tempels), sondern man gab auch allen Katastrophen dieselbe Bedeutung – *Mipnei Hataeinu* («wegen unserer Sünden»). Nach dem Rambam ist es das Ziel der vier Fastentage, «die Herzen zu rühren, Wege zur Reue zu öffnen und uns an unsere eigenen bösen Taten zu erinnern, und an die Taten unserer Väter, die wie unsere waren, und als deren Folge diese tragischen Leiden über sie kamen und über uns.»[8]

Für die Gründer des modernen Israel war eine solche Bedeutung, wie sie der traditionelle Kalender der Shoah zuwies, unerträglich und inakzeptabel. Der erste Schritt hin zu einem nationalen Holocaust-Gedenktag bestand deshalb darin, daß man von den traditionellen Daten des Gedenkens abging, die frühere Katastrophen bezeichnen. Schließlich hat das Komitee, indem es den Tag auf den 27. Nisan legte (fünf Tage nach dem Ende des *Hol Hamo'ed*, sieben Tage vor dem *Yom Hazikkaron*), die gesamte Geschichte der nationalen Wiedergeburt Israels sehr dramatisch inszeniert. Es schöpfte aus einer machtvollen Kombination von religiösen und nationalen Mythologien. Der Tag wurde ermittelt, indem man die Mitte des sechswöchigen Ghetto-Aufstandes sowie der siebenwöchigen *Sfirah* nahm, und behielt damit gleichermaßen eine Verbindung zum Heldentum wie zur Trauer. Da er nur fünf Tage nach dem Ende von Pessach kommt, verlängerte der *Yom Hashoah Umered Hageta'ot* das Fest der Freiheit und verband es mit dem nationalen Unabhängigkeitstag. Die Periode beginnend mit Pessach (das auch der Tag des Warschauer Ghetto-Aufstandes ist) über den *Yom Hashoah* bis hin zum *Yom Hatzma'ut* läßt sich so interpretieren, daß sie mit Gottes Überlieferung an die Juden anfängt und mit der eigenen Überlieferung der Juden nach Israel endet. In dieser Teleologie werden biblisches und modernes Rückkehren in das Lande Israel angesprochen; Gottes Befreiung der Juden aus der Wüste des Exils wird verdoppelt durch die versuchte Befreiung der Juden in Warschau; die Helden und Märtyrer der Shoah werden Seite an Seite mit den Kämpfern erinnert (und ihnen implizit gleichgestellt), die in Israels modernem Befreiungskrieg fielen; und alles zusammen führt unaufhaltsam zur Geburt des Staates.[9]

Eine neue Generation erkennt diese Tendenz in den Gedenktagen, die Erinnerung und die Antworten darauf zu vereinigen, und beginnt, sich dagegen zu verwahren. Sie versucht jetzt zu unterscheiden zwischen der Schönheit eines Tages, der die Menschen in gemeinsamen Momenten der Erinnerung vereint, und der Gefahr eines Tages, der dieser Erinnerung eine einzige Bedeutung zumißt. So wird durch die verschiedenen Formen, wie der *Yom Hashoah* heutzutage begangen wird, allmählich zu einer Vielzahl von Erinnerungen ermutigt und verhindert, daß der Tag die Erinnerung einer gleichförmigen Bedeutung unterwirft. Wie Natan Sznaider bereits aufgezeigt hat, erhält der Tag heute so viele Bedeutungen, wie es Menschen gibt, die ihn begehen. Dieses läßt sich, wie ich glaube, gut in den vielfältigen Gesichtern der Erinnerung ablesen, wenn der zweiminütige Sirenenton in Jerusalem ertönt.

Neue Historiker

Nun zur gegenwärtigen Situation: Zeitgleich mit der Konferenz in Buchenwald war in Israel eine stürmische Debatte im Gange zwischen jenen, die fordern, daß Israels Vergangenheit unangetastet bleiben müsse als einigende Erfahrung, in der Israels Existenzrecht begründet liegt, und jenen, die glauben, daß Israel nun stark genug sei für eine Neubewertung seiner geheiligten nationalen Mythen, um so zu einem umfassenderen und ausgewogeneren Verständnis des israelisch-palästinensischen Konfliktes zu kommen. Während zwei der «neuen Historiker» – Benny Morris und Zev Sternhel –

sich vorwiegend auf eine Neuwertung der Kriege Israels und den Palästina-Konflikt insgesamt konzentriert haben, untersuchten zwei andere «neue Historiker» – Moshe Zuckermann und Idith Zertal – auch das traditionelle Gedenken an den Holocaust genauer, das Israels Verständnis seiner Kriege sowie des Palästina-Konfliktes geprägt hat.

Anstatt die «neuen Historiker» hier zu paraphrasieren, möchte ich die Worte eines angesehenen israelischen Wissenschaftshistorikers und früheren Direktors des Van Leer Instituts in Jerusalem, Yehuda Elkana, zitieren. Die Sätze stammen aus einem Aufsatz, den er für die Zeitung *Ha'aretz* schrieb und der am 2. Mai 1988 erschienen ist – und von dem ich glaube, daß er exakt den Rahmen der derzeitigen Debatte definiert. Elkana fordert in seinem Aufsatz, den er «Ein Lob der Vergeßlichkeit» überschrieb, die Führer der Nation dazu auf, die Erinnerung an den Holocaust fahrenzulassen und «sich zugunsten des Lebens auszurichten, sich dem Aufbau der Zukunft zu verschreiben und aufzuhören, sich morgens und abends mit den Symbolen, Zeremonien und Lehren des Holocaust zu beschäftigen». Zu der Zeit, als er diesen Beitrag schrieb, war das Land in die erste Intifada verstrickt und wartete auf das Urteil im Prozeß gegen John Demjanuk, der Ivan der Schreckliche von Treblinka sein sollte. Es war denn auch genau diese nationale Gegenüberstellung der Erinnerung an den Holocaust mit dem aktuellen palästinensischen Aufstand, die Elkana zum Schreiben bewog. Denn obgleich Elkana selbst ein Überlebender von Auschwitz war, war er zu dem Schluß gekommen, daß das Gedenken an den Holocaust nicht länger der Trauer um vergangene jüdische Opfer diente oder auch nur der Erinnerung daran, wie und warum der Staat selbst entstanden war. Er fühlte, daß sich die Erinnerung an den Holocaust inzwischen in eine Rechtfertigung für die extreme Gewalt gegen jegliche Feinde Israels, ob reale oder imaginäre, verwandelt hatte:

«In letzter Zeit bin ich mehr denn je davon überzeugt, daß es nicht eine persönliche Frustration ist, die als politisches gesellschaftliches Motiv die israelische Gesellschaft in ihrem Verhältnis zu den Palästinensern antreibt, sondern eine tiefe existenzielle Angst. Sie wird durch eine bestimmte Interpretation der Lehren aus dem Holocaust genährt sowie durch die Bereitschaft zu glauben, daß die gesamte Welt gegen uns ist und wir das ewige Opfer sind. Dieser uralte Glaube, der von so vielen geteilt wird, stellt in meinen Augen Hitlers tragischen und paradoxen Sieg dar.»

Elkana fuhr fort, die obsessive Erinnerung an vergangenes Leiden sogar als eine Bedrohung für die Demokratie in Israel zu beschreiben. Er folgert: «Vielleicht sollte sich die übrige Welt an den Holocaust erinnern, obwohl ich nicht einmal davon überzeugt bin. Auf jeden Fall ist es nicht unsere Sache, uns darüber Sorgen zu machen. Alle Völker, die Deutschen eingeschlossen, werden über ihre eigenen Formen der Erinnerung entscheiden. Wir hingegen müssen vergessen.»

Mit diesen Worten war der Startschuß abgefeuert, und das, was viele in der Nachkriegsgeneration geglaubt hatten, hatte nun seine Stimme gefunden. Die «neuen Historiker» waren tatsächlich ziemlich erfolgreich darin, die israelischen Schulbücher umzuschreiben und damit gleichzeitig Israels eigene Wahrnehmung seiner Feinde, der gegenwärtigen wie der vergangenen, zu verändern.

Besonders eines der kürzlich erschienenen Bücher, *From Catastrophe to Power* von Idith Zertal, geht zurück und analysiert Schritt für Schritt das, was sie Israels «Mobilisierung der Erinnerung an den Holocaust» nennt – beginnend mit der Entstehung des Staates.[10] Wenn auch die Grenze zwischen der absichtlichen Instrumentalisierung der Shoah und der mehr reflektorischen, ja sogar automatischen Assimilation dieser Erinnerung in den gegenwärtigen Moment vielleicht nicht so stark und klar ist, wie Zertal meint, so legt sie doch diese unheilige Mischung aus Instrumentalisierung und reflexartigem Gebrauch des Holocaust-Gedenkens in Israels spannungsgeladener politischer Kultur offen. In ihren schärfsten Passagen schreibt sie den Gründern Israels eine absichtliche Boshaftigkeit zu und vernachlässigt, daß der Ablauf der damaligen Ereignisse von vielen verschiedenen Faktoren abhängig war. Wußte zum Beispiel Ben Gurion, daß seine Worte von der Wiedergutmachung des Holocaust im Staate Israel später in weiterem Sinn ausgelegt werden würden, um die Besetzung der palästinensischen Gebiete zu rechtfertigen? Oder kann es sein, daß die Weltsicht der Politiker wirklich genauso von der teleologischen Gleichung – *me'shoah le'geulah* – bedingt war wie die Rhetorik ihres Holocaust-Gedenkens?

Wenn Ben-Gurion zwei Jahrtausende jüdischer Geschichte außerhalb Israels abtat als kaum der Erinnerung wert, geschah dies aus herzloser Gleichgültigkeit gegenüber den Opfern der Shoah oder den Überlebenden? Oder zitierte er vielleicht nur, einem Mantra gleich, die zionistische Negation des Galut? Neben anderen Erkenntnissen zeigt Zertal, wie engstirnig selbst die größten Denker des Zionismus durch ihre Ideologie geworden waren: durch die Kritik am Galut, derzufolge das Leben im Exil *per definitionem* weder lebenswert noch erinnernswert war. Vielleicht ist, wie Zertal vorschlägt, gar nicht die Erinnerung *per se* das Problem, sondern nur bestimmte Formen der Erinnerung – die in der Tat ein Problem darstellen. Jede Verwendung der Erinnerung an den Holocaust, die dazu führt, die Besetzung von Gebieten zu erklären, ist für Zertal und ihre Generation eindeutig eine Erinnerung, die Leben unterdrückt.

Manche fragen sich, ob solche Zweifel einen Staat jemals stärker machen können. Nach ungefähr 40 Jahren, mit dem Auftreten von Israels «neuen Historikern», glaube ich, daß diese nicht nur der Beweis für eine starke und zuversichtliche nationale Kultur sind, ich denke, daß sie – indem sie die glorifizierten Ursprungsmythen Israels und die darunterliegenden komplexeren Tatsachen entwirren – den Staat und seine Kultur noch viel stärker machen werden. Im Gegenteil finde ich, daß nationale Mythen, die dem Aufbau der Nation dienen, nur gefährlich werden, wenn die nachfolgenden Generationen sie ganz wörtlich nehmen – diese müssen schließlich nicht nur mit realen Ereignissen in einer realen Zeit umgehen, sondern sie müssen auch ihre eigenen nationalen, sogar mythologischen Gründe für ihr Dasein definieren und schaffen. Aus diesem Grund ist die Arbeit der neuen Historiker wie Benny Morris, Idith Zertal und andere so wichtig: Denn nur, wenn sie den Nebel der nationalen Mythen lüften und jene Ereignisse wieder ins Gedächtnis rufen, die diese Mythen verschleiert haben, machen sie den Weg frei für eine neue, langsam entstehende Begründung ihrer nationalen Existenz.

Wenn wir Israels «neue Historiker» als Vorbild nehmen, sollten wir uns vielleicht weniger in einer Phase des Post-Zionismus als in einer Zeit des «neuen Zionismus» sehen. Dieser erneuerte Zionismus wäre, wenn man so will, der fortdauernde Glaube an das Recht der Juden auf eine nationale Heimat. Er wäre aber nicht länger in den Gründungsmythen des Staates verankert, sondern vielmehr in der Überzeugung, daß nicht nur – *m'dor l'dor* – jede neue Generation ihre eigene Begründung für ihre nationale Existenz finden muß, sondern daß die Erinnerung an unsere nationalen Ursprünge erkennen muß, was sie sowohl der Geschichte als auch der Gegenwart schuldet. Auf diese Weise, glaube ich, wird Israels nationale Erinnerung erweitert werden, um nicht mehr nur die Geschichte der Juden zu umfassen, sondern auch die Geschichte jener um uns herum – wie zum Beispiel die Palästinenser –, deren Leben so unauslöschlich von der jüdischen Geschichte geformt wurde.

Aus dem Englischen von Simone Gundi

Anmerkungen

1 In einem Bulletin für Armee-Kommandeure über den *Holocaust Remembrance Day* in Israel ist die Bedeutung der Erinnerung an den Holocaust deutlich gemacht worden: «Die zionistische Lösung, nämlich den Staat Israel zu gründen, sollte eine Antwort auf das Problem der Existenz des jüdischen Volkes geben, angesichts der Tatsache, daß alle anderen Lösungen gescheitert waren. Der Holocaust hat in seiner ganzen Schrecklichkeit bewiesen, daß im 20. Jahrhundert das Überleben der Juden nicht gesichert ist, solange sie nicht Herr über ihr Schicksal sind und solange sie nicht die Kraft haben, ihr Überleben zu verteidigen.» Siehe «Informational Guidelines to the Commander», zit. in: Liebman, Charles S./Don-Yehiya, Eliezer: Civil Religion in Israel: Traditional Judaism and Political Culture in the Jewish State, Berkeley/Los Angeles, 1983, S. 184.

2 Zur weiteren Diskussion über das komplizierte Verhältnis zwischen der Erinnerung an den Holocaust und der israelischen Identität siehe Liebman/Don-Yehiya (vgl. Anm. 1) S. 100–107, 151–158; Friedländer, Saul: Die Shoah als Element in der Konstruktion israelischer Erinnerung, in: Babylon 2 (1987); Ezrahi, Sidra: Revisioning the Past: The Changing Legacy of the Holocaust in Hebrew Literature, in: Salmagundi (Herbst 1985–Winter 1986), S. 245–270.

3 Siehe Spector, Shmuel: Yad Vashem, in: Enzyklopädie des Holocaust, Bd. 3, München 1995.

4 Aus Goldman, Nachum: The Influence of the Holocaust on the Change in the Attitude of World Jewry to Zionism and the State of Israel, in: Holocaust and Rebirth: A Symposium, Jerusalem, Yad Vashem 1974, S. 103.

5 In den Worten des ehemaligen Premierministers Levi Eshkol: «Der Kampf gegen den Feind [während des Holocaust] und der Sieg, der folgte [Israels Unabhängigkeitskrieg], legten das Fundament für die Renaissance unserer nationalen Unabhängigkeit. In diesem Licht gesehen waren der jüdische Kampf gegen die Nazis und der Unabhängigkeitskrieg im Grunde eine einzige langgezogene Schlacht. Die geographische Nähe zwischen Yad Vashem und dem Herzlberg drückt daher weit mehr als nur eine rein physische Nähe aus.» In: Yad Vashem Bulletin 16 (1965), S. 62.

Eshkols Worte werden auch zitiert in der exzellenten Abhandlung zur Nähe Yad Vashems zum Herzlberg von Handelman, Don: Models and Mirrors: Towards an Anthropology of Public Events, Cambridge/New York 1990, S. 201.

6 Hannah Senesh besetzt in der israelischen Holocaust-Hagiographie den selben Platz wie Anne Frank außerhalb Israels. Sie wurde in Ungarn geboren und wanderte als Teenager kurz vor dem Krieg in den Yishuv nach Palästina ein. Hier wurde sie aus einem schwachen «galutnik» in eine starke Israelin verwandelt und kehrte daraufhin während des Krieges als Fallschirmjägerin in den Galut zurück, um gegen die Nazis zu kämpfen. Sie wurde von der Gestapo gefangen und zu Tode gefoltert und später auf dem Herzlberg als israelische Kriegsheldin wieder begraben. Sie ist in dem Sinne kein Holocaust-Opfer, aber man gedenkt ihrer, weil sie von den Nazis als Jüdin und Israelin ermordet worden ist. Zu den Details siehe: Hannah Senesh: Her Life & Diary, Einführung von Abba Eban, New York 1973.

7 Ein weiteres Beispiel: Es ist möglich, daß die Massaker von Chmielnicky am gleichen Tag begannen wie der Mord an 32 Juden in Blois aufgrund der Blutschuldlüge 477 Jahre früher, wie traditionell angenommen wird. Aber es ist wahrscheinlicher, daß, als der Jahrestag des Massakers von Blois 1171 zum Fastentag für die jüdischen Gemeinden in England, Frankreich und dem Rheinland wurde, er gleichzeitig zum Jahrestag für nachfolgende Massaker wurde, die sich in der gleichen allgemeinen Periode des Kalenders ereigneten.

8 Aus Yad, Hilchot Ta'aniyot 5:1.

9 Eine ausführlichere, anthropologische Untersuchung der Narrative des Kalenders siehe bei Handelman (vgl. Anm. 5), S. 194–200. In seiner reichhaltigen Studie erinnert Handelman uns auch daran, daß der *Yom Hashoah*, indem er sieben Tage vor dem *Yom Hazikkaron* stattfindet, die jüdische Trauerzeit von sieben Tagen *(Shiwa)* wiederaufnimmt.

10 Zertal, Idith: From Catastrophe to Power: Holocaust Survivors and the Emergence of Israel, Berkeley/London 1998.

USA

Peter Novick

In Deutschland und Österreich, in Frankreich und Polen gibt es vielfältige «Formen der Erinnerung an den Nationalsozialismus und den Zweiten Weltkrieg» – wie die Veranstalter der Konferenz «Die Zukunft der Erinnerung» sie nennen würden –, die nicht mit dem Holocaust zusammenhängen. In Israel gibt es nur wenige solcher Erinnerungsformen; und in den USA existiert davon auch nicht viel mehr. In meinen Ausführungen werde ich deshalb die Erinnerung an den Holocaust in den USA behandeln.

Bekanntermaßen gibt es in den USA zahlreiche Formen der Erinnerung an den Holocaust. In einer wachsenden Zahl von Bundesstaaten ist die Vermittlung des Holocaust in den staatlichen Schulen gesetzlich vorgeschrieben worden, und an Colleges und Universitäten werden Hunderte von Kursen über den Holocaust angeboten. Jährlich finden in der Rotunda des Kapitols Zeremonien zum Gedenken an den Holocaust statt. Dann sind da die Museen – in erster Linie das *United States Holocaust Memorial Museum* in Washington –, deren laufende Ausgaben, die ursprünglich durch private Spenden bestritten werden sollten, weitgehend von der Bundesregierung übernommen worden sind. Auch in Los Angeles und New York gibt es bedeutende Holocaust-Museen; kleinere Museen finden sich in vielen anderen Städten. Es stehen zahllose Denkmäler im öffentlichen Raum Amerikas.[1] Die Erinnerung wird durch die häufigen Darstellungen des Holocaust in den verschiedenen Massenmedien befördert: in Filmen, in Fernsehdokumentationen, in den verschiedenen Unterabteilungen der Printmedien.

Allein die Aufzählung aller Formen der Erinnerung an den Holocaust in den USA würde den gesamten mir zur Verfügung stehenden Platz beanspruchen. Aber was würde uns ein solcher Katalog mitteilen? Man sagt oft, daß die Gesamtheit aller in den USA existierenden Erinnerungsformen beweise, daß der Holocaust eine bedeutende amerikanische «kollektive Erinnerung» geworden sei. Aber können wir diesen Schluß wirklich ziehen? Ich glaube nicht, und möchte gerne erklären, weshalb ich das nicht glaube.

In den letzten Jahren haben wir begonnen, den Ausdruck «kollektive Erinnerung» so routiniert zu verwenden, daß wir oft aus dem Blick verlieren, daß es sich hierbei um eine Metapher handelt – eine organische Metapher –, die eine Analogie zieht zwischen der Erinnerung eines einzelnen und der einer Gemeinschaft. Die Metapher funktioniert am besten, wenn wir von einer organischen (traditionellen, stabilen, homogenen) Gemeinschaft sprechen, in der sich das Bewußtsein, genau wie die soziale Wirklichkeit, nur langsam verändert. Maurice Halbwachs hat in den 1920er Jahren den Gedanken eines «kollektiven Gedächtnisses» zuerst vorgebracht. Der große französische Mediävist Marc Bloch stand zwar organischen Metaphern für Gesellschaften skeptisch gegenüber, aber er glaubte damals dennoch, daß man diese Metapher sinnvoll auf solche Dinge wie einen bäuerlichen Großvater anwenden könnte, der, seinen Enkel auf dem Schoß, diesem ländliche Traditionen weitergab. Ein sehr organisches Bild. Wie passend diese Metapher für die ganz unorganischen Gesellschaften des 21. Jahrhunderts ist – die eher gespalten denn homogen sind, eher im schnellen Wandel begriffen denn stabil, in denen Kommunikation vorwiegend über elektronische Hilfsmittel stattfindet denn von Angesicht zu Angesicht –, scheint mir fragwürdig.

Ich befasse mich hier mit den Folgen der Metapher. Man geht im allgemeinen davon aus, daß die Allgegenwart von Formen der Erinnerung an ein Ereignis innerhalb einer nationalen Gemeinschaft – in diesem Fall die Erinnerung an den Holocaust in den USA – Ausdruck einer gemeinschaftlichen Entscheidung, sich zu erinnern, sei, ein Akt des gesellschaftlichen Willens. Es mag Gesellschaften geben, in denen man das Gedenken an den Holocaust so auffassen kann: Deutschland ist hierfür der naheliegendste Kandidat. Aber dies beschreibt, in meinen Augen, nicht die Situation in den USA.

Vor einiger Zeit war die deutsche Presse angefüllt mit Diskussionen über ein «bösartiges und verlogenes» Buch von Norman G. Finkelstein[2], in dem behauptet wurde, daß «selbstsüchtige und korrupte amerikanische jüdische Eliten» eine «Holocaust-Industrie» ausgeheckt hätten, die ihrer Macht und ihrem Profit dienen solle. Dieses Update der «Protokolle der Weisen von Zion» für das 21. Jahrhundert leistet keinerlei Beitrag zu unserem Verständnis der Holocaust-Erinnerung in den USA; es ist eine Subtraktion davon[3].

Obgleich Finkelstein die Natur und die Bedeutung dieser Tatsache verfälscht darstellt, bleibt es dennoch eine Tatsache, daß der

Anstoß zu allen bedeutenden Formen der Erinnerung an den Holocaust in den Vereinigten Staaten von jenen zwei Prozent aller Amerikaner gekommen ist, die jüdisch sind. Die wachsende Beschäftigung der amerikanischen Juden mit dem Holocaust seit den 1970er Jahren ist eine komplexe Geschichte, die ich hier nicht wiedergeben kann. Es war ursprünglich eine rein interne jüdische Angelegenheit. Bevor Michael Berenbaum 1978 Mitarbeiter der Präsidentenkommission zum Holocaust wurde (und später des Holocaust-Museums in Washington, das ein Ergebnis derselben war), war er Angestellter einer jüdischen Organisation, die die Aufmerksamkeit für den Holocaust fördern wollte. Als er diese Stelle annahm, schrieb er: «Ich habe das Gefühl, daß wir an einem historischen Scheideweg stehen: Wir werden das Bewußtsein für den Holocaust entweder zu einer fruchtbaren Wirklichkeit für die gegenwärtigen Juden machen, oder wir werden diese Gelegenheit versäumen, möglicherweise für immer.» Einige Jahre später stellte er fest, daß «Juden, wenn sie den Ort des Holocaust im jüdischen Bewußtsein verfestigen wollen, dessen Wichtigkeit für das amerikanische Volk insgesamt verankern müssen».

Es ist auch wahr – und wird dadurch nicht weniger wahr, daß Antisemiten es zu einem Übel machen wollen –, daß Juden im amerikanischen Kulturleben eine wichtige und einflußreiche Rolle spielen. Als sich unter den amerikanischen Juden das Interesse für die Erinnerung an den Holocaust ausbreitete, war es angesichts der wichtigen Rolle, die Juden in den amerikanischen Medien und den meinungsbildenden Eliten spielen, praktisch unvermeidlich, daß diese sich auch in der Kultur insgesamt ausbreiten würde. Das Gedenken an den Holocaust in Amerika insgesamt – das Holocaust-Bewußtsein – ist ein Nebenprodukt – teilweise ein unbeabsichtigtes Nebenprodukt – des gestiegenen Interesses der amerikanischen Juden an der Erinnerung an den Holocaust. Wenn das Holocaust-Bewußtsein nicht, wie Finkelstein es gerne möchte, das Ergebnis einer Verschwörung amerikanisch-jüdischer Eliten ist, die niedere Ziele verfolgen (und das ist es sicher nicht), so ist es auch keine spontane Reflexion eines kollektiven amerikanischen Willens, sich zu erinnern.

Was auch immer ihre Ursprünge sind, Formen der Erinnerung an den Holocaust lassen sich in der gesamten amerikanischen Gesellschaft finden. Was haben die Amerikaner aus ihnen gemacht? Wieviel Einfluß hatte der Holocaust auf ihr Bewußtsein?

Wie aussagekräftig die amerikanischen Formen der Erinnerung auch sein mögen, zunächst einmal sind da die Meinungsumfragen. Die Aufmerksamkeit für den Holocaust ist den Umfragen zufolge größer, als sie je gewesen war. In einer Umfrage zum Wissen der Amerikaner über den Zweiten Weltkrieg wußten 97 Prozent der Befragten, was der Holocaust war. Dies waren deutlich mehr als der Prozentsatz derjenigen, die Pearl Harbour identifizieren konnten oder wußten, daß die Vereinigten Staaten eine Atombombe auf Japan geworfen hatten. Der Anteil war viel höher als jener von nicht einmal der Hälfte der Bevölkerung, die wußte, daß die Sowjetunion im Krieg auf der Seite Amerikas gekämpft hatte. Aber was bedeutet dieses «Wissen, was der Holocaust war» für jenen Teil der Bevölkerung – nach neueren Umfragen mehr als ein Drittel –, der entweder nicht wußte, daß der Holocaust sich während des Zweiten Weltkrieges ereignet hatte, oder «wußte», daß er das nicht hatte.

Egal, wie ihr Wissen über den Holocaust aussehen mag, diejenigen, die an Umfragen teilnehmen, sind sich sicher, daß er wichtig ist. Vor kurzem sagte in einer Umfrage, bei der eine Liste katastrophaler Ereignisse vorgelegt wurde, eine eindeutige Mehrheit, daß der Holocaust «die schlimmste Tragödie in der Geschichte war».

Meine Kollegen, die mit Umfragen arbeiten, lieben eine Karikatur, die einen verzweifelten Meinungsforscher zeigt, der zu einem Befragten sagt: «Dies sind die schlimmsten Meinungen, die ich im Leben je gehört habe!» Zweifellos klingt hier ihre eigene unausgesprochene Verzweiflung in ähnlichen Situationen an. Aber es deutet noch auf etwas anderes hin, das für unsere Interpretation solcher Ergebnisse wichtig ist. Die meisten Leute haben ein ziemlich gutes Gespür dafür, welche Antworten auf die Fragen eines Meinungsforschers «bessere» und «schlechtere» Meinungen sind – besonders, wenn sie nach ihrer Übereinstimmung mit positiv klingenden Aussagen gefragt werden. Sind das in irgend einem vernünftigen Sinne «Meinungen» – geschweige denn feste Überzeugungen? Der naheliegendste Anlaß zur Skepsis in dieser Frage ergibt sich aus den Antworten auf einen Punkt in einer Umfrage: «Wie wichtig ist es für alle Amerikaner, über den Holocaust Bescheid zu wissen und ihn zu begreifen – ist es absolut notwendig, sehr wichtig, weniger wichtig oder unwichtig?» Die Antworten wurden getrennt aufgelistet für jene, die vorher gesagt hatten, sie wüßten «sehr viel», «einiges» oder «wenig bis nichts» über den Holocaust. Je mehr jemand über den Holocaust wußte (oder sagte, daß er wisse), desto stärker neigte er auf der Skala zu «wichtig», was nicht weiter überrascht. Aber auch fast zwei Drittel derjenigen, die sagten, daß sie wenig bis nichts über den Holocaust wüßten, hielten es entweder für absolut notwendig oder für «sehr wichtig», daß alle Amerikaner über den Holocaust Bescheid wüßten und ihn begriffen. Sie wußten vielleicht nicht viel, aber sie wußten, welches die «bessere» Antwort war.

Das Holocaust-Museum in Washington ist von Millionen von Besuchern – von denen die meisten nicht jüdisch sind – bestürmt worden. Sie «entscheiden sich mit ihren Füßen» für die Begegnung, die das Museum ermöglicht. Ein unbekannter Anteil dieses Besucherstroms ist von einem tiefen Interesse und ehrlicher Anteilnahme dorthin geführt worden. Aber für einen ebenfalls unbekannten Anteil der Besucher wurde das Museum zu etwas, «das man gesehen haben muß», wenn man Washington besichtigt, genau wie man in Paris den Louvre sehen muß.

Dennoch bleibt es in einem diffusen Sinn wahr, daß die Amerikaner für das Gedenken an den Holocaust empfänglich sind. Wir wissen nicht genau, was sie in diese Richtung bewegt hat, haben aber dazu schon einige Erklärungsversuche gehört. Einer der interessantesten kam von einem Soziologen, der das massenhafte Sehen der NBC-Serie *Holocaust* 1978 als ein «öffentliches Ritual» bezeichnete – die Serie habe das moralische Chaos und den Zusammenbruch, den die Amerikaner fürchteten, in Szene gesetzt, die Menschen versichert, daß Gut und Böse deutlich unterscheidbar blieben. Das Programm wurde im Gefolge von Vietnam und Watergate ausgestrahlt, inmitten anhaltender Rassengewalt und der Besorgnis über die Erosion traditioneller Moral; in einer Zeit, als die Zahl jener Amerikaner, die glaubten, daß ihr Land «ziemlich ernsthaft auf den falschen Weg geraten» war, stark anstieg. Der Soziologe hat über die Verbindung zwischen der Angst vor dem Chaos und der Suche nach moralischer Ordnung einerseits und dem Interesse am Holocaust andererseits nicht nur spekuliert. Auf der Basis einer sehr großen Zahl von Antworten auf einen ausführlichen Fragebogen fand er eine hohe Korrelation zwischen beidem: Egal ob jemand politisch links, gemäßigt oder konservativ war, so war diese Person wahrscheinlich stärker am Holocaust interessiert, wenn sie oder er ernsthafte Probleme in der moralischen Ordnung wahrnahm. Es war eher der Holocaust als Symbol des allzeit gegenwärtigen Bösen, denn der Holocaust als historisches Ereignis, für den sich Menschen interessierten, die sich über das moralische Gefüge Sorgen machten. Er fand heraus, daß unterschiedliche Zuschauer das, was sie sahen, unterschiedlich verstanden und unterschiedliche Lehren daraus zogen. Religiöse Konservative zum Beispiel sahen den Holocaust als Ergebnis des Zusammenbruchs der traditionellen christlichen Werte – und das diktierte ihnen die Mittel, mit denen sie seine Wiederkehr verhindern wollten. Die Linken sahen soziale Ursachen und soziale Lösungen. In gewisser Hinsicht war das Sehen der Serie *Holocaust* ein Ritual der Solidarität, das die gemeinsame Abscheu vor der «Inkarnation des Bösen» ausdrückte – eine Bekräftigung gemeinsamer Werte, wenn auch negativ ausgedrückt. In anderer Hinsicht wurde der Holocaust zu einer Leinwand, auf die die Menschen die verschiedensten Werte und Ängste projizieren konnten.

Diese Sicht der Rezeption der Fernsehserie gibt Hinweise bezüglich unseres Verständnisses darüber, welche Aufgaben das Gedenken an den Holocaust innerhalb der amerikanischen Gesellschaft weiterhin erfüllt. Die Sorge über das moralische Chaos und die soziale Auflösung sowie die Sehnsucht nach einem festeren Halt sind weiter verbreitet denn je. Der Holocaust bleibt ein Symbol für beides. Die Verantwortlichen des Holocaust-Museums in Washington haben das so beschrieben, daß der Holocaust traditionelle amerikanische Werte veranschauliche, indem er ihre Verneinung zeige. Sie drückten die Hoffnung aus, er könne ein «moralischer Kompaß» für die Nation sein.

In diesem Zusammenhang haben viele gesagt, daß die größte Bedeutung des Washingtoner Museums – und anderer Begegnungen mit dem Holocaust – darin liege, daß dieses einen Maßstab für das «reine» oder «hundertprozentige» Böse liefere, das «absolut Böse». Andere haben den Wert einer solchen Richtgröße bezweifelt und gefragt, ob dies nicht zu einer Einstufung einlade, bei der am Ende zukünftige schreckliche Ereignisse (unvermeidlich) mit «95 Prozent böse» oder «75 Prozent böse» bewertet würden oder sogar einen noch niedrigeren Wert erhielten: «böse, aber nicht *absolut* böse», nur das «*unreine* Böse». In den amerikanischen Diskussionen über humanitäre Interventionen haben die Befürworter regelmäßig behauptet, das, was stattfinde, ähnele dem Holocaust. Mit der gleichen Regelmäßigkeit haben die Gegner einer Intervention darauf bestanden, daß die zur Debatte stehende Grausamkeit dem Holocaust *überhaupt nicht* ähnele.

Wenn auch eine gewisse Verklärung des Opferstatus in der amerikanischen Kultur die Einstellungen der Juden zur Identifikation mit dem Holocaust beeinflußt zu haben scheint, so hat doch diese Verklärung weder mit Juden begonnen noch geendet. Als Ursache wie auch als Folge dieser Entwicklung haben Amerikaner verschiedenster Herkunft angefangen, sich als Opfer zu sehen – unterdrückt durch verschiedene Aspekte des modernen Lebens. Es wurde behauptet, daß dies viele Nicht-Juden zur Identifikation mit den jüdischen Opfern des Holocaust geführt habe, da die Qualen der Juden, anders als ihre eigenen, sowohl konkreter als auch weniger sinnlos waren. Das hat wahrscheinlich einiges für sich. Es könnte erklären helfen, warum das Gerät, mit dem Besucher des Holocaust-Museums in Washington Opfer-Ausweise herstellen können, bei den Zielgruppen, die die Ausstellungsmacher vor der Eröffnung eingeladen hatten, solch ein «Riesen-Hit» war.

Wenn es wahr ist – und es scheint so –, daß amerikanische Nicht-Juden sich leichter mit den Opfern des Holocaust identifizieren als mit den Opfern zahlloser anderer Katastrophen, warum ist das so? Teilweise sicher, weil man sie öfter dazu eingeladen hat: explizit mit den Opfer-Ausweisen im Holocaust-Museum in Washington, implizit durch verschiedene andere Methoden. Aber es gibt wahrscheinlich noch andere Gründe, warum es die jüdischen Opfer des Holocaust sind und nicht Opfer anderer Grausamkeiten, die die Amerikaner bewegen. «Hitlers Verbrechen», schrieb Jason Epstein, «sind besonders schmerzlich für uns, weil sie sozusagen im Nachbarhaus stattfanden [...] Die Opfer waren fast so wie wir [...] Die sowjetischen Opfer in ihrem abgelegenen Land mit ihren unaussprechlichen Namen und ihrer seltsamen Kleidung erschienen völlig fremd.» Es ist eine Binsenweisheit, daß wir nicht auf Ereignisse, sondern auf die Darstellung von Ereignissen reagieren. Nur eine Minderheit der von Hitler ermordeten europäischen Juden sah wie durchschnittliche Amerikaner der Mittelklasse aus, aber so wurden sie der allgemeinen amerikanischen Öffentlichkeit meistens präsentiert. Wir können nicht wissen, ob einer der Gründe, warum Amerikaner vom Schicksal der Juden in Europa so berührt wurden, darin liegt, daß sie sie so wahrgenommen haben, als seien sie eine/r von ihnen. Aber es erscheint glaubhaft.

Trotz des Ausmaßes, in dem der Holocaust in der amerikanischen Gesellschaft Widerhall gefunden hat, läßt sich nicht behaupten, daß der Holocaust wirklich eine amerikanische «kollektive Erinnerung» ist oder sein kann. Die häufigste Form, wie ein historisches Ereignis im kollektiven Bewußtsein einer Gruppe tief verankert werden kann – zu einer bedeutenden kollektiven Erinnerung werden kann –, ist, indem es dazu beiträgt, das Kollektiv so zu definieren, daß es die Menschen lehrt und daran erinnert, wer sie sind. Die Erinnerung der Serben an die verlorene Schlacht von Kosovo 1389 symbolisierte das stete muslimische Bemühen, sie zu dominieren. Für die Polen definierte die Erinnerung an die Teilungen des 18. Jahrhunderts ihr Land als den «Christus unter den Nationen» – gekreuzigt und wieder gekreuzigt durch ausländische Unterdrückung. Die jährliche Pilgerfahrt französischer Arbeiter zu den Mur des Fédérés, dem Ort, an dem 1871 die Kommunarden abgeschlachtet wurden, erinnerte an die ewige Feindschaft zwischen Proletariat und Bourgeoisie. Der Holocaust ist von der Erfahrung der Amerikaner einfach zu weit entfernt, um eine definierende Funktion zu erfüllen – außer in dem trivialen und sich selbst bestätigenden Sinne, daß er angeblich «die Negation amerikanischer Werte» illustriere.

Anders als in anderen Staaten ist die Erinnerung an den Holocaust in den Vereinigten Staaten «kostenlos»: Sie stellt keine politischen, moralischen oder materiellen Forderungen. Es gibt in Amerika kein Äquivalent zu unverbesserlichen Vichy-Anhängern oder Veteranengruppen der Waffen-SS; niemandem ist die Erinnerung an den Holocaust unangenehm. Auf der Mall in Washington steht kein Sklaverei-Museum. (Das ist ungefähr so, als ob die Deutschen sagen würden, daß der Holocaust gewiß eine sehr, sehr schreckliche Sache gewesen sei, daß es aber eigentlich wichtig sei, in Berlin ein Denkmal für die Versklavung der amerikanischen Schwarzen zu errichten.) Während eine ernsthafte und nachhaltige Begegnung mit der jahrhundertelangen Geschichte von Versklavung und Unterdrükkung der Schwarzen den Amerikanern schmerzhafte Kosten auferlegen würde, um die Fehler der Vergangenheit wiedergutzumachen, fordert die Betrachtung des Holocaust – die rituelle Beklagung des Holocaust – keinerlei Preis. Es ist nicht so, daß die entsetzten Reaktionen der Amerikaner auf die Darstellungen des Holocaust in irgendeiner Weise unehrlich wären – ganz und gar nicht. Aber der Schrecken bleibt doch «kostenlos».

Die Erinnerung an den Holocaust ist, für die amerikanische Öffentlichkeit insgesamt, ziemlich unumstritten – was noch auf einen anderen Aspekt hinweist, weshalb sie keine wichtige amerikanische kollektive Erinnerung ist. Erinnerung kann ein Wegweiser für die Identität sein, aber sie kann für eine Gesellschaft auch dann wichtig sein, wenn sie den Rahmen für einen fortdauernden Konflikt schafft. In Frankreich blieb die Revolution nicht deshalb über Jahrhunderte eine lebendige Erinnerung, weil die Bevölkerung darüber einer Meinung war, sondern weil die wichtigen politischen Streitpunkte im Land – die zentralen Auseinandersetzungen – auf dieses Ereignis zurückzugehen schienen. In Israel bildete der Holocaust (wenn auch heute weniger als früher) sowohl eine Quelle der kollektiven Identität als auch den Rahmen, innerhalb dessen Parteienkonflikte ausgetragen wurden. In Deutschland spiegelten sich in den Haltungen zum Gedenken an den Holocaust häufig politische und ideologische (sowie Generations-)Konflikte. In Frankreich vermischte sich der Holocaust mit späteren Auseinandersetzungen um Rassismus und Fremdenfeindlichkeit. In Polen bleibt er ein Prüfstein im Kulturkonflikt zwischen den klerikal-reaktionären Kräften und den liberal-modernen.

Die sogenannte «Politisierung» der Erinnerung an den Holocaust wird oft beklagt. Aber das kollektive Gedächtnis ist, wenn es konsequent ist und seinen Namen verdient, typischerweise ein Gebiet der politischen Auseinandersetzung, auf dem konkurrierende Narrative über die zentralen Symbole der kollektiven Vergangenheit sowie das Verhältnis des Kollektivs zu dieser Vergangenheit diskutiert und verhandelt werden, mit dem Ziel, die kollektive Gegenwart neu zu definieren. Unter den amerikanischen Juden läuft eine Debatte darüber, wie zentral der Holocaust für die Frage nach ihrem Selbstverständnis und der Darstellung gegenüber anderen sein darf. Aber für die amerikanische Öffentlichkeit insgesamt ist die Erinnerung an den Holocaust so banal, so inkonsequent, so wenig überhaupt «Erinnerung», eben weil sie so wenig umstritten ist, so wenig Verbindung zu den realen Spaltungen in der amerikanischen Gesellschaft aufweist, so apolitisch ist.

Aus dem Englischen von Simone Gundi

Anmerkungen

1 In Boston liegt das New England Holocaust Memorial auf einer Touristenroute namens «Freedom Trail», zusammen mit dem Haus Paul Reveres und dem Bunker Hill Monument.

2 Finkelstein, Norman: Die Holocaust-Industrie. Wie das Leiden der Juden ausgebeutet wird, München 2001.

3 Ich darf als Anmerkung feststellen, daß Finkelsteins Verleumdungen in manchen «respektablen» deutschen Medien begeistert aufgenommen wurden – der Rezensent der FAZ schrieb, es sei, «als würde plötzlich ein Fenster geöffnet». Dieses Phänomen wiederum mag einen Beitrag zu unserem Verständnis mancher deutscher Haltungen gegenüber der Erinnerung an den Holocaust leisten.

IV. Tendenzen der Gedenkkultur Sondierungen

Gedächtnis und Restitution

Dan Diner

Die Quellen europäischer Gemeinsamkeiten sind vielfältig. Solche Mannigfaltigkeit verweist nicht zuletzt auf historisch wechselnde Lagen des europäischen Selbstverständnisses. So mochte früher die Tradition des Abendlandes als westliche Christenheit bemüht worden sein; oder das gemeinsame Erbe des Römischen Rechts; oder der Geltungsbereich des *code civil.* Heute beruft sich die Idee Europas zunehmend auf einen Wertekatalog menschenrechtlichen und antigenozidalen Einvernehmens. Solche europäische Verbundenheit fußt auf einer gemeinsamen, wenn auch unterschiedlich erfahrenen Vergangenheit: Auf der Erinnerung an die Geschehnisse des Zweiten Weltkrieges und des zunehmend in sein Zentrum einwandernden Holocaust. Dieses trotz aller erfahrenen nationalen Gegenläufigkeit doch gemeinsame Gedächtnis an den Zweiten Weltkrieg läßt zunehmend seine Bedeutung als Gründungsakt erkennen – ein Gründungsereignis sozusagen, das allmählich und in der Zeitabfolge eher anschwellend sich der Bedeutung epochaler Einschnitte europäischer Geschichte wie der Reformation oder der Französischen Revolution anverwandelt.

Die These vom Zweiten Weltkrieg als politischem Gründungsakt Europas ist so neu nun auch wieder nicht. Immerhin propagierten nach 1945 europäische Staatsmänner wie Konrad Adenauer, Robert Schuman und Alcide De Gasperi, allesamt generationell dem 19. Jahrhundert sowie den Peripherien ihrer jeweiligen Nationalstaaten entstammend sowie untereinander sich Deutsch verständigend, die Idee Europas als ein Vorhaben der Neutralisierung von historisch jeweils gegeneinander gerichteten Nationalismen. Diesem Vorhaben sollte in der Tat Erfolg beschieden werden – wenn auch weniger als Konsequenz eigenen Zutuns, denn als Resultat von außen herangetragener Zwänge. Recht eigentlich war es die neutralisierende Wirkung des Kalten Krieges, die jene vormals miteinander im Streit liegenden nationalen Gedächtnisse der Vernunft politischen Vergessens überantwortete. Die durch den Kalten Krieg eingeleitete Amnesie regulierte jedenfalls die vorgelagerten Konfliktgeschichten europäischer Gedächtnisse als Voraussetzung der politischen Einheitsbestrebungen im Westen des Kontinents.

In der Tat werden mit dem den Kalten Krieg einleitenden Epochenjahr 1947 anderthalb Jahrhunderte lang beherrschend gewesene nationale Gedächtnisse zurückgedrängt. An ihrer Statt tritt ein ideologisch aufgeladener Konflikt gesellschaftlicher Wertorientierungen auf den Plan – der Gegensatz von westlicher Freiheit und der östlichen Vorstellung buchstäblicher sozialer Gleichheit. Der weltweit ausgreifende Gegensatz der Werte *jenseits* des Nationalen und durch ihn hindurch kennzeichnet den zwischen Ost und West ausgetragenen Weltbürgerkrieg. Angesichts solchen aktuellen Dualismus der Werte verblaßt die Erinnerung an den Zweiten Weltkrieg wie seiner Vorgeschichten.

Der Kalte Krieg warf einen Mantel des Vergessens über die Erinnerung an den vorausgegangenen Weltkrieg. Solche Neutralisierung fand ihre Entsprechung in der Wirkung der allseits empfundenen atomaren Bedrohung. Die Möglichkeit einer universellen Selbstvernichtung der Menschheit trat an die Stelle des Wissens an den nur wenige Jahre zuvor und im Schatten des Krieges erfolgten ultimativen Genozid – von Auschwitz. Die durchgängig empfundene Angst vor der Selbstvernichtung der Menschheit legte sich wie ein Mehltau des Vergessens auf die ohnehin spärliche Ahnung vom Geschehenen. Zudem wurde die Neutralisierung der Erinnerung durch die dem beherrschenden Wertegegensatz durchaus angemessene und sich hegemonial durchsetzende heuristische Kategorie der *Gesellschaft* in den Geistes- und Sozialwissenschaften begünstigt. Ihr gleichsam ubiquitäres Deutungsmaß erheischte Geltung vornehmlich dort, wo – wie in der alten Bundesrepublik – durch Kalten Krieg und Teilung allein institutionell verfaßte Gemeinwesen bei aller gegenteiligen Rhetorik alles mögliche sein mochten, nur keine Nationalstaaten. Die akuten Fragen der alten Bundesrepublik waren in erster Linie solche der westlichen Integration, der Wirtschafts- und Sozialordnung sowie der im Grundgesetz verbrieften Freiheiten. Die vormalige DDR war als geradezu reines Produkt klassengeleiteter Geschichtsphilosophie ohnehin einem überbordenden Telos von Gesellschaft verpflichtet. Mit dem Ende ihrer Geltung war die Existenz des Gemeinwesens gleichsam abkömmlich geworden. Österreich wiederum – das dritte Gemeinwesen in der Nachfolge «Großdeutschlands» – nahm in der Epoche des Kalten Krieges und im Vergleich zu den beiden anderen deutschen Staaten so etwas wie eine Zwischenlage insofern ein, als es sowohl 1943 mit einer von den Alliierten gewährten Opferidentität sowie 1955 mit einer immerwährenden Neutralität ausgestattet hinsichtlich der bedrängenden Vergangenheit in eine gleichsam wohltuende Amnesie entlassen wurde. Mit solch international verbriefter Neutralität nach außen und einem korporatistisch abgestützten sozialen Ausgleich nach innen ging eine über Jahrzehnte sich bewährende behagliche Neutralisierung des Gedächtnisses einher – bis das Gemeinwesen der Österreicher mit dem Ende des Kalten Krieges sowie durch die von der Globalisierung angestoßenen ökonomischen Deregulierungen jählings von der Wiederkunft historischer Erinnerung überrascht wurde.

Der Fall Österreich mag als Exempel für jene tiefgreifenden Wandlungen herhalten, die sich seit nunmehr über zehn Jahren in Europa vollziehen. Mit dieser Wandlung einhergehend wird eine heuristische Verschiebung spürbar – eine Verschiebung von Gesellschaft zu Gedächtnis; und dies vor allem hinsichtlich jenes zunehmend Aufmerksamkeit auf sich ziehenden und als insgeheimes Gründungsereignis Europas sich offenbarenden Zweiten Weltkrieges – mit dem Holocaust als Kern.

Über die zunehmende Wirkung des Gedächtnisses an den Holocaust, jenem paradoxen Rücklauf der Erinnerung bei zunehmender zeitlicher Entfernung, ist viel spekuliert worden. Der Erklärungsversuch von der zeitverzögernden Wirkung traumatischer Ereignisse soll hier ebensowenig bedacht werden wie der Einfluß der vornehmlich in der alten Bundesrepublik erfolgten justiziellen Bewältigung nationalsozialistischer Verbrechen auf das moralische Bewußtsein. Ebensowenig soll von der jüngst aufgebrochenen Debatte um eine vorgeblich von interessierter Seite in Gang gesetzte Kultivierung der Erinnerung an den Holocaust – meist in den Vereinigten Staaten – die Rede sein. Interessieren sollen uns hingegen die europäischen Verhältnisse – dort, wo der Holocaust im Schatten des Zweiten Weltkrieges schließlich verübt worden ist und wo die Erinnerung an das Ereignis durchaus reale Folgen zeitigt.

In der Tat ist in Europa gegenwärtig die Wirkung eines vornehmlich anthropologisch zu deutenden Phänomens zu beobachten – der Nexus nämlich zwischen der Wiederherstellung von Privateigentum im vormaligen politischen Osteuropa und einer von ebenjener Restitution evozierten Erinnerung an die vorvergangenen Gegebenheiten. Der evidente Zusammenhang von Gedächtnis und Restitution dürfte eine nachhaltige Erklärung dafür anbieten, warum Zweitem Weltkrieg und Holocaust in der gemeinsamen Erinnerung der Europäer aller Wahrscheinlichkeit nach eine überaus lange Zukunft beschert sein werden.

Die Vorgänge der Vereinigung Deutschlands gaben es vor. Zur Regulierung der Einheit beider deutscher Staaten im Jahre 1990 war ein Vertrag geschlossen worden. In einem dort niedergelegten, keineswegs unerheblichen Artikel wurde die Wiederherstellung vorausgegangener, jedenfalls bis auf das Jahr 1949 zurückgehender Eigentumsverhältnisse stipuliert. Bei allem Einheitspathos gilt es nämlich nicht zu vergessen, daß die Wiederherstellung des Staates der Deutschen von einem weit umfassenderen Vorgang in die Wege geleitet worden war – dem Zusammenbruch des Kommunismus und der damit einhergehenden Rücknahme bzw. Aufhebung der in den späten 40er Jahren in den sogenannten «Volksdemokratien» eingeleiteten Sozialisierungen bzw. Nationalisierungen von Privateigentum.

«Rückgabe vor Entschädigung» heißt es jedenfalls in Artikel 41 des deutsch-deutschen Einigungsvertrages. Diese bescheiden daherkommende Formulierung hat es in sich. Ihre rechtsanthropologische Bedeutung geht dahin, daß mittels der Wiederherstellung von Privateigentum der in der Institution des Eigentums beschlossene und weit über die biologische Lebensdauer des individuellen Eigentümers hinausreichende und zudem gegen jedermann wirkende Anspruch auf eine Sache sich gleichsam transgenerationell verlängert. Damit rekonstruiert der realisierte Rechtsanspruch Gedächtnis. Umgekehrt lassen sich die unmittelbar nach dem Zweiten Weltkrieg vorgenommenen kommunistischen Nationalisierungen und Sozialisierungen von Privateigentum als Neutralisierungen von an vergangene Zeiten gebundenen Gedächtnissen interpretieren. So gesehen dienten die Sozialisierungen und Nationalisierungen im Osten nicht nur der Kollektivierung von Eigentum, sondern auch der Annulierung historisch vorgelagerter Gedächtnisse.

Die Wiederherstellung von Privateigentum im vormaligen politischen Osteuropa löst also so etwas wie einen Gedächtnisschub aus. Das Kataster dient als untrügliches Arsenal der Erinnerung. So mögen mittels restituierten Eigentums aufgebrochene Schichten der Sozialisierungen unter ihnen liegende und nur wenige Jahre zuvor erfolgte Arisierungen offenlegen. Die Archäologie der Restitution jedenfalls entspricht einer anthropologisch gehaltenen Affinität von Gedächtnis und Eigentum. Das jedermann gegenüber absolut wirkende Eigentum macht sich so auf die Suche nach seinem ursprünglichen, seinem rechtmäßigen Eigentümer. Die Folgen dieser Suche mögen jeweils unterschiedlich sein. Sie reichen von der Restitution von Adels- und Kirchengütern etwa in der Tschechischen Republik bis zur Etablierung von kollektiven Anspruchsträgern wie jüdischen Organisationen, die angesichts eines ultimativen Genozids wie dem des Holocaust sich der Restitution eines wesentlich erbenlos gewordenen Eigentums annehmen.

Die Wirkung eines anthropologischen Nexus von Gedächtnis und Eigentum ist ebenso einleuchtend wie trivial; einleuchtend wie trivial insofern, als jenseits situationsbedingter Lagen und durchaus legitimer profaner Interessen einsehbar wird, warum in den 90er Jahren in Europa die Frage der Restitution vormals sozialisierter oder nationalisierter Eigentumstitel von den ehemaligen «Volksrepubliken» ausgehend in einer umfassenden Suchbewegung auch auf westliche Staaten übergriff. Diese Suchbewegung zog auch und gerade Konsequenzen in solchen Gemeinwesen nach sich, die, wie die Schweiz, ihrer Neutralität wegen vom Weltkrieg verschont geblieben waren und demzufolge ein im europäischen Vergleich ungewöhnliches Maß an Kontinuität aufweisen. Ihre Institutionen und Einrichtungen dienen als von den europäischen Kriegen und Krisen unberührt gebliebene archivalische Bewahrer von Rechtstiteln.

Die von Entsozialisierungen im vormaligen Osten ausgehenden restitutionsbedingten Gedächtnisschübe scheinen bislang verschlossen gehaltene Pforten einer ad acta gelegten Vergangenheit aufzustoßen. Schließlich handelt es sich beim Zweiten Weltkrieg und seiner unmittelbaren Nachgeschichte um die nach den Säkularisierungen von Kirchengütern im Gefolge der Französischen Revolution wohl gewaltigsten und gewalttätigsten Eingriffe, die die europäische Eigentumsordnung hat hinnehmen müssen. Von Arisierungen und dem Holocaust vorausgegangenen Plünderungen abgesehen, überzog das nationalsozialistische Deutschland Europa mit einer Strategie des sich selbst nährenden Krieges. Und damit hatte es kein Ende. In der unmittelbaren Nachkriegszeit wurden aus dem Osten und den Sudeten vertriebene und ausgesiedelte Deutsche Opfer von Nationalisierungen und Sozialisierungen – Vorgänge, die tiefe Einkerbungen in die Eigentumsordnungen der sich nunmehr ethnisch homogen darbietenden Länder Ostmitteleuropas hinterließen. Die gewiß auf eine eher symbolische Rückkehr, vornehmlich aber eine pekuniäre Entschädigung hinauslaufende Restitution der durch die 1948 erfolgte israelische Staatsgründung schwer in Mitleidenschaft gezogenen und zur Flucht angehaltenen Araber Palästinas steht für die dringlich anstehende Bereinigung eines dem Kontext des Zweiten Weltkrieges erwachsenen Folgekonfliktes.

Die Konsequenzen aus den in Europa im Zuge von Wiederherstellung privateigentümlicher Verhältnisse zunehmend wirksam werdenden Restitutionsforderungen sind nicht absehbar; und dies nicht zuletzt auch und gerade angesichts der bevorstehenden Osterweiterung der Europäischen Union. Der Beitritt der Tschechischen Republik, Polens und Ungarns im Zeichen des Privateigentums und denkbarer rechtsanhängiger Schritte Einzelner auf Restitution vermag Prozesse anzustoßen, die vormalig getroffene staatliche Abmachungen unterlaufen. Wer würde sich anheischig machen, einen Juden oder Ukrainer in Polen davon abzuhalten, als abgegolten erachtete Forderungen einzuklagen; oder einen ethnischen Deutschen aus den Sudeten; oder einen Ungarn in der Slowakei, etc.

Mit solchen Begehren auf Restitution konfrontiert, träten die unterschiedlichen und vom Weltkrieg gezeichneten Gedächtnisse aufs neue in Verhandlungen. Vor dem Hintergrund des Wissens um den Holocaust als ultimativen Genozid und Kernereignis des Zweiten Weltkrieges ist angesichts dieses konstitutiven Ereignisses europäischer Erinnerung zu vermuten, die jeweils unterschiedlichen, oftmals gegensätzlichen und voneinander sich absetzenden nationalen Gedächtnisse werden sich untereinander abgleichen. Ein solcher Prozeß des Abgleichens untereinander wird die jeweils unterschiedlich erfahrenen Geschichten des Weltkrieges aufs neue evozieren – die Geschichten von Nationen, die mit dem Deutschen Reich verbündet waren; von solchen, die kollaborierten; von anderen, die sich hinter vorgehaltener Neutralität duckten; und wieder von anderen Nationen, die bei unterschiedlich erfahrenen Bedingungen besetzt oder erobert waren.

Die jeweils verschiedenen Erinnerungen an die Zeit des Weltkrieges werden ihren Anteil zu einem sich ausbildenden gesamteuropäischen Selbstverständnis beitragen. Daß Deutschland dabei gleichsam in Umkehrung wie in Verlängerung seiner vormaligen Rolle zum Zentrum dieser negativen gemeinsamen europäischen Erinnerung wird, ist nicht zu übersehen. Die deutschen Unternehmungen in Sachen Denkmäler, Gedenkstätten und sogenannter Erinnerungskultur nehmen trotz aller Peinlichkeit in Darstellung und Ästhetik im einzelnen geradezu paradigmatischen Charakter an. Berlin entwickelt sich zusehends zu einem deutschen wie zu einem universellem Gedächtnisort der Vergangenheit. Umgekehrt dürften sich jene Völker am Holocaust als dem europäischen Gründungsereignis insofern stoßen, die ihrerseits unter Nazideutschland unsägliches Leid erfuhren und wie die Polen ein eigenes Bewußtsein von Opferschaft entwickelten, das sich nicht zuletzt auch in Rivalität zum jüdischen etablierte. Die gegenwärtig in Polen anhaltende Debatte um das im Jahre 1941 von Polen an Juden im ostpolnischen Jedwabne verübte Massaker eröffnet nach über 60 Jahren die Perspektive einer aufrichtigeren Selbstwahrnehmung und damit eines Beitrages zu einer gemeinsamen europäischen Erinnerungskultur. So ist voraussehbar, daß Abgleichungen der Gedächtnisse folgen werden: Zwischen Deutschen und Tschechen, zwischen Ungarn und Slowaken, zwischen Polen und Ukrainern.

Die Vermutung, für Europa nehme die Zeit des Zweiten Weltkrieges mit dem Holocaust als Kern zunehmend die Bedeutung eines Gründungsereignisses an, dürfte also keineswegs weit hergeholt sein. Jedenfalls weisen allerlei Tendenzen in ebenjene Richtung. Ständig wiederholte Mutmaßungen, hier walteten profane Interessen, nähren traditionelle Ressentiments und ignorieren die währende Wirkung der im westlichen Bewußtsein durch den Holocaust angerichteten Verwüstungen. Die Wucht des Einschlages von Auschwitz mag in der Tat erst aus angemessener Distanz heraus erkennbar werden. Anstatt – wie erwartet – abzuflachen, dehnt sich die Halbwertzeit jener Erinnerung aus. Einer gestauten Zeit gleich zieht das Geschehen ihm vorgelagerte wie nachfolgende Ereignisse an sich. So ähnelt der Zweite Weltkrieg mit dem Holocaust als Kern in seiner Gedächtniswirkung durchaus der Reformation oder der Französischen Revolution. Insofern ist er in der Tat epochal.

«Gedächtniskultur» und Geschichtsschreibung

Heinz D. Kittsteiner

Als ich im letzten Monat Norman G. Finkelstein und Peter Novick gelesen habe, wurde ich an ein Buch erinnert, das ich 1990 zur Kenntnis genommen, aber offensichtlich nicht ganz richtig begriffen hatte: Ich spreche von Yosef Hayim Yerushalmis *Zachor: Erinnere Dich!*

1. Novick und Finkelstein

Bevor ich aber auf meine erneute Lektüre von *Zachor* zurückkomme, möchte ich noch sagen, daß mein Interesse an den beiden erstgenannten Büchern dadurch mitbestimmt war, daß ich mich an der Debatte um das Berliner Denkmal für die ermordeten Juden Europas beteiligt hatte. Ich war von Anfang an gegen dieses Denkmal, und ich bin es heute noch. Meiner Ansicht nach liegt hier eine ungute Verschmelzung von staatlich induzierter «Gedächtniskultur» mit einem ausufernden «Kunstbetrieb» vor, in der eine von der politischen Klasse geforderte Allegorie sich des Formarsenals der Moderne bedient. Dabei heraus kommen künstliche Erinnerungsorte, in denen nach den stereotypen Aussagen der Künstler «Bilder im Kopf» entstehen sollen, die längst kollektiv vorgegeben sind. Da der Eventbetrieb es überdies geschafft hat, daß anstatt über ein Jahrhundertverbrechen über ein Denkmal für dieses Verbrechen diskutiert wird, sind inzwischen die großen und kleinen Eitelkeiten der Künstler, Vereinsgründer und Juroren wichtiger als das Ereignis, dessen doch angeblich gedacht werden soll.[1] Insofern erging es mir wie Lorenz Jäger, der in seinem Beitrag zur inzwischen ausgebrochenen «Finkelstein-Debatte» schrieb: «Jeder, der den Kulturbetrieb kennt, hat in den letzten Jahren ähnliche Erfahrungen machen können: Die Entrechtung, Vertreibung, Versklavung und Ermordung der europäischen Juden wurde zur Grundlage einer pseudoreligiösen Rhetorik, ja für manche zu einem eigenen Erwerbszweig.»[2]

Ich muß hinzufügen, daß ich über das eigentlich Staub-Aufwirbelnde bei Finkelstein nichts sagen kann; weder zu Zahlen noch zu Zahlungen. Ebensowenig kann ich zur Parallelisierung des Holocaust mit der Geschichte des Staates Israel etwas beitragen. Ob das Holocaust-Bewußtsein in den USA vorangetrieben wurde, um dem bedrängten Staat Israel zu helfen,[3] ob es einer siegreichen Allianz von Eliten in einem strategischen Bündnis entsprach, oder ob die Externalisierung des Bösen einem amerikanisch-sektenreligiösen Grundbedürfnis zusätzlich entgegenkommt – dafür gibt es kompetentere Forscher. Hingegen sprang mir sowohl bei Finkelstein als auch bei Novick ein Argument ins Auge, über das ich als Historiker ebenfalls schon nachgedacht hatte: die Rede von der «Einzigartigkeit» der Ermordung der Juden. Ganz abgesehen davon, daß ein «einzigartiges» Ereignis im Deutschen positiv konnotiert ist,[4] fiel es mir schwer, ein nicht mit anderen Ereignissen zumindest in verschiedenen Aspekten vergleichbares Ereignis anzunehmen – es sei denn, man transzendiert die Möglichkeiten einer historischen Aussage. Bei beiden Autoren, sowohl bei Novick als auch bei Finkelstein, ist die Behauptung der «Einzigartigkeit» u. a. mit Äußerungen Elie Wiesels verbunden. Novick zitiert eine Reaktion Wiesels auf die Ausstrahlung der NBC-Serie *Holocaust*: «Der Holocaust ist das ultimative Ereignis, das ultimative Mysterium, das nie verstanden oder mitgeteilt werden kann.»[5] Finkelstein geht einen polemischen Schritt weiter: «So intoniert Wiesel, daß der Holocaust ‹in die Finsternis führt›, ‹alle Antworten verweigert›, ‹außerhalb, wenn nicht jenseits der Geschichte liegt›, ‹sich dem Wissen wie der Beschreibung widersetzt›, ‹nicht erklärt oder bildlich vorgestellt werden kann›, ‹niemals zu erfassen oder zu vermitteln› sei.»[6] Um auch das gleich hinzuzufügen: Dieselbe Sprache des nicht Mitteilbaren ist seit langem im Kunstbetrieb gängige Münze. Wenn etwa Max Imdahl von Barnett Newmans Bild «Who's Afraid of Red, Yellow and Blue» drohend-normativ die Rezeptionshaltung vorgibt: Der Betrachter sei «unmittelbar betroffen und überwältigt von einer alle Orientierungshilfen ausschließenden, aus der Fassung setzenden Erscheinung. Die Überwältigung durch das Erhabene besteht darin, daß der Sehende dem Zu-Sehenden unausweichlich ausgeliefert ist. Das Bild verweigert dem Beschauer alles, was ihm vertraut ist […]».[7]

Finkelstein sieht in der Behauptung der «Einzigartigkeit» des Holocaust unter Bezug auf Ismar Schorsch, Kanzler des Jewish Theological Seminary in New York, eine «geschmacklose säkularisierte Version der Auserwähltheit» und ist der Ansicht, daß nur in diesem Zusammenhang die Rede von der Einzigartigkeit überhaupt einen Sinn ergebe.[8] Für die Geschichtsschreibung hat dieses Argument allerdings noch einen Nebeneffekt, den Finkelstein mit seiner Kritik an Goldhagen verbindet: Genauso unbegreiflich wie die «Einzigartigkeit» ist dann auch der Antisemitismus. Mit wie auch immer zu bewertendem jüdischem Handeln habe er nichts zu tun. Unter Berufung auf den Soziologen John Murray Cuddihy führt Finkelstein aus, daß schon «jeder *Ansatz*, Antisemitismus durch einen Verweis auf den jüdischen Beitrag zu diesem Antisemitismus zu erklären», selbst zum Beispiel für Antisemitismus erklärt wird.[9]

Diese These von der «Einzigartigkeit», das in ihr implizierte Transzendieren der Geschichtswissenschaft – das war der Gesichtspunkt, unter dem ich das Buch von Yerushalmi wieder zur Hand nahm. Vor allem dessen letztes Kapitel «Das Unbehagen in der modernen Geschichtsschreibung» vermittelte mir einige Einsichten. Ich kann zunächst nichts weiter tun, als seiner Argumentation zu folgen.

2. *Über den Begriff einer «Wissenschaft des Judenthums»*

Mir war, anders als Yerushalmi, eben nicht klar, daß seine bloße Existenz als Historiker, der sich mit der jüdischen Vergangenheit auseinandersetzte, einen «radikalen Bruch mit dieser Vergangenheit bedeutete». Yerushalmi verweist darauf, daß erst mit der Haskala, der säkularen Aufklärungsbewegung fortschrittlich gesinnter deutscher Juden, der Ruf nach einer Geschichtsschreibung laut wurde. Geschichtserkenntnis, so heißt es noch 1782, helfe die Worte der Tora besser zu verstehen; wenn man z. B. die Sitten der alten Völker kenne, so werde man besser begreifen, warum der Herr nicht sie, sondern Abraham auserwählt habe. Das ist traditionell gedacht: Die Geschichtswissenschaft muß beweisen, welchen Wert sie für das Judentum hat. Erst 1822 erscheint Immanuel Wolfs Manifest *Über den Begriff einer Wissenschaft des Judenthums*; 1819 hatte Leopold Zunz einen «Verein für Cultur und Wissenschaft der Juden» gegründet, dem der noch nicht getaufte junge Heinrich Heine angehörte. Nun wird gefordert, was aufgeklärte Geschichtstheorie von allen Nationen fordert: nämlich darzustellen, was die jeweiligen Völker für die Verbesserung des menschlichen Geschlechts geleistet haben. «Jetzt muß erstmals nicht mehr die Geschichte ihren Nutzen für das Judentum beweisen, sondern das Judentum muß seinen Wert vor der Geschichte beweisen, indem es sich historisch offenbart und legitimiert.» Erwiesen werden soll die Fähigkeit, «anderen Bürgern gleich geachtet und gleich gestellt zu werden.» Anders als bei der Entwicklung der modernen europäischen Geschichtsschreibung insgesamt führen die Wurzeln dieses Geschichtsdenkens nicht bis auf die Renaissance zurück, sondern die moderne jüdische Historiographie entstand «fast über Nacht im Zuge der äußeren Assimilation».[10]

Dieser Versuch, jüdisches Leben zu rekonstruieren, beginnt in einer Zeit des zunehmenden Verfalls des jüdischen Gruppengedächtnisses. Damit fiel der Geschichte eine neue Rolle zu: «Sie wird zum Glauben ungläubiger Juden». Yerushalmi verweist dann auf erstaunliche Leistungen wie die von Heinrich Graetz, von Forschern, die unter schwierigen äußeren Umständen eine Gelehrsamkeit entfaltet hätten, «die die tendenziöse oder apologetische Motivation dieser Gelehrsamkeit vergessen lassen».[11] Natürlich sieht auch Yerushalmi, daß der Elan der Geschichtswissenschaft im 19. Jahrhundert vom «Prozeß des nationalen Erwachens» befeuert wurde und daß dieser Elan auch auf das Judentum übergegriffen hatte.[12] Demgegenüber macht er aber auf zwei Besonderheiten der «Wissenschaft vom Judenthum» aufmerksam. Zum einen: Die Juden sollten, sofern sie die Emanzipation wählten, sich nicht mehr als Volk, sondern als Religionsgemeinschaft betrachten. Zum andern: Die neue Wissenschaft vom Judentum mußte sich dem innersten Kern ihres zu erforschenden Gegenstandes entgegenstellen – der Überzeugung nämlich, «daß die göttliche Vorsehung als Faktor nicht nur das Ende, sondern kausal die Entwicklung der jüdischen Geschichte bestimmt und den damit verwandten Glauben an die Einzigartigkeit dieser Geschichte». Bewußtes Leugnen oder pragmatisches Umgehen dieser beiden Grundprinzipien des jüdisch-religiösen Selbstverständnisses mache das Wesen der modernen jüdischen Geschichtsschreibung aus, wobei Yerushalmi noch einmal eindringlich darauf hinweist, erst im 19. Jahrhundert habe sich die Vorstellung durchgesetzt, daß die jüdische Geschichte sich auf derselben Realitätsebene abspiele wie jede andere Geschichte, daß sie derselben Kausalität unterworfen sei und mit denselben Methoden analysiert werden müsse.

Hat diese säkularisierte Geschichtsschreibung den Sieg davongetragen? Durchaus nicht. Denn ebenso hartnäckig hielt sich auch das

Motiv, die jüdische Geschichte sei eben doch von der Vorsehung getragen. Zum Beleg führt Yerushalmi Karl Löwith an, der in *Weltgeschichte und Heilsgeschehen* in der Tat diese Deutungsmöglichkeit der jüdischen Geschichte offenläßt. «Nur eine ganz besondere Geschichte, die der Juden, kann als politische Geschichte auch heute noch streng religiös gedeutet werden. Innerhalb der biblischen Überlieferung waren nur die jüdischen Propheten radikale ‹Geschichtsphilosophen›, weil sie statt einer Philosophie einen unerschütterlichen Glauben an Gottes providentielle Absichten in bezug auf sein auserwähltes Volk hatten, das er für Ungehorsam bestrafte und für Gehorsam belohnte. [...] Die Christen sind kein geschichtliches Volk. Ihre Zusammengehörigkeit in der Welt gründet sich auf den Glauben allein. Die Heilsgeschichte ist nach christlicher Auffassung nicht mehr an ein besonderes Volk gebunden; sie ist international geworden, weil sie sich individualisiert hat. Im Christentum bezieht sich die Heilsgeschichte auf das Heil der Einzelseele, gleichviel welcher rassischen, sozialen oder politischen Zugehörigkeit [...] Daraus folgt, daß eine jüdische Theologie der Geschichte möglich und innerlich notwendig ist, während eine christliche Geschichtsphilosophie ein künstliches Gebilde darstellt.»[13]

Nun muß man dieser Aussage Löwiths nicht in allen Punkten folgen. Abgesehen davon, daß man andere Auffassungen von der Genese der klassischen deutschen Geschichtsphilosophie um 1800 haben kann, könnte untersucht werden, ob nicht romantische Konstrukte wie die «Volksgeister» bei Herder, Fichte und Hegel ebenfalls Nationalisierungen des Christentums waren, weil es die «Einzelseele» im Zeitalter des beginnenden Nationalismus bei gleichzeitigem Glaubensschwund bei sich selbst nicht ausgehalten hatte. Denn in der Tat: Die universalistische Perspektive der Kantischen Geschichtsphilosophie löst sich, wie Emil Lask für Fichte zustimmend bemerkt, sehr schnell in die Volksgeister und ihre Nationen als deren Objektivation auf.[14] Auch die Rolle der Vorsehung könnte in diesem Zusammenhang noch einmal neu überdacht werden, bis hin zu den teleologischen Momenten im Werk von Karl Marx. Wir hätten es dann mit rivalisierenden «Auserwähltheiten» im Plural zu tun, etwa bei Fichtes Konstruktion eines «Urvolkes»[15], oder mit einer Verlagerung der Auserwähltheit vom Terrain des Nationalismus in einen vermeintlich quer dazu stehenden Konflikt sozialer Klassen bei Karl Marx.

Allmählich nähert sich Yerushalmi seiner zentralen Frage an – der Frage «nach der Beziehung zwischen Geschichtsschreibung und Gedächtnis. Denn der Weg in die säkularisierte Geschichtswissenschaft blieb schon im Augenblick ihres Auftretens nicht unwidersprochen. Die «Neuorthodoxie» von Samson Raphael Hirsch[16] wandte sich gegen Graetz, und Samuel David Luzatto griff die jüdischen Wissenschaftler in Deutschland an, es fehle ihnen «der Glaube, der die Tora und die Propheten als das Wort Gottes zu begreifen sucht und in der jüdischen Geschichte die einzigartige Chronik eines einzigartigen Volkes sieht».[17] Reaktionen dieser Art betrachtet Yerushalmi als «Absage an den Historismus». In der jüdischen Reaktion auf den Historismus geht es aber noch um etwas anderes: um die Spannung zwischen dem Historischen und dem Überhistorischen. Yerushalmi nennt in diesem Zusammenhang Franz Rosenzweigs 1918 an der mazedonischen Front[18] niedergeschriebenes Werk *Stern der Erlösung*. Das jüdische Volk ist als «ewiges Volk» aus der Zeit der Geschichte herausgestellt. Der Tumult der Weltgeschichte verliert für das Gottesvolk seinen Ernst, denn ihm ist die Ewigkeit jederzeit gegenwärtig.[19] Dieser Rückzug aus der Assimilation und die Vertiefung in das eigene Judentum fallen nicht umsonst mit dem Ersten Weltkrieg zusammen, in dem – je länger er dauerte – der deutsche Antisemitismus z. B. in der «Judenzählung» des Heeres immer deutlicher hervortrat.[20]

Yerushalmi resümiert: Die rationale historische Betrachtungsweise habe keineswegs auf der ganzen Linie gesiegt. Geschichtsschreibung und Gedächtnis blieben in einem Spannungsverhältnis, das noch zusätzlich belastet wird, wenn das Gruppengedächtnis zerfällt. Wer in dieser Situation von der Geschichtsschreibung verlange, sie solle dem Kollektivgedächtnis wieder aufhelfen, belaste sie mit einer Aufgabe, die sie nicht bewältigen könne: «Gedächtnis und moderne Geschichtsschreibung haben wesensgemäß ein völlig verschiedenes Verhältnis zur Vergangenheit. Historiographie ist nicht etwa ein Versuch, Gedächtnis wiederherzustellen, sondern eine wirklich neue Art des Erinnerns.» Das ist ein wichtiger Satz – der sofort ein neues Problem hinter sich herzieht. Denn wenn die Geschichtsschreibung sich auf ihre Andersartigkeit beruft, dann kann sie eine umfassende Sinnstiftung nicht bieten. «Nichts konnte bisher an die Stelle des Sinnzusammenhangs treten, den ein mächtiger Messiasglaube einst der jüdischen Vergangenheit und Zukunft verlieh – vielleicht gibt es überhaupt keinen Ersatz.»

Jetzt bewährt sich die Überschrift, die Yerushalmi dem letzten Abschnitt seines Buches gegeben hatte: *Das Unbehagen in der modernen Geschichtsschreibung.* «Viele Juden suchen heute nach einer Vergangenheit, aber diejenige, die der Historiker zu bieten hat, wollen sie ganz offensichtlich nicht. [...] Der Holocaust hat bereits mehr historische Forschungstätigkeit ausgelöst als jedes andere Ereignis der jüdischen Geschichte, doch steht für mich außer Zweifel, daß sein Bild nicht am Amboß des Historikers, sondern im Schmelztiegel des Romanciers geformt wird.»[21] Das soll ganz offensichtlich nicht heißen, daß es keine seriöse Forschung zum Holocaust gibt, sondern daß das Bild des Holocaust im gesellschaftlich-kulturellen «Gedächtnis» von anderen Kräften als der Wissenschaft geformt wird. In einem Vergleich erinnert Yerushalmi daran, daß die Juden auf die Katastrophe der Vertreibung aus Spanien mit der lurianischen Kabbala reagiert hätten – sie hätten, wie auch bei der Reaktion auf den Holocaust, den Mythos der Geschichte vorgezogen. Denn die Kabbala des Isaak Luria erklärte ihnen den Ursprung des Bösen, also auch des historisch Bösen, als einen Urmakel bei der Schöpfung des Kosmos.[22]

3. Geschichtswissenschaft, Sinnstiftung und «Gedächtniskultur»

Warum soll ein Volk nicht mit sinnstiftenden Mythen auf eine Katastrophe reagieren? Die Geschichtswissenschaft ist ja nicht die einzige Weise, sich der Vergangenheit anzunähern. Yerushalmi sieht es ganz richtig: nicht die Historiographie, sondern «Mythen und Gedächtnis wirken aufs Handeln.»[23] Doch dann ist man schnell beim Nietzsche der «Zweiten unzeitgemäßen Betrachtung» und bei der Wiedergewinnung der Handlungsfähigkeit durch das Sich-Einhüllen in «kräftige Wahnbilder».[24] Yerushalmi bemerkt es selbst zuletzt, daß er, obwohl er eigentlich nur Jorge Louis Borges zitieren wollte, in den Hafen Nietzsches eingelaufen ist. Denn seine zunächst gemachte Trennung zwischen säkularisierter Geschichtsschreibung und dem mit religiösen Relikten behafteten «kulturellen Gedächtnis» wird nun unsicher: «Ich habe betont, daß die moderne jüdische Geschichtsschreibung niemals das jüdische Gedächtnis ersetzen kann. Genauso überzeugt bin ich aber, daß diese Historiographie Gefahr läuft, in Wildwuchs auszuarten, wenn sie nicht darauf angelegt ist, im Gedächtnis haften zu bleiben.» Nun kommt er über Borges und Nietzsches «Schlaflosigkeit» des zu viel wissenden Historisten doch darauf, daß die Geschichtsschreibung in irgendeiner Weise dem «Leben» zu dienen habe.[25] Zu fragen bleibt, in welcher.

Es gibt zwei theoretisch und methodisch unvermeidliche Einbruchstellen der Mythenbildung und der Sinnstiftung in die Geschichtswissenschaft. Ärgerlicherweise gibt es sie für beide geläufigen Möglichkeiten des Umgangs mit Geschichte, obwohl sich die feindlichen Protagonisten immer vorgeworfen haben, *ihre* Version des Zugangs sei *mythenfreier* als die der anderen. Es handelt sich zum einen um die «Wertbeziehung» des neukantianischen Typus und ihre postmodernen Derivate und um Geschichtsphilosophie und Geschichtstheologie zum anderen.

a) Die «Wertbeziehung» und ihre Folgen

Nachdem der Neukantianismus einmal zwischen «nomothetischen» und «idiographischen» Wissenschaften unterschieden hatte,[26] stand der Ausformulierung von «objektiv und überindividuell» geltenden Kulturwerten nichts mehr im Wege, die dann von Max Weber wieder relativiert und in seine «verstehende Soziologie» integriert wurden.[27] Prämisse dieser Logik der Geschichtswissenschaft war die Ablehnung der Hegelschen Geschichtsmetaphysik oder, um mit Weber zu reden, des Versuches, den «Sinn des Weltgeschehens» aus seiner Durchforschung abzuleiten. Man muß diesen Sinn – das gemahnt an Nietzsche – «selbst zu schaffen imstande sein». Ob das überhaupt möglich sei, fragt Weber nicht; allerdings verweisen schicksalsschwangere Hintergrundmetaphern darauf, daß es mit dem Machen von Geschichte so einfach nicht ist.[28] Die Konsequenzen für die historischen Wissenschaften jedenfalls haben sich zu einem Standard-Zitat verdichtet: «Was Gegenstand der Untersuchung wird, und wie weit diese Untersuchung sich in die Unendlichkeit der Kausalzusammenhänge erstreckt, das bestimmen die den Forscher und seine Zeit beherrschenden Wertideen.»[29]

Folgt man diesem Ansatz, dann akzeptiert man, daß das empirische historische Material immer auf Kulturwertideen der jeweiligen Völker, Nationen oder sozialen/ethnischen Gruppen bezogen wird, daß daher Geschichtserkenntnis immer selektiv und partiell ist und daß politische Grundhaltungen immer in die Geschichtsdarstellungen mit einfließen. Dagegen ist überhaupt nichts einzuwenden, solange gewährleistet bleibt, daß sich diese Kulturwertideen in einer freien Konkurrenz aneinander abarbeiten und daß nicht eine Nation, Gruppe, Ethnie mit dem Anspruch auftritt, *ihren* Zugang zu einem allein zulässigen zu erheben. Nun hat unlängst der Althistoriker Egon Flaig darauf aufmerksam gemacht, daß mit dem «linguistic turn» im Gefolge von Gadamers Auffassung, interpretierendes Erkennen folge dem Modell der Textlektüre, eine Tendenz entstanden sei, in der Konstruktion der Vergangenheit den historischen Kontext in «Intertextualität» aufzulösen. Historikerwissen als Kontextwissen werde dann systematisch entwertet. Die Folge: «Man darf dann mit den Texten machen, was man will.»[30] Diese Tendenz werde noch unterstützt durch eine exzessive Hinwendung zu Nietzsches «Zweiter unzeitgemäßen Betrachtung»: «Die planmäßige Auflösung des Faches Geschichte in das ‹kulturelle Gedächtnis› wäre das Ende ihrer Wissenschaftlichkeit. Damit ist gemeint, daß einzelne Gruppen auf exklusive Weise sich eine hochgradig selektierte Vergangenheit konstruieren, um politische Identitätsstiftung für die Gegenwart zu betreiben. Geschichte ist dann schlicht und einfach das kulturelle Gedächtnis einer Gruppe [...], die alle anderen ausschließt: Frauengeschichte von und für Frauen, Black History von und für Schwarze. Nicht selten wird dabei einem kulturellen Holismus das Wort geredet und universalistische Ansprüche des Forschens außer Kraft gesetzt: Holistische Kulturen verstehen nur sich selbst, alles Fremdverstehen ist Mißverstehen.» Er fügt hinzu, so neu sei das nicht; nationalistische Geschichtsschreibung im 19. Jahrhundert sei schon ebenso verfahren. Tatsächlich läßt dieser Rückblick durchscheinen, um was es sich bei der Postmoderne im Gefolge von Nietzsche handelt: Um eine radikalisierte Wertbeziehung, ein «instrumentalisierbares kulturelles Gedächtnis kämpfender Gruppen».[31] Die Überlebensfähigkeit wissenschaftlicher Standards sieht Flaig nur darin gewährleistet, daß Geschichte eben nicht dem Leben dient. Darin bestehe ihre einzige Überlebenschance.[32]

Nun ist die Bewahrung wissenschaftlicher Standards aller Ehren wert. Wenn wir aber, wie oben bemerkt, die Einbruchstellen der Sinnstiftung durch Wertbeziehung für unvermeidbar halten, die Geschichtsschreibung also in gewisser Weise immer dem Leben dient, ob sie will oder nicht, dann kann es nicht darum gehen, die

Werthaltungen auszuschalten, sondern nur darum, sie kritisch einzugrenzen. Die Grenze zwischen Geschichtswissenschaft und «Gedächtniskultur» bestünde dann darin, daß die «Gedächtniskultur» sich der Wertbeziehung in politischer Absicht hingibt, während die Geschichtswissenschaft kritische Distanz bewahrt. Max Weber formulierte dies so: «Ich erbiete mich, an den Werken unserer Historiker den Nachweis zu führen, daß, wo immer der Mann der Wissenschaft mit seinem eigenen Werturteil kommt, das volle Verstehen der Tatsachen *aufhört.*» Aber auch dieses Anerbieten schließt nicht aus, sondern ein, daß Wertbeziehungen unvermeidbar sind, so daß sich Weber letztlich auf den Kampf der Werte als auf ein schicksalhaftes Ereignis bezieht.[33] Muß man sich diesem Schicksal ergeben? Wenn die Werthaltungen Ausdruck «kämpfender Gruppen» sind, dann wären, rein formal betrachtet, alle Standpunkte gleichberechtigt, von politisch links bis politisch rechts, von aufgeklärt bis antisemitisch. Ich will einen Vorschlag machen, diese Gleichberechtigung der Werthaltungen wissenschaftstheoretisch einzuschränken – ohne in die Falle der «political correctness» zu tappen. Denn die «political correctness» ist, wie der Name schon sagt, nur etwas für Politiker, nicht für Wissenschaftler. Dabei wird sich sowohl zeigen, daß der «Mann der Wissenschaft» im Weberschen Sinne seinen Beruf verfehlt, wenn er mit seinen politischen Werturteilen daherkommt, zugleich aber auch, daß man innerhalb der unvermeidlichen Wertbeziehung eine Abstufung begründen kann.

Ich wähle ein eindeutiges Beispiel. In seinem Buch *Geschichtsdenken* zitiert Ernst Nolte an zwei Stellen aus einem Brief Kurt Hillers aus dem Jahre 1948: «Einem Scharfsinnigen [...] den Scharfsinn anzukreiden [...] – das ist freilich seit längerem die große Mode in Deutschland, wo ‹der Geist als Widersacher der Seele› angeschwärzt worden ist, solange, bis ‹die Seele›, irrational, existenziell oder chthonisch, sich gegen ihn mit der Gaskammer zu verteidigen entschloß.»[34] An dieses Zitat, das sicher eine «zugespitzte Formulierung» sei, knüpft Nolte Erwägungen, ob nicht letztlich doch «der Jude» den Zweiten Weltkrieg gewonnen habe,[35] und daß die Ermordung hilfloser Menschenmassen das «vergeblichste und sinnloseste Unterfangen der Weltgeschichte» gewesen sei. Doch seinen politischen Einsatz enthüllt das Zitat erst in seiner zweiten Verwendung in der Schlußbetrachtung: «Dadurch wird das ‹Defensive› hervorgehoben, das meist aus Gründen der vordergründig-handgreiflichen Offensivität von Deportation und Vernichtung übersehen wird, aber auch der Umstand, daß nicht nur dumpfes Ressentiment gegen überragende Fähigkeiten aufstand, sondern daß zwei verschiedenartige Traditionen, Welteinstellungen, Verhaltensweisen konfrontiert waren.»[36]

Das heißt im Klartext: Nolte wiederholt die Auffassung, die nicht nur im Nationalsozialismus, sondern auch in konservativen Kreisen der Weimarer Republik, in Grunde schon seit den Tagen Treitschkes und des Berliner Anitsemitismusstreites, verbreitet war, daß der Kampf gegen die Juden bis zu einem gewissen Grad eine berechtigte Verteidigungsmaßnahme gewesen sei. Nicht ungeschickt legt er diese Auffassung Kurt Hiller in den Mund, dem Essayisten und Polemiker der alten *Weltbühne*. Das Zitat stammt aus einer «Kameradschaftlichen Note» an Erik Reger, den Herausgeber des Berliner *Tagesspiegels*, und bezieht sich auf Gedenkzeilen an Theodor Wolff, an denen Hiller moniert, daß sie sich hämisch über Wolffs Glauben an die Vernunft und an das bessere Argument äußerten. In diesem Zusammenhang steht das von Nolte herangezogene Zitat. An den Auslassungen im Zitat selbst ist nichts auszusetzen, allerdings hat Nolte den gesamten Kontext des Buches von Hiller ausgelassen. Denn sieht man es durch, dann zeigt sich in den Artikeln über Lichtenberg, über Quidde, Kerr, über das Gedenken an die im KZ ermordeten Erich Mühsam, Hans Litten und Carl von Ossietzky, an Tucholsky und Toller, die sich selbst das Leben nahmen – auf der anderen Seite die wütende Polemik gegen Heidegger, Jaspers und Ludwig Klages, auf dessen Schrift vom *Geist als Widersacher der Seele* das Zitat ja anspielt –, daß es sich nur um eines handeln kann: um bittere Ironie. Ernst Nolte aber nimmt dieses Zitat – wenn auch *etwas zugespitzt* – als bare Münze, als willkommenen Beleg des eigenen politischen Werturteils. Er mißdeutet es, ganz wie Max Weber es angedeutet hatte. In dieser Deutung gibt sich «der Jude» nun selbst als der Gegner zu erkennen, gegen den man sich verteidigen mußte.

Ich habe an anderer Stelle versucht zu entwickeln, wie es zur Konstruktion derartiger Feindbilder kommen kann. Im Grunde handelt es sich um Personalisierungen von angstauslösenden Mächten oder Strukturen, denen man als solchen nichts anhaben kann. Ist man aber der Auffassung, daß hinter diesen Mächten eine verursachende Personengruppe steht, kann man sie in den Bereich des eigenen Handelns hineinziehen.[37] Letztlich handelt es sich um die Schaffung einer mythischen Figur, übermächtig einerseits und doch verwundbar, die die angstauslösende Ohnmacht bannt, weil an ihr die eigene Handlungsfähigkeit – sozusagen in falscher kausaler Zurechnung – zurückgewonnen wird.

Übertragen auf die Gleichberechtigung von Wertbeziehungen im Weberschen Sinne könnte man dann so argumentieren: Werthaltungen sind nicht prinzipiell gleichberechtigt. Wenn eine bestimmte Werthaltung sich vom Denken in mythischen Figuren nicht abgelöst hat, ist sie einer anderen Werthaltung unterlegen, sofern diese zeigen kann, daß es sich hier um mythisches Denken handelt. Dabei verschlägt es nichts, daß diese andere Werthaltung von ihren eigenen Kulturwerten ausgeht; es handelt sich um eine Hierarchisierung im Rahmen der Methode der Wertbeziehung selbst. Die Schwierigkeit dabei ist folgende: Während sich das mythische Denken angesichts unserer Ohnmacht vor der Geschichte – um mit Marx zu sprechen – «naturwüchsig» einstellt, muß die Analyse der geistigen Struktur des Mythos immer erst geleistet werden. Ernst Cassirer hat eindringlich davor gewarnt, auf Stimmen zu hören, die zwischen Mythos und Geschichte keine klare Abgrenzung mehr erkennen wollen. Würde man ihnen folgen, wäre es um die Wissenschaftlichkeit der Historie geschehen.[38] Diese Aufforderung zur Arbeit am Mythos gilt nun für alle Geschichtserkenntnis ganz formal. Sie muß an die als politisch «korrekt» geltenden Positionen ebenso angelegt werden wie an die «inkorrekten». Zeigt es sich, daß die «political correctness» Mythen etwa in theologischen Relikten der «Gedächtniskultur» transportiert, so verfallen sie ebenso der Kritik wie die Mythenbildung von Weltverschwörungstheoretikern aller Art.

b) Geschichtsphilosophie und Geschichtstheologie

Wir haben es seit dem späten 18., im 19. und frühen 20. Jahrhundert mit einer seltsamen Bewegung zu tun: Die Geschichtstheologie geht der Geschichtsphilosophie voraus – sie folgt ihr aber auch nach. Die christliche Geschichtstheologie von Augustinus bis zu Bossuet spannte – bei allen Differenzen – den großen Rahmen des Heilsgeschehens. Die Geschichtsphilosophie seit Kant durchbricht diesen Rahmen, weil sie auf ein neues Problem reagiert: auf die

Einsicht in die Nicht-Machbarkeit der Geschichte angesichts einer dynamischen Beschleunigung der historischen Zeit. Geschichtsphilosophie ist ihrer Struktur nach die Verarbeitung der Enttäuschung, daß die Menschen nicht Herr ihrer «eigenen» Geschichte sind, obwohl doch ihr Machen-Können in bezug auf die Natur sich im Zeitalter der Aufklärung erheblich ausgedehnt hatte. Allerdings verfestigt sich Kants Konstruktion einer «Teleologie in praktischer Absicht» schon bei Hegel wieder zu einer gewußten Theodizee, die mit dem Anspruch auftritt, die Rolle des Bösen in der Welt begriffen zu haben. Mit der «List der Vernunft» versucht sie das Negative in Dienst zu nehmen – und daran scheitert sie auch.[39] Es ist bezeichnend, daß schon Ranke in seiner Kritik an Hegel wieder zu einer Geschichtstheologie zurücklenkt, deren Vorteil – Löwith hat das betont – es immer war, gar nicht so genau eine Korrelation zwischen weltlichen Geschehnissen und deren sakralem Zeichencharakter herzustellen. Es genügte, an den providentiellen Plan zu glauben.[40]

Eine *cum grano salis* ähnliche Entwicklung scheint es auch im jüdischen Denken der 20er/30er Jahre zu geben: Mit dem Scheitern der Assimilation, aber auch der Revolutionen nach dem Ende des Ersten Weltkrieges erlischt allmählich das Denken in liberalen oder marxistischen Fortschrittskategorien; die große Ausnahme des Georg Lukács bestätigt nur die Regel. Walter Benjamins Thesen «Über den Begriff der Geschichte» liefern das eindrücklichste Beispiel für die Hinwendung zur Geschichtstheologie. Nur eine kurze Bemerkung: Benjamin bezieht sich an prägnanter Stelle auf Hermann Lotze, der seinerseits den Ursprung aller Geschichtsphilosophie bei Lessing kritisiert hatte. Ist das Band der «Erziehung des Menschengeschlechts» einmal aufgesprengt,[41] tritt das «Eingedenken» als verbindendes Moment zwischen den historischen Geschlechtern an seine Stelle. Geschichte ist dann «nicht allein eine Wissenschaft, sondern nicht minder eine Form des Eingedenkens. [...] Das ist Theologie; aber im Eingedenken machen wir eine Erfahrung, die es uns verbietet, die Geschichte grundsätzlich atheologisch zu begreifen, so wenig wir sie in unmittelbar theologischen Begriffen zu schreiben versuchen dürfen.»[42] Das sind Notizen, die sich auf einen Brief Horkheimers vom 16. März 1937 beziehen. Heute, 64 Jahre später, hat dieses Eingedenken Formen angenommen, bei denen diese Balance zwischen «unmittelbar theologischen

Begriffen» – aber nicht «atheologisch» – sich auf die Seite der Theologie zu neigen scheint. Oder besser: zu einer Pseudo-Theologie, die sich an die «Gedächtniskultur» angeheftet hat. Damit springe ich in die Gegenwart.

Mir ist beim Lesen erst nachträglich aufgefallen, daß auch Peter Novick Yerushalmis *Zachor* an den Anfang seines Buches gestellt hatte. Woran erinnert werden soll, ist wohl etwas schlecht übersetzt, denn es geht nicht um «Gottes Werk» schlechthin, sondern um die «göttlichen Eingriffe in die Geschichte samt der positiven bzw. negativen Reaktion der Menschen».[43] Ich kann nun nicht das ganze Buch referieren, sondern stelle nur heraus, daß Novick einen Zusammenhang zwischen der behaupteten «Einzigartigkeit» und der religiösen Besetzung des Holocaust sieht, wobei er zugleich auf die seltsame Mischfigur einer «Via dolorosa und Kreuzigung des jüdischen Volkes» im United States Holocaust-Memorial in Washington aufmerksam macht.[44] Er zeigt dann des weiteren, daß sich die Aufnahme des Holocaust in das strenge Gebot des religiösen Erinnerns – Rabbi Irving Greenberg hatte gefordert, so wie die Juden zum Gedenken an den Exodus aus Ägypten Matze essen, so sollten sie zum Gedenken an den Holocaust rituell verfaulte Kartoffelschalen essen – nicht hat durchsetzen lassen, daß aber in «einem weiteren Sinne der Holocaust im amerikanischen ‹Volksjudaismus› etwas Heiliges, vor allem unter den weniger Strenggläubigen», geworden sei.[45] Das ist vielleicht die wichtigste These seines Buches: Daß der Holocaust zu einer Ersatzreligion der säkularisierten Juden geworden ist und daß er sich in dieser Form auf weite Teile des amerikanischen Bewußtseins ausgedehnt hat. In welchem Verhältnis steht nun dieser geschichtstheologische Hintergrund zur Werthaltung?

Ich war davon ausgegangen, daß es zwei Einbruchstellen von Sinnstiftung und mythischem Denken in die Geschichtswissenschaft gibt: die der Wertbeziehung und die der Geschichtstheologie/Geschichtsphilosophie. Ursprünglich sind diese beiden Konzepte konträr; die Anwendung des einen setzt die Kritik des anderen voraus. Zur neukantianischen «Wertbeziehung» kam man nur nach vorheriger Kritik von Geschichtsphilosophie und Geschichtstheologie. In der gegenwärtigen «Gedächtniskultur» scheint nun eine Situation entstanden zu sein, in der sich beide Zugänge verstärken und überlagern: Die methodisch unvermeidliche Wertbeziehung wird religiös überhöht in einer Situation, in der die Antworten der Geschichtswissenschaft auf die Frage nach der Vergangenheit ganz offensichtlich als unzureichend empfunden werden. Daher das «Unbehagen in der modernen Geschichtsschreibung». Mit der «Gedächtniskultur» ist als Ausdruck dieses Unbehagens ein theoretisch diffuses Mischgebilde entstanden, bei dem die Erforschung der Kausalitäten – frei nach Max Weber – geleitet wird von der religiösen Funktion des «Eingedenkens». Nimmt man noch den Befund Egon Flaigs vom Vordringen ethnischer Holismen im Rahmen der Postmoderne hinzu (alles Fremdverstehen ist dann schon Mißverstehen), läßt sich eine Tendenz zu einem Anspruch auf exklusive Selbst-Interpretation nicht ausschließen. Zumindest darf es Kritik nicht geben. Um noch einmal auf den «Berliner Denkmalstreit» zurückzukommen: Es war verblüffend zu sehen, wie ungläubig-aggressiv die Denkmalsbetreiber auf Kritik reagierten, die nicht aus der gewohnten politischen Ecke – nämlich von rechts – kam.

Nur an Detailuntersuchungen bekäme man das Material für eine kritische Kritik dieser «Gedächtniskultur» zusammen. Dies ist nicht zu leisten. Ich will nur noch einmal die Rede von der «Einzigartigkeit» aufgreifen. Peter Novick zitiert die Kritik eines Philosophen an der theologisch fundierten Einzigartigkeits-These. Berel Lang kommt zu dem Schluß: «Nichts würde sich an der Ungeheuerlichkeit des nationalsozialistischen Völkermords ändern, wenn diese Taten sich als das zweite – oder fünfte – Beispiel dieser Art herausstellten.»[46] Dieser Auffassung kommt die von Karl Jaspers unter Berufung auf Hannah Arendt getroffene Unterscheidung zwischen «Verbrechen gegen die Menschlichkeit» und «Verbrechen gegen die Menschheit» entgegen. Verbrechen gegen die Menschlichkeit sind Kriegsverbrechen, vollzogen gegenüber dem Feinde. «Verbrechen gegen die Menschheit ist der Anspruch, darüber zu entscheiden, welche Menschengruppen und Völker auf Erden leben dürfen oder nicht, und diesen Anspruch durch die Tat der Ausrottung durchzuführen. [...] Er handelt gegen ein Prinzip, das im Menschsein als solchem, in der Anerkennung des Menschen als solchem, liegt.»[47] Dieser Formel, sofern sie die Vergleichbarkeit zuläßt, würde ich mich anschließen. Eine gewisse «Einmaligkeit» bleibt sogar gewahrt, solange sich solche Verbrechen nicht wiederholen – ja es liegt sogar in den Anstrengungen aller Menschen, dafür zu sorgen, *daß* diese Einmaligkeit bestehen bleibt.

Müßte ich mein Referat in wenigen Thesen zusammenfassen, würde ich so sagen

1. Wir leben in der Zeit einer ausufernden «Gedächtniskultur». Die politische Klasse hat diese Kultur in Vernetzung mit den Medien und den Künsten begierig aufgegriffen, gerade weil sich damit Politik machen läßt. Es ist die Aufgabe der Geschichtswissenschaft zu erkennen, daß sie Gefahr läuft, in diese Gedächtniskultur so tief hineingezogen zu werden, daß sie darüber hinausweisende wissenschaftliche Standards aus den Augen verliert. Die postmoderne Fragmentierung der Geschichte in eine Pluralität von Gedächtniskulturen kommt dieser Tendenz noch entgegen. Das schließt eine Weiterarbeit am «Gedächtnis» nicht aus, sondern ein. Diese Arbeit kann aber nur eine kritische sein. Immanuel Kant hatte einmal gefragt: Wie ist reine Mathematik möglich? Wie ist reine Naturwissenschaft möglich? Wie ist Metaphysik als Wissenschaft möglich? Sein Grundgedanke dabei war: Es gibt diese Wissenschaften – wie sind sie möglich? Genau so sollten wir fragen: Es gibt eine Gedächtniskultur – wie ist sie möglich? Und Kants Antwort, wenn man das Gegebene nicht dogmatisch hinnehmen will, kann ebenfalls zum Leitmotiv für künftige Untersuchungen werden: «Der *kritische* Weg ist allein noch offen.»[48] Die Bücher von Finkelstein und vor allem von Novick haben eine erste Bresche in die vorherrschende Gedächtnispolitik geschlagen. Ich habe versucht zu zeigen, wie sie mein Problembewußtsein beim Wiederlesen des Buches von Yerushalmi geschärft haben.

2. Mein Vorschlag zur kritischen Analyse der Gedächtniskultur ging dahin, alle politischen Positionen, ob «korrekt» oder «inkorrekt», nach immanenten, durch Werthaltungen induzierte Mythen abzutasten, um eine wissenschaftstheoretisch haltbare Hierarchie aufzustellen, welcher Wert welchen kritisieren kann. Dadurch entkommt man dem Dilemma, die politischen Gedächtnisse kämpfender Gruppen gleich achten zu müssen. Moralische Erwägungen helfen hier nicht weiter, weil auf diesem Felde universalistische Regeln zumeist mißachtet werden und die «Moral» nur auf die eigene Gruppenmoral bezogen wird. Dieser Lösungsvorschlag bezog sich auf den wissenschaftstheoretischen Zugang im Rahmen der neukantianischen «Wertbeziehung». Auf eine Verstärkung der Wertbeziehung durch geschichtstheologische Denkmotive habe ich aufmerksam gemacht.

3. Am Beispiel der Aussagen von Ernst Nolte habe ich zu zeigen versucht, daß das von Finkelstein monierte, aber als politisch korrekt geltende Frageverbot nach dem «jüdischen Beitrag zum Antisemitismus»[49] zumeist und zunächst von Wissenschaftlern umgangen worden ist, die ihrerseits ein starkes apologetisches Interesse damit verbinden. Hier wäre eine eigenständige Forschung vonnöten, die *ohne* diesen apologetischen Zugang genauer analysiert, wie hier im frühen 20. Jahrhundert gearbeitet worden ist. Neben alten, noch aus dem christlichen Antijudaismus stammenden Legenden sind Feindbilder aufgebaut worden, die an existierende, empirisch aufzeigbare Ängste anknüpfen, sie aber wie unter einem Vergrößerungsglas betrachten und als «Geschichtszeichen» polemisch herausstellen. Mir ist vor einiger Zeit in einem Antiquariat ein Schulatlas aus dem Jahre 1933 in die Hände gefallen, der die beliebten geostrategischen Pfeile und Schraffuren u. a. antisemitisch einsetzt. Ein Schaubild vergleicht die Anzahl der jüdischen Geschäfte in der Leipziger Innenstadt im Jahre 1890 und im Jahre 1930. Und was soll man sagen? Die Zahl ist angewachsen! In Ostpolen und der Ukraine, vom Baltikum bis zum Schwarzen Meer – wieder ein Schaubild – gibt es ganz und gar einen «Judengraben», aus dem, wie aus der Tiefsee des Marianengrabens, weitere Juden auftauchen werden, wahrscheinlich um die Leipziger Innenstadt noch mehr zu «verjuden». Und hintendrin in dem Atlas liegen noch die Zeugnisse eines Schülers, der diesen Unsinn brav gelernt hat. Dabei wäre es ganz falsch zu bestreiten, daß es in Leipzig oder am Berliner Ku'damm jüdische Geschäfte gegeben hat oder daß große Warenhäuser kleine Einzelhandelsgeschäfte niederkonkurriert haben. Das ist nicht der Punkt. Es ist aber von Interesse herauszuarbeiten, wie diese Fakten zu symbolischen Formen überhöht wurden, zur Symbolisierung von Ängsten, die Deutschland vermeintlich in einen Horizont der Bedrohung einhüllten. Denn der Bedrohung von innen entspricht selbstverständlich eine Einkreisung von außen, die auch nicht unabhängig von einer weiteren Schautafel über das «Weltjudentum» ist. Der Antisemitismus lieferte, gerade nach dem verlorenen Ersten Weltkrieg, eine einfache, aber psychologisch durchschlagkräftige Orientierung in der Geschichte.

4. Schließlich: Wenn es um Orientierung in der Geschichte geht, so kommt man nicht umhin, auf die Möglichkeiten eines ent-teleologisierten, geschichtsphilosophischen Zugangs zur Geschichte hin-

zuweisen. Die so erneut in eine kritische Stellung gebrachte Geschichtsphilosophie relativiert die politisch-kulturelle Orientierung an Werthaltungen des neukantianischen Typus insofern, als sie unter der Prämisse der Nicht-Machbarkeit der Geschichte die bloß politischen Handlungsmaximen mit ihren nicht intendierten Folgen konfrontiert. Dabei aber treten neue Probleme auf, die sich aus der methodischen Ausfüllung der von Paul Ricœur nur skizzierten Ersetzung der nicht mehr möglichen Totalität durch eine bescheidenere Totalisierung ergeben.[50] Wäre eine Vermittlung von Geschichtsphilosophie und Wertphilosophie möglich, die sich doch eigentlich als feindliche Antipoden betrachtet hatten? Und wie sähe dann eine Hierarchisierung «mythenfreier» Werthaltungen aus?

Anmerkungen

1 Kittsteiner, H. D.: Die Geschichte nach dem Ende der Kunst, in: Merkur. Deutsche Zeitschrift für europäisches Denken, 52. Jg. April 1998, S. 294–307. – Ders.: Staatskunst und Kunstbetrieb, in: Jäger, Joachim/Schuster, Peter-Klaus (Hg.): Das Ende des XX. Jahrhunderts, Köln 2000, S. 120–140. – Ders.: Der Angriff der Gegenwart auf die Vergangenheit. Über ein vermeintliches Recht, ein Denkmal für die ermordeten Juden zu bauen, in: Heimrod, Ute (Hg.): Der Denkmalstreit – Das Denkmal? Die Debatte um das «Denkmal für die ermordeten Juden Europas». Eine Dokumentation, Berlin 1999, S. 511–514.

2 Jäger, Lorenz: Das Leid, der Kitsch und das Geld. Norman G. Finkelsteins Angriff auf die ‹Holocaust-Industrie›: Kam die Wiedergutmachung den Überlebenden zugute? in: Steinberger, Petra (Hg.): Die Finkelstein-Debatte, München/Zürich 2001, S. 33.

3 Novick, Peter: Nach dem Holocaust. Der Umgang mit dem Massenmord, Stuttgart/München 2001, S. 337.

4 Vgl. dazu auch die Bemerkungen bei Novick (Anm. 3), S. 254.

5 Ebd., S. 272.

6 Finkelstein, Norman G.: Die Holocaust-Industrie. Wie das Leiden der Juden ausgebeutet wird, München/Zürich 2000, S. 53.

7 Zit. in: Ullrich, Wolfgang: Vor dem Fürsten. Über die Moralisierung von Kunstrezeption, in: Neue Rundschau 110, 1999, S. 137.

8 Finkelstein (Anm. 6), S. 56 und S. 195. Vgl. auch Novick (Anm. 3), S. 257.

9 Finkelstein (Anm. 6), S. 59.

10 Yerushalmi, Yosef Hayim: Zachor: Erinnere Dich! Jüdische Geschichte und jüdisches Gedächtnis, Berlin 1988, S. 91.

11 Zu Graetz' Konstruktion der jüdischen Geschichte vgl. Graupe, Heinz Mosche: Die Entstehung des modernen Judentums. Geistesgeschichte der deutschen Juden, Hamburg 1969, S. 195 ff.

12 Ebd., S. 92.

13 Löwith, Karl: Weltgeschichte und Heilsgeschehen. Die theologischen Voraussetzungen der Geschichtsphilosophie, Stuttgart 1953, S. 178 f.

14 «Es ist Fichtes unvergängliches Verdienst, daß er seit dem Zeitalter der Aufklärung auf dem Gebiet der reinen Spekulation der erste war, der den Schritt vom Staat zur Nation gewagt hat.» Lask, Emil: Fichtes Idealismus und die Geschichte, Tübingen und Leipzig 1902, S. 255.

15 Fichte, J. G.: Reden an die deutsche Nation, in: Johann Gottlieb Fichte's sämmtliche Werke, Berlin 1846, Bd. 7, S. 374.

16 Hirsch betrachtete das Judentum zwar als geschichtliche Erscheinung, sein Lebenszentrum aber bildet die Tora. In Anlehnung an Lessing sieht er in der «Erziehung des Menschengeschlechts» nun aber die Mission Israels in der Welt. Graupe (Anm. 11), S. 215.

17 Yerushalmi (Anm. 10), S. 98 f.

18 Graupe (Anm. 11), S. 306.

19 «Gegen die Stunden der Ewigkeit, die der Staat in den Epochen der Weltgeschichte mit scharfem Schwert einkerbt in die Rinde des wachsenden Baums der Zeit, setzt das ewige Volk unbekümmert und unberührt Jahr um Jahr Ring um Ring um den Stammbaum seines ewigen Lebens. An diesem stillen, ganz seitenblicklosen Leben bricht sich die Macht der Weltgeschichte.» Franz Rosenzweig: Der Stern der Erlösung, Frankfurt/M 1988, S. 371. Löwith, Karl: Martin Heidegger und Franz Rosenzweig. Ein Nachtrag zu Sein und Zeit, in: Löwith, Karl: Heidegger-Denker in dürftiger Zeit, Sämtliche Schriften Bd. 8, Stuttgart 1984, S. 95 f.

20 Jochmann, Werner: Deutsches Judentum in Krieg und Revolution 1916–1923, in: Schriftenreihe wissenschaftlicher Abhandlungen des Leo Baeck Institutes Nr. 25, Tübingen 1971, S. 425 ff.

21 Yerushalmi (Anm. 10), S. 100 ff.

22 Ebd., S. 106 und S. 84. «Gerade die streng theistische Tendenz dieser Kabbala sieht das Böse also als ein notwendigerweise der Schöpfung als solcher inhärierendes Moment, ohne welches die Schöpfung sogleich ihr spezifisches Sein verlieren und zum Sein des *En-Sof* zurückkehren würde. Je stärker dieses Moment des Dunklen in der Welt der Emanation, das aus dem *Zimzum* stammt und vom ‹Bruch der Gefäße› nur gleichsam nach außen umgestülpt wird, hervortritt, desto größer wird auch zugleich die Chance zu seiner Bewältigung und Klärung.» Scholem, Gershom: Von der mystischen Gestalt der Gottheit. Studien zu Grundbegriffen der Kabbala, Frankfurt/M 1977, S. 78.

23 Yerushalmi (Anm. 10), S. 106.

24 Kittsteiner, H. D.: Erinnern – Vergessen – Orientieren. Nietzsches Begriff des ‹umhüllenden Wahns› als geschichtsphilosophische Kategorie, in: Borchmeyer, Dieter (Hg.): «Vom Nutzen und Nachteil der Historie für das Leben», Frankfurt/M 1996, S. 48–75.

25 Yerushalmi (Anm. 10), S. 108 f. und S. 137, Anm. 33.

26 Windelband, Wilhelm: Geschichte und Naturwissenschaft, in: Ders.: Präludien. Aufsätze und Reden zur Philosophie und ihrer Geschichte, Tübingen 1915, Bd. 2, S. 145.

27 Rickert, Heinrich: Die Grenzen der naturwissenschaftlichen Begriffsbildung.

Eine logische Einleitung in die historischen Wissenschaften, Tübingen 1929, S. XXIV und S. 701.

28 Zum Begriff der «Hintergrundmetapher» vgl. Kittsteiner, H. D.: Freiheit und Notwendigkeit in *Schellings System des transcendentalen Idealismus* – Zur Aktualität geschichtsphilosophischen Denkens, in: Tel Aviver Jahrbuch für deutsche Geschichte, Bd. XXIX, 2000, S. 87.

29 Weber, Max: Die ‹Objektivität› sozialwissenschaftlicher und sozialpolitischer Erkenntnis, in: Ders.: Gesammelte Aufsätze zur Wissenschaftslehre (Hg. J. Winckelmann), Tübingen 1968, S. 154 und S. 184.

30 Flaig, Egon: Kinderkrankheiten der Neuen Kulturgeschichte, in: Kiesow, Rainer Maria/Simon, Dieter (Hg.): Auf der Suche nach der verlorenen Wahrheit. Zum Grundlagenstreit in der Geschichtswissenschaft, Frankfurt/New York 2000, S. 37 ff.

31 Zur Interpretation als einer Form des *Willens zur Macht* vgl. Kittler, Friedrich: Eine Kulturgeschichte der Kulturwissenschaft, München 2000, S. 160.

32 Flaig (Anm. 30), S. 45 f.

33 Weber, Max: Wissenschaft als Beruf, in: Gesammelte Aufsätze (Anm. 29), S. 602 ff.

34 Hiller, Kurt: Köpfe und Tröpfe. Profile aus einem Vierteljahrhundert. Hamburg-Stuttgart 1950, S. 367. Nolte, Ernst: Geschichtsdenken im 20. Jahrhundert, Frankfurt/M 1992, S. 328.

35 Den gleichen Grundgedanken äußert Ernst Jünger in einem Brief vom 10. 2. 1945 an Carl Schmitt: «Dies ist einer der Gründe für die ungeheure Ausbreitung der jüdischen Moral, abgesehen davon, daß diese Moral durch die Exterminierung der Juden, an die sie gebunden war, nun frei und virulent geworden ist. Es hat etwas Gespenstisches, wie der blinde Wille sich ad absurdum führt.» Carl Schmitt antwortet mit Hilfe eines Zitats von Bruno Bauer, das die Befürchtung ausdrückt, nun selbst Jude werden zu müssen: «Aber schließlich hat Gott auch die Juden erschaffen, und wenn wir sie alle totschlagen, werden wir alle ihre Stelle einnehmen.» Kiesel, Helmut (Hg.): Ernst Jünger. Carl Schmitt: Briefe 1930–1983, Stuttgart 1999, S. 189 f.

36 Nolte (Anm. 34), S. 602.

37 Kittsteiner, H. D.: Die Angst in der Geschichte und die Re-Personalisierung des Feindes, in: Eickenrodt, Sabine/Porombka, Stephan/Scharnowski, Susanne (Hg.): Übersetzen, Übertragen, Überreden, Würzburg 1999, S. 145–162.

38 «Schon wird unverhohlen die Ansicht laut, daß zwischen Mythos und Geschichte sich nirgends eine klare logische Abtrennung vollziehen lasse, daß vielmehr alles historische Begreifen mit echt mythischen Elementen durchsetzt und an sie notwendig gebunden sei.» Cassirer, Ernst: Philosophie der symbolischen Formen. Zweiter Teil: Das mythische Denken, Darmstadt 1977, S. XII.

39 Vgl. zu dem gesamten Themenkomplex Kittsteiner, H. D.: Listen der Vernunft. Motive geschichtsphilosophischen Denkens, Frankfurt/M 1998.

40 Löwith (Anm. 13), S. 159.

41 Benjamin, Walter: Das Passagen-Werk, in: Gesammelte Schriften (Hg. Rolf Tiedemann), Frankfurt/M 1982, Bd. V,1, S. 602.

42 Ebd., S. 589.

43 Novick (Anm. 3), S. 24. Yerushalmi (Anm. 10), S. 23.
44 Novick (Anm. 3), S. 254 ff.
45 Ebd., S. 338.
46 Ebd., S. 256.
47 Jaspers, Karl: Wohin treibt die Bundesrepublik? Tatsachen. Gefahren. Chancen, München 1966, S. 26 f.
48 Kant, Immanuel: Kritik der reinen Vernunft, Akademie-Textausgabe, Berlin 1968, S. 40 f. und S. 552.
49 Vgl. Anm. 9.
50 Ricœur, Paul: Zeit und Erzählung, München 1991, Bd. III, S. 401 und S. 438.

Die «Aura» Buchenwald

Charles S. Maier

1. Das Museum und das Krematorium: De-plazierte Erinnerung

Sollen wir uns wirklich über die «Zukunft der Erinnerung» Gedanken machen? Die Annahme, die der Konferenz über die «Zukunft der Erinnerung» zugrunde lag – eigentlich die implizite Annahme so vieler Diskussionen über das Gedenken an den Holocaust –, war, daß die Erinnerung an den Holocaust in irgendeiner Hinsicht «verblassen» könnte. In der Debatte mit Martin Broszat drückte Saul Friedländer Mitte der 80er Jahre seine Besorgnis aus, daß der Holocaust einfach zu einem Gegenstand der Geschichte wie jeder anderer werden könnte und seine besondere Bedeutung für die westliche Welt verlieren würde, die nach Friedländers Überzeugung bewahrt werden sollte.[1] Nicht nur Friedländer glaubte, daß es wichtig sei, die Besonderheit der Erinnerung an den Holocaust zu erhalten; genauso tun das natürlich viele Überlebende sowie jene Akademiker, die das Ereignis untersuchen und an Konferenzen über die Erinnerung an den Holocaust teilnehmen. Es gab jedoch seither gar kein Verblassen, und wenn das auch eines fernes Tages wahrscheinlich geschehen mag, scheint dafür in der absehbaren Zukunft keine Gefahr zu bestehen. Die Kollegen, die an der Buchenwald-Konferenz teilgenommen haben, haben eine Situation beschrieben, in der unsere nationalen Öffentlichkeiten empfänglicher für Erinnerung sind als je zuvor. Sie sind sogar auf der Suche nach Erinnerung, als ob sie sich auf einer Pilgerreise nach einem «Compostela der Erinnerung» befänden; sie suchen einen existentiellen Meilenstein im Leben, der erfahren werden muß. Erinnerung wurde nie stärker gesucht und herbeigesehnt. Warum also sollten die Hüter der Erinnerung – die Historiker, die Museumskuratoren, die Überlebendenverbände – sich Sorgen machen?

Die Gefahr, die andere Autoren dieses Bandes betonen, ist eigentlich eine andere. Es ist nicht die Gefahr des Vergessens, der Amnesie, oder die Gefahr, daß die Holocaust-Erinnerungen gewöhnlich würden. Es ist eher die Gefahr, daß das Gedenken an den Holocaust nicht zur Geschichte oder zur Erinnerung an ein historisches Ereignis wird, sondern selbst zu einer autonomen und zwingenden psychologischen Erfahrung. Erinnerung wird nicht transitiv, sondern intransitiv, notwendig als psychologische oder quasi-religiöse Erfahrung, und der Gedenkort wird, im Ergebnis, zu dem Ort, an dem die Erinnerung resakralisiert wird. Zunächst mögen diejenigen, die mit historischen Denkmälern befaßt sind, Vertreter von Opfergruppen, Museumsorganisatoren, das Phänomen begrüßen. Es scheint, als ob die Öffentlichkeit nicht genug der Erinnerung bekommen könne – gerade der Erinnerung an den Holocaust. Obwohl einige Intellektuelle zunächst über die Vorstellung, daß eine Erinnerungskultur am Entstehen sei, glücklich waren, beginnen doch auch die «Nebeneffekte» dieser Entwicklung sichtbar zu werden. Sie sind zwar indirekt, aber mit unheimlicher Treffsicherheit von Don De Lillo in seinem Roman *Weißes Rauschen* eingefangen worden. Die Erinnerung an den Holocaust ist wie die «schwarze dräuende Wolke» oder wie ein «luftübertragener toxischer Vorfall», der über De Lillos nicht ganz frei erfundener Universitätsstadt schwebt, ein Déja vu hervorruft und «auf den falschen Teil der menschlichen Erinnerung oder irgendwas» wirkt[2]. Hier nehmen eine freischwebende Angst und Geschichte physische Gestalt an. Auf der Erde verdient ein Professor der Hitler-Forschung sein Geld mit dem Verkauf trivialisierter Geschichte; weit darüber verdunkelt die Wolke, gleichzeitig Erinnerung und Zukunft, bedrohlich jeden.

Eine solche historische oder kollektive Erinnerung muß heute zunehmend von einem visuellen Stimulus ausgelöst werden: einem Film, einer Fernsehdokumentation oder einer Museumsausstellung. Wieder hat De Lillo den Punkt getroffen, wenn er am banalsten Ort von allen, «der am meisten fotografierten Scheune in Amerika», Benjamin neu interpretiert: «Wir sind nicht hier, um ein Bild einzufangen, wir sind hier, um eines aufrechtzuerhalten. Jedes Foto verstärkt die Aura [...] Hierzusein bedeutet eine Art geistiges Ausgeliefertsein. Wir sehen nur, was die anderen sehen. Die Tausende, die in der Vergangenheit hier gewesen sind und diejenigen, die in der Zukunft noch kommen werden. Wir haben eingewilligt, Teil einer kollektiven Wahrnehmung zu sein. Das bringt im wahrsten Sinne des Wortes Farbe in unser Vorstellungsvermögen. Eine religiöse Erfahrung gewissermaßen, wie aller Tourismus.»[3]

Zugegebenermaßen ist das nicht die Intention von Museumsgestaltern, Kuratoren und Historikern, die versuchen, ein breites öffentliches Bewußtsein oder eine Bürger-Pädagogik zu verankern. Sie wollen erziehen, in der Öffentlichkeit ein historisches Bewußtsein und ein Gefühl von Verantwortung begründen. Sie wollen sowohl Erklärung und Analyse als auch Gedenken anbieten, fundierte historische Erinnerung an ein tatsächliches Ereignis, nicht nur Erinnerung als Epiphanie. Das Museum in Buchenwald, um das naheliegendste Beispiel zu nehmen, ist ein Modell öffentlicher Pädagogik; in seiner Gestaltung soll es den Besucher mit der Geschichte konfrontieren, machtvoll erzählen. Es ist ein Denkmal für das Projekt der Aufklärung, das Erziehung nutzen wollte, um Vorurteile zu zerstreuen und den Autoritarismus zu überwinden. Darüber hinaus wurde das Museum als Teil in eine komplexe Komposition eingebunden, die mindestens drei unterschiedliche Schichten der Geschichte anspricht, welche die Kuratoren und Historiker – manchmal unter dem Druck der mit jeder Schicht verknüpften jeweiligen Opferorganisationen – mühevoll entwirren mußten.

Da ist zunächst die bewundernswert detailreiche Ausstellung zur Geschichte des Konzentrationslagers Buchenwald, die 1995 unter Mitwirkung verschiedener Wissenschaftler umgestaltet und neu eröffnet wurde. Sie befindet sich im sogenannten Kammergebäude direkt auf dem ehemaligen Lagergelände. Die dort kenntlich gemachten Grundrisse der Baracken bilden gemeinsam mit dem noch vorhandenen Torgebäude, in dem sich unter anderem der Arrestzellenbau befand, dem Krematorium sowie den im Eingangsbereich erhaltenen Wachtürmen ein einprägsames Denkmal. Das Museum verfügt über eine umfangreiche Sammlung von Relikten, Bildern, Dokumenten und begleitenden Texten.

Dahinter steht ein zweites, kleineres Ausstellungsgebäude, das die Geschichte Buchenwalds von 1945 bis 1950 – als sowjetisches Speziallager Nr. 2 – thematisiert. Es entstand auf Initiative der Überlebendenverbände und wurde auf Empfehlung einer Historikerkommission der Ausstellung zum Konzentrationslager nachgeordnet.

Eine weitere Ausstellung befindet sich, ungefähr einen Kilometer vom ehemaligen Lagergelände entfernt, in der Nähe der 1958 eingeweihten monumentalen Mahnmalsanlage. Sie verdeutlicht, wie die Erinnerungsbildung an das nationalsozialistische Konzentrationslager Buchenwald nach 1945 in der sowjetischen Besatzungszone bzw. der späteren DDR vonstatten ging und zur Legitimierung der SED-Herrschaft instrumentalisiert wurde.

Die neuen Museen stellen einen Weg dar, frühere Mythen zu überwinden – ebenso wie Jorge Sempruns Erinnerungen versuchten, frühere Mythen von Buchenwald zu überwinden.[4]

Aber ich frage mich, ob die sorgfältige, umfangreiche und ernsthafte Dokumentation das ist, was wirklich bei den Besuchern hängenbleibt. Ist es nicht eher das Krematoriumsgebäude, wo man die Gegenwart der Leichen fühlen kann, die vernichtet wurden? Hier nimmt der Begriff Nationalsozialismus als solcher Gestalt an, hier, wo die Teleologie des Nationalsozialismus intuitiv vermittelt wird. Und wahrscheinlich hier und nicht im Museum, fühlen sich Besucher mit einer unterschwelligen Neigung zum Nationalsozialismus «erbaut», so wie die zwei Männer, die ich sah, wie sie sich gegenseitig hinter den Autopsie-Tischen fotografierten, auf denen Leichen präpariert und Experimente durchgeführt wurden. Wenn man vor den Öfen steht, im Pathologie-Raum mit seinen Kacheln, wo Leichen zerlegt, Haare und Goldzähne entfernt wurden, oder im Leichenraum, erscheint die Vermittlung von Erinnerung durch Texte und Fotos schrecklich unpassend. Als ich den beiden ungefähr 25jährigen Männern ungefähr Mitte Zwanzig zusah, wie sie sich gegenseitig hinter den gekachelten Tischen fotografierten, auf denen Leichen zerstückelt worden waren, war ich abgestoßen, aber fasziniert: Sie schienen keine Skins oder Neo-Nazis zu sein, einfach nur Touristen, die in einem der wahren Kuriositätenkabinette der westlichen Welt fotografiert werden wollten. Gleichzeitig war ich von meiner eigenen Faszination verwirrt: Als Benjamin den Unterschied zwischen dem Objekt, das «eingebettet» in seinen eigenen rituellen Kontext ist, und dem Abbild betonte, war es der Mangel an Aura bei letzterem, der die faschistische Ästhetisierung aus dem Zusammenhang gerissener Werte möglich machte. Hier in Buchenwald hingegen war es die Aura des Nationalsozialismus in einem feststehenden Objekt, dem Krematorium, die uns ansprechen konnte.

«Aura» ist ortsgebunden, und die moderne Erinnerung ist mit machtvollen, wenn auch komplexen Gründen auf einen Ort abgestimmt. Wie Edward Casey erklärt hat, repräsentiert der Ort das Lokale, das Konkrete, den Platz Heideggerscher Existenz, im Gegensatz zu einem unbestimmten und entwurzelnden und verwirrenden unendlichen Raum.[5] Es gibt eine lange Tradition der Verbindung von Erinnerung mit einem Ort. Für Maurice Halbwachs trug der Raum einer Gruppe zu ihrem kollektiven Gedächtnis bei. Der Raum einer Gruppe ist ein Rahmen zu ihrer Orientierung. Pierre Nora wurde berühmt dafür, daß er die Vorstellung von «lieux de mémoire», Erinnerungsorten, formulierte, physischen Knoten, zu denen wir eine Verbindung herstellen können. Er leitete eine systematische Katalogisierung von Orten im französischen historischen Gedächtnis. Aber diese Orte sind stärker bildlich und weniger konkret geworden. Für Nora ist ein «lieu de mémoire» fast jedes Artefakt, um das eine kollektive Erinnerung gebildet werden kann. Ein «Ort ist jegliche bedeutende Einheit, ob materieller oder immaterieller Natur, die kraft menschlichen Willens oder durch die Arbeit der Zeit zum symbolischen Zement des Erbes an Erinnerungen irgendeiner Gemeinschaft geworden ist». Aber wird das Konzept von Erinnerungsorten so nicht zu allgemein und zu nichtssagend? Ein «lieu de mémoire» ist jedes konkrete Artefakt – gleich ob ein bestimmter Ort oder etwas anderes –, dem wir Erinnerung beigeben. In diesem Sinne ist es das, was Dilthey etwas mystisch den «objektiven Geist» nannte: «Egal welche Merkmale der Geist heute in die Ausdrucksformen des Lebens setzt, sie werden morgen, wenn sie bestehen bleiben, Geschichte sein. Indem die Zeit weitergeht, sind wir von römischen Ruinen, Kathedralen und Sommerschlössern von Fürsten umgeben. Geschichte ist nicht etwas, das durch einen zeitlichen Abstand vom Leben separiert oder von der Gegenwart abgetrennt ist [...] Die Geisteswissenschaften haben als ihren umfassenden Gegenstand die Vergegenständlichung des Lebens.»[6] Für uns, heute, vergegenständlicht der Ort das Leben.

Die Verbindung von Erinnerung mit einem Ort birgt jedoch eine Gefahr – nämlich die Gefahr der Kalenderkunst, die Gefahr des Kitsches. Wir lieben die Erinnerung wie die Melancholie – das warme Bad der wieder hochkommenden Gefühle –, die einer Fuge ähnelnde Gegenüberstellung von Erinnerung und gegenwärtigen Ereignissen, die ein Kennzeichen der Romantik ist, der deutschen wie der französischen und der britischen. Denken wir nur an Wordsworth und Chateaubriand und Christa Wolfs *Kindheitsmuster*. Der große, zeitgenössische Meister der Darstellung dieses melancholischen Flirts mit der deutschen Vergangenheit ist Anselm Kiefer, ein ausdrucksstarker bildender Künstler, der Namen und germanische Vorstellungen nutzt, um sich einerseits von der Geschichte zu distanzieren und sie andererseits heraufzubeschwören – was der Autor zumindest als Balanceakt einer zwiespältigen ästhetischen Amoralität empfindet. Die Erinnerungen, die uns durch Orte ergreifen, sind darüber hinaus traditionellerweise national verbindende. Franzosen aller Klassen können zu Verdun – wo Franzosen aller Klassen gelitten haben – eine Beziehung herstellen. Schlachtfelder – gleich ob sie durch Jay Winter oder durch Ken Burns in *The Civil War* heraufbeschworen werden – haben den großen Vorteil, innere Einheit zu liefern, da an diesen Orten die nationale Gemeinschaft durch den Kampf gegen einen äußeren Feind bestätigt wurde. Schlachtfelder können in ihrer Melancholie sogar zwei Seiten vereinen, egal ob Gettysburg oder Verdun. Sie rufen den Frieden der Tapferen hervor, den Frieden der geehrten Toten: Sie erzwingen Versöhnung. «Ort» integriert; «Ort» überwindet die Spaltungen der menschlichen Gesellschaft. Erinnerungsorte, besonders, wenn sie sorgfältig gepflegt werden, sind das Gemeindeland der Geschichte, den Armen zwar zugänglich, aber der Ausbeutung durch die Reichen unterworfen. Selbst Orte der Folter und des Todes erzwingen für die meisten von uns eine gemeinsame Geschichte. Im Krematorium sind wir alle potentielle Opfer (vielleicht außer den makabren Fotografen, die potentielle Täter sein könnten).

2. *Heiße Erinnerung und kalte Erinnerung; Melancholie und moralische Entscheidung*

Aber liegt nicht auch eine Gefahr darin, wenn unsere gegenwärtige Kultur so ortsabhängig wird? Erinnerungen, die an Orte geknüpft sind, laufen Gefahr, passiv zu werden – rein melancholisch zu bleiben und somit in ihrer Traurigkeit fast angenehm zu sein. Eine kollektive Erinnerung, die zu Melancholie erstarrt, ist mit dem Risiko verbunden, das Nietzsche als «Mißbrauch» oder Nachteil der Geschichte beschrieben hat: Die Lähmung des Willens und der Fähigkeit zu handeln. Ihre ästhetische Dimension wird auf Kosten ihrer moralischen Dimension verstärkt. Die Erinnerung an Grausamkeit, an Unterdrückung und Ungerechtigkeit sollte schwierige Fragen nach dem Warum und dem Wie provozieren und Wiedergutmachungsbemühungen anregen. Zum Teil ist dies das Thema des Museums. Aber die eigentliche Frage ist, wie wir das Buchenwald-Museum so eindrucksvoll gestalten können wie das Buchenwald-Krematorium.

Den Erziehenden – Professoren, Museumsdirektoren, Schriftstellern – gelingt dies, glaube ich, indem sie Erinnerung nicht nur zu einer Quelle der Melancholie machen, sondern zu einem Anstoß, aktiv Fragen zu stellen. An anderer Stelle habe ich versucht, «heiße Erinnerung» – die Erinnerung an den Nationalsozialismus und den Holocaust – von «kalter Erinnerung» zu trennen – die Erinnerung an den Stalinismus und den Gulag. Mit heißer Erinnerung meine ich jene Geschichte, die, wie Friedländer verlangt hat, bewegend, ja schmerzhaft bleiben muß und nicht bequem der Vergangenheit übergeben werden darf. Die «kalte Erinnerung» war dabei, zu einer «gerechten Geschichte» zu werden, wenn vielleicht nicht für die Opfer dieser Geschichte, dann doch zumindest für spätere Leser und Forscher. Die Erinnerung an die Nazis ist in einer Art und Weise eine «heiße Erinnerung», wie dies meiner persönlichen Meinung nach auf die Geschichte der stalinistischen oder maoistischen Grausamkeiten oder die der Roten Khmer nicht zutrifft. (Dies mag zugegebenermaßen eine voreingenommene Sichtweise zu sein, die die Erfahrungen eines westlichen Intellektuellen widerspiegelt. Für Bewohner der früheren kommunistischen Länder mag das, was ich als kalte Erinnerung einordne, immer noch unerträglich «heiß» sein.) Aber was erhält eine Erinnerung «heiß»? Liegt es nur daran, daß potentielle Opfer ihr Leid bewahren? Ich möchte vorschlagen, daß es die andauernde Reflexion über moralische Entscheidungsmöglichkeiten ist, die sie verlangt. Ich glaube, «heiße Erinnerung» ist eine Erinnerung, die die Menschen zwingt, sich immer wieder selbst Fragen zu stellen.

Die Frage, die hier aufgeworfen wird, ist nicht, ob wir auch Nazis gewesen wären oder ein Machetenschwinger in Ruanda oder Mitglied eines ethnischen Säuberungskommandos in Bosnien. Die Frage ist vielmehr: «Hätte ich den Mut gehabt, aufzustehen und mich jenen entgegenzustellen, die kamen, um zu verhaften, oder die einen Lynch-Mob anführten.» Viele von uns befürchten, daß die Antwort nein gewesen wäre; wir hätten diesen Grad an Mut nicht gezeigt. Diese fast universelle Frage ist es, die die Erinnerung an den Nationalsozialismus aufwirft, und diese Frage macht unsere historische Erinnerung so unendlich erneuerbar. Jede Generation kann die Erfahrung der Nazis nutzen, um sich selbst diese Frage zu stellen. «Heiße Erinnerung» ist eine Erinnerung, die viele von uns beschäftigt – nicht weil wir böse sind, sondern weil sowohl unser Mut als auch unser Edelmut begrenzt sind.

Die Kollaboration mit dem Kommunismus oder auch nur die Akzeptanz desselben hat, glaube ich, eine weniger schmerzhafte Gewissensprüfung nach sich gezogen. Er war eine Ideologie, die ihre Opfer nicht spezifizierte: Welche kollektive Gruppe verschwinden würde, war nicht vorhersehbar. Nur wenige frühere Kommunisten zeigen ein besonderes Schamgefühl. Statt dessen scheinen sie häufig zu behaupten, daß ihr früherer Eifer eine Art «Lernerfahrung» war. Das ist oft mit einem einzigartigen Mangel an persönlichem Bedauern verbunden: Sie beschuldigen die Intellektuellen, die ihnen in ihren bitteren Denunzierungen des Systems, dem sie zuvor gedient hatten, nicht folgten. Die früheren Kommunisten fühlten sich bezüglich ihrer neuen Position im allgemeinen nicht weniger sicher: Ihre vormalige Beteiligung an einer grausamen Politik brachte sie nicht auf den Gedanken, daß vielleicht eine gewisse Schweigsamkeit und Zurückhaltung geboten sein könnten. Die Zentralität des Antisemitismus hingegen war der Auslöser für ein großes Maß an Schuldgefühlen. Vaclav Havel spricht aufschlußreich von jenen, die der Macht gegenüber nicht die Wahrheit aussprachen. Sie halfen einem System, an der Macht zu bleiben, und sie hatten, als die Jahrzehnte stalinistischer Herrschaft vorbei waren, nicht den Eindruck, diesem bei der Liquidierung unschuldiger Menschen geholfen zu haben. Unter dem Nationalsozialismus war Schweigen etwas anderes: Es stellte für die Kinder der Mitläufer zumindest etwas Beschämendes dar.

Es ist paradox, aber das System, das vielen von uns grausamer erscheint, bei dem nur wenige von uns denken, daß sie ihm zugejubelt hätten, ist eigentlich dasjenige, dessen Erinnerung uns durch die Geschichte hindurch testet. Denn die «Erinnerung» an den Faschismus zwingt uns, darüber nachzudenken, nicht ob wir Faschisten, sondern ob wir Antifaschisten gewesen wären, und die Antwort darauf ist häufig ein beunruhigendes Nein. Der Kommunismus hat seinen Mitläufern weniger schmerzhafte Fragen gestellt. Sie müssen mit weniger Scham leben, vorausgesetzt, daß sie sich nicht in unheimliche Geschäfte mit den Organisationen der inneren Sicherheit eingelassen hatten.

3. *Erinnerungsgemeinschaften*

Allgemeiner gesagt, sollte jede kollektive Erinnerung einen kontinuierlichen Prozeß von Argumentation und Befragung enthalten. Unterschiedliche Gemeinschaften teilen unterschiedliche Vergangenheiten. Trotz seiner berühmten und bewegenden Worte sandten die Nazis Pastor Niemöller, als sie ihn holten, nicht nach Auschwitz oder Treblinka. Nicht alle Völker sind im selben Ausmaß potentielle Opfer wie andere Zielgruppen. Andererseits werden jene, die in einem Zusammenhang vergleichsweise verschont wurden, in einem anderen zu Opfern.

Die beste Form, sich diesem Thema zu nähern, ist vielleicht, von Erinnerungsgemeinschaften zu sprechen. In einer modernen demokratischen Gesellschaft, in der die sogenannte Politik der Anerkennung eine bedeutende Rolle spielt,[7] geht es vor allem um die konkurrierenden Anschauungen darüber, wer drin ist und wer draußen, das heißt, um die Mitgliedschaft selbst. Natürlich streiten wir immer noch über die Verteilungspolitik: Unsere Gesellschaften debattieren über Wohlfahrt und Steuern und Transfers aller Art. Trotzdem wird eine Menge politische Leidenschaft auf die Frage verwandt, wer das Recht hat, auf der Grundlage einer öffentlichen gemeinsamen Erinnerung von anderen Anerkennung zu beanspruchen und zu verlangen. Nichtsdestoweniger ist es eine Tatsache des Lebens. Der Streit in Auschwitz über die Rolle von Kreuzen, der Streit in Buchenwald darüber, ob ein Museum für das sowjetische Speziallager gebaut werden sollte – hier hält sich die Erinnerung nicht an Kieferschen Kitsch, sondern birgt Spannungen. Ebenso wie der öffentliche Raum umkämpft ist, sind auch die Erinnerungsorte umkämpft. Das ist keine Ablenkung von der Politik (wie ich einst geglaubt hatte), sondern die Politik selbst.

Statt über Erinnerungsorte oder Orte des Trauerns sollten wir vielleicht lieber über verschiedene und miteinander streitende Erinnerungsgemeinschaften sprechen. Wenn kollektive Identität und kollektive Achtung der eigentliche Inhalt der Politik sind, dann muß jedes Kollektiv, das einen Anspruch stellt, Erinnerung als Grundlage vorbringen – und nach den Regeln der gegenwärtigen Politik die Erinnerung an ihre Verfolgung. Die gemeinsame Verfolgung wurde zum zentralen konstitutiven Bestandteil kollektiver Identität. Wir können also die Geschichte moderner demokratischer Auseinandersetzungen aufgrund dieser aufeinanderfolgenden öffentlichen Erinnerungen schreiben. Man könnte behaupten, daß die Tendenz, die viele Beobachter Deutschlands feststellten – das Gefühl, verfolgt zu sein –, nicht einfach ein unattraktiver gesellschaftlicher Zug war, sondern eine ausgeklügelte politische Strategie.[8] In dieser Hinsicht sind Nostalgie und Sehnsucht (obgleich ziemlich verschieden – Nostalgie wendet sich einer idealisierten Geschichte zu, Sehnsucht zielt auf und konstituiert eine unerfüllte Geschichte) gleichermaßen Komponenten der Gemeinschaftspolitik.

Welches sind die relevanten deutschen Erinnerungsgemeinschaften? Bis Ende der 50er Jahre hatten die Vertriebenen eine Gemeinschaft der Erinnerung – nicht an Deutschland, sondern an ihre deutsche Existenz im Exil. Siegfried Lenz hat das in seinem Roman *Heimatmuseum* gut eingefangen. Im großen und ganzen ist diese Gemeinschaft verblaßt – obwohl ich erst kürzlich noch einen Vertreter getroffen habe –, oder sie wurde in jene Art von Erinnerung an die ostpreußische oder eine andere verlorene Heimat verwandelt, wie sie Marion Dönhoff beschrieb. Aber diese Gemeinschaft stand in den 50er Jahren in Deutschland nie alleine. Das Nachkriegsdeutschland war voller Not- oder sogar Exilgemeinschaften: die Kriegsgefangenen, die Soldaten ohne Beine, die Frauen, die in Sommernächten in den Biergärten miteinander tanzten. Heute sind sie zu Gemeinschaften geworden, denen wir mit Hilfe der Sozialgeschichte nachspüren. Robert Moellers jüngstes Buch *War Stories* erzählt die Geschichte, die alle, die Deutschland in den 50er Jahren kennengelernt haben, intuitiv verstanden haben: nämlich, daß die Verfolgung nicht nur zu einer politischen Strategie der verschiedenen Gruppen innerhalb Deutschlands wurde, sondern zu einer Strategie des gesamten Landes, das sich um politische Rekonvaleszenz bemühte.[9] Jeder von uns hat die Geschichte einer Flucht im Winter 1945 aus Pommern oder Ostpreußen zu Fuß oder im offenen Wagen gehört. Uns war dabei aber nicht deshalb etwas unwohl, weil die Geschichten falsch oder übertrieben gewesen wären, sondern weil sie keine Sympathie für diese Opfer, die die deutsche Politik hervorgebracht hatte, zuzulassen schienen. Das überraschende Ergebnis war, daß Deutschland trotz der Ressentiments, die kaum verebbt waren, eine Demokratie aufbauen konnte. Natürlich half der Kalte Krieg – ebenso wie die Existenz der DDR. Und welche Alternative hätte es gegeben? Außerdem ermöglichten diese Verfolgungsgemeinschaften vielleicht – obgleich dies eine unangenehme Vorstellung ist – eine Art Pluralismus zweiter Klasse. Zumindest riefen sie zu nationalen Anstrengungen der Solidarität und zur Verteilung der Lasten auf: der Lastenausgleich der Nachkriegsjahre.

Am anderen Ende des politischen Spektrums die Linke: Aus meiner Sicht spielt sie nicht wirklich mit diesem Bild der Passivität. Da sie den institutionellen Wandel fordert und sozial begründete Klassengegensätze postuliert, hat die Linke Gedenkveranstaltungen genutzt, um ihre eigenen Gruppen zusammenzuhalten, aber nicht als Strategie gegen Nicht-Linke. Aus diesem Grunde bilden die 68er eine viel uneinheitlichere Erinnerungsgemeinschaft, selbst wenn sie in Nostalgie schwelgen – und dafür gibt es gute Gründe. Sie waren und sind zum Teil noch politisch engagiert; sie haben einen langen Weg durch die Institutionen hinter sich und müssen ihre Erinnerungen nicht zu Melancholie gefrieren. Sie sehen ihren Aktivismus sogar so zwiespältig, daß sie Erinnerungsarbeit scheuen.

Es existiert natürlich auch eine ostdeutsche Erinnerungsgemeinschaft – eine, die entweder voller Ablehnung des DDR-Regimes (vor allem der Stasi) ist oder manchmal voller Trauer über den verschwundenen institutionellen Rahmen – und unlogischerweise manchmal auch beides. Dies ist eine Gemeinschaft mit einer außerordentlich komplexen Erinnerung. Die alten und mittelalten Menschen der früheren DDR fanden sich in der gleichen Landschaft, mit ihren gleichen Familien und Vereinen, aber mit radikal veränderten Institutionen wieder. Sie brachten zwei unterschiedliche Sätze von Erinnerungen mit: auf der einen Seite die wütende Erinnerung an die Kontrolle durch die Stasi, den autoritären Paternalismus und die relative Armut. Diese Erinnerung sorgte für die außerordentliche Fixierung auf die Rolle der Stasi fast das gesamte Jahrzehnt nach der Einheit hindurch. Was im Rückblick so traumatisch war, war nicht, daß ein kommunistischer Staat sich auf eine politische Polizei gestützt hatte, sondern daß so viele ihre Familien und Freunde verraten hatten. Aber gleichzeitig erzeugte dieses System – so sehr es auch mit Heimlichkeit und Komplizenschaft durchdrungen war – doch Bedauern, als es unterging. Der Titel dieser Erinnerung könnten lauten: Verrat und Biedermeier.

Für manche vereinen und definieren diese Erinnerungen deshalb eine Gemeinschaft der Verfolgten – und in diesem Sinne eine passive. Das muß aber nicht so sein, und für die robusteren Mitglieder der Bürgerbewegung ist es eine Gemeinschaft, die nicht die Erinnerung an die Unterwerfung, sondern die Erinnerung an ihr Eintreten für Rechte hochhält. Schließlich gibt es noch die Gemeinschaft, die die Deutschen aufgrund der Geschichte der vergangenen Jahrzehnte zu errichten verpflichtet waren – nämlich die Gemeinschaft der Täter. Sie ist chronologisch von der Gegenwart am weitesten entfernt, wurde aber erst als letzte definiert. Diese Erinnerungsgemeinschaft ist gezwungen, ein anderes Deutschland zu erinnern; sie verlangt eine andere Akzeptanz von Identität. Sie wird oft abgewehrt, wenngleich sie auch oft eingestanden wird. Da die Confiteors so voller Eifer sind, wissen wir nicht, wie wir sie beurteilen sollen, nicht ihre Ernsthaftigkeit – denn sie meinen es zweifellos ernst –, sondern ihre Authentizität. Entspricht ihnen eine innere Haltung des Herzens und der Seele? Und dann wieder: Ist das wirklich wichtig? Es gibt viele Grundlagen für Solidarität. Ich möchte klar sagen: Ich glaube, für die überwältigende Mehrheit der Deutschen ist es wichtig, selbst wenn sie es schwierig finden zu akzeptieren, daß diese Gemeinschaft ohne festgelegte Grenzen, ohne vorhersehbares zeitliches Ende akzeptiert werden muß.

Und schließlich ist da natürlich diese reale Gemeinschaft deutscher Erinnerung, die sich weitgehend außerhalb Deutschlands befindet, die Überlebenden und die Kinder der Überlebenden, die Opfer der Deutschen und der Nationalsozialisten während des «Dritten Reiches» geworden waren. Ihre Anstrengungen zur Konstituierung dieser Gemeinschaft bilden ein umfangreiches Kapitel und haben in den vergangenen Jahren so viele der anderen mitgeprägt. Ihre Grenzen sind noch nicht festgelegt, und diejenigen, die im Mittelpunkt dieser Gemeinschaft stehen, haben oft Bedenken, sie für andere Mitglieder zu öffnen, die ihrer Meinung nach weniger gelitten haben.

Wir haben inzwischen alle ihre Erinnerungen mit ihnen geteilt, denn obgleich diese äußerst privat sind, erheben sie doch den Anspruch auf Universalität. In ihren besten Momenten sprechen diese Werke der Erinnerung nicht nur von den Schmerzen, die die Opfer durch die grausamen und kaltblütigen Peiniger, denen sie ausgeliefert waren, erlitten haben, sondern auch von dem psychologischen Schrecken, den ihre persönlichen Geschichten auch auslösten. Ich möchte zwei bekannte Dokumente zitieren, die dies eindrücklich illustrieren: Das eine ist Art Spiegelmanns *Maus*, die natürlich eine bemerkenswert gute Geschichte des Holocaust ist und sich doch aus der Konfrontation des Sohnes mit dem Vater entwickelt oder dem Streit zwischen dem Vater, der zweiten Frau des Vaters, dem Autor und seiner Frau um normale Beziehungen, die nicht von «Mauschwitz» zerstört werden – woraus die Geschichte einen unerreichbaren Traum gemacht hat. Das andere Meisterwerk ist die gemalte Autobiographie Charlotte Salomons, *Leben oder Theater?*[10], viele hundert Gouache-Zeichnungen eines bürgerlichen, bedrückenden Lebens, die von der jüdischen kulturellen Existenz in Berlin nach 1933 erzählen, von einer Familie, die von Selbstmorden und grauenhaft narzistischen Großeltern (zumindest so weit wir sie sehen können) gezeichnet ist. In Charlottes Erzählung stellt der enger werdende Schraubstock der Verfolgung in Deutschland und dann im Vichy-Frankreich die Analogie zu ihrem eigenen Ersticken zu Hause dar. Sie wird schließlich von der Musik erlöst, von einer idealisierten romantischen Beziehung zu einem anderen Egomanen, der als solcher erkannt wird, und von Musikfragmenten. In diesen beiden Dokumenten der Erinnerung ist nur die verzerrte und völlig neurotische Erinnerung, die nur durch die Erzählungen exorziert wird, stark genug, um das Erzählen der öffentlichen Erinnerung an den herankommenden politischen Terror auszuhalten und zu erlauben. Private Neurosen ermöglichen öffentliche Geschichte.

4. *Losgelöste Erinnerung*

Wenn wir uns auf Erinnerungsgemeinschaften konzentrieren, können wir vielleicht das vermeiden, was mir die heranrückende Gefahr einer Erinnerungskultur zu sein scheint. Wenn wir uns nicht auf bestimmte kollektive Erinnerungen im Plural und manchmal auf individuelle Erinnerungen konzentrieren, laufen wir Gefahr, Erinnerung als einen Prozeß zu betonen, der abgetrennt ist von den Geschichten, die ihm zugrunde liegen. Wenn wir nicht die Erinnerungsgemeinschaften im Blick behalten, sind wir dann nicht zu sehr mit dem mentalen oder kulturellen Prozeß des Erinnerns beschäftigt? Ist «erinnern» kein transitives Verb mehr? Ist die Erinnerung nicht gewissermaßen ihr eigener Gegenstand geworden? Wird sie nicht getrennt von dem, was erinnert wird? Das Gedenken wurde, wie mir scheint, so sehr zu einem politischen Thema, daß die Verbindung zwischen den Erinnerungen – geheiligten, zelebrierten, umstrittenen oder welchen auch immer – und dem Gegenstand der Erinnerungen sich oft aufzulösen scheint. Wir finden uns in Platons berühmter Höhle wieder, aber die Schatten an der Wand sind nicht die Phänomene einer erspürten Welt, sondern die Erinnerungen an eine historische Welt, deren Licht wir nicht sehen können. Nicht nur die Deutschen, sondern wir alle, die wir uns in der westlichen Welt mit den Geisteswissenschaften beschäftigen, sind von Erinnerung bedrängt. Erinnerung wurde losgelöst von dem, was sie erinnert; sie ist selbst ein menschliches Phänomen – das als Artefakt studiert wird, als Tätigkeit, die von dem Erinnerten getrennt ist. Wir sind Geschöpfe der Erinnerung. Wir diskutieren die Erinnerung und ihre Produkte endlos: Wer verdient in Buchenwald ein Museum? Welche Form soll das jüdische Mahnmal bekommen? Welche Rolle soll das jüdische Museum spielen? Wem stehen Entschädigungszahlungen zu? Was den Holocaust angeht, so wird er in der Apologie der Rechten zu einer Metapher für universelle Verfolgung und in der wohlmeinenden, aber wirren Version der Linken zu einer Metapher für universelle Kriminalität. Sollte uns das nicht eine Mahnung sein, daß die Zukunft der Erinnerung sich ebenso sehr mit dem Gebrauch der Erinnerung beschäftigen muß wie mit ihrem unwiderbringlichen Verblassen. Wenn man die gegenwärtigen Trends betrachtet, dürfte die wichtigste öffentliche Aufgabe zumindest für die kommenden zwei Jahrzehnte sein, die Erinnerung aus der Melancholie zu retten, sie für kritische Fragen und Debatten zu öffnen und nicht einfach in ihr einzutauchen. Das soll keine Vollmacht für den historischen Revisionismus sein, aber es soll selbst an den furchtbarsten Erinnerungsorten daran gedacht werden, daß es andere Gemeinschaften mit anderen Vergangenheiten gibt.

Aus dem Englischen von Simone Gundi

Anmerkungen

1 Friedländer, Saul: Überlegungen zur Historisierung des Nationalsozialismus, in: Diner, Dan (Hrsg.): Ist der Nationalsozialismus Geschichte? Zu Historisierung und Historikerstreit, Frankfurt/M. 1987, S. 34–50; siehe auch den Austausch zwischen Martin Broszat und Saul Friedländer, Um die «Historisierung des Nationalsozialismus». Ein Briefwechsel, in: Vierteljahrshefte für Zeitgeschichte, 36 (1988), S. 339–372. In diesem Aufsatz benutze ich den Begriff «Erinnerung» in einem sehr allgemeinen Sinn, der sowohl historische Schriften und die Schaffung von historischen Werken, wie z. B. in Museen, umfassen soll als auch den psychologischen Akt des Erinnerns.

2 De Lillo, Don: Weißes Rauschen, Köln 1987, S. 161–165. Benjamins Diskussion der ‹Aura› findet sich in dem Buch: Das Kunstwerk im Zeitalter seiner technischen Reproduzierbarkeit. 3 Studien zur Kunstsoziologie, Frankfurt/M. 1963.

3 Don De Lillo, Weißes Rauschen, S. 24.
4 Semprun, Jorge, Was für ein schöner Sonntag! Frankfurt/M. 1981. Zur Rolle der Kommunisten in Buchenwald siehe Niethammer, Lutz (Hrsg.): Der gesäuberte Antifaschismus. Die SED und die roten Kapos von Buchenwald, Berlin 1994.
5 Casey, Edward S.: The Fate of the Place. A Philosophical History, Berkeley/Los Angeles 1998.
6 Dilthey, Wilhelm: Der Aufbau der geschichtlichen Welt in den Geisteswissenschaften, 1910.
7 Taylor, Charles: Multikulturalismus und die Politik der Anerkennung, Frankfurt/M. [2]1993.
8 Frei, Norbert: Vergangenheitspolitik. Die Anfänge der Bundesrepublik und die NS-Vergangenheit, München 1996.
9 Moeller, Robert G.: War Stories. The Search for a Usable Past in the Federal Republic of Germany, Berkeley/Los Angeles 2001.
10 Fischer-Defroy, Christine: Charlotte Salomon – Leben oder Theater? Das Lebensbild einer jüdischen Malerin aus Berlin 1917–1943, Bilder und Spuren, Notizen, Gespräche, Dokumente, Berlin 1986.

Der Holocaust im deutschen Familiengedächtnis

Harald Welzer

> Die Erinnerung ist wie ein Hund,
> der sich hinlegt, wo er will.
>
> Cees Nooteboom

Der Versuch, die Frage zu beantworten, wie ein Ereignis der Vergangenheit zukünftig erinnert werden wird, ist ein waghalsiges Unterfangen. Sozialwissenschaftler haben noch immer falsch gelegen, wenn sie gesellschaftliche Entwicklungen prognostiziert haben, und überhaupt wissen wir, daß die Erinnerung an Vergangenheiten eine höchst geschmeidige Operation ist, die mehr mit den Befindlichkeiten und Erfordernissen der Gegenwart zu tun hat als mit dem, was in der Geschichte geschehen ist. Und weiter: Was sollten die Indikatoren für das Ausmessen der künftigen Gestalt sein, in der die nationalsozialistischen Menschheitsverbrechen in fünfzig Jahren erinnert werden?

Das 20. Jahrhundert hat zwei entscheidende Einsichten provoziert, die direkt mit unserer Frage zu tun haben: Die erste besteht darin, daß katastrophale und genozidale Entwicklungen keine Betriebsunfälle eines ansonsten linear fortschreitenden Zivilisierungsprozesses sind, sondern Potentiale, die mit seinem Fortschreiten anwachsen; die zweite, daß gesellschaftliche Entwicklungen, mit denen niemand gerechnet hat, sich in ungeheurer Geschwindigkeit vollziehen können. Letzteres gilt für die Dynamik, mit der die nationalsozialistische Gesellschaft ihre Option auf die Durchführung des größten Verbrechens der Geschichte entwickelt und durchgesetzt hat, genauso wie für die irritierend schnellen und folgenreichen Transformationsprozesse, die besonders die osteuropäischen Länder im letzten Jahrzehnt des 20. Jahrhunderts erlebt haben.

Beide Einsichten sollten es zumindest für denkmöglich halten lassen, daß auch die nächsten fünfzig Jahre potentiell *men made desasters* bereithalten, die die Erinnerung an den Holocaust hinsichtlich der ihm beigemessenen Bedeutung deutlich verändern können – ganz zu schweigen von der Möglichkeit, daß eine künftige Katastrophe ein solches Ausmaß erreicht, daß sie gar niemanden mehr zurückläßt, der sich erinnern könnte. Falls der Holocaust eine Lehre beinhaltet, dann die, daß alles möglich ist, daß die zivilisatorischen Rückhaltesysteme gegenüber maßstabsloser Inhumanität viel schwächer sind, als man zuvor zu befürchten gewagt hat und, so glaube ich, auch im nachhinein noch zu befürchten wagt.

Meine grundsätzliche Skepsis gegenüber dem Skizzieren der Umrisse einer zukünftigen Erinnerung gehört also selbst zu dem Gegenstand, der erinnert werden soll. Das halbe Jahrhundert, das seit dem Holocaust vergangen ist, hat gezeigt, welche Gestalt- und Deutungswandlungen dieses Ereignis in der kollektiven Erinnerung durchlaufen hat, selbst wenn man nur die west- und später die gesamtdeutsche Erinnerung betrachtet.[1] Kollektive Erinnerungen scheinen mir übrigens, solange es noch Angehörige der Erlebnisgeneration gibt, durchaus flexibler im Hinblick auf Veränderungen der Erinnerungskultur zu sein als individuelle, und man sollte sich davor hüten, diese beiden Bereiche des sozialen Gedächtnisses miteinander zu verwechseln. Wenn es in Deutschland auf der Ebene der Erinnerungs-, Vergangenheits- und Gedenkpolitik inzwischen eine erklärte und auch praktizierte Norm des Erinnerns an die nationalsozialistischen Verbrechen und des Gedenkens an die Opfer gibt, sagt das noch nichts darüber aus, wie Menschen sich in nichtöffentlichen Sphären, also etwa in der Familie, an dieselbe Vergangenheit erinnern oder wie sich die Erlebnis- und Erfahrungsgeschichte des «Dritten Reiches» in der transgenerationellen Vermittlungskette fortschreibt, welche Rolle die Verbrechen in ihr spielen und welchen Erinnerungsort der Holocaust in ihr findet.

Sebastian Haffner hat in seinen Erinnerungen an die Zeit von 1914 bis 1933 auf einen «Intensitätsunterschied des Geschichtsgeschehens» hingewiesen[2] und damit gemeint, daß historische Ereignisse die einzelnen Biographien mit ganz unterschiedlicher Wucht und Erinnerungsbedeutsamkeit treffen – je nach dem individuellen Lebensalter, der gesellschaftlichen Position, der politischen Orientierung, den verfügbaren Handlungsmöglichkeiten usw. Solche Unterschiede in der Intensität des Erlebens und entsprechend in der des Erinnerns sind, auch darauf weist Haffner hin, nur anhand biographischer Analysen zu rekonstruieren. Wenn die Erlebnisgeneration ausstirbt, wie es für die Täter, Opfer und Zuschauer des Holocaust gegenwärtig der Fall ist, erhebt sich für die Untersuchung der Erinnerung (und natürlich besonders für die der Zukunft der

Erinnerung) auch die Frage danach, wie Erfahrungen, Erlebnisse und Deutungen aus der Vergangenheit an die nachfolgenden Generationen weitergegeben werden, mithin auch danach, welche Vorstellungen und Bilder vom «Dritten Reich» und vom Holocaust jenseits des im Geschichtsunterricht und in Gedenkstätten vermittelten Wissens auf dem Wege kommunikativer Tradierung lebendig gehalten werden.

Ich möchte im folgenden mit Hilfe von Gesprächssequenzen aus zwei Forschungsprojekten,[3] die sich mit der Weitergabe der nationalsozialistischen Vergangenheit im Gespräch zwischen den Generationen beschäftigt haben, zunächst diese Frage etwas weiter verfolgen. Abschließend möchte ich dann den Versuch machen, einige Überlegungen zu einer möglichen Zukunft des Erinnerns anzustellen. Um es gleich vorwegzunehmen: Entgegen landläufigen Vorstellungen kommt weder den nationalsozialistischen Verbrechen noch dem Holocaust im deutschen Familiengedächtnis eine bedeutende Rolle zu – ganz im Gegensatz zu Erinnerungen, in denen die Familienmitglieder selbst als Opfer des «Dritten Reichs», als alltägliche Widerstandskämpfer, niemals aber als «Nazis» in Erscheinung treten. Beginnen wir mit der 1920 geborenen ehemaligen Lehrerin Martha Stach, die auf die Frage, wie sie die Verfolgung der jüdischen Bevölkerung in Deutschland wahrgenommen habe, antwortet:

«Ja, wir hatten ja wenig Juden. Die Geschäfte, die geschlossen wurden, daraus war ja noch nichts zu entnehmen, was in den Gaskammern geschah. Also, ja, wir hatten ganz ganz wenig Juden. Im Grunde genommen fiel das nicht so auf. Erschütternd war diese Kristallnacht, und an unserer Schule war dann plötzlich die Tochter des Rabbiners nicht mehr da. Aber das war die einzige Jüdin an unserem Oberlyceum, die ich kannte. Und die konnte ja auch ausgewandert sein oder sonstwie. Es ist ja etlichen auch gelungen. Ob die nun inhaftiert war oder ausgewandert, das konnten wir nicht feststellen. Wir hatten ja auch keinen persönlichen Kontakt, die war sechs Jahre älter in 'ner anderen Klasse, also die kannte ich nicht, und sie hätte mich auch nicht gekannt.» (Stach, 415–431)

Schon zu Beginn des Gesprächs hatte Frau Stach betont: «Juden gab's im engsten Bekanntenkreis weniger» (99), hier nun wiederholt sie, daß es in ihrem Umfeld nur «wenig Juden» gab. Nach ihrem Hinweis auf den fehlenden Zusammenhang zwischen geschlossenen Geschäften und Gaskammern verweist sie nochmals auf die Situation in ihrem eigenen sozialen Umfeld, in dem nunmehr nur noch «ganz ganz wenig Juden» sind, weshalb ihr sukzessives Verschwinden «im Grunde genommen [...] nicht so auf [fiel]». In den nächsten Sätzen ist es dann nur noch eine «einzige Jüdin», die Frau Stach kannte, und selbst diese Bekanntschaft nimmt sie einen Augenblick später aufgrund des Altersunterschieds gleich wieder zurück: «also die kannte ich nicht». Aus dem Kennen wird ein Nicht-Kennen, das mit dem Nicht-Wissen über das, was vorgeht, korrespondiert. («Ob die nun inhaftiert war oder ausgewandert, das konnten wir nicht feststellen.»)

Am Ende dieser kurzen Passage ist niemand mehr da, und es läßt sich gewiß sagen, daß Frau Stach den Prozeß der Ausschließung, Deportation und Vernichtung der Juden aus der Sicht der nicht-jüdischen Bevölkerung in einer sprachlichen Verdichtung exakt nachzeichnet. Zunächst werden aus «wenig [en] Juden» «ganz ganz wenige», und schließlich bleibt nur noch eine einzige übrig, die Frau Stach dann auch nicht mehr kennt und die in irgendein Nirgendwo verschwindet. In dieser Darstellung findet sich eine Spur des historischen Prozesses der Vernichtung der europäischen Juden, die, so könnte man sagen, sich gegen die Intentionen der Erzählerin durchsetzt. Während Frau Stach zum Ausdruck bringen möchte, daß sie selbst an ihrem Ort, in ihrer sozialen Umgebung mit den Verbrechen nicht konfrontiert war, rekonstruiert die narrative Gestalt ihrer Erzählung strukturell den Prozeß der Vernichtung. Diese Passage zeigt also die Persistenz der Struktur des Verschwindens, wenn man will, die Repräsentation einer negativen Erinnerung oder, mit Reinhart Koselleck, eine Hohlform der Erinnerung.

Martha Stachs Darstellung ist prototypisch dafür, wie die Vernichtung der jüdischen Bevölkerung in deutschen Gesprächen zu diesem Thema repräsentiert ist: Juden kommen in unseren Interviews und Familiengesprächen nur bis zu ihrer «Ausreise» bzw. bis zur «Kristallnacht» vor, um dann nach 1945 vereinzelt in den Erzählungen wieder aufzutreten, und zwar als Kronzeugen dafür, daß sich die Erzähler oder ihre Angehörigen nichts haben zuschulden kommen lassen. So erzählt zum Beispiel Mathilde Beck, geboren 1924, im Familiengespräch darüber, daß ihr Vater ein «alter Kämpfer» der NSDAP und Ortsgruppenleiter gewesen sei und stets «von der Sache» überzeugt war. Gleichwohl, berichtet sie, ereignete sich nach dem Krieg das Folgende:

«Als meine Schwester '46 heiratete, kam eine Jüdin und sagte, es war ja nun 'ne schlechte Zeit, und sagte zu meiner Mutter: ‹Und wenn Sie irgendwas brauchen, sagen Sie's, vielleicht kann ich es organisieren durch Care-Pakete oder dergleichen, denn er hat mich ja auch nicht gemeldet.›» (F09G, 329–333)

Solche Erzählungen haben übrigens nicht nur die Funktion, das Handeln der Erzähler und ihrer Angehörigen in gutem Licht erscheinen zu lassen, sie dokumentieren zugleich auch, daß es durchaus Überlebende gab, und als solche treten die «jüdischen Bekannten» dann gleich nach dem Krieg wieder auf:

«Mir hat einmal eine Dame gesagt, die mit einem Juden verheiratet war, nach'm Krieg, und er hat es auch überstanden, obwohl sie ihn zum Schluß noch nach Theresienstadt verfrachtet haben, also er ist noch nicht mal mehr hingekommen, und die habe ich kennengelernt 1946, und da sagte sie zu mir: ‹Ja, das sind doch auch alles Menschen!› Sie hat recht, es sind Menschen genau wie wir!» (GD II, 488–492)

Zahlreicher als Geschichten über solche überlebenden Zeugen sind Erwähnungen und Erzählungen über jüdische Mitschülerinnen und -schüler, über Ärzte, Kaufleute und Viehhändler, zu denen man jeweils ein freundlich-loyales Verhältnis gehabt habe, bis sie dann eben «ausgereist» seien. In diesen Geschichten reproduziert sich kontinuierlich das Stereotyp, daß die jüdischen Deutschen durchgängig wohlhabenden Bevölkerungsschichten angehört haben, denen die «Ausreise» finanziell ohne weiteres möglich war: Wenn erzählt wird, daß der Klassenkamerad «plötzlich» nicht mehr zum Unterricht erschien, wird wie automatisch auf den Beruf des Vaters hingewiesen, wie bei Lore Renz (Jg. 1916), die von der «letzten Jüdin» in ihrer Klasse das Folgende zu berichten weiß:

«Lilly Schneider, der Vater war Arzt auf'm Gesundheitsamt, die wohnten in Kleefeld. Da wohnten ja überhaupt die besseren Leute in Kleefeld, die ganzen Juden wohnten hauptsächlich da. Aber die konnten noch auswandern.» (F13Z2, 39–58)

Die Darstellungen der Zeitzeugen unterscheiden sich in dieser Hinsicht kaum voneinander. Und ähnlich wie in der Erzählung von Frau Renz der antisemitische Topos der «reichen Juden» der Feststellung vorausgeht, «die konnten noch auswandern», mündet in den meisten Erzählungen der Zeitzeugen der Hinweis auf die finanziellen Möglichkeiten der betroffenen Personen oder Familien in Berichte von ihrer Flucht noch vor Beginn des Zweiten Weltkriegs.

In keiner der Erzählungen der von uns interviewten Zeitzeugen kommen die der Flucht vorausgegangenen Diskriminierungen zur Sprache. Die Flucht wird nur als solche erwähnt, scheint jedoch nicht weiter erklärungsbedürftig zu sein. Aber schon «Flucht» ist nicht der Begriff, den die Zeitzeugen verwenden. Sie sprechen davon, daß «die Juden» «ausgewandert» oder «abgehauen» seien, sich «weg-» oder «aus dem Staub gemacht» haben. Und immer wieder taucht in diesem Zusammenhang «Geld» auf: «Die Juden», die ein Konfektionsgeschäft besaßen und mit denen ihr Vater zusammengearbeitet hatte, so berichtet Wilhelmine Brinkmann (F30Z, 74–85), seien «abgehauen», «nach Amerika und so, nich'. Denn die hatten ja Geld, diese Leute hatten ja Geld».[4]

Frau Haase (Jg. 1920) hingegen greift nicht nur auf den Topos der «reichen Juden» zurück, sondern wiederholt unverhüllt auch andere antisemitische Stereotype. So erzählt sie, daß ihr Vater in den 20er Jahren manchmal morgens die Todesanzeigen in der Zeitung las und sagte: «Den hat der Cohn auch auf'm Gewissen.» Dieser Kommentar des Vaters war ihr zunächst rätselhaft, später jedoch, meint sie, habe sich ihr der Sinn erschlossen: «Später hab' ich erfahren wieso. Er [der Cohn] hat immer viel Geld verborgt mit Wucherzinsen» (F35Z, 442–443). Und auch das antisemitische Stereotyp der «feigen, unterwürfigen Juden» taucht in ihren Erzählungen auf: «Und diese Kinder, also die Judenkinder waren irgendwie anders als wir. Also die waren irgendwie anders. Ich kann es Ihnen jetzt nicht sagen, wieso, also der eine Junge, der war zum Beispiel so feige [...] also der hatte immer Angst und: ‹bitte nicht, bitte nicht›, so devotisch» (F35Z, 409–416). Das Flehen des Jungen gibt Frau Haase wieder, ohne auch nur einen Augenblick zu zögern. Daß seinen verzweifelten Bitten ein Angriff vorausgegangen sein muß, er also mit Grund Angst gehabt hat, findet keine Erwähnung.

Das Stereotyp der «reichen Juden», die noch vor Kriegsbeginn – meist nach Amerika – «ausgewandert» sind, findet sich häufiger in den Erinnerungen der Zeitzeugen als in den Erzählungen ihrer Kinder. Aber auch wenn sich Angehörige der nachfolgenden Generation an die Erzählungen ihrer Eltern erinnern, taucht dieser Topos immer wieder auf. So etwa berichtet Kurt Jung, daß seine Eltern «auch viele jüdische Familien» kannten, «die in Hannover Geschäftsleute waren, ne, die dann im Laufe der Zeit wieder aufgetaucht sind. Viele sind ja noch vor Kriegsbeginn ausgewandert nach Amerika, die dann später wiedergekommen sind, große Geschäftsleute.» (F13K, 144–147)

Es ist jedoch nicht nur der Topos der «reichen Juden», der von der Kindergeneration aufgegriffen wird. Ähnlich ungebrochen wie die Zeitzeugen verwenden auch einige Angehörige der Kindergeneration die nationalsozialistischen Kategorien der «Halb-» oder «Vierteljuden». Dabei fließen diese Begriffe meist beiläufig in Erzählungen ein. An keiner Stelle wird auf die Herkunft oder Funktion dieser Kategorisierungen hingewiesen. Beiläufig und vollkommen selbstverständlich wird in den Interviews auch zwischen «den Juden» und «den Deutschen» unterschieden. So etwa erzählt Birgit Roth (Jg. 1939):

«Ich weiß nicht, warum die die Juden raus haben wollten, Juden waren eigentlich die besten Geschäftsleute, haben ja eigentlich den größten Anteil hier früher gehabt in Deutschland, ne. Überall große Geschäfte und die Deutschen haben da gearbeitet.» (F12K, 106–109)

Vieles an dieser Interviewpassage ist bezeichnend: Sie ist nicht offen antisemitisch. Vielmehr wird versucht, mit der Aussage, daß «Juden» «die besten Geschäftsleute» waren, das anfänglich geäußerte Unverständnis zu erläutern. Aber nicht nur, daß schon mit der Frage, «warum die die Juden raus haben wollten», die Tatsache ausgeblendet bleibt, daß es sich um Massenmord und nicht um Vertreibung handelte. «Die Deutschen» tauchen auch allein als diejenigen auf, die für die jüdischen Geschäftsleute arbeiteten – wer «die» sind, wer also «die Juden raus haben wollte», bleibt offen. Und auch die prinzipielle Unterscheidung zwischen «Juden» und «Ariern» wird in Form der Differenzierung zwischen «den Juden» und «den Deutschen» erhalten. Was von der Sprecherin als kritische Äußerung intendiert war, tradiert im selben Zug antisemitische Stereotype und nationalsozialistische Kategorisierungen: Juden werden nicht als Deutsche betrachtet.

Die antijüdische Gesetzgebung, die Enteignungen, die Deportationen – all das scheint sich in einem Rahmen von Selbstverständlichkeit und Fraglosigkeit abgespielt zu haben, daß es gar nicht der Rede wert war und entsprechend in der Erinnerung nicht repräsentiert ist. Anders verhält es sich mit der «Reichskristallnacht», die als bedeutsam markiertes Datum in den Erzählungen vielfältig vorkommt – aber eben nur als Datum, nicht als Bestandteil eigenen Erlebens. Darauf angesprochen, zeigen sich die Befragten empört über das Geschehen, beeilen sich aber sofort zu erklären, daß sie nur vermittelt davon erfahren haben – entweder, weil sie noch zu jung waren, um zu begreifen, was vor sich ging, oder weil sie an diesem Tag gerade nicht da waren: So erzählt Frau Drake, daß sich «die Reichskristallnacht für mich eben wie ein Silvester dargestellt hat. Ich hab' immer gedacht, es sei Silvester gewesen. Ich hab' ja nie gewußt, daß es die Reichskristallnacht war.» (F20ZZ, 44–46)

Andere Zeitzeuginnen und Zeitzeugen haben nur von ihrer zufälligen Abwesenheit zu berichten:

Frau Büttner: «An dem Tag war ich auch gerade nicht da.»
Interviewer: «Nicht in Hannover?»
Frau Büttner: «Doch, in Hannover schon, aber ich war krank. Ich lag im Bett und hatte die Grippe.» (Büttner, 130–133)
Frau Raake: «Ich wohnte damals in Kleefeld und wir sind kaum in die Stadt gekommen.» (Raake, 348–349)
Herr Lüders: «Von der Reichskristallnacht habe ich nichts gemerkt. Ich habe nur den andern Tag gesehen, was dort alles los gewesen war.» (Lüders, 652–654)
Herr Konrad: «Das wurde ja von einer sehr kleinen Gruppe gemacht [...].»
Interviewer: «Aber man muß es ja gesehen haben.»
Herr Konrad: «Ja, hinterher. Man hat die zerstörten Synagogen gesehen.» (Konrad, 639–643)

An dieser Stelle mag der Befund erwähnenswert sein, daß von den insgesamt 2535 Geschichten, die im Rahmen der Mehrgenerationenstudie erzählt wurden, lediglich 203 die Verfolgung der jüdischen Bevölkerung, die Existenz von Lagern und von Zwangsarbeit etc. thematisieren, und dies meist auf Nachfrage durch die Interviewer. Dabei kommen Geschichten aus der Zeit zwischen 1938 bis 1945 nochmals seltener vor – diese behandeln dann couragierte Hilfeleistungen von verbalem Aufbegehren bis hin zum «Juden verstecken»[5] – oder Geschichten über das freundschaftliche Verhältnis zu Zwangsarbeitern, mit denen man den Darstellungen zufolge noch heute in Kontakt steht. Vor dem Hintergrund der zu diesem Thema erzählten Geschichten wird die in den Medien breit diskutierte Frage der Zwangsarbeiterentschädigung bei den meisten Angehörigen der Zeitzeugengeneration wohl eher auf Befremden stoßen, denn die Erzählerinnen und Erzähler lassen nicht erkennen, daß sie irgend etwas am Zwangsarbeitssystem als verbrecherisch charakterisieren würden. Für sie war und ist es einfach eine zeitspezifische Gegebenheit, die nicht weiter problematisch ist. Albert Eeven (Jg. 1920) erzählt eine Geschichte, die aus seiner Sicht dokumentieren soll, wie fair in seiner Familie mit Zwangsarbeitern umgegangen wurde:

«Da kam morgens auch der Polizist rein [...]. Und dann wollte er gleich den Polen, unseren Alfred, dann schlagen und dann möglichst in der Küche noch verprügeln. Da ist mein Vater aufgesprungen und hat gesagt: ‹Stop! Was ist hier los? Erstens will ich wissen, was hier los ist, und zweitens, wenn er Schläge kriegt, dann bestimme ich das! Er macht seine Arbeit, und ich wüßte nicht, warum der Schläge haben soll!› Ja, er wäre hier bei der Nachbarin, die hatte auch 'ne Studentin aus Rußland, und da hat er so'n bißchen mit geliebäugelt. Vielleicht war auch noch ein bißchen mehr, jedenfalls hat die das nun angezeigt, und nun sollte er dafür verprügelt werden.» (F40G, 928–939)

Drei Elemente von Albert Eevens Geschichte sind typisch für Geschichten, die von Zwangsarbeitern handeln: das Fehlen jeden Kontextes, wieso man überhaupt Zwangsarbeiter beschäftigen konnte, die Verwendung von Possessivpronomen («unser Alfred»), die zugleich die hierarchischen Verhältnisse klarmachen und eine menschlich-solidarische Komponente mitschwingen lassen, und schließlich die Betonung, daß man immer gut zu diesen Menschen gewesen sei. An der Art der Erwähnung der Nachbarin («die hatte auch 'ne Studentin aus Rußland») wird deutlich, daß Albert Eeven die Beschäftigung von Zwangsarbeitern mit der gleichen Selbstverständlichkeit betrachtet wie einen Schüleraustausch. Der Konflikt mit dem Polizisten dreht sich übrigens nicht darum, ob Alfred geschlagen werden darf oder nicht, sondern wann und von wem.

Allgemein wird das Verhältnis zu den «Fremdarbeitern» als harmonisch-freundlich dargestellt – soweit man, wie zugleich betont wird, sich dadurch nicht in Gefahr begab, deswegen denunziert zu werden und Repressionen ausgesetzt zu sein. Am Küchentisch durften die Zwangsarbeiter also nicht sitzen («Hier stand der große Eßtisch für uns, und Alfred saß in der Ecke» (Albert Eeven)), aber ansonsten war man gut zu ihnen. Dieses harmonische Verhältnis endet aber in der Besatzungszeit, wenn die befreiten Zwangsarbeiter plötzlich als Bedrohung empfunden werden. So berichtet die ebenfalls 1920 geborene Margarethe Haase, daß «die Polen» nicht mehr arbeiteten, sobald «die Amerikaner» kamen. «Sie sagten: ‹Jetzt können wir uns rächen! Jetzt seid Ihr dran!› Das taten sie auch. Zwar nicht sofort, aber im Lauf der Zeit wurden sie immer dreister. In jedem Dorf suchten sie sich einen Anführer aus, der für alle sprechen mußte. Hier war es Viktor, der bei Hermanns so lange gearbeitet hatte. Bei ihm versammelten sich die Polinnen und Polen, um Pläne gegen die Deutschen zu besprechen.»[6] Frau Haase berichtet dann weiter, daß sich «die Polen» irgendwann noch nicht einmal mehr an die von den Amerikanern verhängte nächtliche Ausgangssperre hielten, woraufhin sie sich bei einem «amerikanischen Unteroffizier» beschwerte: «Er forderte mich auf, mit ihm zu den Polen zu fahren. Anführer Viktor kam schon angelaufen mit einer Schnapsflasche in der Hand, bevor wir überhaupt etwas sagen konnten. Der amerikanische Unteroffizier sprang aus dem Jeep, rief mir zu, daß ich den Polen sagen sollte, daß [die Ausgangssperre] für alle gilt. Ich hatte es kaum übersetzt, da lachten mich die Polen aus und Viktor hielt dem Unteroffizier die Schnapsflasche hin. Der war so erbost darüber, daß er der Flasche einen Fußtritt gab, und sie auf dem Pflaster zerschellte. Nun merkten die Polen, daß sie nicht mehr das Sagen hatten!» (F35Z, 1896–1925)

Die vollkommen ungebrochene Perspektive der Überlegenheit, aus der Frau Haase berichtet, bedarf hier so wenig des Kommentars wie das völlige Fehlen jeglichen Unrechtsbewußtseins gegenüber den ehemaligen Zwangsarbeitern. Analoge Geschichten kommen in unseren Interviews häufiger vor, wobei vor allem Russen und Polen Objekte abwertender Beschreibungen sind, sie werden aber auch fast gleichlautend von Saul K. Padover berichtet, der 1944 und 1945 als Offizier einer amerikanischen Einheit der psychologischen Kriegführung Interviews im besetzten Deutschland durchführte. Padover beschreibt, daß viele der befreiten Zwangsarbeiter den Deutschen «beispiellosen und beispiellos verdienten Haß» entgegenbrachten, aber «erstaunlicherweise» kaum Racheakte verübten.[7] Er schildert eine Reihe von Fällen, in denen Deutsche sich, ähnlich wie

Frau Haase, empört über das ihrer Ansicht nach unbotmäßige Verhalten besonders der Polen und Russen zeigten und mit ihren Beschwerden zu den amerikanischen Kommandanturen liefen.

Wichtig an den aufgeführten Beispielen scheint mir zum einen die bis heute ungebrochene Stereotypie zu sein, in der die rassistische Propaganda über die «bolschewistischen Untermenschen» nachhaltige Wirkung zeigt. Zum anderen fehlt gegenüber den Opfern der deutschen Expansion und des Vernichtungsprozesses in den Schilderungen jede Form von Empathie – die Erzähler berichten noch heute in jenem Duktus schizoider Selbstgerechtigkeit, der ihren zeitgenössischen Wahrnehmungen und Handlungen entspricht. Die Beispiele mögen einen Eindruck davon vermitteln, wie in den deutschen Familien die nationalsozialistischen Verbrechen erinnert werden: nämlich durchaus nicht als Verbrechen. Wer nun erwartet, daß die Kinder- und Enkelgenerationen kritisch auf die skizzierten Darstellungen reagieren würden, liegt falsch: Denn die Erzählungen und Beschreibungen der Großeltern stoßen nur selten auf Widerspruch, um so häufiger aber auf Zustimmung. In 26 der 40 befragten Familien läßt sich sogar beobachten, daß die Kinder und Enkel Elemente der von den Großeltern erzählten Geschichten neu kombinieren und Helden- und Widerstandsgeschichten erzählen, in denen aus Antisemiten «Judenbeschützer» und aus Gestapo-Beamten Widerstandskämpfer werden.[8] Zur Illustration dieses Phänomens einer «kumulativen Heroisierung» nur ein Beispiel: Frau Jannowitz, Jahrgang 1927, erzählt über ein, wie sie sagt, einschneidendes Erlebnis: «das Verschwinden einer jüdischen Familie, die mit meinen Eltern befreundet war, die dann 1939 sozusagen im letzten Moment ins Ausland gingen. Und auch mit Hilfe von meinen Eltern.» (F36ZZ, 171–177) Gegen Ende des Gesprächs kommt die Interviewerin noch einmal auf diese Geschichte zurück und fragt, worin denn die Hilfe der Eltern konkret bestanden habe. Frau Jannowitz erzählt:

«Also, sie konnten ganz regulär ausreisen. Und das ist eben das, wobei wir ihnen helfen konnten, mit den notwendigen Papieren. Der Bruder meiner Mutter war ein Verwaltungsmensch. Und irgendwie ist er in den Verwaltungsapparat der Gestapo geraten, obwohl meine Mutter immer versucht hat, ihn davon abzubringen. Aber es ist ihr nicht gelungen. Der war im Grunde genommen kein Nazi, aber natürlich ist er in die Partei eingetreten, ich glaube, es ging einfach um finanzielle Geschichten. Er hat dort einfach wahrscheinlich gut verdienen können. Jedenfalls weiß ich, daß er in der Stelle saß, wo eben auch diese Anträge auf Ausreise von den Juden landeten. Und auf diese Weise hat er mitgeholfen, daß die ausreisen konnten und sogar ihren Hausrat und alles mitnehmen konnten.» (F36ZZ, 607–624)

Auch wenn es vor dem Hintergrund solcher «Beziehungen» zu der Behörde (vermutlich der Berliner Reichszentrale für jüdische Auswanderung), in der der Onkel von Frau Jannowitz gearbeitet hat, nicht unwahrscheinlich ist, daß die Familie Jannowitz einer «befreundeten» jüdischen Familie bei den Ausreiseformalitäten geholfen hat, bleibt doch auffällig, daß der Kontext der Handlung für die Erzählerin völlig unproblematisch ist. Zwar hält sie es für notwendig, zu erklären, warum ihr Onkel bei der Gestapo war, zumal er ja «im Grunde genommen kein Nazi» war, aber im Zentrum ihrer Erzählung steht die Unterstützung, die ihre Familie mit Hilfe dieses Gestapo-Beamten für die jüdische Familie leistet. Bemerkenswert ist hier, wie in vielen analogen Geschichten, daß der Rahmen der geschilderten Handlungen genausowenig als problematisch empfunden wird wie die Funktion, in der die einzelnen Akteure auftreten: Die Verfolgung und Vertreibung der jüdischen Bevölkerung ist in diesen Erzählungen einfach ein Tatbestand, der weder weiter erklärungsbedürftig noch irgendwie problematisch ist. Wichtig ist den Erzählern allein, hervorheben zu können, daß sie selbst oder eben Personen, die ihnen nahestanden, innerhalb dieses gegebenen Rahmens hilfsbereit und engagiert gehandelt haben.

Die Bedeutung solcher Geschichten für die Tradierung der Vergangenheit erschließt sich unmittelbar, wenn der 1955 geborene Matthias Jannowitz im Einzelinterview zu dem Schluß kommt, «daß es natürlich kompliziert ist. Weil es gab ja Widerstandsgeschichten bis in die Gestapo rein. Und das ist natürlich auch das Problem, wenn man also in Diktaturen sich bewegt, daß das dann mitunter nötig ist, also so Doppelstrategien zu fahren.» (F36K1, 363–367)

Wir haben es hier mit einer vollständig zirkulären Argumentation zu tun: Ein Familienangehöriger ist selbst dann kein «Nazi», wenn er bei der Gestapo die «Ausreise» von Juden betreibt. Im Gegenteil nutzt er aus Frau Jannowitz' Sicht seine Position, um zu helfen. Deren Sohn nun generalisiert dieses Beispiel zu dem allgemeinen Befund, daß es in totalitären Systemen gelegentlich notwendig sein kann, scheinbar mitzutun, um Widerstand leisten zu können – womit Frau Jannowitz' Onkel in der Sicht seines Großneffen nicht mehr nur ein hilfsbereiter Gestapo-Beamter ist, wie in der Optik der Zeitzeugin, sondern jemand, der Widerstand leistet, *indem* er Gestapo-Beamter wird.

Kumulative Heroisierungen vollziehen sich oft verblüffend schnell und umstandslos, und dabei werden die eigentlich problematischen Aspekte der Erzählungen weggestrichen und neue Plots arrangiert, die das facettenreiche und ambivalente, oft fragwürdige Erzählmaterial der ursprünglichen Geschichten auf moralisch eindeutige Handlungen der Großeltern reduzieren – und zwar auf eindeutig positive. Aber woraus resultiert dieses Bedürfnis besonders der Enkel, ihre Großeltern zu Helden des alltäglichen Widerstandes zu machen? Solche Nachdichtungen gehörter Geschichten werden gerade deswegen vorgenommen, weil die Angehörigen der Kinder- und Enkelgeneration in den Interviews meist keinerlei Zweifel daran erkennen lassen, daß der Nationalsozialismus ein verbrecherisches System und der Holocaust ein maßstabloses Verbrechen gewesen ist. Diese durch den Geschichtsunterricht, die Medien und die offizielle Gedenkkultur standardisierte Bewertung der NS-Vergangenheit bricht sich nicht nur an der aus ihr folgenden Frage, welche Rolle denn die eigenen Großeltern in dieser Zeit gespielt haben, sie ruft geradezu das subjektive Bedürfnis hervor, dem eigenen Großvater oder der Großmutter jeweils die Rolle der anderen, der «guten Deutschen» im nationalsozialistischen Alltag zuzuweisen. Das gilt besonders für die gut informierten Angehörigen der Enkelgeneration, von denen einer sagt: «Daß mein Großvater an diesen Dingen beteiligt gewesen sein soll, das übersteigt meine Vorstellungskraft.»

Und hier zeigt sich eine paradoxe Folge der gelungenen Aufklärung über die nationalsozialistische Vergangenheit: Je umfassender das Wissen über Kriegsverbrechen, Verfolgung und Vernichtung ist, desto stärker fordern die familialen Loyalitätsverpflichtungen, Geschichten zu entwickeln, die beides zu vereinbaren erlauben – die Verbrechen «der Nazis» oder «der Deutschen» und die moralische Integrität der Eltern oder Großeltern. Diese doppelte Funktion können nur solche Geschichten erfüllen, die die Angehörigen als Menschen zeichnen, die sich zwar vorsichtig, aber couragiert über die zeitgenössischen Normen hinweggesetzt und in ihrem praktischen

Verhalten gegen das System gehandelt haben, auch wenn sie nach Parteizugehörigkeit und Funktion alles andere als Gegner des Systems waren.

Das Phänomen der kumulativen Heroisierung wirft Licht auf den Umstand, daß kognitives Geschichtswissen etwas anderes ist als das Inventar der Bilder und Vorstellungen über eine Vergangenheit, die im Rahmen emotional aufwühlender Erzählsituationen vermittelt werden, in denen die Zuhörer mitfiebern und mitleiden und an deren Ende man sich gemeinsam darüber freuen kann, daß hier und heute doch noch alle an einem Tisch sitzen und sich über die Vergangenheit austauschen können. Kurz: Hier stehen sich kognitives Wissen und emotionale Gewißheiten gegenüber, und diese beiden Dimensionen des Geschichtsbewußtseins existieren nicht unabhängig voneinander, sondern können auch unheilvolle Verbindungen miteinander eingehen. Meine Hypothese ist, daß die in Erinnerungsgemeinschaften wie der Familie vermittelten Geschichtsbilder und -deutungen den Rahmen dafür bereitstellen, in den das andernorts vermittelte Geschichtswissen eingeordnet wird. Anders gesagt: Dieser Rahmen bestimmt den Gebrauch, den man von seinem Wissen über den Nationalsozialismus und den Holocaust macht. Das wird unmittelbar plastisch, wenn ein 21jähriger Befragter sein Wissen über die Reichsparteitage so kommentiert: «Das war doch klasse, wie die das geschafft haben! Wie sie alle geschrien haben ‹Heil Hitler› und ‹Sieg heil›! Und diese Begeisterung der Menschen macht irgendwie das Faszinierende, wie stark dann dieses Volk war. Denn die haben ja alle Angst vor uns gehabt!» Das bislang erschütterndste Dokument zum Verhältnis von Wissen und Gebrauch erreichte mich in Gestalt des Briefes eines 1943 geborenen Oberstudienrates, der in einem Thesenpapier zur NS-Vergangenheit u. a. mitteilt: «Die Fremdarbeiter [7–10 Mio.] trugen mit ihrer Arbeit für Hitler zur Verlängerung des Krieges bis Mai 1945 bei. [...] Deutschland hat für jeden ermordeten Juden [6 Mio.] mehr als einen eigenen Angehörigen [8–9 Mio.] verloren.»

Ich möchte nicht unterschlagen, daß es auch ganz anders gelagerte Fälle des Gebrauchs von Geschichtswissen gibt – etwa den Enkel, der nach Yad Vashem reist und einen Stein auf das Grab Oskar Schindlers legt. Und es sollten auch nicht zu eindimensionale Schlüsse aus dem Phänomen der kumulativen Heroisierung gezogen werden, denn immerhin mag ja das Beispiel der couragiert handelnden Großeltern auch dann alltagspraktisch eine Vorbildfunktion haben, wenn es erfunden ist, und ein Motiv zum Beispiel dafür bilden, sich im Zusammenhang ausländerfeindlicher Übergriffe ebenso mutig und engagiert zu verhalten, wie man es den Großeltern unterstellt. Im gleichen Sinne mag man es auch positiv einschätzen, wenn am gegenwärtigen Ende der kommunikativen Tradierungskette mehrheitlich nicht Nazis als Leitbilder und Identifikationsfiguren auftreten, sondern eben Personen, die sich anti-nationalsozialistisch verhalten haben – ob das nun der historischen Wirklichkeit entspricht oder nicht. Denn ohnehin muß ja konstatiert werden, daß Menschen nicht das erinnern, was historischer Wirklichkeit auf der einen und normativ Wünschenswertem auf der anderen Seite entspricht, sondern das, was sie aus ihrer Sicht für wahr und wichtig halten, erinnert zu werden.

Damit komme ich zurück zur Zukunft der Erinnerung. Meine empirischen Beispiele haben gezeigt, daß der Holocaust im deutschen Familiengedächtnis keine Rolle spielt; seine Repräsentation im Geschichtsbewußtsein der jüngeren Generationen verdankt sich anderen Quellen: dem Geschichtsunterricht, dem Fernsehen und der Gedenkstättenpädagogik. Wenn nun in einigen Beiträgen dieses Bandes[9] eine wachsende Banalisierung des Holocaust beobachtet wird und dieser zunehmend als Metapher für das absolute Böse erscheint, das keinen historischen Bedingungszusammenhang hat, dann paßt das gut zu dem Befund, daß im deutschen Familiengedächtnis eine nationalsozialistische Vergangenheit erinnert wird, in der «die Nazis» immer die anderen waren und in der es auf der Ebene der kommunikativen Tradierung keine Kontinuität zwischen den eigenen Familienangehörigen und den Tätern oder auch nur den Mitläufern gibt. So desozialisiert und enthistorisiert können die nationalsozialistischen Verbrechen mit Erschrecken zur Kenntnis genommen werden, und es kann der Opfer des Holocaust gedacht werden und zugleich ungefragt bleiben, wo historisch, gesellschaftlich und sozial der genozidale Prozeß seinen Ort hat und in welcher Relation das zu Gegenwartsdeutungen und -entscheidungen steht.

So wenig der Holocaust in der familialen Erinnerung vorkommt, so wenig ist im Gedenken an seine Opfer die Erinnerung an die Akteure repräsentiert, die ihn hervorgebracht haben. Die nationalsozialistischen Menschheitsverbrechen werden also wohl, abgesehen von überlebensgroßen Tätern wie Hitler oder Himmler, vor allem subjektlos erinnert werden. Ob das aber, wenn es denn überhaupt zutrifft, gleichbedeutend mit einer pessimistischen Sicht auf die Zukunft der Erinnerung ist, vermag ich nicht zu sagen. Wahrscheinlich sollte man sich, mit Jonathan Rosen[10], angesichts dessen mit der grundsätzlicheren Frage konfrontieren, ob der Holocaust überhaupt Lehren bereithält, die für gegenwärtige und zukünftige Optionen und Handlungen relevant sein können. Und, wie gesagt, die Leute erinnern sich ohnehin so, wie sie wollen.

Anmerkungen

1 Vgl. Frei, Norbert: Vergangenheitspolitik. Die Anfänge der Bundesrepublik und die NS-Vergangenheit, München 1996. Rüsen, Jörn: Holocaust, Erinnerung, Identität. Drei Formen generationeller Praktiken des Erinnern, in: Welzer, Harald (Hg.): Das soziale Gedächtnis. Geschichte, Erinnerung, Tradierung, Hamburg 2001, S. 143–259.

2 Haffner, Sebastian: Geschichte eines Deutschen 1914–1933, Hamburg 2000, S. 13.

3 Es handelt sich hierbei zum einen um ein Pilotprojekt zur Sozialpsychologie des Geschichtsbewußtseins, zum anderen um die Mehrgenerationenstudie «Tradierung von Geschichtsbewußtsein», die von der Volkswagenstiftung gefördert und am Psychologischen Institut der Universität Hannover von 1997 bis 2000 durchgeführt wurde. Es sind 40 grundreizbasierte Familiengespräche und 142 qualitative Einzelinterviews mit den einzelnen Generationenangehörigen geführt worden. Sämtliche Namen sind pseudonymisiert. – Vgl. Welzer, Harald/Montau, Robert/Plaß, Christine: «Was wir für böse Menschen sind!» Der Nationalsozialismus im Gespräch zwischen den Generationen, Tübingen 1997; Welzer, Harald/Moller, Sabine/Tschuggnall, Karoline: «Opa war kein Nazi». Nationalsozialismus und Holocaust im Familiengedächtnis, Frankfurt/M. 2002.

4 Daß «die Juden», wie auch Niethammer feststellt, «fast nur als Geschäftsinhaber erinnert werden, sie also sogleich mit Geld und Warenbeziehungen assoziiert werden, verweist auf die Verfestigung einer Erwartungshaltung aus deutlicher sozialer Distanz. Der Inhalt dieser Erwartung war in der Wirklichkeit, in der es unter den deutschen Juden dreimal so viele Selbständige und auch dreimal soviel im Handel Tätige als unter den Nicht-Juden gab, zwar angelegt, aber verfehlte die tatsächliche menschliche Komplexität der Juden als Mitbürger, von denen eben noch nicht einmal ein Fünftel Ladenbesitzer waren.» – Vgl. Niethammer, Lutz: Juden und Russen im Gedächtnis der Deutschen. S. 123, in: Pehle, Walter H. (Hg.): Der historische Ort des Nationalsozialismus. Frankfurt/M. 1990, S. 114–134.

5 Vgl. ausführlich Welzer, Harald: Kumulative Heroisierung. Wie aus Zuschauern und Tätern im intergenerationellen Gespräch Helden des alltäglichen Widerstandes werden. In: Mittelweg 2 (2001).

6 Frau Haase zitiert im Interview lange Passagen aus ihren Lebenserinnerungen, die sie gemeinsam mit ihrem verstorbenen Mann verfaßt hat, deshalb unterscheiden sich die zitierten Passagen in der Diktion von anderen Interviewsequenzen.

7 Padover, Saul K: Lügendetektor. Vernehmungen im besiegten Deutschland 1944/45, Frankfurt/M. 1999, S. 279.

8 Vgl. ausführlich Welzer (Anm. 1).

9 Vgl. Perz, Arad und Novick in diesem Band.

10 Vgl. Rosen, Jonathan: The Trivialization of Tragedy, in: Culturefront (1997), S. 80–85.

Kunst der Erinnerung

Rudolf Herz

Wie wird die Erinnerung an die Ermordung der europäischen Juden in 50 Jahren aussehen? Und wie die Kunst der Erinnerung? Verläßliches kann ich nicht sagen. Wie wäre es um die Erinnerung bestellt, wenn die Welt frei wäre von Vernichtung, Verfolgung und Völkermord? Dies ist nicht anzunehmen. Die Frage, ob eine solche Welt möglich wäre, stellen wir nicht. Wir haben die Vergeblichkeit solcher Hoffnungen längst akzeptiert. Die Erinnerung an den Massenmord an den Juden, zu welchem Zwecke, in welcher Form? Die Frage bleibt. Denn die Erinnerung wird nicht allein mit der Trauer um die Ermordeten und der Aufklärung historischer Fakten begründet, sondern mit der Forderung nach den Lehren aus der Geschichte und nach praktischem Handeln in der Gegenwart. Erinnerung bedeutet immer eine Auseinandersetzung um die «wahre» Erinnerung, um das Wie, Was und Warum. Doch unter welchen Vorzeichen wird diese Auseinandersetzung geführt, welche Kräfte entscheiden über Vergessen und Erinnern und mit welchen Absichten?

Als ich Mitte der siebziger Jahre begann, mich mit dem Thema zu befassen, gab es keinen «Erinnerungsboom». Meine Schüler- und Studentenzeit war begleitet von der Diskussion über die vorherrschende Verdrängung der NS-Verbrechen, wie sie in der Bundesrepublik in den sechziger Jahren angesichts des verbreiteten Unwillens, das historische Faktum überhaupt zur Kenntnis zu nehmen, geführt wurde. Die Unterrichtsmethoden waren nicht zimperlich. Der Deutschlehrer im Pasinger Karlsgymnasium zeigte Filme über die Befreiung der Konzentrationslager. Die Bilder von bis auf die Knochen ausgemergelten Insassen und Bergen übereinander geworfener Leichen blieben mir im Gedächtnis. Es waren tonlose Dokumentarfilme, die im abgedunkelten Biologiesaal vorgeführt wurden, an den Wänden Schränke mit Glaszylindern, in denen Schlangen und Molche in Formalin schwammen, daneben fixierte Gerippe von kleinen Säugetieren, an einem Ständer in der Ecke ein Menschenskelett, alles illuminiert vom flackernden Licht des Filmprojektors. Vergangenheit und Gegenwart im makabren Nebeneinander, mehr als nur Alltagssurrealismus.

Ich war empfänglich für das ästhetische Erscheinungsbild des

Nationalsozialismus und die Ästhetik der Gewalt. Aus dem Erschrecken entstand forschendes Interesse; ich begann, mich zunächst künstlerisch und später wissenschaftlich mit diesem Thema auseinanderzusetzen. Beim Besuch der KZ-Gedenkstätte Dachau im Jahr 1975 entdeckte und fotografierte ich die von Besuchern beschädigten Fotografien von Adolf Hitler, anderen Nazi-Größen und KZ-Wärtern. Sie machten auf mich nachhaltigen Eindruck. Künstlerisch konnte ich jedoch nichts damit anfangen. Mir fehlte die Sicherheit im Umgang mit diesen schwierigen Bildern. Dies hing auch mit dem vorherrschenden Theorem der Ästhetisierung des Faschismus zusammen, das dessen ästhetische Seite mit einer maßlos überzogenen Bedeutung versah und seinen Bildern eine dämonische Kraft zuschrieb. Die heftigen Reaktionen der Besucher in Dachau, die Gewalt gegen Bilder, schienen dies noch zu bestätigen. Das faszinierte und blockierte mich zugleich. Erst über einen Umweg, meine Forschungen zur Fotografie des Nationalsozialismus, ergaben sich neue Perspektiven. War die Manipulationsthese noch eine treibende Kraft für diese Forschungen gewesen, so bedeuteten ihre Ergebnisse, dargelegt 1994 in *Hoffmann & Hitler*, auch den Abschied von diesem Denkbild.[1]

Mit der Dämonisierung Hitlers war in Deutschland eine große Lebenslüge verknüpft. Nach 1945 sollte sie die Bevölkerung als unschuldiges Opfer der Nazis hinstellen und von ihrer Unterstützung für Hitler reinwaschen. Hier trafen sich Linke und Rechte, Demokraten und ihre kommunistischen Kritiker. Inbegriff dieser Mutmaßungen in puncto Verführung waren immer auch Bilder, Porträts von Hitler. Wie verbreitet und unbeirrbar solche Mutmaßungen noch sind, zeigten die affektgeleiteten Reaktionen auf die gleichnamige Ausstellung «Hoffmann & Hitler» im Stadtmuseum München.[2] Die Ausstellung avancierte zum Skandal, als ihre Übernahme durch das Deutsche Historische Museum in Berlin abgesagt wurde. Selbst die nüchtern und kritisch kommentierende Präsentation von Aufnahmen Hitlers galt nun als leichtfertiger Tabubruch. Über solche Tabus und Traumata im nationalen Gefühlshaushalt reflektierte später auf künstlerische Weise die Raum-Installation «Zugzwang». Ich entwarf einen Raum mit schier unendlich oft vervielfältigten Porträts von Hitler und Marcel Duchamp.[3]

Einspruch gegen Verdrängung und Kritik der Ästhetisierungsthese – das waren wissenschaftliche Ansätze, sie waren jedoch moti-

Rudolf Herz: «Zugzwang» (1999). Rauminstallation in der Ausstellung „Das XX. Jahrhundert. Ein Jahrhundert Kunst in Deutschland", Hamburger Bahnhof/Nationalgalerie Berlin. Foto: Hans Döring

viert und verzahnt mit künstlerischen Überlegungen. Den Ausgangspunkt bildeten meine Beobachtungen von politisch-ästhetischen Phänomenen, vor allem die Verschränkung von Erinnerung und Vergessen mit bildhaften Darstellungen und inhärenten psychischen Dimensionen. Mein Interesse verschob sich dann dahin, mit künstlerischen Setzungen direkt den Umgang mit der NS-Herrschaft und der Vernichtung der europäischen Juden zu aktualisieren. Ich unternahm verschiedenartige Annäherungen, allesamt jenseits des Paradigmas des sogenannten «Bösen», und entwickelte temporäre Installationen, die einen unmittelbaren historischen Ortsbezug aufgriffen und meine Gegenwart mit der NS-Vergangenheit bildlich in Beziehung setzten. Ihre Vorgehensweise war konstruierend, ihre Aussage oft konstatierend, dann schließlich stärker appellativ und mit denkmalsähnlichen Merkmalen.

Im Zuge meiner künstlerischen Auseinandersetzung wandelten sich die Rahmenbedingungen. An die Stelle der autonomen Arbeiten (Entwürfe ohne institutionelle Anbindung oder nicht genehmigte Denkmalsetzungen wie z. B. «Schild an der Feldherrnhalle») traten Beiträge für offizielle Denkmals-Wettbewerbe. Dies blieb nicht folgenlos. Be-

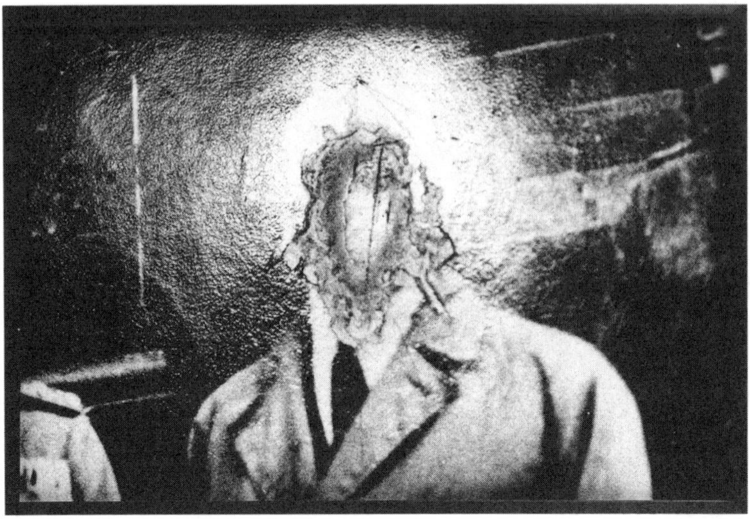

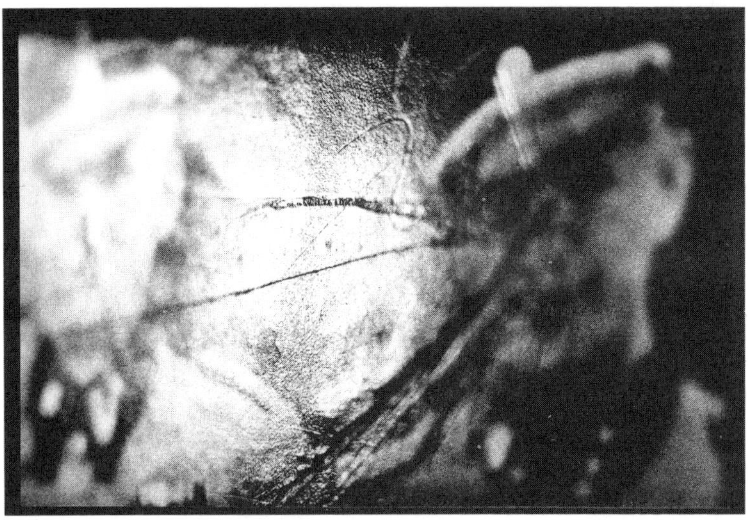

günstigt wurde der Wandel durch meine künstlerische Arbeitsweise, die auf Öffentlichkeit, öffentliche Räume bzw. großteilige Installationen angelegt war. Nun definierten Repräsentationszwecke Aufgabe und Funktion der Kunst. Unter der Hand rückte ich in die Nähe der Macht und sah mich ideologischen Erwartungen und ästhetischen Vorstellungen gegenüber, die nicht die meinen waren. Ich suchte sie

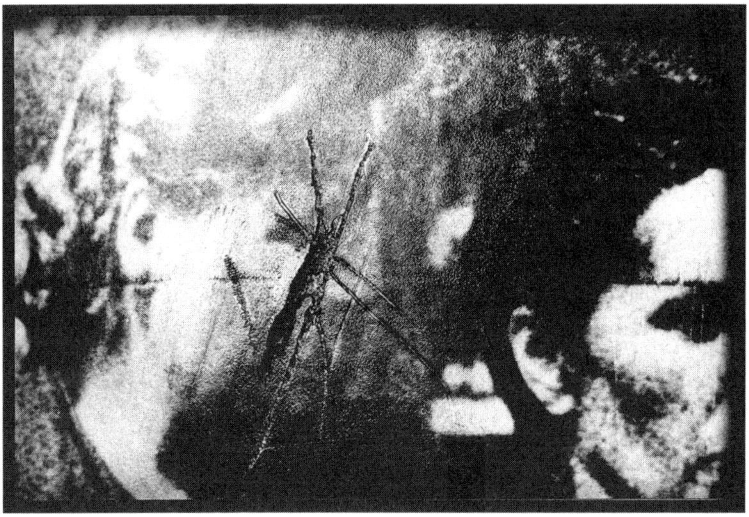

Rudolf Herz:
«Dachau. Museumsbilder» (1975–1996).
9 Großvergrößerungen (80 cm x 120 cm).
Städtische Galerie im Lenbachhaus, München

einer Art praktischer Kritik zu unterwerfen und im Sinne der Differenz eine dialektische künstlerische Methode zu entwickeln.

Die Erinnerung an die Ermordung der europäischen Juden hatte sich zum Bestandteil der offiziellen politischen Kultur in Deutschland entwickelt, gewann Züge einer säkularisierten Religion. Aus dem Sinnlosen war Sinnstiftung geworden, die Erinnerung für die Legitimation staatlichen Handelns vereinnahmt: Deutschland bekennt sich zur Schuld und Verantwortung für die nationalsozialistischen Verbrechen und ist stolz auf seine erfolgreiche Vergangenheitsbewältigung, den Nachweis seiner moralischen und demokratischen Läuterung. So stiftet der Holocaust nationale Identität (was alte Konservative oftmals nicht verstehen) und ermächtigt außenpolitisch. Im Namen der Erinnerung wird zum vorgeblichen Schutz von Minderheiten Krieg geführt, fallen Bomben auf Belgrad, werden Zivilisten erschossen und das Völkerrecht verletzt. Eine solche überaus zwiespältige Verknüpfung von Gewaltpolitik und Holocaust-Erinnerung wird als notwendiger Preis der globalisierten Freiheit angeboten und uns wohl auch in Zukunft begleiten.

Nicht zuletzt unter dem Eindruck der aktuellen Tendenzen der Erinnerungspolitik und auch der Bemächtigung des Holocausts durch die Unterhaltungsindustrie ist meine Haltung heute zweifelnder und fragender, auch rückblickend auf die eigenen künstlerischen Ansätze: Wie verhält sich die Holocaust-Erinnerung zu ihrer Funktion? Kann man sagen, daß sie sich in ihrer Funktion erschöpft? Die heile Blindheit der Erinnerungskunst ist jedenfalls passé. Ideologiekritik hat sich nicht erledigt. Dies macht Schlußfolgerungen für eine Kunst notwendig, die sich als kritische versteht.

Verschärft stellt sich die Frage, ob und in welcher Weise sich Kunst überhaupt produktiv mit dem Thema befassen und sich selbst als Reflexionskunst behaupten kann. Wünschen würde ich mir eine freie und radikale Kunst, die eine entschieden subjektive ästhetische Artikulation verfolgt; die sich nicht beeindrucken läßt von den Vorgaben des Zeitgeistes; die sich nicht in moralischer Empörung erschöpft und mehr als das Gefühl von Betroffenheit vermittelt; die jenseits staatlicher Vereinnahmung und falscher Selbstverpflichtung denkt und fühlt – präzis, kundig, kühl und leidenschaftlich; die das Interesse an den Ursachen von Rassismus und Faschismus nicht aus den Augen verliert; die selbstreflexiv überprüft, wie das Holocaust-Klischee aufgebrochen und neue Wege gewonnen werden können. Solche Gedanken haben offenkundig nicht mit der Kunst allein zu tun, sondern mit der Frage nach dem Verhältnis von Gesellschaft und Gegenwart, in das Künstler sich stellen, also damit, ob sie zum Widerspruch willens sind und dazu die Kraft haben.

Bei allen Überlegungen, Erwartungen und Zweifeln, die man auch mit Kunst verbindet, eins scheint gewiß: Künstlerische Gebilde lassen sich nicht auf eine Lesart verkürzen, sondern sind vielschichtig und haben komplexe Botschaften. Es gibt eben kein Gleichheitszeichen zwischen Intention und Resultat, zwischen dem, was die Urheber der Werke denken, wollen und verlautbaren, also zwischen imaginiertem Szenario, und tatsächlichem Werk. Das ist banal, doch nicht folgenlos. Denn selbst wenn die Urheber von falschen und irrigen Voraussetzungen ausgehen, ist das noch nicht gleichbedeutend mit einem mißratenen Werk oder einem notwendig negativen Urteil. Diese Zusammenhänge sind nicht so neu. Die abendländische Kunst war lange Zeit reine Propagandakunst. Aber hat sie sich darin erschöpft? Sicher nicht. Gewollt oder ungewollt un-

Rudolf Herz/Thomas Lehnerer:
«Schild an der Feldherrnhalle» (1990).
Foto: Hans Döring

terlief sie die Vorgaben der Auftraggeber und forderte abweichende Lesarten heraus.

Im Zusammenhang mit dem Entwurf «Überschrieben» machte ich ähnliche Erfahrungen. Reinhard Matz und ich waren Preisträger im Berliner Wettbewerb für das «Mahnmal für die ermordeten Juden Europas». Wir hatten diesen Entwurf 1997 in der zweiten Runde eingereicht.[4] Unser Vorschlag «Überschrieben» sah vor, einen Kilometer der Bundesautobahn A7 südlich von Kassel zum Mahnmal zu erklären. Die Strecke wird gepflastert und die Geschwindigkeit auf 30 km/h begrenzt. Eine Schilderbrücke überschreibt die Fahrbahn mit dem Text. Das ursprünglich vom Auslober dem Denkmal zugedachte Grundstück südlich des Brandenburger Tors in Berlin wird verkauft und mit dem Erlös eine Stiftung gegründet, die der Unterstützung verfolgter Minderheiten in der Gegenwart dient. Selbst wenn ich heute den Wettbewerb wegen seiner Implikationen kritisiere und glaube, daß wir einer Fehleinschätzung der Wettbewerbsaufgabe unterlagen, in deren Dienst wir uns begaben, so tue ich mich dennoch schwer, etwas Abschließendes über unseren Entwurf zu formulieren. Wir radikalisierten damals die Frage nach dem Gedenken, indem wir mit dem Tempolimit auf einem Kilometer Autobahn ein modernes Nationalsymbol attackierten, um ein lebendiges Denkmal zu schaffen. Unser Entwurf war eine handfeste Überaffirmation und eigentlich purer Nationalismus. Wir haben ein kollektives Scham- und Verantwortungsritual auf die Spitze getrieben und der Erinnerungsgeste auch noch verpflichtenden Charakter gegeben. Das war ein autoritärer Gestus reinsten Wassers, der die Adressaten anhält, über die Art ihrer Bewegung ihre Gesinnung unter Beweis zu stellen, und ihnen einen Strafzettel verpaßt, wenn sie sich dem entziehen.

Als Staatskunst, als gebautes Denkmal war der Entwurf nicht brauchbar. Ungewollt und unerwartet wurde unsere maßlos übertriebene Betroffenheitsgeste jedoch zum Test für die vorherrschende Mentalität, wie sie sich bei der öffentlichen Diskussion der Wettbewerbsergebnisse zeigte. Kaum jemand hat den nationalistischen Gehalt gesehen und kritisiert. Es ist eben ein ganz unverdächtig erscheinender Nationalismus, da er unter antinazistischem Vorzeichen auftritt. Gerade für diese so alltäglich gewordene Nationalmoral besitzt die deutsche Linke eine Vorreiterfunktion, weil sie sich gerne als das leibhaftige Gewissen der Nation versteht. Unser Entwurf

Rudolf Herz/Reinhard Matz:
«Überschrieben. Mahnmal für die ermordeten Juden Europas» (1997).
Fotomontage: Hans Döring

war also ein produktives Mißverständnis, ein eigenwilliges Bild, ein Szenario, das dies auf den Punkt bringt, ganz ungeachtet unserer ursprünglichen Intentionen und der Wettbewerbsvorgaben. Und das wäre dann das Glück der Irrenden.

Anmerkungen

1 Vgl. Herz, Rudolf: Hoffmann & Hitler: Fotografie als Medium des Führer-Mythos, München 1994.
2 Hoffmann & Hitler: Fotografie als Medium des Führer-Mythos. Ausstellung vom 19. Januar bis 4. April 1994 im Münchner Stadtmuseum.
3 Vgl. Herz, Rudolf: Zugzwang. Hrsg. von Peter Friese, Kunstverein Ruhr, Essen 1995. Das XX. Jahrhundert. Ein Jahrhundert Kunst in Deutschland. Nationalgalerie Berlin, 1999, S. 538f.; Mirroring Evil. Nazi Imagery/Recent Art. Hrsg. von Norman L. Kleeblatt, The Jewish Museum, New York 2002, S. 117–119.
4 Vgl. Herz, Rudolf/Matz, Reinhard: Zwei Entwürfe zum Holocaust-Denkmal. Hrsg. von Matthias Reichelt, Nürnberg 2001.

V. Die Zukunft der Erinnerung Geschichtswissenschaft, Gedenkstätten, Medien

Geschichtswissenschaft

Norbert Frei

Die gesellschaftliche Auseinandersetzung mit dem Erbe des Nationalsozialismus und seinen Verbrechen, seit den späten fünfziger Jahren ein sich entfaltendes Merkmal der politischen Kultur der Bundesrepublik, unterliegt seit etwa einem Jahrzehnt einem fundamentalen Wandel. Eher in dessen Nachvollzug als in dessen Antizipation brechen sich seitdem auch in der historischen Forschung Reflexionen zweiter Ordnung Bahn. Diese haben inzwischen bereits zu einer beträchtlichen – manche würden sagen: dramatischen – Verlagerung des wissenschaftlichen Erkenntnisinteresses geführt: weg von den Ereignissen «an sich», hin zur Geschichte des späteren Umgangs mit diesen Ereignissen, ihrer Wahrnehmung und Folgen. Damit erweitert sich die Geschichte des «Dritten Reiches» um die im Zeichen der «Vergangenheitsbewältigung» jahrzehntelang weitgehend verstellt gebliebene Nachgeschichte des Nationalsozialismus.

Die Ursachen dieses Wandels sind vielschichtig und reichen von der Systemlogik einer expandierenden Mediengesellschaft bis zu den Innovationsansprüchen einer sich «kulturwissenschaftlich» herausgefordert glaubenden Historiographie. Zwei Ursachen aber sind besonders hervorzuheben: Zum einen die politische Epochenzäsur der Jahre 1989/90,[1] zum anderen der in den neunziger Jahren sich beschleunigende und mittlerweile weitgehend vollzogene Abschied von den Zeitgenossen der NS-Zeit.

Generationen- und Perspektivenwechsel

Wer bei Kriegsbeginn gerade volljährig geworden war, ist heute 84 Jahre alt. Es sind also nicht mehr viele, die eigene Erinnerungen an die Kernzeit des «Dritten Reiches» haben, und es werden ständig weniger. Der Abschied von den Zeitgenossen der NS-Zeit, von denen, die damals selber etwas tun oder unterlassen konnten, ist in seine Schlußphase getreten, und nichts demonstriert dies eindrücklicher als die massenmedialen Bemühungen um die verbliebenen Träger vermeintlich authentischer Erinnerung: Wen die Aura der Zeugenschaft umgibt, der ist jetzt interessant. In diesem Punkt ist die Botschaft eines Steven Spielberg und seiner Shoah-Foundation identisch mit den Bemühungen des Fernsehens, das den Erinnerungen einzelner – auch sogenannter «kleiner Leute» – in seinen zeitgeschichtlichen Serien mehr Raum gibt denn je.

Die akademische Geschichtswissenschaft erweist sich dieser Entwicklung gegenüber, jedenfalls in einer methodisch nie sonderlich avancierten Teildisziplin wie der Zeitgeschichte, als erstaunlich resistent.[2] «Lügt wie ein Zeitzeuge», dieses sarkastische Diktum, das die Erfahrungen der verhaltenen Befragungsversuche der fünfziger und sechziger Jahre bilanzierte, kann man auch heute noch hören. Übersehen wird dabei, daß es gerade die Einspruchsmöglichkeit der Zeitgenossen ist, die Geschichte zur Zeitgeschichte macht – und daß der Abschied von den intervenierenden Zeitgenossen methodisch gesehen zugleich das Ende der Zeitgeschichte darstellt.[3] Denn mit den Zeitgenossen verliert die Zeitgeschichte jene besondere Quelle und Vetoinstanz, die sie von «normaler» Geschichte unterscheidet.

Entsteht aber, so ist zu fragen, allein schon deshalb «normale» Geschichte, weil aus der Zeitgeschichte der NS-Zeit nun unweigerlich die Geschichte der NS-Zeit wird? Oder ist es nicht eher umgekehrt: Kommen wir an das, was wir als den ganz und gar unnormalen Kern des Nationalsozialismus begreifen, nicht gerade durch den wachsenden zeitlichen Abstand näher heran? Und wenn dem so wäre: dann vielleicht deshalb, weil zwar nicht die allgemeine Geschichte des «Dritten Reiches», wohl aber die monströse moralische Destruktionserfahrung der NS-Zeit jahrzehntelang auf Abstand gehalten wurde? Weil sich die Zeitgenossen die Erinnerung buchstäblich vom Leibe zu halten suchten – und zwar, wenn auch mit unterschiedlichem Erfolg und aus sehr unterschiedlichen Motiven, die überlebenden Opfer kaum weniger als die Mitläufer und Täter?

Tatsächlich waren Tendenzen einer gewissen Umstellung der sozialen Erinnerungsbedürfnisse nicht erst in der vergangenen Dekade zu beobachten, obgleich die neunziger Jahre besonders deutliche Veränderungen brachten. Als einen Vorschein dieser Veränderungen wird man die Ausstrahlung der Fernsehserie *Holocaust* (1979) verstehen können, die das auch zuvor schon gewußte, jedoch gesellschaftlich wenig bewußte Faktum des Judenmords in die Anschaulichkeit überführte und damit zugleich Möglichkeiten schuf, Empathie für die Opfer zu bekunden. Mindestens so wichtig für die weitere Entwicklung aber war, daß fortan ein Begriff existierte, der das singulär Verbrecherische der NS-Zeit in einer über alle Sprach- und Kulturgrenzen hinweg verstehbaren Vokabel zusammenfaßte und hervorhob. Und unter dem Gesichtspunkt der Generationenfolge ist hinzuzufügen, daß das amerikanische Doku-Drama die (West-)Deutschen zu einem Zeitpunkt erreichte, als die gesellschaftliche Wirkungsmacht der aus der NS-Zeit übernommenen Funktionseliten deutlich nachzulassen begann; selbst deren Jüngste hatten bereits das Rentenalter erreicht, als *Holocaust* zu der Feststellung veranlaßte: «Eine Nation ist betroffen».[4]

Ungeachtet einer – aus heutiger Sicht mehr als respektablen – Zuschauerquote von durchschnittlich fast 30 Prozent der erwachsenen Bevölkerung deuteten die Statistiken auch damals schon darauf hin, daß die Bereitschaft, sich der Erinnerung zu stellen, innerhalb der jugendlichen Erfahrungsgenerationen der NS-Zeit am größten war.[5] In den Alterskohorten der Flakhelfer und jungen Frontsoldaten scheint diese Bereitschaft mit dem Erreichen der Bilanzierungsphase des eigenen Lebens noch einmal gewachsen zu sein. Ein eindrucksvolles Indiz dafür war in der zweiten Hälfte der neunziger Jahre die sogenannte Wehrmachtsausstellung, deren Nachweis des engen Zusammenhangs von Kriegführung und Judenmord, so wenig neu er sich aus fachwissenschaftlicher Perspektive darstellte, nun erstmals gesellschaftlich durchdrang – zwar nicht bei allen, aber auch bei sogenannten Zeitzeugen.

Was die Rolle der Geschichtswissenschaft in diesen sich öffnenden Erinnerungsdiskursen betrifft, so wird man konstatieren müssen: Sie hatte daran zunächst vor allem in Gestalt derjenigen ihrer Repräsentanten Anteil, die selbst noch den Erfahrungsgenerationen des «Dritten Reiches» angehörten; sie widerspiegelte insofern die Veränderungen, aber sie beförderte sie eigentlich nicht. Besonders deutlich demonstrierte dies der Historikerstreit Mitte der achtziger Jahre, der ja nicht als fachwissenschaftliche Kontroverse Furore machte, sondern als innergenerationeller Kampf um die Erinnerung. Genauer gesagt: als Auseinandersetzung um den sich verändernden Stellenwert des Holocaust im Gedächtnis der Deutschen. (Ähnliches ließe sich für die Debatte um Martin Walsers Friedenspreisrede 1998 sagen, in der die Historiker allerdings kaum eine Rolle spielten.)

Die erinnerungstheoretische Gegenüberstellung von «kommunikativem» und «kulturellem» Gedächtnis[6] scheint angesichts solcher Ungleichzeitigkeiten nicht recht zu greifen; vermutlich wäre es im Blick auf die lange Geschichte des Umgangs mit der NS-Vergangenheit präziser, von Generationen-Gedächtnissen zu sprechen und von deren sich verändernden Relationen zueinander.

Die innerzünftige Wirkung des Historikerstreits jedenfalls war eindeutig: Seit den späten achtziger und vor allem in den neunziger Jahren erlebte die empirische Holocaust- und Konzentrationslagerforschung in Deutschland eine beträchtliche Intensivierung und Erweiterung. Getragen wurden und werden diese Forschungsanstrengungen – in der Regel handelt es sich um Qualifikationsarbeiten – von der zweiten und mehr noch der jetzt schon dritten Forschergeneration, also von den Enkelinnen und Enkeln der Täter, Mitläufer und Opfer.[7]

Mit dieser Ausweitung der Holocaustforschung ging ein ebenso radikaler wie stiller Perspektivenwechsel einher, der fast unbemerkt die Fundamente der «klassischen» westdeutschen Zeitgeschichtsschreibung[8] gesprengt hat: nämlich die Fokussierung auf das Jahr 1933 und auf die Frage, wie es zur Zerstörung der Weimarer Demokratie hatte kommen können.[9] Gewiß beschäftigte der folgenreichste Fall einer antidemokratischen «Machtergreifung» in den fünfziger und sechziger Jahren auch die Geschichtswissenschaft im westlichen Ausland; in der jungen Bundesrepublik allerdings bedeutete die scharfe Betonung der Diskontinuität des Jahres 1933 zugleich eine nicht unwillkommene Relativierung der Kontinuitätsfrage des Jahres 1945.

Die anfängliche Fixierung der Zeitgenossen und der Zeithistoriker auf die Phase der nationalsozialistischen «Machtergreifung» und der ihr folgenden Phase der politischen Machtmonopolisierung wirkte jahrzehntelang nach – obwohl die Forschung bald erwiesen hatte, daß für Hitler schließlich weder das eine noch das andere mit besonderen Schwierigkeiten verbunden war –, und sie trug erheblich dazu bei, daß «Auschwitz» erst relativ spät als das Kernereignis der NS-Zeit wahrgenommen wurde. «1933» diente insofern im doppelten Sinne des Wortes als ein Fluchtpunkt, der die Perspektive auf den «Zivilisationsbruch» (Dan Diner) verstellte. In einem tieferen Sinne hat die deutsche NS-Forschung deshalb internationalen Anschluß eigentlich erst gefunden, seit sie «Auschwitz» als Deutungsachse ernst nimmt.

Halten wir also fest: Die Ablösung der älteren Forschungsperspektive «1933» war nicht nur Folge eines Generationenwechsels, sondern auch Ergebnis einer fortschreitenden Öffnung des deutschen Gedächtnisses. Das Holocaust-Denkmal in Berlin wird dieser Entwicklung symbolischen Ausdruck verleihen – und damit verdeutlichen, daß es sich um weit mehr handelt als um einen akademischen Perspektivenwechsel.

Der NS-Diskurs nach dem Ende der Zeitgenossenschaft

Die Feststellung, daß es inzwischen die Nachgeborenen sind, die den NS-Diskurs bestimmen, wird täglich richtiger. Das kann als Sarkasmus nur mißverstehen, wer die Möglichkeit historischer Repräsentation grundsätzlich verneint und mit dem Schlagwort «Instrumentalisierung» Schrecken zu verbreiten sucht. Denn was soll schlimm daran sein, daß in der Forschung, in den Medien – und zwar unabhängig von deren bereits erwähnter Authentizitätssucht – und zuletzt auch in der Politik die Nachgeborenen die Arbeit der Erinnerung übernommen haben? Ganz abgesehen davon, daß es keine Alternative gibt, will man die Auseinandersetzung mit der nationalsozialistischen Vergangenheit nicht für beendet erklären.

Instrumentalisierung war und ist von jeher im Spiel, wenn Vergangenes erinnert wird: Stets wird eine Auswahl getroffen, und stets gibt es einen Grund, warum dieses und nicht jenes vor dem Vergessen bewahrt oder ihm entrissen werden soll – vor dreißig Jahren nannte man das, weniger verklausuliert, Erkenntnisinteresse. Theoretisch also besteht kein Anlaß, sich von vermeintlich hehren Warnreden wider die «Instrumentalisierung des Holocaust», die gegenwärtig eine gewisse Konjunktur erleben, beeindrucken zu lassen.[10] Aber auch praktisch gibt es dafür keinen Grund, denn noch keiner dieser Kritiker hat erklären können, wie ein «richtiger», nichtinstrumenteller Umgang mit dem Holocaust aussehen sollte.

Was jedoch immer wieder not tut, ist die offene Diskussion über die Angemessenheit spezifischer Instrumentalisierungen – in vertrauteren Worten: konkreter «Lehren aus der Geschichte». Daß der deutsche Außenminister zur Begründung der Nato-Intervention im Kosovo 1999 eine der seit Gründung der Bundesrepublik kanonisierten historischen Lernerfahrungen relativierte («Nie wieder Krieg»), um eine andere zu aktualisieren («Nie wieder Auschwitz»), ist logischer Ausdruck einer politischen Kultur, die sich in hohem Maße über den kritischen Umgang mit der NS-Vergangenheit definiert. Allerdings darf gerade deshalb die Debatte darüber, ob die jeweilige Analogiebildung gerechtfertigt ist, nicht unterbleiben.

Wieviel die akademische Geschichtswissenschaft zu solchen Debatten künftig beitragen kann und wird, ist ungewiß, und man soll ihre Möglichkeiten nicht überschätzen. Aber die Rolle der Wahrerin eines kritischen Gedächtnisses stünde ihr gut zu Gesicht. Dies gilt zumal vor dem Hintergrund unterdessen sich mehrender Zeichen für eine aus der Bonner Überlieferung herausstrebende politische Kultur der «Berliner Republik», in der die selbstkritische Bezugnahme auf die NS-Vergangenheit zurückzutreten scheint[11] – ja, wie manche meinen, ihrerseits schon Vergangenheit darstellt.[12]

Interessanterweise vollziehen sich diese Veränderungen des vergangenheitspolitischen Binnenklimas der Bundesrepublik im Schatten einer moralisch zweifellos gutgemeinten, in ihren Auswirkungen jedoch noch ganz offenen Universalisierung der Erinnerung an die deutschen Menschheitsverbrechen im Namen einer globalen Menschenrechtspolitik. Das spezifisch europapolitische Motiv dieser Bemühungen liegt in der Schaffung einer die nationalen Gedächtnisse überwölbenden – und deren divergierende Nachkriegsmythen überwindenden – Holocaust-Erinnerung, in der sich der Genozid an den europäischen Juden gleichsam zum negativen Gründungsmythos der EU verwandelt.[13]

So sehr diese Arbeit am Gedächtnis durch das Ende des Ost-West-Gegensatzes und der Teilung des Kontinents befördert wurde, so deutlich ist inzwischen freilich auch: ihre Dimensionen reichen über Europa hinaus. Im Übergang vom 20. zum 21. Jahrhundert geht es um die Leitbilder eines Menschheitsgedächtnisses, in dem der Holocaust den nicht mehr rücknehmbaren Bruch der modernen Zivilisation markiert und als Symbol ihrer permanenten Gefährdung erinnert werden soll. Exakt diese Absicht demonstrierte zu

Jahresanfang 2000 ein präzedenzloser Aufmarsch von Regierungschefs und Außenministern in Schweden. Was immer die tagespolitischen Kalkulationen der teilnehmenden Staatsmänner und -frauen gewesen sein mochten, das «Stockholm International Forum on the Holocaust» verabschiedete eine Deklaration, in der es unmißverständlich heißt: «The unprecedented character of the Holocaust will always hold universal meaning»; die Dimension des Verbrechens müsse für alle Zeiten im kollektiven Gedächtnis bewahrt werden – auch als Mahnung zu Humanität und Gerechtigkeit.[14]

Zugleich verpflichteten sich die Unterzeichner der Deklaration zu neuen Anstrengungen für eine «Erziehung über den Holocaust». Dies bedeutet, daß Kenntnisse darüber auch in Ländern vermittelt werden sollen, in denen kein unmittelbarer Zusammenhang mit der eigenen Geschichte besteht. Es geht also tatsächlich um eine Universalisierung der Holocaust-Erinnerung, um ihre Verankerung im globalen Gedächtnis. Aus politischer und edukatorischer Sicht mag man dies begrüßen, vielleicht auch im Rahmen einer emphatischen Zeitdiagnostik.[15] Mindestens aus geschichtswissenschaftlicher Perspektive stellt sich jedoch die Frage, ob und wie es auf dem Weg in eine solche «Globalisierung» gelingen kann, eine Entkontextualisierung des historischen Geschehens zu vermeiden.

Die Risiken einer solchen Entkontextualisierung liegen nicht allein in der damit fast zwangsläufig einhergehenden Verkürzung der Geschichte des «Dritten Reiches» just in jenem Moment, da das Ende der Zeitgenossenschaft die Möglichkeit eröffnet – aber auch die Notwendigkeit begründet –, die historische Auseinandersetzung mit dem Nationalsozialismus nicht mehr als Kritik der Bundesrepublik, sondern sui generis zu betreiben. Hinzu kommt, daß eine ganz auf «Globalisierung» gerichtete Gedächtnispolitik zur Überforderung werden könnte: für die von Deutschland seit 1939 überfallenen Völker, mehr noch aber für all jene Individuen, die mit der Vergangenheit des Zweiten Weltkrieges mehr verbindet als ein auf die Zukunft gerichtetes moralisches Postulat – mithin für die letzten Überlebenden und die Nachkommen der Opfer,[16] doch auch für die in der Erbfolge der Täter stehenden Deutschen.

Zu Anfang des 21. Jahrhunderts stehen die Historiker des Holocaust in der doppelten Herausforderung durch Politik und Medien. Mehr denn je wird es deshalb darauf ankommen, die Bewahrung des Kontexts im Rahmen einer neuen Geschichtserzählung zu versuchen, die Anschaulichkeit und Komplexität nicht als Gegensätze begreift. Zugleich aber gilt es wohl, wie Saul Friedländer betont,[17] neben dem Intellekt auch die Emotionen anzusprechen – mit anderen Worten: die akademische Scheu vor der Benennung des radikal Bösen zu überwinden, das auch und gerade eine säkularisierte Welt im Holocaust erkennt.

Anmerkungen

1 Die Vermutung, das Ende der DDR könnte die NS-Geschichte zu «doppelt entfernter Vergangenheit» werden lassen, äußerte Saul Friedländer bereits 1990; vgl. ders.: Martin Broszat und die Historisierung des Nationalsozialismus, in: Henke, Klaus-Dietmar/Natoli, Claudio (Hrsg.), Mit dem Pathos der Nüchternheit. Martin Broszat, das Institut für Zeitgeschichte und die Erforschung des Nationalsozialismus, Frankfurt am Main/New York 1991, S. 155–171, hier S. 160.

2 Vgl. allerdings die wegweisenden Arbeiten der Forschungsgruppe um Lutz Niethammer, der das methodische Konzept der «Oral History» bereits in den achtziger Jahren in die NS-Forschung eingebracht hat; bes. ders. (Hrsg.): «Die Jahre weiß man nicht, wo man die heute hinsetzen soll». Faschismuserfahrungen im Ruhrgebiet, Berlin, Bonn 1983.

3 Ich beziehe mich hier und in einigen der folgenden Passagen auf meinen Aufsatz: Abschied von der Zeitgenossenschaft. Der Nationalsozialismus und seine Erforschung auf dem Weg in die Geschichte. In: Werkstatt Geschichte 7 (1998) 20, S. 69–83.

4 So der Untertitel des nur wenige Wochen nach der Sendung erschienenen Taschenbuchs von Märthesheimer, Peter/Frenzel, Ivo (Hrsg.): Im Kreuzfeuer: Der Fernsehfilm Holocaust. Eine Nation ist betroffen, Frankfurt am Main 1979.

5 Vgl. Magnus, Uwe: Die Einschaltquoten und Sehbeteiligungen, in: ebd., S. 221–224.

6 Dazu Assmann, Jan: Das kulturelle Gedächtnis. Schrift, Erinnerung und politische Identität in frühen Hochkulturen, München 1997, bes. S. 48–56.

7 Als Beispiel dafür Pohl, Dieter: Holocaust. Die Ursachen, das Geschehen, die Folgen, Freiburg usw. 2000; dort auch aktuelle Literaturhinweise. Ein Manko gerade der hierzulande betriebenen Forschungen ist allerdings noch immer, daß es bisher kaum gelungen ist, die Perspektive der Häftlinge und Opfer aufzunehmen.

8 Paradigmatisch dafür stehen die Arbeiten von Bracher, Karl Dietrich: Die Auflösung der Weimarer Republik, Eine Studie zum Problem des Machtverfalls in der Demokratie. Villingen 1955; ders./Sauer, Wolfgang/Schulz, Gerhard: Die nationalsozialistische Machtergreifung. Studien zur Errichtung des totalitären Herrschaftssystems in Deutschland 1933/34. Köln und Opladen 1960; aufschlußreich dazu jetzt auch ders.: Geschichte als Erfahrung. Betrachtungen zum 20. Jahrhundert, Stuttgart 2001.

9 In voller symbolischer Aufladung, aber mit der zu erwartenden mäßigen Resonanz, rückte die deutsche Sozialdemokratie diese Frage im August 2000 noch einmal ins Blickfeld der Öffentlichkeit, als sie den 100. Geburtstag ihres ehemaligen Reichstagsabgeordneten Josef Felder feierte, der 1933 mit seinen Fraktionskollegen dem Ermächtigungsgesetz die Zustimmung verweigert hatte.

10 In diesem Sinne auch die nüchternen Bemerkungen von Yehuda Bauer: Mord als Ziel, in: Spiegel Special 1 (2001), Die Gegenwart der Vergangenheit, S. 30–35.

11 Dies wäre übrigens gegen die Polemik von Karl Heinz Bohrer einzuwenden, der kürzlich einen dem Nationalsozialismus und seiner unausgesetzten Vergegenwärtigung geschuldeten Verlust der «historischen Fernerinnerung» beklagt hat; vgl. ders.: Erinnerungslosigkeit. Ein Defizit der gesellschaftskritischen Intelligenz, in: Frankfurter Rundschau vom 16. 6. 2001.

12 So vor allem die pointierte Diagnose von Jeismann, Michael: Auf Wiedersehen Gestern. Die deutsche Vergangenheit und die Politik von Morgen, München 2001.

13 Vgl. den Beitrag von Dan Diner in diesem Band.

14 Stockholm International Forum on the Holocaust. Proceedings, Stockholm 2000, S. 3.

15 Vgl. Levy, Daniel/Sznaider, Natan: Erinnerung im globalen Zeitalter: Der Holocaust, Frankfurt am Main 2001.

16 Vgl. dazu die anregende Studie von Chaumont, Jean-Michel: Die Konkurrenz der Opfer. Genozid, Identität und Anerkennung, Lüneburg 2001.

17 Vgl. Friedländer, Saul: Gebt der Erinnerung Namen. Rede zur Verleihung des Geschwister-Scholl-Preises, in: ders./Reemtsma, Jan Philipp: Gebt der Erinnerung Namen. Zwei Reden, München 1999, S. 27–37.

Gedenkstätten und Museen

Volkhard Knigge

Ruth Klügers Charakterisierung der KZ-Gedenkstätten als Antimuseen mit Todesaura verweist darauf, daß die Geschichte der musealen Repräsentation der NS-Verbrechen keinesfalls gradlinig an die Entwicklungsgeschichte der Museen in Europa anschließt. Ihr Anfang liegt nicht in den Wunderkammern und gelehrten Schausammlungen des 18. und 19. Jahrhunderts, und es wäre zynisch, ihn mit einem zweiten Ursprung der Museen, den Opferhöhlen, in Verbindung bringen zu wollen. Auch die «Polizeimuseen», die nicht zuletzt der Abschreckung vor Individualverbrechen durch Verweis auf effiziente Methoden der Strafverfolgung und Verbrechensaufklärung dienen sollten, ließen sich als Vorbilder kaum anführen. Gibt es überhaupt einen Vorläufer, dann Ernst Friedrichs Antikriegsmuseum, das in der Weimarer Republik den Ersten Weltkrieg als Massenmord und Staatsverbrechen vergegenwärtigte und diese Vergegenwärtigung selbst als politisch-moralischen Appell «Krieg dem Kriege!» begriff.

Museen und Gedenkstätten zur Bewahrung der Erinnerung an die nationalsozialistischen Verbrechen gründen in den Konzentrations- und Vernichtungslagern selbst, genauer gesagt in deren Untersuchung und öffentlichen Präsentation als Tatorte – im kriminalpolizeilichen wie im juristischen Sinn – durch die Alliierten. Diese sicherten dort unmittelbar nach der Befreiung Objekte und Dokumente und sammelten Berichte von Überlebenden, nicht als Museumsgut für zukünftige Ausstellungen, sondern als Sachbeweise, als *corpi delicti* für den verbrecherischen Charakter des NS-Systems insgesamt. Parallel dazu wurden die Lager für Besichtigungen geöffnet. Deutsche sollten mit den Verbrechen, die sie begangen oder mitzuverantworten hatten, konfrontiert werden. Angehörigen der alliierten Armeen wollte man den Sinn ihres Kriegseinsatzes verdeutlichen. Internationale Delegationen sollten des außerordentlichen Charakters der Verbrechen gewiß werden, um ihn glaubhaft bezeugen zu können und um ihn in die Reflexionen hinsichtlich der Zukunft Deutschlands miteinzubeziehen. Fünf Praktiken der Repräsentation lassen sich – am Beispiel Buchenwalds[1] – für diese frühe Phase unterscheiden. Erstens führten Überlebende Besucher durch die Lager und erläuterten, was ihnen hier geschehen war. Zweitens erhielten besondere Bereiche informierende Beschriftungen, wie etwa: «Place for children 5–15 years», «6 men in each box», «one blanket for each», aber auch «please close the door». Drittens wurden besonders erschreckende Artefakte wie z. B. menschliche Präparate zusammengestellt und gezeigt. Viertens reinszenierten Überlebende in drastischer Weise an den originalen Schauplätzen und mit den originalen Mitteln – Galgen, Prügelbock, Peitschen usw. – Torturen, die sie erleiden mußten, an menschengroßen Puppen aus Stroh und Lumpen. Und fünftens versuchten Befreier und Überlebende den Zustand des Lagers, wie er vor der Befreiung gewesen war, so lange wie möglich gegenwärtig zu halten. Ein wesentliches Mittel hierfür war die Rekonstruktion der Leichenstapel, wie man sie am Tag der Befreiung vorgefunden hatte, mit Hilfe von Körpern nach der Befreiung verstorbener Häftlinge. Insbesondere ehemalige politische Häftlinge nutzten die Außenwände ihrer Baracken zum Aufhängen von Plakaten mit politischen bzw. moralischen Appellen.

Es ist unschwer zu erkennen, daß am Anfang der Vergegenwärtigung der nationalsozialistischen Verbrechen ein Geflecht von kriminalistischen, museologischen und erzieherischen Praktiken steht, die nicht nur darauf hindeuten, daß es für die Repräsentation der nationalsozialistischen Verbrechen keine Vorbilder gab, sondern es wird gerade an den Versuchen, Zeit einzufrieren, deutlich, daß die Akteure bewußt oder unbewußt der Überzeugung gewesen sein müssen, daß es für die Repräsentation der Lagerwirklichkeit – als augenscheinlichen Gipfel der nationalsozialistischen Verbrechen – außer dieser selbst keine angemessenen Mittel gab. «Viele der Toten, die über das gesamte Lagergelände verstreut waren, wurden begraben, man sollte jedoch Ansammlungen von Leichen als Beweis für die früheren Bedingungen belassen», so der Chef des Medizinischen Dienstes der US-Armee nach seinem Besuch des Lagers am 25. April 1945.[2] Knapp drei Wochen später heißt es in einer Nachricht General Omar Bradleys vom 9. Mai 1945: «Das Konzentrationslager Buchenwald wurde gesäubert, die Kranken und die Leichen wurden soweit entfernt, daß nur wenige Beweise für das Grauen geblieben sind. Dies verringert den erzieherischen Wert von Besuchen verschiedener Gruppen, die sich im Lager aus erster Hand über die deutschen Greueltaten informieren wollen. Tatsächlich äußern viele Besucher Skepsis, daß die vorhergehenden Bedingungen überhaupt existierten. Empfehle deshalb, von weiteren Besuchen im Lager abzusehen.»[3] Und schließlich: Gerade in der Extrempraktik der Rekonstruktion von Leichenstapeln ist zwar die Vorstellung artikuliert, daß einzig das originale Geschichtsdokument oder Kunstwerk nachhaltig auf den Betrachter zu wirken vermag – und insofern ist sie trotz des ihr anhaftenden Schrecklichen ganz traditionell –, andererseits verliert aber gerade durch das Verschwinden der Differenz von Bezeichnetem und Bezeichnendem in der stillen Identität der Ermordeten mit sich und ihrem Sterben jede überkommene Vorstellung von Repräsentanz und Repräsentierbarkeit ihren Sinn. Zugleich wird eine Grenze der Visualisierung kenntlich.

Die Genese der NS-bezogenen Gedenkstätten und Museen wäre unvollständig umrissen, vergäße man die Perspektive von Überlebenden, die in den ehemaligen Lagern auch politisch, religiös, national oder schlechthin menschheitlich konnotierte Martyriumsstätten sowie Friedhöfe gesehen haben. In den Worten des Buchenwaldhäftlings Werner A. Beckert: «Dieses Lager soll allen Nationen ein Mahnmal für ihre kommenden Geschlechter sein und zugleich eine Ruhestätte für unsere vielen Kameraden, die als Opfer der Nazi-Pest ihr Leben gelassen haben.»[4] In dieser Perspektive waren insbesondere die mit den Lagern verbundenen Grabfelder, die Häftlingslagerbereiche und die Krematorien weniger Sachzeugnisse und Verbrechensbeweise als vielmehr geheiligter Boden, der die Vergangenheit nicht repräsentierte, sondern an dem diese und die Toten unmittelbar präsent waren. Hier wird ein zweites, essentielles Problem der Repräsentation der NS-Verbrechen, insbesondere hinsichtlich der Geschichte und des Leidens der Opfer deutlich: Es besteht – Sachzeugnisse, die ausschließlich auf die Täter verweisen, ausgenommen – im unauflöslichen Ineinander von Realien und Reliquien, von Artefakten als Informations- und Zeichenträgern und Artefakten als unvergänglicher Vergangenheit schlechthin. Realien sind der Grundstoff jeder Ausstellung. Reliquien hingegen werden nicht ausgestellt, sondern geborgen, bewahrt und in besonderen, jede Profanierung abschirmenden Weiheräumen dargeboten. Als sich der Jüdische Weltkongreß im Juli 1945 für die Errichtung eines *Yad Lagolah* (Diaspora) in Jerusalem aussprach, hatte er dabei kein Museum vor Augen, sondern eine monumentale Gartenanlage mit einem aus mehreren Hallen bestehenden Zentralgebäude – de facto ein Schrein –, in dem die Namen der Umgekommenen ebenso aufbewahrt werden sollten wie alle noch erhaltenen und geborgenen geistigen, religiösen und literarischen Überreste des europäischen Judentums in Verbindung mit realen oder rekonstruierten «Verbrechenswerkzeugen». «Vernichtungslager, Krematorien und andere Instrumente der Folter», hieß es im Protokoll.

Auch wenn *Yad Lagolah* nie realisiert worden ist, steht der Vorschlag exemplarisch für den «Ausstellungstyp» der unmittelbaren Nachkriegszeit. Artefakte in der Stellung von Opferreliquien werden Instrumenten der Tortur gegenübergestellt und dabei weniger historisch erklärt noch durch ein ausgefeiltes Narrativ verbunden, sondern durch die Unmittelbarkeit von Entsetzen, Mitgefühl und Abscheu zusammengehalten; Affekte, die vorausgesetzt werden und deren Quelle nicht zuletzt geteilte Zeitgenossenschaft ist, insbesondere die Erfahrung, selbst unter dem Krieg gelitten zu haben und potentiell oder konkret der Verfolgung ausgesetzt gewesen zu sein. Würdigung der Opfer, Umschreibung und symbolische Bewahrung des Verlorenen sowie Anklage sind die Ziele dieser Ausstellungen.

Ausstellungen, die über diesen Typus hinausgehen, haben Ausstellungsmacher zur Voraussetzung, die das Verbrechensgeschehen noch sinnvoll deuten können, sei es aus der Perspektive eigenen Einbezogenseins, sei es im Zusammenhang mit (nachträglichen) gesellschaftlichen Deutungsabsichten. Es ist von daher gesehen nicht verwunderlich, daß es insbesondere politisch Verfolgte und Widerstandskämpfer waren, die als erste solche Ausstellungen planten bzw. einforderten. Die frühe nationalkommunistische Deutung Auschwitzs steht hierfür. Oder das 1954 auf dem Gelände des ehemaligen Häftlingslagers in Buchenwald eingerichtete «Museum des Widerstands», dessen Ausstellung mittels des Leitmotivs «durch Sterben und Kämpfen zum Sieg» die DDR als das aus dem kommunistischen Widerstand heraus geborene, bessere Deutschland legitimieren sollte. Auch das ab 1949 entstandene «Ghetto Fighters House» im Kibbutz Lohamei Hagetaot, dessen Ausstellung insbesondere den Vorwurf, wie die Schafe zur Schlachtbank gegangen zu sein, widerlegen und den Anspruch der sozialistischen Jugendbewegung (Pionierbewegung) auf eine entscheidende Rolle beim Aufbau Israels begründen sollte. Und ebenso das Projekt des französisch-jüdischen Résistance-Mitglieds Yizahak Schneersohn, der noch zur Zeit der deutschen Besetzung das «Centre de la Documentation de la Vie Juife Contemporain» gegründet hatte, und der ab Anfang der

50er Jahre den Bau eines großen Memorials mit angeschlossenem Forschungs- und Dokumentationszentrum in Paris vorbereitete, das nicht nur die Erinnerung an das fast vollständig zerstörte europäische Judentum bewahren, sondern zugleich Europa dauerhaft auf seine zivilisatorischen Grundlagen verpflichten sollte. Festgehalten sei, daß keine dieser Ausstellungen sich gleichsam autonom, als selbständige Ausstellung darstellte, sondern daß sie immer auch in einen Denkmals- und Memorialkontext eingebunden waren, der sie – und sie ihn – bekräftigte. Ließ sich dieser symbolische Kontext in bezug auf Ausstellungen an nicht historischen Standorten schaffen, wie man wollte, so stellte sich die Situation für Ausstellungen an historischen Orten, vor allem in den ehemaligen Lagern, anders dar, erst recht dann, wenn diese ganz oder weitgehend unzerstört waren. In diesem Fall war durchaus nicht sicher, daß sich die Lager als «Denkmale aus der Zeit» (Johann Gustav Droysen) den beabsichtigten Deutungen einfügten, vielmehr verlangten sie – als Realien oder Realienensemble – selbst nach historischer Erschließung und Interpretation. Diese blieb nicht nur – aber insbesondere auch – in Deutschland über Jahrzehnte weitestgehend aus. Üblich war hier vielmehr das Abtragen der Relikte bis auf Reste, die zur Kennzeichnung der jeweiligen Orte unabdingbar waren und die sich den Deutungsabsichten – und zu ihnen sei auch das «nicht mehr erinnern wollen» hinzugezählt – nicht widersetzten. In nicht wenigen Fällen – so in Buchenwald, Dachau, Flossenbürg, Neuengamme, Sachsenhausen oder Ravensbrück – führte dies zum Verschwinden ganzer Lagerareale, deren Überwuchs, pragmatischer Nachnutzung oder sogar Bebauung; im Falle beinahe aller Außenlager zu deren restloser Unkenntlichmachung.

Es ist an dieser Stelle Zeit, genauer auf Westdeutschland zu sprechen zu kommen. Während Gedenkstätten und antifaschistische Ausstellungen in der DDR teils gewollt, letztendlich aber staatlich verordnet waren, stießen sie in der Bundesrepublik bis in die 80er Jahre auf deutlichen Widerstand. Sieht man vom 1952 eingerichteten Dokumentationsraum in der Gedenkstätte Plötzensee, einer Erinnerungsstätte bürgerlichen deutschen Widerstands und weniger einer Erinnerungsstätte an deutsche Verbrechen, ab, dann ist die 1965 in Dachau eingerichtete Dauerausstellung die erste bedeutende Ausstellung in der Bundesrepublik überhaupt. Verantwortet wurde (und wird) sie aber – durch einen Staatsvertrag sanktioniert – vom

Internationalen Dachau-Komitee überlebender Häftlinge, und so gesehen war sie gleichsam exterritorial und weniger ein Akt früher westdeutscher Selbstreflexion. Gleichwohl steht sie prototypisch für ein Verständnis von NS–bezogenen Ausstellungen, das bis in die 80er Jahre hinein dominant war und teils noch ist. Vor allem vergrößerte Fotos und auf die mörderischen Absichten der Nationalsozialisten bezogene Dokumente sollten für sich sprechen und die NS-Vergangenheit unmittelbar repräsentieren. Entmenschte Täter und (hilflose) Opfer waren einander gegenübergestellt. Realien wurden kaum gezeigt, nicht zuletzt deshalb, weil sie nicht mehr vorhanden waren, da keine Institution sie nach 1945 systematisch gesammelt und archiviert hatte. Es ist unschwer erkennbar, daß die Ausstellung dem Modus der Konfrontation mit den NS-Verbrechen folgt, die nach Öffnung der KZ für Besichtigungen geübt wurde. Fotos gelten als authentischer Ausdruck der Lagerwirklichkeit im Sinne gefrorener, stillgestellter Zeit. Schrecken, Abscheu und Mitleid sollen resistent machen gegen nationalsozialistisches Gedankengut und in einem «Nie wieder!» kulminieren.

Wenn es bis in die 80er Jahre hinein keine wirkliche ausstellungstheoretische Diskussion – und auch dann nur in sehr begrenztem Rahmen – gab, dann auch deshalb, weil in dieser Zeit nicht das *Wie* von Ausstellungen im Vordergrund stand, sondern das *Ob*, d. h. die Frage ihrer politischen Durchsetzbarkeit gegen nicht selten heftigste Widerstände. Nicht um Ausstellungen ging es in dieser Zeit eigentlich, sondern um die neuerliche Präsentation von Beweisen für die Tatsächlichkeit der nationalsozialistischen Vergangenheit und ihren verbrecherischen Charakter. In diesem Kontext waren die ehemaligen Lager gleichsam topographische Konkretionen, die Verharmlosungen, Verleugnungen oder Schlußstrichforderungen entgegenstanden. Einzelpersonen, Bürgerinitiativen und Vereinigungen wie «Aktion Sühnezeichen» trugen – häufig in Verbindung mit Überlebenden – dieses Engagement, weniger die Politik oder öffentliche Körperschaften bzw. öffentliche Einrichtungen wie die vorhandenen historischen Museen. Gegen ein Verständnis der Gedenkstätten als Museen hätten sich die Akteure allerdings auch gewehrt. In damals aufkommenden Begrifflichkeiten wie «arbeitende Gedenkstätte» oder «Gedenkstätte als Lernort» ist impliziert, daß die Historisierung der NS-Vergangenheit und ihre Transformation in möglicherweise interessantes, aber totes, weil der eigenen Epoche nicht mehr zugehöriges Museumsgut ebenso vermieden werden sollte wie der Gebrauch der Gedenkstätten für rein rituelle Formen des Gedenkens. Erst mit der weitgehenden Akzeptanz der Gedenkstättenarbeit in den späten 80er und frühen 90er Jahren begann eine breitere – diese Charakterisierung ist allerdings relativ zu verstehen – Diskussion der bisherigen Ausstellungspraxis. Kritisiert wurde nun die Ausblendung ganzer Themenkomplexe wie der Einbindung der Lager in ihre Umwelt, der Struktur der KZ, des Widerstandes in seiner ganzen Breite, der Zusammensetzung der «Häftlingsgesellschaft», des Funktionswandels der Lager, bestimmter Opfergruppen, der Reduktion der Geschichte der Opfer auf ihr Opfersein oder der konkreten Geschichte der SS, ihrer Angehörigen und ihrer Ideologie. In Frage gestellt wurden aber auch präsentationsleitende Überzeugungen wie das «Für-Sich-Sprechen» von Bildern oder Dokumenten, die unreflektierte Übernahme und Reproduktion der Täterperspektive durch den naiven Gebrauch von Fotos und Dokumenten, die entindividualisierte, entkontextualisierte Gegenüberstellung von (hilflosen) Opfern und (entmenschten) Tätern, der verschleißende Gebrauch der immer selben Fotos oder die Reduktion der Auseinandersetzung mit der NS-Vergangenheit auf Erschrecken und Abscheu ohne genaue Wissensgrundlage. Zunehmend wurden auch die Möglichkeiten der Kunst diskutiert, etwa ihr Vermögen, abstrakte Sachverhalte lebendig darzustellen, Sehgewohnheiten aufzubrechen oder Brücken durch die Zeit zu schlagen. Obwohl die hier angedeuteten Themenkomplexe eigentlich einen historiographischen, quellen- bzw. ideologiekritischen, pädagogischen, museologischen oder ästhetischen Hintergrund hatten, war die Diskussion letztendlich nicht von diesem her motiviert. Ausgesprochen oder unausgesprochen ging es vielmehr darum, wie man den Opfern Gerechtigkeit widerfahren lassen, mit der subkutanen Tradierung von NS-Einstellungen sowie Wahrnehmungsmodi brechen und die deutsche Gesellschaft von nach wie vor vorhandenen NS-Schlacken reinigen könnte. Ausstellungen waren so gesehen weniger Medien der Information als vielmehr Evokationen des Verleugneten, Bekenntnisse, Läuterungsräume, politische Stellungnahmen und Erziehungsinstanzen, in deren Zentrum vor allem ein Begriff stand: Betroffenheit.

Im Deutschen hat das Wort Betroffenheit zwei Bedeutungen, die nicht vollständig deckungsgleich sind. Erstens: Etwas macht mich betroffen, das heißt, es löst eine anteilnehmende Gefühlsregung aus.

Zweitens: Etwas geht mich konkret an, insofern es reale Folgen für mich hat. Beide Bedeutungsvarianten finden sich als präsentationsleitende Prinzipien in unterschiedlicher Gewichtung in den gegenwärtig existierenden Ausstellungen – über Deutschland hinaus – wieder. Holzschnittartig lassen sich dabei zwei Grundvarianten einander gegenüberstellen: Narrative und dokumentierend-argumentierende Ausstellungen.

Der bekannteste Protagonist des ersten Typs war Shaike Weinberg, der Gründungsdirektor des United States Holocaust Memorial Museum in Washington. Sein Diktum lautete: «One exposition – one narrative». Narrativ stand dabei eigentlich für «story», das heißt eine den Ausstellungsstücken vorausgehende chronologisch-semantische Entität, die die Anordnung des Ausstellungsgutes im Sinne einer Metabotschaft regelt. Die Argumente für diesen Ausstellungstyp waren und sind hauptsächlich solche der Wirkung: Übersichtlichkeit, Verständlichkeit, affektive Potenz bzw. Einfachheit, Popularität, (negative) Faszination, Identifikation (mit den Verfolgten).

Dokumentierend-argumentierende Ausstellungen, wie die in Buchenwald, sind nicht nach einem vorgehenden Narrativ – wohl aber wissenschaftlichen Erkenntnissen – geordnet, sondern verstehen die Realien – und hierzu zählen Objekte ebenso wie Textdokumente oder historische Bilddokumente – als Anstöße für historische Vorstellungskraft, die ihrerseits wieder Erinnerungs- und Deutungsleistungen auf den Plan rufen, die in Auseinandersetzung mit dem überkommenen historischen Material reflektiert werden müssen. In Anlehnung an Humboldt ließe sich sagen: Resultate der Einbildungskraft sollen in Resultate des Verstandes übersetzt werden, ohne ihre sinnlich-emotionale Basis zu verlieren. Diese Vorgehensweise ist nicht nur ein Abkömmling der Skepsis, daß eine Gefühlsregung nicht automatisch eine Überzeugung und eine Identifikation noch keine Erkenntnis ist, sondern sie leitet sich auch von Überlegungen zur Spezifik der nationalsozialistischen Verbrechen, insbesondere des Massenmordes an den europäischen Juden her. Um nur drei anzudeuten: Erstens: Als *eine* Geschichte lassen sich die NS-Verbrechen nur aus *einer* Perspektive erzählen, was, wenn diese Perspektive die einer Opfer- oder Widerstandsgruppe ist, als eine besondere Würdeform verstanden werden kann, in geschichtswissenschaftlicher Perspektive aber als Entkontextualisierung bzw. Verkürzung gelten muß. (So läßt sich selbst die Geschichte eines KZ auf Grund des Funktionswandels der Lager, der Häftlingshierarchie und der sich wandelnden Zusammensetzung der «Häftlingsgesellschaft» nicht einperspektivisch darstellen.) Zweitens verweigert sich der funktionale Kern des NS-Staatsverbrechens, die bürokratisch-arbeitsteilige Form des Mordens narrativ-sinnlicher Präsenz. Und drittens läßt sich das nach allen überkommenen zivilisatorischen Vorstellungen grundlose Auslöschen von Menschen allein auf Grund ihrer Abstammung ohne *nachträgliche* Sinnkonstruktionen nicht erzählen. Narrative Ausstellungen, so ließe sich verkürzend sagen, schließen den Zivilisationsbruch dadurch, daß sie das «Danach» – die Gründung des Staates Israel, die Gründung der DDR als besseres Deutschland, die Schaffung der Menschenrechte oder die Etablierung der westlichen Werteordnung – als heimliches Telos der Geschichte behandeln, das ihr nachträglich Sinn verleiht; einen Sinn, der dann zugleich als Erziehungszweck und -ziel erscheint. So gesehen haben diese Ausstellungen Identitätspräsentationsfunktionen (Hermann Lübbe) in einem mehr als nur kulturkompensatorischen Sinn. Dokumentierend-argumentierende Ausstellungen suchen hingegen den Zivilisationsbruch nicht zu schließen, sondern sehen im Fragmentarischen der Realien gewissermaßen seinen Widerschein und eine Veranlassung für eigenes Suchen, Fragen, Folgern, Stellungnehmen. Ohne den Fortgang der Geschichte nach Auschwitz zu leugnen, beharren sie darauf, daß das «Danach» von jeder Generation neu kommunikativ hergestellt werden muß. So gesehen sind sie Ausstellungen der Unselbstverständlichkeit humaner und zivilisatorischer Grundnormen, Ausstellungen des Befremdens (Peter Sloterdijk) auf scheinbare zivilisatorische Selbstverständlichkeiten hin.

Die gegenwärtige Situation ist durch folgende Merkmale gekennzeichnet:

1. die forcierte Einrichtung neuer Ausstellungen und den Ausbau und die Neukonzeptionierung älterer Einrichtungen. Folge ist unter anderem ein «Realienhunger», der sich auch in Fälschungen von NS- und KZ-Objekten niederschlägt. Da Realien für spezifische Kontexte häufig fehlen, verstärkt sich die Tendenz, Realien als Symbole zu behandeln und einzusetzen.

2. einen Hunger nach Unmittelbarkeit und Authentizität. Insbesondere Zeitzeugenaussagen und die Orte der ehemaligen Lager, aber auch Fotos und die immer zahlreicher gefundenen Filme gelten vielfach als direkter und umfassender Ausdruck der Vergangenheit.

Der quellenkritische Umgang mit erfahrungsgeschichtlichen Zeugnissen erscheint schnell als neuerliche Entwürdigung der Opfer; der Hinweis darauf, daß die ehemaligen Lager, die Gedenkstätten, zwar historische, aber keinesfalls authentische Orte sind, sondern durch Vernachlässigung, massive Eingriffe, Denkmalsetzungen bzw. Denkmalsstürze oder mehr oder weniger überlegte Erhaltungs- bzw. Restaurierungsmaßnahmen gedeutete und umgedeutete Verschränkungen des Denkmals mit den Realien sind, gilt schnell als unnötige Erschwernis für den unmittelbaren Kontakt zur Vergangenheit.

3. den Antagonismus zwischen spurensichernd-archäologischen Konzepten, die die Geschichte der Erinnerung seit 1945 ortsbezogen mitreflektieren und dokumentieren wollen, und solchen, die rekonstruieren wollen, wie es eigentlich war.

4. Tendenzen fortschreitender Normalisierung im guten wie im schlechten Sinn. Im guten Sinn – und hier spreche ich für die Bundesrepublik –, insofern die Gedenkstätten und anderen Einrichtungen der Bewahrung NS-bezogener Erinnerung breiter als je zuvor gesellschaftlich akzeptiert sind und, nachdem sich die Bundesregierung seit diesem Jahr grundsätzlich an ihrer Finanzierung beteiligt, viele zur Zeit ausgebaut werden. Im schlechten Sinn, weil gerade die historischen Orte mit zunehmender Tendenz auch als Erlebnisorte und Sehenswürdigkeiten genutzt werden, die der eigenen Zeit nicht mehr angehören und die gerade deshalb dazu taugen, den Reiz des Gruselns oder des Erhabenen zu genießen.

5. die Auffassung, daß technische Modernisierung gleichbedeutend mit gelingender Vermittlung ist.

6. der Anspruch, Ausstellungen mögen über ihren eigentlichen Zweck hinaus Opfern ihre volle Identität und Würde zurückgeben, das Angetane gleichsam symbolisch aufheben bzw. wiedergutmachen;

und 7. die Tendenz, Museumsarchitektur als Denkmal anzulegen; als Denkmal, das, noch bevor man sich mit den Dokumenten befaßt hat, die Vergangenheit auslegt und ihrer Aneignung eine quasi sich von selbst verstehende, affektiv verankerte Richtung gibt (Jüdisches Museum Berlin, Yad Vashem Masterplan 2001).

Schlußbemerkung

Je weniger Realien in persönliche Erfahrungs- und Erinnerungszusammenhänge eingebunden sind – und es ist abzusehen, wann sie dies gar nicht mehr sind –, um so weniger werden sie sich von selbst verstehen. Dies gilt auch für die Realien, an denen Blut klebt. Es ist dann nicht mehr sicher, daß sie im Sinne von Erinnerungsveranlassung wirken und materiale Träger historischer und ethischer Bildung sind. Sie können vielmehr nichtssagend werden, der Phantasie Anlaß geben, mit ihnen zu machen, was sie will, oder selektiv, falsch oder wahrheitswidrig zu Zwecken der Manipulation oder (politischen) Instrumentalisierung eingesetzt werden. Das ist nicht neu und gilt im Blick auf jede Vergangenheit, gewinnt aber an Bedeutung, wenn man weiß, daß es kaum eine historisch-kritische Realienkunde und eine immer noch zu wenig entwickelte historisch-kritische Bildkunde gerade in bezug auf die NS-Vergangenheit gibt. Reliquien schenkt man Glauben, man untersucht und entziffert sie nicht. Für Verbrechensbeweise gilt gleiches, wenn man das Verbrechen verharmlosen oder verschweigen will, aus entgegengesetztem Grund. Kurz, die Sammlungen sind – sofern von solchen im strengen Sinn überhaupt die Rede sein kann – in vielen Einrichtungen in bedenklichem Zustand. Die Geschichte und Überlieferungsgeschichte zahlloser Artefakte ist nicht oder nur sehr vage und allgemein dokumentiert. Inventare und Übergabebücher sind lückenhaft oder gar nicht vorhanden. Statt mittels Deutungs- und Beeindrukkungsarchitekturen, medialen Unmittelbarkeitsmaschinerien oder kulturindustriellen Faszinationspraktiken die lockerer werdende Verbindung zwischen NS-Vergangenheit und Gegenwart im Sinne welcher Deutungsabsichten auch immer festzurren zu wollen, scheint es mir gebotener, dem Deponieren als Voraussetzung für das Exponieren mehr und gründlichere Aufmerksamkeit zu schenken. Voraussetzung dafür ist die bewußte Entflechtung von Realie und Reliquie oder anders gesagt, die Aufhebung des Respekts vor der Reliquie in der Sorgfältigkeit des Umgangs mit der Realie. Diesen Prozeß könnte man als Einstieg in eine historisch reflektierte, bedachte Profanierung verstehen, eine Profanierung jenseits aller Trivialisierung, die dem Gedenken Anhalt, Schwerkraft und Dauer gibt.

Anmerkungen

1 Vgl. hierzu: Knigge, Volkhard: Buchenwald, in: Hoffmann, Detlef (Hg.): Das Gedächtnis der Dinge. KZ-Relikte und KZ-Denkmäler 1945–1995. Frankfurt/M, New York 1998. S. 93–173.

2 National Archives, Washington, Record Group 331/SHAEF/G-5/DP2711/7.1 Report of General Drapa to SHAEF (30. 4. 1945).

3 National Archives, Washington, Record Group 331/SHAEF/G-5/DP2711/7.21, Message from General Omar Bradley (XII. Corps) to ETUSA (9. 5. 1945).

4 Beckert, Werner A.: Die Wahrheit über das Konzentrationslager Buchenwald, Weimar 1945, unpaginiert. – Werner A. Beckert (geb. 1900), deutsch-jüdischer Herkunft, 1936 in Nürnberg verhaftet, 1937/38 KZ Dachau, 1938–1945 KZ Buchenwald. Nach der Befreiung Selbstverlag und Buchhandlung in Weimar, Anfang der fünfziger Jahre Flucht in den Westen.

Architektur und Bildende Kunst

Detlef Hoffmann

Die Frage nach der Leistungsfähigkeit von Bildender Kunst und Architektur, die deutschen Verbrechen der Zeit 1933 bis 1945 zu erinnern, verlangt einige einleitende Überlegungen. Der Kunst (d. h. den Objekten, die die mit der Renaissance entstehende Kunsttheorie und Kunstgeschichte als ihren Gegenstandsbereich betrachtet) ist immer auch die Aufgabe gestellt worden, das Gedächtnis an Personen und Ereignisse zu bewahren. Die Malerei und die Skulptur hatte seit alten Zeiten (und in sehr vielen Kulturen) die Aufgabe, sowohl vergangene als auch je gegenwärtige Ereignisse darzustellen und sie so der Nachwelt zu überliefern.[1] Solche Arbeiten nennt Johann Gustav Droysen – obwohl sie in seiner Heuristik unter Quelle und unter Überrest gefaßt werden könnten – in seiner *Historik* Denkmale.[2] In diesem Buch wird allerdings primär nach der memorierenden Leistung der Objekte gefragt, erst sekundär nach der künstlerischen Qualität.

Die Architektur hat wie die Malerei und die Skulptur gedenkende Aufgaben wahrgenommen,[3] ich verweise hier lediglich auf den von Enea Silvio Piccolomini zu seinem Gedächtnis veranlaßten Umbau der toskanischen Stadt Corsignano in Pienza, Piusstadt. Der 1405 geborene Sohn einer einflußreichen Sienesischen Familie (einer der vorzüglichsten Geister seiner Zeit, Humanist, Poet, Politiker) war als Pius II. 1458 Papst geworden. 1462 veranlaßte er, dem Vorbild der antiken Städtegründer folgend, den Umbau; leitender Architekt war Bernardo Rosselino. Pius II. gab dem Baumeister klare Vorgaben; der Grundgedanke, die Kirche als Hallenkirche zu bauen, stammt von ihm. Die deutende Beschreibung der Kirche – heute eine Lieblingstätigkeit der Architekten – hat er selbst verfaßt. Wie Enea Silvio Piccolomini hat auch Kaiser Maximilian erfolgreich daran gearbeitet, daß er in einer fernen Zukunft erinnert werde. In dem *Weißkunig*, den er bis 1513 geschrieben hat und bebildern ließ, damit er nicht vergessen werde, schreibt er: «Wer in seinem Leben kain Gedächtnus macht, der hat nach seinem Tod kain Gedächtnus, und desselben Menschen wird mit dem Glockendon vergessen, und darumb so wird das Geld, so ich auf die Gedechtnus ausgib, nit verloren.»[4]

Die Frage, wie die Kunst die ihr gestellte Aufgabe wahrgenommen hat, kann hier nur allgemein damit beantwortet werden, daß das Ereignis so dargestellt wurde, wie es der Aufgabenstellung entsprach. Da wir von westlicher Kunst sprechen, ist die nachahmende Kunst selbstverständlich, d. h. das Ereignis sieht so aus, als ob es so stattgefunden hätte. Die Fragestellung, ob es sich tatsächlich so ereignet habe, wie auf den Bildwerken dargestellt, tritt erst im 19. Jahrhundert in den Vordergrund. Nun fungiert das Publikum direkt oder indirekt als Auftraggeber. Oft sind die Künstler gezwungen, sich Themen auszudenken, von denen sie annehmen, sie kämen beim Publikum an. Im Memorialbereich geht es meist um nationale oder regionale Mythen, deren Darstellung auch ökonomisch erfolgreich ist. Erinnerungsorte – wie das Feld der Arminiusschlacht im Teutoburger Wald – werden markiert, meist durch Skulpturen und Bauten.

In der so entstehenden Bildwelt spielt neben Liebe, Großherzigkeit und Tugendhaftigkeit der Tod eine entscheidende Rolle. Das Ende der spezifischen Funktionen des Körpers, in der organischen Welt überall zu beobachten, wird durch diese und andere Geschichten mit Bedeutung ausgestattet, mit patriotischer und religiöser, mit humanitärer und metaphysischer. Der oder die Tote mag als Versager oder Heldin, als ganz gewöhnlicher Mensch oder exzeptioneller Genius durch die Darstellung charakterisiert werden, immer kündet die Geschichte, die im Bildwerk symbolisiert wird, von dem – gelegentlich verzweifelten – Versuch, das kontingente Ereignis Tod mit Bedeutung auszustatten. Kommen Wertesysteme, die diesem Grundbedürfnis dienen, ins Wanken (wie etwa beim Erdbeben von Lissabon 1755), dann sind alle Bemühungen darauf gerichtet, das etablierte Wertesystem den als neu eingeschätzten Gegebenheiten anzupassen. Da der Tod menschliche Selbstliebe in so hohem Maße kränkt, daß er immer neu als Herausforderung an die je funktionstüchtige symbolische Ordnung erscheint, wird er mit immer neuen Narrativen umgeben. Selbst in der Rede von der Sinnlosigkeit wird ein funktionierendes System von Bedeutungen evoziert.

Der Genozid an den Juden Europas und die rassenhygienischen Verbrechen des Deutschen Reiches 1933 bis 1945 stellen einen bis dahin unbekannten Kollaps humanitärer Essentials dar. Schaut man in das Standardwerk zum Umgang der Kunst mit diesem Thema, Ziva Amishai-Maisels Buch *Depiction and Interpretation* (1993), dann zeigt die Autorin, daß für die Darstellung des qualitativ neuen Verbrechens alte, meist Jahrhunderte alte, Bildtraditionen, bildnerische Bedeutung verleihende Strategien, aufgegriffen werden: von Marc Chagalls Übernahme der christlichen Sterbeszene par exellence, des Kreuzestodes Christi, bis hin zu visuellen Interpretationen von Dokumentarfotos.

Der fototheoretische Gemeinplatz, daß ein Lichtbild etwas Transitorisches festhält und für immer vor Augen stellt, es so mit einer Bedeutung ausstattet (schon indem es das Geschehen bewußt sieht), trifft für die Fotos, die die deutschen Verbrechen der Zeit 1933 bis 1945 festhalten, Aspekte von ihnen fixieren, ebenfalls zu. Der Prozeß der Ikonisierung, der damit beginnt, selektiert aus der großen Zahl der Fotos diejenigen, die in spezifischer Weise sprechend sind, das heißt die Abbildungen erhalten durch immer neue Publikation einen großen Bekanntheitsgrad. Auf sie kann ein bestehendes oder entstehendes gesellschaftliches Wertesystem projiziert werden.

Dieser Prozeß war in Westdeutschland 1997 an der Auswahl eines spezifischen Fotos (Abb. 1) aus der Flut an Bildern der Ausstellung «Vernichtungskrieg. Die Verbrechen der Wehrmacht» zu beobachten.[5]

Die Medien spielen dabei eine wichtige Rolle, sie sind es, die die Kanonisierung, und das bedeutet in unserem Zusammenhang die langfristige Etablierung, durchführen. Nicht jedes beliebige Foto ist aber durch geschickte Manipulation durchsetzbar. Es muß spezifische Qualitäten aufweisen, die man im 19. Jahrhundert «charakteristisch» genannt hätte. Ein solches Bild wird als Allegorie der mehrheitlichen Interpretationen eines Ereignisses gesehen, überwiegend in der Gesellschaft, die ikonisiert. Bei diesem Prozeß spielt das «Rahmenthema»[6] eine entscheidende Rolle, ein Thema, das in vielen Gesellschaften immer wieder virulent ist. Es taucht in der Kunst (oder anderen Orten der Bildproduktion) auf diese oder jene Weise auf. «Rahmenthemen» sind: Gut siegt über Böse, das Schöne versus das Häßliche, Beziehung von Weiblichem und Männlichem, Schwach gegen Stark, Sieg der Tugend, edles Menschentum versus Gemeinheit usf. Die kurz erwähnten Strategien der bildlichen Verleihung von Bedeutung an das Ereignis des Todes gehören in diesen Zusammenhang.

Das von der Debatte ikonisierte Foto[7] aus der Ausstellung «Vernichtungskrieg» zeigt das Ausagieren von Macht gegen Schwäche.

Abb. 1: Titelblatt des «Spiegel» vom 10. März 1997

Wir sehen einen gerüsteten deutschen Soldaten, der einen am Boden liegenden Zivilisten erschießt. Unter der Fragestellung des «Rahmenthemas» kann diese neue Ikone einer bereits etablierten an die Seite gestellt werden, der des Kindes, das das brennende Warschauer Ghetto mit erhobenen Händen vor (unter) den Gewehrläufen deutscher Soldaten verläßt. Mit der Ikonisierung des Gronefeldschen

Abb. 2a: Ankunft eines Transportes. Aus dem Skizzenbuch eines unbekannten Zeichners, 22 Blatt, Blei- und Buntstift auf Papier, 13,5 x 19,5 cm, Auschwitz II-Birkenau 1942–1944. Oświęcim, Museum Auschwitz-Birkenau

Abb. 2b: Selektion. Aus dem Skizzenbuch eines unbekannten Zeichners, 22 Blatt, Blei- und Buntstift auf Papier, 13,5 x 19,5 cm, Auschwitz II-Birkenau 1942–1944. Oświęcim, Museum Auschwitz-Birkenau

Abb. 3: Aussortierung. Fotografie von Bernhard Walter (?), aufgenommen 1944 in Auschwitz I. (Aus: Fotograf Bernhard Walter (?), Auschwitz-Album, 24,1 x 28,5 cm, Jerusalem, Yad Vashem)

Fotos[8] hatte die Wehrmacht die Schlacht an der deutschen Wertefront von 1997 verloren, egal was mit der Ausstellung geschah, egal was die, die Fotos primär für Dokumente halten, tun.

Ziva Amishai-Maisels[9] hat gezeigt, daß eine Ikonografie des Leidens an den deutschen Verbrechen seit 1943/44 in den Ghettos und Lagern entstand, dabei spielt logischerweise die bildliche Fixierung des Massenmordes die geringste Rolle, obwohl auch diese nachweisbar ist.

Vergleicht man ein im Lager heimlich gefertigtes Skizzenbuch (Abb. 2) – wir müssen es eine Chronik des Verbrechens nennen[10] –

mit dem von der SS hergestellten Auschwitz-Album (Abb. 3), dann fällt vor allem der viel höhere Bekanntheitsgrad des letzteren auf, obwohl der Fachwelt beide Bildsequenzen seit den fünfziger Jahren zugänglich sind. Ich sehe die Gründe dafür in der viel größeren Ikonisierbarkeit des Fotoalbums. Hier sind ‹gut und böse› sorgfältig getrennt, und die Trennungslinie kann leicht bei Veränderung der Vorzeichen beibehalten werden. Der gezeichnete Bericht, von erheblich höherem Informationsgrad, verwirrt, weil er die Unüberschaubarkeit des Lagers aufrecht hält. Hier sind auch Männer in Zebra-Kleidung Täter, Tyrannen.

Die Zukunft ist einfach zu beschreiben: Es gilt, den Bildvorrat bewußt zu sichten und vor allem neben seiner Fakten sichernden Fähigkeit die symbolisierende Qualität in das Zentrum der Untersuchung und dann auch der praktischen Verwendung zu rücken. Der Erfolg des Buches *Ikonen der Vernichtung* von Cornelia Brink zeigt, daß für solche Fragestellungen ein öffentliches Interesse besteht.[11]

Ist für die Fotografie die Frage nach der Zukunft der Erinnerung vor allem eine Frage nach dem Umgang mit den überlieferten Aufnahmen, so steht für die Kunst die Frage nach der gegenwärtigen und zukünftigen Produktion im Vordergrund (und das gilt, überflüssig zu betonen, auch für die Fotografie als künstlerische Technik). Während über lange Zeit die mimetische Kunst, die Rekonstruktion des Geschehenen, einen großen Teil der Produktion einnahm (und dieser Teil trotzdem von der Kunstöffentlichkeit nicht beachtet wurde), hat sich seit einem bis zwei Jahrzehnten das Blatt gewendet. Künstlerinnen und Künstler der dritten Generation wenden sich dem Thema mit größerer Distanz zu. Distanz meint in unserem Zusammenhang, daß die Generierung von Bedeutung weder so eindeutig (wie auf Bildern der Generation der Überlebenden) noch so verbindlich stattfindet. Mit dieser Entwicklung einher geht der Verzicht auf bildliche Wiedergabe eines Ereignisses. Damit tritt der erzählerische Gehalt zurück, oft ist er überhaupt nicht mehr auszumachen. Die symbolisierende Fähigkeit gerade der Bildenden Kunst wird in vielen Arbeiten gestärkt.

Jean Améry hat in seinem Essay *An den Grenzen des Geistes* berichtet,[12] daß es die religiös und die politisch orientierten Menschen im Konzentrationslager leichter hatten zu überleben. Sie konnten den Leiden im Lager einen Stellenwert in ihrem Wertesystem geben. Die teleologische Verortung von Krankheit und Not geschieht meist über Erzählungen, in denen ein Bezug zwischen den Unvollkommenheiten der Gegenwart und einem vollkommenen Zustand der Zukunft hergestellt wird. Der Verzicht auf narrative künstlerische Arbeiten geht in unserem Zusammenhang einher mit der Minimierung von Bedeutungsgenerierung, anders ausgedrückt: Die Kunst der dritten Generation ist nicht tröstend. Ich bin unsicher, ob Bedeutungsminimierung eine Strategie der Moderne ist; das Gemälde Adolf Menzels «Aufbahrung der Märzgefallenen» von 1848 belegt diese Haltung schon für die Mitte des 19. Jahrhunderts.[13] Paul Klees künstlerische Demonstration, daß ihm der Weltkrieg gleichgültig sei (im Gegensatz zu seinen anfangs euphorischen Freunden[14]), setzt im 20. Jahrhundert ein Zeichen.

Bevor ich kurz versuchen werde, die Kleesche Position darzustellen, muß der Rahmen für unsere Gegenwart und Zukunft angedeutet werden. Die nachahmende, die Wirklichkeit mit dem Ideal der Täuschung kopierende Kunst endet spätestens um 1900. Die Moderne sieht in der Mimesis keinen Wert, sie zieht es vor zu erfinden. Dabei glauben Maler wie Wassily Kandinsky, sie arbeiteten mimetisch, zeigten dem physischen Auge, was begabte geistige Augen allemal sähen. Dieser Weg führt in der modernen Kunst zu einem (zuweilen sehr naiven, weil) direkten Allegorisieren. Das bisher letzte Beispiel dieser Art ist der Bau des Jüdischen Museums in Berlin von Daniel Libeskind. Zeichen und Bezeichnetes werden eins. Besucher sehen die Leere, die Enge, den Bruch: Leere ist ein leerer Schacht im Gebäude («Void»), Enge signalisiert die Verminderung von Raumhöhe und -breite, Bruch findet sich als fiktive Bruchlinien an Boden und Wänden. In ähnlich direktem Vorgehen hatte Kandinsky schon die Aura-Darstellungen der theosophischen Literatur übernommen.[15] Während Wassily Kandinsky Prozesse im Bereich des Geistigen zur Anschauung bringen will, bildet Daniel Libeskind – vermutete – jüdische Kultur ab. Die konventionellen Narrative, wie sie in manchen Denkmalen für die Opfer der deutschen Rassenpolitik und Gewaltherrschaft (etwa in Buchenwald) zu finden sind, haben sich restlos erschöpft, die allegorische Architektur ist unverbraucht. Will sie populär sein, muß sie jedoch direkt verstanden werden, so schnell und so eindeutig wie figürliche Denkmale. Deswegen liefern Architekten gerne Gebrauchsanweisungen ihrer Werke, stellen die die Rezeption bestimmende Begrifflichkeit mit

Abb. 4: Paul Klee, Landschaft der Vergangenheit. Aquarell und Gouache auf Papier, 22,4 x 26,3 cm, 1918. Privatbesitz

dem Bau zur Verfügung. Daß dies um den Preis der Funktionalität geschieht, belegt das oft sehr lange Copyright, das auf diesen Bauten liegt. Die Benutzer dürfen nicht nach ihren Bedürfnissen verfahren. Diese besondere und direkte Form einer *architecture parlante* stellt die Bedeutungsgenerierung über die Bedürfnisse der Benutzer.

Paul Klee hingegen verweigert bewußt und demonstrativ die Befassung mit dem Krieg.[16] In seinem Bild «Landschaft der Vergangenheit» (Abb. 4) vom Anfang des Jahres 1918, aus einer Zeit also, als das Ende des Ersten Weltkriegs noch nicht absehbar war, ist «Vergangenheit» anderes als die Kriegsjahre. Vor einem ultramarinblauen Hintergrund, einem träumerischen Blau, sind – meist in Weiß – Sonne, Mond und Sterne, ein Dach, ein Kirchturm und viele Tannenbäume eingetragen. Die weiße Farbe vor dem ortlosen Blau läßt an Eisblumen denken, nur eine Sonnenblume weist spezifische Farben auf. Zart und fern erscheinen die Dinge, bezeichnend aber nicht nachgeahmt. Das Bild erzählt nicht, kein Ereignis ist benennbar, jedoch sind die Dinge dem Betrachter vertraut wie aus alten Märchen. Die Vergangenheit, von der der Titel spricht, ist Klees

Kindheit. Doch kann nicht übersehen werden, daß dieser Rückgriff (vor dem er sich 1912 noch gescheut hatte) zu einer Zeit erfolgt, als der Krieg, dem Klee 1914 noch einige Arbeiten gewidmet hatte, die Vergangenheit ist, die jedermann meinte. Bild und Titel des frühen Jahres 1918 verhalten sich wie Verweigerung und Provokation zueinander. Auch der berühmte Satz «Ich habe diesen Krieg in mir längst gehabt. Daher geht er mich innerlich nichts an», den er unter Nummer 952 im Jahre 1915 in sein Tagebuch notiert, ist als eine Demonstration an die Nachwelt zu werten. 1920/21 hat er sein Tagebuch abgeschrieben, viele Gedanken – so dieses Zitat – sind bei der Abschrift so gefaßt worden, wie Klee gerne reagiert hätte – zwischen Kindheit und Gegenwart hat sich ein Ereignis geschoben, das präsent ist, obwohl es nicht präsent sein soll. Die grauenhafte Gegenwart durch Nichtbeachtung in der Kunst zu strafen scheint seine (nie durchgehaltene) Strategie zu sein.

In der Sache genauso, wenn auch theoretisch anders fundiert, argumentiert der in der Schönberg-Nachfolge komponierende Musiker Viktor Ullmann. Seine in Theresienstadt schließlich doch nicht aufgeführte Oper *Der Kaiser von Atlantis* verweigert in ihrer künstlerischen Programmatik die Beachtung der Not des Ghettos. Er schreibt in seinem Text *Goethe und Ghetto*: «Theresienstadt war und ist für mich Schule der Form [...] Hier ist die wahre Meisterschule, wenn man mit Schiller das Geheimnis des Kunstwerks darin sieht: den Stoff durch die Form zu vertilgen, was ja vermutlich die Mission des Menschen überhaupt ist, nicht nur des ästhetischen, sondern auch des ethischen Menschen.»[17]

Der Erste Weltkrieg hatte nicht nur die Verweigerung von Erinnerung zur Folge, sondern – was eng damit zusammenhängt – auch die Verweigerung von Erfahrung. In seinem Essay *Erfahrung und Armut*, den er 1933 in Prag veröffentlichte, stellt Walter Benjamin fest: «Die Erfahrung ist im Kurse gefallen und das in einer Generation, die 1914–1918 eine der ungeheuersten Erfahrungen der Weltgeschichte gemacht hat. Vielleicht ist das nicht so merkwürdig wie es scheint. Konnte man damals nicht die Feststellung machen: Die Leute kamen verstummt aus dem Felde? Nicht reicher, ärmer an mittelbarer Erfahrung [...] Denn nie sind Erfahrungen gründlicher Lügen gestraft worden als die strategischen durch den Stellungskrieg, die wirtschaftlichen durch die Inflation, die körperlichen durch den Hunger, die sittlichen durch die Machthaber.» Benjamin folgert daraus, daß ein großer Neubeginn Erfahrung überflüssig mache: «Ein so verschachtelter Künstler wie der Maler Paul Klee und ein so programmatischer wie Loos – beide stoßen vom hergebrachten, feierlichen, edlen, mit allen Opfergaben der Vergangenheit geschmückten Menschenbilde ab, um sich dem nackten Zeitgenossen zuzuwenden, der schreiend wie ein Neugeborenes in den schmutzigen Windeln der Epoche liegt.»[18]

Während nach dem Ersten Weltkrieg die Hoffnung auf einen Neuanfang viele Menschen erfüllte (der «Neue Mensch» war ein Thema der Kunst, Walter Benjamin setzt sich in dem Artikel mit Paul Scheerbart für die Glasarchitektur ein), kann bei aller Freude der Alliierten über den Sieg von einem vergleichbaren Neuanfang nach 1945 nicht die Rede sein. In Deutschland herrscht der trotzige Stolz der Besiegten vor, die Demokratie wurde importiert und nur widerstrebend angenommen. Die *Re-education* gelingt mühselig, muß schließlich abgebrochen werden. Der Kalte Krieg zwingt West und Ost zur Kooperation mit je ihren Deutschen. Beide Seiten wissen, daß sie ihren Frieden mit den Verbrechen des Deutschen Reiches gemacht haben.

Ich möchte auf zwei künstlerische Strategien der Nachkriegszeit verweisen, die vielleicht auch für die Zukunft wichtig sein werden. Motivisch lassen sie sich nur gelegentlich auf die Verbrechen vor 1945 beziehen, aber mit all ihren künstlerischen Möglichkeiten demonstrieren sie, daß ihnen das Gegenteil dessen, was Standard war, lieb ist. Mit dem Bild «Fragende Kinder» von Karl Appel (Abb. 5) aus dem Jahre 1949 sei auf die Gruppe «Cobra» verwiesen.[19] Der Gestus ist der der Kinderzeichnung, der Kunst der psychisch Kranken: Was die nationalsozialistische Kulturpolitik als geisteskrank und entartet bezeichnet hatte, wird nun in das Zentrum der Kunst gestellt. Sowohl den akademischen Duktus wie auch die Dynamik der Kunst vor 1945 stellt «Cobra» still, zerlegt die Bildwelt in Zeichen, die erinnernde Assoziationen ermöglichen. Die lustigen und traurigen Geister signalisieren Zuständlichkeit, Fortschritt. Effektivität ist ihnen fern.

Noch deutlicher als «Cobra» bezieht sich Jean Dubuffet auf – wie der Titel des Buches von Hans Prinzhorn lautet – *Die Bildnerei der Geisteskranken.*[20] Sein Interesse an der *«Art Brut»* ist künstlerisch motiviert, aber der politische Kontext, die Ermordung Behinderter, kann nicht übersehen werden. Auf der Ebene des künstleri-

Abb. 5: Karel Appel, Fragende Kinder. Relief, Kasein auf Holz, 105 x 67 x 17,5 cm, 1949, Amsterdam, Stedelijk Museum

schen Bezugsfeldes agiert er gegen das kleinbürgerliche, nationalsozialistische Kunstideal, arbeitet mit Ausdruckswerten, die den Verfolgten zur Verfügung standen. Jean Dubuffet hat sich durchaus auch als Gegenpol zu Picasso definiert, der in dem friesartigen Gemälde «Guernica» den Terror des Bombenangriffs in die große mediterrane Trauererzählung überführt. Dubuffet wie Appel (und andere) verweigern die Erzählung. Mit ihren Symbolisierungen evozieren sie Traum- oder Phantasiebilder, Figuren einer Vorstellungswelt, in der es weder Raum noch Zeit gibt. Damit verlassen sie sowohl den Rahmen der NS-Kulturpolitik als auch der bedeutungsgenerierenden Kunst der Zeit vor dem Zweiten Weltkrieg. Die deutlichste Absage an die Traditionen, die auch die Traditionen der Verbrecher sind, sind bei «Cobra» und Dubuffet zu finden (beide als Pars pro toto benannt). Ihre Absage schließt die Absage an die großen bedeutungsverleihenden Narrative ein. Einer Welt gegenüber, die in und an ihrer Ordnung zugrunde ging, in der tausendjährige Traditionen von Humanismus und Christentum nach 1933 mehrheitlich auf Seiten der Verbrecher standen, kann der Neuanfang – wenn dieses Wort überhaupt taugt – nur in einem spielerischen Chaos bestehen. Gegen die akademische Gesetzmäßigkeit, aber auch gegen die in die Moderne geretteten klassizistischen Bildkompositionen setzen diese Künstler freie Beweglichkeit, Spontaneität und Ironie. Nach dem Scheitern von Zivilisation und Kultur versuchen sie es mit ungehobelten Ausgeburten des Gehirns.

Es ist richtig, daß diese Kunst ihre Vorbilder in der alten Kultur, der Kultur vor dem Genozid, der kompromittierten Kultur, findet. Sie ist so wenig ein Neuanfang wie der von Walter Benjamin verkündete. Meine Beschreibung bezieht sich auf die künstlerische Geste, die Absage im Bereich des Ästhetischen. Eine Zukunft der Erinnerung der Kunst könnte ein neuerliches Durchmustern der Kunst der vierziger und fünfziger Jahre sein, eine Befragung auch der Bilder, die motivisch dazu keinen Anlaß zu geben scheinen, ob und wie sie mit Europa nach Auschwitz umgehen. Ich verspreche mir deswegen sehr viel davon, weil viele Debatten, die im Bereich des Politischen damals erfolgreich abgewürgt wurden, heute in anderer Form wieder geführt werden, nun aber auf anderem Terrain mit anderen Protagonisten. Thomas Mann hatte in seiner altfränkischen Art in seinen Reden an die «Deutsche[n] Hörer!» die Deutschen aufgefordert, sich von ihren Verbrechen «zu reinigen».[21] Sie haben jedoch nur die Hände in Unschuld gewaschen. Eine neue Generation ist im Umgang mit den Verbrechen kühler, aber auch analytischer. Was seinerzeit moralische Debatten nicht vermochten, vermögen heute aggressive Anwälte.

Was dem Anwalt die Aggressivität ist, ist dem Künstler die Unerbittlichkeit. Ich möchte zum Abschluß drei Projekte vorstellen, die so sanft und beharrlich wie unerbittlich vorgehen.

Das erste ist abgeschlossen. Es stammt von Melissa Gould aus New York und trägt den Titel «VON ADLER BIS ZYLBER».[22] (Abb. 6) Dazu die Künstlerin:

«Um 8.55 Uhr, am Morgen des 6. November 1942, verließ der Transport 42 Nancy, Frankreich, in Richtung des Konzentrationslagers Auschwitz. Eintausend Juden befanden sich im Zug, darunter 221 Kinder. Einer der Passagiere war der Vater meines Vaters, ein Wiener Jude. Bei der Ankunft wurden 227 ‹arbeitsfähige› Menschen selektiert. Der Rest, zu dem auch mein Großvater gehörte, wurde sofort vergast. Soviel man weiß, erlebten nur vier Menschen des Transportes 42 das Kriegsende.

Mit VON ADLER BIS ZYLBER wird die Reise des Transportes 42 fortgesetzt.

Bei VON ADLER BIS ZYLBER handelt es sich um eine begriffliche Gedächtnis-Installation, die in einem Zyklus von Piktogrammen deutsch-jüdische Namen einer Auschwitzer Transport-Liste visuell interpretiert.

Das Dokument, das dieses Projekt anregte, war die Liste mit den 1000 Namen des Transportes 42 (6. November 1942, von Frankreich nach Auschwitz), die ich 1987 zufällig in Serge Klarsfelds ‹Memorial to the Deportation of the Jews from France› fand. Unter den 1000 Juden aus ganz Europa, die mit diesem speziellen Zug fuhren, war mein Großvater.

In der ersten Version Von ADLER BIS ZYLBER (1991) wählte ich 100 deutsch-jüdische Namen aus der Liste des Transportes 42 aus, deren Sinn sich aus der Natur ableitet; ich stelle hier 36 dieser Namen vor. 36 ist die Verdoppelung von 18 – im hebräischen Alphabet wird der 18. Buchstabe gleichgesetzt mit chai, was ‹Leben› bedeutet.

Jeder Name wird durch ein Piktogramm vertreten. Es besteht jeweils aus dem in gotischer Schrift geschriebenen Namen, der entsprechend der alphabetischen Reihenfolge mit einer Nummer versehen ist, und aus einem assoziierten Bildmotiv, dessen Inhalt sich

Abb. 6: Blick auf die Arbeit von Melissa Gould in der Ausstellung «Representations of Auschwitz», Krakau, Pałac Sztuki, 1995. (Melissa Gould, Von Adler bis Zylber, 36 fotografische Abzüge, je 92 x 92 cm, New York 1991)

Abb. 7 a: Laurenz Kirchner, Entwurf für das Projekt «Goldstäbe». Filzstift mit Gold gehöht auf Papier, 59 x 89 cm, München, Besitz des Künstlers

Abb. 7 b: Laurenz Kirchner, Fliegerbunker Mühldorf. Probeinstallation. Foto des Künstlers, München, Besitz des Künstlers

jedoch nicht mit der Bedeutung des Namens deckt. Die Bilder stammen aus europäischen Quellen der Vorkriegszeit: Volkstümlichen Kulturlexika, Schul- und Textbüchern, Märchen, Kinderbüchern und anderen gedruckten Ephemeren. Die Kombination der genannten Elemente wird von einem schwarzen Rand eingefaßt, der an Todesanzeigen erinnern soll.

Der Titel ‹Von Adler bis Zylber› verweist nicht nur auf die ersten und letzten aus der Liste des Transportes 42 ausgewählten Namen, sondern beschreibt auch das System, nach dem die Piktogramme in einem vorgegebenen Raum angeordnet sind: Die Piktogramme, deren Hängung ‹Von Adler bis Zylber› sich nach Alphabet richtet, ahmen die Ordnung der Natur nach.»

Was die Künstlerin nicht benennt, ist die Kombination von Bild und Namen. Die alten Illustrationen stellen einen Zusammenhang mit dem Namen her, in den sich die Vernichtung einschleicht – eine Sammlung moribunder Familienwappen. «Fisch» ist einem leeren Goldfischglas zugeordnet, «Stein» einem Grabstein. Doch diese Auflösung fängt die Leistung der Arbeit nicht ein. Vielleicht schauen sich Besucherinnen und Besucher die reproduzierten Holzstiche anfangs wie Rätsel an, doch um so genauer und um so entspannter der Blick wird, um so grauslicher ist die Bildfolge – immer schleicht sich Gefahr, Krankheit, Leiden, Tod und Zersetzung ein. Nichts hat Bestand. Wie die beiden folgenden Arbeiten ist die von Melissa Gould keine agitierende Installation, eher ein Angebot an diejenigen, die sich darauf einlassen wollen.

Das zweite Projekt wurde von Laurenz Kirchner entwickelt (Abb. 7), einem jungen Architekten, der in München lebt.[23] Er nennt es «Goldstäbe», entwickelt hat er es 1999. Etwa 70 km östlich von München im Mühldorfer Hart befinden sich die Ruinen geplanter aber nie vollendeter Rüstungswerke. Die Menschen der Gegend nennen sie Fliegerbunker.

Mit dem Bau des bombensicheren Gewölbes, unter dessen Schutz Flugzeugtriebwerke für den «Endsieg» hergestellt werden sollten, wurde erst im August 1944 begonnen. Bis zur Befreiung der unter dem Decknamen «Weingut» zusammengefaßten Konzentrations- und Zwangsarbeiterlager im April 1945 waren geschätzte 8300 vor allem jüdische Häftlinge an dem Bauprojekt beteiligt; wahrscheinlich (genaue Zahlen lassen sich nicht rekonstruieren) sind 4000 von ihnen ums Leben gekommen.

Das Vorhaben war so gewaltig dimensioniert, daß es mehr eine künstliche Landschaft denn ein Gebäude darstellt. Ein von den Häftlingen mühselig errichteter Hügel diente als Schalungskern für eine Stahlbetontonne mit selbst an ihrer dünnsten Stelle drei Metern Wandstärke. Nach dem Abbinden des Betons wurde dem Gewölbe der Kieshügel wieder entnommen, woraufhin die geplante achtgeschossige (!) Fabrikanlage installiert werden sollte.

Im Jahr 1947 versuchte die amerikanische Militärregierung das Gebäude zu sprengen, war dabei aber nur zum Teil erfolgreich. Eines der 80 m weit spannenden Bogensegmente steht bis heute, die Bruchstücke der weiteren sechs bis Kriegsende fertiggestellten Gewölbebögen liegen nun als imposante Felslandschaft auf dem Waldboden. Wie ein abgeerntetes Maisfeld wird das gesamte Gelände von rostigen Stoppeln abgeschnittener Armierungseisen übersät.

Das «Goldstäbe»-Projekt ist eine nicht-monumentale Behandlung des Ortes und seiner Geschichte mit ästhetischen Mitteln. Stück für Stück werden die wohl an die zehntausend aus der Betonlandschaft wachsenden Eisenstäbe vergoldet. Neben zahlreichen anderen Lesarten, die das Gold dem Betrachter ermöglicht, ist dieses Material insbesondere ein Hinweis auf die überlieferten Lebensbedingungen der KZ-Häftlinge: «Um den Handel Goldzähne gegen Brot zu unterbinden [...] wurde ein Verzeichnis aller vorhandenen Goldzähne erstellt.»[24]

Im weiteren paraphrasiere und zitiere ich den Text von Laurenz Kirchner: Somit sind die «Goldstäbe» eine Denkmalpflege in einer Situation, in der die Denkmalwürdigkeit des Ortes zwar anerkannt wird, tragfähige Ideen zu einer entsprechenden Pflege aber nicht vorliegen. Nachdem sich Abrißpläne für die Ruine als zu kostspielig herausgestellt hatten, wurde im Dezember 1999 beschlossen, das Gelände großräumig einzuzäunen. Die Bundesvermögensverwaltung als Eigentümerin beruft sich auf das Kriegsfolgegesetz, das dazu verpflichtet, von der Anlage ausgehende Gefahren für Leib und Leben zu beseitigen.

«Die <Goldstäbe> verlangen zahlreiches Engagement: Die Vergoldung jedes einzelnen Eisenstabes wird von je einem Sponsor veranlaßt. Während ich den Vergoldungsprozeß durch eine Folge großformatiger Zeichnungen dokumentiere, erhält jeder Sponsor zwei Zeichnungen in Postkartengröße. Die eine stellt einen Goldzahn dar, die andere ist ein abstrahierter Lageplan. Gemeinsam geben diese Dokumente Auskunft über die Lage jedes einzelnen vergoldeten Eisenstabes, das Datum der Vergoldung und die unterstützende Person. Die <Goldstäbe> sind kollektive *Land-Art* und ein Aufruf und Vorschlag zur Pflege eines Denkmals. Sie sind ebenso ein ortsspezifisches Holocaust-Mahnmal wie der Versuch, die mißbrauchte Landschaft mit homöopathischen Methoden zu heilen.»

Soweit die Beschreibung, die weitgehend auf einem Text von Laurenz Kirchner basiert. Zweierlei ist hervorzuheben. Der Initiator rechnet nicht mit staatlicher Hilfe, vielmehr ist das Projekt so konzipiert und konstruiert, daß es Menschen gewinnt und mit den Menschen Geld. Neben einer Veränderung vor Ort – je ein neuer Goldstab – findet auch eine Veränderung in dem Besitz des Sponsors statt, er oder sie erhält eine Grafik. In gewisser Weise erinnert dies an «Bausteine», die man für eine Missionsstation oder ein Krankenhaus erwerben konnte. Doch tut der Sponsor keine gute Tat, er kauft eine Grafik und nimmt an einem künstlerischen Projekt teil. So wie es heute vorgesehen ist, gibt es keine appellativen Texte im Vorfeld, keine Beschriftungen. Vielmehr wird neben dem erinnernden Charakter der Unternehmung der ökologische in den Vordergrund gestellt.

Das dritte Projekt, das ich vorstellen möchte, ist bekannter, auch die Künstlerin werden viele kennen: Sigrid Sigurdsson. Allerdings will ich nicht über «Vor der Stille» sprechen, eine große, noch nicht abgeschlossene Arbeit, die sich im Karl-Ernst-Osthaus-Museum in Hagen befindet. Die Künstlerin arbeitet seit 1956 daran. Ich möchte hingegen «Deutschland – ein Denkmal» vorstellen.

Erinnerungen werden wohl am häufigsten als Erzählungen vergegenwärtigt. Doch Sigrid Sigurdssons Thema – auch in der Arbeit «Vor der Stille» – ist die materialisierte Erinnerung. Gegenstände, mit denen die Vergangenheit in die Gegenwart ragt. Für ihre Erinnerungsarbeit (im doppelten Sinne) sucht sie Orte, meist (aber nicht nur) Museen. «Unseren konventionellen Archiven haftet ein Charakter des Statischen an – persönliche Erinnerungen und historische Ereignisse bleiben dort zwar verwahrt, doch mit der Zeit verstauben sie zu toten Ablagerungen.»[25] Dagegen setzt die Künstlerin das Konzept des «Offenen Archivs», in und an dem das Publikum mitarbeiten kann. War «Vor der Stille» noch ein konventionelles Archiv mit Folianten und Schachteln, in dem Dinge aufbewahrt wurden, so ist «Deutschland – ein Denkmal – ein Forschungsauftrag 1996 bis ...» eine Datenbank. In eine Deutschlandkarte sind alle bisher ermittelten nationalsozialistischen Lager und Haftstätten eingetragen. Es ist eine Umsetzung der bestehenden Forschung. Die Künstlerin schreibt dazu: «Auf der Grundlage der Karte könnten die Fakten nach und nach zu einem Mahnmal zusammengetragen werden von Zeitzeugen, Historikern und interessierten Bürgern.» Sigrid Sigurdsson arbeitet hart an der Grenze zur Wissenschaft, sie ist ihr Partner – doch indem sie versucht, das Publikum zu aktivieren, und indem sie mit dem Publikum Erinnerungen zusammenträgt, entsteht eine «soziale Plastik» (Beuys), deutschlandweit und – da die Fakten im Internet zur Verfügung gestellt werden – weltweit. Neben der digitalen Version soll aber ein physisch betretbarer Raum gebaut werden (wo, ist noch offen), eine «Architektur der Erinnerung», in dem die Karte eine zentrale Rolle spielen soll.

Die Zukunft der Erinnerung in Bildender Kunst, Fotografie und Architektur kann nur als Hochrechnung vom Status quo aus beschrieben werden. Meine Ermittlung der zukünftigen Erinnerung ist durch den Wunsch geleitet, daß sich mit der Erinnerung an die deutschen Verbrechen 1933–1945 weniger Agitation und Mission verbinden als Distanz und die Bereitschaft, das, was wir sehen und wissen, wirken zu lassen, in Stille, Totenstille.

Anmerkungen

1 Vgl. die Zusammenstellung wichtiger Texte zum Thema in: Gaehtgens, Thomas W./Fleakner, Uwe (Hg.): Historienmalerei, Berlin 1996; auch Brieger, Peter: Die deutsche Geschichtsmalerei im 19. Jahrhundert, Berlin 1930, ist immer noch wichtig.
Den Unterschied zwischen «Historienbild», das je vergangene Geschehnisse behandelt, und «Ereignisbild», das Gleichzeitiges vorstellt, arbeitet Werner Hager in: Das geschichtliche Ereignisbild. Beiträge zu einer Typologie des weltlichen Geschichtsbildes bis zur Aufklärung, München 1939, heraus.
Vgl. auch Hoffmann, Detlef: Von den Bildern auf der Leinwand zu den Bildern im Kopf. Anmerkungen zu Jochen Gerz, in: Von der künstlerischen Produktion der Geschichte. Hrsg. von Bernhard Jussen, Göttingen 1997, S. 81–132.

2 Johann Gustav Droysen: Historik. Vorlesungen über Enzyklopädie und Methodologie der Geschichte (Hrsg. von Rudolf Hübner), Darmstadt ^{6}1971, bes. S. 37–84.

3 Vgl. hierzu Meier, Hans-Rudolf/Wohlleben, Marion (Hg.): Bauten und Orte als Träger von Erinnerung. Die Erinnerungsdebatte und die Denkmalpflege, Zürich 2000.

4 Vgl. den Ausstellungskatalog: Hans Burgkmair. Das graphische Werk, Stutt-

gart (Staatsgalerie) 1973, zum Weißkunig, Vorspann zu Kat. Nr. 178–203 (keine Paginierung).

5 Landeshauptstadt München, Kulturreferat (Hg.): Bilanz einer Ausstellung. Dokumentation der Kontroverse um die Ausstellung «Vernichtungskrieg. Verbrechen der Wehrmacht 1941 bis 1945» in München, München 1998.

6 Diesen Begriff prägte Jan Białostocki: Romantische Ikonographie: in: ders.: Stil und Ikonographie. Studien zur Kunstwissenschaft, Dresden 1966, S. 156–181. Er schreibt S. 160: «Diese Rahmenthemen, welche – in einer Art metaphorischer Nachdrücklichkeit – die Grundkonflikte des Lebens und der Sitten, der Kräfte des Guten und Bösen, des Menschen und der Natur zum Ausdruck bringen, bilden das hauptsächlichste Repertoire der alten Kunst, und eben im Rahmen dieser Themen werden individuelle, geschichtlich bedingte Konflikte aufgefaßt. Der Mechanismus der ikonographischen Traditionen und Verwandlungen wird von den Gesetzen der ‹ikonographischen Schwerkraft› beherrscht, was dazu führt, daß jedes neue Thema dem älteren und schon wohl bekannten Thema angeglichen wird.»

7 Vgl. hierzu Brink, Cornelia: Ikonen der Vernichtung. Öffentlicher Gebrauch von Fotografien aus nationalsozialistischen Konzentrationslagern nach 1945, Berlin 1998. Im Nachwort S. 231–241 weist die Autorin auf die unterschiedlichen Verwendungen des Wortes «Ikone» in Wissenschafts- und Umgangssprache hin. Ich verwende den Begriff für Bilder mit großer Prägnanz. Auf den ersten Blick erscheinen sie eindeutig, es gibt klare Fronten, Trennungen, eine schnelle Erkennbarkeit. Bei weiteren Blicken schreiben sich den Bildern Bedeutungen aus der Tradition ein (vgl. die vorige Anmerkung). Damit stehen sie für eine Bedeutung, die mehr meint, als das, was diese Bilder konkret zeigen. Bei Abb. 1 steht die Szene sowohl für den Partisanenkrieg auf dem Balkan als auch für (unterstellte) Kriegsverbrechen der Wehrmacht. Dabei ist es möglich, daß ein Bild ein Verbrechen symbolisiert, auch wenn es kein nachweisbares Verbrechen zeigt.

8 Das Foto ist der Fachwelt seit langem bekannt, es wurde, soweit ich sehe, zum ersten Mal ausgestellt und publiziert 1991; vgl. Ranke, Winfried: Deutsche Geschichte – kurz belichtet. Photoreportagen von Gerhard Gronefeld 1937–1965, Berlin 1991, S. 123. Hier ist, S. 116–124, die gesamte Sequenz unter dem Titel «Balkanfeldzug 1941: Geisel-Hinrichtung in Pancevo» abgebildet. Da weder dieses noch andere Fotos in den Rahmen «Verbrechen der Wehrmacht» gestellt waren, sie den Balkanfeldzug thematisierten, gab es kein negatives Echo auf Ausstellung und Buch.

9 Amishai-Maisels, Ziva: Depiction and Interpretation. The Influence of the Holocaust on the Visual Arts, Oxford, New York, Seoul, Tokyo 1993. In unserem Zusammenhang ist insbesondere auf das Kapitel «Primary Holocaust Symbols», S. 131–154, zu verweisen.

10 Vgl. Doosry, Yasmin: «Vom Dokument zur Ikone: Zur Rezeption des Auschwitz-Albums», in: dies. (Hg.): Representations of Auschwitz. 50 Years of Photographs, Paintings, and Graphics. Oświęcim 1995, S. 95–104, sowie den ausführlichen Nachweis zum Skizzenbuch in: Ausstellungskatalog «Bilder von Auschwitz 1945–1995», Oldenburg (Staatliches Museum für Naturkunde und Vorgeschichte) 1995, S. 7.

11 Brink (vgl. Anm. 7).

12 Améry, Jean: Jenseits von Schuld und Sühne. Bewältigungsversuche eines Überwältigten, München 1988, S. 15–36, bes. S. 27.

13 Hoffmann (vgl. Anm. 1), S. 93 ff.

14 Über Franz Marc: «Das Soldatenspiel müßte ihm verhaßter sein, oder noch besser: gleichgültig.» So in Paul Klee: Tagebücher 1898–1918 (hrsg. von Felix Klee), Köln 1957, S. 330, Nr. 962.

15 Vgl. Ringbom, Sixten: The Sounding Cosmos. A Study in the Spiritualism of Kandinsky and the Genesis of Abstract Painting, Abo 1970.

16 Ich habe das folgende ausführlich dargestellt in: Hoffmann, Detlef: «Vom Leben der Historie – vor und nach ihrem Tode», in: Wettengl, Kurt (Hg.): Das Gedächtnis der Kunst. Geschichte und Erinnerung in der Kunst der Gegenwart, Frankfurt/M. und Ostfildern-Ruit 2000, S. 29–53, zu Klee S. 35 f.

17 Abgedruckt als Faksimile des Manuskripts im Programmheft zur Neuinszenierung «Die Geschichte vom Soldaten» von Igor Strawinsky und zur Münchner Erstaufführung «Der Kaiser von Atlantis» von Viktor Ullmann am 3. Dezember 1992 der Bayerischen Staatsoper, Der Marshall 92/93. Zusammenstellung Hanspeter Krellmann, München 1992, S. 40 f. Der Aufsatz Ullmanns wird in Yad Vashem, Jerusalem, aufbewahrt.

18 Benjamin, Walter: «Erfahrung und Armut», in: ders.: Gesammelte Schriften, Band 4, Frankfurt/M. 1980, S. 213–219.

19 «Fragende Kinder» gibt es in mehreren Ausführungen. Sie sind abgebildet in: Ausstellungskatalog Cobra 1948–51, Hamburg (Kunstverein) 1982, S. 60 f. Vgl. außerdem Hordenakk, Per: Cobra. Zwei Verläufe, München 1989, und Ausstellungskatalog Cobra, München 1997.

20 Prinzhorn, Hans: Die Bildnerei der Geisteskranken. Ein Beitrag zur Psychologie und Psychopathologie der Gestaltung, Berlin 1921, ^{2}1923.

21 Mann, Thomas: Deutsche Hörer! 55 Radiosendungen nach Deutschland, Stockholm 1945.

22 Auf diese Arbeit hat mich James E. Young aufmerksam gemacht. Sie wurde in Krakau, Weimar und Oldenburg ausgestellt. Vgl. den in Anm. 10 zitierten Oldenburger Ausstellungskatalog, S. 15. Das folgende danach.

23 Auf diese Arbeit hat mich Rainer Wittenborn aufmerksam gemacht. Sie ist bisher unpubliziert.

24 Mit dem letzten Zitat bezieht sich Laurenz Kirchner auf eine Publikation von Edith Raim: Die Dachauer KZ-Außenkommandos Kaufering und Mühldorf. Rüstungsbauten und Zwangsarbeit im letzten Kriegsjahr 1944/45, Landsberg 1992, S. 231.

25 Deutschland – ein Denkmal – ein Forschungsauftrag 1996 bis … Ein Raum der Architektur der Erinnerung. Die Arbeit ist im Internet einzusehen unter www.keom.de/denkmal; begleitend ist eine Broschüre erschienen: Deutschland – ein Denkmal – ein Forschungsauftrag. Ein Projekt zur Erforschung der nationalsozialistischen Lager und Haftstätten sowie der Orte der Massenmorde in den Jahren 1933 bis 1945, Hagen 1999, S. VII bis X. Zitate im folgenden danach.

Film, Fernsehen und neue Medien

Gertrud Koch

Die fotografischen Medien wie Film und Fotografie, aber auch große Teile des historischen Fernsehens lassen sich, wie die neuen elektronischen Medien Video und Computer, sowohl als Speicher- wie auch als Verbreitungsmedien auffassen. Pragmatisch gesehen bedeutet das nicht mehr und nicht weniger, als daß sich diese Medien einerseits als Archive benutzen lassen, andererseits aber auch als öffentliche Träger von Diskursen über Gegenwart, Geschichte und Zukunft fungieren können. Aus dieser Doppelstellung resultiert die Bedeutung, die diesen Medien zugeschrieben wird, und auch ihr praktisch wirksamer Einfluß. Marc Ferro hat im Kontext der historischen Bedeutung des Films davon gesprochen, daß Film als Teil der Gegengeschichte gelesen werden könne, indem er abgespaltene Motive, unterdrückte Lebensentwürfe und subkutane kulturelle Praktiken inszeniere. Außerdem böte Film die Möglichkeit, als eine Art unfreiwilliger Nebeneffekt ein mitlaufendes Archiv von zeitgenössischen Körpersprachen und Gesten, Moden und Interieurs, Straßen und Plätzen, Architekturen und Gewohnheiten anzulegen. Unabhängig von seinen historischen Stoffen schlössen Filme also die Zeitbezüge ihrer Entstehung, historische Subjektivität mit in ihre Fiktionen und abgebildeten Realitäten ein.[1]

Natürlich sind diese Annahmen nicht ganz neu, auch wenn die neuen technischen Medien das kollektive Bildgedächtnis auf sprunghafte Weise neu programmiert und verbreitet haben. Wenn man sich Gedanken über die Funktion und die kulturelle Bedeutung der Geschichtsbilder visueller Medien macht, tut man gut daran, sich in Erinnerung zu rufen, daß die Gedächtnisspeicherung und -aktivierung über Bilder eine alte Tradition besitzt, die mit der kulturellen Tradierung von Repräsentation und Repräsentativität als normativer Ausdrucksbildung verknüpft ist. Daß Repräsentation immer auch die Inszenierung einer Figur der Legitimität (und auch der Legalität) ist, der diskursiven Intention und/oder der rhetorischen Persuasion, gehört zu den Hintergrundbedingungen der Politisierung von ästhetischen Dimensionen in Geschichtsbildern aller Art.

Es war Frances Yates, die uns in ihrem Buch über die Mnemonik erneut darauf aufmerksam gemacht hat, daß die ersten Gedächtniskünste im Kontext der rhetorischen Rede erarbeitet wurden, die für die Plädoyers in den Gerichtsprozessen der antiken Welt entwickelt wurden. Ausgangspunkt war die Überzeugung, daß Bilder mächtige Pfeiler im Gedächtnis bilden. Die Anordnung von Details der in Erinnerung zu rufenden und im Gedächtnis zu haltenden Szene wird durch spezifische Techniken der Bedeutungsverschiebung und -verdichtung erreicht, so können z. B. die «testiculi», die Hoden eines Widders, durch den Gleichklang zu den «testi», den Zeugen, als Gedächtnisbild für letztere fungieren.[2] Daß «starke» Bilder dem Gedächtnis auf die Sprünge helfen sollen, wird wiederum durch die Stärke des Gesichtssinns vor den anderen Sinnen erläutert.

Obwohl durch die Einführung der Schrift und der Drucktechniken die Medien des Gedächtnisses sich grundlegend gewandelt haben, bleiben (im übrigen keineswegs zu Recht, wie uns die Psychologie lehrt) die Vorstellungen bestehen, daß «starke» Bilder sich tiefer dem Gedächtnis eingraben als die «trockenen» Worte der «Bleiwüsten». In den Diskursen über die «Macht der Bilder» und deren Potenzierung durch die modernen Verbreitungsmedien hat sich aus diesen Konstellationen heraus zweierlei erhalten: die Furcht vor den Bildern als persuasive Macht und die Vorstellung vom Automatismus und der Unwillkürlichkeit des als «fotografisch» gedachten Gedächtnisses eines unbestechlichen Augenzeugen. Beide Tendenzen haben sich verschärft sowohl in normativer wie in ästhetischer Hinsicht mit Blick auf die Darstellung und Darstellbarkeit der Shoah.

Was in Worten nicht zu fassen ist, soll in Bildern gezeigt werden – Die Kamera als der stumme Zeuge, der nicht lügen kann

«Nothing is impossible with the camera, my boy!»
(Sam Fuller)[3]

Der amerikanische Regisseur Sam Fuller gehört zu den prominenten Regisseuren, die als Soldaten der alliierten Truppen Filme in den Konzentrationslagern gedreht haben, wie unter anderem auch

Hitchcock und Stevens. Zu Recht hat Annette Insdorf darauf hingewiesen, daß sich in diesen ersten Filmen die Perspektiven von «witness» (Zeuge) und «visitor»(Besucher) dual verschränken. Eine Perspektive, die sich bis zu dem zehn Jahre später gedrehten *Nuit et Brouillard* (Nacht und Nebel) von Alain Resnais durchzieht, der als Besucher den Zeugen Jean Cayrol zum Mitautor und zur Stimme seines Filmes gemacht hat.

Aber die Regisseure dieser Filme werden auch selber wiederum als Zeugen der Taten vernommen, die sie als Besucher gefilmt haben. Eine Perspektive, die immer wieder Achsensprünge erzeugt zwischen der Zeugenschaft der Kamera und der Person:

In seiner Eröffnungsrede hatte Robert H. Jackson, der Hauptvertreter der Anklage vor dem Nürnberger Militärgerichtshof, am 21. November 1945 die Vorführung eines Films als Beweismaterial mit den folgenden Worten angekündigt:

«Wir werden Ihnen im Film die Konzentrationslager genau in dem Zustand zeigen, in dem die Armeen der Alliierten sie bei ihrer Ankunft vorgefunden haben [...] Unser Beweismaterial wird widerwärtig sein, und Sie werden sagen, ich hätte Ihnen den Schlaf geraubt [...] Ich gehöre zu denen, die während des Kriegs die meisten Greuelgeschichten mißtrauisch und mit Zweifeln aufgenommen haben. Aber die Beweisstücke, die wir vorlegen, werden überwältigend sein, und ich wage vorauszusagen, daß nicht eines meiner Worte widerlegt werden wird.»[4]

Das im annoncierten Film vorgeführte Material aus verschiedenen Konzentrationslagern wurde zusätzlich noch mit einer eidesstattlichen Erklärung versehen, die von George C. Stevens abgegeben wurde, einem schon damals bekannten Hollywoodregisseur, der als der zuständige Leiter für die vorgelegten Aufnahmen versicherte, daß es sich bei diesen Filmen um «eine wahre Wiedergabe der gefilmten Personen und Szenen» handelte.[5] Vermutlich handelt es sich bei diesem und ähnlichem Material um die ersten Aufnahmen der Vernichtungslager, die nicht von Angehörigen der Wehrmacht oder dem Wachpersonal aufgenommen wurden. Diese Aufnahmen wurden vor Gericht vorgeführt und in ihrem Status als Beweismaterial nicht weiter hinterfragt. Das ist insofern nicht neu gewesen, als Filme und Fotos schon seit langem als Beweismaterial zugelassen worden waren. Neu aber war die Begründung, die Robert H. Jackson in einem Brief an den amerikanischen Präsidenten geltend machte: «Wir müssen unglaubwürdige Ereignisse durch glaubwürdige Beweise belegen.»[6] Und als «glaubwürdige» Beweise in der schwierigen juristischen Situation, in der jede Tat einem einzelnen Täter nachgewiesen werden mußte. Film und Fotografie treten also genau an der Stelle in einer gewichtigen Rolle auf, an der die kulturellen und politischen Repräsentationssysteme selbst in die Krise geraten sind: Weder läßt sich das Ausmaß der geschehenen Verbrechen juridisch angemessen repräsentieren und prozedural erfassen, noch läßt es sich kognitiv angemessen in Sprache fassen oder mental nachvollziehen. Die Überblendung von Besucher- und Augenzeugenperspektive, die im neutralen Blick der allmächtigen Kamera möglich scheint, führt zu weiteren Spaltungen. So werden die Bewohner der Umgebung, in der sich die Lager befanden, die so lange «nichts» gesehen haben, obwohl alles im Blickwinkel einer Kamera bereits zu erfassen ist, zum Besuch der Lager gezwungen, um sie zu Zeugen des von ihnen Geleugneten zu machen.

Lawrence Douglas weist zu Recht darauf hin, daß die Kamera wiederum die Reaktionen auf den Gesichtern als Spiegel des Horrors einfängt. Das Unfaßliche soll sich im Ausdruck auf den Gesichtern eingraben. Es ist hier nicht der Platz, auf das Gesicht als das ethische und psychologische Ausdrucksmedium des Humanum zu verweisen, wie es unter Hinweis auf Lévinas' Ethik und die Sozialanthropologie naheliegen würde, es bleibt aber doch festzuhalten, daß in diesen frühen Filmdokumenten sich bereits der gesamte Fächer möglicher Formen der Repräsentation des Geschehenen aufschlagen läßt. Diese ersten Fotos und Filme sind in unendlicher technischer Reproduktion durch alle späteren Genres als historische «Authentifizierung» einmontiert worden. Darüber sollte aber nicht vergessen werden, daß in ihnen schon im Kern diese generativ enthalten sind: Zeugenschaft, Gedächtniskonstruktion, deiktische Interaktion mit einem Publikum, und natürlich der Versuch, durch eine Art Spiel therapeutisch-kathartische Wirkung zu erzielen.

Die Markierungen liegen im Bereich historischer Zäsuren, die Rezeptionsbedingungen formiert haben, die einzelne Produktionen als Ursachen haben erscheinen lassen, die Zäsuren gesetzt haben. Sieht man sich freilich die Produktionsgeschichte an, dann fällt auf, daß seit 1945 zwar in Schüben, aber doch erstaunlich kontinuierlich fiktive und dokumentarische Filme und Sendungen hergestellt worden sind. Allerdings waren die öffentlichen Zugänge zu diesen unterschiedlich ausgelegt und geregelt gewesen.

Der *visual turn* im Zeugenkonzept, von dem die ersten Filme 1945 geprägt waren, bestimmt in der Aufspaltung von Besucher und Zeuge, wenn auch in anderer Reflexionsform, den Film von Claude Lanzmann. In ihm wird die Zeitdimension des Gedächtnisses, dessen eigene unablässige Historisierung als seine logische Vorbedingung Gegenstand der komplexen Inszenierung des Films. In diesem werden die Pole vom Sicht- und Zeigbaren in der Gegenwart von Orten sistiert, die aber auch re-präsentiert werden in der Erzählung und der gestischen und dinghaften Wiederaufnahme von dort Geschehenem.

Die Transformation des Visuellen ins Piktoriale – Die Entstehung von Metaphern

In den Jahrzehnten nach den Katastrophen der Massenvernichtung gehörte es zu den ungeschriebenen Regeln für deren Repräsentation, daß sie eine Art negativen Kanon enthielten. Einen Kanon dessen, was nicht dargestellt werden sollte, welche Bereiche einer allzu hemmungslosen Ausbeute von Mord, Folter und Schrecken entzogen werden sollten. Manche dieser Ausschlußregeln hatten die Wucht von Tabus, manche konstituierten sich als theologische, andere als moralische oder ästhetische Bedenken. Überflüssig zu sagen, daß alle Tabus und alle Regeln immer auch gebrochen wurden – und seit einigen Jahren selbst zum Thema einer Metareflexion gemacht worden sind, sei es nun als Kontroverse, auf deren einer Seite *Shoah* von Claude Lanzmann exemplarisch steht und auf der anderen Spielbergs *Schindlers Liste*; sei es im Bereich der Historiographie Goldhagens *Hitlers willige Vollstrecker* oder Hilbergs früheres Werk oder die mit der Fernsehserie *Holocaust* einsetzende Debatte um die Angemessenheit ganzer Genres, wie die von Sachdarstellungen gegen Fiktionalisierungen. Trotz aller gegenläufigen Vorstellungen gibt es mittlerweile alles, was das Tabu einmal sanktionieren wollte: den pseudo-einfühlsamen Kitsch, die Hardcore-SM-Pornographie im historischen Kostüm, die oberflächliche Individualisierung auf den Videos endloser *oral history* und Zeitzeugeninterviews ebenso wie die Musealisierung der historischen Orte oder deren computergenerierte Wiederauferstehung. Je mehr Regeln gebrochen werden, desto mehr Werke aller Genres entstehen – Dissertationen und Dokudramas, Memoirenliteratur und Lyrik, Filme und TV-Serien, Computerspiele und didaktische CDs, wie sie etwa sowohl zu *Schindlers Liste* wie zu Spiegelmans *Maus* existieren.

Die eigentümliche Dialektik, daß aus der Mangelsituation einer überkomplexen Repräsentationsproblematik im Gegenzug immer wieder mit sisyphusartiger Verve Versuche gegen den Mangel unternommen werden, entzieht sich auf eigensinnige Weise der Kritik. Schließlich kann man auch die Alternative nicht wollen, die im Verweigern jeder Repräsentation bestünde, im Rückzug ins Schweigen, in Sprach- und Bilderlosigkeit und damit im Vergessen der Beschwiegenen.

Was mich vielmehr daran beunruhigt, ist die Erfahrung einer Historisierung, die verrät, daß der historische Abstand zu den Ereignissen selber größer geworden ist – nicht nur, weil Zeit auf der linearen Achse der Welt verstrichen ist, neue Generationen herangewachsen sind, sondern weil eine Epoche – das 20. Jahrhundert – als ein mentaler Raum sich seinem Ende zuneigt. Erst von diesem Ende her wird es möglich, die grauenvollen Optionen, die das 20. Jahrhundert geboten hat, als etwas aufzufassen, das, obwohl es vergangen ist, plötzlich wieder als verfügbar erscheint. Die traurige Wiederkehr der Nazis in Form von Neo-Nazis, die *gleichzeitig* Auschwitz leugnen und Juden ins Gas schicken wollen, ist nur aus dieser Distanz zur Geschichte heraus möglich.

Beunruhigend ist ja nicht, daß das Vergangene als mißglückt in den Orkus geschickt wird, sondern daß das Geschichtsbewußtsein sich dissoziiert nach dem Motto der versklavten Tauben, die im Märchen Erbsen puhlen müssen: Die guten ins Töpfchen, die schlechten ins Kröpfchen! Dieses Problem läßt sich nicht nur an der Wiederkehr des Nazismus ablesen, sondern auch an neueren Versuchen der Umdeutung und Re-Lektüre von Kunst. Es greift in die Fragen ästhetischer Repräsentation selbst ein, womit ich wieder zum Thema zurückkehre.

In einer Mischung aus dem älteren Darstellungsmodus der Spaltung in Besucher- und Zeugenperspektive, die sich an der Unvor- und Undarstellbarkeit der faktischen Ereignisse entzündete, entwickelte sich die zuerst psychologische These der Extremtraumatisierung der Opfer, die sich als eine traumatische Erfahrungsstruktur in den Zeugen selbst auf deren Darstellung zurückbiegt. Damit war die Krise der ›visuellen Evidenz‹ von der Besucher- auf die Zeugenperspektive durchgepaust worden – und vice versa. So wird aus der Regel, daß traumatische Erfahrungen nur aus ihnen fremd und veräußerlicht gegenübertretenden Spuren heraus zu rekonstruieren und zu diagnostizieren seien, die neue Regel generiert, daß alles, was uns fremd und veräußerlicht gegenübertritt, als Spur eines Traumas aufgefaßt werden kann. Und mit dieser neuen Regel kann man dann zu einer universellen Ästhetik des Traumas gelangen, die es erlaubt, Besucher- und Zeugenperspektiven ineinander retrospektiv zu verschmelzen. Diese methodische Lektüreregel basiert auf der rückwirkenden Universalisierung einer extremen historischen Erfahrung, die solchermaßen ubiquitär anwendbar und wie in einer experimentellen Anordnung an beliebigen Orten und zu beliebigen Zeitpunkten anwendbar wird. Aus der ursprünglich auf eine historische Erfahrung und deren Unlöschbarkeit rekurrierende These von der Undarstellbarkeit des Traumas folgt nun dessen Omnipräsenz in einer Figur vollständiger Entzeit- und Enträumlichung. Damit sind wir aber bei einem elastischen Band angelangt, das Historismus und Postmoderne unauffällig miteinander verbindet. Nicht anders ist der Historismus verfahren, als er aus dem archäologischen Fundus der Vergangenheit die Regeln zu generieren suchte, nach denen die ganzen Objekte einmal konstruiert worden waren. Seitdem stehen die Säulen der Akropolis nach den Entwürfen postmoderner Architekten auf den New Yorker Hochhäusern des 20. Jahrhunderts wie vor den Portalen der Versicherungsgesellschaften des 19. Jahrhunderts – oder, so bin ich versucht in polemischer Verzerrung zu sagen, der Historismus des ausgehenden 19. und der Posthistorismus des ausgehenden 20. Jahrhunderts machen es möglich, die ästhetische Repräsentation der Massenvernichtung als traumatische Schockästhetik noch im abstraktesten Detail im 21. Jahrhundert auszustellen.

Damit ist genau das eingetreten, wovor die Tabus vergeblich gewarnt hatten, eine Ästhetisierung des Holocaust mit verschiedenen Stilrichtungen und Genres. Diese Erstarrung im Stil hat nicht nur die Fiktionalisierungen erreicht, sondern auch die radikale Vermeidung, mimetische Abbilder der Geschichte vorzugeben, wie sie Lanzmanns *Shoah* kennzeichnete, wird mittlerweile öfter imitiert. Dessen formale Strenge wird manieristisch in Fernsehreportagen über den Besuch von Schulklassen als Stil ornamentalisiert.

Die gespenstischste Erscheinung dessen, was ich den *pictorial turn* der Holocaust-Ästhetik genannt habe, bot in den letzten Jahren der Konflikt um die in ihrer Authentizität wohl widerlegten Memoiren des fiktiven Autors Binjamin Wilkomirski.

An ihnen läßt sich zeigen, daß im Laufe der letzten Jahre, also des letzten Jahrzehnts des vergangenen Jahrhunderts, die Massenvernichtung zum historischen Stoff geworden ist, der in voneinander unterschiedenen Genres verarbeitet wird. Ästhetische Normen und Formen sind zu Spiel- und Genreregeln operationalisiert worden, die zu einer Art kulturellem Besitz gehören, an dem weit mehr teilhaben als diejenigen, deren Biographien den historischen Stoff abgegeben haben. Der Skandal um Wilkomirski ist keiner des Genres – einer fiktiven Autobiographie in Form einer Ich-Erzählung –, sondern einer der Performanz. Hätte der Autor sich nicht als Autobiograph, sondern als Romancier zu erkennen gegeben, dann hätte dies mehr oder weniger gut begründete und berechtigte literarische Kritik auf sich gezogen, aber keine moralische. Mit dieser begegnet man Lüge und Täuschung, aber nicht Fiktionalisierungen. Abgesehen von dem moralischen Skandal, der mit der Lüge verknüpft ist, und der literarischen Kritik, die mit dem Genrewechsel des Textes zu tun hat, ist die interessantere Frage freilich die, warum die Täuschung gegen den Einwand namhafter Historiker überhaupt möglich geworden war.

Meine Vermutung ist, daß die visuelle Strategie der Beglaubigung durch die fotografischen Medien zu einer Deutungsmetapher geworden ist, zu einem Sprachbild, das sich gelöst hat von den apparativen und medialen Voraussetzungen. An die Stelle der Repräsentation durch das Gedächtnis der Zeugenschaft tritt nun die psychische Repräsentation in der Spur der Erinnerung. Der Übergang zur Fiktion ist der von der Außenwelt zur Innenwelt, vom Ort zu dessen innerer Vorstellung. Es ist im übrigen genau dieses Spiel zwischen Abbild und mentalem Bild, das in Benignis Filmgroteske *Das Leben ist schön* als Bruch zwischen den Generationen reflektiert wird. Aus diesem Grund hat Imre Kertész diesen Film mit guten Gründen in den Kontext der Frage gerückt, wie der Holocaust im Gedächtnis kommender Generationen repräsentiert wird.

Die Transformation vom Visuellen zum Piktorialen vollzieht sich im Schatten einer bestimmten Variante des Trauma-Theorems, das als interne Begründung für den *visual* oder *pictorial turn* in Holocaust-Repräsentationen sich bezeichnen ließe. Diese an Janet angelehnte Theorie besagt, daß traumatische Erfahrungen im Bildgedächtnis abgelagert werden und als abgespaltene Bilder in der Erinnerung auftauchen. Es ist im übrigen genau diese Theorie, auf die sich Wilkomirski und die Psychoanalytiker, die in ihm ihren schönsten Fall entdeckt zu haben glaubten, beziehen.

Der zweite Grund liegt in einer halbierten Theorie fotografischer Medien, die einzig als Archive von Spuren der Vergangenheit definiert und damit genau um die pragmatische Seite als Kommunikationsmedium diskursiver Praktiken gebracht werden. Wilkomirski zum Beispiel authentifiziert seinen Text strategisch unter Rückgriff auf ein fotografisches Gedächtnis, dessen Emanationen ihm es erlauben, die traumatischen Gedächtnisbilder wie von einem Bildschirm abzulesen. So wird er selbst zum Medium der Geschichte, das ohne subjektive Einflußnahme unmittelbar wie eine experimentell aufgestellte Kamera aufzeichnet, was sich an ihr vorbei bewegt. Es ist der Automatismus, der die Wahrheit verbürgen soll.

Spätestens hier kann man sehen, was die Ästhetisierung des *pictorial turn* von der Traumatheorie Lanzmanns und Kertész' trennt:

Lanzmann verweigert genau den automatischen Rückgriff auf den Bildarchivfundus der Geschichte und setzt statt dessen an den heutigen Orten der vergangenen Geschichte ein mit einem *re-enactment*, einer erinnernden Wiederaufführung. Eine Nach-Erzählung, deren vorausgegangene Erschütterungen sich mimetisch in die Gesichter als Spur eingeschrieben haben, *ohne* ein Bild des Vergangenen zu sein. Das Mimetische und Archivierende des fotografischen Mediums Film wird hier gerade nicht als Automatismus verstanden, sondern im primären Sinne als Spurenaufzeichnung.

Kertész nimmt in seinem autobiographischen *Roman eines Schicksallosen* ebenfalls nicht den Weg über diese Automatentheorie des Traumas, sondern er wählt die literarische Erfindung einer Stimme, eines Tonfalls der Mimikry, der unheimlichen Anverwandlung, in der die Welt des Vernichtungslagers zu einer kompletten, geschlossenen Welt wird, in der sich das ganze menschliche Erfahrungsspektrum negativ bricht. In einer Welt, in der sich die Möglichkeit des Glücks auf die sekundenlange Unterbrechung des Schreckens im Spiel reduziert, wird die Größe des Humanum nur noch als Fallhöhe meßbar. Oder in einer grotesken Verkehrung wird zum Bild des Glücks das gierige, blinde Schmatzen von Läusen in einer Fleischwunde. Dieses Negativ einer verkehrten Welt, in der zu diffusen Klumpen geschlagene Körper zum Paradies der Läuse werden, ist eben eine andere Welt als die Positive der Torturen, die Wilkomirski fotografisch genau anbietet.

Blick nach vorn

In den Hades zu den Toten hinabzusteigen und sie auf dem Strom der Musik wieder an die Oberwelt zu geleiten, ist das Projekt von Orpheus gewesen. Wie wir wissen, hat er von Sehnsucht ergriffen den Blick nach hinten gewendet und damit die Macht der Musik gebrochen. In die Welt der Toten läßt sich zurückblicken, aber sie lassen sich nicht ins Leben zurückholen. Es steht die Vermutung an, daß die Zukunft in der dünner werdenden Generationenkette, die mit den historischen Ereignissen verbindet, vom orphischen Projekt abgeschnitten wird. Mit dem Blick auf die Toten wird kein Impuls der Trauer mehr einhergehen, sondern er wird zunehmend Bilder fokussieren, die für etwas stehen, was als Schrecken konnotiert ist, der anderen widerfuhr. Damit werden die Bilder einerseits entlastet vom liturgischen Trauerritual, andererseits fallen sie einer Fiktionalisierung anheim, die neue Narrative hervorbringen wird. Dieser Prozeß ist unumkehrbar wie die Zeit selbst. Schon jetzt, das zeigt der Fall Wilkomirski, wirkt die Geschichte sekundär über ihre Tradierung. Bilder haben in diesem Zusammenhang keinen höheren Authentizitätsgrad als Statistiken oder andere Formen graphischer Darstellung. Für die künftigen Darstellungen wird es darum um so mehr um die Frage der rhetorischen Adressierung gehen, die am Anfang stand: Wer erzählt wem, was und wie? Die historischen Bilder können in diesen Darstellungen nur bedingt einen privilegierten Platz als Dokumente behaupten. Der Kontext, in dem sie als solche lesbar waren, Archiv und Gerichtsakte, wird wieder in die Historiographie zurückführen.

Anmerkungen

1 Ferro, Marc: Gibt es eine filmische Sicht der Geschichte?, in: Rother, Rainer (Hg.): Bilder schreiben Geschichte: Der Historiker im Kino, Berlin 1991, S. 17–36.

2 Yates, Frances: Gedächtnis und Erinnern. Mnemonik von Aristoteles bis Shakespeare, Weinheim 1996, S. 18 ff.

3 Zitiert nach Insdorf, Annette: Indelible Shadows. Film and the Holocaust, Cambridge 1983, S. 214.

4 Zitiert nach Douglas, Lawrence: Der Film als Zeuge. Nazi Concentration Camps vor dem Nürnberger Gerichtshof, in: Baer, Ulrich (Hg.): ‹Niemand zeugt für den Zeugen›. Erinnerungskultur nach der Shoah, Frankfurt/M. 2000, S. 198.

5 Ebd., S. 201.

6 Ebd., S. 199.

Statt eines Nachworts: Abschied der Erinnerung Anmerkungen zum notwendiger Wandel der Gedenkkultur in Deutschland

Volkhard Knigge

In den vergangenen Jahren haben sich die Rahmenbedingungen für die Gedenkstättenarbeit in Deutschland grundlegend gewandelt. Aus Einrichtungen, die bis dahin mehr oder weniger am Rande der Gesellschaft angesiedelt waren und die um ihre breitere gesellschaftliche und politische Akzeptanz ringen mußten, sind spätestens mit der Etablierung der Gedenkstättenförderkonzeption des Bundes 2000 Institutionen geworden, die potentiell zur kulturellen Grundausstattung der Bundesrepublik zählen, wie Volkshochschulen, Theater oder Museen. Das heißt nicht, daß KZ-Gedenkstätten nicht auch weiterhin Desinteresse, Mißtrauen, Ablehnung oder der alte Vorwurf der Nestbeschmutzung entgegenschlagen können, und gewiß sind nicht alle Gedenkstätten personell und finanziell so ausgestattet, wie es zu wünschen wäre. Aber es hieße, den gewandelten geschichtspolitischen und gesellschaftlichen Kontext der Gedenkstättenarbeit gründlich verkennen, wollte man in ihnen entweder a priori Stiefkinder öffentlicher Aufmerksamkeit einschließlich kultur- und bildungspolitischer Bemühungen oder per se gesellschaftskritische Avangardeeinrichtungen historischer Aufklärung sehen. Vielmehr ist zunächst nüchtern zu konstatieren, daß sich seit der Wiedervereinigung in der Bundesrepublik mit zunehmender Beschleunigung – und gleichwohl von vielen bisher offenbar kaum wirklich wahrgenommen – ein Prozeß der Nationalisierung negativen Gedenkens vollzogen hat. Mit *negativem* Gedenken ist der Umstand gemeint, daß begangene bzw. zu verantwortende Verbrechen im kollektiven Gedächtnis der Deutschen dauerhaft aufgehoben werden sollen; mit Nationalisierung ist die Tatsache bezeichnet, daß sich die Bundesrepublik mit der Erklärung des 27. Januar zum öffentlichen Gedenktag an die Opfer des Nationalsozialismus und die Befreiung der Konzentrations- und Vernichtungslager durch den damaligen Bundespräsidenten Roman Herzog, dem Bundestagsbeschluß zur Errichtung des Holocaust-Denkmals in Berlin sowie der Verabschiedung der Bundesgedenkstättenkonzeption förmlich zum negativen Gedenken als einer nationalen Aufgabe bekannt hat. Allerdings kann man in diesem Zusammenhang nicht übersehen, daß sich die Etablierung negativen Gedenkens als nationaler Aufgabe eher umwegig und indirekt – und damit nicht ausschließlich intrinsisch motiviert – vollzog. So verdankt sich das Berliner Holocaust-Denkmal nicht zuletzt der Kritik – insbesondere des Zentralrates der Juden in Deutschland – an der Neuen Wache, die als nationale Gedenkstätte ursprünglich in der verschleiernden Manier insbesondere der fünfziger und sechziger Jahre «Allen Opfern von Gewaltherrschaft und Krieg» gewidmet sein sollte, während die Gedenkstättenkonzeption des Bundes entscheidend von der der Überwindung des SED-Unrechts gewidmeten Enquetekommission des Deutschen Bundestages auf den Weg gebracht worden ist. Die Geschichte der Lager Buchenwald und Sachsenhausen ließ sich eben keineswegs auf deren Geschichte als sowjetische Speziallager reduzieren, und die Bewahrung nur dieses Teils ihrer Geschichte zur nationalen Aufgabe zu erklären, hätte sich ebensowenig verständlich machen und legitimieren lassen, wie die Reduzierung des nationalen Verbrechens- bzw. Unrechtsgedächtnisses auf den DDR- und SED-Kontext.

Es geht aber nicht darum, einmal mehr die Ambivalenzen und Widerstände zu beklagen, die seit dem Ende des Zweiten Weltkrieges und dem Untergang des «Dritten Reiches» den deutschen Umgang mit diesem Abschnitt deutscher Geschichte gekennzeichnet haben und nach wie vor kennzeichnen, sondern darum, sich jenen Fragen anzunähern, die sich aus der Tatsache ergeben, daß Gedenkstättenarbeit nicht mehr am Rande der Gesellschaft, sondern – jedenfalls normativ – in deren Mitte angesiedelt ist. Zweierlei kann in diesem Zusammenhang konstatiert werden: Zum einen ist festzustellen, daß Institutionalisierung und Nationalisierung negativen Gedenkens historisch gesehen neuartig, vorbildlos und im internationalen Vergleich bisher weitestgehend einzigartig sind. Zum anderen hat die Verschränkung von Institutionalisierung und Nationalisierung negativen Gedenkens eine Tendenz zum Affirmativen für die Gedenkstättenarbeit zur Folge.

Zum ersten Punkt: Wenn bislang gesagt worden ist, daß die Spezifik der deutschen Auseinandersetzung mit dem Nationalsozialismus darin besteht, der historisch konkreten wie der zeitlich darüber hinausreichenden politischen Haftung eingedenk zu sein und zu bleiben und aus dieser Haltung und Perspektive heraus Gedenkstättenarbeit – aber auch Denkmale, Ausstellungen, pädagogische Projekte usw. – zu konzipieren, dann muß dieser Satz nunmehr ergänzt werden. Auch insofern begangene bzw. zu verantwortende Verbrechen – nicht erlittene, wie es traditionell ist – dauerhaft bewußt bleiben sollen, unterscheidet sich die deutsche Gedenkkultur von der Israels oder der der Vereinigten Staaten. Die naive Gleichsetzung von israelischen, us-amerikanischen und deutschen Konzepten – ich nenne Israel und die USA, weil Yad Vashem und das Holocaust-Memorial-Museum in Washington zumindest oberflächlich zunehmend die Vorstellungen deutscher Politiker von «richtiger» Gedenkstättenarbeit prägen, jedenfalls als vorbildhafte, nachahmenswerte Bezugsgrößen immer wieder genannt werden – verbietet sich deshalb ebenso wie der naive Import von Konzepten, etwa dem der Holocaust-Education. Daß in diesem Hinweis auf grundsätzliche Unterschiede quasi umgekehrt gerade ein starkes Argument für reflektierten und – buchstäblich – selbstbewußten Austausch und Kooperation liegen, muß nicht extra betont werden.

In innerdeutscher Hinsicht stehen Institutionalisierung und Nationalisierung negativen Gedenkens der Verschränkung bzw. Gleichsetzung von negativem Gedenken und negativem Nationalismus, wie er Befürwortern der Auseinandersetzung mit dem Nationalsozialismus eigen sein, aber auch abwertend zugeschrieben werden kann, entgegen. Die selbst-bewußte Nation wäre in dieser Perspektive gerade die, die sich dem ihrer Geschichte inhärenten Menschheitsverbrechen von Generation zu Generation immer wieder neu stellt, sich zu ihrer politischen Haftung bekennt und sich des inneren Zusammenhangs von wahrhaftiger Auseinandersetzung mit dieser Vergangenheit und substantieller Verankerung bzw. Bewahrung der Demokratie in der Bundesrepublik bewußt ist.

In Bezug auf die Tendenz zum Affirmativen ist zu bemerken, daß ihm nicht durch die automatische Fortschreibung eines Geschichts- und Gesellschaftsbildes begegnet werden kann, deren reale Kerne insbesondere mit der Frühzeit der Bundesrepublik sowie den jeweiligen Anfängen der Gedenkstättenarbeit an den historischen Orten – vor allem auf den Geländen ehemaliger Konzentrationslager, aber auch an Tötungsorten im Rahmen der sogenannten Euthanasie – verbunden sind: hier die wenigen kritischen Aufklärer, dort die schweigende, leugnende oder verdrängende Mehrheit der Bevölkerung einschließlich der Mehrheit der Politiker. Gewiß, gerade die Reklamierung und das (Wieder-)Erkennbarmachen der konkreten historischen Orte als Tat- und Leidensorte, als Verbrechensbeweise inmitten Deutschlands, ist in der Bundesrepublik bis weit in die achtziger Jahre hinein auf hartnäckigen und keinesfalls überall überwundenen Widerstand, Desinteresse oder bestenfalls Indifferenz gestoßen. Gleichwohl hieße ein ungeprüftes Festhalten an dem mit solchen Erfahrungen verbundenen Begriff vom kritischen Charakter der Gedenkstättenarbeit, die oben umrissenen Entwicklungen zu verkennen, und sie würde weder der Tatsache gerecht, daß der Nationalsozialismus längst zum konventionellen Thema der Medien und der Öffentlichkeit geworden ist, noch dem Umstand, daß auch das Einklagen wahrhaftiger Auseinandersetzung mit dem Nationalsozialismus essentiell zur Geschichte der Bundesrepublik gehört hat und gehört. Allerdings: Die Thematisierung von Nationalsozialismus oder Holocaust als solchen bedeutet in Zeiten ihrer permanenten Erörterung zunächst einmal gar nichts. Kritisch wird sie erst, wenn man Kernelemente der nationalsozialistischen Verbrechen wie Demokratieverachtung, Antisemitismus, biologisch-politisch oder nationalistisch begründete Überlegenheits- und Machtansprüche, Autoritätsgläubigkeit, blinden Gehorsam, Habgier, wegschauende Indifferenz, mangelnde aktive Mitmenschlichkeit bzw. aktiven Widerstand gegen Bürger- und Menschenrechtsverletzungen in Gestalt des deutschen Nationalsozialismus von 1933 bis 1945 einerseits für überwunden hält und andererseits – in welcher konkreten Gestalt und wie umfassend verwirklicht auch immer – für eine nach wie vor bestehende historische Möglichkeit. Nimmt man diese Doppelperspektive ein, dann läßt sich die mit der Nationalisierung verbundene affirmative Tendenz nicht in dem Bild einer ein für allemal durch die jeweilige (deutsche) Gegenwartsgesellschaft überwundenen bösen Vergangenheit konkretisieren, vielmehr – und paradox formuliert – gründete die Zustimmungsfähigkeit der jeweiligen Gegenwartsgesellschaft in deren kritischer Überprüfung vor dem Hintergrund der NS-Vergangenheit als einem negativem Horizont menschlicher, politischer und gesellschaftlicher Möglichkeiten.

Das hier umrissene Verständnis von Gedenkkultur verbietet es nicht nur, Erinnerung a priori zur Legitimierung der Bundesrepublik als «bestem aller denkbaren Deutschlands» einzusetzen – wohin solche Setzungen führen, hat die Gedenkpolitik der DDR gezeigt –, sondern es verweist zugleich darauf, daß Erinnerung und Gedenken einerseits und historisches Wissen andererseits unabdingbar aufeinander verwiesen sind. Diese Selbstverständlichkeit muß deshalb betont werden, weil in der gegenwärtig hochfrequenten Rede von der Pflicht zur Erinnerung, diese schnell zum Allgemeinplatz und Entscheidendes außer acht gelassen wird.

Fragt man nämlich nach der Genese des Erinnerungsbegriffes im Zusammenhang mit der Nachgeschichte der nationalsozialistischen Verbrechen, dann fällt sofort die historische Neuartigkeit des Erinnerungsparadigmas als Mittel der Überwindung von Feindschaft, Verbrechen, Gewalt, Unrecht, Krieg und deren Folgen auf. Das klassische Mittel der Neuzeit zur Wiedergewinnung bzw. Festigung und Verstetigung von Frieden und Versöhnung war das Vergessen der ihnen vorausgegangenen Gewalttaten auf Seiten aller Beteiligten. Erinnerung ist in dieser Perspektive eine Praktik gewesen, die nicht dem Frieden, sondern vor allem seinem Gegenteil in Gestalt der Bewahrung von Ressentiments, Rachegelüsten oder Revancheinteressen dienlich war. Die Nachgeschichte des Ersten Weltkrieges – nicht nur, aber insbesondere auch in Deutschland – steht z. B. hierfür, wie andererseits der Friedensschluß nach dem Dreißigjährigen Krieg ohne intentional damit verbundenes Vergessen nicht denkbar ist.

Im Zusammenhang mit den Erfahrungen des von Deutschen entfesselten Zweiten Weltkrieges und insbesondere nach der Befreiung der nationalsozialistischen Konzentrations- und Vernichtungslager erschien Vergessen als Mittel der Auseinandersetzung mit den NS-Verbrechen allerdings nicht mehr vorstellbar. Da sie nicht von einem barbarischen, sondern von einem der kultiviertesten Völker Europas begangen worden waren, ergab sich zwingend die Frage, wie dies überhaupt hatte geschehen können. Da der verbrecherische Charakter des Nationalsozialismus offen zu Tage lag, war nicht nur die Frage nach der moralischen Auseinandersetzung mit ihm, sondern auch die der juristischen Ahndung unumgänglich. Da den Alliierten beinahe unisono im besiegten Deutschland entgegenschlug, man habe von allem nichts gewußt, und sich selbst die Haupttäter in den Nürnberger Prozessen für nicht schuldig erklärten, hätte die alte Praktik des Vergessens diese Haltung nur bestätigt. In der Perspektive der Überlebenden der Lager hätte Vergessen als Mittel der Bewältigung geheißen, die nationalsozialistische Intention, mit der

Aussonderung und Ermordung der politisch, sozialrassistisch oder rassenbiologisch definierten «Feinde« auch die Erinnerung an sie auszulöschen, nachträglich zu vollenden. In das «Nie wieder!», mit dem insbesondere Überlebende der Lager von Anfang an auf Nationalsozialismus und Zweiten Weltkrieg reagierten, war der Erinnerungsimperativ in einer Verschränkung von Mahnung, Bekenntnisverpflichtung, Erziehungsabsicht und politischer Haltung eingeschlossen.

Trotz dieser plausiblen, historisch mehr als nachvollziehbaren Genese und der damit verbundenen besonderen Dignität des Erinnerungsbegriffes – und im jüdischen Kontext wäre die Tradition des «Zachor!» als uraltes Kernelement der Bewahrung und Generierung von Identität noch hinzuzudenken – läuft dieser allerdings zunehmend leer und droht das Anliegen, dem er eigentlich gewidmet ist, ernstlich zu beschädigen. Dies liegt zunächst daran, daß der Erinnerungsimperativ zu einem Zeitpunkt öffentlich breiter akzeptiert und negatives Gedenken als nationale Aufgabe parlamentarisch sanktioniert worden ist, zu dem tatsächlich erinnerbare Geschichte und Vergangenheit zunehmend weiter auseinandertreten. Auch wenn wir uns dagegen wehren und dagegen wehren müssen, daß mit zunehmendem zeitlichem Abstand zum Nationalsozialismus auch der moralisch-ethische Kern der Auseinandersetzung sowie die mit diesem verbundene gesellschaftspolitische Aufmerksamkeit historisiert werden, vollzieht sich die Historisierung des Nationalsozialismus insofern zwangsläufig und unausweichlich, als aus Zeitgeschichte unaufhaltsam Geschichte und damit aus kommunikativem Gedächtnis kulturelles Gedächtnis wird – oder eben Vergessen. Konkrete und metaphorische Verkörperung findet dieser Prozeß im Schwinden der Erfahrungs- und Beteiligtengeneration auf beiden Seiten – Opfern wie Tätern. Mit der Erfahrungsgeneration – vor allem auf Opferseite – schwindet nicht nur die lebendige Veto-Instanz gegen rein historiographische Formen der Darstellung und Deutung der NS-Vergangenheit, sondern auch das letzte Moment ihrer unmittelbaren Präsenz. Der Erinnerungsimperativ verliert dadurch – will man ihn nicht auf eine Pathosformel reduzieren – gleichsam gegen sich selbst seinen Sinn, in Deutschland in doppelter Hinsicht. Erstens in der ganz rudimentären Weise, daß erinnert nur werden kann, was zuvor erlebt, erfahren und im persönlichen Gedächtnis bewahrt wurde. Und zweitens, insofern der Erinnerungsimperativ in der Geschichte der (west-)deutschen Gedächtnisbildung an die nationalsozialistischen Verbrechen auf das Engste mit dem Leugnen dieser Verbrechen vor allem in der Beteiligtengeneration verbunden gewesen ist. «Erinnere Dich!» hieß bzw. heißt vor diesem Hintergrund eigentlich: «Bekenne Dich zu Deiner Tat oder konkreten Mitverantwortung!» bzw. «Gestehe! Leugne nicht ab!», «Tu nicht so, als hättest Du vergessen,» bzw. – mit den beiden Mitscherlichs gesprochen – «Leugne nicht, den Führer Adolf Hitler geliebt zu haben, d. h. mit ihm identifiziert gewesen zu sein».

Sowohl in der rudimentären Bedeutung von Erinnerung als Vorgang der Evokation von lebensgeschichtlich Zugewachsenem und Verankertem als auch in der subkutan semantischen der Anerkenntnis persönlicher Beteiligung und Schuld, wenigstens aber konkreter Mitverantwortung, wird der Erinnerungsbegriff unproduktiv oder sogar zur Falle: Heute Zwanzigjährigen beispielsweise zu sagen, sie mögen sich der nationalsozialistischen Verbrechen erinnern, heißt – wenn man Nachplappern oder Berichten aus zweiter Hand nicht für Erinnerung halten will – entweder Unmögliches verlangen oder Widerstände da auf den Plan rufen, wo dem Erinnerungsbegriff unausgesprochen eine persönliche Schuldzuweisung eingeschrieben ist. Es scheint deshalb in Bezug auf *Erinnerung als Praktik* an der Zeit, «Erinnerung der Vergangenheit» durch «Auseinandersetzung mit der Vergangenheit» zu ersetzen und *Erinnerung als Bewußtseinsinhalt* durch einen – im Gegensatz zur kritischen Geschichtsdidaktik seit den siebziger Jahren – nicht kognitivistisch verengten Begriff von Geschichtsbewußtsein im Sinne von Verständnis dafür, wie Vergangenheit, Gegenwart und Zukunft konkret miteinander verknüpft sind bzw. verknüpft sein könnten (sollten). Dies um so mehr, weil Erinnerung – obwohl sie im Zusammenhang mit der Erinnerung der NS-Verbrechen gleichsam a priori und konventionell als in anti-antisemitischer oder universalistisch humanistischer Perspektive wertorientiert verstanden wird – keinesfalls in dieser Perspektive wertorientiert sein muß. Dies zeigt die Geschichte der politischen Funktionalisierung der Erinnerung an die nationalsozialistischen Verbrechen ebenso wie der Umstand, daß man Auschwitz erinnern kann – siehe z. B. die sich häufenden neonazistischen Bekennerbesuche in KZ-Gedenkstätten –, um Auschwitz zu wiederholen.

Die Auseinandersetzung mit der nationalsozialistischen Vergangenheit braucht aber, um praktisch folgenreich werden zu können, nicht nur Wissen, sondern Wissen in Verbindung mit einem Wertehorizont. Ohne konkretes historisches Wissen, das nicht einfach heraufbeschworen werden kann, sondern vermittelt und erworben werden muß, würde Auseinandersetzung zu einer leeren, bestenfalls akademischen Übung. Ohne die Einbettung des Wissens in einen Wertehorizont bliebe das Wissen bedeutungslos und ohne praktische Relevanz. Und nicht zu vergessen: Wissen im Sinne von Tatsachenfeststellung ist einerseits noch keine Deutung von Geschichte, und andererseits gibt es keine Tatsachenfeststellung ohne bereits in sie eingegangene – bewußte oder unbewußte – Deutungen, insofern Tatsachen nicht nur auf Grund «klinisch reiner» empirischer Befunde definiert werden, sondern ebensosehr gezeichnet sind von lebensweltlichen Prägungen, kulturellen Orientierungen, politischen Überzeugungen, erkenntnisleitenden Interessen und den Wertpräferenzen derer, die sie konstatieren.

Nimmt man das oben gesagte ernst, dann ergibt sich als Anforderung an Gedenkstätten, daß sie transparente, diskursive Orte historischer Dokumentation und Bildung sein müssen, oder anders gesagt, Arbeitseinrichtungen mit einem gewissen Andachtscharakter; konkret heißt das: moderne (zeit-)historische Museen, die nicht vergessen machen, daß sie zugleich auch Tat- und Leidensorte sowie symbolisch und tatsächlich Friedhöfe sind, und die sich darüber hinaus dadurch von gewöhnlichen Museen unterscheiden, daß sie nach wie vor humanitäre Aufgaben haben. Mit transparenten, diskursiven Orten – oder besser Institutionen – ist gemeint, daß die Gedenkstätten sich nicht nur dokumentierend und deutend auf den Nationalsozialismus und seine Verbrechen beziehen dürfen, sondern daß sie zugleich – und insbesondere in Bezug auf die Deutung der NS-Vergangenheit – ihre Kriterien hierfür offenlegen, hinterfragbar machen und zur Debatte stellen müssen. Zu dieser Debatte – die letztendlich die Gedenkkultur als ganze betrifft – gehört auch die historisch und kunsthistorisch sowie museumsgeschichtlich informierte Auseinandersetzung mit den Symbolisierungs- und Repräsentationsformen der NS-Vergangenheit, die mittlerweile selbst ihre eigene, über fünfzigjährige Geschichte haben. Denn sie transportieren und vergegenwärtigen die Vergangenheit nicht nur, sondern sie wirken selbst bedeutungsbildend und können die Vorstellungen von der NS-Vergangenheit stärker prägen als die Sachverhalte selbst.

Um kein Mißverständnis aufkommen zu lassen: Die Auffassung von Gedenkstätten als einer spezifischen Form historischer Museen steht nicht für die Charakterisierung der NS-Vergangenheit als einer endgültig überlebten und abzulegenden Geschichte, sondern dafür, daß es keine selbsttätige, mündige, rationale Auseinandersetzung mit der NS-Vergangenheit geben kann, wenn die historischen Zeugnisse dieser Zeit nicht mit der gleichen Sorgfalt und Professionalität wie die Überreste glücklicherer Geschichtsabschnitte gesammelt, bewahrt, erschlossen sowie historiographisch und repräsentationstheoretisch reflektiert ausgestellt werden. Zu den besonderen Problemen in diesem Zusammenhang gehört, daß Realien – Texte, Photos und Filme eingeschlossen – im Zusammenhang mit der NS-Geschichte nur zu häufig als sich von selbst verstehende Symbole bzw. als unmittelbarer Ausdruck dessen, wie es gewesen ist, verstanden worden sind und noch verstanden werden. Kritische Realienkunde ist daher ebenso notwendig wie selten. Deutlich gesagt: Nicht die Erfindung immer neuer symbolischer Formen der «Erinnerung», nicht die Erfindung von Beeindruckungsräumen oder von (medialen) Vermittlungsmaschinerien ist dringlich, sondern die Grundsicherung quellengestützter Auseinandersetzungsmöglichkeit und -fähigkeit. Dies gilt um so mehr, als Gedenkstättenarbeit nur eine Form des Umgangs mit der NS-Vergangenheit ist. Deren massenkulturelle Vereinnahmung, wenn nicht Vernutzung, ist ebenso an der Tagesordnung, wie mittlerweile jede Form der Trivialisierung oder Legendenbildung denkbar ist. Vor diesem Hintergrund ist die sachliche Konsolidierung der Gedenkstättenarbeit zugleich die Voraussetzung dafür, massenkulturelle Gebrauchsweisen der NS-Vergangenheit zu differenzieren und, wo nötig, überprüfbar zu korrigieren. Nicht zuletzt der Gedenkstättenalltag lehrt, daß die Aufhebung von stereotypen Vorstellungen und Klischees bereits ebenso wichtig ist, wie die Vermittlung oder Vertiefung von Wissen. Indirekt ist damit aber auch darauf verwiesen, daß sich Widerstände in Bezug auf die Auseinandersetzung mit der NS-Vergangenheit kaum mehr automatisch als Verdrängung oder als Verleugnung qualifizieren lassen, zumal nach der Nationalisierung des negativen Gedenkens. Sie werden zukünftig mehr und mehr auch daraufhin befragt werden müssen, ob und inwiefern sie auch Folgen der Gedenkkultur einschließlich ihrer trivialen oder mythisierenden Varianten bzw. unangemessener pädagogischer Strategien und Methoden sind. Moralisieren statt informieren, das Ineinanderschneiden von Information und (weltanschaulicher, politischer, religiöser, usw.) Botschaft, das Verordnen von Haltungen oder Identifikationen, Rede- und/oder Schweigegebote sowie Fragetabus im Namen welcher political correctness auch immer stehen schon heute der Auseinandersetzung mit der NS-Vergangenheit deutlich im Wege. Schließlich hat heute kaum jemand in Deutschland keine Erfahrung mit dem «Lerngegenstand» Nationalsozialismus, seiner massenkulturellen Verwertung oder den Formen unglaubwürdigen bzw. rein äußerlichen Umgangs mit ihm. Heute Lebende sind sich darüber hinaus zumeist der Tatsache bewußt, daß das «Nie wieder!» der Überlebenden der nationalsozialistischen Konzentrations- und Vernichtungslager allenfalls partiell und auch dann nur in bestimmten Weltgegenden realisiert und andererseits immer wieder vielfältig (politisch) funktionalisiert worden ist. Negatives Gedenken trifft auch aus diesem Grund auf Skepsis, eine Skepsis, die nicht einfach verworfen werden kann, sondern auf ihre realen politischen und gesellschaftlichen Hintergründe befragt werden muß. Tut man dies, wird sichtbar, daß negatives Gedenken letztendlich nur so glaubhaft und überzeugend ist, wie die Gesellschaft, die es sich leistet.

Fazit: Mit der Nationalisierung negativen Gedenkens, mit seiner – normativen – Verankerung in der Mitte der deutschen Gesellschaft und der unausweichlichen Historisierung der NS-Vergangenheit wird Gedenkstättenarbeit einfacher und schwieriger zugleich. Hört man in den öffentlichen Diskurs zur «Zukunft der Erinnerung» oder in gedenkstättenpädagogische Tagungen hinein, dann scheint es häufig so, als hinge diese Zukunft in erster Linie von der Überwindung der immer gleichen Gegner, mediengestützter pädagogischer Raffinesse und der Konservierung und Präsentation möglichst vieler Zeitzeugenberichte ab. Ich will den Realitätsgehalt solcher Vorstellungen gar nicht bestreiten, meine aber, daß sie die oben angedeuteten, zunehmend wesentlicher erscheinenden Fragen an die Kultur negativen Gedenkens und in dessen Zusammenhang an die Gedenkstättenarbeit kaum berühren, häufig sogar überblenden. Standortbestimmung, Selbstreflexion und museologisches wie pädagogisches Probehandeln tun angesichts der veränderten und sich weiter verändernden Rahmenbedingungen eher Not als konventionelle Rechtfertigungen negativen Gedenkens oder Diskussionen, wie man alten Wein in neuen Schläuchen verkauft. Natürlich müssen die materiellen Rahmenbedingungen dafür gegeben sein, aber ebenso notwendig sind ein wohlwollend-aufgeschlossenes Klima und die Möglichkeit offenen Erfahrungsaustausches und uneingeschränkter Debatte, beides keine Selbstverständlichkeit in einem Arbeitsfeld, das entgegen des humanen und demokratischen Impulses, der mit ihm verbunden wird, immer wieder weltanschaulichen oder moralisierenden Vorgaben ebenso ausgesetzt ist wie höchst divergierenden Verbandsinteressen, Strebungen politischer Dienstbarmachung oder Überängstlichkeiten in Bezug auf angebliche Normverstöße. Andererseits läßt sich negatives Gedenken, insofern es den Gang der *eigenen* Geschichte und die Verfassung der *eigenen* Gesellschaft immer wieder kritischer Selbstreflexion aussetzt, womöglich – hoffentlich – am widerstrebendsten für welche Zwecke auch immer funktionalisieren. Zur umstandslosen Sinnstiftung egal welcher Art (parteipolitischer, religiöser, nationaler) eignet es sich jedenfalls nicht, und erst recht dann nicht, wenn man das nationalsozialistische Zentralverbrechen, den Massenmord an den europäischen Juden, als Zivilisationsbruch ernst nimmt. Kurz: Negatives Gedenken zielt letztendlich auf die Gewahrwerdung der radikalen Unselbstverständlichkeit des (gesellschaftlich) Guten, über dessen Verständnis und Grad an Verwirklichung – etwas als Freiheit, Solidarität, Toleranz, Menschenwürde, Menschenrechte, Demokratie – immer wieder neu, historisch informiert zu sprechen wäre. Es ist in seinem Kern nichts anderes als willentliche und bedachte Selbstbeunruhigung, die in politische und mitmenschliche Verantwortung umschlagen soll, und nicht zivilreligiöse Magie oder Schuldfaszination bzw. -verewigung.

Fragt man nach den Chancen für die Realisierung eines solchen Konzeptes der Auseinandersetzung mit den NS-Verbrechen, dann ist – bezogen auf die konkreten Erfahrungen der letzten Jahre – zunächst festzustellen, daß es auf Seiten der politischen Akteure trotz der staatlich geförderten Institutionalisierung der Gedenkstättenarbeit einschließlich der Errichtung des Holocaust-Denkmals in Berlin und des Ausbaus der Stiftung Topographie des Terrors kaum ein Bewußtsein von der Spezifik negativen Gedenkens gibt. Nicht individuelle und gesellschaftliche historisch informierte Selbstreflektion stehen auf der politischen Tagesordnung, sondern es dominieren – sofern es überhaupt um mehr als die pragmatische Erledigung eines überkommenen Problems geht, das schon aus außenpolitischen Gründen nicht einfach unter den Tisch gekehrt werden kann – das alte Paradigma von (moralischer) Wiedergutmachung und Versöhnung sowie die mit einer Metaphorisierung insbesondere des Holocaust verbundene Entzeitlichung und Exterritorialisierung der NS-Verbrechen. Gegen erstere Haltung wäre nichts zu sagen, wenn es sich hierbei mittlerweile nicht um eine Verkürzung handeln würde, deren eigentlicher Gehalt generationell gebunden ist. Nimmt man nämlich Wiedergutmachung und Versöhnung in ihrer Substanz und als praktische Aufgabe ernst, dann gehören sie primär der Beteiligtengeneration zu. Für die auf diese folgenden Generationen sind sie nicht mehr im ursprünglichen Sinn unmittelbar, sondern Teil der so oder so realisierten Voraussetzungen eigenen Handelns, und als solche müssen und dürfen sie reflektiert werden, wenn es nicht zu einer Verschiebung von Schuld und Verantwortung zwischen den Generationen kommen soll – mit all den entsprechenden Lern- und Auseinandersetzungsblockierungen, von denen beispielsweise die intergenerationelle psychoanalytische Forschung so eindringlich zu berichten weiß. Hinsichtlich der zweiten Haltung ist festzustellen, daß gegen Diktaturen, völkerrechtswidrige militärische Übergriffe, ethnische Säuberungen, Folter, Massaker und Genozide als solche Einspruch erhoben werden kann und Einspruch erhoben werden muß. Auf Kenntnisse der Geschichte und Verbrechen des Nationalsozialismus ist solcher Einspruch nicht zwingend angewiesen – obwohl selbstverständlich die Verbindung von deren genauer Kenntnis, präziser Analyse und angemessener Übertragung Gewicht und Wirksamkeit solchen Einspruches erhöhen können. Und so scheint es, als diene die insbesondere mit dem Krieg gegen Restjugoslawien/Serbien eskalierte, oft sehr allgemeine und damit vage und von einem zumeist sachlich wenig präzise unterlegten Willen zur Analogie gekennzeichnete Auschwitz-Metaphorik eher dem Ausweis dafür, aus der NS-Vergangenheit gelernt – und sie damit hinter sich gelassen – zu haben, als einem tieferen Verständnis gegenwärtiger Ursachen und Formen von politischer Verfolgung und Massenmord. Anders gesagt: «Auschwitz» jenseits der eigenen Grenzen (wieder-) zu finden, fällt offenbar leichter, als es in der eigenen Geschichte zu verorten, und mit Erinnerung läßt sich ganz offenbar leichter Politik machen als mit kritischem Geschichtsbewußtsein.

Aber auch die Faszination des Erinnerungsbegriffes selbst steht der Verwirklichung des oben umrissenen Konzeptes entgegen. In geschichtsdidaktischer Perspektive erscheint Erinnerung als eine Art magischer Integrationsbegriff – man könnte auch von einem Deckbegriff im Sinne von Freuds Begriff der Deckerinnerung sprechen –, mittels dessen harmonisch miteinander vereint und versöhnt sein soll, was im (pädagogischen) Alltag nur zu häufig zerfällt oder schroff gegeneinander steht: die historischen Sachverhalte, das historische Wissen, affektive Berührung, persönliche Anverwandlung des Vergangenheitsmaterials und Empathie, Werteorientierung im demokratisch-aufklärerischen Sinn, damit verbundene quasi kathartische politische Läuterung mit der Folge entsprechender Handlungsbereitschaft und – noch darunter (durchaus auch im psychoanalytischen Sinn) liegend – entschulden und retten bzw. heilen: etwa den Zivilisationsbruch, d. h. den Gang der Geschichte, den Begriff der Menschheit, der Kultur (als zwingenden Antagonismus zur Barbarei), der Gattungssolidarität, der Vorstellung einer menschlichen Zukunft oder von glücklichem Fortschritt, einen unbefleckten Begriff von Volk oder Nation und so weiter und so fort, je nach Herkunft, Erziehung, Mentalität oder Überzeugung. Dieses Amalgam, das in der Welt der politisch-historischen Bildung wie auch der vergangenheitspolitischen Diskurse den Status des Wassers von Lourdes zu haben scheint, hat gewiß viele – etwa geschichtswissenschaftlich, soziologisch, (tiefen-)psychologisch oder kulturwissenschaftlich beschreibbare – Herkünfte. Und nicht zuletzt wurzelt es wohl in der beängstigenden, insbesondere mit dem Massenmord an den europäischen Juden verbundenen Erfahrung, daß die Zerschlagung der Grundsolidarität mit dem Menschen als Mensch tatsächlich historisch möglich ist und nicht einmal das Interesse der Täter an Selbsterhaltung oder an utilitaristisch kalkulierter Ausbeutung das radikal Böse (Hannah Arendt) begrenzt haben, und ist, so gesehen, deshalb auch Reaktion auf einen bis dahin nicht denkbar erscheinenden Verlauf von Geschichte.

In diesem Zusammenhang soll aber auf eine bisher nicht beachtete Ursache im Kontext der theoretischen Konzeptualisierung historischer Bildung selbst, genauer gesagt im Kontext der kritischen deutschen Geschichtsdidaktik ab den 1970er und 1980er Jahren, aufmerksam gemacht werden. Blickt man auf die Leittexte dieser in vielem fruchtbaren Epoche der Geschichtsdidaktik zurück, die ganze Geschichtsvermittlergenerationen in und außerhalb der Schule geprägt haben, die überwiegend heute noch unterrichten, dann erscheint Erinnerung im Sinne des oben umrissenen Amalgams geradezu als Gegenbegriff zu den kühlen Setzungen jener rein normativen, gleichsam menschenleeren Geschichtsdidaktik. Im Boom des Erinnerungsbegriffes ab den 1990er Jahren reflektiert, scheint diese vor allem an zwei Punkten gescheitert zu sein: Ihrem Unwillen, kognitive und emotionale Zugänge zur Geschichte integrativ zu denken und damit überhaupt erst ein Verhältnis zu den sogenannten trivialen Spielarten des Geschichtsbewußtseins oder zu spezifischen Lernblockaden zu gewinnen – und wo sollten sich diese bereits auf Grund der historischen Sachverhalte extremer zeigen, als beim Thema Auschwitz –, und einem Subjektbegriff, der als Erbe bzw. als Verschiebung überkommener, spätestens an Auschwitz zerschellter geschichtsteleologischer Vorstellungen verstanden werden kann. Zuspitzend formuliert: So, wie sich die Geschichte durch alle Blutbäder, Grausamkeiten und alles Leid – wie auch immer im einzelnen begründet – notwendig auf ihr glückliches Ende hinbewegen sollte, sollte sich schlußendlich der im Menschen gleichsam anthropologisch verwurzelte Hunger nach Aufklärung in Gestalt der objektiven Interessen an Emanzipation, Mündigkeit und Partizipation durchsetzen, wenn nur erst die (ideologisch, kulturindustriell oder wie auch immer gegründeten) Schleier der Verblendung durch den Geschichtsunterricht zerrissen sein würden. Diese Vorstellung ist ganz offensichtlich an den «Vergangenheitsbedürfnissen» (Horst Rumpf) bzw. den von mir untersuchten «Geschichtsgeschichten» der Menschen gescheitert und weitgehend ins Gegenteil umgeschlagen: An die Stelle des letztendlich unausweichlich aufgeklärten Geschichtsbewußtseins ist die gleichsam per definitionem authentische und subjektgefüllte Wahrnehmung und Anverwandlung von Geschichte durch Erinnerung getreten. Die anthropologisch gewendete geschichtsteleogische Zuversicht, daß der Mensch – wiederum zugespitzt gesagt – eigentlich gut sei, ist dabei gleichsam in den Akt des Erinnerns verlagert worden. Diese Verlagerung ist eine der Ursachen für die vielfach, auch in diesem Band, beschriebene Sakralisierung bzw. zivilreligiöse Grundierung des Erinnerns. Opfererinnerung als solche scheint, ungeachtet ihres tatsächlichen Gehaltes an konkreter historischer Kenntnis, den wie auch immer definierten glücklichen Fortgang der Geschichte zu garantieren.

Drittens – und hier spielt das weiter oben beschriebene defizitäre Verständnis der politischen Akteure hinsichtlich der Spezifik deutscher Gedenkkultur eine nicht unwesentliche Rolle – läßt sich seit einigen Jahre zumindest tendenziell eine schleichende Hegemonialisierung der Auseinandersetzung mit der NS-Vergangenheit im Sinne von Holocaust-Education beobachten, wie sie vor allem in den USA entstanden ist. Deren Hauptmerkmale sind: die Fokussierung auf den deutschen Massenmord an den europäischen Juden – gewiß das Zentralverbrechen des Nationalsozialismus – unter starker Verkürzung der Gesamtgeschichte des «Dritten Reiches» einschließlich der Gründe aller Ausgrenzung und Verfolgung sowie deren sukzessiver Radikalisierung; die Rede von der Unbegreifbarkeit und Unbeschreibbarkeit des Holocaust, d. h. seine Stilisierung zu einer Art außer- bzw. überhistorischem Ereignis; dessen weitgehend monokausale Erklärung aus quasi naturwüchsigem Antisemitismus; die eher narrative denn wissenschaftliche Darstellung des Holocaust vornehmlich aus Opferperspektive und schließlich die insbesondere mit der Gründung der «Task Force for Holocaust Education, Rememberance and Research» 1997 verbundene und von ihr transportierte Auffassung, Holocaust-Education sei schlechthin der Königsweg zur Menschenrechtserziehung weltweit. Nicht nur, aber gerade auch gegen den letzten Punkt ließen sich eine ganze Reihe von Argumenten, nicht zuletzt praktische, vorbringen. Nicht nur, aber insbesondere in Bezug auf Deutschland ist vor allem wichtig, daß die Übernahme von Holocaust-Education eine gravierende und zugleich entlastende Verkürzung in Bezug auf die Auseinandersetzung mit der NS-Vergangenheit bedeutet: Das eigentlich Aufklärerische und Selbstreflexive, die Auseinandersetzung mit dem Nationalsozialismus aus Opfer- *und* Täterperspektive, fällt weitgehend aus, die konkrete Genese des Gesellschafts- und Staatsverbrechens muß dunkel bleiben. Zugleich werden die besonderen Anstrengungen, die mit der Etablierung negativen Gedenkens als Selbstkritik verbunden sind, entwertet. Wer, wie etwa das Bundesland Schleswig-Holstein, nach der im Rahmen der Taskforce im Januar 2000 veranstalteten «Stockholm Conference on Holocaust Education, Rememberance and Research» in Windeseile die im Auftrag der schwedischen Regierung erarbeitete deutschsprachige Version der Broschüre «Tell ye your children .... A book about the Holocaust in Europe 1933–1945» an allen Schulen verteilen läßt, kennt offenbar die in Deutschland erschienene, lange Zeit ja auch durchaus weitgehend ignorierte bzw. marginalisierte Literatur zur Geschichte des Nationalsozialismus nicht, und er erweckt gewollt oder ungewollt den Eindruck, Deutschland brauche nach wie vor Entwicklungshilfe in Sachen Vergangenheitsaufarbeitung.

Viertens ist durchaus offen, welcher Form der Auseinandersetzung mit den NS-Verbrechen – wahrscheinlich prototypisch für die Auseinandersetzung mit Staats- und Gesellschaftsverbrechen überhaupt – in Zukunft das Primat zukommen wird: dem eher us-amerikanischen Prinzip der Monetarisierung oder dem eher europäischen der Kulturalisierung. Diese Gegenüberstellung soll die Bedeutung der finanziellen Entschädigung und materiellen Restitution insbesondere für die direkten Opfer nationalsozialistischer Verfolgungs- und Ausrottungspolitik keineswegs schmälern. Verkannt werden soll auch nicht, daß ohne die nur zu häufig juristisch erzwungene materielle Entschädigung von NS-Opfern die öffentliche Auseinandersetzung mit bestimmten Aspekten des Nationalsozialismus – etwa der Zwangsarbeit – kaum breit in Gang gekommen wäre. Gleichwohl ist aber die Sorge zu artikulieren, daß forcierte Monetarisierung zu Lasten der Auseinandersetzung mit *den* Elementen von Gesellschaftsverfassung, Politik und Kultur geht, die den Keim für Sehnsüchte nach autoritärer politischer Führung und ethnisch-nationaler Homogenität, für Vorurteile gegenüber Minderheiten oder sogenannten Fremden, kulturelle Überheblichkeit, auf Ausschließung und Ausgrenzung beruhende Identitätsmuster usw. bilden. Das «Nie wieder!» der Überlebenden der nationalsozialistischen Lager meinte bei allen Bedeutungsschattierungen vor deren unterschiedlichen politischen, religiösen oder kulturellen Hintergründen doch immer eins: Die Auseinandersetzung mit den nationalsozialistischen Verbrechen müsse zuallererst zu einer neuen Kultur, zu einem neuen Menschheitsvertrag führen, der die (mörderische) Überhebung der einen über die anderen unmöglich mache und der zu friedlichen Formen der Konfliktregulierung führe. Es scheint mir gerade vor dem Hintergrund der Geschichte der Zwangsarbeiterentschädigung nicht zu skeptisch gedacht, die Monetarisierung der «Vergangenheitsbewältigung» für deren eigentliches politisches Agens zu halten. Arbeit an der Kultur droht dagegen zum Ornament zu werden oder erscheint als eine Art Rest für die Jugendbildungsarbeit. Womöglich muß man aber – psychoanalytisch informiert – noch skeptischer denken. So notwendig finanzielle Entschädigung und materielle Restitution aus Gerechtigkeitsgründen sind, könnte ihr eigentlicher «Gewinn» für die für die Verbrechen Verantwortlichen und deren Nachkommen im Ungeschehenmachen, einem der von Anna Freud beschriebenen Abwehrmechanismen des Ich, liegen.

Heißt Abschied der Erinnerung, jedwede Form der Erinnerung über Bord zu werfen? Die Antwort lautet: nein. Erinnerung in ihrem ursprünglichen Verständnis als an eigenes Erleben und eigenes Erfahren gebundene Form des Zeugnisgebens wird und muß als erfahrungsgeschichtliche Quelle in Geltung bleiben. Wie jede andere historische Quelle unterliegt sie dabei methodisch reflektierter, verantwortlicher Quellenkritik. Und – sich gegenüber einem wohlwollenden, mitfühlenden, einfühlsamen Anderen zu erinnern, einem Anderen, der tatsächlich sein Ohr leiht und sich der Erinnerung aussetzt, auch wenn sie schmerzt, gerade wenn sie schmerzt, wird und muß eine Form der Würdigung von Opfern totaler Gewalt bleiben, weil diese Form der Intersubjektivität nach aller psychotherapeutischen Erfahrung mit traumatisierten Menschen der einzige Weg ist, Traumatisierungen wenigsten ansatzweise zu überwinden und zum Opfer gemachte dabei zu unterstützen, das Bewußtsein eigener Würde so weit als möglich wiederherstellen zu können. Die erste Form der Erinnerung hat ihren eigentlichen Ort im Feld der Historiographie, die zweite im Feld psychoanalytisch inspirierter Therapie. Insofern sind sie scharf zu unterscheiden, voneinander und erst recht von jenen diffusen pädagogischen oder politischen Praktiken, die heute unter Erinnerung subsumiert werden. Beiden gemeinsam ist, daß es sich um primäre Formen von Erinnerung handelt, die durch wie auch immer geartete sekundäre, tertiäre usw. nicht ersetzt werden können. Gleichwohl transzendieren beide Formen aber auch die Felder ihrer Herkunft. Geschichtliche Erfahrung, insbesondere dann, wenn sie manifest oder latent einen moralischen Impuls enthält, verobjektiviert sich nicht nur kognitiv oder emotional, sondern sie enthält ein Drängen auf Handeln hin. Und die Anerkennung von Opfern totaler Gewalt ist vollständig nur dann, wenn sie über die intersubjektive Perspektive hinaus gesellschaftlich wird. Insofern beide Formen der Erinnerung in ihrer Bedeutung und unter dem Gesichtspunkt der Anerkennung über sich hinausweisen, verlangen sie aber nach Kontextualisierung, und insofern sie dies tun, schließen sie sich und die Form des Wissens, das dieser Beitrag bewußt eher zu umschreiben, denn explizit zu benennen sucht, damit es mit reinem historischen Faktenwissen nicht vorschnell verwechselt werde, nicht aus – jedenfalls so lange nicht, wie es noch Zeitzeugen gibt.

Anhang

Personenregister

Die Autorinnen und Autoren

GULIE NE'EMAN ARAD, geb. 1946, Professorin für Amerikanische und Europäische Geschichte an der Ben Gurion University of the Negev, Be'er Sheva. – Veröffentlichung u. a.: *America, its Jews, and the Rise of Nazism* (Bloomington 2000).

FRANZISKA AUGSTEIN, geb. 1964, Redakteurin im Feuilleton der Süddeutschen Zeitung. – Veröffentlichungen u. a.: *Race. The Origins of an Idea 1760–1850* (Bristol 1996); *James Cowles Prichard's Anthropology* (Amsterdam 1999).

MIHRAN DABAG, geb. 1944, Direktor des Instituts für Diaspora- und Genozidforschung an der Ruhr-Universität Bochum. – Veröffentlichungen u. a.: *Generation und Gedächtnis: Erinnerungen und kollektive Identitäten* (Hrsg. mit K. Platt, Opladen 1995); *Genozid und Moderne Bd. 1* (Opladen 1998); *Gewalt. Strukturen, Formen, Repräsentationen* (München 2000).

DAN DINER, geb. 1946, Direktor des Simon-Dubnow-Instituts für jüdische Geschichte und Kultur an der Universität Leipzig und Professor für Geschichte an der Hebrew University Jerusalem. – Veröffentlichungen u. a.: *Kreisläufe. Nationalsozialismus und Gedächtnis* (Berlin 1995); *Das Jahrhundert verstehen* (München 1999).

EDMUND DMITRÓW, geb. 1949, Dozent am Institut für Politische Studien der Polnischen Akademie der Wissenschaften und Mitarbeiter des Instituts der Nationalen Erinnerung, Bialystok. – Veröffentlichungen (in poln. Sprache) u. a.: *Die Deutschen und die NS-Okkupation aus polnischer Sicht* (Warschau 1987); *Russland- und Russenbild in der NS-Propaganda 1933–1945* (Warschau 1997).

NORBERT FREI, geb. 1955, Professor für Neuere und Neueste Geschichte an der Ruhr-Universität Bochum. – Veröffentlichungen u. a.: *Vergangenheitspolitik* (München ^{2}1997); *Der Führerstaat* (München ^{7}2002); *Karrieren im Zwielicht. Hitlers Eliten nach 1945* (Hrsg., Frankfurt a. M. ^{2}2002).

RUDOLF HERZ, geb. 1954, freier Künstler, Medienforscher und Ausstellungskurator in München. – Veröffentlichungen u. a.: *Hoffmann & Hitler. Fotografie als Medium des Hitler-Mythos* (München 1994); *HERZ* (Hrsg. von P. Friese und D. Halfbrodt, Nürnberg 1997).

DETLEF HOFFMANN, geb. 1940, Professor für Kunstgeschichte an der Carl von Ossietzky-Universität in Oldenburg. – Veröffentlichungen u. a.: *Kultur- und Kunstgeschichte der Spielkarten* (Marburg 1995); *Das Gedächtnis der Dinge. KZ-Relikte und KZ-Denkmäler 1945–1995* (Hrsg., Frankfurt a. M. 1998).

IVAN IVANJI, geb. 1929, Häftling in Auschwitz und Buchenwald, Theaterintendant, Diplomat. Lebt heute als Schriftsteller und Übersetzer in Belgrad und Wien. – Veröffentlichungen u. a.: *Das Kinderfräulein* (Wien 1998), *Der Aschenmensch von Buchenwald* (Wien 1999), *Die Tänzerin und der Krieg* (Wien 2002).

HEINZ D. KITTSTEINER, geb. 1942, Professor für Vergleichende Europäische Geschichte der Neuzeit an der Europa-Universität Viadrina in Frankfurt/Oder. – Veröffentlichungen u. a.: *Listen der Vernunft. Motive geschichtsphilosophischen Denkens* (Frankfurt a. M. 1998); *Geschichtszeichen* (Hrsg., Köln 1999); *Das Komma von Sans, Souci* (Heidelberg 2001).

VOLKHARD KNIGGE, geb. 1954, Direktor der Stiftung Gedenkstätten Buchenwald und Mittelbau-Dora und Honorarprofessor an der Universität Jena. – Veröffentlichungen u. a.: *«Triviales» Geschichtsbewußtsein und verstehender Geschichtsunterricht* (Pfaffenweiler 1988), *Versteinertes Gedenken* (Hrsg. mit T. Seidel und J. Pietsch, Spröda 1997).

GERTRUD KOCH, geb. 1949, Professorin für Filmwissenschaft an der Freien Universität Berlin. – Veröffentlichungen u. a.: *Die Einstellung ist die Einstellung. Visuelle Konstruktionen des Judentums* (Frankfurt a. M. 1993); *Bruchlinien. Tendenzen der Holocaustforschung* (Köln 1999).

REINHART KOSELLECK, geb. 1923, Professor emeritus für Theorie der Geschichte an der Universität Bielefeld. – Veröffentlichungen u. a.: *Kritik und Krise* (Frankfurt a. M. 1973); *Vergangene Zukunft* (Frankfurt a. M. 1979); *Preußen zwischen Reform und Revolution* (Stuttgart ²1981); *Zeitschichten. Studien zur Historik* (Frankfurt a. M. 2000).

ADAM KRZEMINSKI, geb.1945, Publizist und Redakteur der Zeitschrift *Polytika* in Warschau. – Veröffentlichungen u. a.: *Polen im 20. Jahrhundert. Ein historischer Essay* (München ²1998); *Deutsch-polnische Verspiegelung. Essays* (Wien 2001).

PIETER LAGROU, geb. 1967, Wissenschaftlicher Mitarbeiter am Institut d'Histoire du Temps Présent in Paris. – Veröffentlichung u. a.: *The Legacy of Nazi Occupation. Patriotic Memory and National Recovery in Western Europe, 1945–1965* (Cambridge 2000).

HELEN MACDONALD, geb. 1972, wissenschaftliche Mitarbeiterin am Institute for Justice and Reconciliation, Cape Town, South Africa.

CHARLES S. MAIER, geb. 1939, Krupp Foundation Professor for European Studies an der Harvard University. – Veröffentlichungen u. a.: Die Gegenwart der Vergangenheit. Geschichte und die nationale Identität der Deutschen (Frankfurt a. M. 1992); *Das Verschwinden der DDR und der Untergang des Kommunismus* (Frankfurt a. M. 1999).

PETER NOVICK, geb. 1934, Professor emeritus für Geschichte an der University of Chicago. – Veröffentlichungen u. a.: *The Resistance versus Vichy: The Purge of Collaborators in Liberated France* (New York 1969); *Nach dem Holocaust. Der Umgang mit dem Massenmord* (München 2001).

BERTRAND PERZ, geb. 1958, Universitätsassistent am Institut für Zeitgeschichte der Universität Wien und Mitglied der Historikerkommission der Republik Österreich. – Veröffentlichungen u. a.: *Projekt Quarz. Steyr-Daimler-Puch und das Konzentrationslager Melk* (Wien 1991); *Zwangsarbeit Sklavenarbeit* (Mitverf., Wien/Köln/Weimar 2001).

REMCO RABEN, geb. 1962, wissenschaftlicher Mitarbeiter am Netherlands Institute of War Documentation in Amsterdam. – Veröffentlichungen u. a.: *Representing the Japanese Occupation of Indonesia* (Zwolle 1999).

HENRY ROUSSO, geb. 1954, Direktor des Institut d'Histoire du Temps Présent in Paris. – Veröffentlichungen u. a.: *The Vichy syndrome. History and Memory in France since 1944* (Cambridge, Mass. 1991); *La hantise du passé* (Paris 1998); *Vichy. L'événement, la mémoire, l'histoire* (Paris 2001).

TAKEO SATO, geb. 1947, Professor an der Takushoku-Universität Tokio. – Veröffentlichung u. a.: *Auschwitz und Hiroshima* (in: Zeitschrift für Kulturaustausch 4, 1999).

ANETT SCHWEITZER, geb. 1968, wissenschaftliche Mitarbeiterin im Projekt zur Neukonzeption der Gedenkstätte Bergen-Belsen. – Veröffentlichung: *Die Lektion der Brigitte Reimann* (in: Als habe ich zwei Leben, Neubrandenburg 1998).

SERGEJ SLUTSCH, geb. 1944, Wissenschaftlicher Mitarbeiter am Institut für Osteuropäische Studien der Akademie der Wissenschaften Rußlands. – Veröffentlichung u. a.: *Probleme des Vergleichs der totalitären Regime* (in: Forum für osteuropäische Ideen- und Zeitgeschichte, 1997).

BENJAMIN STORA, geb. 1950, Professor für die Geschichte des Maghreb an der Universität St Denis Paris VIII. – Veröffentlichungen u. a.: *La gangrène et l'oubli. La mémoire de la guerre d'Algérie* (Paris ²1992); *La guerre invisible. Algérie, années 90* (Paris 2001).

KARL STUHLPFARRER, geb. 1941, Professor für Zeitgeschichte an der Universität Klagenfurt. – Veröffentlichungen u. a.: *Umsiedlung Südtirol 1939/40* (2 Bde., Wien 1985); *Bibliographie zur Geschichte des Konzentrationslagers Mauthausen* (Mithrsg., Wien 1998).

NATAN SZNAIDER, geb. 1954, Professor für Soziologie am Academic College of Tel Aviv. – Veröffentlichung u. a.: *Erinnerung im globalen Zeitalter: Der Holocaust* (mit D. Levy, Frankfurt a. M. 2001).

Harald Welzer, geb. 1958, Leiter der Forschungsgruppe «Erinnerung und Gedächtnis» am Kulturwissenschaftlichen Institut in Essen und Professor an der Universität Witten-Herdecke. – Veröffentlichungen u. a.: *Verweilen beim Grauen* (Tübingen 1997); *Das soziale Gedächtnis* (Hamburg 2001); «Opa war kein Nazi». Nationalsozialismus und Holocaust im Familiengedächtnis (Mitverf., Frankfurt a. M. 2002).

Edgar Wolfrum, geb. 1960, Privatdozent für Neuere und Neueste Geschichte an der Technischen Universität Darmstadt. – Veröffentlichungen u. a.: *Geschichtspolitik in der Bundesrepublik Deutschland. Der Weg zur bundesrepublikanischen Erinnerung 1948–1990* (Darmstadt 1999); *Geschichte als Waffe* (Göttingen 2001).

James E. Young, Professor of English and Judaic Studies an der University of Massachusetts, Amherst. – Veröffentlichungen u. a.: *Mahnmale des Holocaust* (Hrsg., München 1994); *Formen des Erinnerns* (Wien 1997); *Beschreiben des Holocaust* (Mithrsg., Frankfurt a. M. 1992); *Nach-Bilder des Holocaust in zeitgenössischer Kunst und Architektur* (Hamburg 2002).

5TC